JN128200

Albrecht Dürer, ***The Four Horsemen of the Apocalypse*****, from** ***The Apocalypse*****,**
1497-1498, 15¾×11 in. (38.7×27.9 cm).

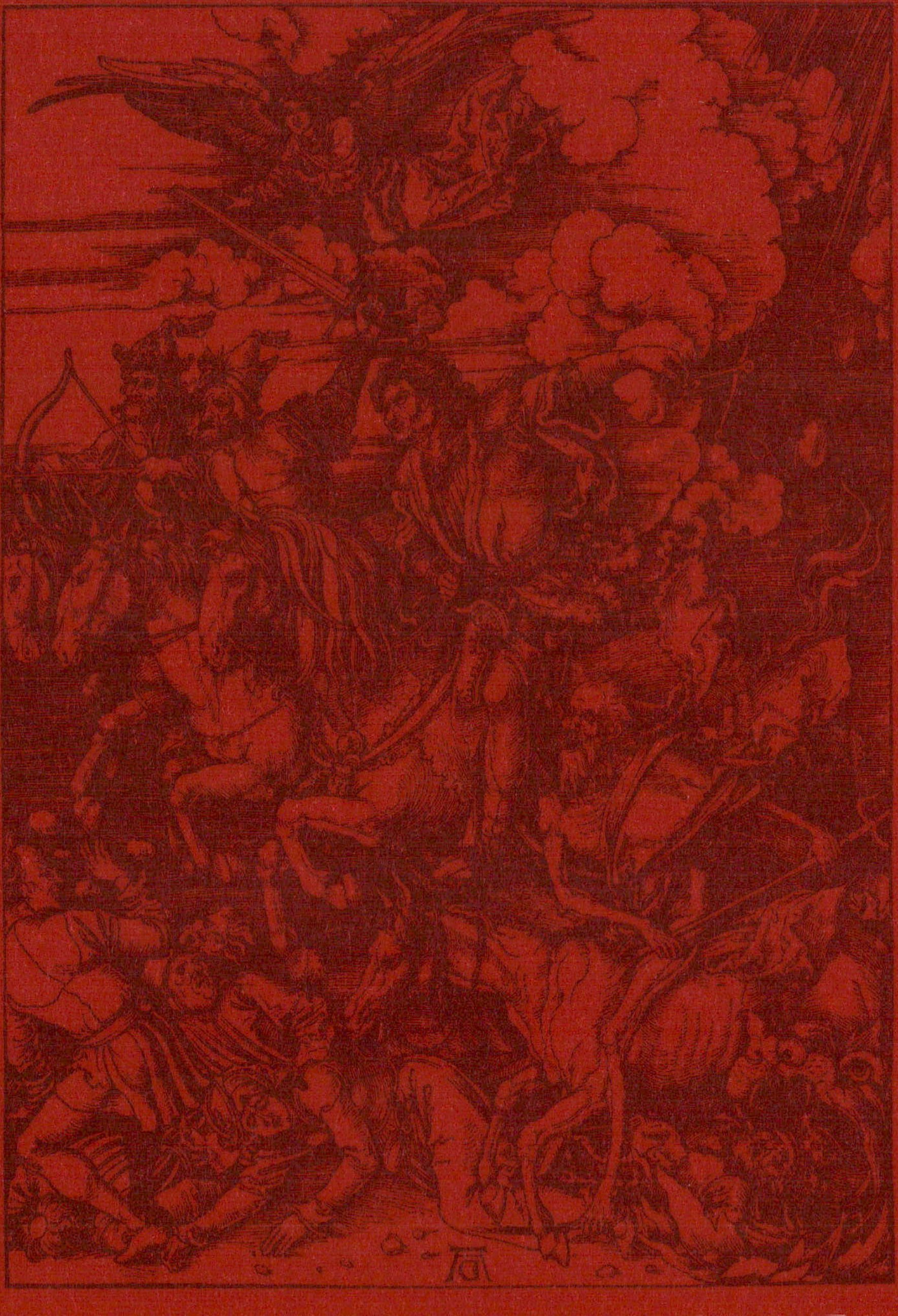

Albrecht Dürer, *The Four Horsemen of the Apocalypse*, from *The Apocalypse*,
1497–1498. 15¼ × 11 in. (38.7 × 27.9 cm)

The Great Leveler

Violence and the History of Inequality from the Stone Age to the Twenty-First Century

暴力と不平等の人類史

戦争・革命・崩壊・疫病

ウォルター・シャイデル
Walter Scheidel

鬼澤忍・塩原通緒〔訳〕

東洋経済新報社

母へ

THE GREAT LEVELER by Walter Scheidel
Copyright © 2017 by Princeton University Press

Japanese translation published by arrangement with Princeton University Press
through The English Agency (Japan) Ltd.

All rights reserved.
No part of this book may be reproduced or transmitted in any form or by any means,
electronic or mechanical, including photocopying, recording or by any information storage
and retrieval system, without permission in writing from the Publisher.

そうすれば，分配によって
余剰が均《なら》され，
おのおのが十分なものを手にするはずだ

"So distribution should undo excess, And each man have enough."

シェークスピア『リア王』
Shakespeare, *King Lear*

金持ちを追放すれば，
貧民を目にすることはなくなるだろう

"Get rid of the rich and you will find no poor."

『デ・ディーウィティース』
De Divitiis

じつに多くの場合，
神がわれわれに見つけてくれる救済策は，
われわれが直面する危機よりも
危険なのだ！

"How often does God find cures for us worse than our perils!"

セネカ『メデア』
Seneca, *Medea*

目次

第2部 第一の騎士——戦争

第3部 第二の騎士——革命

第4部 第三の騎士――崩壊

第5部 第四の騎士——疫病

第6部 四騎士に代わる平等化のてだて

＊訳注は〔　〕を付し小字で示した。

序論

不平等という難題

「危険にして拡大する不平等」

何人の億万長者がいれば、世界人口の半分が保有する純資産に匹敵する富が集まるだろうか？　２０１５年、地球上で最も裕福な62人が、全人類のうち貧しい方から半分の人びと（35億人あまり）の個人純資産と同額の富を所有していた。この億万長者たちが一緒に野外旅行に出かけることになっても、大型バスが一台あれば全員が楽に乗り込めるだろう。その前年であれば、ハードルをクリアするには85人の億万長者が必要だったから、もしかするとゆったりした二階建てバスを呼ぶことになるかもしれない。少し前の２０１０年となると、世界の半分の人びとの資産とつりあいをとるには、３８８人もの億万長者の財産を集めなければならなかった。これだけの人数を収容するには車両を何台か連ねる必要があるし、ボーイング７７７やエアバスＡ３４０でも満席になってしまうだろう(1)。

だが、不平等を生み出しているのは超がつくような億万長者だけではない。世界で最も裕福な1％の世帯が、いまや世界の個人純資産の半分あまりを保有しているのだ。こうした世帯の一部がオフショア勘定に隠している資産を計算に入れれば、この配分はさらに歪むことだろう。こうした不均衡の原因は、先進国と発展途上国の平均所得の大きな隔たりだけにあるわけではない。同じようなアンバランスは社会の内部にも存在する。アメリカで最も裕福な20人は現在、自国の下位半分の世帯をひとまとめにした場合と同等の資産を所有しているし、上位1％の人びとの所得は国民の総所得の5分の1を占めている。

世界の多くの地域で不平等が拡大しつつある。この数十年、欧州や北米で、旧ソ連圏で、中国、インド、その他の地域で、所得と富の配分はますます不均衡になっている。そればかりか、持てる者はさらに与えられる。アメリカでは所得上位1％のなかでも最も稼ぎの多い1％（所得階層の上位0・01％）の取り分は、1970年代の6倍近くに増えており、同じグループの上位10％（所得階層の上位0・1％）でも4倍になっている。残りの人びとの所得は平均して約4分の3増えた——この数字自体は顔をしかめるようなものではない——ものの、上位の階層とは雲泥の差がある。[2]

上位1万分の1に集まる富

「1％」は口にしやすい便利な呼称だし、本書でも繰り返し用いられるが、より少数の人びとにどれほどの富が集中しているかをわかりにくくしてしまう。1850年代、ナサニエル・パーカー・ウィリスは、ニューヨークのハイソサイエティをあらわすために「上流階級（Upper Ten Thousand)」という言葉を作った。いまや、不平等の拡大に最も力のある人びとを正しく評価するには「上位1万分の1（Upper Ten-Thousandth)」という新たな言葉が必要かもしれない。さらに、このお高くとまったグループの内部においてさえ、その頂点に立つ者はほかの全員を引き離し続けている。現在、アメリカで最高

図序.1　1970～2008年のアメリカにおける上位1％の（年間）所得シェアと「所得の不平等」への言及（3年移動平均）

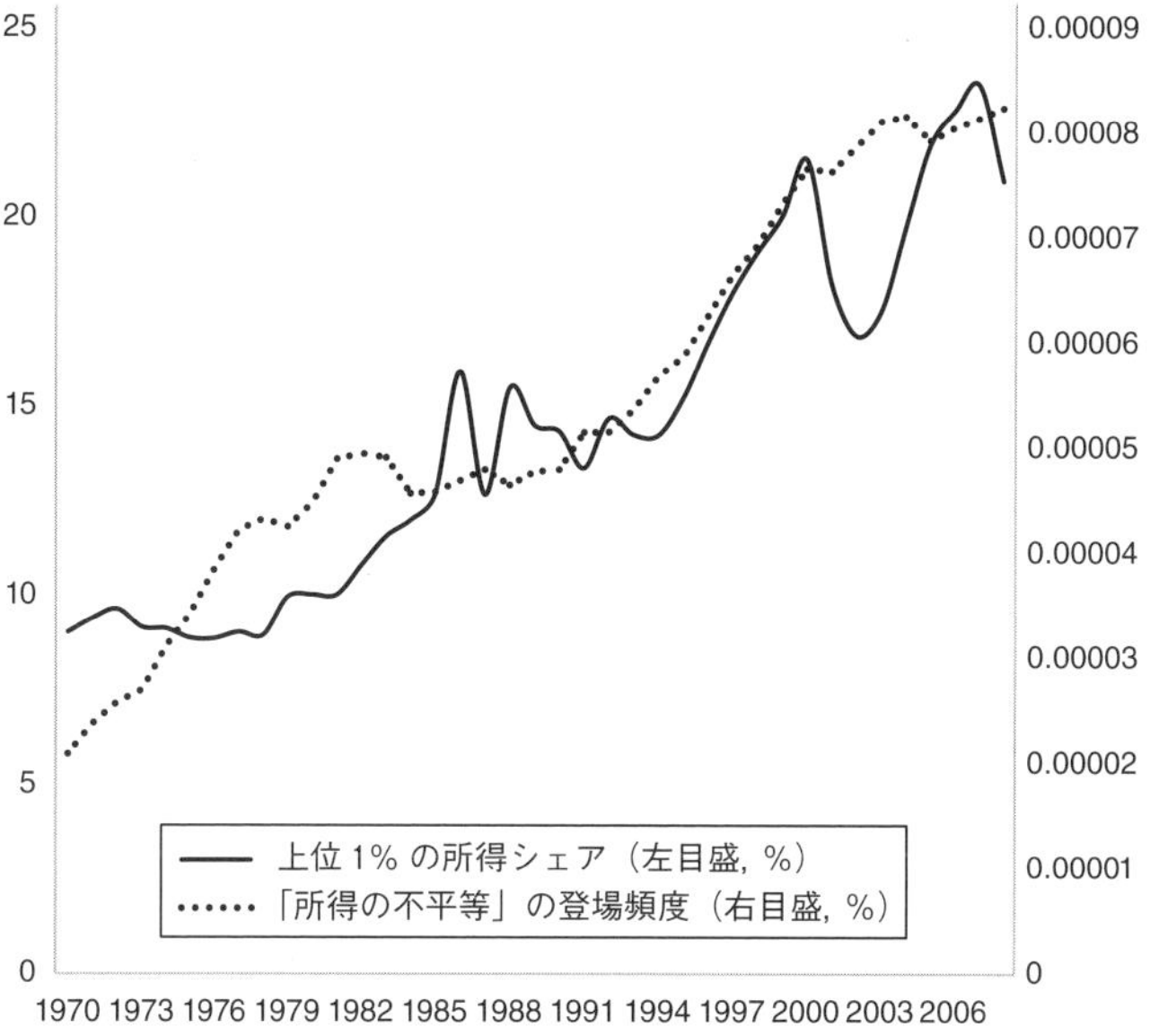

の金持ちが保有する資産は、平均的な年間世帯所得の約100万倍に相当する。これは1982年の20倍にあたる数字だ。それでも、アメリカは中国に後れを取りつつある。中国の名目GDPはアメリカよりかなり少ないにもかかわらず、いまやアメリカより多くの億万長者がいると言われているのだ(3)。

こうしたあらゆる事態のせいで、人びとのあいだで不安が高まっている。2013年、バラク・オバマ大統領は、拡大する不平等を「典型的な課題」へと格上げした。

それは危険にして拡大する不平等であり、社会的上昇移動がなくなったせいで、懸命に働けば出世のチャンスがあるというアメリカの基本的な約束が危険にさらされてきたということです。

思うに、現代の典型的な課題は次のようなものではないでしょうか。すなわち、経済が間違いなくあらゆるアメリカ人の役に立つようにすることです。

その2年前、億万長者で投資家のウォーレン・バフェットが、彼や彼の「友人の大富豪たち」は十分な税金を払っていないと不満をもらした。こうした心情は広く共有されている。資本主義の不平等に関する700頁にも及ぶ学術書が、2013年の出版から18カ月足らずで150万部も売れ、ニューヨークタイムズ紙のベストセラーリストでノンフィクション・ハードカバー部門のトップに立った。2016年の大統領民主党予備選挙では、「億万長者階級」に対するバーニー・サンダース上院議員の容赦ない批判に応えて大群衆が奮起し、草の根の支援者から数百万という小口の寄付が集まった。中華人民共和国の指導層でさえ、いかにして「所得分配システムを改革するか」に関する報告を承認することによって、その問題を公式に認めていた。なかなか消えない疑問があっても、グーグル——私の住むサンフランシスコ湾岸地帯にあってマネーを生み出す巨大不平等化装置のひとつ——が解決してくれる。それを使えば、国民の意識のなかで所得の不平等がどれだけ存在感を増してきたかを追跡できるのだ（図序・1）[4]。

不平等の長い歴史

では、裕福な人びとは絶えず裕福になり続けているのだろうか？　「億万長者階級」、もっとはっきり言えば「1％の人びと」の強欲さが厳しく非難されているにもかかわらず、アメリカで最も裕福な人びとの所得シェアが、はるか以前の1929年のそれに追いついたのはごく最近のことにすぎないし、資産の集中度は当時より現在の方が低い。第一次世界大戦前夜のイギリスでは、最も裕福な10分の1の世帯が、驚くなかれ私有財産全体の92％を保有しており、それ以外のあらゆる人びとは蚊帳の外だった。現在では、同等の世帯の所得シェアは全体の半分を少し超える程度である。

著しい不平等にはきわめて長い歴史がある。２０００年前、ローマ帝国で最も裕福な世帯の私財は、１人当たりの平均年収のほぼ１５０万倍に達していた。これは、現代のビル・ゲイツと平均的なアメリカ人の財産の比率とほぼ同じである。何と言おうと、ローマ時代の所得の不平等の全体的な大きさは、アメリカのそれとあまり変わらなかったのだ。

ところが、ローマ教皇グレゴリウス１世の時代（西暦６００年ごろ）までに莫大な財産が消滅し、貴族階級に残されたなけなしの資産は、借金せずにすむようにと教皇が与えてくれる施しだけとなった。このケースのように、時として不平等が減少することがあったのは、多くの人が貧しくなるとしても富裕層は失うものをより多く持っていたからである。別の例では、資本収益が落ちる一方で労働者の暮らし向きはよくなることがあった。たとえば黒死病に襲われたあとの西欧では、実質賃金が2～3倍に跳ね上がり、労働者が肉とビールの夕食をとるようになる一方で、地主は体面を保つのに必死だったという有名な話がある。(5)

不平等の研究に必要な長期的視点

所得と富の分配は時とともにどう進展してきたのだろうか。また、時としてそれが大きく変化したのはなぜだろうか。近年、不平等が大変な注目を浴びているわりには、われわれは依然として、こうした問題について思いもよらないほどわずかなことしか知らないままだ。往々にしてきわめて専門的で、拡大の一途をたどる大規模な学術活動の対象となるのは、最も切迫した問題、つまり、この一世代のあいだに所得がしばしばさらに集中してきたのはなぜかということだ。一方で、20世紀のもう少し早い時期に世界の多くの地域で不平等を低減させた力についてはあまり書かれていない——もっと遠い過去の物的資源の分配については、はるかに少ないことしか書かれていない。こんにち世界中で拡大する所得格差への関心が、いっそう長期的な不平等の研究に弾みをつけているのは間違いない。現代の気候変動が適切な歴史的データの分析を促してきたのと同じことだ。

しかし、われわれは正しい大局観をいまだに手にしていない。広範にして観察可能な歴史を扱う世界的な概観が欠けているのだ。複数の文化にまたがる相対的で長期的な視点は、所得と富の分配を形成してきたメカニズムを理解するためになくてはならないものである。

平等化の四騎士——戦争、革命、崩壊、疫病

格差の出現と拡大

物質的に不平等な状況が出現するには、われわれ全員が生き延びるのに必要な最低水準を超える資源が手に入るようになる必要がある。余剰資源はすでに数万年前から存在していたし、それを不均等に分けようとする人間もいた。最後の氷河時代、狩猟採集民は、一部の人をほかの人よりずっと豪華に埋葬する時間と手段を手にしていた。だが、まったく新たな規模の富を生み出したのは、食糧の生産、つまり農耕と牧畜である。拡大し続ける不平等は完新世の典型的な特徴となった。植物を栽培し、動物を家畜化するようになったおかげで、生産資源の蓄積と保存が可能になった。これらの資産への権利（次世代へ譲る力を含む）を規定するために、社会規範が発達した。こうした条件のもと、さまざまな経験を通じて、所得と富の分配方法が形成されていった。健康、結婚戦略と繁殖成功度、消費と投資の選択、

豊作、イナゴの大発生や牛疫などによって、ひとつの世代から次の世代へと受け継がれる富が決定された。これらの要因が時とともに積み重なり、幸運と努力の結果として、長期的に見ると不平等な帰結が促されることになった。

理屈のうえでは、出現しつつある格差を社会制度によって平等化することもできたはずだ。物的資源と労働の成果をバランスよく分配し直すべく介入すればいいからだ。前近代的社会のなかには実際にそれを成し遂げたケースもあるとされている。ところが現実には、社会の発展に伴ってその反対の結果が生じることが多かった。食糧源を飼い慣らすことは、人びとを飼い慣らすことでもあった。

きわめて競争的な組織として国家が形成されると、権力と強制力を伴う厳格な社会階級が確立され、所得と富への権利が歪められてしまった。政治的不平等によって経済的不平等が強化・増幅された。農耕時代の大半のあいだ、国家は多くの人びとを犠牲にして少数の人びとを裕福にした。つまり、賃金や公共サービスへの寄付は、汚職、略奪、横領による利益の前ではかすんでしまいがちだったのだ。結果として、前近代的社会の多くはとことんまで不平等になり、1人当たりの生産量が少なく経済成長は最低限にとどまるという状況下で、少数のエリートによる余剰の専有がどこまで可能かが試されることになった。

より穏健な社会制度のもとでより力強い経済発展が促された場合、とりわけ新興の西洋世界では、ひどい不平等が維持され続けた。都市化、商業化、金融部門のイノヴェーション、ますます世界的になる通商、さらには工業化によって、資本を持つ者が多大な収益を懐にするようになった。剝き出しの権力行使による儲けが減り、エリート層を裕福にする昔ながらの収益源が絶たれると、財産権の安定化と国家の肩入れによって相続財産の保護がいっそう強化された。経済構造、社会規範、政治制度が変化した時でさえ、所得と富の不平等は相変わらず著しいままだったし、場合によっては新たな手段を通じてさらに広がってしまったのだ。

不平等を是正する暴力的破壊

数千年にわたり、文明のおかげで平和裏に平等化が進んだことはなかった。さまざまな社会のさまざまな発展段階において、社会が安定すると経済的不平等が拡大したのだ。古代エジプトであれヴィクトリア朝時代のイギリスであれ、ローマ帝国であれアメリカ合衆国であれ、それは変わらなかった。既存の秩序を破壊し、所得と富の分配の偏りを均《なら》し、貧富の差を縮めることに何より大きな役割を果たしたのは、暴力的な衝撃だった。

有史以来、最も力強い平等化は最も力強い衝撃の帰結であるのが常だった。不平等を是正してきた暴力的破壊には4つの種類がある。すなわち、大量動員戦争、変革的革命、国家の破綻、致死的伝染病の大流行だ。これらを「平等化の四騎士」と呼ぶことにしよう。聖書に登場する四騎士と同じく、これらの四騎士は「地上から平和を奪い取り」「剣によって、飢餓によって、死によって、地上の獣によって人間を殺す」ために現れた。四騎士は、時には一人ずつ、時には互いに手を組んで行動し、同時代の人びとにとってはこの世の終わりとしか言えないような結果をもたらした。彼らが現れたあと、何億もの人びとが非業の死を遂げた。混乱が収まるころには、持てる者と持たざる者の格差は縮んでいた——時には劇的に。(6)

2度の世界大戦

不平等を絶えず抑制してきたのは、特定のタイプの暴力に限られる。大半の戦争は資源の分配に対して一貫性ある影響をいっさい与えなかった。つまり、征服や略奪を目的とする旧態依然の争いにおいては、勝者側のエリートは裕福になり、敗者側のエリートは貧窮した可能性が高かったものの、はっきりしない結末に終わった場合はその帰結を予想するのは難しかった。戦争によって所得と富の格差が是正されるためには、戦争が社会全体に浸透し、たいていは現代の国民国家でしか実現しない規模で人員と資源が動員される必要があった。2度の世界大戦が史上最大の平等化装置の例となったことも、これで説明がつく。産業的規模の戦争による物理的な破壊、没収的な課税、政府による経済への介入、インフレ、物品と資本の世界的な流れの遮断、その他さまざまな要因がすべて結びつくことによって、エリートの富は消え去り、資源は再分配された。

これらの要因はまた類を見ないほど強力な触媒として機能し、平等化を進める政策転換を引き起こした。つまり、権利の拡大、労働組合の結成、社会保障制度の拡大などへ向けた力強い推進力を生み出したのだ。

世界大戦の衝撃はいわゆる「大圧縮」をもたらし、あらゆる先進国で所得と富の不平等が大きく減少した。それは主として1914〜1945年に集中的に起こったのだが、プロセス全体が完了するにはさらに数十年を要するのが普通だった。より以前の大量動員戦争では、同じような影響が広がることはなかった。ナポレオン時代の戦争やアメリカの南北戦争による分配に関する帰結は多様だし、時代をさかのぼるほど関連証拠は少なくなる。アテナイとスパルタに代表される古代ギリシャの都市国家の文化は、民衆の熱心な軍事動員と平等主義的制度がどれだけあれば物質的不平等が抑制されるかを示す最古の例を、間違いなく提供してくれる――その成功がたとえ部分的なものだとしても。

変革的革命

世界大戦をきっかけに、平等化を推進する第二の主要な力である変革的革命が起こった。通常なら、内部抗争によって不平等が減ることはない。近代以前の歴史において農民一揆や都市暴動はありふれていたが、失敗に終わるのが普通だったし、発展途上国での内戦は所得の分配を平等にするどころか不平等を拡大することが多いものだ。暴力的な社会再編が並外れて激しいものでない限り、それによって物的資源の入手しやすさが変わることはない。この種の社会再編は、平等化を促進する大量動員戦争と同じく、主として20世紀の現象だった。共産主義者は、資産を没収し、再分配し、その後しばしば集産化を進めることによって不平等を劇的に減らした。こうした革命のうち変化を起こす力が最も大きかったものには、桁はずれの暴力が伴っていた。それが生み出した死者数と人類にもたらした惨状は、最終的には世界大戦に匹敵するほどだった。フランス革命のように流された血がはるかに少ない闘争の場合、それに応じて不平等の縮小幅も小さかった。

国家の破綻、体制の崩壊

暴力は国家をすっかり破壊してしまうこともある。国家の破綻や体制の崩壊は、かつては平等化を実現するとりわけ確実な手段だった。歴史の大半で、裕福な人びとは政治権力の序列の頂点を占めていたか、さもなくば頂点にいる人びととコネを持っていた。しかも、現代の基準からすると控えめながら、最低生活水準の維持を超える経済活動に対して国家による保護措置が講じられていた。国家が崩壊すると、こうした政治的地位、コネ、保護が脅威にさらされ、すっかり失われてしまうこともあった。国家が崩壊すれば誰もが苦難に直面したはずだが、裕福な人びとの方が失うものが多かったのは言うまでもない。つまり、エリート層の所得と富が減ったり消え去ったりすることで、全体的な資源分配の偏りが均されたのである。こうした事態は国家の成立以降、常に生じてきた。知られている限り最古の例は、4000年前のエジプト古代王国やメソポタミアのアッカド帝国の終焉などである。こんにちでさえ、ソマリアの経験から、このかつて有力だった平等化の力が完全に消滅したわけではないことがわかる。

国家の破綻は、暴力的手段による平等化の原理を論理的極限まで押し進めるものだ。つまり、既存の政治形態の改革や改造によって再分配や再調整を実現するのではなく、より包括的に過去を清算してしまうのである。最初の三人の騎士はそれぞれ別の段階をあらわしているが、これはそれらが順番に現れそうだという意味ではなく——最大級の革命が最大級の戦争をきっかけとしていたのに対し、国家の破綻には同じように強力な圧力は必要ないことが多い——その激しさに関しての話である。各騎士に共通しているのは、暴力をテコにして、政治的・社会的秩序とともに所得と富の分配を再構築するという点である。

感染爆発

人為的な暴力には昔からのライバルがいる。かつては、疫病、天然痘、はしかが、最大の軍隊や最も熱烈な革命家でさえ望みがたい激しさで大陸全体を破壊したものだ。農耕社会では、病原菌のせいで人口のかなりの部分（時には3分の1以上）が失われたため、労働者が不足し、固定資産をはじめとする非人的資本の価格（これは以前のまま変わらないことが多かった）と比較して労賃が上昇した。結果として、実質賃金が上がって地代が下がったため、労働者は得をし、地主や雇用主は損をした。こうした変化の規模を調整したのは社会制度だった。つまり、エリート層はたいてい法令や武力を使って既存の仕組みを維持しようとしたが、平等化を進める市場の力を押さえ込めない場合が多かった。

感染爆発を加えれば、暴力による平等化の四騎士が出そろう。だが、もっと平和的に不平等を減らす別のメカニズムも存在したのだろうか？　大規模な平等化を想定するなら、答えはノーだと言わざるをえない。歴史全体を通じて、記録に見られる物質的不平等の大規模な圧縮はすべて、これら4つのうちひとつ以上の平等化装置によって推進されたものだ。しかも、大量動員戦争や革命は、その事件に直接かかわる社会を左右しただけではなかった。世界大戦や体制に挑む共産主義者との接触によって、周辺社会の経済情勢、社会的期待、政策立案も影響を被ったのだ。こうした波及効果を通じて、暴力的衝突に根ざす平等化の効果がさらに拡大した。だとすれば、１９４５年以後の世界の多くの地域における発展を、それに先立つ暴力的衝撃とその持続的影響から切り離すことは難しい。非暴力的な平等化の最も有望な候補は、２０００年代初頭のラテンアメリカにおける所得の不平等の減少かもしれない。だが、こうした動向は依然として広がりに欠けているし、今後も続くかどうかははっきりしない。

四騎士に代わる平等化のてだて

その他の要因の記録を見るといずれにも問題がある。古代から現代に至るまで、土地改革によって不平等の減る傾向が最も大きかったのは、それが暴力や暴力の脅威と結びついている時だった――そして、最も小さかったのはそれらと結びついていない時だった。マクロ経済の危機は所得と富の分配に一時的な影響を及ぼすにすぎない。民主主義はそれ自体で不平等を軽減するわけではない。教育と技術的変化の相互作用が所得の分散に影響することは間違いないが、教育やスキルにもとづく収益が暴力的な衝撃に大きく左右されやすいことは歴史から明らかだ。最後に、現代の経済発展がそれ自体で不平等を減らすという見解を支持する有力な経験的証拠は存在しない。四騎士が生み出すものと多少なりとも似通った成果をあげた無害な圧縮手段のレパートリーは存在しないのだ。

とはいえ、衝撃もいつかは和らぐ。国家が破綻しても、遅かれ早かれ別の国家が後釜に座った。疫病が収まると人口収縮は反転し、新たな人口増加のおかげで労働力と資本のバランスは徐々に以前のレベルに戻った。世界大戦は比較的短い期間で終わり、その余波は時とともに消え去った。要するに、最高税率と労働組合の密度は下がり、グローバリゼーションは進み、共産主義は過去のものとなり、冷戦は終結し、第三次世界大戦のリスクは遠のいた。こうした事態のすべてを念頭に置けば、近年における不平等の再拡大がいっそう理解しやすくなる。昔ながらの暴力的な平等化装置は目下のところ休止状態にあり、予測できるほど近い将来に復活することはなさそうだ。同じような効果のある新たな平等化のメカニズムは、いまだ現れていない。

最も進んだ先進諸国でさえ、再分配と教育によっては、再分配前の所得の不平等の拡大圧力を吸収しきれなくなっている。発展途上国の場合はもっと達成しやすい目標があるのだが、財政面の制約が依然として強い。平等を大きく推進する方法を投票で決めたり、整備したり、教えたりする簡単な方法はないようだ。世界史的な観点からすると、こうした事態は驚くに当たらない。おそらく、大きな暴力的衝撃とその広範な影響から切り離された環境で、不平等の大幅な圧縮が実現したケースはほとんどないだろう。将来は状況が変わるだろうか?

本書の目的——平等化のメカニズムの追究

所得と富の分配の格差は、社会や歴史にかかわる不平等として唯一のものではない。ジェンダーや性的指向に根ざす不平等もあれば、人種や民族に根ざすもの、年齢、能力、信仰に根ざすものもある。教育、健康、政治的発言力、人生の可能性にも不平等がある。したがって、本書のタイトルはこのうえなく正確というわけではない。結局のところ、権力の不平等が物的資源の入手権の決定において常に中心的役割を演じてきたことを考えると、もっと詳細なタイトルの方が正確ではあるが、厳密すぎるものとなってしまうだろう。

経済的不平等に関してさえすべてを扱おうとはしていない。社会の内部における物的資源の分配の不平等に焦点を合わせ、さかんに論じられる重要テーマである国家間の経済的不平等の問題は脇へ置いておく。考察の対象は特定の社会の内部における諸条件であり、いましがた述べたその他多くの不平等の源泉については明確には言及しない。それらの要素に関しては、所得と富の分配の不平等への影響を長期的に追跡・比較するのが、不可能ではないとしてもかなり難しいと思われるからだ。

私の何よりの関心事は、不平等が減少するのはなぜかという疑問に答えることであり、平等化のメカニズムを突き止めることである。非常に大まかに言えば、人類が、飼育・栽培による食糧生産とそこに共通する当然の帰結、つまり定住化と国家形成を受け入れ、さらに何らかのかたちの世襲財産権を認めて以降、物的不平等にかかる上昇圧力は実際に既定の事実——人間の社会生活の基本的特徴——となった。こうした圧力は数百年から数千年にわたって増大してきたのだが、そのプロセスに関するさらに詳細な論点、とりわけ、われわれが抑圧や市場原理と大ざっぱに評するもののあいだの複雑な相乗効果を検討するには、さらに長い別の研究が必要だろう。(7)

最後にもうひとつ述べると、暴力的衝撃(また、それに代わるメカニズム)と、それらの物質的不平等への影響については論じるが、たいていの場合、逆の関係は検討しない。つまり、不平等が暴力的衝撃の一因となったのか、そうだとすればいかにしてそうなったのかという問題だ。それをためらうのにはいくつか理由がある。著しい不平等は歴史上の社会に共通する特徴だったから、そうした背景的条件との関連で特定の衝撃を説明するのは容易ではない。社会の内部の安定性は、物質的不平等の点で大差のない同時代の社会のあいだでも大きく異なっていた。暴力的破壊を経ながらも特に不平等ではない社会もあった。革命以前の中国はその一例である。主として、あるいは完全に、社会の外部に起因する衝撃もあった。最もわかりやすいのが、資本と労働のバランスを変えることによって不平等を平準化した世界的流行病である。世界大戦のように人間が引き起こした出来事でさえ、その紛争に直接にはかかわっていない社会に深刻な影響を与えた。所得の不平等が内戦の勃発に果たす役割の研究によって、こうした関係の複雑さが浮き彫りにされている。

とはいえ、国内の資源の不平等が一因となって戦争や革命が起こったり、国家が破綻したりする可能性はなかったと言いたいわけではない。社会全体における所得と富の不平等と暴力的衝撃の発生のあいだには、目下のところ、体系的な因果関係を想定する説得力ある理由はないというだけだ。最近の研究からわかるように、エリート集団内の競争といった分配にかかわるさらに具体的な特徴の分析は、暴力的な衝突や破壊を説明するものとしてより有望かもしれない。

この研究では、暴力的衝撃を物質的不平等に影響を与える個別の現象として扱う。こうした手法は、その種の衝撃の大きさを長期にわたる平等化の力として評価することを目指している。それらの出来事と事前の不平等のあいだの重要な関連を確定したり否定したりする証拠があろうとなかろうと、この点は変わらない。衝撃から不平等へというひとつの因果の方向に焦点を絞ったことで、逆方向の視点へのいっそうの取り組みが促されるとすれば、なおさらよい。時を経るにつれて生じる所得と富の分配における目に見える変化の内因を、十分に説明するのは不可能かもしれない。それでも、不平等と暴力的衝撃のあいだにありうるフィードバックループに、深く探究する価値があるのは間違いない。私の研究は、このさらに大きなプロジェクトを構成するひとつのブロックにすぎないのだ[8]。

どんな方法をとるか——ジニ係数と所得シェア

不平等を測る方法はいろいろある。このあとの各章で、私がおおむね利用するのは最も基本的な2つの測定基準だけだ。ひとつはジニ係数、もうひとつは所得や富の総額に占めるシェアである。

ジニ係数は、所得や有形資産の分配の不平等が完全な平等からどれだけ乖離しているかを測るものだ。一定の集団の各メンバーがまったく同量の資源を受け取ったり保有したりしていれば、ジニ係数はゼロである。一方、1人がすべてを支配し、ほかの全員が何も持っていなければ、ジニ係数はほぼ1である。よって、分配が不平等であればあるほどジニ係数は高くなる。その値は1以下の小数またはパーセンテージであらわせるが、パーセンテージで提示されることの多い所得や富のシェアと区別しやすいように、前者を使うことにする。

所得や富のシェアからわかるのは、一定の集団において、全体的な分配において占める位置によって規定される特定のグループが、所得や富の総額のうちどの程度を受け取ったり所有したりしているかだ。たとえば、よく登場する「1%」は、一定の集団のうちで、その99%よりも高い所得を手にしたり、多くの資産を保有したりする一団——たいていの場合は世帯——をあらわしている。

ジニ係数と所得シェアは相補的な物差しであり、ある特定の分配における異なる特性を強調している。つまり、前者が不平等の全体的な程度を見積もるのに対し、後者は分配の形態に関してぜひとも必要な知見を提供してくれるのだ。

2つの指標とも、さまざまなタイプの所得分配を測るのに利用できる。再分配前の所得は「市場」所得として知られ、再分配後の所得は「総」所得と称され、税金や社会保障費を差し引いたあとの所得は「可処分」所得と定義される。ここから先で言及するのは、市場所得と可処分所得だけである。特に説明なく所得の不平等という言葉を用いる時は、前者を意味している。有史時代の大半において、市場所得の不平等は知ったり評価したりできる唯一のタイプの不平等だからだ。

さらに、近代の西洋社会で財政的再分配の広範なシステムが創設される以前、市場所得、総所得、可処分所得の分配における相違は非常に小さいのが普通だった。こんにち多くの発展途上国で見られるとおりである。本書では、所得シェアは常に市場所得の分配をもとにしている。所得シェアの最新データおよび歴史的データ、とりわけ分配の最上層におけるそれらのデータは、財政的介入以前の所得を記載した税記録からとられていることが多い。いくつかのケースで、所得シェアの比率あるいは所得分配の特定のパーセンタイル（百分位数）――さまざまな所得階層の相対的重要度を測るもうひとつの物差し――も取り上げる〔本書では十分位数・五分位数・四分位数も取り上げられるが、分位数の説明はこの訳注の範囲を超える。非常に単純化すれば、データを小さい順に並べ、それぞれ百等分・十等分・五等分・四等分にし、小さい方からの区切りの値を示す、となるだろう〕。不平等のより精密な指標も存在するが、通常、きわめて多様なデータセットを渉猟する長期的研究には応用できない[9]。

物質的不平等の測定上の問題――概念

物質的不平等の測定は2種類の問題を引き起こす。概念にかかわる問題と証拠にかかわる問題だ。ここで注目に値するのは、概念にかかわる2つの重要な論点である。まず、最も手に入りやすい指標は、ある集団において特定の階層が獲得する総資源のシェアをもとに、相対的な不平等を測定・提示するものである。対照的に、絶対的不平等はそれらの階層が手にする資源の量的違いに焦点を合わせる。これら2つのアプローチは大きく異なる結果を生むことが多い。所得分配の上位10％の平均的世帯が、下位10％の平均的世帯の10倍――たとえば1万ドルに対して10万ドル――を得る集団を考えてみよう。その後、国民所得が2倍になる一方で、所得分配は変わらないとする。ジニ係数と所得シェアは以前と同じままだ。こうした観点からすると、所得が増えてもその過程で不平等が拡大したわけではない。ところが同時に、上位10％と下位10％の所得格差は9万ドルから18万ドルへと倍増し、低所得世帯よりも富裕世帯の方がはるかに多くのものを手にしている。

財産の分配にも同じ原理が当てはまる。じつのところ、経済が成長しても絶対的不平等は生じないとする説得力あるシナリオはほぼ存在しない。したがって、相対的不平等の測定基準は、より控えめな展望を提示すると言っていい。絶えず拡大する所得と富の格差から注意をそらし、物的資源の分配におけるより小さな多方面の変化を目立ちやすくするからだ。本書では、慣例に従い、ジニ係数や最富裕層の所得シェアといった相対的不平等の標準的な物差しを優先的に取り上げるが、必要に応じてそれらの限界にも注意を促したい。[10]

ジニ係数から生じる問題はほかにもある。所得分配は最低限の生活必需品や経済発展のレベルに応じて変わるということだ。少なくとも理屈のうえでは、1人の人物が一定の集団に存在するすべての富を所有することは完全に可能である。だが、すべての所得を奪われて生き延びられる人はいない。だとすれば、現実にありうるジニ係数の最大値は名目上の上限である「〜1」〔ほぼ1に等しいの意〕に届かないはずだ。より具体的に言えば、ジニ係数の値は、最低限の生活必需品を賄うのに必要な分を上回る資源量によって制限されている。こうした制約は、低所得の経済圏においてとりわけ強力だ。この種の経済圏は人類の歴史の大半で当たり前のものだったし、現在でも世界各地に存在している。たとえば、最低限の生活費の2倍に相当するGDPを有する社会において、たった一人の個人が、ほかの全員の生存をどうにか支えられる所得を上回る部分を独占したとしても、ジニ係数が0・5を上回ることはありえない。

生産活動のレベルがもっと高ければ、最大の不平等の程度はさらに抑制される。最低限の生活を構成する要素の定義は変化するうえ、集団のメンバーが貧困にあえいでいては先進経済を維持できないからだ。よって、名目上のジニ係数は調整される必要がある。いわゆる実収率（一定の環境下で理論的に可能な最大の不平等がどこまで現実化しているか）を計算するためだ。これは複雑な問題であり、不平等の長期的な比較にとってとりわけ重要であるが、注目され始めたのはようやく最近になってのことだ。本書の補遺で、この問題をより詳しく扱っている。[11]

物質的不平等の測定上の問題——証拠

次に、もうひとつの問題、つまり証拠の質にかかわる問題に話を移す。ジニ係数と最富裕層の所得シェアは不平等の尺度としてだいたい合致する。両者は（必ずとは言えないまでも）一般的に、その経時的な変化に際して同じ方向に動く。ともに基本的なデータソースの欠陥に影響されやすい。現代のジニ係数は世帯調査をもとにしているのが普通だが、この調査からは全国的な所得分配も推定される。こうした方式は、最富裕層の所得を把握するのに必ずしも適しているわけではない。西側諸国においてさえ、最富裕層の所得の実際の寄与を十分に考慮するため、名目ジニ係数を上方修正する必要がある。そのうえ、多くの発展途上国では、調査の質が不十分なせいで国家的な所得分配を確実には概算できないことが多い。こうした場合、統計上の信頼区間が広いと国家間の比較が妨げられるだけでなく、経時的な変化の追跡が難しくなることもある。

全体的な富の分配を測ろうとする試みはさらに大きな難題に直面する——発展途上国（エリート層の資産のかなりの部分がオフショアに隠されていると思われる）のみならず、アメリカのようにデータの豊富な環境においてさえも。所得シェアは納税記録をもとに計算されるのが普通だが、こうした記録の質と性格は国によって、また時間とともに大きく変化するうえ、脱税目的で歪曲されやすい。より所得の低い国々における低い納税率と課税所得の構成要素の政治主導による定義のせいで、複雑さはいっそう増す。

こうしたさまざまな困難にもかかわらず、「世界資産・所得データベース」（ＷＷＩＤ）において最富裕層の所得シェアについての増大する情報が編集され、オンラインで出版されたおかげで、所得の不平等をめぐる理解の基盤はより堅固になり、ジニ係数のようなやや曖昧な単一値の基準から、資源集中に関するより明瞭な指標へと注意を向け直せるようになった。[12]

歴史をさかのぼるためのデータ

これらの問題はすべて、所得と財産の不平等に関する研究をはるか過去にまで拡大しようとする際の問題と比べると、大したことではない。20世紀より前に定期的な所得税がかけられることはめったになかった。世帯調査は行われていなかったので、ジニ係数を計算するには代わりのデータに頼らざるをえない。だいたい１８００年より前については、社会全体の所得の不平等を測ろうとすれば社会表（social table）の助けを借りるしかない。社会表とは集団内のさまざまな層が得ている所得の大ざっぱな概算であり、同時代の観察者によって作成されたり、後世の学者によって――たとえ根拠が薄弱だとしても――推測されたりしたものだ。

もう少し取り組みがいのある例を挙げると、中世盛期のヨーロッパ各地に関するデータセットがますます増えているおかげで、個々の都市や地域の状況が明らかになってきた。フランスやイタリアの都市における富裕税、オランダの家賃税、ポルトガルの所得税などに関する現存の記録文書をもとにすれば、資産どころか所得すら、その基本的な分配を再現できる。フランスの農地の分散やイギリスの検認ずみの土地の価値などに関する近代の記録についても、同じことが言える。

実際、ジニ係数は時間的にもっとずっと昔の証拠にも有効に応用できる。古代ローマの属州エジプト末期の土地所有のパターン、古代から中世初期にかけてのギリシャ、イギリス、イタリア、また北アフリカやアステカにおける家屋のサイズの変遷、バビロニアの社会における遺産や持参金の分配、さらにチャタル・ヒュユク――1万年近く前に建設された、知られている限り世界最古の都市型集落のひとつ――における石器の分散までが、すべてこうして分析されてきた。考古学のおかげで、われわれは物質的不平等の研究の範囲を最後の氷河時代となる旧石器時代にまで広げられたのだ[13]。

所得の不平等を反映するデータ

われわれはまた、世帯調査の代わりとなるあらゆる種類のデータを入手できる。富の分配を直接記録しているわけではないものの、所得の不平等レベルの変化を敏感に反映することが知られているデータだ。その好例が地代と賃金の比率である。農耕を主とする社会において、最重要資本の価値との対比による労働力の価格は、異なる階級が手にする相対利得の変化を映し出す傾向がある。要するに、指標値が上昇していれば、労働者の犠牲のもとに地主が繁栄を謳歌し、不平等が拡大していることがわかるのだ。これに関連する尺度として1人当たりGDPと賃金の比率があるが、これにも同じことが言える。GDPに非労働所得の占める割合が大きければ大きいほど、指標値は高くなり、所得の不平等は大きくなる可能性が高い。

この2つの手法がともに重大な弱点を抱えているのは間違いない。特定の地域の地代や賃金は信頼できる筋から公表されているかもしれないが、それがより大きな集団や国全体に当てはまるとは限らないし、近代以前の社会について当て推量でGDPを見積もっても、相当な誤差があることは避けられない。とはいえ、こうした代替データは不平等の経時的動向の輪郭を与えてくれるのが普通だ。実際の所得はより幅広いソースからわかるものの、データとしての有用性はやや劣る。現在では、ユーラシア西部について、実質賃金を同価値の穀物量であらわすことで4000年前までさかのぼって算定できるようになっている。このきわめて長期の視点をとることによって、実質労働所得の並外れた上昇――不平等の低下と結びついても良さそうな現象――の例を確認できる。それにもかかわらず、実質賃金に関する情報が資本価値やGDPを含む当時の状況を織り込んでいなければ、それはまさに生情報のままであり、社会全体における所得の不平等の指標として、とりたてて信頼できるわけではない(14)。

詳細な統計と漠然とした手がかり

近年、近代以前の租税記録の研究や、実質賃金、地代/賃金比率、さらにGDPレベルの再現性は大きく進歩している。20年前、いや10年前でさえ、本書の大半は書けなかったと言っても過言ではない。所得と富の不平等に関する歴史的研究の規模、範囲、進展の速度からして、この分野の将来には大きな希望が持てる。

長きにわたる人類の歴史が、物的資源の分配の最も基本的な定量分析すら受け付けないことは確かだ。しかし、こうしたケースでさえ、経時的変化の徴《しるし》が見いだせるかもしれない。エリート層による富の誇示は最も有望な――じつのところ往々にして唯一の――不平等の指標である。住居、食事、埋葬などでのエリート層の贅沢な消費を示す考古学的証拠が、より質素な遺跡に取って代わられたり、社会階層の兆候がすっかり消え去ったりする時、われわれは平等化の程度を合理的に推論できるかもしれない。伝統的社会においては、富と権力を握るエリート層のメンバーだけが、大きな損失――物的記録に現れる損失――を被るに足る所得や資産を支配していることが多かった。人間の身長をはじめとする生理的特徴の変化は、同じく資源の分配と関連している可能性がある(病原菌による負荷といったその他の要素も重要な役割を果たすことはもちろんだが)。不平等を直接記録するデータから離れれば離れるほど、われわれの解釈は推測という面を強めざるをえない。とはいえ、世界の歴史などというものは、物事を拡大解釈する覚悟がなければ到底成立しないものだ。本書はまさにそれを行おうという試みなのである。その際、われわれが手にする証拠資料はそれこそピンからキリまである。近年のアメリカにおける所得の不平等拡大の背景要因にかかわる詳細な統計から、文明の夜明けにおける資源の不均衡についての漠然とした手がかりまでがあり、そのあいだにはあらゆる種類のデータセットが横たわっている。首尾一貫した分析的な語り口でそれらすべてをまとめ上げるのは至難の業だ。これはおおむね、この序論のタイトルに掲げた不平等という難題の正体だと言っていい。

本書の構成——難題に取り組む最善の方法

私はこの問題に取り組むのに最善と思える方法で、本書の各パートを構成することにした。冒頭のパートでは、霊長類の登場から20世紀初頭までの不平等の進展を追跡する。したがって、伝統的な年代順の記法でまとめてある（第1～3章）。

それが変わるのは、暴力による平等化の原動力である「四騎士」に取り組む時だ。この四人組の最初の二人、つまり戦争と革命を扱うパートでは、20世紀から概説を始め、その後時代をさかのぼっていく。その理由は単純だ。大量動員戦争や変革的革命による平等化は、おおむね現代の特徴だったのである。1910年代から1940年代にかけての「大圧縮」は、このプロセスの抜群に優れた証拠を生んだだけでなく、典型的なかたちでそれを描き出し、じつのところこのプロセスそのものとなっている（第4～5章）。

次なる段階では、こうした暴力的破壊の先例を探し、アメリカの南北戦争からはるか昔の古代中国、ローマ、ギリシャにおける出来事までを検討する。フランス革命から前近代の数えきれない暴動までを俎上に載せるのは言うまでもない（第6〜8章）。第6章の最後では、同様の順序で内戦について論じ、現代の発展途上国に見られるその種の争いの帰結から共和政ローマの終焉までを取り上げる。こうしたアプローチをとることによって、暴力による平等化について、現代のデータに確固たる根拠を持つモデルを確立できる。そのモデルがもっと遠い過去に適用可能かどうかを検討するのは、そのあとでいいのだ。

疫病をテーマとする第5部では、同じ戦略の変形バージョンを利用する。記録が最もそろっているケース――中世後期の黒死病（第10章）――からあまり知られていない例へと徐々に移行するのだ。そうした例のひとつ（1492年以降のアメリカ大陸）は比較的最近のものだが、それ以外はもっと古代の例である（第11章）。ここでは同じ原理が働いている。入手しうる最高の証拠の助けを借りて、伝染病による大量死に起因する「暴力による平等化」の主要なメカニズムを確定し、そのあとで別の地域の類例を探すのである。

国家の破綻と体制の崩壊を扱う第4部では、この構成原理がその論理的な終着点に至る。前近代の歴史にほぼ限定される現象の分析において、年代順の配列をとる意味は薄いし、特定の時系列に従っても得られるものはない。特定の事例の日付よりも、証拠の性質や現代の学識の射程の方が重要であり、これらはともに時代や地域に応じてかなり変化する。したがって、まずは証拠の十分ないくつかの事例から始め、続いてほかの事例に移っていくが、後者については前者ほど詳しくは論じない（第9章）。

暴力による平等化以外のパターンを扱う第6部では、さまざまな要素を評価しつつ、おおむねトピックによる順序立てに従って論を進め（第12〜13章）、続いて反事実的帰結を扱う（第14章）。

第1部とともにテーマにまつわる概説となる第7部では、年代順の構成に戻る。近年見られる不平等の復活（第15章）から、近い、あるいは遠い未来における平等化の展望（第16章）へと進み、私の漸進的な概説を完成させる。

東条英機の率いる日本とペリクレスのアテナイ、古代低地マヤと現代のソマリアを一緒くたにする研究は、同輩の歴史家には不可解と感じられるかもしれない。だが、社会科学になじんだ読者にはそれほどでもないと受け取ってもらえるよう願っている。すでに述べたように、世界の不平等の歴史を探究するという難題は、本物の難題だ。有史時代を通じて平等化の力を特定しようとすれば、学問領域の内外で異なる専門分野のあいだの溝を埋めたり、データの質と量の途方もないアンバランスを克服したりする方法を見つける必要がある。長期的視点を貫徹するには、型破りな解決策が求められるのだ。

なぜ不平等の力学を研究するのか

こうしたあらゆる事情を考慮すると、ひとつの単純な疑問が浮かんでくる。大きく異なるさまざまな文化を横断し、きわめて長期にわたって不平等の力学を研究するのが非常に難しいとすれば、なぜそれを試みるべきなのだろうか？　この疑問に答えようとすれば、別個でありつつも関連する2つの問題——こんにち経済的不平等は重要なのか、またその歴史は探究に値するのか——に取り組む必要がある。

貧困と不平等

On Bullshit〔邦訳『ウンコな議論』〕で知られるプリンストン大学の哲学者ハリー・フランクファートは、*On Inequality*〔邦訳『不平等論』〕と題する小冊子の冒頭で、この序論のはじめに引用したオバマの見解に異議を唱えている。「われわれの最も基本的な難題は、アメリカ人の所得が多くの人にとって不平等だという事実ではありません。むしろ、あまりにも多くの国民が貧しいという事実なのです」とオ

バマは言う。貧困が動く標的なのは確かだ。アメリカで貧しいとされる者が、中央アフリカでも貧しいと思われる必要はない。時として、貧困は不平等との関係で定義されることさえある――イギリスでは公式の貧困ラインが平均所得の何分の一かに設定されている――ものの、絶対的な基準の方が一般的だ。たとえば、世界銀行は2005年に1日1・25ドルという貧困ラインを用いたし、アメリカではカゴ1杯分の消費財のコストが参考にされる。貧困がどう定義されようと、それが望ましくないという点には誰も異存がないだろう。つまり問題は、貧困やそれと関連するかもしれない巨額の資産ではなく、所得と富の不平等自体がわれわれの生活に及ぼす悪影響を明らかにすることなのだ[15]。

経済成長と不平等

最も現実的なアプローチは、経済成長に対する不平等の影響に焦点を絞ることだ。経済学者は繰り返し、この関係を見極めるのは難しいし、問題の理論的な複雑さは既存研究の実証手法と常につりあっていたわけではないと指摘してきた。とはいえ、多くの研究によって、不平等のレベルが高いと成長率が実際に低くなることが示されている。たとえば、可処分所得の不平等のレベルが低いと、経済成長が速いばかりか成長期も長くなることがわかってきた。

不平等は先進国の経済成長にとってとりわけ有害らしい。さかんに議論される次のような主張の根拠すら存在する。つまり、アメリカの世帯間の不平等レベルが高いことが一因となって、2008年の大不況〔リーマンショックに端を発したグローバル金融危機〕のきっかけである信用バブルが発生したのであり、その理由は、低所得世帯が手軽に利用できる信用貸し（その一部は最富裕層が蓄積した富によって生み出された）を頼りに、富裕層の消費パターンに追いつこうと借金をしたところにあるという主張だ。対照的に、より厳格な融資条件のもとでは、富の不平等のせいで信用貸しの利用が妨げられ、低所得層は不利になると考えられている[16]。

不平等がもたらすさまざまな帰結

先進国では、不平等レベルが高まると世代をまたぐ経済的流動性が低下する。親の所得と富は、学業成績はもちろん収入の強力な指標なので、不平等は時を経ても永続する傾向があり、この傾向は不平等レベルが高いほど大きくなる。関連する問題として、所得による居住地分離が結果として不平等化を促すことが挙げられる。1970年代以降、アメリカの大都市圏では、高・低所得エリアの人口増加に中所得エリアの縮小が重なって、二極化が進んできた。とりわけ、裕福な地域はますます孤立してきたが、これは地元で資金調達する公共サービスなどの資源の集中を招きやすい事態であり、そうなれば今度は子どもの人生のチャンスに影響が及び、世代間の社会的流動性が妨げられる[17]。

発展途上国では、少なくともある種の所得の不平等は内紛や内戦の可能性を高める。高所得社会が対処すべき帰結は、そこまで極端なものではない。アメリカでは、社会が不平等だと富裕層が力を行使しやすくなるため、政治的プロセスに影響が及ぶと言われてきた。だがこの場合、こうした事態の原因が、不平等そのものにあるのか巨万の富の存在にあるのかという点に疑問が生じるかもしれない。いくつかの研究によれば、高レベルの不平等は自己報告による低レベルの幸福と相関していることがわかっている。健康だけは資源そのものの分配には影響されないらしく、この点で所得レベルとは対照的だ。つまり、健康の差が所得の不平等を生み出す一方で、その逆の現象はいまだに証明されていないのである[18]。

これらの研究すべてに共通しているのは、物質的不平等の実際の帰結に焦点を合わせているということだ。そこでは、有益性の観点から不平等が問題視されている。資源分配の歪みに対する別の異論は、規範倫理や社会正義の概念にもとづくものだ。私の研究の範囲をはるかに超える視点だが、経済的関心に支配されすぎる嫌いのある議論においては、もっと注目されていい。

とはいえ、純粋に有益性の問題に話を限っても、少なくともある一定の状況では、高いレベルの不平等や、所得と富の不均衡の拡大は、社会・経済の発展にとって有害であることは疑いない。では「高い」レベルとはどのくらいだろうか？　不均衡の「拡大」は現代社会の新たな特徴なのか、それとも歴史上ありふれた状況に近づいているだけなのかは、どうすればわかるだろうか？　フランソワ・ブルギニョンの言葉を借りれば、不平等が拡大している国々が回復を願うべき「正常な」レベルは存在するのだろうか？　もしも——多くの先進国におけるように——不平等レベルが数十年前よりは高いものの、1世紀前よりは低いとすれば、所得と富の分配の決定要因をどう理解すればいいだろうか？[19]

歴史から学ぶべきこと

有史時代の大半で、不平等はほぼ絶え間なく拡大あるいは持続してきたが、大幅に減少することはめったになかった。だが、不平等レベルの上昇を食い止めたり反転させたりするための政策提議においては、こうした歴史的背景に関する認識や理解がほとんど見られない場合が多い。そんなことでいいのだろうか？　もしかすると、現代はかつての時代とはすっかり別物になっており、農耕を柱とする非民主的な社会基盤から完全に解放されているので、歴史から学ぶものなどないかもしれない。実際、多くのことが変わった点に疑いはない。豊かな社会における低所得のグループは、過去のほとんどの人よりも暮らし向きがいいのが普通だし、最も発展の遅れた国々の最も恵まれない住民でさえ、彼らの先祖よりも長生きする。不平等を被る側の生活の経験は、多くの面でかつてとは大きく異なっているのだ。

だが、われわれにとってのここでの関心事は、経済的な、あるいはより広い意味での人間的な発展ではない——そうではなく、文明の果実がどう分配されているか、それが現在のように分配されている原因は何か、こうした結果を変えるには何が必要か、ということだ。私が本書を書いたのは、かつて不平等を形作っていた力が、じつのところすっかり変わってしまったわけではないことを示すためだ。所得と財産の現在の分配にバランスを取り戻し、より平等にしようとするなら、過去にこの目標を達するのに何が必要だったかに目をつぶってはならない。それだけではなく、われわれはこう問う必要がある。巨大な不平等が巨大な暴力なしに減少したことはあったか、この「偉大なる平等化装置」の力と比較して、もっと穏やかな影響の力はどれほどのものか、未来が大きく異なる可能性はあるか、と——たとえ、われわれがその答えを気に入らないとしても。

第1部

不平等の概略史

第1章 不平等の出現

原初の不平等と平等化の推進力——進化による平等化

類人猿のヒエラルキー

われわれ人類のあいだに不平等は昔からあったのだろうか。

今の世界で最も人間に近い類縁であるアフリカ大型類人猿——ゴリラ、チンパンジー、ボノボ——は、きわめて階層性の強い生き物だ。成熟したオスのゴリラは、メスのハレムを持てる少数の支配者と、配偶者をまったく持てないその他大勢との二通りに分かれる。シルバーバックと呼ばれる年嵩《としかさ》のオスが群れを率いて、その群れにいるすべてのメスを支配するだけでなく、成熟後も群れに残ったオスまで支配する。チンパンジーの場合は、オスの方が顕著ではあるものの、オスもメスも含めて全員が地位をめぐっての競争に大変なエネルギーを費やす。「つつきの順位」の高い地位にあるものは、弱いものいじめや攻撃的な誇示行動をさかんに繰り出し、低い地位にあるものは、それに比例するようにさまざまな服従の態度を示す。50頭から100頭ほどの群れのなかでの生活は、日々、序列という気の休まらない現実を中心に回っている。群れの構成員はそれぞれ特定の順位につきながら、全員がその位置を上げる機会を常に探っているからである。しかも、逃げ道はない。威圧的な優位者を避けようとして群れを離れたオスは、別の群れのオスに殺される危険を背負うことになるため、たいていのオスはそのまま群れにとどまって、競争するか服従するかの道をとるのだ。人間のあいだでのヒエラルキーの発生を説明するのに使われてきた「社会的制限」の現象をそっくり映すかのように、この強力な制約が、不平等を下支えする役を果たしているわけだ。

ゴリラやチンパンジーの親戚であるボノボは、一般にはそれらより穏やかなイメージを持たれているかもしれないが、群れのなかにはやはり同じように支配的なオスとメスがいる。チンパンジーよりはずっと暴力的でなく、弱いものいじめも少ないとはいえ、それでも順位制は明らかに存在する。メスの排卵が隠蔽されているのと、オスによるメスの組織的な支配がないために、配偶機会をめぐっての暴力的な争いこそ少ないものの、餌をめぐってのオス間競争にヒエラルキーは明白にあらわれている。ボノボにおいての不平等は、食料源への不平等なアクセス——人間で言うなら収入格差に最も近いもの——と、何より繁殖成功の差にあらわれるのだ。最も大きく、最も強く、最も攻撃的なオスが優勢順位の頂点に立ち、最も多くの食料を得て、最も多くのメスと交配するというのが標準的なパターンである。[1]

こうした共通の特徴が、これら3つの種が祖先の系統から分岐したあとにはじめて、それぞれで進化したとは考えにくい。これらの種の分岐が始まったのは約1100万年前で、そこでゴリラが出現し、それから300万年ほどのうちに、チンパンジーとボノボの共通祖先と、アウストラロピテクスを経由して最終的に現生人類に進化する系統の最古の祖先とが分かれている。

とはいえ、不平等の明白な社会的あらわれがずっと霊長類に共通の特徴であったわけでもなさそうだ。順位制は群れでの生活に付随する機能であり、もっと古い時期にわれわれと分岐した遠い霊長類の類縁は、現在では社会性の薄い、単独で生活する種、もしくは群れを作るにしても非常に小さな群れか、一時的な群れのなかで生活する種として生きている。たとえば2200万年ほど前に大型類人猿の祖先と分岐して現在に至るテナガザルなどはその一例であり、あるいは1700万年ほど前に大型類人猿としてはじめて種形成を果たし、現在ではアジアのみに生息するオランウータンもまた然りだ。

対照的に、われわれ人間を含めた、ヒト科に分類されるアフリカ大型類人猿のあいだでは、階層を伴う社会性が典型的な特徴となっている。したがって、ゴリラとチンパンジーとボノボと人類との最終共通祖先はすでに多少なりともこの特徴を備えていたが、もっと遠い類縁の祖先は必ずしもそうではなかったのだろうと考えられる(2)。

化石人類と現生人類

しかし現生人類や化石人類における不平等を考えるには、ほかの類人猿の種からの類推では不十分かもしれない。現時点で証拠の代わりとして最も信用が置けるのは、サイズの性的二型をあらわした骨格データだろう。一方の性別の成体――この場合なら成人男性――が、もう一方の性別の成体よりどれだけ大きく、重く、頑健であるかということだ。アシカもそうだが、ゴリラの場合も、ハレムを持てるオスと持てないオス、そしてオスとメスとのあいだの激しい不平等が、オスが大いに優勢となるサイズの性的二型に結びついている。

化石記録から判断して、化石人類――400万年以上前にさかのぼるアウストラロピテクスやパラントロプス——は現生人類より性的二型が顕著だったようだ。最近ではかなり疑問視されつつある伝統的な見解をそのまま受け取るとすれば、300万年前から400万年前に現れた最古の人類の一種であるアウストラロピテクス・アファレンシスやアウストラロピテクス・アナメンシスは、男性の体重が女性より50％以上も重いことが特徴とされ、それよりあとの種は、ちょうど前者と現生人類との中間あたりに位置することになっている。アウストラロピテクスよりも脳の大きいホモ・エレクトスが約200万年前に出現すると、性的二型は早くも縮小傾向に向かい、今のような比較的わずかな男女の体格差に近づいていった。

性的二型の度合いがメスをめぐってのオス間競争の蔓延に相関していたり、あるいはメスの性選択によって形成されていたのである限り、性差の縮まりは、オスのあいだでの繁殖成功率の差が小さくなったことの証なのかもしれない。だとすれば、進化は男性間での不平等も、男女間での不平等も軽減させたわけだ。とはいえ、繁殖面での不平等が女性においてより男性において大きいのは昔も今も同じであり、緩やかな一夫多妻もそれなりにずっと残ってはいる(3)。

進化による平等化

そのほか、すでに200万年くらい前から始まっていたと見られる別の発展からも、やはり平等化の進行を推測することができる。脳や生理機能におけるさまざまな変化のうちに、協力的な繁殖や摂食を促進するような変化があったとすれば、優位の個体による攻撃的な行動は抑えられ、集団内での階層性も緩和されただろう。そして暴力のふるい方における革新的な変化も、このプロセスの一助となっていたかもしれない。劣位者が優位者に対して抵抗しやすくなる要素があれば、優位者の支配力は弱まるから、したがって全体的な不平等も減少したはずだ。劣位者どうしでの連合形成はその目的を達するための一手段であり、もうひとつの手段が、飛び道具の使用だった。接近戦では、武器として手や歯を使おうと棒や石を使おうと、より頑健で攻撃的な男性の方に分があった。しかし遠くからでも投げつけられる武器が使われるようになってからは、それが平等化を進める作用を果たしはじめた。

武器の発達

約200万年前、肩に生じた解剖学的変化によって、人類ははじめて石などの物体を効果的に投げられるようになった。これはそれ以前の種にはない、そして今でも人間以外の霊長類にはないスキルだ。この適応によって、人類の狩りの能力が高まっただけでなく、最下位の者が最上位の者に対抗しやすくもなった。次の段階では槍の作成が始まり、さらにその次で、槍先を火であぶって硬くしたり、先端に石を取りつけたりといった強化がなされた。制御された火の使用が始まったのは、およそ80万年前と見られる。そして熱処理技術が生まれたのは16万年前である。短い投げ矢や石のやじりなどは、わかっている限り約7万年前に南アフリカで使われたのが最初で、飛び道具の発展にはそれ以前に長い長い歴史があったのだ。

現代からすればいかに原始的に見える道具でも、それらが登場したことにより、体の大きさや強さや攻撃性よりもスキルの方が勝るようになり、先制攻撃や待ち伏せ攻撃が広まると同時に、弱い者どうしでの協力も促進された。そして認知技能の進化は、より正確な投てきや、武器設計の向上、より確実な連合形成を生むのに欠かせない補完事項だった。完全な言語能力は、より綿密な協力関係を助長し、道徳観念を強化するのに役立ったと思われるが、これも遅くて10万年前、早ければ30万年前には発達していたと見られる。

こうした社会的変化の経緯の大部分はいまだ不透明で、過去200万年の大半にわたってゆっくりと展開したのかもしれないし、解剖学的に現代的になった人類、すなわち、われわれホモ・サピエンスがアフリカに出現した少なくとも20万年前以降、この種のあいだで集中的に変化が起こったのかもしれない(4)。

暴力行為の組織化による平等化

現在に照らせば、何より重要なのは累積的な結果だ。つまり人間以外の霊長類ではありえないようなかたちで、劣位の個体がアルファオス〔群れで一位のオス〕に大いに対抗できるようになったということである。集団の構成員それぞれに飛び道具という武器があり、構成員どうしの連合形成によって優位者の影響力と拮抗できるようになった時点で、実力行使と威嚇を通じてのあからさまな支配は、もはや実行可能な選択肢ではなくなった。もしこの推測が――こうとしか考えられないから――正しければ、暴力と、より厳密に言えば、暴力行為を組織化してちらつかせるという斬新な戦略が、人間の歴史における最初の大きな平等化において重要な、おそらくは決定的とさえ言える役割を果たしたわけだ。

人間の生物学的進化、および社会的進化は、早くも平等主義的な平衡を生み出していた。まだ集団はそれほど大きくなく、繁殖能力もそれほど差別化されておらず、集団間の対立や縄張り意識もそれほど発達していなかったから、少数の者への服従が多数の者にとって一番ましな選択肢に見えるようなことにはならなかった。動物界に見られるような支配とヒエラルキーは徐々に薄れていたが、かといって、家畜化や財産や戦争のうえに成り立つ新しいかたちの不平等もまだ広まっていなかった。

このような世界は、今はもうほとんどないが、完全になくなったわけでもない。資源の不平等度が高くなく、強い平等主義的な気風を特徴とする、現代にいまだ残る数少ない狩猟採集集団は、中期旧石器時代と後期旧石器時代の平等化の推進力がどのようなものだったかを、部分的にではあるが垣間見せてくれる。[5]

現代の狩猟採集民に見る平等主義

狩猟採集民のあいだでは、物資調達やインフラ面での強い制約が、不平等を抑制する機能を果たしている。遊牧民のように集団で移動はするものの、荷物運搬用の動物を持たない生活様式は、所有物の蓄積を大いに制限するし、狩猟採集民集団の規模の小ささと流動的な集団構成からすれば、年齢と性別による基本的な力の差を超えた、安定した上下関係は生まれにくい。しかも、狩猟採集民の平等主義的な傾向は、他人を支配しようとするもくろみを意図的に拒絶することから生じている。したがって、放っておくとヒエラルキーができてしまう人間本来の自然な傾向は、決定的に抑え込まれる。公平な条件を維持するために、彼らのあいだでは積極的な平等化が採用されるのだ。

平等主義的な価値観を強化するための手段は、厳しいものから緩いものまでいろいろあって、人類学者による裏づけもとれている。物乞い、たかり、盗みは、資源分配をより平等にするための有効な手段だ。権威を振りかざしたり、自己権力を拡大しようとするような行動に対しては、陰口、批判、嘲笑、不服従から、追放、身体的暴力、果ては殺害まで、さまざまなかたちで制裁がなされる。結果として、明確なリーダーシップは生じにくく、集団内の何人かのあいだでリーダー的な役割が分散され、しかも長くは続かない。ここではまったく偉そうでない人が、他人に影響を及ぼす絶好のチャンスを持てるのである。この独特のモラルエコノミー（道徳経済）は、「逆順位制」と呼ばれる。これが成人男性（一般に女・子どもを支配する存在）のあいだで作動していれば、権威の高まりは常に中和され、予防されるだろう。[6]

数百名からなるタンザニアの狩猟採集民のハッザ族のあいだでは、移動生活をともにする小集団のメンバーがそれぞれに狩猟採集をして、獲得した食料を家族内で優先的に分配する。ただし、家族の枠を越えて食料を分け合うのも当然のこととして普通に行われており、他人が見つけやすいところに資源がある場合には特にそうなる。蜂蜜のありかなら隠しやすいから隠そうとはするかもしれないが、もし見つかれば、その蜂蜜は分けざるをえない。たかりは許容された一般的な行為だ。したがって、個人的には明らかに自分や自分に近しい親族のためにより多くを確保しておきたくても、規範がそれを妨げる。支配の不在が共有を拒みにくいようにしているからこそ、共有が普通になっているのだ。大型獣などの大きな腐りやすい獲物などは、生活集団の枠を越えて共有されることさえある。蓄えることに価値が置かれていないため、手に入る資源はたいていすぐさま消費され、たまたまその場にいなかった者には分配されないことも珍しくない。

結果として、ハッザ族は最低限の私有物しか持たない。個人が所有するのは装身具と衣服と掘り棒ぐらいで、あとは女性なら料理鍋、男性なら弓矢といくつかの道具くらいだ。これらの品物の多くは特に耐久性に優れているわけでもなく、所有者がそれらに強い愛着を持つこともない。こうした日用品以外の財産は存在せず、領地の防衛もない。権威が存在しないか、もしくは分散しているために、集団全体での決定に達することが難しく、もちろん決定を守らせることもできない。こうしたあらゆる面において、ハッザ族はまさに現存する狩猟採集民を広く代表している。(7)

狩猟採集民の必要最低限の生活様式と、平等主義的なモラルエコノミーとが結びつくと、どんなかたちの発展も許さないような強固な障害が形成される。理由は単純で、経済成長を果たすには、イノベーションと余剰生産が促されるようにするために、所得と消費にある程度の不平等が必要だからだ。成長がなければ余剰は生まれにくいから、それを何かに充当することも後代に受け継がせることもできない。モラルエコノミーが成長を阻害し、成長の欠如が余剰生産とその集積を阻害する。

ただし勘違いしないでほしいのだが、これは狩猟採集民がある種の共産主義を実践しているということではない。消費は平等化されていないし、個人はそれぞれ肉体的資質に違いがあるだけでなく、支援ネットワークや物的資源にアクセスできる程度においてもさまざまなのだ。次節で見ていくように、狩猟採集民の不平等は存在しないのではなく、別種の生活様式に依存する社会での不平等に比べれば、ずっとわずかだというだけのことである。(8)

あわせて、現代の狩猟採集民と農業開始以前の祖先たちとでは、いくつかの重要な面で違いがある可能性も考慮する必要がある。現代に残る狩猟採集民集団は、完全に周縁化された存在で、農耕牧畜民からすると遠く隔たった、関心さえも持ちようがないような一帯に住んでいる。そのような環境は、物的資源の蓄積や縄張りの主張をできるだけしない生活様式に適しているだろう。しかし食料用植物の栽培化や動物の家畜化が始まる前の狩猟採集民は、もっとずっと広く世界中に分散しており、もっと豊富な天然資源にアクセスできていた。また、ことによると現代の狩猟採集民集団は、もっと階層性の強い農耕民や牧畜民の序列世界に反応して、自分たちを外部の規範とは対照的な存在だと定義しているかもしれない。現存する狩猟採集民は時間を超越した「生きた化石」ではないのだから、彼らの生活はある特定の歴史的文脈の範疇で理解する必要がある。(9)

遺物に見られる旧石器時代の不平等

こうした理由から、先史時代の人びとは必ずしも現代の狩猟採集民の日常から示唆されるほど平等主義的ではなかったと考えられる。およそ1万1700年前の完新世の始まりに先立つ時代に、物質的不平等は稀有ではあったが確実に存在していたはずで、それは当時の埋葬に明白にあらわれている。

世襲身分と不平等を示唆する最も有名な例は、モスクワから200キロメートルほど北方のスンギール遺跡から出土している。この更新世の遺跡の年代は約3万～3万4000年前で、ちょうど最終氷期の比較的温暖な期間に相当する。ここから発掘されたのは狩猟採集民の一団の遺物で、彼らはオオカミやキツネ、ヒグマ、ホラアナライオンなどのほか、バイソンやウマ、トナカイ、レイヨウ、さらにはマンモスといった大型哺乳類まで殺して食べていたと見られる。特に圧巻なのは3つの人間の墓だ。ひとつは成人男性の墓で、おそらく毛皮の衣服に縫いつけられていたのであろう、マンモスの象牙でできた3000個ほどのビーズと、20個ほどのペンダント、25個のマンモスの象牙の指輪が一緒に残されていた。そこから少し離れて、10歳くらいの少女と12歳くらいの少年の永眠の地となった墓があった。どちらの子どもの衣服もさらに大量のビーズで飾られており、その数あわせて約1万個、ほかにもマンモスの牙をまっすぐに伸ばしてつくった槍や、各種の美術品など、身分の高さを示すさまざまな副葬品が埋まっていた。

これらの埋蔵物には、並々ならぬ労力が費やされていたに違いない。現代の学者の推定によれば、1個のビーズを彫るのに15～45分かかるということだから、1人週40時間の仕事量として換算すると、全部を彫るのに1.6～4.7年かかることになる。子どもたちの墓からは、帯と被り物につけられた300個のホッキョクギツネの犬歯も発掘されており、これらを集めるには少なくとも75頭のキツネが必要だが、歯を無傷で抜くことの難しさを考えれば、実際に使われたキツネの数はそれよりずっと多かったかもしれない。

狩猟採集民といえどもある程度の定住生活の期間はそれなりに長く、この集団のメンバーにも、これらすべてを仕上げられるだけの空き時間はあっただろうが、そもそもどうしてこのようなものをわざわざ作ったのかという疑問は残る。この3人が、ふだんの衣服や装飾品をまとって埋葬されたとは思われない。子どもたちのビーズが成人男性のビーズより小さかったことから察するに、それらはあくまでも子どもたち専用で、生前に作られた可能性もあるが、おそらくは埋葬に際して特別に作られたのではないかと考えられる。今となっては理由はわからないが、ともかくこの3人は何か特別の存在だったのだろう。子ども2人に関しては、自分でこのような扱いを受けられる特権を得るには幼すぎるから、集団内の有力者との血縁関係のおかげでこういうことになったのだろう。

成人男性と少年には致命的と見られる怪我のあとがあり、少女は生前には普通に歩けなかっただろうと思われるほど大腿骨が短かったが、だからといって何がわかるわけでもない[10]。

今のところスンギールの埋葬の豪華さは旧石器時代の記録のなかで群を抜いているが、もっと西方でも贅沢な墓がいくつか見つかっている。ほぼ同時代のチェコ共和国モラヴィア地方のドルニー・ヴィエストニツェ遺跡では、精巧な被り物をつけて埋葬された3人の遺骸が黄土色の地中に安置されていた。もっと時代がくだると、事例はもう少し多くなる。イタリアのリグリア海沿岸のアレネ・カンディデ洞窟には、およそ2万8000〜2万9000年前のものと見られる深い竪穴式の墓があって、贅沢に装飾された若い男性が赤土の床に安置されていた。その頭骨のまわりからは穴のあいた貝殻とシカの犬歯が何百個と見つかっており、それらはもともと、何か天然の素材でできた被り物に縫いつけられていたのだろうと思われる。さらにマンモスの象牙でできたペンダント、ヘラジカの枝角でできた4つの棍棒が残されていたほか、珍しいフリント（火打ち石）でできた並外れて長い刃物が右手に握られていた。

1万6000年ほど前にサンジェルマン＝ラ＝リヴィエールで埋葬された若い女性は、貝殻と歯でできた装飾品を身につけていた。後者は穴のあいた70個ほどのアカシカの犬歯で、300キロメートル以上離れたところから持ち込まれたに違いなかった。また、時代としては完新世の初めだが、まだ狩猟採集が続いていた約1万年前のフランスはドルドーニュ地方のラ・マドレーヌの岩陰遺跡では、3歳の子どもが1500個の貝殻のビーズとともに安置されていた[11]。

格差の前兆

これらの遺物を見ると、やがて到来する不平等の最も古い前兆ではないかと解釈したくなる。規格化された高度な工芸品の製造、きわめて反復的な仕事への時間投資、遠方由来の原材料の使用を示す証拠からして、そこでは現代の狩猟採集民のあいだに見られる経済活動よりも、高度な経済活動がなされていたのだろう。そして、これらの証拠から、普通は狩猟採集生活と結びつかないような社会的格差も浮かび上がる。子どもや若者のために贅沢な墓が用意されるということは、生得的な地位、それもおそらくは世襲の地位を示唆するからだ。こうした材料からだけで階層的な関係が存在したとまでは推論しがたいが、少なくとも、それはありえないことではない。

とはいえ、ここに恒久的な不平等をほのめかすものは何もない。複雑さの高まりも地位の差別化も、実際には一時的なものだったと見られる。平等主義は安定したカテゴリーである必要はない。社会的行動は変化する環境に伴って、あるいは繰り返し生じる季節的な圧力に伴って、折々に変わるものであってもおかしくない。さらに言えば、最古の沿岸適応——貝や甲殻類などの海洋性食料源へのアクセスが縄張り意識と強いリーダーシップを助長させた社会的進化の揺籃——は10万年も前にさかのぼるものかもしれないが、新たに出現した階層性や消費格差との関連証拠は——少なくとも今のところは——ないのである。現在わかっている限り、旧石器時代の社会的不平等や経済的不平等は、まだ散発的で一時的なものだった(12)。

大いなる不平等の拡大
——食料生産に始まる余剰の蓄積と伝達

食料生産の始まり

不平等が始まったのは、最終氷期が終わって気候条件が異例の安定期に入ってからのことだ。完新世、すなわち10万年以上の時を経てやっとめぐってきた温暖な間氷期は、経済や社会の発達にとって望ましい環境を生み出した。その進歩によって人類はより多くのエネルギーを抽出し、人口を増やせるようになったが、それとともに権力と物的資源の分配の不平等が高まっていく基盤も築かれた。その行き着いた先が、「大いなる不平等拡大」とでも言うべき現象である。新しい生活様式と新しい社会機構への移行が起こって、狩猟採集民の平等主義をじわじわと損ない、代わって恒久的な階層性と所得や富の格差を蔓延させたのである。そのような発展が起こるためには、侵害から守ることのできる、そして所有者がそこからの余剰をあてにできるような生産的資産がなくてはならなかった。農耕と牧畜による食料生産は、その2つの要件を満たすものであり、したがって経済と社会と政治の変化を促す主要な要因となった。

ただし、動植物の栽培化や家畜化は必須の条件ではなかった。ある特定の条件下では、狩猟採集民が栽培化や家畜化のされていない天然資源を利用して、似たような結果を出すことができた。縄張り、階層、不平等は、ある一定の場所でだけ漁業が成り立つような、もしくは生産量が特に高くなるようなところでも生じることがあるのだ。この現象は、海洋適応や河川適応と呼ばれ、民族誌的記録にも十分な裏づけがある。西暦500年ごろから、北米大陸のアラスカからカリフォルニアまでの西海岸に沿っての人口増加の結果として漁業資源への圧力が高まり、そのため狩猟採集民のあいだでは、サケの上る川というきわめて限定されたところに対する支配権が確立するようになった。そして場合によってはそれに伴い、ほぼ均一だった住居から、おもに家族用、配下用、奴隷用の大きな家を特徴とする階層化された社会への移行が起こった[13]。

詳細な事例研究の数々から浮かび上がってきたのは、資源の欠乏と不平等の出現との密接なつながりだ。西暦400~900年ごろ、カナダのブリティッシュコロンビア州のキートリー・クリーク遺跡には、フレーザー川の近くに、地元のサケの流れを利用する数百名からなる集落があった。考古学的遺物から判断して、サケの消費は800年ごろに減りはじめ、哺乳動物の肉がそれに代わった。このころから、不平等を示唆するものが記録に出てくる。最も大きな家の竪穴から発掘された魚の骨の大部分は、成熟したキングサーモンとベニザケのもので、いずれにしても脂肪とカロリーの豊富な掘り出し物だ。希少な石などの高級品もそこで見つかっている。対照的に、最も小さな2つの家からは、もっと若くて栄養に乏しい魚の骨しか出てきていない。

複雑さが同程度のほかの多くの社会においてと同様に、不平等は儀式的な再分配によって祝われも緩和されもした。かなりの人数に食べ物を用意できるくらい大きな竪穴式のかまどは、裕福な有力者が集落のための祝宴を催していたことを示唆する。1000年後には、寛大さの誇示を通じてリーダーどうしで張り合うポトラッチの儀式が、太平洋岸北西部の一帯における一般的な特徴となっていた。同様の変化は、同時代のブリッジ・リバー遺跡でも起こった。800年ごろから、大きな建物の所有者が高級品を蓄積しはじめ、戸外での共同調理をやめるようになるとともに、貧しい住民はそれらの世帯に付属するようになり、不平等が制度化されていったのだ[14]。

あるいは技術的な進歩によって、不平等を拡大する社会的変化や経済的変化が早まる場合もあった。現在のサンタバーバラ郡とベンチュラ郡に相当するカリフォルニアの沿岸地帯に住んでいたチュマシュ族は、何千年ものあいだ、単純な小舟を使い、ドングリを採集する、平等主義的な狩猟採集民として暮らしていた。しかし500~700年ごろに、十数人を乗せて岸から100キロメートルの外洋に出ていける大きな厚板のカヌーが導入されたことで、チュマシュ族はもっと大きな魚を獲れるようになったとともに、沿岸の貝殻交易の仲買人として成長していった。彼らはチャネル諸島から採ってきたフリントを内陸の集団に売って、交換にドングリや木の実や食用草木を得た。これが階層的な序列を生み出し、その序列のなかでは、一夫多妻の首長がカヌーの管理権と縄張りへのアクセス権を一手に握り、手下を動員して戦闘を指揮し、各種の儀式を執り行った。その見返りに、彼らは下位の者たちから食物や貝殻の支払いを受け取った。

こうした環境では、狩猟採集社会も比較的高度な複雑さを獲得できる。集中した地域資源への依存が高まるにつれ、集団の移動性は減少して、職業の専門化、厳密に定まった資産所有権、境界線防衛、近隣集団間での熾烈な競争とそれに伴う捕虜の奴隷化が、階層性と不平等を育んだ。[15]

狩猟採集民のあいだでは、この種の適応は、特定の生態的ニッチにおいてだけ可能であり、通常その先までは広まらなかった。食料資源の栽培化や家畜化だけが、経済活動と社会的関係を世界規模で変化させる潜在的な力を持っていた。それがなければ、純然たる不平等は海沿いや川沿いの小さな一帯に限定され、そのまわりの全世界は平等主義の狩猟採集社会のままだったかもしれない。しかし、そうはならなかった。さまざまな食用植物が各大陸の各地域で栽培化されはじめた。最初は1万1500年前ごろに南西アジアで、次いで1万年前ごろに中国と南米で、9000年前ごろにメキシコで、7000年あまり前にニューギニアで、そして5000年前ごろに南アジアとアフリカと北米で。一方、動物の家畜化は、植物の栽培化に先立つこともあれば後れることもあった。狩猟採集から農耕への移行は長きにわたる過程だったろうから、必ずしも一直線に進んだわけではなかったのである。[16]

食料貯蔵による社会階層の発生

それをまさしく例証するのが、この移行にはじめて立ち会ったナトゥーフ文化と、その後継として先土器新石器時代のレヴァントに現れた文化だ。1万4500年前ごろから、気候が温暖多湿へと向かったことで、レヴァント地方の狩猟採集民の集団は人数が増え、それまでよりも永続的な集落を基盤として、豊富な獲物を狩り、野生の穀物をたっぷり採集することができるようになった。そうなると、たとえ小ぶりでも、貯蔵施設が必要になってきただろう。物的証拠はきわめて少ないが、それでも現代の代表的な専門家が「初期の社会的階層」と呼ぶものができあがっていたことは窺える。

考古学者の発掘により、共用目的で使われていたと見られる一棟の大きめの建物のほか、製造するのに大変な労苦を要したであろう特殊な玄武岩の乳鉢も何個か発見されている。ある計算によれば、約1万4500年前から1万2800年前の初期ナトゥーフ期のものとされる人骨の約8%が、何百キロメートルも遠方から持ち込まれたものを含めた貝殻や、骨や歯でできた装飾品を身につけていた。大きな竪穴式かまどや炉床の存在は、ずっとのちにアメリカ北西部で催されていたのと同様の、再分配のための祝宴があったことを意味するのかもしれない。[17]

しかしながら、この温和な環境条件のもとでどの程度の社会成層と不平等が発達したにせよ、それはその後、ヤンガードリアスと呼ばれる1万2800年ほど前から1万1700年ほど前まで続いた寒冷期のあいだに、自然と消滅してしまった。この期間、一帯の資源が次第に減少し、予測もつきにくくなったため、残っていた狩猟採集民はやむなく移動式の生活様式へと回帰した。気候の安定が戻ったのは約1万1700年前だったが、ちょうどその時期と一致して、ヒトツブコムギ、フタツブコムギ、コムギ、オオムギといった野生作物の栽培の最古の証拠が出はじめる。

初期先土器新石器時代と呼ばれる期間（約1万1500〜1万500年前）に、集落は拡大して、食料がついに各世帯で貯蔵されるようになった。この慣習は、所有権の概念が変化したことを示唆する。黒曜石などの珍しいものがはじめていくつか出現したことは、高まった身分を見せつけて確実にしたいという人びとの願望のあらわれだったのかもしれない。

後期先土器新石器時代（約1万500〜8300年前）からは、さらに細かい情報が出ている。約9000年前のトルコ南東部のチャユヌという村は、いくつかの区画からなっており、それぞれの区画ごとに建物や遺物の大きさや質が異なっていた。大きくて造りもしっかりした建造物には、ほかでは見られないような珍しい人工遺物が伴われており、そのほとんどが広場や寺院のすぐ近くに建つ。黒曜石やビーズや道具を副葬品としている墓はごく一部だったが、チャユヌの最も豪勢な住居内埋葬4件のうちの3件は、広場に隣接した住居で行われていた。これらすべてはエリート身分の標識と見なせるかもしれない[18]。

農耕以外の要因

その後の時代に見られる不平等のほとんどが農耕によって確立されたのは間違いないだろう。しかし、別の経路も存在していた。前述した海洋適応などは、食料の栽培化や家畜化がなかったとしても、かなりの政治的、経済的な格差を生み出せる。あるいはウマを運搬用として家畜化した場合、たとえ食料生産が行われなかったとしても、やはり不平等化効果をもたらしたかもしれない。

18世紀から19世紀、アメリカ南西部の奥地に住んでいたコマンチ族は、ヨーロッパ原産のウマに依存して戦闘をしたり遠方を襲撃したりする戦士文化を形成した。バッファローなどの野生哺乳類が彼らの主要な食料源で、採集した野生植物と、交易や略奪で得たトウモロコシが副食だった。こうしたやり方のために、彼らのあいだには相当の不平等が成り立っていた。捕虜の若者が富者のウマの世話をするのに使われ、ウマの所有数がコマンチ族の世帯を「富者」(tsaanaakatu)と「貧者」(tahkapu)と「極貧」(tubitsi tahkapu)にかなり明確に区分したのだ。

もっと一般的に言えば、狩猟採集社会と園芸社会と農耕社会は、必ずしも不平等の度合いに体系的に結びついてはいなかった。ある狩猟採集民集団は、ある農耕集落より不平等の度合いが大きかったかもしれないということだ。北米の258のネイティブアメリカン社会を対象にしたある調査によれば、栽培化や家畜化の程度ではなく、余剰の規模こそが物質的不平等の主要な決定要因だった。まったく、ないしはほとんど余剰を持たない社会の3分の2が資源の不平等を明示していなかったのに対し、中程度以上の余剰を生み出している社会の5分の4は、資源の不平等をはっきりとあらわしていたのである。この相関関係は、生活様式の違いと不平等の程度との相関関係よりもはるかに強い(19)。

不平等の決定要因

発達程度のさまざまな世界各地の21の小規模社会——狩猟採集社会、園芸社会、牧畜社会、農耕社会——についての共同研究では、不平等に対する最も重要な2つの決定要因が特定されている。ひとつは土地と家畜の所有権で、もうひとつが富を次世代に伝達できる能力だ。研究者たちは3種類の富に着目した。肉体的な富(おもに身体の強さと繁殖能力)、関係的な富(たとえば労働仲間など)、物質的な富(家財、土地、家畜)の3つである。

この研究のサンプルの場合、狩猟採集民と園芸民のあいだでは肉体的な恵みが最も重要な富で、最も重要でないのが物質的な富だったが、牧畜民と農耕民においては逆の結果になっていた。各種の富の相対的な重要度は、全体的な不平等の程度を決める重要な要因となる。肉体的な富に対しては物理的制約が比較的厳しく、とりわけ体の大きさに関しては厳しくて、体の強さ、狩りの収益、繁殖成功に関してはそれほどでもない。関係的な富は、比較的柔軟ではあるが、農耕民と牧畜民のあいだではやはり不均等に分配されており、この2つの集団における土地と家畜の不平等さは、狩猟採集民と園芸民における道具や舟の不平等の程度よりも高いレベルに達していた。こうした各種の富に適用されるさまざまな制約の兼ね合いと、それぞれの富の相対的な重要性が、生活様式ごとに見られる違いの原因となっている。総合的な富の平均ジニ係数は、狩猟採集民と園芸民では0・25~0・27という低さだが、牧畜民(0・42)と農耕民(0・48)ではずっと高い。物質的な富だけで見ると、大きな分かれ目は狩猟採集民(0・36)とそれ以外(0・51~0・57)とのあいだにあるようだ[20]。

富をどれだけ伝達できるかも、やはり決定的な変数である。世代間での富の伝達度は、農耕民と牧畜民においては狩猟採集民と園芸民より約2倍も高かった。そして農耕民と牧畜民が所有できる物質的財産は、狩猟採集民と園芸民が持つ資産よりもずっと伝達するのに向いていた。

こうした体系的な違いが、人生の機会の不平等さに強い影響を及ぼす。それを測るのが、総合的な富の比較で最上位の1割にいる親の子どもが最下位の1割にいる親の子どもとくらべて最終的にどれだけ親と同じ階層でいられるか、である。このような定義で見ると、世代間での移動性は全般的に穏やかだ。狩猟採集民と園芸民のあいだでも、最上位1割の子孫がその身分を再現した確率は、最下位1割の子孫が最上位に上がる確率の少なくとも3倍は高かった。しかし農耕民の場合、その確率ははるかに高く(約11倍)、牧畜民ではさらに高い(約12倍)。こうした差が生じるのには、2つの要因があると考えられる。この効果の約半分は、技術のせいだろう。技術が各種の富の特徴と相対的な重要度を決めるのだ。

そしてもう半分は、富の伝達様式を支配する制度によって説明できる。農耕民と牧畜民の規範は、同族への垂直的な伝達を好むのである。[21]

富の伝達

この分析に従えば、不平等とその存続は、3つの要因が組み合わさった結果だと言える。各種の資産の相対的重要度と、それらの資産がどれだけ伝達に向いているかという程度と、実際の伝達率だ。物質的な富がたいした重要度を占めておらず、しかもそれがあまり伝達に向かないので、実際にも相続が起こりにくいような集団では、当然ながら、物質的な富が主要な資産クラスとなっていて、しかもそれが伝達しやすく、ゆえに次世代に残されやすい集団にくらべ、全体的な不平等の程度が低くなる傾向にある。長い目で見れば、この伝達のしやすさは決定的な違いを生む。健康、対等性、資本と労働に対する利益などに関連して、不平等を生むランダムな衝撃があったとしても、再分配の結果として不平等の程度は次第に平均値に戻るはずなのだが、富が世代間で継承されるとなると、そうはならず、偶発的な影響がそのまま維持され、時間とともに蓄積されることになるからだ。[22]

前述のネイティブアメリカン社会に関する調査で見えてきたことと同じく、この21の小規模社会のサンプルから得られた実証的な発見も、栽培化や家畜化が重大な不平等化の十分な前提条件ではないことを示唆している。むしろ守りやすい天然資源への依存の方が、より決定的な要因なのだろう。そうした資源は概して次世代に遺贈できるものであるからだ。土地を耕したり、段々畑や灌漑設備を整えたりといった投資についても同様である。そうした継承可能な生産的資産を代々受け継がせ、改良することにより、2つの面から不平等が助長される。つまり時間が経つほど不平等が拡大する一方で、世代間での多様性や移動性は弱まるのである。

発達度のさまざまな1000以上の社会を対象にした、さらに広範な調査でも、伝達が主要な役割を担っていることは裏づけられている。この世界規模のデータセットによれば、単純な狩猟採集社会の約3分の1が動産の相続ルールを持っているが、不動産の伝達を認めているのはわずか12分の1だ。対照的に、集約農業を行っている社会のほぼすべてには、動産と不動産の両方についてのルールが備わっている。そして複雑な狩猟採集社会と園芸社会が、これらの中間に位置する。

当然ながら相続には、財産権の存在が必須となる。それがどういう経緯で生まれたかは推測するしかないが、経済学者のサミュエル・ボウルズの説によれば、農耕社会では、狩猟採集民にとっては実用的でない、もしくは実現可能でない財産に対する権利が重視されるようになるという。なぜなら、作物、建物、家畜といった農耕民の資産は、境界を区切って防御するのが容易であるが、そうした防御のしやすさは、狩猟採集民がおもに依存する分散した天然資源には必要ない条件であるからだ。海洋適応や騎馬文化のような例外は、この説明に完全に一致する。[23]

歴史的に見ると、不平等がゆっくりとしか進まない場合もある。紀元前7500年ごろからアナトリアの南西部〔現在のトルコの一部〕に存在していたチャタル・ヒュユクという新石器時代の最古の都市集落が、その最たる例だ。ここの数千名の住民は、鍬《くわ》を使っての園芸的な農耕と牧畜の組み合わせで暮らしを立てていた。土地は豊富で、統治構造や社会階層の明白な痕跡はまったくない。住民は家族単位で暮らし、各世帯で穀物や果実や木の実を蓄えていた。この遺跡からは多数の石器が発掘されている。紀元前7400年から6000年の時代の20の建物と9つの中庭から見つかった2429個の遺物を調べた包括的な調査が、各種の遺物の分配における違いを明らかにしている。

完全な状態のひき臼に関しては、家屋によって分配に大きなばらつきがあるが、総じて各世帯はかなり自由にさまざまな調理器具や石器を使えていた。完全な状態のひき臼は比較的精巧な建物から見つかることがほとんどだったが、そこが身分の高い世帯をあらわしているとも言いきれず、単にその世帯が食物加工に関連する共同作業の場だったという可能性もある。ほとんどのひき臼はすり減って使えなくなるずっと前に故意に壊されており、それが前者の解釈への反論になっているかもしれない。ひょっとするとこの習慣は、こうした貴重な資産の世代間での伝達に対する、普遍的とは言わないまでも広く普及した禁止命令の反映だとも考えられる。というのも、後期メソポタミア社会におけるひき臼は、相続可能な富のなかでもひときわ目立つ一品になっているからだ。世帯間での富の不均衡を抑止するように、平等化装置が積極的に適用されていた可能性は十分にある。(24)

リーダーシップとヒエラルキーの形成

しかし時間が経つうちに、不平等は次第に当然となった。メソポタミアからの考古学的証拠は、この地域に最初の国家が確立されるずっと前から、階層分化が明らかに現れていたことを示している。たとえば現代のバグダードの北方のチグリス川に面したテル・エス・サワンという村では、土壁に沿った堀から粘土製の多数の手投げ弾が見つかっており、約7000年前に暴力的な争いがあったことを窺わせる。そのような状況は、中央集権化したリーダーシップとヒエラルキーの形成をおのずと促しただろう。この遺跡の最も豪華な墓のいくつかは子どものもので、個人の業績ではなく一族の富にもとづいた身分の差があったことを示している。ほぼ同じ時期にさかのぼる、モスルの近くのテル・アルパチアの遺跡では、エリート一族の住居と見られる建物内のいくつもの広い部屋から、立派な土器、雪花石膏の鉢、黒曜石、その他さまざまな装身具や工芸品が見つかっている。

この集落ではリーダーたちが交易を支配しており、その証明として船荷のあちこちを粘土で封印し、その粘土が乾く前に単純な印章を彫りこんでいた。これが発展していったのが、のちのメソポタミアの歴史に見られる複雑な封印である。実際、ヤリム・テペ遺跡では火葬された若者が黒曜石のビーズだけでなく、刻印用の錐《きり》とともに埋葬されており、彼がそうした家系の一員で、おそらくはその公印の将来の相続人だったことをほのめかしている。(25)

この紀元前6000〜4000年ごろの時代には、すでに構造的な不平等の基本的な要素が整っていた。乏しい資源の奪い合いと有効なリーダーシップの必要性を窺わせるおびただしい数の防御建築。統治機能に関連していたのではないかと見られる世俗の公共建物。儀式的な力の重要性を示唆する家の中の神殿や寺院。子どもの贅沢な埋葬などに例証される世襲身分の形跡。そして異なる集落のエリート家系のあいだでの工芸品交換の証拠。政治的、軍事的、経済的な発展が集団内に差別化を生み、高い身分と交易支配と私財が密接に結びついていった。

あるいはまた、政治的なリーダーシップが甚だしい物質的不平等と結びつくこともあった。現在のブルガリアに位置する黒海沿いのヴァルナの集落の共同墓地には、紀元前五千年紀以来、遺体を納めた200以上の墓ができていた。なかでもひときわ目立つひとつの墓には中年男性が安置されており、総重量1・5キログラム近くにもなる990個もの黄金の品々で囲まれていた。もともとの衣服についていたものと思われる黄金の装身具が体を覆い、両腕にはずっしりと重い黄金の腕輪がつけられている。王権の象徴をふりかざすかのような斧型の笏《しゃく》もあった。さらにはペニスまで黄金に覆われているという豪勢さだ。この男性の墓だけで、この遺跡全体から見つかった黄金の品々の3分の1を占めており、重量にすれば全体の4分の1に相当した。

この墓地全体における副葬品の分布は非常にばらつきが大きく、墓の半数以上には何らかの品が納められていたが、遺物がたっぷりと見つかった墓は全体の10分の1以下で、豊富な黄金を含めた多様な品を伴っていたのはわずか一握りにすぎなかった。墓1基当たりの副葬品の数で見た場合、ジニ係数は時代によって0・61〜0・77の範囲だが、価値を考慮して分布を調整すれば、その数字は大きく跳ね上がる。この社会の機構については推測することしかできないが、そこに階層的な特徴があったことはほぼ疑いがない。黄金に覆われた前述の男性と、それよりはやや地味に埋葬をされていた数人が、この社会の最高位の首長だったのではないだろうか[26]。

支配層の出現――余剰がもたらす階層分化

これらの発見からは、不平等の補足的な要因が見えてくる。防御可能な資源からの余剰搾取と、個人や一族の富とを考え合わせると、それらの資源こそが――それを子孫や親族に譲り渡す権利も含めて――社会経済的な階層分化を深めさせる基盤となったことは明らかと思われる。新しいかたちの政治的、軍事的な支配力が、結果として所得と富の不平等を生み、さらにそれを増幅させたのだ。

食料の栽培化や家畜化への移行とまったく同様に、政治的な階層の進化もゆっくりとした漸進的なプロセスで、生態学的条件、技術的進歩、人口成長といった要件に大きく左右された。長い目で見れば、変化は全体として、単純な狩猟採集経済の典型である数十名からなる家族単位の小さな集団から、数百名くらいの構成員を特徴とする局所的な集団や集合体へ、そしてさらに大規模な、数千名や数万名を束ねる首長制社会や原始国家へと発展していくという流れをたどった。しかし、それは必ずしも直線的に進行したわけではなく、より複雑な形態の社会機構が環境を問わずに成立しえたわけでもない。結果として、農業を基盤とした国家レベルの複雑な社会が最終的にこの地球を独占することにはならず、牧畜民や園芸民、そして祖先である狩猟採集民の生き残りからなる集団《バンド》や部族《トライブ》社会や首長制社会と共存することになった。この多様性は、不平等の出現の背後にある原動力を理解するうえで、非常にありがたいものだった。そうした多様性があったからこそ、それぞれの生活様式の特徴を比較し、それぞれの生活様式ごとに富の蓄積や伝達や集中化がどのように起こるかを、すでにざっと見てきたように比較することができたのだ。[27]

記録に残る世界各地の社会政治機構も同じように多種多様なものだったから、権力や身分の不平等を富の不平等と関連づけることも可能になった。世界規模で見ると、農業は社会的、政治的な階層分化と密接な相関関係にある。1000以上の社会を含めたあるサンプルでは、単純な狩猟採集社会の4分の3以上が社会階層化の形跡を示していないのに対し、集約農業を行っている社会で社会階層化の形跡が見られないのは3分の1にも満たない。

そして政治的な階層は、定住性の農業にさらに強く依存している。単純な狩猟採集社会にエリート層や階級構造はまったくと言っていいほど見られないが、農耕社会の大多数においては明らかにそれが見られるのだ。とはいえ、この場合に関しても、決定的な変数として働いているのはそうした生活様式の違いというよりも、やはり経済的な余剰の多寡である。前述した258のネイティブアメリカン社会についての調査を見ると、たいした余剰生産のない集団においては、86％が政治的不平等の形跡もないのに対し、そこそこ以上の余剰を生んでいる集団においては、同じくらいの割合がある程度の政治的階層を発達させていた。標準異文化サンプル（Standard Cross-Cultural Sample）というデータセットにおいて、もっと詳細に記録がとられている世界各地の186の社会のあいだでは、狩猟採集社会の5分の4がリーダーを持たないのに対し、農耕社会の4分の3は、首長制社会、もしくは国家として組織されていた。[28]

しかし、すべての農業社会が同じように足並みをそろえていたわけではない。新たな世界調査の結果によると、より複雑な社会階層の発達に決定的な役割を果たしていたのは穀物の栽培だった。簡単には採取できないが通年いつでも手に入る多年生植物の根と違って、栽培穀物は一定の収穫期にまとめて刈り入れられ、長期の貯蔵にも向いている。この穀物の2つの特徴のおかげで、エリート層は余剰食料源を独占して離さずにいることが簡単にできるようになったのだ。全世界のなかでも最初に国家が現れたのは、最初に農業が発達した地域にほかならない。ひとたび植物が――特に穀物が――栽培化され、動物が家畜化された時点で、遅かれ早かれ人類はそれらと運命をともにするようになり、それと同時に、かつては誰も想像しなかったレベルまで不平等が広がっていったのである。[29]

最初の「1%」――少数のエリートを生み出す構造

国家の誕生

初めに所得と富への不平等なアクセスがあり、それが国家形成を助長して、国家の誕生とあいなった。しかし、ひとたび統治機関が確立されると、今度はそれが既存の不平等を増幅して、新たな不平等を生み出した。前近代国家は、政治権力の行使に密接に結びついた人びとのために商業活動の保護措置を与え、さらに彼らのために新たな個人的利得の入手源を開発することにより、蓄積され、集中化された物的資源を少数の人間が一手に握るためのかつてない機会を生み出した。長期的に見れば、政治的、物質的な不平等は、「各変数の増分がそれぞれに対応する別の変数の増分を生みやすくするという、相互作用的な効果による上昇スパイラル」とともに進化した。

国家というものの本質的な特徴をつかむべく、現代の学者はじつにさまざまな定義を考え出してきた。そのいくつかの要素を借りれば、国家とは次のようなものだと言えるだろう。すなわち、ある一定の領土と、そこに属する人民と資源とを支配する権限を持ち、拘束力のある命令や規則を発するとともに、それらを守らせるべく、威嚇や、身体的な暴力を含めた合法的な強制手段を行使し、それによって統治機能を実行するための、一連の制度と人員を与えられている政治的組織である。最初の国家の出現を説明する理論はありあまるほどある。その原動力とされているものはすべて、多かれ少なかれ、経済の発達と、その社会的、人口動態的な影響を基盤としている。たとえば高い地位にある者が交易の支配から得る利益。人口密度の高まりや、生産と交換の関係の複雑化から生じる問題に対処するために、リーダーに権限を与える必要性。生産手段へのアクセスをめぐっての階級闘争。そして乏しい資源をめぐる軍事的衝突から生じる圧力がおのずと向かわせる、規模の拡大、ヒエラルキー、中央集権化された命令構造といったものだ[30]。

不平等研究の観点から見ると、どれが最も大きな要因なのかは、厳密に言えばさして重要ではないのかもしれない。国家形成がある程度以上の余剰を持った社会にヒエラルキーを、それも高低差が激しく、変動がほとんどないヒエラルキーを導入するものである限り、権力や地位や物質的な富の不平等はいずれ拡大する運命にあるからだ。そうはいっても、現在では、組織化された暴力がこのプロセスの要だというコンセンサスが育ちつつある。人類学者ロバート・カーネイロが提唱して強い影響を与えた制限理論によれば、領土に限界があるなかでの人口増加と戦争の相互作用が、かつてはもっと自治的で平等主義的だった各世帯がどうして専制的なリーダーシップに従属し、不平等に甘んじるようになっていったかの理由を説明するという。当時すでに栽培化や家畜化がなされていた乏しい食料源に人びとは依存していたが、ストレスの高い環境から出ていくこともできず、ほかの集団との競争に負けないようにするためには、権威に服従するよりほかになかったというわけである。

国家形成についての最新の理論やシミュレーションモデルでも、やはり集団間抗争の決定的な重要性が強調されている。暴力の決定的な役割は、近代以前のほとんどの国家の典型的な特徴を説明するのにも大いに役立つ。それらの特徴のなかでも最もよく知られるのは、専制的なリーダーシップと、概して圧倒的に強い戦争挑発の傾向なのだ。[31]

階層化の拡大による権威構造の確立

初期の国家のすべてがそうだったわけではなく、中央集権化された国家とともに、もっと共同的で非階層的な「ヘテラルキー」形態の政治機構も存在はしていた。しかし、やはり中央集権化された専制的な国家はだいたいにおいて、別の構造のライバルとの競争に打ち勝った。生態学的な必要条件が許す限り、そうした専制的な国家は旧世界にもアメリカにも、あるいはエジプトやメソポタミアの沖積層の氾濫原にも、アンデスの高地にも、世界中のさまざまな環境に独自に出現した。

だが、こうした背景の多様性を無視するかのように、最もよく知られるいくつかの国家は、驚くほど類似した組織に発達した。そのどこにおいても、さまざまな分野でヒエラルキーが拡大したのだ。政治分野はもちろんのこと、家族においても、あるいは宗教的な信念体系においてもだ。これはいわば自己触媒的なプロセスであり、それによって「階層構造それ自体があらゆる社会的要因にフィードバックして、権威構造を支える全体的なシステムをより強固に築き上げさせた」。

人びとをやむなく階層化の増大に向かわせた各種の圧力は、人びとの倫理観にも絶大な影響を与えた。まだ多少は残っていた祖先たちの平等主義に代わって、不平等のメリットを信じてヒエラルキーを受容するのが自然の秩序、宇宙の秩序の欠くべからざる一環なのだという考えが行き渡ったのである。[32]

量的な観点から言えば、農業国は大変な成功を収めた。これらの数字は控えめな推測でしかないが、3500年前、まだ国家レベルの政治体が地球の地表面（南極大陸を除いて）のせいぜい1％しか占めていなかったころ、それらの政治体はすでに人類の半数までもを支配下に収めていたと考えられる。西暦紀元が始まるころになると、もう少し根拠のある推定ができて、そのころに国家——その大半はローマや漢のような大帝国——が占めていた地球の陸地の割合は約10分の1だったが、そこに属する人間は、その時代に生きていたすべての人間の3分の2から4分の3のあいだだった。

これらの数字は確実ではないかもしれないが、ともあれこの数字からは、ある種の国家に競争上の強みがあったことが窺える。すなわち、強い力を持った一部のエリートによってまとめられた広大な帝国構造である。もちろん、世界にそれだけしかできなかったわけではない。そうした大帝国のすきまに独立した都市国家が繁栄することもあったかもしれないが、とはいえ、紀元前5世紀の古代ギリシャのように周囲の大国の撃退に成功することは稀だっただろう。だいたいにおいて、そうした小国は近くの大国に吸収された。場合によっては、小国が拡大して自ら帝国を築くこともあった。ローマやヴェネツィア、あるいはアステカ帝国の基礎となったテノチティトランとテスココとトラコパンによるメシカ三都市同盟などがその例である。さらに、大帝国が破綻して分裂したあとに複数の政治的生態環境が生じることもあった。この移行のとりわけ極端な例が中世ヨーロッパだ(33)。

帝国の出現と拡大

しかし、やはり一般的には帝国は帝国を生む。新しい征服政権が従来の権力ネットワークを再統合するからだ。長期的に見れば、これが解体と復旧の周期的なパターンを生む。いよいよ定期的になった中国の「王朝サイクル」もそうだし、もっと長い周期でなら、東南アジア、インド、中東、レヴァント地方、中央メキシコ、アンデス地方でも、同様のことが起こった。ユーラシア・ステップにおいても、南方の定住社会が生み出した富裕層に刺激され、略奪目的の襲撃や征服に乗り出す帝国政権がつぎつぎと生まれている。

国家は時とともに大型化した。紀元前6世紀より前は、地球上で最大の帝国が占めていた範囲は数十万平方キロメートルにすぎなかった。だが、そのあとの1700年間で、後継となった大国はその範囲を丸一桁は上回り、13世紀には、モンゴル帝国の領土が中欧から太平洋まで拡大した。そして、領土はものさしのひとつにすぎない。人口密度の長期的な成長を考慮に入れれば、帝国支配の事実上の拡大はよりいっそう劇的だった。

かつて人類は、今よりも断然高い人口密度で、ユーラシア大陸の温帯や中米の一部と南米北西部に集中していた。そこに帝国が繁栄した。何千年ものあいだ、人類の大半はそうした巨大な怪物の陰でひっそりと暮らし、ごく一部の者だけが普通の人間のはるか上にのぼりつめた。このような環境が、言うなれば「最初の1%」を生み出した。それは互いに競合しながらも密接に絡み合ったエリートたちの集まりで、この1%が、帝国の形成と周辺の統合によって集められる政治的収益と商業的利得の奪取に全力で励んだのである。[34]

エリートによる支配

前近代の国家形成は、少数の支配階級を多数の一次生産者の集まりから切り離した。たいていその内部にも階層はあったが、このエリート層は全体として、国家の基本的な構成要素をなす個々の地域社会を上の立場から支配した。社会人類学者のアーネスト・ゲルナーが描いた有名な像は、そうした構造をこのうえなく明確に捉えている（図1・1）[35]。

支配階級の一部には、国の公職や類似した高位にまでのぼりつめた地元の名士など、地域社会に出自があったり、そのままそこに根を下ろしていたりする者もあっただろうし、あるいは外からの征服者などは、実質的に別の社会と呼べるものを形成するくらいに、中央と離れていたかもしれない。中央集権化された統治といっても、それは現代の基準からすると非常に限られたものだった。たいていの国家は結局のところ、歴史家のパトリシア・クローンが言うところの一般住民にとっての「防護殻」と大差がなく、確立された政権を脅かそうとする国内外の挑戦者を寄せつけないようにしておくのが関の山だった。

しかし支配者とその代理人たちは、ちょうど現代社会でマフィア組織がやっているように、誰よりも組織的暴力を振るえる立場から得られる利益を十分に活かして、保護の提供もしていた。彼らが大きな独裁的権力をたびたび行使できたのも、市民社会制度が弱すぎてエリートのやることを抑制できず、生殺与奪権や財産分配権までもが彼らに握られていたからだ。と同時に、これらの国家の多くは基盤的権力を欠いていて、社会全体にわたって広く政策を実行することができなかった。地域社会はたいてい自治を行いながら、比較的小さな遠方の中央支配権力にゆるく牽制されていた。

図1.1　農業社会の一般的な社会構造の形態

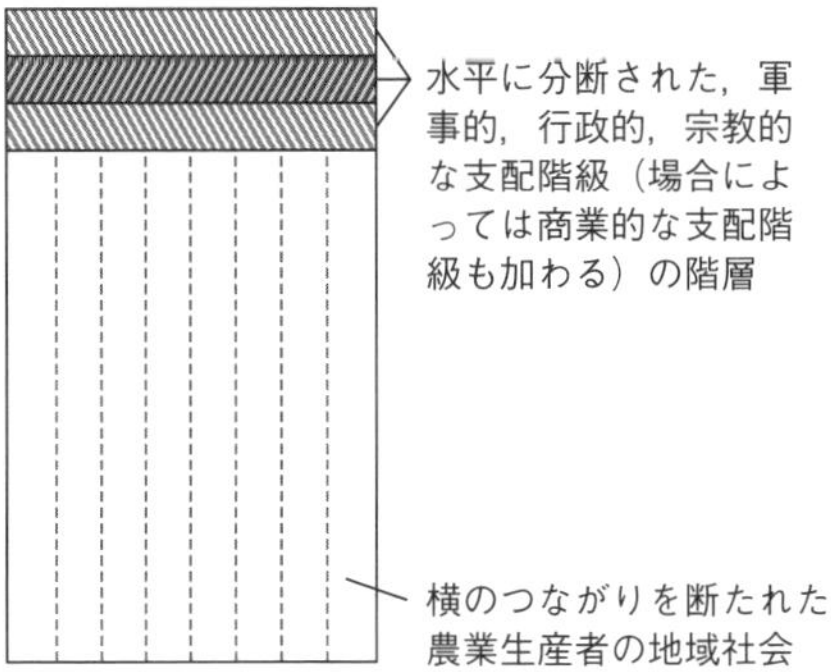

政府は本質的に半民間で、従属する住民を管理し、資源を支配者側に集めるにあたって、政治、軍事、経済、イデオロギーといった分野ごとに権限を持つ者を互選し、その協力関係のもとで事を進めなくてはならなかった。支配者はたいていアメとムチを使って、競合するエリート間のバランスの維持に努めた。なにしろ政府の仕事は、裕福な権力者どうしの争いをどうにか収めることにもっぱら重点が置かれていたからだ。

支配者とその代理人と大地主ははっきりとは分かれておらず、重なっているのが普通で、国税や地代を通じて吸い上げられる余剰をめぐって常に支配権争いがあった。確立されたエリート層の人間を国の官吏として雇用することで支配者側の自由が削《そ》がれる一方、そうした地位の低い代理人が頼りとされることで、国の収入の流用や公職の収益の私物化を図って既存のエリート集団になんとか食い込もうとする新たなエリート志望者が生まれた。支配者側は、権力や特権を公務に付随した、いつでも取り上げられるものにしておこうと必死だったが、代理人側は、自分と自分の子孫のために私的便益を得ることに必死になった。そして長い目で見れば、より成功を収められたのはたいてい後者だった。

贈収賄や、さまざまなかたちの略奪行為が当たり前のように行われた。支配階級の各個人が身分と優位をめぐって争うあいだ、個人間の入れ替わりは頻繁に起こりえたが、そうしたエリート支配そのものは、国家構造がうまく維持されている限り安定していた。上流階級は、生活様式においても世界観においても一般人とは一線を画した。本質的に彼らの考えはたいてい好戦的で、そうした世界でのリーダーとは、地位の低い農業生産者の搾取者にほかならなかった。派手な消費をすることは、力関係を明らかにして強化する重要な手段として働いた[36]。

支配階級による富の獲得

これらの基本的な条件が、所得と富の分配を決定的に形作った。つきつめれば、富の獲得方法の理念型は、歴史上に2つしかない。作るか奪うかだ。余剰生産、栽培化と家畜化、および世襲財産権の出現は、個人財産の形成と維持のための基盤を築いた。長期的に見れば、このプロセスを助長した組織的適応、技術進歩、経済活動の規模と範囲の拡大が、個人や一族の富の蓄積の上限を高め、それによって少なくとも潜在的には、所得と生産的資産の分散範囲が広がった。原理的には、ランダムな衝撃の累積効果はある世帯を別の世帯より裕福にするのに十分に働いただろう。土地や家畜、建物、あるいは貸付や交易に投資された資源など、各種の資本に対する利益の差が、確実にそれを実現したはずだ。誰かの運命が変転すれば、別の誰かが後釜に座るのである。

経済が発達した結果、サブエリート集団のあいだで富の不平等の増大が生じたであろうことを示す定量化可能な最古の証拠と見なせそうなものは、数千年前の古代メソポタミアから出てきている。古バビロニア期（紀元前二千年紀の前半）における息子への遺産の分け前のサンプルを、新バビロニアの時代（およそ1000年後にあたる、紀元前7世紀末と紀元前6世紀の大半）における娘への持参金の記録と比較すると、2つの明白な違いが見えてくる。まずコムギでの賃金に換算して、後者は前者の約2倍もの量になるのだ。どちらのデータセットも同じ層――財産のある都市住民で、おそらく都市人口の上位1割前後にあたる層――についてのものだと見られるから、これはすなわち、豊かさが全体として大いに高まっていたということだ。特に、息子が娘よりもひいきされていただろうと考えられることを含めればなおさらである。そしてもうひとつ、持参金の実際の値も分布がさらに不均等になっている。新バビロニアがあった時代は、ちょうど経済がとびきりダイナミックに発達したころだったから、おそらくこの対照的な差は、成長と商業化による不平等化効果のあらわれだと考えるのが最も納得がいく。[37]

しかし、このケースだけでなく全般においても、これは全体像の一部にすぎないかもしれない。ここまで見てきたような前近代国家の形成の決定的な特徴が、経済活動にどれほど特有の影響を与えたかを認めるのは簡単だ。政治的な統合は、市場の拡大を促し、少なくともある程度の処理コストと情報コストを下げただけではない。前近代の政治体を一般的に特徴づける権力不均衡の蔓延は、経済参加者にとっての競争条件を確実に不公平にしたも同然だった。脆弱な財産権、不十分な規則施行、専横的な裁定、国家代理人の買収されやすさ、個人的な人間関係や強制力の持ち主との距離の近さの何よりもの重視は、地位のピラミッドの上層にいる人間や、その層とおいしいつながりを持っている人間にとって有利に働くように、あらゆることが捻じ曲げられていく要因だった。これは、支配階級とその仲間たちだけが実行できるさまざまなかたちの「奪取」において、さらに強く当てはまる。

政府の一員であれば、公式の報酬、支配者や上役の厚意、賄賂の要求、横領、財物強要など、さまざまな収入へのアクセスが開けたほか、納税や各種の義務から逃れるための隠れ蓑を得られることも多かった。軍事上の上級職に就けば、戦利品の分け前にもあずかれたかもしれない。しかも、自分自身が公務に就いていることが必要条件だったわけでさえなかった。公職者との縁戚関係や姻戚関係など、何かしらのつながりさえあれば、同等の利益を生み出せたのだ。加えて、こうした国家の基盤型権力がたいてい強くなかったことを考えれば、私財があって地元に顔が利けば、国家や地域社会の要求から自分の資産を守りやすかっただけでなく、友人や配下の資産を守ってやることもたやすかった――そしてその引き換えに別の利益をもらうのだ。なんなら税の割り当てだって、すでに重い負担を負わされている無力な人びとに肩代わりさせてしまえばよかった。

このような条件下では、物的資源の分配に政治権力が大きな影響力を及ぼさないわけがない。部族社会やビッグマン集合体のような階層性の薄い小さめの政治体の場合、リーダーの地位は個人の能力と、気前のよさをコミュニティ全体に進んで示すかどうかに大いにかかっていた。一方、農業国家や帝国の支配階級は全般に、もっと大きな自由采配を享受した。折に触れて宣伝のように気前のよさを見せつけることはあったとしても、再分配の流れは総じて逆向きで、少数が多数を犠牲にしてさらに富むことになる。一次生産者から余剰をいかに吸い上げるかのエリート全体の集合的な能力が、着服できる資源全体の割合を決め、また国家支配者とさまざまなエリート集団との権力バランスが、それらの利益をどれだけ国庫に入れ、どれだけ国家代理人の懐や豊かな土地持ち商業エリートの地所にまわすかを決定する。(38)

富の集中の抑制因

資源をおのずと権力者の方に集中させる前近代国家のこのような特徴は、その一方で、所得と富の集中に対する強力な抑制因としても働いた。略奪的行為、私有財産権の無視、専横的な権限行使は、単に財産形成を助長するだけでなく、その財産をまたたく間に破壊することもできたのだ。公職に就いていること、権力者に近いこと、支配者に優遇されていることなどが、有力なコネを持つ者を大いに富ませたのとまったく同じように、ライバル間の策謀や、関係者の影響力を制限してその不正所得を吸い上げたいという支配者の思惑しだいで、相手の命とまではいかなくても、相手の財産を同じくらい簡単に奪えたのである。私有地が存続するか散失するかは一族の人数の変動という予測のつかない自然な原因によっても決まるだろうが、それに加えて暴力的な再分配もまた、エリート集団内に資産が集中する度合いを制限する要因になった。

実際のところ、歴史上のさまざまな社会を見てみると、結果はじつに多岐にわたっていた。たとえば一方の極に位置するのが、中世のマムルーク朝エジプトだ。外来者が世襲ではなく征服者のようなかたちのエリートとなって集合的に領土の支配権を主張し、ことあるごとに調整される権力構造内の地位に応じて、支配階級の各メンバーに土地が割り当てられた。こうした支配体制は、資源へのアクセスを流動的で予測不可能なものにした。暴力的な派閥主義によって頻繁な政権転覆が必至となったからである。

これと対照的なもう一方の極を占めるのが、春秋時代の中国や中世ヨーロッパなど、力の弱い支配者を擁する封建社会だ。これらの社会では、各地の諸侯が自分の資産を比較的安全に管理することができた。これは末期を迎える前の共和政ローマでも同じだったが、最後には貴族が全体として自分の利益のために政治体を支配し、ひたすら私有財産権を守ろうとするようになった。前近代社会の大半と、現代の発展途上国のかなりの割合は、この理念型的な両極のあいだに位置し、時には私財関係に暴力的な政治介入をしながらも、ある程度は個人の富を尊重している。この関係については追って詳しく見ていくことにする。[39]

政治権力への接近

政治権力と近づきになってレントを得るのは、発展途上の国だけに見られることではない。欧米諸国の超リッチな数十名の企業家を対象にした近年の調査から、彼らもまた大いに政治的コネクションからの利益を得ていたこと、規制の抜け穴を利用していたこと、そして市場の欠陥をうまく利用していたことがわかっている。この点で、先進的で民主的な市場経済国と、そうでない国との違いは、単に程度の問題でしかない。場合によっては、エリートの財産がどれほど経済活動以外の収入源から得られていたかを推定することも可能だろう。

紀元前2世紀から1世紀のローマ貴族は、農業や商業だけでその富を築いたとは到底考えられないほど裕福だったことがわかっているが、それを言うなら、もっとあとの時代の社会に関してはもっと具体的な分析ができるはずである。たとえば、追って簡単に述べるアンシャン・レジーム期のフランスがその一例である。ごく大ざっぱに言えば、かつては個人に対しての政治的な縁故と優遇が、現代の先進諸国におけるよりも圧倒的にエリートの富に寄与していたことはほぼ疑いがない。ラテンアメリカやアフリカの一部のエリートがやっているようなレントの追求は、全世界の歴史を振り返ってみれば、富の流用と集中化のための伝統的で「ノーマル」な戦略と呼ぶしかないものに近いと言っていいのかもしれない。現代ロシアの「オリガーク」（寡頭制の支配者）と呼ばれる新興財閥にしても同様であり、政治権力との個人的な関係に依存して富の形成と維持をなしえたという点では、やはり前近代のエリート集団に類似する。

事情がいろいろと異なることはさておいて、ロシアのクレジットカード事業の大立者、オレグ・ティンコフが仲間を評して言ったこと――「彼らは自分の資産の一時的な管理者であって、真の所有者ではない」――は、古代ローマや古代中国から近代ヨーロッパの君主国に至る多くの先人たちの、いつ崩れるとも知れない危うい立場に同等に当てはまる。(40)

富の分配に及ぼす衝撃の効果

経済学者のトマ・ピケティは、18世紀と19世紀のヨーロッパの典型的な特徴だった富の不平等水準の著しい高さを、経済成長率と資本収益率との大幅な開き（"r > g"）との関連から説明しようとしてきた。各種の衝撃――投資戦略もしくは運に関連した資本収益率に対するもの、死亡数と出産児数から出てくる人口学的パラメーターに対するもの、消費と貯蓄に関する好みに対するもの、国外所得が追加された時の生産性に対するもの――の増加を乗法と加法であらわした動的モデルによると、この条件は最初の富の格差を増幅し、富の集中度を高める傾向がある。20世紀前半においては、資本ストックとその収益率へのネガティブな衝撃――戦時中の破壊、インフレ、課税、没収など――が大きく富を減少させ、富からの純利益をさらに大きく減少させたが、この大幅な平等化がなされた時代とは違い、それよりも前の時代では、この条件がもっと安定していて、富の所有者に優しかった。結果として、のちの時代よりも資本からの所得が所得全体のなかで大きな割合を占めることになっていた。

この状況は、前近代社会をさらに広く代表しているのだろうか？　経済成長率と名目上の資本収益（利率あるいは地所や基金からの一定収入で代理される）との差が常にきわめて大きかったことを考えれば、全体としては資本所有者が恒久的な利益を享受していたと推察してもおかしくないだろう。しかし同時に、資本に対する衝撃の強さは、暴力的な資産再分配が起こりうる確率によってずいぶん変わっただろうとも予想される。安定期に専横的な独裁が行われれば、特にエリートの財産に対して強烈な衝撃が及んだだろうから、彼らの財産はすぐに膨らむのと同じように、いともたやすく壊滅していたかもしれない。そうした介入が、すでに社会の最上層のものとされていた資産を再分配するだけであったなら、富の分配に対する全体的な効果は大きくも小さくもなかったかもしれない。対照的に、戦争や征服や国の没落からの衝撃は、もっと予測のつきにくい結果を生む。軍事的な成功が勝者側の支配階級を富ませることによって不平等を高めやすい一方で、全般的な平等化はたいてい統治構造の崩壊から起こるのだ。そうした展開の歴史的な証拠については、本章とあとの章で紹介する。

「労働」からの所得の重要性

長期的に見れば、富の不平等の程度は、こうした安定性を損なう暴力的な破壊がどれだけの頻度で起こるかによって決まっていったに違いない。かつての所得分配と富の蓄積のメカニズムが、18世紀以降、とりわけ19世紀のヨーロッパのそれと違っていたとすれば、それはエリートにとって労働以外の収入源にどれほどの重要性があったかという点かもしれない。

個人財産が政治的なレントを得られるかどうかに強く依存していればいるほど、労働からの所得は——少なくとも、贈収賄、着服、財物強要、軍事的略奪、恩顧の奪い合い、ライバルの資産の奪取などを、労働の一種と定義できるなら——いっそう重要になったはずで、その重要性は、もっと秩序のある平和的な社会の企業家や不労所得生活者といった資本投資者が感じるものよりずっと大きかっただろう。本章でこのあと述べるように、この性質の所得こそ、エリートの地位を決定づける大きな——場合によっては第一の——要因だったかもしれない。それはとりわけ、上流階級が個人資産からの収益よりも、国をスポンサーとして品物や勤労奉仕のかたちでのレントを得ることに依存していた古代国家に当てはまる。こうした特権が、資本からの所得と労働からの所得との伝統的な区別のもとになっている。そしてこれがまた、最初の「1％」の形成における政治的な力関係の決定的な重要性を明確に示すのである。(41)

*

土地の私的所有と不平等の広がり

のちに大帝国が興ることになる地域の多くでも、かつてはかなり平等的な土地所有が一般的だった。有史最古の文明のひとつで、5000年以上前にさかのぼるメソポタミア南部のシュメールでも、農地の大半は一般人の父系拡大家族が管理して、共同小作地として耕していた。紀元前二千年紀の古代中国、殷や西周でも、やはりこのようなかたちの所有が典型的で、当時は私的な土地売却も許容されていなかったようである。アステカ時代のメキシコ盆地でも、ほとんどの土地は「カルポティン」と呼ばれる協同集団が保持して耕していた。家族の田畑と共有地とがあわせてこの集団の小作地とされ、家族の人数の変動に応じて周期的に家族の持ち分が見直されることもあった。インカ帝国時代のペルー高地でも同様で、「アイリュ」と呼ばれる同族婚の集団内でさまざまな標高の区画が各家族に割り当てられ、土地が常に公平に分配されているように定期的に調整がなされていた。こうした措置により、土地の集中化と商業的利用には強い制限がかけられた。

しかし時とともに、資本所有者が土地を獲得し、政治的リーダーが既存の小作地のうえにさらに貢納構造を置くようになって、次第に不平等が広まりはじめた。紀元前三千年紀のあいだにシュメールの文献が増えてくると、早くも広大な土地を所有して、自前の組織的労働力にそこを耕させる神殿の例が出てくるし、何らかの経緯で小作地を増やせるようになった貴族の例も見られるようになる。一族代々の土地の私有化も、集団内のメンバーが反対さえしなければ可能になっていた。そして負債が、余剰所得を追加の土地に変換する強力な手段として働いた。最大3分の1にもなろうかという高い年利によって借り入れをしていた慣習上の所有者が、やむなく自分の小作地を債権者に譲り渡すこともしばしばで、もし自分自身を担保にしていたならば、奴隷として働かされることにもなりかねなかった。

このプロセスは、広大な私有地と、土地を持たずに他人の私有地を耕す労働力の両方を生み出した。債権者は自分の経済的資産の運用からも、他人に貸すなど自在に使える資源を多少なりとも生み出していたかもしれないが、その一方、この戦略を追求する手段を与えるという意味で、政治的なレントも大きな役割を果たした。私有化が進むとともに、配下や支援者に対する伝統的な社会的義務も減ってくる。私有財産に付随する社会的責任のコストが少なくなれば、それだけ投資者になることの魅力が高まっただろう。資本所有者の労働力需要を満たすため、物納小作人や債務保証人など、さまざまな社会身分が発達し、より原始的なタイプの従属である奴隷身分もそのひとつだった。同じようなプロセスは、のちのアステカでも見られるが、この4000年後の時代でも社会経済的な発達度は同じくらいで、農民が債務を抱え、土地を持たない農奴となって働くことで、不平等がますます広がり続けた。[42]

国家支配者のやり方は、侵害の見本を提供するとともに、しばしばその手段をも提供した。シュメールの王たちは、自分のためにも仲間のためにも土地を欲しがり、神殿の私有地運営にしたたかに介入して、その資産の監督権を得ようとした。その神殿の管理者たちも、組織の資産と自分自身の資産とをごたまぜにした。贈収賄や威圧は、すでにしっかりと確立された着服手段になっていた。

紀元前24世紀のシュメールの都市ラガシュから出てきた楔形《くさびがた》文字の記録は、さまざまなことを伝えている。当地の王や女王が神殿の土地を、そこに付随する労働者ごと奪い取っていたこと。貴族たちが高利貸付の担保権を行使して土地を獲得していたこと。役人が船や漁場といった国の資産を乱用したり、葬式や羊毛刈りといった基本的な公務に過剰請求をしたり、労働者への労賃を払わなかったり、当然のように自分の懐を賄賂で満たしたりしていたこと。そして富者が貧者の池から魚を盗んでいたこと。こうした疑惑のいくつかにどんな真価があったにせよ、全体的な印象は、個人的利益のための力の行使に支えられ、他人を侵害して自分を豊かにするのを助長するような行政機構だったということだ。

昔から、エリート集団内での私有財産の獲得と集中化の進行は、税を払って労働を担ってくれる一次生産者を略奪的な貸付者や傲慢な地主から守る必要のあった支配者にとって、懸念すべきこととなっていた。紀元前三千年紀半ばから二千年紀半ばにかけて、メソポタミアの王たちは周期的に、私有資本の進行を遅らせるべく負債の帳消しを命じた。しかしおそらく、それは負け戦となる運命にあった[43]。

支配者によるエリートの牽制

そうした緊張関係をみごとに例証する記述が、紀元前15世紀にヒッタイト語に翻訳されたフルリ人の神話「解放の詩」に見られる。そこではフルリの天候神テシュブが債務者を装ってエルバ(シリア北西部)の市議会に現れる。見るからに困窮した身なりで、「干上がった」ようになっている。王のメギは、かねて債務奴隷の解放をめぐってエルバの有力者たちと衝突しており、いったんはそれが神の命によってとられるべき措置だと見なされるのだが、ザザーラという雄弁家にうまく反対され、議会のエリートたちの意見は揺らいでしまう。ザザーラの影響力のもと、議員たちはテシュブにこう告げる。債務を抱えているなら金銀をやろう、干からびているなら油をやろう、寒いなら燃料をやろう、しかし、メギの望みに従って、奴隷にされた債務者を解放してやるわけにはいかない。

だが、われわれは［奴隷の］解放はしない。おお、メギ、あなたの心に歓喜は起こらない。債務者を奴隷にしておくことの必要性を、議員たちはこう訴える。

もし彼らを解放してしまえば、誰がわれわれを食べさせてくれる？　こちらでは、彼らがわれわれに酌をし、あちらでは、彼らがわれわれに［料理を］供する。彼らはわれわれの料理人であり、われわれのために食器を洗うのだ。

メギは、議員たちの頑迷さに思わず涙して、自分の債務保証人に対する権利もすべて放棄してしまう。現存するテキストがぷっつりと終わる直前で、テシュブが約束する。ほかの債務も免除されるなら、神からの褒美があるだろう。されないならば、ひどい罰が下るだろう[44]。

このような記述から、エリートの特権と専有を前にしては、王の力にも限界があったことが窺える。古代近東の都市国家の王たちも、神殿などの地元勢力と競合して自らの小作地を広げるにあたっては、慎重に事を進めなくてはならなかった。こうした都市国家の多くでは、その勢力均衡と比較的小さな政体規模が、不平等を促す介入の度合いに歯止めをかける要因になっていた。しかしながらこの均衡は、大規模な征服によって劇的に変えられた。征服者による国家と領土の暴力的な奪取は、各地域に形成されていた牽制を吹き飛ばし、よりあからさまな略奪と富の蓄積への扉を開いた。征服された複数の既存の政体がひとまとめにされて、より大きな構造に変貌すると、新たな層からなるヒエラルキーが生まれ、その最上層にいる者たちは、より広い資源基盤から余剰を手に入れることができるようになった。こうした発展は、最上層の所得と富のシェアを大幅に増やすことにより、全体的な不平等を必然的に高めただろう。

帝国の拡大と不平等化の進行

大規模な征服による国家形成の不平等化効果は、紀元前24世紀から22世紀のアッカド帝国の事例に明白にあらわれている。帝国というものが規模で定義されるだけでなく、他民族の混交状態、中核と周縁の非対称な関係、地域の昔ながらの階層区分の持続という面からも定義されるなら、まさに史上初の「真の」帝国と見なされるアッカドは、シリア北部からイラン西部に至るまでのさまざまな社会にその力を行使した。この前例のない規模の拡大に促され、アッカドの支配者は神の位に就いた――現存するテキストが伝えるところでは、アッカドの建国者サルゴンの跡を継いだ息子のリムシュは「自らを神々の一人と見なした」し、彼の甥のナラム・シンは「彼の都市アガデの民が、アガデの神になってほしいと彼に頼んだ……そして民は彼の神殿をアガデに築いた」と宣言したという――だけでなく、とてつもないスケールで資産を手中にして再分配した。

各地の都市国家の王たちは、その座をアッカドの地方知事に取って代わられ、最終的には広大な土地が新しい統治者と高級官僚の手に収められた。最も肥沃な農地はほとんど神殿が握っていたため、統治者はそれを没収するか、もしくは親戚や役人を神官に任命して、それらの資源の管理権をわがものとした。この広大な領域の内部区分を超越した新しい帝国的な支配階級のもとに、膨大な私有地が蓄積されていった。役人に引き渡されて私物化された土地は、彼ら自身の生活や、部下や配下への報奨として使われ、そうした人びとの一部は「選ばれし者」と呼ばれた。のちの伝承には「ステップの農地を区分けした書記」への嫌悪があらわにされている。国家の援助を受け取れた者は、私有地を購入することによって自分の小作地をさらに増やした。

アッカドのいくつかの記録からは、エリートの富の成長についての詳細が窺える。神となった王ナラム・シンの宮宰だったイェティブ・メルは、帝国内のさまざまな地域に約10平方キロメートルほどの土地を持っていた。紀元前23世紀末の名士メサグは、約12平方キロメートル以上の土地を管理していた。そのうち3分の1は生活用に国からもらっていたもので、残りの3分の2は自分が使用権を購入したものだった。その土地は小分けにされて、目下の管理人や職人や、その他もろもろの配下に与えられていたが、0・36平方キロメートルを超える大きな割り当てをもらっていたのはほんの一握りだった。実際、ほとんどの者は、それよりずっと小さな区画だけでやりくりしなくてはならなかった。物的資源へのアクセスは、特権階級の内部でもかくも激しい差がついていた。既存の所有パターンをほとんど無視して資産を再割り当てできる能力とあいまって、帝国支配的な生産資源の併合は、少数の有力エリートが不相応に利益を得る「勝者総取り」の環境を生み出した。一流の専門家の判断によると、「アッカドの統治エリートは、それ以前のシュメールの名士たちの規模をはるかに上回る資源を享受した」[45]。

帝国の形成は潜在的に、物的不平等を力関係の根本的な再構成の副産物にしてしまうという意味で、経済活動の収益とは関係なしに、所得と富の分配に影響を及ぼせる力を持っていた。大規模な政治的統合は、商業活動の処理コストを下げ、高級な品物やサービスへの需要を膨らませ、吸い上げ目的のために確立されていた既存の交換ネットワークを事業家が利用できるようにすることで、商業活動の条件を全面的に向上させられる。その結果として、資本所有者とそれ以外との差は大きく広がった。都市の成長には拍車がかかり、特に中心の大都市はいっきに発展して、物的不均衡をますます悪化させた。中枢の権力者と結びつきのある裕福なエリートは、一般的な要求や期待に応じなくてもすむようになって、個人的な利得の追求に自由に邁進できた。こうしたすべての要因が、ほかのいくつかの要因とも組み合わさって、所得と富の集中化をもたらしていった。

政治的不平等から富の不平等へ

しかし、帝国はこれよりはるかに直截的なかたちでも、不平等を形成した。政治エリートや行政官が優遇される国家志向の物的資源の割り当ては、政治的不平等を所得と富の不平等に転換した。政治における非対称な力関係が、すぐにそのまま経済分野で再現された。前近代国家の支配には代表団的な性格があったから、支配者は利得を自分の代理人や支援者に分け与えるとともに、既存のエリートにも分け与える必要があった。そうした状況では、生産的資産に対する正式な財産権よりも、割り当てられた余剰請求権の方が重要になりやすい。これは特に、労役が国家やエリートの収入の主要な要素になっているような社会において顕著だった。歴史上の記録では、インカ帝国での奉仕労役などが最もよく知られるが、強制的な労働力の使用はエジプトや近東、中国、メソポタミアなど、ほかの多くの地域でも広く行われていた。

土地の下賜が主要関係者に対するほぼ普遍的な報奨手段で、ハワイの首長も、アッカドやクスコの神格化された王も、エジプトのファラオも、周の皇帝も、中世ヨーロッパの王も、新世界まで手を伸ばしたカール5世も、みなそうして土地を分配していた。となれば、最初にもらった者の一族内で世襲できるそうした俸禄としての地所を得て、最終的に私有財産にしてしまおうという考えが出てくるのは当然のなりゆきだった。しかし、たとえそれがうまく実現した場合でも、そうした転換は、政治分野に端を発した物的不平等を永続させ、いっそう強固にするだけだった。

土地と労働力をもらうことに加え、国家収入の徴収に関与することも、権力を基盤とした富裕エリートに至るための重要な手段だった。このプロセスは、それだけで一冊の長大な本が書けるくらいに、そしてまた書かれてしかるべきほどに、しっかりと例証されている。ここではひとつ、あまり知られていない例を紹介しよう。オヨ帝国という近代の西アフリカに興ったヨルバ人国家で、諸侯とその下の首長たちが地元の徴税局に集まって話し合った結果、首都で年1回の祭りが催されることになった。タカラガイの貝殻、家畜、肉、小麦粉、建築資材などのかたちで貢ぎ物が諸侯に差し出されたが、その仲介に立ったのが、貢ぎ物を負担する各集団を後援するようあらかじめ任じられていた役人たちで、彼らはその労と引き換えに、収益の分け前にあずかれることが約束されていた。言うまでもなく、正式な手当はほとんどの場合、財務代理人がその務めから得る個人収入のごく一部にすぎなかった。[46]

エリート層のあらゆる優位性

3000年以上前の中期バビロニアの時代には、すでに何百年と帝国的な支配にさらされてきた歴史が、メソポタミアの住民に重要な教訓を与えていた。「王の隣に富者は付き従うものなのだ」。彼らには知る由もなかったが、たとえ知ったとしても驚かなかっただろう――それはそのあと何千年にもわたり、世界中で当てはまる教訓となったのである。暴力的な略奪と政治的な優遇は、余剰の生産と世襲可能な資産から生じていた所得と富の不平等を大いに高め、さらに押し上げた。そうした経済的な発達と政治的な発達の相互作用から、最初の「1%」が生み出された。ピピルティンというアステカの貴族階級についてのブルース・トリッガーによる簡潔な描写に、私が付け加えられることは何もない。

彼らは綿の衣服を着て、サンダルを履き、羽根飾りや翡翠《ひすい》を身につけ、二階建ての石造りの家屋に暮らし、人身御供《ひとみごくう》の肉を食べ、チョコレートや発酵飲料を（適度に）飲み、第一夫人以外の妻を持ち、王宮に自由に出入りし、王宮内の大食堂で食事ができ、公的な儀式では特別の踊りを披

露した。そして税は払わなかった。(47)

簡単に言えば、これが近代以前の不平等の表の顔だった。この特別なエリート層は、そのカニバリズム的な傾向をもってして、人間の血と汗を消費するのが特権階級の典型的な特徴だという隠喩を、はじめて異例の字義どおりのレベルにまで押し上げた。人間の歴史の大半において、きわめて裕福な層はまさしく「あなたや私とは違って」いたし、その意味では、われわれのもっと一般的な祖先とも違っていた。物質的不平等は、人間の体を鋳造していたとさえ言えるかもしれない。18世紀と19世紀、医学の知識が進歩して、ついに長い寿命と長い手足が金で買えるようになったころ、イギリスの上流階級の人間がその他大勢の発育の止まった人間よりずっと背が高かったのは有名な話だ。概して完璧ではない（むしろ程遠い）データセットを信用するならば、かつてはそうした格差がもっと広がっていたのかもしれない。エジプトのファラオや青銅器時代ギリシャのミケーネのエリートは、一般人より明らかに背が高かったようなのだ。階層分化が激しかったいくつかの社会では、それほど分化の激しくない社会より、身長に大きなばらつきがあったことが骨格記録から示されている。

最終的に、そしてダーウィン的な観点からは最も重要なことに、物質的不平等は繁殖力の法外な不平等に転じ、エリートがハレムを築いて一般人の何十倍もの子孫をもうけることになった。(48)

もちろん、前近代社会における所得と富の不平等の程度は、コネに恵まれたエリートの強欲さだけによって決まったわけではない。古代バビロニアのサブエリート内に遺産と持参金の額のばらつきがあったことは前述したとおりだが、この証拠から、経済の発達と商業化に呼応して格差が広まりつつあったことが察せられる。次の第2章と第9章で、ローマ帝国の支配以前、支配中、支配以後のヨーロッパと、北アフリカのさまざまな地域での住居規模についての考古学的データを紹介するが、それを見ると、都市の一般住民のあいだでの消費にかなり不平等な差が広がっていることが窺える。とはいえ、ほかにも埋葬事情などから証拠材料が追加できるのは疑いないにしろ、近代以前のほとんどの期間に関しては、一般住民のなかでの所得と富の分配について有意な情報を集めるのは、不可能とは言わないまでも、かなり難しいことではある。(49)

しかし、私がもっぱら富裕層に着目するのは、なにも実際的な理由からだけではない。あとの第3章と補遺で見るように、多くの場合、社会表や国勢調査記録を利用すれば、特定の社会における物的資源の分配を古代から植民地時代に至るまで、少なくともごく大ざっぱには追うことができる。そうした推定による見積もりにもとづいてプロットできるローレンツ曲線の大半は、三日月状ではなくホッケースティック状の曲線に近くなる。つまり、選ばれし少数の者と、ほぼぎりぎりの生活水準にある大多数の者とのあいだの急激な差が示されるのである。古代ギリシャ人や北米の入植者など、追って第3章と第6章で見ることになる数少ない例外を除いて、国家レベルの政治体に組織された農業人口のほとんどは、エリートの富に対して均衡をとれるだけの資源を持った安定した中産階級を欠いていた。この理由からだけでも、不平等の差はかなりの部分、富裕層によって意のままにされる資源の取り分で決まっていたのである。(50)

貧困層の増大による不平等の拡大効果

最後に、きわめて貧しい個人の大量発生も、全体としての不平等を高めたことに触れておこう。多くの前近代社会では、外部者を奴隷化したり強制移送したりすることが、そうした結果をもたらす強力な手段となっていた。肥沃な三日月地帯に興った新アッシリア帝国は、強制移送を大々的な規模で行ったことで悪名高い。その大半は、征服された周縁部から、メソポタミア北東部の帝国の中心地への移送だった。大規模移送が始まったのは、帝国の拡大と併合が本格化した、ティグラト・ピレセル3世（紀元前745〜727年）の治世である。ある古代記録の調査によれば、全43回の強制移送で計121万928人が移動させられたほか、人数の不確かな移送が100回以上は行われていたという。もちろん喧伝された数字の信頼性はあやふやで、人口を根こそぎ立ち退かせたという主張も慎重に取り扱う必要があるが――「かの地の民を、男も女も、小さいのも大きいのも、一人残らず戦利品として連れていった」――この慣習の累積効果はきわめて大きかった。

その後100年ほどのあいだ、絶えず流入してくる強制移住者のおかげで、アッシリアの歴代の王はいくつかの中心都市を建設して、人を住まわせ、設備を整えることができた。王の偉業を称える浮き彫りの石碑がうっすらと伝えているように、移住者たちは袋ひとつに入りきるくらいの最低限の持ち物だけでやってきたようだ。かつて持っていた資産を奪われて、ぎりぎりの暮らしで生きていく以上の何も期待できなかっただろうと思われる。帝国がその権勢の最盛期に達するにつれ、彼らの身分はさらに悪化したかもしれない。長いあいだ、こうした移住民が土着民と区別されている形跡は記録にあらわれていなかった。彼らは「アッシリア人といっしょに勘定」されていた。しかしこのフレーズは、アッシリアの征服が最終段階に入る紀元前705年から627年にかけて消えていく。そのころになると、大勝利の連続とさらなる領土拡大によって、大いなる優越感が育まれてきたのだ。移住民は強制労働者の身分に落とされて、大規模な公共事業に従事させられた。

強制移住は貧困層を増大させただけでなく、上流階級の富と所得をさらに増やす結果にもつながった。複数のテキストに、戦争捕虜が宮殿や神殿で分配されていたという記述がある。アッシリアの最後の偉大なる征服王、アッシュールバニパル（紀元前668〜627年）は、エラム（現在のイラン南西部、フーゼスターン州）から大勢の強制移住者を引きずってきて、こう宣言したという。「選り抜きの1%

は神々に捧げた……わが忠実なる軍隊にも兵を増やした……残りは羊と同様に、主要都市や、偉大なる神々の住処や、わが役人や、わが貴族や、その他わが陣営全体のあいだで分割した」。すでに役人に下賜されていた畑や果樹園に割りふられて働かされる捕虜もいれば、王家の直轄領に送られる捕虜もいた。こうした割り当てが大々的になされると、富を持たない低所得人口のなかでの労働者の割合がたちまち増大し、それとともに頂点に近い層の所得が急激に上昇した。こうなれば、全体的な不平等が悪化しないはずがなかった(51)。

奴隷制も同様の結果を生み出した。もともと外部者の奴隷化は、あまり複雑でない小規模の狩猟採集社会でも大きな不平等を生み出すことができる数少ないメカニズムのひとつで、太平洋岸北西部の海洋狩猟採集民のあいだだけでなく、さまざまな地域の部族集団のあいだでも行われていた。しかし、やはりこの場合も栽培化や家畜化と国家形成を介することで、はじめて奴隷労働力の使用が空前のレベルに達した。共和政ローマでは、数百万の奴隷がイタリア半島に入ってきて、その多くが富裕層に買い上げられ、大邸宅や作業場や農場で過酷に働かされた。そして2000年後の19世紀には、現在のナイジェリアにジハードの宣言とともに建国されたソコト帝国で、大量の戦争捕虜が政治的エリートや軍事的エリートに分配されるかたわら、南北戦争前のアメリカ南部では、いわゆる「特殊な制度」、すなわち黒人奴隷制度のもとで、物的不平等が急激に拡大していったのである(52)。

第2章 不平等の帝国

不平等化には多くの父がいた。生産的資産の性質と、その後代への受け継がれ方、最低生存費を上回る余剰の規模と、商業活動の相対的な重要性、および労働力の需要と供給とが、すべて複雑かつ流動的に相互作用して、物的資源がどう分配されるかを決めていた。この相互作用を成り立たせていた仕組みは、政治的な力と軍事的な力の行使に非常に影響されやすく、言い換えれば、暴力を利用できる権限に根ざした圧力や衝撃にきわめて弱かった。

高低差の激しい堅固なヒエラルキーができていて、エネルギー獲得、都市化、情報処理、軍事力といった社会的発達の主要な指標における点数が――少なくとも前産業化社会の基準では――軒並み高いことを特徴とする、何世代にもわたって存続したきわめて大規模な農業帝国は、深刻な暴力的分裂から比較的安全に守られた環境での不平等がいかにして進展するかを見るのに最もよい事例となりうる。前近代の農業帝国は、この安全という点において、経済的にも文化的にも前例のないほどの変化を経ていながら、やはり同じように比較的平和だった19世紀の西洋世界に最も近い存在のひとつだと言えよう。このあと見るように、古代の帝国と産業化が進行中の社会は、所得と富の不平等という点において非常に似通った結果を生んだ。1500年以上も時を隔て、秩序、安定、守られた発展という共通項以外にはほとんど類似点のない文明圏が、ともに物的資源の分配における劇的な格差を持続させたのだ。時代を超え、経済の発達段階の差を超えて、大きな暴力的破壊のないことこそが、甚だしい不平等の決定的な必要条件だった。(1)

ここでは2つの事例研究を取り上げて、この前提条件の例証としたい。漢とローマという2つの帝国は、ともにその最盛期、地球上の全人類の約4分の1をしたがえていた。古代ローマの富の基盤は、何よりも土地を獲得して維持することにあったが、古代中国人は私的な投資よりも公職を得ることによって財をなした。しかし、これはそれほど対照的な差ではない。どちらにしても、政治的な権力こそが所得と富の最大の源であり、それが商業活動と密接に絡み合って、物的不平等の強力な決定因となっていたのである。(2)

古代中国――権力の中枢への接近

漢王朝の土地政策

「戦国時代」の中国をはじめて統一しながらも短命に終わった秦王朝のあとを受けて、400年以上続いた漢王朝の支配（紀元前202～西暦220年）は、かなり安定した世界帝国のなかで所得と富の集中化がどのように進むかについての豊富な証拠を生み出した。その変化の背景にあったのは、土地とそこから生み出される余剰、および農業労働力に対する支配権をめぐっての統治者とエリートの争いであり、莫大な財産を築きもすれば破壊もする経済的な力や政治的な力だった。そして農耕の商業化も、ひとつの要因として働いた。第5代皇帝の文帝（在位紀元前180〜157年）の時代の記述によれば、高い利率での借金を余儀なくされていた小規模自作農は、その借金のかたに土地を取られ（場合によっては子どもも奴隷として売り飛ばされ）、土地を奪った商人や高利貸しは着々と私有地を広げて、そこを小作農や雇いの労働力や奴隷に耕させていたという(3)。

国家統治者としては、財務的、軍事的な徴収制度の基盤として小規模自作農を維持しておきたかったから、そのための圧力をかけ続けようと腐心した。たとえば、紀元前140年から西暦2年のあいだに11回、直轄領が小作農に分配された。地方エリートが都の近くへの移転を強制されたのも、彼らの政治的な忠誠を確保するためというほかに、彼らの地元での権力を制限するという意図があってのことだった。しかし、この慣習が中断すると、地位のある富裕層にとって資産の蓄積ははるかに容易になり、彼らは土地を購入したり占領したりして、貧困層を支配するようになった。

許しがたいエリートの勢力拡大が何世代も続いたあとで、紀元前7年、ついに宮廷の最高顧問が土地所有の集中化に対抗するための法的制限を提言した。しかしながら、エリートの土地所有と奴隷所有に全面的な上限を課し、あわよくば過剰な資産を没収しようとした法案は、強い反対勢力によってすぐに頓挫させられた。

その後まもなく、皇位を簒奪した王莽《おうもう》（在位西暦8〜23年）が、より精力的な介入を画策した。後世の敵対的な史料では、土地の国有化から奴隷制の廃止まで、さまざまな壮大な計画が彼によるものだったとされている。各世帯は一定の上限を超えた土地をすべて親族や隣人に引き渡さなければならなかったらしい。土地を周期的に再分配したとされる昔の伝統（「井田制《せいでん》」と呼ばれる）にならって、条件を公平にしておくための定期的な土地所有の調整がなされた。土地や家屋や奴隷の売買は禁止されて、違反すれば死刑となった。当然ながら、こうした規制が――単に後漢のプロパガンダとして捏造もしくは誇張されたのではなく、実際に試みられたのだとしても――強制できなかったのは明らかで、すぐに廃止されている。この新しい政権――その名も新王朝――はたちまち瓦解して、地主の支持を受けた漢王朝がみごとにカムバックを果たした。(4)

富裕商人を標的に

漢王朝の史料は、一種の市場活動を通じての富の蓄積を、何よりも商人の責任に帰している。今のわれわれが頼りにするテキストを生み出したのは政治的に有力なコネを持つ学者たちで、その学者たちに蔑まれていたのが、この商人という階級だった。歴史家の司馬遷は、裕福な商人たちを「貧者の奉仕を強いる」階級だと述べている。

そして実際、商人の持つ最大規模の財産は、漢の最高位の役人の財産に匹敵するものだった。したがって当然ながら、政権は商業による私有財産を標的とした。商人には、ほかの職業の従事者に対してよりも高い税がかけられた。武帝の統治下の紀元前130年代、財政的な介入はさらに激しさを増す。武帝はちょうどそのころ、北方のステップ地帯に帝国を築いていた匈奴《きょうど》との交戦に向け、費用のかさむ軍事動員計画に着手していたのだ。武帝は塩と鉄を国の専売とした。その過程で、以前は民間企業家の懐に収められていた利益を奪っただけでなく、徴集兵としても納税者としても必要だった小規模自作農を、不動産への投資の機会を狙う商業資本所有者による立ち退きから守りもした。武帝の治世に、商業財産への年税も上げられた。莫大な財産があちこちで一掃されたと言われている。本書の中心テーマと同様に、これらの平等化措置も大量動員戦争と密接に結びついていたが、その戦争がなくなるとともに平等化措置もしぼんでいった。(5)

商業資本の集中と、その影響による社会の不平等化への対抗措置は、最終的にはやはり成功しなかったが、それは政策決定に一貫性がなかったからだけでなく、何よりも商人が自分の利得を必ず土地に投資して、国の要求から守るようにしたからである。司馬遷によれば、彼らの戦略はこのようなものだった。

二次的な職業［たとえば交易］を通じて財をなし、基本的な職業［たとえば農耕］によってそれを保持する。

禁制はこれを妨げられなかった。商人は土地の購入の禁止をうまくすり抜けたのと同様に、官僚の一員になることへの禁止もうまく回避した。一部の裕福な企業家やその親戚は、称号を持った貴族にのぼりつめることさえあったのである。[6]

官職が生み出す莫大な富

経済活動と並んで、国家公務に就くことと、より広範には政治権力の中枢のすぐ近くにいることも、莫大な富の重要な源だった。上級役人は皇帝からの贈与や封土によって利益を得た。封建領主は、そこに割り当てられた世帯が払う人頭税の一部を差し引くことを許された。特恵と汚職からは莫大な富が生じた。皇帝の書記など一部の高級官僚は、記録に残る最大の財産に匹敵する富を蓄えたと言われている。後漢の後期には、最高官職の実入りのよさが、その職を買える値段に反映されるようになった。大きな特権は腐敗した官僚をますます寛大に守ってくれた。一定の基本給等級以上にある役人は、皇帝による事前の承認なしには逮捕されることがなく、同様の保護は判決や刑罰にまで及んだ。[7]

有力な縁故を得た者たちは、新たに見いだした富を合法的に投資するにとどまらず、庶民を痛めつけ、搾取するのが容易であることにも気がついた。役人は自分の権限を乱用して公有地を占有したり、他人の土地を奪ったりした。史料では、債務不履行の見込みを政治権力が土地という永続性の物的財産に転換した例も――国からもらったのであれ、あるいは影響力と強制力を行使して得たのであれ――伝えられている。時とともに、こうしたプロセスは、称号を持った貴族、官僚、権威のお気に入りが連合を形成して姻戚関係を結んだエリート層を生み出した。裕福な者は自らが官職に就いているか、もしくは官職に就いた誰かと結びついているかのどちらかで、国務とその遂行者とのつながりが、またさらなる私有財産を生み出した(8)。

エリートの転覆と富の抑制

このような流れには、一族代々での富の所有を助長すると同時に、それを抑止する面もあった。確かに上級役人の子息は、親と同じ道をたどりやすかった。親のおかげで、息子や甥といった若い親族は自動的に官僚の世界に入る資格を与えられていたようなものであり、任官にあたっての推薦制度で不相応に優遇してもらえた。役人の息子が6人も7人も――ある事例では、なんと13人もの息子が――皇室の行政官になったという例はいくらでも聞く。

しかしながら、公僕を富豪に変えるのと同じ強引で気まぐれな政治的権力の行使が、せっかく繁栄した一族の足をすくうこともあった。高い官職を得ていた灌夫《かんぷ》という男は、莫大な富を蓄え、地方の地盤に広大な土地を所有していたが、その過度な権勢に嫌悪が広まって、地元の子どもたちにこんな歌まで歌われるようになった。

潁川《えいせん》が清らかであれば灌氏は安寧、潁川が濁れば灌氏は皆殺し！

この歌は、政治的に財をなした者たちの危うい運命をよく捉えていた。高い地位にのぼりつめた一族は、じつにしばしば、とことんまで転落したのである。身分のピラミッドの頂点にいる者でさえリスクと無縁ではなく、漢の皇帝の配偶者の一族もその憂き目にあった(9)。

もっと組織的な粛清も、さまざまなエリート層で起こった。漢王朝の始祖が165名の部下を貴族に叙して、称号と封土からの所得で彼らに報いて以来、この諸侯の一族は上級官職を独占し、私有地を増やしていった。しかし武帝の統治下で、彼らの大半は徹底的に称号と領地を奪われ、武帝の曾孫にあたる宣帝の治世には、こう言われるまでになっていた。

かつて最も称えられた実績ある将軍たちの子孫が、雇い人となって働いていたり、その他もろもろの隷属的な身分となっていた。

したがって漢の初期の最上層エリートは、その地位を100年と維持できず、戦国時代の支配的な一族の残党とともに排除された。そして新たなお気に入りがその後釜に座った。約100年後、皇位を簒奪した王莽は、躍起になってその人びとの子孫を追い落とし、その王莽の支援者たちが、今度は後漢王朝の取り巻きに取って代わられた。こうして繰り返し転覆が起こった結果、前漢の貴族の一族で西暦1世紀になってもまだ生き残っていたのは、ほんの一握りしかいなかった(10)。

上層階級には常に非業の死と財産没収がつきまとった。無数の高級官僚が処刑されたり、自殺に追い込まれたりした。歴史書の『史記』と『漢書』の列伝の部分には「酷吏（列）伝」という特別の項目が立てられており、皇帝の命令にもとづいて支配階級のエリートを処刑する役人たちの話が並べられている。標的とされたエリートの多くは命を失い、家族もろとも皆殺しにされることもあった。上層階級の異なる派閥のあいだでの内部抗争も同じように大々的な転覆と資産の移動を招いた。エリート内では、この絶え間ない激動が、力と富の追求をゼロサムゲームに変えた。一方に利得があるならば、もう一方には損失しかないのだ。こうした暴力的な富の蓄積と再分配の力学は、エリートの富の集中化に対する抑制因として働いた。ある特定の一族や集団がほかより大きく抜きん出ても、それはいつか必ず縮小して、別の誰かに取って代わられるのである。(11)

富裕階級と小作人の隔絶

だが、確かにそれで、地位と財産を長きにわたって維持し拡大していくような、ごく少数の超裕福な一族の出現は妨げられたかもしれないが、富と力を持ったエリートそのものは、一般大衆を犠牲にして地歩を固め続けていったようである。

侵害的な国家の介入は時とともに弱まり、後漢の時代になると、不平等がさらに高まる条件が整えられていった。漢の皇帝の近親にあたる諸侯王20人の封土に含められた世帯の数は、西暦2年の135万から、140年までに190万に増えた。これは帝国の国勢調査に記録された全世帯の11％と20％に相当する。ライバルの生命や家財を奪い合う暴力的な派閥争いは依然として続き、一族全員が殺されたり追放されたりすることもしばしばだったが、富裕階級そのものは新体制になってからも恩恵を受けた。漢の復権に力を貸した大地主の一族は、さらに多くの土地を支配下に収め、そこを耕す小作人を債務で縛りつけた。当時の史料によれば、こうしたエリート層のあいだでは課税される資産を隠すための戸籍の改竄《かいざん》が慣例化していたという。記録された世帯の数は、西暦2年には1200万を超えていたが、帝国の領土が南方に拡大して支配下の集落が増えていたはずの西暦140年には、逆に1000万以下に減少していた。その原因の少なくとも一部は、地主の専横がますますひどくなったためとしか考えられない。自作農から土地を奪って小作農に変え、その存在を国の代理人から隠したのだろう(12)。

国家の弱体化とエリートの地位の安定

後漢の時代には、かつてより安定した宮中エリート層が形成されたと見られ、高い身分への社会的上昇はすでに至難の業となっていた。この支配階級の閉鎖化は、高級官僚を輩出する一族の繁栄が6代も7代も続くという事例が増えていたこととも一致する。そうして時が経つうちに、一部の家系だけが過度に公職を独占するようになった。内部抗争や勢力の入れ替わりはあいかわらず続いていたが、基本的な傾向としては、力と富の集中がより持続的になっていった。この過程と並行して、官職にそれほど依存しない、より強固なエリート層が形成されていった。富の私有化はますます進み、国家の力が弱まって官職に就くことがもはやそれほど重要でなくなるとともに、富を国家の侵害的な介入から守ることもたやすくなった。同時に、領主と小作人との隔絶はますます大きくなって、小作人は単なる契約上の義務を超え、領主に好き勝手にされる隷属的な身分になっていった。帝国の支配が崩れはじめると、小作人は次第に地元の有力な地主の保有物に変わった。独立した自由のない小作制は恩顧主義につながって、私兵組織の下支えをした。西暦3世紀には、もはや誰も逆らえないような強大な有力者が生まれていた(13)。

漢王朝は、官僚、地主、商人からなるエリート階級を持続させたが、それぞれのカテゴリーの構成員はほとんど重なっており、内部の構成員とも、あるいは別のカテゴリーの構成員とも、互いに資源をめぐって競争していた。長期的に見れば、全体を通して言えるのは、自給自足生産者に対する国家の支配力が弱まって、税より地代の方がずっと高くなるにつれ、土地所有の集中化がますます進んだということだ。有力な一族は、時とともに力をさらに強くしていった。統治者とエリートとの関係は、秦代の中央集権化された軍国的な統率から、漢王朝での応化政策へと変化して、それを反故にするような乱暴な統治者の介入は散発的にしか起こらなかった。そして漢の復権は、そうした力の均衡をさらにエリートに有利に傾けた。不平等の進化にかかわった主要な要因は2つある。平和な期間が長く続いて、小規模自作農を犠牲にしての富の集中が可能になり、最終的には国家統治者まで逆らえなくなったことと、エリート階級の構成員によって互いになされる利得の奪い合いが続いたことだ。前者は不平等を押し広げ、後者は不平等の高まりを抑制した。しかし後漢の時代の後半と、後漢が倒れて三国時代に入る西暦3世紀には、富の集中化の方が勝《まさ》っていた。

漢以降の展開

漢で起こったことは、中国における不平等の歴史の決定的な特徴として、のちに何度も繰り返される事態の最初の事例にすぎない。中国の主要な王朝の区切りをなす暴力的な転覆は、たいてい既存の経済的格差を多少なりとも縮小させた。新体制によってなされる土地の再分配がこの平等化に貢献するのだが、やがてまたそこでも土地所有の集中化が進んでしまう。隋（581年〜）でも、唐（618年〜）でも、宋（960年〜）でも、明（1368年〜）でも同様だった。新しい王朝になる度に、それを支える新しいエリートが高い身分に就いて、政治的影響力と私有財産の両方をわがものにする。唐の末期に貴族階級が没落する経緯については第9章で詳述するが、それまで貴族階級は深く根を張っていた。少数の傑出した家系が200年や300年にもわたって力を保持し、高級官職を特権的に確保して、莫大な財産を蓄えることができていた。貴族や官僚や公的な身分の保有者は、総じて納税や労務を免除されており、それがまた彼らのもとへの資源の集中を加速させた。そして再び私有地が国有地を食い物にして拡大し、その管理下の小作農が再び課税登録簿から消えることになった。

この階級が劇的に壊滅したあと、宋の時代に、まったく新しいエリート層が出現した。統治者からの贈与によって私有地が生まれ、のちに政府が安い貸付を農民に提供する試みもなされたが、すぐに頓挫した。南宋の時代になると土地の集中化が進み、恩顧主義が広まった。政府は遅ればせながら私有地の規模の制限に乗り出したが、エリート層の強い反対にあった。次の時代のモンゴルの侵略政権は、指揮官への褒美に気前よく土地を与え、兵卒に対しては年金制度を実施した。モンゴル人の地主と役人が明によって追い払われたあとは、明を建国した朱元璋《しゅげんしょう》（洪武帝）が広大な地所を支援者に分け与え、今度はその人びとが新たな貴族階級を形成した。のちに洪武帝とその後継者たちが寄贈を縮小しようとするも、その試みは失敗に終わった。対照的に、エリートの所有地は増え続けた。皇帝から賜る土地のほかに、強引な侵害で取得する土地もあれば、農民の臣従によって得る土地も多かった（農民は富裕層に土地を譲って小作農となることで国税を逃れた）。その的確な概要が16世紀の史料に見られる。

長江の南では、貧者と富者が互いに依存し、弱者はみな自分の土地を差し出して臣従する。

国勢調査には不正に手が加えられ、エリートの所有地の真の規模は隠蔽された。そして再び、官職を得ることが財産への道となった。それをあけすけに伝えているのが、明の律法に関する注釈書の一文だ。

賞賛に値する多くの役人が、自らの権力を使って大々的に田畑や邸宅を手に入れ、住民をわがものにしようとするのであれば、それは恐るべきことだ。

それはある意味で、1500年前の後漢の時代にまでさかのぼれるプロセスの復活である。

明の末期には、郷紳《きょうしん》が無数の農奴を獲得して、代々その支配下に置いていた。この国に自由な一般人はほぼ皆無だった。しかしながら、もし主人の力が弱まろうものなら、農奴は束縛を振り切って逃げた。時には農奴が反乱を起こして主人の田畑を手に入れ、主人の持ち物を奪い、新たに地位を獲得していた別の誰かに主人を乗り換えることもあった。これに関して、もともとの有力な一族が訴訟を起こすこともあったが、当局はその時点で誰が最も強いかを唯一の根拠として判断をくだした。(14)

中国最後の王朝となった清は、明の時代の私有地を没収して皇帝の氏族などに改めて割り当てていたが、そこでもまた、税にかかわるさまざまな腐敗のたくらみがついてまわった。役人は、税の滞納を捏造して横領を隠したり、免税が必要とされる自然災害の規模を誇張したり、自分の土地が不作だと虚偽の報告をしたり、金持ちから税の前払いを預かってその金を盗み、その負債を滞納として庶民になすりつけたり、土地の分類を変更したのに通常の税率で徴税して差額を着服したり、領収書を渡さなかったり偽造したりした。郷紳と引退した役人はまったく税を払わないことも多く、現役の役人と事務官は利益の分け前と引き換えに、その負担を庶民に負わせた。しまいには、土地が何百もの偽名で登記され、もはやわずかな滞納を追いかけるのはあまりにも面倒なこととなった。

上級官僚の汚職はスタンダードな富の蓄積方法であり、地位が高ければ高いほど顕著だった。ある見積もりによれば、役人の平均所得は、給与や褒賞や手当といったかたちでの公式の合法的な所得より十数倍も高かったが、知事の場合は100倍以上にもなり、18世紀後半の清の軍機大臣だった和珅《わしん》の場合などは、なんと40万倍にものぼった。こうした状況に対して、同じように時代を超えて対抗措置となっていたのが処刑と没収だった[15]。

現代中国共産党幹部の錬金術

現代の中国は、こうした慣習に備わる驚異的な復活力をみごとなまでに例証している。共産党中央政治局常務委員会のメンバーだった周永康は、中国全土に17億6000万ドルに相当する326の地所を持っていたほか、自分や家族名義の数百の銀行口座に預金していた60億ドルと、82億4000万ドル相当の有価証券を蓄えることができていた。2014年12月に汚職問題で逮捕された時、周のさまざまな住居からは3億ドル相当の国内外の紙幣と、秘匿されていた金塊が見つかった。その高い地位のおかげで達成された彼の快挙にくらべると、ライバルたちのそれは断然見劣りする――周の総資産は2015年のフォーブス世界億万長者番付で55位に相当する――が、彼らも努力していた。ある将軍の邸宅からは、きれいに箱詰めされたまるまる1トンの現金が発見されたし、党幹部に人気のとあるリゾートタウンの水道局の中級役人でさえ、1億8000万ドル以上に相当する不動産と現金を蓄えることができていた[16]。

ローマ帝国――領土拡大によりもたらされた富

だが、ここで今一度、古代世界の最初の「1%」に戻ってみよう。ローマ帝国の不平等の進化は多くの面で中国の場合と似ているが、テキストから考古学的遺物に至るまで、詳しい証拠が豊富にそろっているために、所得と富の集中化をより詳しく探ることができ、それを国の権力の高まりと安定にいっそ

表2.1　紀元前2世紀から西暦5世紀までのローマ社会における記録上の最大資産とローマ統治下の人口の変遷

(a)

時代	資産※	倍数
紀元前2世紀半ばから後半	400万〜500万	1
紀元前1世紀初め	2500万	5
紀元前60年代	1億	20
紀元前60年代から50年代	2億	40
西暦1世紀	3億〜4億	80
西暦5世紀初め	3億5000万	70

(b)

時代	人口	倍数
紀元前2世紀初め	700万〜800万	1
紀元前1世紀半ば	2500万	3
西暦1世紀から5世紀初め	6000万〜7000万	9

※帝政ローマ期のセステルティウスで表記

う密接に結びつけることもできるのだ。定量的な情報は、紀元前2世紀以降に出はじめる。まさにそのころからローマがイタリア半島の先にまで力を及ぼして、地中海東のヘレニズム時代の諸王国の資源をつぎつぎと取り込んでいたのである。貴族階級の財産規模は、帝国の拡大とともに大きく膨れ上がっていった[17]（表2・1）。

これらの数字から、約五世代のあいだに私有財産の上限は40倍に上がったことがわかる。最も控えめな見積もりでも、国家を統治する元老院階級が管理する財産の総額は、紀元前2世紀から1世紀のあいだに桁がひとつ上がっている。インフレは穏やかで、一般市民のあいだでの平均的な1人当たり生産高や私有財産が大きく上がった形跡もなく、上流階級の財産の増大のほんの何割でしかなかったと見られる。したがって、ローマの権力者層は絶対的な意味だけでなく、相対的な意味でも、とてつもなく豊かになっていた。元老院階級の富の成長率は、ちょうど同時期の、地中海沿岸とその奥の内陸地域まで広がったローマ帝国の人口増加率をはるかに上回っていたのである。

そしてエリートの富裕化は、ローマ社会にさらに広く浸透した。紀元前1世紀には、少なくとも1万人の市民、ひょっとするとその2倍の数の市民が——その大半はイタリア本土の住民だが——40万セステルティウスを超える財産を所有しており、これは元老院階級に次いで高い身分の騎士《エクイテス》階級に入れる基準となる額だった。たった数世代前には数百万の私財が異例中の異例だったことを考えれば、ローマの支配階級の下の方でさえも、かなりの利得を享受していたことが窺える。

一般市民における傾向はいまだ不明確だが、そこには2つの不平等化効果が働いていたものと思われる。ひとつは強力な都市化で、それはたいてい不平等を深刻にする。そしてもうひとつが、おそらくイタリア本土だけで100万を超えたと思われる奴隷人口の出現である。私有財産のすべてを合法的に奪われ、常にではないがだいたいにおいて生存ぎりぎりの所得に押しとどめられていた奴隷たちの存在は、社会全体における経済格差を広げる結果になっていたはずだ[18]。

属州からの莫大な収入

では、そうした追加の資源はどこから来たのだろうか？　確かに共和政時代の後期には、市場関係を基盤とした経済発展が勢いを増していた。換金作物の生産や製造業に奴隷が使われていたことや、ワインやオリーブオイルの輸出に関して豊富な考古学的証拠がそろっていることからして、ローマの資本所有者が成功していたのは事実だろう。とはいえ、それは全体像の一部にすぎない。推定される需要と供給の規模についての単純な見積もりによると、土地所有とそれに関連する商業活動だけでは、現在わかっているような規模での裕福さをローマのエリートにもたらせるだけの所得はまず生み出せなかった。そして実際、昨今の史料から明らかに見てとれるのは、最高所得や最大資産の何よりもの源が、強制力にあったということだ。ローマ人の莫大な富はイタリア本土外での行政から生じたのであり、ローマ式の統治はきわめて搾取につながりやすかった。

属州管理は非常に実入りがよく、レントの追求はほぼ野放しで、財物強要を訴えるために制定された法律と法廷でゆるく抑止されるだけだった。権力者どうしの結託とレントの分け合いは、告発されないための保険として働いた。しかも、ローマ自体で年間6%の利率が一般的だった時代、属州総督の要求を満たすために切実に金を必要としていた属州各都市に、裕福なローマ人は最高48%もの利率を課していた。騎士階級のメンバーは、徴税請負という広く浸透した慣習から私益を得た。それぞれの属州で税の徴収を請け負う権利は競争入札で請負人の組合に売り渡され、次はそこが利益を生むためにできる限りのことをするという流れだったのだ。

戦争も同じように、あるいはひょっとすると何よりも、エリートの重要な収入源だった。ローマの軍司令官は戦利品に関して完全な自治権を持っており、兵卒、エリート階級から引っぱられてきた将校や補佐官、国庫、そして自分とのあいだで、戦利品をどう分け合うかを自由に決められた。戦場の数と戦争の回数にもとづいた見積もりでは、紀元前200年から30年までのあいだに、その期間に生きていた3000人あまりの元老院議員の少なくとも3分の1が、このやり方で資産を築いた可能性がある。[19]

共和政ローマの崩壊によるエリートの没落

紀元前80年代に共和政ローマが半世紀に及ぶ末期的な不安定に陥ると、暴力的な内部抗争が既存のエリートの富を強制的に再分配することで、新たな財産を生み出した。この時期、ローマの支配階級——元老院階級と騎士階級——に属する1600人以上が、法的保護剝奪の犠牲となった。これは政治的動機による一種の社会的抹殺で、犠牲者は全資産を没収されたばかりか、しばしば生命までも奪われた。

勝者側の派閥の支持者は、価値の下がった没収資産を競売で我先にと手に入れた。紀元前40年代と30年代のさらに長い内乱の時代には、暴力的な再分配がいっそう進んだ。紀元前42年、また新たな法的保護の剝奪で、2000以上のエリート世帯が一掃された。こうした既存勢力がいなくなり、戦闘指揮官のおかげで出世した新たな層が登場した結果として、ローマの上流社会は共和政の始まり以来、初の大きな転覆を経験した。何世紀にもわたって表舞台を支配していた一族がついに権力の座から滑り落ち、別の一族が取って代わった。共和政ローマは解体に向かううち、先ほど漢の事例でたっぷり見たような君主政に固有の特徴を見せはじめるようになる。たとえば、内部での血みどろの権力争いからエリートの利益も損失も生じるということ、政治的な動向しだいでエリートの富も永遠ではなくなるということである。[20]

帝政ローマの新たなエリートに流れる富

共和政の終焉により、外見上のお飾りとして共和政の制度をそのまま残した永続的な軍事独裁政権が確立された。そうして今度は新たな統治者——皇帝——とその廷臣との接近から、巨万の富が流れるようになった。記録には、紀元前1世紀の個人財産として3億セステルティウスから4億セステルティウスのあいだの金額が6件あるが、ここまでの額は共和政の時代にはひとつも見られない。いずれも最上級の廷臣が蓄えたもので、最終的には国庫に吸収されている。

エリートの富はさまざまなかたちで再循環した。統治者に協力したり気に入られたりしていた貴族は、遺言書に統治者の名を含めることを期待されるのが常だった。初代皇帝アウグストゥスは、20年間に友人たちから総額14億セステルティウスの遺産を受け取ったとされている。ローマの年間記録によれば、その後の皇帝たちの統治下では、反逆行為と反逆計画——事実にせよ冤罪にせよ——を罪状とした処刑とエリートの財産没収が果てしなく続いた。記録に残っているにせよ推測されるだけにせよ、ローマ社会の最上層での財産没収の規模は、一部の皇帝の治世ではエリートの財産全体の数パーセントにのぼり、超富裕層のあいだでの暴力的な再分配の恐ろしさを窺わせる。結局のところ、気前のよい贈り物とその回収は、同じプロセスの2つの側面にすぎなかった。統治者は政治的な計算に従って、エリートの富を築きもすれば壊しもしたのだ。[21]

もっと伝統的な政治手段で裕福になる方法は、独裁権のもとで存続した。いまや属州総督は最高100万セステルティウスの年収を本業で得られるようになっていたが、そのかたわらであいかわらず巨額の富を不正取得し続けた。ある総督は「貧民」の身分でシリア属州に入り、2年後に「金持ち」となってそこを離れた。1世紀後、スペイン南部のある総督は、愚かにも書簡のなかで、属州人に400万セステルティウスを強要したばかりか、属州人の何人かを奴隷として売り飛ばしたことを自慢していた。食物連鎖の末端では、ガリアで公庫を監督していたある皇帝所有の奴隷が16人の下位奴隷の奉仕を要求し、そのうち2人に、ずいぶん豊富だったらしい彼の銀器一式の管理を任せていた。[22]

帝政のもとでの統一と強い結合により、個人財産の拡大と集中化はさらに進んだ。皇帝ネロの治世には、最終的にすべて彼に奪われるものの、アフリカ属州（現代のチュニジアを中心とする一帯）の「半分」を6人で所有していたという。誇張されているのは明らかだとしても、この話は必ずしも劇的に事実と乖離してはいないだろう。確かにこうした地域では、都市の領土に匹敵するくらいの規模の広大な私有地があったと考えられる。属州人のなかでも特に裕福な者は帝国中央の支配階級に参入し、できる限り高い地位とそれに付随する特権を得て、その地位をもとに、さらに裕福になる機会をつかもうとした。ローマ文学を調べた結果によると、裕福を意味する形容詞はほぼ執政官クラスの元老院議員だけに用いられており、この身分に最大の恩顧と、富を増やすための最大の機会が与えられていたことが裏づけられる。公式な身分の序列は財政能力にもとづいており、上層階級の3つの身分——元老院階級、騎士階級、都市参事会員階級——に属するには、数年ごとのケンスス（国勢調査）で一定の財産基準を超えていなくてはならなかった。[23]

地域レベルの富の集中化

この個人的財産と政治的権力との密接な結びつきは、地域レベルでもそのまま再現された。円熟期のローマ帝国は、おおむね自治的な都市など多様な組織形態をなす約200の地域社会からなっていて、各地を巡回する総督と少数のエリート官僚集団、および主として財政を管理する皇帝配下の自由民と奴隷が、それぞれの地域社会をゆるく監督して——そして隙あらば搾取して——いた。通常、各都市の運営にあたるのは地元の裕福なエリートを代表した評議会で、公式には都市参事会員がそのメンバーとなった。この議会は地域の徴税と支出を預かるだけでなく、国税の判定基準となる地域社会全体の財産評価も受け持ち、さらに収税人や徴税請負人に渡す分の資金の調達も担当した。この時期の都市の惜しみない支出を推察させる考古学や碑銘研究からの豊富な証拠を頼りにできるとすれば、これらのエリートは、どうしたら自分たちの資産を遠い帝国の中枢から守り、余剰の大半を保持できるかを知っていた——その余剰を自分たちの懐に収めるのであれ、あるいは公共設備の維持に使うのであれ。[24]

地方の富が次第に集中化していった様子は、ローマ帝国の都市のなかでも特に有名な、西暦79年のベスビオ火山の噴火で灰に埋もれたポンペイの遺跡によくあらわれている。役人や生産資産所有者について言及された無数の碑文に加え、壊滅当時の住宅戸数の大半が残存しており、いくつかの家屋については住人を特定することも可能だった。ポンペイのエリート層は、特に裕福な市民を中核として、地方役人の職を特権的に占有していた。

階層分化は都市構造にも明白に見られる。市内には約50戸の大邸宅があり、いずれも広々としたアトリウム（中央大広間）とそれに面したコロネード（柱廊）つきの中庭に、複数の食堂を備えていた。さらに、それよりは控えめだが、やはり立派な住宅が少なくとも100戸はあって、わかっている限り最小の住宅でも、それは市議会議員の家だった。これは文献記録からわかっている100前後のエリート家族の存在とも一致する。おそらくそのうち一部だけが、どんな時でも議会の一員になれる家だったのだろう。大まかに言えば、3万～4万人の社会（市の領土を含めて）では、100～150のエリート家族と都市部の洒落た邸宅が、社会の上位1%か2%を代表していたわけだ。こうした家は、市の領土内にある私有地での農業に加え、都市部での製造業や貿易業も営んでいた。というのも、エリートの邸宅には決まって店舗などの商業用建物が付設されていたのである。

集中化の特に顕著な傾向は、都市部の不動産がますます少数の人間の手に握られていったことだ。考古学調査で明らかになってきたように、すべての大邸宅と、その次のレベルの建造物の多くは、以前に存在していた小さめの住居数戸を吸収してできあがったものだった。時とともに、かなり平等主義的だった住宅の分配（および、同じように平等主義的だったと思われる富の分配）は、おそらく紀元前80年のローマの退役軍人の強制的な定住と関連して、不平等の拡大に取って代わられ、中流世帯がおもにその犠牲となって都市構造から締め出された。軍事大量動員の文化とトップダウン式の再分配が失われ、安定した独裁政治に移行すると、そのあとに起こったのは分極化だった。死亡率が高く、遺産が分割可能な状況ではあっても、資産を分散させて社会的ピラミッドを平らにするまでには至らず、エリート層の内部での富の再循環を助けるだけだった。[25]

平和がもたらす富裕層の富

ローマ帝国の住宅事情に関する考古学的証拠は、ローマの統治下で階層化が激しくなったことをさらに全般的に示唆する。詳しくは第9章で述べるが、ローマ時代のブリテン島と北アフリカの住宅規模の分布はそれ以前よりも不平等になっており、データセットの選択しだいでは、イタリア本土でも同じだったかもしれない。これは特に驚くことでもなく、確かに帝国は権力者やその近くにいる人びとに不相応な恩恵をもたらしたが、それと同時に、もっと広い範囲のエリートのあいだでの富の蓄積と集中化を助けてもいたからだ。君主政が始まってから250年のあいだ、破壊的な戦争やもろもろの抗争は歴史的基準に照らせばきわめて稀だった。帝国の平和は資本投資に保護の外殻をもたらした。頂点のごく一握りの人びとを除いて、富裕層は比較的安全に自分の財産を所有し、伝達することができていた[26]。

その最終的な結果が、最低生存費を超える余剰の大半を上位1%か2%の富裕層が吸収するという、激しく階層化された社会だった。ローマ帝国の不平等を定量化するのは、少なくとも大まかには可能だ。帝国が発展の最盛期にあった西暦2世紀半ば、約7000万人からなる帝国は、コムギ5000万トンと同等に近い、200億セステルティウスに迫る年間GDPを生み出した。これは1990年国際ドルでの1人当たり平均GDP800ドルに相当するが、ほかの前近代経済との関連からして、もっともらしい数字に見える。私自身の再構成によれば、約600人の元老院議員、2万人あまりの騎士、13万人の都市参事会員、そのほか地位のない6万5000人から13万人の富裕層の世帯をあわせ、合計25万ほどの世帯で、総額30億~50億セステルティウスの所得を得ていた。このシナリオだと、全世帯の約1.5%が、総生産高の6分の1から3分の1近くを取得していたことになる。これはあくまでも推定上の富に対する推定上の収益から導いた所得であるから、彼らの実際の取り分より低く見積もられているかもしれない。政治的なレントによってエリートの所得はもっと押し上げられていただろう。

不平等の高まり

エリートより下の層での所得分布はさらに評価しにくいが、常識的な範囲で見積もると、下層の所得の総合的なジニ係数は、帝国全体で0・4くらいになる。それほどでもないように見えるかもしれないが、じつはこの値はずいぶんと高い。1人当たりの平均GDPは、税と投資を差し引いた最低生存費の約2倍にしかなっていなかったから、推定されるローマの所得不平等度は、この経済発達度で実際にありうる最大の値とたいして変わらないくらいのものだった。これはほかの多くの前近代社会とも共通する特徴だ。したがって、一次生産者から吸い上げられる分のGDPシェアに照らして評価すると、ローマの不平等はきわめて深刻だった。裕福なエリート層以外の人口のうち、最低生存費を優に上回る所得を享受できていたのは、多くても10分の1程度だったのである。(27)

最上層の所得はきわめて高く、当然その一部は再投資にまわされただろうから、富の集中化はさらに進んだ。力の非対称関係のせいで、属州人は納税のために自らの土地の一部を売るはめになったかもしれない。そうした行為を現在において定量化するのはどうやっても無理だが、これが複数の地域にまたがる貴族の土地所有ネットワークの数世紀後の出現を説明するのに役立つだろう。となると、次に出てくる疑問は、ローマの不平等はついに上限に達したのか、達したとすればそれはいつなのか、ということだ。

これは西暦420年代の明らかに誇張された記述にどれだけ信が置けるかに大きくかかわってくる。オリンピオドロスというエジプト出身の歴史家によれば、ローマの貴族階級のなかでも特に傑出した一族には途方もない規模の富があったという。その「多く」は私有地から年間1800キログラム以上の金貨を得ており、3分の1は同じだけの額を物品で得ていたとされる。そして2番目のクラスの層でも、年間450~680キログラムの金貨を得られていたという。共和政初期の通貨に換算すると、最上層の所得2419キログラムの金貨は、西暦1世紀での約3億5000万セステルティウスに相当し、当時の報告に残る最大資産額に比肩する。最上層クラスの場合、富の増大が最初に安定状態に達したのは西暦の始まりごろに君主政が誕生した時と見られ、その後は多少の変動を経験しながらも、西暦5世紀のあいだにローマの西洋支配がついに崩れてくるまでは安定が続いた。[28]

一方、ローマの伝統的な都市エリートが高まる圧力にさらされはじめたのと並行して、各地域の地元レベルでは、不平等がさらに激しくなったような気配がある。結果として地方の富裕エリートは、地域共同体より上の立場の一員であることによって利益を得られる少数派と、その利益を得られない大多数とに分極化された。

たとえばこの過程の何よりもの証拠が、帝政ローマ後期のエジプトから出ている。現存するパピルス文書から推察するに、西暦4世紀まで存続していた既存の都市支配階級が徐々に弱体化する一方で、その一部のメンバーは、地方での財政義務が免除される国家官職を得ていたために生き残り、逆に私財を蓄える機会を高めたのである。西暦6世紀には、この種の上昇移動によってエジプトに新たな属州貴族階級が確立され、これが耕地の大部分と地方政府の重要な役職を支配した。その代表的な例がアピオン家で、もともとは都市参事会員階級の一族だったが、やがて何人かが国家の最高官職を占めるようになり、しまいには、おおむねエジプトの一区域に集中した、生産性のきわめて高い約60平方キロメートルの土地を支配するに至った。これは必ずしも異例の現象ではなかった。西暦323年のイタリアで、93平方キロメートル以上の土地が1人の人間に支配されていたという話もある。超富裕層が至るところに触手を伸ばし、帝国のほぼ全土にわたって所有地を得た結果、共同体や地域レベルでの土地所有の集中化はますます進んだ。[29]

貧富の分極化

そしてもうひとつ、中国史でもよく知られるのと同じプロセスが、不平等の高まりに一役買った。帝政ローマ後期には各地の農民が、力を持った領主（および役人）に保護を求め、外部とのさまざまな交渉、とりわけ帝国の徴税官との取引に責任を負ってもらっていたという。実際のところ、これによって国家の収入が集まらなくなり、農業余剰に対する領主の支配力が強まる結果につながった。それがまた中央の権威を弱めたうえに、財政的な負担を力の弱い層に押しつけることになって、中級の財産所有者が大きな損失を被った。ここでもまた貧富の分極化がほぼ避けがたい事態となり、漢の末期に起こったのと同様に、遠からずして私兵組織と初期段階の軍閥主義が出現した。かつては存在していたかもしれない中間の立場も、政治的な力を持ったエリート内での所得と富の集中化に押しつぶされた。ローマと帝国の西半分がゲルマンの指導者たちに奪われたあとも、地中海の東に残った帝国のなかではあいかわらず不平等の高まりが続いたらしく、西暦１０００年ごろのビザンツ帝国では、不平等がとてつもないレベルまで上昇していたと見られる。長く続けば続くほど、ますます貢ぎ物が増えていった帝国は、その特徴である政治的権力と経済的権力の密接な絡み合いと、それが育む分極化という結果とあいまって、まさしく不平等化の容赦ないエンジンとなっていたのである。(30)

権力者を裕福にする帝国のパターン

制度や文化といった表面的な違いはともかくとして、本質的に中国の帝国とローマの帝国は、余剰の着服と集中化が高い不平等を生み出すというロジックを共有していた。帝国の統治は、もっと小さな環境では想像もできないような大々的な規模で、権力の掌握者を裕福にできる資源の流れを作り上げる。したがって不平等の程度は少なくともある部分、帝国的な国家形成の純然たる規模との相関関係によって決まった。数千年前にはじめて発達した資本の投下と活用のメカニズムを土台として築き上げられたこれらの帝国は、そうした元手をさらに吊り上げた。国家官職からはさらに多くの収益が得られるようになり、長距離での交易や投資の処理コストは低くなって、所得を無駄に使わずにすむようになった。結果として、帝国内の所得の不平等化と富の分極化が断ち切られて反転するには、征服、国家衰退、全面的なシステム崩壊といった、本質的に暴力を伴う大変動を通じて国家がばらばらになるしかなかった。近代以前の歴史の記録は、確立された帝国内の不平等を平和的に打倒した例についてはまったくの沈黙で、これら特定の政治的環境のなかで、そうした戦略が出てこられたのかどうかさえわからない。しかし帝国が崩壊しても、たいていの場合、それはそれで単なるリセットにすぎず、また別の増大と分極化の波がそのあとに続くだけだった。

マムルーク朝エジプト

ほころびのない帝国的な政治体の内部にある不平等に限って言えば、そうした波はエリート内での暴力的な資産再循環という手段によってもたらされていた。前にマムルーク朝エジプト（1250〜1517年）の例について言及したが、そこではまさにこの原則が、歴史的に実証されている限り最も純粋なかたちで実践されていた。マムルーク朝による征服の収穫は、スルタン、その配下のアミール、さらにその下の奴隷兵士のあいだで分け合われた。この一団は、民族的にも別々なら、空間的にも離れた支配階級を形成して、従属した地元民からひたすら地代を吸い上げたのだ。収入の流れが彼らの期待に見合わなければ、地元民はひどい目にあわされた。この支配階級内では絶えず権力をめぐっての画策が行われ、その成功いかんで個人の所得が決まったが、暴力的な争いがしばしばその配分を変化させた。地元の財産所有者は不正な財物強要に救いを求め、自分の資産に対する責任をマムルーク出身の実力者に引き渡すのと引き換えに徴税からの保護を得た。この慣習を後押ししていたエリートは、それによって分け前を得た。統治者側はこれに対抗して、エリートの財産の完全没収をますます進めた。[31]

オスマン帝国

強制的な再分配の戦略をさらに洗練されたかたちで完成させたのが、円熟期のオスマン帝国だった。400年にわたり、スルタンは何千という国家の役人や請負人を司法手続きなしで処刑し、その財産を没収した。帝国による征服が始まってまもない14世紀と15世紀に、オスマン家と結びついた軍人一族の連合として貴族が形成され、やがてそこに各地出身の軍事エリートが編入された。

15世紀以降、帝国の絶対主義的な支配が強まると、スルタンが権威を主張するようになるとともに貴族の力は弱まっていった。貴族家系の子孫に代わり、奴隷から引き上げられた出自の低い人員が世襲的に官職を得た。貴族の一門も引き続き官職と権力を求めて競争していたが、最終的にはいかなる官僚も、その社会的背景にかかわらず、統治者に対して個人的な権利は持たないものと考えられるようになった。官職は世襲ではなくなり、官僚の資産は個人財産というよりも俸禄で、実質的には公務の付属物と見なされた。したがって官僚が死ぬと、在職中に得た利得が地所から推定されて、国庫に吸収された。実際には、官僚の身分と富は区別のつかないものであるという単純な理由のもとに、あらゆる所有物が奪われていたのかもしれない。死んだ時に財産が没収されるだけでなく、現役の官僚でも、スルタンの注意を引けば破産させられたり財産を没収されたりした。

エリート層はこの侵害にできる限り抵抗しようとした。そして17世紀には、いくつかの一門が何世代にもわたって財産を保持できるようになっていた。18世紀になると、公共の役職や職務が賃貸しされることが多くなって、それに伴い地方のエリートはますます力をつけていった。やがて国家行政の民営化も広まると、役人が富と身分を固められるようになった。中央はもはやかつてと同じようには資産を奪えなくなり、財産権がある程度まで安定して確立した。18世紀末と19世紀初頭には、戦争の圧力を受けて財産没収が今一度復活したが、抵抗戦略と回避戦略に迎え撃たれた。1839年、オスマンのエリートはついにこの争いを自分たちの優位で決着させ、スルタンが彼らの生命と財産を保障するに至った。ローマや漢など、ほかの帝国の場合と同様に、支配階級の富を好きなように入れ替えられる国家中枢の権力は、時とともに次第に削り取られていった。(32)

スペイン支配下のメキシコ

こうした例とは別に、統治者の力が弱すぎたり、力が遠くまで及ばなかったりして、エリート内での富の集中化を妨げられないケースもあった。中央アメリカとアンデス地方に築かれていた既存の帝国的な政治体を奪取したスペインの例は、特に示唆に富んでいる。

スペインでは、レコンキスタ（再征服運動）の過程で貴族や騎士が土地を下賜され、そこの住民に対する支配権も享受した。のちにスペインの征服者はこのシステムを新世界の領土にも適用するようになるが、もともとそこには同様の慣習があった。前にも述べたように、アステカ人は圧政的で搾取的な制度を確立していたが、エリートや農奴や奴隷に対する土地の下賜もその制度の一部だったのだ。メキシコに渡った征服者《コンキスタドール》は、たちまち広大な土地を奪い取った。それらの土地は、占領がすんだあとにはじめて王室から下賜が認められるのが常だった。代表的な征服者《コンキスタドール》のエルナン・コルテスがオアハカに得た土地は、1535年に相続人限定の不動産として認定され、300年にわたってコルテス家で保持された。その範囲は最終的に、15の大邸宅、157のプエブロ集落、89の大農場、119の牧場、5つの私有地、そして15万人の住民を含んだ。

スペイン王室は、こうした下賜（エンコミエンダ）の持続期間に制限を求める法令を定めていたが、にもかかわらず、下賜された土地は実質的に永続的な世襲の保有物と化して、少数の超富裕な領主階級を持続させた。エンコメンデーロ（エンコミエンダで土地を下賜された個人）は強制労働の禁止令に対抗すべく、原住民を巧みに債務奴隷に貶めて、労働力の支配権を維持した。やがてそうした支配によって、もともと不規則に広がっていた多様なエンコミエンダから、より永続性の高い大農場が築かれるようになった。領主の家の区画と広大な領地がひとまとまりになり、その両方をただ働きの労働者が交互に世話する形態は、実質的に、領主の独裁的な支配のもとにあるミニチュア国家と変わりなかった。

その後の変革に際しても、影響を受けたのは最上層だけだった。たとえば最もよく知られるところでは、1821年にメキシコは独立したものの、スペイン人の大農場主とその後継が土着のエリートによって追い出されただけで、既存の制度はおおむねそのまま保持された。19世紀のあいだに土地所有の集中化はますます進み、それが第8章で詳述する革命につながっていった。(33)

スペイン支配下のペルー

ペルーでも状況は同じで、もともとはインカ帝国が同じようにエリート一族や高級官僚に土地や収入を与えていた。そこへ入ってきたフランシスコ・ピサロとその士官たちには最初のエンコミエンダが与えられ、さらにピサロは自らに土地の割り当て権と、その土地を耕す労働者の監督権があると主張した。こうして有無を言わせぬかたちで広大な土地が授与されて、原住民が鉱山に移住させられたが、それはどちらも王室の禁止命令に違反する行為だった。以後、土地の下賜に上限を定められることに抵抗したピサロが反乱を起こして不首尾に終わるまで、再分配はまったく行われなかった。

その後もペルーでは、土地と富の集中化がメキシコよりもいっそう激しく進み、500前後のエンコミエンダが国土の大半を占めるまでになっていた。ポトシ銀山の豊かな鉱脈のいくつかも支配者のお気に入りに与えられ、従属させられたインディオが労働力に使われた。現地部族の指導者たちは、村人を労役にまわすことで支配者に協力し、その見返りに監督の任を与えられたうえ、場合によっては自分の地所をもらえることもあった。外来エリートと地元エリートの結託はいかにも帝国的な手法だが、それによって経済的な分極化と原住民の搾取は必然となった。やがて不法な独占も、メキシコと同じように合法化された。スペインから独立したあとのボリバル主義の土地再分配も失敗し、19世紀には原住民の共有地までが吸収されて、私有地はさらに拡大した[34]。

近代初期のフランス

有力エリートが政治的な役職とコネを通じて獲得した財産をいつまでも保持していられるのは、なにも植民地に限ったことではなかった。ひとつだけ例を挙げるなら、近代初期のフランスでは、国王に最も近い人びとが、自らの影響力を利用して莫大な私財を築き、それを死後も、さらには免職後も保持することに成功していた。

アンリ4世の首席大臣として、そして財政の指導監督者として、国王が亡くなる1610年まで11年にわたって国王を補佐したシュリー公マクシミリアン・ド・ベテューヌは、免職となったのちも30年生きて、500万リーブル以上の遺産を残した。これは当時のパリにおける非熟練労働者2万7000人分の年収に相当した。同じような座を1624年から1642年まで占めていたリシュリュー枢機卿は、その4倍の富を蓄えた。しかし、そのどちらをもかすませてしまうのが、リシュリュー自ら選んだ後継者のマザラン枢機卿だ。1642年から1661年までフランス国王に仕えたマザランは、1648〜1653年のフロンドの乱では2年間の亡命を余儀なくされたが、にもかかわらず、3700万リーブルもの遺産を残した。これは16万4000年分の単純労働賃金に相当するが、中国共産党中央政治局の周永康同志ならば是認しただろう。

ここまで力を持たない大臣たちも、やはりうまく金儲けをした。リシュリューの盟友だったクロード・ド・ブリオンは、財務大臣を務めた8年間に780万リーブルを稼ぎ出し、同じ役職を同じ長さだけ務めたニコラ・フーケは、1661年に逮捕された時に1540万リーブルの資産と、それと同額の負債を抱えていると評価された。

こうした数字は、最大級の貴族の財産にもまったく劣らない。たとえばこの時代、ブルボン王家の支流であるコンティ公の財産は、800万〜1200万リーブルだったと推定される。強気な太陽王ルイ14世でさえ、のちの大臣たちの手綱を引くことに控えめな成功を収めるのがやっとだった。ルイ14世のもとでフランスの財務総監を務めたジャン＝バティスト・コルベールは500万という比較的少ない財産を築くのに18年かかり、ルーヴォワ侯フランソワ＝ミシェル・ル・テリエは800万を確保するのに陸軍大臣を25年も務めなくてはならなかった。この時代の国王にできるのは、せいぜい大臣の収入を年間100万や200万から、数十万に近いあたりまで減らすことくらいだったのだろう[35]。

前近代社会の構造的不平等

ほかにも世界中からの多くの事例が容易に追加できるが、基本的な要点は明白だ。前近代社会では、莫大な財産は決まって経済的な能力よりも、政治的な権力のおかげでもたらされていた。違いがあるとすれば持続期間ぐらいで、財産がどれだけ長く保持されるかの決定的な要因は、統治者が独裁的な介入に乗り出す気があるかどうか、そして実際に乗り出せるかどうかだった。最上層への激しい資源の集中化と高い不平等度は既定の事実で、富の可動性は変化しても、富裕層の外にはほとんど関係がなかった。第1章でざっと見たように、前近代国家のほぼすべての構造特性は、強制的なかたちでの所得と富の集中化をとりわけ強く助長したから、時とともに不平等が最大限まで広がりやすかった。結果として、そうした国家ではしばしば不平等がきわまった。

本書の補遺で詳しく示しているように、ローマ時代から1940年代までの27の前産業化社会についてのおおよその見積もりでは、平均吸い上げ率77%という結果が出ている。これは、ある任意の1人当たりGDPのレベルで理論的にありうる所得不平等の最大値に対し、実際に現れている割合を示す比率だ。例外はきわめて少ないが、そこそこ十分な裏づけのある唯一の事例は、紀元前5世紀と4世紀の古代アテナイで、そこでは直接民主制と軍事大量動員の文化が（第6章で詳述するように）経済的不平等を抑える役割を果たしていた。大昔の乏しい証拠にもとづく現代の見積もりが信頼できるとすれば、紀元前330年代のアテナイ人の1人当たりGDPは、前近代経済にしては比較的高い――生理学的に最低限の生存費の4〜5倍ほどで、15世紀のオランダや16世紀のイングランドと同程度――と見られる一方で、市場所得のジニ係数は0.38前後となる。ここから導かれる約49%という吸い上げ率は、前近代の基準に照らせば異例なほど低い[36]。

だが、アテナイの異例さも長くは続かなかった。ローマ帝国の最盛期にアテナイで最も裕福だった人間は、その名もじつに豪勢な、ルキウス・ヴィブリウス・ヒッパルコス・ティベリウス・クラウディウス・アッティコス・ヘロデスで、本人の主張によれば祖先は紀元前5世紀の有名な政治家一族であり、さらに家系をたどるとゼウス神まで行き着くということだった。もっと近しい祖先はローマの市民権を得たアテナイ貴族の一人で、高い官職にのぼりつめ、ひょっとするとローマで最も裕福な個人の財産にもそれほど引けをとらないような莫大な財産を築いていた。彼の名は、最終的に数人の皇帝を出すことになるローマ貴族の名門クラウディウス氏族とのつながりをほのめかす。

ヘロデスの一族は、祖父のヒッパルコスの財産――ざっと1億セステルティウスと見積もられた――がドミティアヌス帝に没収されながら、のちに（いくぶん不可解にも）回復されたという、ローマの上流階級の典型的な経験まで共有していた。ヘロデスはギリシャの都市に惜しみなく寄付をし、公共の建物のスポンサーになった。最も有名なのがアテナイのオデオン（劇場）である。もし彼が本当に1億の財産――古典期の知られる限り最大の個人財産の二十数倍に相当する――を持っていたなら、彼の年間資本所得だけで、紀元前330年代のアテナイの総国家支出――戦闘、政府、祭り、福祉、公共工事などのすべての費用――の3分の1を余裕で賄えたことになるが、ひょっとしたら彼はもっと持っていたのかもしれない。アントニヌス・ピウス帝の養子で次代皇帝となるマルクス・アウレリウスの師としてアントニヌス・ピウスと近づきになったヘロデスは、西暦143年、ローマの伝統的な国家官職のなかでも最高位の正規執政官に就任したことがわかっている最初のギリシャ人となった。もうこの時には、帝国ならではの恩顧と不平等が勝利を収めていた。

第3章 不平等の拡大と圧縮

ヨーロッパにおける不平等の進化
——ローマ帝国と中世盛期

経済的な不平等は、長期的にはどう変化するのだろうか。ここまでは経済的不平等の初期段階について概観してきた。何百万年も前にアフリカ大型類人猿とともに出現した力の不平等とヒエラルキーは、ヒト属（ホモ属）が進化した直近200万年のあいだに少しずつ希薄化した。しかし完新世に入って動植物の家畜化と栽培化が始まると、力の不平等度と富の不平等度はともに急激に上昇し、前章で見たような略奪的な大規模国家が形成されるなかで、その上昇はピークに達したのだった。そこでここからは、世界の特定の地域に焦点を絞りつつ、所得と富の不平等の進化がもっと全般的に、不平等化や平等化を促す特定の力によって説明できる一定のパターンを踏襲するものなのかどうかを確認してみたい。私の

図3.1　ヨーロッパにおける不平等の長期的傾向

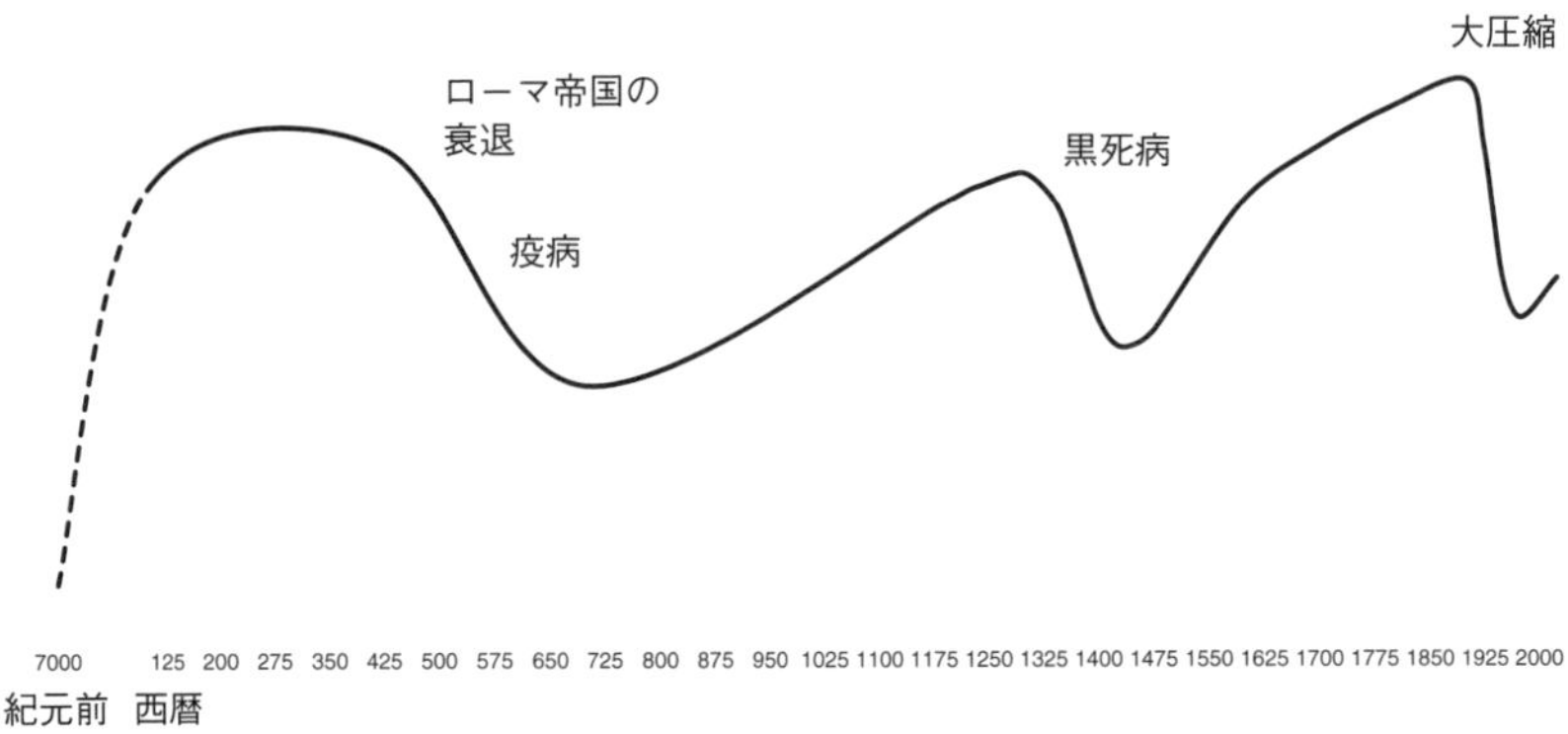

目的は、本書の主要な議論を具体的に立証することだ。すなわち、不平等の増大が技術的発達と経済的発達の相互作用と国家形成によって進んだこと、および、過去の有効な平等化には常に暴力的な衝撃が必要とされ、少なくとも一時的にはそうした暴力的な衝撃が、資本投下や商業化、あるいは搾取的なエリートとその協力者による政治的、軍事的、イデオロギー的な力の行使の結果として生じた不平等を軽減し、反転させたことを、具体的な証拠によって裏づけたいと思うのである。

　過去から20世紀初頭に至るまでの私の調査で、おもに着目されているのはヨーロッパだが、これはまったく実際的な理由による。総体的に見ても長期的に見ても、現代までの物的不平等の進化について最も豊富な――あるいは少なくとも、最も徹底的に調査された――証拠を生んできているのがヨーロッパ社会であるからだ。この証拠から、過去数千年のあいだに不平等の増大もしくは安定と、平等化を促す衝撃とが交互に繰り返されている変化を、少なくとも大まかには再構成することができるのである（図３・１）。

　ヨーロッパでは、紀元前７０００年から農耕が始まり、続く３０００年のあいだに大きく広まった。きわめて大ざっぱに言って、この根本的な経済変化は、不平等の漸進的な増大を伴う運命にあった。われわれがその過程を詳細に追いかけられる見込みは非常に薄いとしてもだ。とはいえ、直線的な軌跡を想像するのは賢明ではないだろう。ヴァルナで見つかったような考古学的発見が示唆しているように、短期的な変動は絶えず起こっていたものと思われる。しかし一歩ではなく三歩下がって全体を見て、調査対象を数百年ではなく数千年の単位に広げてみれば、人口密度の増大、統治体制の強化、余剰の増加に伴って、全体的な上昇傾向が現れるものと仮定していいのではないだろうか。

不平等の最初のピーク――ローマ帝国円熟期

そのように俯瞰してみると、物的不平等の最初の長期的なピークが、西暦最初の数世紀のローマ帝国の円熟期にあることがわかる。ヨーロッパの大部分では、人口、都市化、個人財産、そして強制力が、この時期ほどのレベルに達したことは一度もなかった。唯一の例外はギリシャだ。祖先の近東文明の中心に地理的に近かったおかげで、ギリシャではヨーロッパのほかのどこよりも昔から国家レベルの発達が実現していた。後期青銅器時代のミケーネ文明において、すでに相当の不平等が進んでおり、紀元前13世紀ごろに頂点に達したと見られる。その後の何世紀かで、国家の崩壊によって御殿が消えて小さな村落に代わるとともに、そうした格差は大きく減少した。この暴力的な解体については第9章で詳述する。

ギリシャのアルカイック期と古典期（紀元前800年ごろ~300年ごろ）の都市国家文化はきわめて高い経済発達度に達していた（場合によってはローマ世界の大半よりも高かった）が、軍事大量動員に根ざした体制が、不平等を抑制した。しかしヨーロッパのほかの地域と同様に、ローマ時代になってからはギリシャでも大いに不平等が高まった。(1)

ローマ帝国の衰退による平等化

ローマ帝国が分断したのちも引き続きビザンツ帝国の（時に不安定な）支配下にあった南方のバルカン諸国はひとまず別として、ローマの支配にくだっていたヨーロッパのほかのすべての地域は、西暦5世紀後半にローマの支配力が崩れるとともに始まった、所得と富の不平等の激しい圧縮を経験した。追って第9章で見るように、この経済的な平等化はおおむね国家破綻の直接的な結果だが、その大きな暴力的衝撃をさらに強めたのが、6〜8世紀に発生した西欧初の腺ペストの大流行で、これにより土地に対する労働力の相対的価値が高まった。ただしその程度には、時間的な差や空間的な差がかなりあったことは考慮しなくてはならない。

平等化が最も徹底的に進んだのはローマ支配以後のイギリスにおいてで、そこでは以前の制度やインフラがほとんど一掃されたが、西ゴート族の支配下に置かれたイベリア半島などの比較的保護された地域では、不平等が回復しやすかったのではないかと考えられる。しかしいずれにしても、広範囲に及んでいたエリート層の交換ネットワークや、都市化、財政構造、複数の地域にまたがる富の保有などが解体していったのは、どこででも見られた普遍的なプロセスだった[2]。

この大々的な圧縮を数字に置き換えるのは、試みることさえ無益かもしれない。ローマ帝国のジニ係数を見積もるのも容易ではないが、6〜8世紀のローマ支配下の社会のジニ係数を推量するのはさらに困難だろう。ここではとりあえず、2つの下向きの圧力が同時にかかったとだけ言っておこう。1人当たりの余剰が減少して不平等の広がりの範囲が狭まったこと、そして、国家とエリート層の吸い上げ能力が衰えたことだ。ビザンツ帝国支配下のギリシャでさえ、既存の格差の緩和につながりやすい暴力的な混乱に大きく影響を受けた。しばらくのあいだは、当時のヨーロッパの都市化の最東端の前哨地だったコンスタンティノープルが、帝国式の不平等にとっての最後の砦だったかもしれない。そして、その守りの堅い要塞にしても、やはり深刻な下降の時期にあったのだ[3]。

封建制度の確立と不平等の復活

ヨーロッパの経済と政治体が回復に向かいはじめた時期は、地域によってさまざまだった。8世紀のフランク王国カロリング朝の拡大は、ムスリムのスペイン征服と同様に、不平等が盛り返した時代のあらわれと見てもいいかもしれない。イギリスでは、ローマ帝国以後のどん底状態から、しだいにウェセックス王の指揮下で国家が形成されはじめ、強力かつ裕福な貴族階級もできあがっていった。有力な支配者層を中心とするビザンツ帝国は、9世紀から10世紀に再びバルカン諸国の支配権を主張した。ローマ帝国の衰退以降、全般的に弱体化していた貴族も再び力をつけはじめた。かなりの地域的な差を考慮しても、9世紀以降の明らかな封建制度の確立で、エリート層は農業労働力とそれが生み出す余剰への支配力をますます強め、その過程と同時に世俗の指導者と教会の指導者のもとでの土地の集中化もますます進んだ。やがてヨーロッパは1000～1300年ごろ、経済的にも人口的にも持続的な成長段階に入った。数が増えた人間と、数が増えて規模も大きくなった都市と、さかんになった商業と、さらに力をつけたエリート層がすべてあいまって、経済的不平等を押し進めた。

イギリスの不平等はこの時期を通じてずっと高まり続けた。1086年の土地調査記録「ドゥームズデイ・ブック」には、ほとんどの農民世帯が自身の区画だけで必要最低限以上の所得を得られるだけの土地を持っていたことが示されているが、1279～1280年の「ハンドレッド・ロールズ」の調査では、その農民の子孫の大半が、自分の農業生産を他人のための収穫作業の賃金所得で補うことで、どうにか収支がとんとんになれば幸いという有様になっていた。あるシミュレーションモデルでは、この結果を生み出すには人口成長そのものだけでは不十分だったことが示唆されている。住民の数が増えたことに加え、土地の譲渡が容易になって小規模自作農がいざという時に食料や種子や家畜の代金を払うため、あるいは借金の利息を払うため、より裕福な誰かに土地を売りやすくなったこと、そして相続財産が分割可能になった効果として土地が細分化され、いっそうの投げ売りが進んだことがすべて相互作用して、不平等の高まりを促したのだ。

農民のなかには完全に土地を失う者もいて、それがまた資産の不平等をさらに押し広げた。しかも庶民に対するイギリスの土地の賃貸料は、1000年から14世紀初頭までのあいだに大きく上がった。その期間に保有地の広さはどんどん縮小していったにもかかわらずである。一方フランスでも、9世紀には10ヘクタール前後が一般的だった保有区画の規模が、14世紀初頭には3ヘクタール以下に減っていることも珍しくなかった。(4)

第二のピーク——中世盛期

不平等の高まりは、最上層への所得と富の集中によっても促された。1200年のイギリスには平均所得200ポンドの有力者(封建家臣)が160人いたが、1300年には、この集団が拡大して200人前後となり、平均所得670ポンド、実質的にはその2倍ほどの額を得ていたものと推定される。不平等が急激に高まる時期の典型として、最も富を持っている者は最も富を増やした。1200年当時に最も裕福だった封建領主、チェスターのロジャー・ド・レイシーは、800ポンド(同程度の立場にある全員の平均年間所得の4倍)を処分した記録を残しているが、1300年にはコーンウォール伯エドマンドが3800ポンド、実質的にはその3倍にもなると見られる額を得ていた。こちらは当時のお仲間全員の平均所得の5倍半に相当する。

イギリスの中級エリート層はさらに顕著に膨れ上がった。たとえば正式に叙勲された騎士の人数は、１２００年には１０００人前後だったが、叙勲の条件となる所得基準はほぼ同じままでありながら、１３００年には約３０００人に増えていた。

軍事報酬における不平等は、騎士の報酬と歩兵の報酬との比率を通じてさかのぼることができる。これもまた１１６５年の8対1から、１２１５年の12対1、１３００年の12～24対1と、着実に差が大きくなっている。ちなみに偶然の一致ではなく、フランスワインの輸入量も14世紀初頭にピークに達した。

エリート層の所得が実質的に増えると同時に、庶民の所得は減っていった。人口増加と商業化との相互作用効果は、ヨーロッパのほかの地域でもたいてい同じような結果を生んでいた[5]。

１３４７年の黒死病《ペスト》大流行の前夜、ヨーロッパ全体はかつてのローマ帝国の時代以来、久しぶりに発達が進んで、不平等も大いに高まっていた。この2度のピークは推測でしか比較できないが、私の見るところ、全体的な不平等は14世紀初頭に至っても、約１０００年前のレベルにわずかに追いついていなかったのではないだろうか。11～13世紀の中世盛期には、ローマ帝国後期の貴族に等しいような存在は皆無だった。かつてのローマ貴族は地中海西岸部と内陸部の全域にわたって資産を持ち、中世ヨーロッパには並ぶものがないような帝国の巨大な国庫から資源を吸い上げていたのだ。唯一ビザンツ帝国は、円熟期のローマ帝国さえも上回る吸い上げ率を実現していたかもしれないが、その領土は大半がヨーロッパそのものの外側にあった。

参考までに言えば、１２９０年ごろのイングランドとウェールズそれぞれの推定所得ジニ係数にあらわれている不平等度は、１人当たり生産高が同じくらいのレベルで比較して、2世紀のローマ帝国における不平等度よりもわずかに低い値となる。結局のところ、ローマ帝国と中世盛期の不平等度についての有意義な比較は、いまだこれくらいが限度なのかもしれない。ともあれ、ここで重要なのは、中世盛期においては所得と富の全体的な不平等化が進んだということで、この傾向については疑いようもない。1310年代のパリとロンドンでの高い富の集中度（ジニ係数が最大で0・79かそれ以上）を示す納税記録は、長らく続いたこの時代の商業革命がいよいよ終点に近づいた時の状況を伝えているだけだ。(6)

疫病の衝撃

こうしたすべてを一変させたのが、1347年にヨーロッパと中東を襲った疫病だった。数世代にわたって何度も繰り返される疫病の流行で、数千万人が死亡した。1400年までにはヨーロッパの全人口の4分の1以上が死んだと見られ、イタリアでは3分の1、イングランドでは2分の1近くにも及んでいたかもしれない。労働力が乏しくなって、15世紀半ばまでにはヨーロッパ全域で非熟練都市労働者の実質賃金が約2倍に上がっていた。ただし熟練職人の賃金上昇率はそこまで高くはなかった。イングランドでは農作業賃金も実質的に倍増する一方で、地代は下がり、エリートの財産は縮小した。イングランドからエジプトに至るまで、一般人の食生活が向上したことで身長も高くなった。追って第10章で見るように、イタリアの各都市の納税記録からは富の不平等度が劇的に下がったことが窺える。地方や地域のジニ係数は10ポイント以上下がり、最上層の富のシェアは3分の1かそれ以上も下がった。何百年と続いていた不平等が、かつて人類が経験したなかでも指折りの深刻な衝撃によって解消してしまったのである。(7)

不平等の新たな高み――経済の発達

15世紀の半ばすぎにペストの勢いが衰えてくると、ヨーロッパの人口は回復に向かいはじめた。経済発達は新たな高みに達し、不平等もまた同様だった。ヨーロッパにおける財政＝軍事国家〔軍事力の維持に経済モデルの基礎を置く国家〕の形成と、海外植民地帝国の誕生と、前例のない規模での世界貿易の拡大とがあいまって、制度的な変化と新しい交換ネットワークを育んだ。商業としての交換と朝貢としての交換は昔から並存してきたが、前者が次第に主流になるとともに、商業化は進貢国を変化させ、進貢国の商業収入への依存を高めさせた。ますます統合が進む全世界的な体系は、新世界での金の採掘と大陸間貿易にも支えられ、富を結集して、世界規模で貧富の差を広げた。

ヨーロッパが世界的な交換ネットワークの中心となるにつれ、商業エリートはますます力をつけ、地方住民の大多数が商業活動に参入して、土地への定着を薄めていった。貢ぎ物を受けていたエリート層は企業家的な土地所有者へと変貌し、商人は政府といっそう近しい関係を確立した。農民は、囲い込み、税、債務、土地保有の商品化などを通じて、次第に土地から切り離された。政治的権力の搾取的な行使に根ざした伝統的な蓄財手段も、こうした近代化した市場本位のプロセスと並行して持続した。要は、強い国ほど財産への魅力的な経路を提供したのだ。こうしたすべてによって、富の不平等に上向きの圧力がかかった。(8)

中世後期〜近代初期のヨーロッパ

物的不平等の歴史研究において、中世後期から近代初期、特に後者のヨーロッパは特別な位置を占めている。史上はじめて、富の（所得はまだだが）分配の定量的な証拠が得られるようになって、経時的な変化を追いかけること、地域ごとの異なる発達を比較することが確実にできるようになったのである。これらのデータはおもに地方の課税財産記録簿から得られており、加えて地代と労働者所得についての情報で補完されている。以後の記述では、富の分配についてと所得の分配についての情報を並べて用いていく。この2つの指標を体系的に分解することは、この時代に関してはまずできない。近代以前の不平等の研究者は全般的に、おそらく現代の経済学者が希望するよりも、取捨選択に関して折衷的でなくてはならないのだ。とはいえ、これは大きな問題ではない。産業化以前の社会において、富と所得の不平等の傾向はほとんど別の方向には動きようがなかったからだ(9)。

それらのデータセットは、最終的に正真正銘の国別不平等統計にはならないとしても、富の集中化の構造と進化についての理解に、以前の時代に関してよりもずっと確実な基盤を与えてくれる。この中世後期と近代初期のデータのいくつかは、それ自体にまとまりがあり、時代を経ても一貫しているので、本質的に異なる複数のソースから当時の全国的な傾向を再構成しようとする現代の試みよりも、19世紀に関してさえ、変化の全体的な輪郭を捉えるうえではよほど信頼できる指標かもしれない。この西欧と南欧のいくつかの社会からの証拠を総合して考えると、小さな町や農村にくらべて大都市では資源がより不平等に分配されていたこと、不平等度が大きく高まったのは黒死病が終息したあとであること、そして、その上昇はきわめて多様な経済状況のもとで起こったということが見えてくる。

都市部への富の集中

分業の拡大、技能や所得における差別化、エリート世帯と商業資本の空間的な集中、および貧しい季節労働者の流入は、常に都市部の不平等を押し上げてきた。1427年のフィレンツェの租税台帳(「カタスト」)によれば、富の不平等は都市化の規模と正の相関関係にあった。首都のフィレンツェでは、富の分配のジニ係数が0・79という高さで、記録されていない無産の貧困層を含めたならば、おそらく0・85近くになっただろう。もっと小さな都市ではジニ係数の値がもう少し低くなり(0・71~0・75)、平地の農村部ではさらに低く(0・63)、最も貧しい地域である山岳部ではジニ係数も最も低かった(0・

52〜0·53)。上位の所得シェアにも同様の差があり、フィレンツェでは上位5%のシェアが67%であるのに対し、山岳部ではそのシェアが36%に下がっていた。ほかのイタリアの租税台帳からも、まったく同じような構図が見えてくる。15世紀から18世紀にわたって、トスカーナ地方の都市アレッツォ、プラト、サン・ジミニャーノで報告されている富の集中度は、その周辺の農村部よりも一貫して高かった。ピエモンテ地方でも、程度はやや低いが、やはり同様のパターンがあらわれている[10]。

ジニ係数で少なくとも0·75という富の不平等度の高さは、中世後期と近代初期の西欧主要都市の標準的な特徴だった。この時代のドイツの代表的な経済中心地のひとつだったアウクスブルクなどは特に顕著な例となっており、疫病を主因とした平等化作用から回復した結果、1498年には0·66だった都市部の富のジニ係数が、1604年までには最高0·89まで上昇していた。これより分極化した共同体はほとんど想像しがたく、わずか数パーセントの住民がほぼすべての資産を所有する一方で、3分の1から3分の2の住民は報告すべき資産をまったく持っていなかった。この事例については第11章の最後で改めて詳しく見ることとする。

オランダでも、大都市が同じように高水準の富の集中(ジニ係数にして0·8〜0·9)を示す一方で、もっと小さな町は大きく後れを取っていた(0·5〜0·65)。都市部の所得の不平等さもアムステルダムではきわめて高く、関連するジニ係数が1742年には0·69に達していた。イングランドの1524〜1525年の租税記録からは、都市部の富のジニ係数が総じて0·6以上で、最高では0·82〜0·85にもなり、地方部の0·54〜0·62を優に上回っていたことがわかっている。検認ずみの個人財産目録にあらわれている資産の分配も、同じように集落の規模に相関していた。これらの地域の一部では1500〜1800年に着実に都市化が進んでいたが、特に顕著だったのがイングランドとオランダで、それに応じて全体的な不平等度も上がっていた[11]。

オランダ——商業と都市のいちはやい発達

黒死病によってもたらされた平等化が底を打った15世紀以降、データを得られているヨーロッパ内の地域のほぼすべてにおいて、不平等は増大に向かった。特に詳細な情報をいくつか提供しているのがオランダだ。いちはやく経済が発達し、当時の1人当たりGDPがほぼ確実に世界最高だったオランダは、それゆえに、商業の発達と都市の発達の不平等化効果をさまざまな面で裏づけている。17世紀の半ば過ぎまでに、オランダ人の都市居住率は40％に達し、農業人口はわずか3分の1でしかなくなっていた。大都市では輸出市場向けの製造業と加工業がさかんになった。すでに力を弱めていた貴族階級は、横暴な略奪からの解放を満喫する商業エリート層の陰にすっかりかすんでいた。都市に資本が集中し、加えて多くの土地所有者も都市に住宅をかまえたため、都市の不平等度はきわめて高かった。１７４２年のアムステルダムでは、全所得のほぼ3分の2が、資本投資と企業活動からもたらされていた。生産技術が労働集約的なものから資本集約的なものへと移行し、実質賃金を押し下げる外国人労働者が絶えず流入してくるのに呼応して、オランダの資本所得シェアは１５００年の44％から、１６５０年には59％まで上がっていた。[12]

経済の発展と都市の成長は、時が経つほどに不平等を増大させた。都市の貧困層が拡大を続ける一方で、オランダの市民のごく一部だけが、新たに生み出された富の大部分を不つりあいに獲得した。報告された富に関して現時点で得られる最も長い時系列として、南西部の都市ライデンのデータを見ると、上位1％の富のシェアは１４９８年には21％だったが、１６２３年には33％、１６７５年には42％、１７２２年には55％と、着実に上がっている。同じ期間に、資産が課税対象となる最低限のラインに届かない世帯の割合は、76％から92％に増加していた。関連するほとんどの情報は、オランダ各地の住宅の年間賃貸価格を記録する租税台帳から得られているが、その数字を全体的な資産の不平等の代用とするには、やや間接的であるし不完全でもある。富裕層は裕福になるにつれて所得に対する住宅費の割合が小さくなるはずだから、これでは資産の不平等が過小評価されやすいのだ。

ともあれオランダの大部分についての加重値を見ると、1514年の0・5から、1561年の0・56、1740年代の0・61〜0・63、1801年の0・63まで、持続的な増加を示している。1561〜1732年に、賃貸価格のジニ係数は都市部で0・52から0・59、農村部で0・35から0・38と、あらゆるところで上昇していた。オランダの15の町を対象とした最も新しい標準調査では、全体的な上昇傾向が16世紀から19世紀末まで一貫して続いたことが示されている(13)。

経済的な進歩だけでは、この現象は部分的にしか説明されない。経済成長がいったん止まっても、富の集中は上昇し続けることがある。現在のベネルクスにあたる北海沿岸低地帯のなかでも、北部でだけは不平等の上昇傾向と経済成長が一致していたが、南部ではその2つの変数のあいだになんら一貫した関係はなかった。経済発展の効果はさまざまな方面に及んだが、不平等の高まりという共通の傾向には影響を与えなかったのだ。税制の違いも関係はない。南部では逆累進の消費課税に重点が置かれていたから不平等化が進むのも当然だったが、北部のオランダ共和国は独特の累進税制で、贅沢品や不動産に重点的に税がかけられていた。それでも不平等は北部全域に広がる傾向にあったのだ。

これは特に驚くことでもない。より活力があった北部では、世界貿易と都市化が不平等化を促していたのに加え、賃金のばらつきの拡大という、多少なりとも社会政治的な力関係に根ざした不平等化も働いていた。たとえばアムステルダムでは、1580〜1789年に、上級行政官、事務員、教師、床屋外科医［バーバー・サージョン。中世ヨーロッパでは、はさみやかみそりを使う床屋が外科的治療も行っていた］の賃金が、急速に——5倍にも10倍にも——上昇した。それにくらべて大工などは、たった2倍に上がっただけだった。外科医のような一部の職業の場合なら、その専門的な技能がより重要視されるようになったことの反映と考えられなくもない——この期間に労働者のスキルプレミアム（技能報奨）は概して増えていなかったとしてもだ。しかしながら政府の役人や、学校教師など同系の知識労働者の賃金までが気前よく上がったのは、まず第一に、増大する資本所得の恩恵を受けている同じ中産階級の市民に後れを取りたくないという願望が働いたからなのかもしれない。だとすると、商業資本所得はある一定の社会的特権を持った集団の賃金にたいへんな連鎖反応を起こしていたことになる。エリートによるレント の追求が所得分配に分極効果をもたらしたのだ。(14)

イタリア——富裕層と労働者の分極化

フィレンツェの周辺支配領域（「コンタード」）では、財産台帳で裏づけられる富の不平等度が、15世紀半ばの0・5という低さから、1700年前後には0・74まで上がっていた。都市のアレッツォでは1390～1792年に0・48から0・83へ、プラトでは1546～1763年に0・58から0・83へと、やはり数字が上がっている。この集中を促した大きな要因は、上層部の富のシェアの増大だ。15世紀後半や16世紀初頭から18世紀初頭までのあいだに、最も裕福な1％の世帯が所有する報告資産のシェアは、フィレンツェのコンタードでは6・8％から17・5％へ、アレッツォでは8・9％から26・4％へ、プラトでは8・1％から23・3％へと上昇した。同じような傾向はピエモンテの台帳にもあらわれており、こちらでは富のジニ係数が多くの都市で最大27ポイント上昇し、規模はそれより小さいが、地方のいくつかの集落でも上がっていた。ナポリ王国のプーリア地方では、富裕層の上位5％の富のシェアが1600年前後の48％から、1750年前後には61％まで上がっていた。ピエモンテとフィレンツェでは、所有する富が当地の中央値の少なくとも10倍に達している世帯の割合が、15世紀後半の3～5％から、18世紀後半には10〜14%まで高まった。このあいだに中央値から遠ざかる世帯が続々と増えて、激しく分極化が進んでいた[15]。

オランダの場合と違って、このイタリアでの変化の大半は、17世紀の経済の停滞と、それよりもっと長く続いた総体的な都市化の遅れを背景にして起こった。その責任は、不平等を促す3つの主要な力にあった。黒死病の勢いが弱まったあとに人口が回復したこと、地方の生産者が次第に土地を奪われてプロレタリア化したこと、財政=軍事国家が形成されたことである。ヨーロッパのほかの地域と同様に、労働力の供給の増加は、土地やその他の資本の価値に対する相対的な労働力の価値を押し下げた。オランダとフランスでも見られたように、土地はつぎつぎとエリート層に吸収された。加えて、もともと自治的な共同体という伝統を持ち、市民権や共和政に対する意識も強かった都市国家が、より大きく、より圧政的で、より重い税を取り立てる国家に組み込まれた。北海沿岸低地帯の南部と同じく、ピエモンテでも、国債によって資源の流れが労働者から裕福な債権者へと向けられることになった[16]。

不平等化のメカニズム──経済成長、商業化、都市化

これらの事例研究から浮かび上がるのは、不平等化のメカニズムの長期的な持続だ。もとをたどれば少なくとも古代バビロニアの時代から、集中的な経済成長、商業化、都市化は、常に不平等を急激に高めてきた。ローマ時代も、中世盛期もそうだった。すでに見てきたように、裕福な資本所有者やエリート層が土地を占有し、それを国家が財政的な徴収などさまざまな手段で持続させるのは、さらに昔からあったことで、古くはシュメールにまでたどりつく。近代初期の所得と富の集中も、様式と規模が違っただけでしかない。レント追求の伝統的な戦略に加え、エリートは資源をあからさまに盗んだり強要したりしなくとも国債を買って利益を得られるようになり、世界規模の貿易ネットワークは前例のないほ

図3.2　1500～1800年のイタリアと北海沿岸低地帯の富の分配をあらわすジニ係数

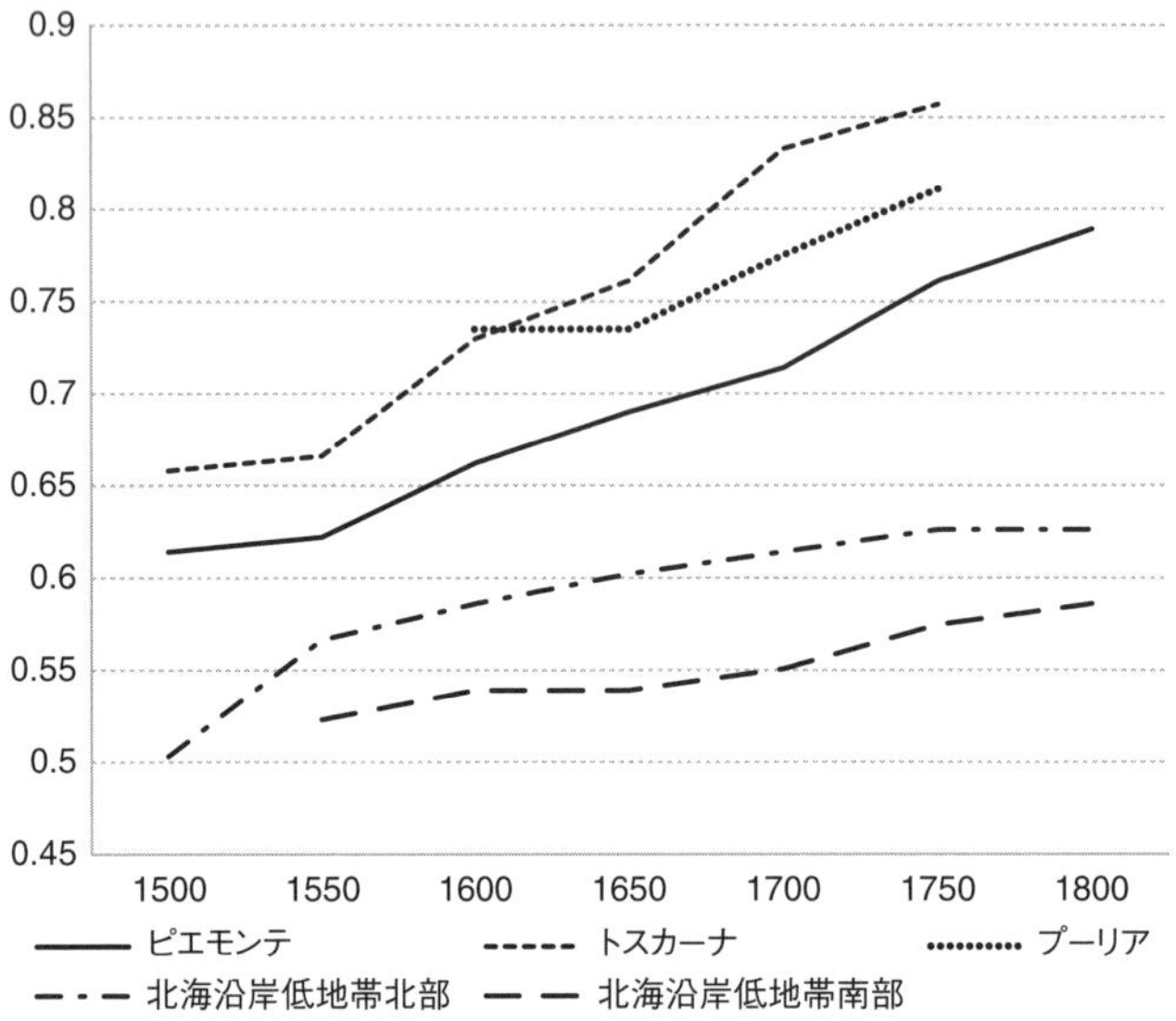

どの投資機会を開拓し、都市化はかつてないレベルにまで達しはじめた。とはいえ根本的な部分では、不平等化の第一の手段は結局のところ変わっておらず、暴力的な衝撃によって引き起こされた一時的な中断があったとしても、やがてまた強力に横行するのだった。

そのしっかりと確立された不平等化装置を効果的に補完するものが、さまざまな経済条件や制度条件で同じように出てくる結果を説明するのに大いに役に立つ（図3・2）。オランダ共和国では、国際貿易と経済成長、および都市化によって不平等が増大した。一方、ピエモンテでは財政的な圧力が、トスカーナでは農村部のプロレタリアート化が、最も決定的な要因であったように見える。そして北海沿岸低地帯の南部では、その両方のメカニズムが働いていた。この時期に北海沿岸低地帯北部に次いで最も経済が活発だったイングランドでは、商

図3.3　1277〜1850年のスペインの賃金に対する平均１人当たりGDPの比率と実質賃金

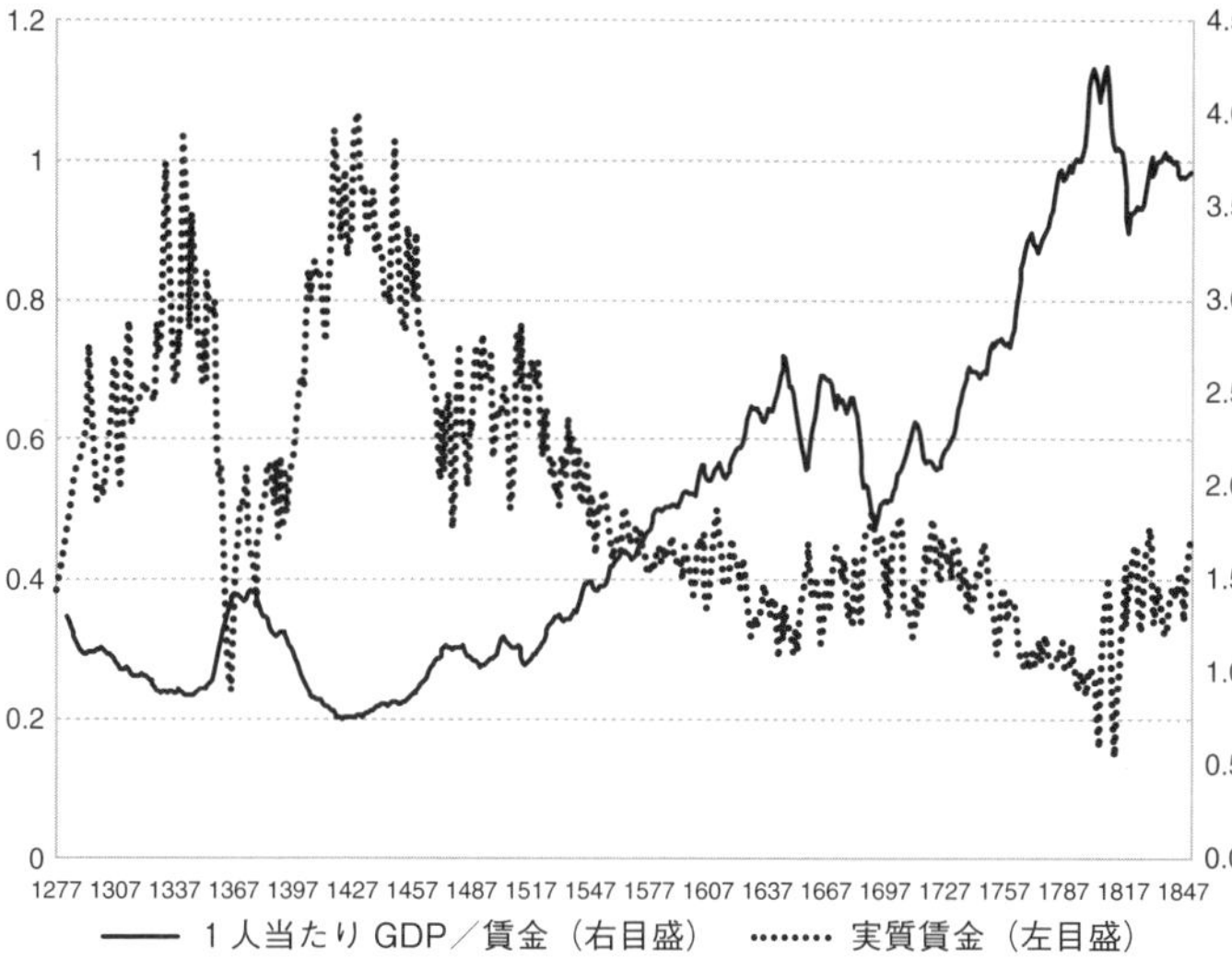

業化と都市の拡大が急激に物的格差を押し広げ、ノッティンガムでは富のジニ係数が１４７３年の0・64から１５２４年の0・78に上がり、ある検認ずみ個人資産目録の調査では、16世紀前半の0・48〜0・52という値が、その後の80年で0・53〜0・66に上がっていた。こうした記録の9つのサンプルを総合すると、この期間の最初の方では最も裕福な5％が全資産の13〜25％を保有し、最後の方では全資産の24〜35％を保有していたことになる。(17)

　経済条件がこれらと際立って異なるのがスペインで、ここでは田園化、混合農業から集約農業への移行、賃金の低下が起こっていた。この停滞した、もしくはひどくすると縮小した状況下で、１４２０年代から18世紀末までのあいだに、名目賃金に対する１人当たり名目ＧＤＰの比率は着実に上昇した。これは実質賃金の低下に伴って、不平等をもたらす労働力の価値の引き下げが続いたことを反映したもので、ほかの多くのヨーロッパ諸国にも見られる現象だ。賃金に対する地代の比率も、不平等の程度を示すもうひとつの指標で、こちらはこの期間内での変動がもっと激しいが、やはり1800年には400年前にくらべてずっと高くなっていた（図3・3）。これらの発見は、マドリード県に見られる状況ともよく一致する。納税記録から再構成された1500〜1840年のマドリードの富の不平等は、断続的にではあるが、やはり増大していた[18]。

フランスの農村部では、16世紀以降、人口の回復と私有地の拡大という2つの圧力が中間を空洞化させ、地域社会を大土地所有者と小規模自作農に分極した。後者は自分の農地が小さすぎて生計を立てられず、やむなく小作人や賃金労働者に転じた。

一方、さしあたりポルトガルは通常から外れた唯一のケースであることが裏づけられている。納税者名簿によれば、1565〜1700年に、経済成長と都市化の停滞と海外の帝国領土の弱体化を特徴とする環境のなかで、ポルトガル全体の不平等度はいくぶん低下した。この期間にスキルプレミアムはおおむね一定のままだったが、賃金に対する地代の比率は17世紀を通じてずっと下がり続け、1770年代までに部分的に回復しただけだった。とはいえ、より詳細に見れば、所得の不平等がやや低下しているのはおもに小さな町や田舎の地域社会での現象で、都市での不平等は長期的にはほとんど変わっていなかった[19]。

データが示す所得格差の高まり

暴力的な圧縮がない限り、不平等は現地の経済的条件と制度的条件によって決まるさまざまな理由によって高まるのかもしれないが、実際に不平等は（ほぼ）常に高まっていた。参考までに言っておくと、この期間の国民所得のジニ係数を求めようとした現代の試みも、地域ごとの実証的なデータセットから明らかになる傾向とおおむね一致した結果を出している。オランダにおける全体的な所得の不平等は、

1561年の0・56から1732年の0・61まで上昇したが、その後、ナポレオン戦争の時期にあたる1808年には再び0・57まで下降したと考えられる。図式的なコンピューター計算を土台としている以上、どうしてもつきまとう不確かさを考慮すれば、これらの数字はかなり高い、かつ安定した不平等を示しているものと解釈すべきだろう。同じようにして導かれたイングランドとウェールズのジニ係数の値は、1688年の0・45――これでも中世のピークの0・37という推定値を優に上回る――から、1739年には0・46に、さらに1801年には0・52まで上昇した。フランスでも同様に、1788年には0・56前後の高い値になっている。

これらの値はすべてローマ帝国やビザンツ帝国の値よりも高く、それは1人当たり生産高についても同様だ。オランダでは最低生存費のおよそ4~6倍、イングランドとウェールズでは5~7倍、フランスでは4倍となるが、一方、ローマ帝国、ビザンツ帝国、中世イングランドでは最低水準の2倍かそこらなのである。

とはいえ、すでに述べたように、そうした経済発展が高い不平等を導く唯一の経路だったわけではない。たとえば1752年の旧カスティーリャは1人当たり生産高が最低生存費の2・5倍で、古代ローマにくらべて1人当たりの余剰が断然大きいわけではなかったが、にもかかわらず所得の不平等度は高かった(0・53)。これは社会的、政治的な強い不平等化作用の効果が反映された結果である[20]。

おおよその値が推定できるどの事例においても、有効吸い上げ率――任意の1人当たりGDPのレベルで到達しうる最大限の不平等が実際にあらわれている割合――は16世紀から19世紀初頭まで、平坦に推移しているか上昇しているかのどちらかだ。黒死病の勢いが衰えてからの3世紀で、十分な裏づけがとれる西欧と南欧の地域での所得の不平等は、名目上――つまり総合的なジニ係数で――はじめてローマ時代を上回るレベルに達した。1人当たりGDPによって変わる有効生存要件にあわせて調整すると、所得の不平等の激しさは古代や中世盛期のレベルと近いものになる。ひとつの例外もなく、1800年までには都市労働者の賃金が15世紀末よりも高くなっており、高所得集団と低所得集団とで異なる生計費にあわせて調整した「実質」の不平等度は名目上での測定よりいくぶん変動が激しいとはいえ、全体的な傾向はすべて同じように上昇を示していた。(21)

ヨーロッパ以外の富の不平等の変遷
——アジア、ラテンアメリカ

ヨーロッパとの類似性

世界のほかの地域についてはどうだろう。オスマン帝国時代の小アジアの4つの都市の、私有不動産から現金や預金や負債までの全資産を記録した検認ずみ財産目録から、1500～1840年の富の不平等の変遷がある程度まで見えてくる。ヨーロッパの場合と同様に、富の平均値と不平等度は都市の規模と相関関係にあった。データの時系列が広い3つの都市にしても、その系列の始まりは16世紀から18世紀初頭まで幅があるが、いずれの場合もその時期より、1820年や1840年の方が資産集中のジニ係数が高かった。上位の富のシェアについても大まかには同じ傾向が当てはまる。田園地方の検認ずみ目録の総合的なジニ係数を見ると、1500年代と1510年代には0.54だったのが、1820年代と1830年代では0.66に上がっていた。この上昇は、農業の商業化、および土地に対する国家支配の弱まりと私有地の拡大を特徴とする財産関係の変化に関連しているのかもしれない。ここに見られる富の不平等の高まりは、オスマン帝国のほかのところでの実質賃金低下の証拠とも一致する。つまりエーゲ海の東側での不平等の傾向も、西欧や南欧での傾向ときわめて類似していたわけである[22]。

第一次世界大戦が始まるまでの「長い19世紀」に話を移す前に、図3・1で示したのと同様の、複数の世紀にまたがる不平等の輪郭の再構成が、地球上のほかの地域でも可能なのかどうかを考えてみて損はないだろう。さしあたり、答えはかなり否定的なものにならざるをえない。たとえば中国における所得と富の集中の変動は、いわゆる「王朝サイクル」に同期すると推測されるかもしれないが、それを適切に実証することはできない。前章でいろいろと示してみたように、漢王朝の長い支配下で不平等が高まったと確信するだけの理由はある。おそらくその頂点は、西暦2世紀から3世紀の後漢後期だろう。ローマ帝国での不平等が最高に達したのが西暦4世紀から5世紀初め、版図が最大になった帝国の末期段階だったと思われるのと同様だ。中国でも、4世紀初頭から6世紀末までの長く続いた「分裂の時代」には、ある程度の圧縮があったかもしれない。特に北側の半分は、最初はいくつもの短命の外来征服政権のあいだで激しく奪い合われ、のちには大量動員戦争の復活と野心的な土地分配計画を経験したことから、不平等はそれなりに圧縮されたと思われる[23]。

しかしその後、7世紀から10世紀初頭まで続いた唐王朝のもと、末期の分裂の最終段階で唐のエリート層がほとんど一掃されるまで、所得と富はともに成長を続け、よりいっそう集中していくことになる。これについては追って第9章で詳述しよう。さらに宋王朝のもとでの未曾有の経済成長と商業化と都市化は、近代初期ヨーロッパの各地で見られたのと同様の不平等化をもたらしただろう。実際、のちの南宋の時代には大地主が強い力を持つようになっていた。次のモンゴル人王朝のもとでは、経済の下降、疫病、侵略、略奪的な支配などがすべて複雑に相互作用していたため、この時代の傾向をはっきりと把握するのは難しい。しかし明王朝以降、不平等は再び高まりはじめた。ただし、清の末期や、さらには毛沢東主義者の革命以前においても、国際的な基準に照らせば全体的な不平等のレベルはさほど高くな

図3.4　ラテンアメリカにおける不平等の長期的な傾向

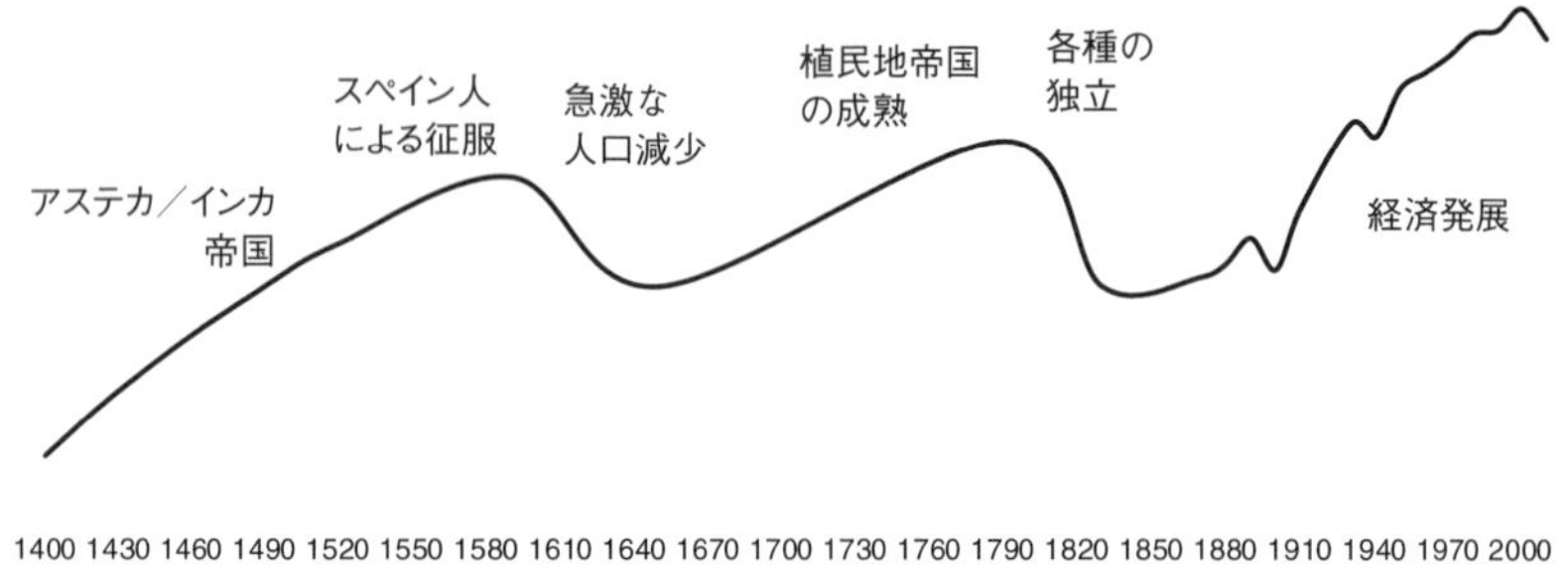

かったことは知っておいていいだろう。

南アジアに関しては、わかることはさらに少ない。ここで唯一言えるのは、18世紀のムガル帝国と、200年後のイギリスの支配下では、ともに不平等度が高かったことから、大規模で略奪的な帝国支配や植民地支配の不平等化効果がさらに裏づけられるということだ[24]。

新世界での不平等の傾向については、過去600年のほとんどに関して、あくまでも印象にもとづいただけの大まかな把握しかできない。おそらく15世紀のアステカ帝国とインカ帝国の形成で、貢納の流れが長距離に拡大し、力を持ったエリート層がますます世襲資産を蓄積するようになるにつれ、経済格差はかつてないレベルまで高まっただろう。その後の2世紀には、それを相殺するような力が働いた。少数のエリート征服者によるスペイン勢力の拡大と略奪的な植民地支配は、従来の富の集中度を上げたか、少なくとも維持したには違いないだろうが、のちに第11章で述べるような旧世界の伝染病がはじめて到来したことで、新世界の人口は悲惨なまでに減少し、そのため少なくともしばらくのあいだ、労働力が欠乏して、実質賃金の上昇まで起こるようになった。それでも疫病の流行が収まると、人口は再び回復に向かって、土地に対する労働力の比率が下がり、都市化が進んで、植民地支配が完全に固まっていった。18世紀に入ったころには、おそらくラテンアメリカの不平等はかつてないほどに高まっていただろう。

19世紀初めの革命と独立には多少の平等化効果があったかもしれないが、やがて19世紀後半の商品価格の急騰が起こると、不平等はさらに高いレベルまで押し上げられ、時おりの中断を除いて、所得集中のプロセスは一貫して20世紀後半まで続いた（図3・4）[25]。

長い19世紀――近代経済成長の始まり

ではいよいよ、19世紀の近代経済成長の始まりに話を移そう。この移行と並行して、見るべき対象が局地的なデータセットから全国的な所得と富の分配の見積もりへと変わっていることからも、これ以降の見方についてはかなりの不確かさが生じる。この理由からだけでも、産業化がイギリスの不平等を悪化させたかという問題に向き合うのは驚くほど難しいことがわかっている。ひとまず確実なのは、１７００年から１９１０年代初めまでのあいだに私有財産の集中が激しくなったということで、この期間に１人当たり実質ＧＤＰは3倍に伸びているから、最も裕福な１％の富のシェアは１７００年の39％から、１９１０年代初めには69％まで上昇している。１８７３年には土地所有の集中係数が０・94にまで上がっており、もはやこうなると、この種の不平等がこれ以上高まるのは実質的に不可能だ。

一方、所得の分配に関してはなかなか全体像が見えにくい。納税申告書や社会表からの証拠は、地代に対する賃金の比率とあわせて、18世紀半ばから19世紀初頭までのあいだに所得の不平等が高まったことをかなり決定的に示唆している。しかしながら、家屋税のデータと報告賃金から推察される住居の不平等についての情報を集めた結果では、19世紀前半のあいだも所得の不平等は高まり続けたと見られる

ものの、この特定の材料にどれだけ信頼が置けるかについてはいまだ論争の余地がある。(26)

クズネッツの逆U字曲線

かつての考えではまったくこのとおりに、不平等のさまざまな指標は19世紀の前半または3分の2までは上昇したが、以後は1910年代まで下降して、緩やかな逆U字型の曲線を生んだとされていた。これは経済学者のサイモン・クズネッツが提唱した、経済的な近代化は移行期の社会内部での不平等を最初は上昇させ、のちに下降させるという考えとも一致する。調査結果では、賃金のばらつきが1815~1851年に大きくなって、1850年代と1860年代にピークに達し、そこから1911年までは縮小したとなっているが、これは調査のもとになっている多様な職業のデータが矛盾した傾向を示しているために生じた人為的な誤りだという可能性もある。

同じように、家屋税で構成した住居の不平等さの測定からは、居住者のいるすべての住居に関してのジニ係数が1830年には0.61、1871年には0.67で、私有住宅に関しては1874年の0.63から1911年の0.55に下がったという結果になるが、これも安易に額面どおりには受けとれない。所得シェアの表にしても、ほとんど役に立たない。修正された社会表は、長期にわたってかなりの安定度を示している。国民所得のジニ係数は、イングランドとウェールズで1801年と1803年には0.52、1867年には0.48であり、1913年にはイギリス全体で0.48となるのだ。念のため正確を期しておこう。イングランドあるいはイギリスの所得の不平等さが19世紀を通じてほぼ変わらなかったと断言することはできないが、そうでなかったと裏づけることもまたできないのである。(27)

イタリアの結果も同じように不確かだ。イタリアの所得不平等についての最新の研究によれば、そこで提示されているさまざまな指標はすべて、1871年から第一次世界大戦までのあいだが(および、その先も）基本的に安定していたことを示しているが、対照的に、それ以前の総合的な家計調査では、1881年から第一次世界大戦までのあいだに不平等は徐々に減少しており、これはすなわち西半球への大量移住によって産業化の不平等効果とおぼしきものが相殺されていた時期だったのだろうと解釈された。

フランスに関しては、国民所得データは得られていない。パリでは、全私財のうちの私有地に関して上位1％のシェアで測定された富の集中度が、1807年から1867年までは50～55％の範囲で推移していたが、1913年には72％に上がっており、一方、上位0.1％のシェアはより大幅に、15～23％から33％へと増加していた。全国的にエリート層の富のシェアは着実に伸びていて、1807年には43％（上位1％）と16％（上位0.1％）だったシェアが、1913年にはそれぞれ55％と26％になっていた。そしてスペインでは、1860年代から第一次世界大戦時までに所得の不平等度が上がっていた。[28]

この期間のドイツの全国的なデータは存在しない。プロイセンでは、上位1％の所得シェアが1874年には13～15％前後だったが、1891年には17～18％に伸びていた。1891年から1913年までの最終的な傾向は平坦で、上位の所得シェアはどちらの年でもほぼ同じであり、そのあいだの変動もわずかでしかなかった。上位の所得に変化があっても、その動きは順循環的で、経済成長とともに上昇した。プロイセンの所得ジニ係数についての最も詳細な調査では、ジニ係数は1822年から上がり続けて1906年にピークに達し、それから1912年まで徐々に低下したあと、1914年までにはやや回復していた。その時点で第一次世界大戦の勃発が不平等の「平和的」な進化を断ち切ってしまったため、この短期間の下降が一時的な下落にすぎなかったのか、あるいは長期的な変曲点になるところだったのかは判断しようがない。

オランダでの19世紀は、前に述べたとおり数世紀にわたって高まり続けていた不平等が、いよいよ強固になった時期だった。不平等化はまだ完全には行き渡っておらず、1800~1875年に賃貸できる住居の価格分布のジニ係数は10州のうち8州で上昇し、高額所得者のあいだでの不平等も1742年から1880年、さらに1910年代初めまで上がり続けた。しかし同時に、実質賃金は回復してスキルプレミアムは減少した。全国的な所得分配のジニ係数は、1800年と1914年でほとんど変わっていないようだった。つまり、不平等はおおむね(高い)高原状態で固定されていたと見られるのである。[29]

スカンディナヴィア諸国の傾向

スカンディナヴィア諸国はこの期間に関して比較的豊富な、しかし場合によっては不可解な情報を提供している。1870年のデンマークでの1回限りの評価によると、夫婦と独身成人の上位1%の所得シェアは19.4%という結果だった。1903年に報告が再開すると、このシェアは16.2%に収まり、1908年に16.5%に達して、その後は第一次世界大戦での戦時不当利得によって一時的に急上昇するが、これはほかの中立国でも見られる現象だ。ここから察せられる1870~1903年のあいだの不平等の減少はたいした幅でもないが、それにしても最初の測定の信頼性には疑問が残る。[30]

同じように留保がつくのが、1789年の1回限りの課税に関する記録だ。これにもとづけば所得ジニ係数は0.6~0.7になると考えられるが、その値だと、不平等はその経済において理論的にありうる限りの最も高い、もしくはそれに近いレベルだということになる。その場合、18世紀末から20世紀初頭までずっと所得の不平等が低下を続けたとは考えにくい。対照的に、18世紀末の大地主の支配力に関する報告は、1789~1908年のデンマーク社会の最も裕福な10%のあいだで富がかなり分散していたことを示す計算に信頼性を与えている[31]。

ノルウェーとスウェーデンの進展に関しても、やはり記録の質に疑問が生じる。ノルウェーでは、上位1％の富のシェアが比較的高かったと計算される1789年のレベルから徐々に低下して、1868〜1930年はずっと36％から38％のあいだで固定していた。上位1％の所得のシェアも、1875〜1906年は、18％から21％というわずかな幅の範囲内で変動しただけだったが、1910〜1913年には11％前後にまで急落している。これは説明が難しく、1908年と1909年の景気後退がこの逸脱を十分に説明できるかどうかはまったく定かでない。もしこの急落が事実で、単なる証拠上の欠陥でないのなら、そこには何らかの衝撃による平等化の事象が起こっていたはずだ。スウェーデンの傾向もノルウェーと似たようなもので、上位1％の所得シェアが1903年の27％から、1907〜1912年には20〜21％に低下している。しかしながら賃金の不平等は1870〜1914年に上昇しており、デンマークやノルウェーと違って、富の集中度も1800年から1910年のあいだにわずかに上がっている[32]。

アメリカでの不平等化の進行

のちにアメリカ合衆国となったところでは、時おり短い中断を挟んだだけで、約250年もの長きにわたって不平等化が進んだ（図3・5）。植民地時代の傾向については裏づけとなる史料が乏しいが、それでも奴隷制の拡大によって17世紀後期から18世紀の大半を通じて所得と富の不平等が高まったことは察せられる。独立戦争とその直近の影響で、一時的には圧縮が起こった。戦闘で資本が破壊され、兵役と戦死と奴隷の逃亡で労働供給は減少し、海外貿易は崩壊し、都市のエリートはこれらの混乱にとりわけ手ひどい打撃を受けた。裕福な英国王党派は去り、それ以外も最終的には貧しくなって、都市と地

図3.5　アメリカにおける不平等の長期的傾向

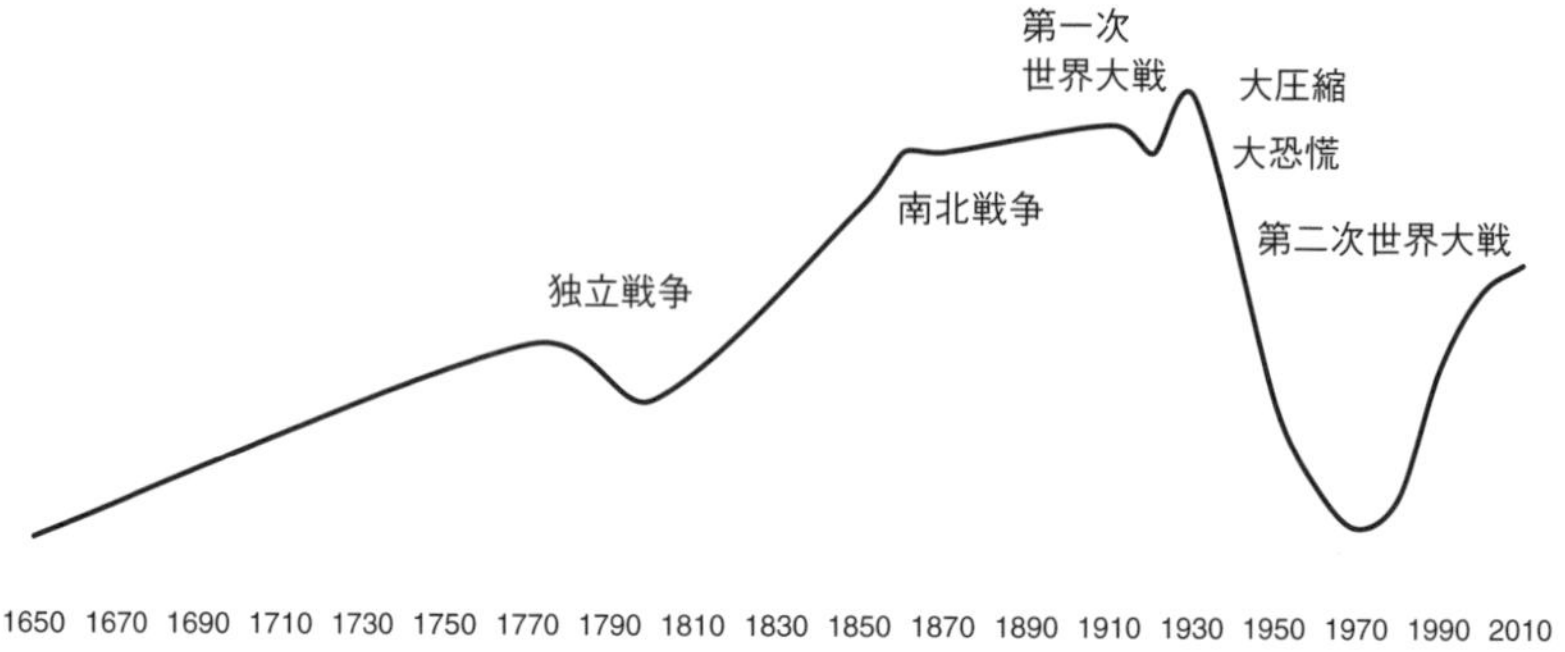

方の賃金格差も、ホワイトカラーと非熟練都市労働者との収入格差も小さくなった。

しかし1800〜1860年のあいだに、労働力の急増と、技術の進歩による産業と都市の繁栄と、金融制度の発達によって、不平等は前例のないレベルまで押し上げられた。国民所得ジニ係数は1774年の0.44から、1850年には0.49、そして1860年には0.51にまで達していた。上位「1％」が手にする所得は、1774年には総所得の8.5％だったが、1850年には9.2％、1860年には1割にまで増えた。奴隷州の不平等度は全般的にさらに高かった。最も裕福なアメリカ人のもとに財産がますます集中するようになったことと、労働者間の収入格差がきわめて大きくなったことの両方が、この進展を促していた。最も裕福な1％の世帯の富のシェアは、1774年の約14％から、1860年には約32％へと倍以上に増えており、収入のジニ係数は0.39から0.47へと大幅に上がった[33]。

第6章で詳述するように、南北戦争は南部の富を平等化することにはなったが、北部では不平等をさらに押し上げた。この対照的な2つの地域の傾向が互いを打ち消しあって、結局のところ全国的な指標にはほとんど変わりがなかった。その後も不平等化は20世紀初頭まで続き、上位1％の所得シェアは1870年の10％

から１９１３年の18％へと2倍近くに増え、スキルプレミアムも増大した。都市化、産業化、低技能労働者の大量移住が、この傾向の原因だった。

上位の富のシェアを示す一連の指標も同じように１６４０年から１８９０年まで、もしくはさらに１９３０年まで、持続して上昇を示した。ある測定によれば、１８１０～１９１０年のあいだに、アメリカの最も裕福な世帯１％が保有する全資産のシェアは25％から46％へと、ほぼ2倍になっていた。富の集中が最も顕著だったのはまさしく最上層においてで、１７９０年には報告されている全国最大の財産が平均年間労働賃金の２万５０００倍に等しかったのに対し、１９１２年にはジョン・Ｄ・ロックフェラーが同賃金の２６０万倍もの財産を持っていた。つまり二桁も上がっていたのである。[34]

ラテンアメリカと日本

前に述べたとおり、ラテンアメリカでの長きにわたる不平等の高まりは、世界大戦の時期まで続いた。商品輸出が地域のエリートを豊かにするにつれ、所得の集中は急上昇した。南米大陸の南部地域――アルゼンチン、ブラジル、チリ、ウルグアイ――についてのある見積もりでは、全体的な所得のジニ係数が１８７０年の０・５７５から１９２０年の０・６５３に上がったとされているが、別の分析では、人口を加重した数字ではあるが、１８７０年の０・２９６から１９２９年の０・４７５というさらに劇的な上昇が計算に入れられている。これらの数字はかなり不確かだとはいえ、全般的な傾向の行く末は十分に明らかだと思われる。

一方、日本はもっと特異な事例だ。徳川の時代にスキルプレミアムは低下していたらしく、１８５０年代に鎖国が終わった時点で不平等度はかなり低かった。それまで商業エリートが国際貿易からの利得を確保する力を持たなかったことが、その理由のひとつだったかもしれない。さらに言えば、鎖国中に農業の生産性が向上し、非農業部門が拡大するとともに、一定の生産高想定にもとづいて課税がなされたため、大きな領地を保持する「三百諸侯」〔大名の数が約300あったことから、すべての大名の意〕が拡大する農業余剰を占有することができず、したがって全体の収入における彼らのシェアが低下するという事情もあった。日本が世界経済に向けて国を開き、その結果として産業化が進んだ時に、この国の不平等ははじめて前例のないレベルまで高まることになった(35)。

全般的な不平等の高まりと長期固定

結局のところ、19世紀を通して2つの世界大戦に至るまでの各国の傾向の明らかさは、おそらくこんなところだろうと予想できる程度のものでしかない。拠り所となるべきこの時期のデータが、現在の基準に照らせば量も控えめであり、質にも一貫性にも限界があるのはいたしかたないところだ。国ごとに得られる証拠の多寡によって数十年から100年以上まで長さに開きはあるものの、ともあれ1914年までのある一定の期間に関しては、おおむね不平等は高まっているか、あるいは横ばいであるかのどちらかだった。

イングランドでは、所得の不平等はすでに19世紀初頭から十分に高かったので、おそらくそれ以上は高まりようがなかっただろうが、同じくかなりの高さだった富の集中はそのまま続いて、前例のない高さまで上がっていった。また、これもまた際立って不平等な国だったオランダでは——および、おそらくイタリアも——その不平等度に大きな変動はなかった。フランス、スペイン、そしてドイツの大部分では、富や所得の格差が広がり、アメリカ合衆国や、十分な裏づけのあるラテンアメリカの一部の国、および日本でも同様だった。

保守的な解釈で記録を読めば、北欧諸国でもこの期間の大半は不平等が横ばいで推移していたが、19

世紀に富裕層のあいだで多少は富が分散されることもあり、第一次世界大戦が勃発する数年前にいきなり上位の所得シェアが不可解な下落を示すこともあった。

そして18世紀末や19世紀初頭から第一次世界大戦までのあいだに、データが得られている8カ国のうち6カ国、すなわちイギリス、フランス、オランダ、スウェーデン、フィンランド、アメリカでは、上位1％の富のシェアが上昇した。

その一方で、不平等がそれなりの裏づけをもって圧縮したとされる事例はきわめて少ない。18世紀末と19世紀初頭にアメリカとフランスとラテンアメリカで起こった革命の衝撃は、わずかながらも平等化を促す作用を果たしたが、それ以降、ある地域の富の集中を激しく落ち込ませたことがわかっている現象は、アメリカの南北戦争しかない。これもまた暴力的な平等化の事例であり、そうした事例が散発的に起こったことを別にすれば、おおむね不平等は高いレベルでずっと横ばいだったか、さらに高まるかのどちらかだった。

大ざっぱに言えば、この傾向には、国の産業化が早かったか遅かったか、あるいはまだ起こっていなかったかどうかも関係なく、土地が乏しいか有り余っているか、政治体制がどのように設計されていたかも関係ない。技術の進歩、経済の発展、品物と資本の流れのいっそうのグローバル化、そして国家の強化策の進行が、一世紀にわたる異常に平和的な背景と組み合わさって、私有財産が保護されて資本投資家が得をする環境を生み出したのだ。ヨーロッパでは、そのおかげで中世末期の黒死病の終息とともに始まった長きにわたる不平等の高まりが、4世紀以上も持続できることとなった。世界のほかの地域にしても、これほど長い期間での不平等化を経てはいなかったかもしれないが、それでも着実にヨーロッパに追いつきつつあった(36)。

大圧縮の始まり

世界はさらに極端な所得と富の不均衡分配の時代に入ろうとしていたのかという疑問に対しては、第14章の最後に妥当な答えを検討したいと思う。しかし、もちろん実際にはそうならなかった。1914年6月28日、午前11時になる直前に、19歳のボスニア系セルビア人が、サラエボの街を走るオープンカーに乗っていたオーストリアの大公フランツ・フェルディナントとその妻ゾフィーに発砲して死亡させた。傷のぐあいを聞かれ、死にゆく皇太子はこれ以上ないほどかすかな声で“es ist nichts”——「なんでもない」——と答えた。その見立ては間違いだった。

それから36年が経つあいだに、1億人以上が暴力によって命を落とし、ヨーロッパと東アジアの大半が度重なる破壊を経験して、大量殺人を犯す共産主義者がいつしか世界人口の3分の1を支配していた。1914〜1945年（あるいは記録上それらに最も近い年）に、「1%」の所得シェアは、日本ではかつての3分の1に減少し、フランス、デンマーク、スウェーデン、そしておそらくはイギリスでも、かつての半分以下に減少した。フィンランドでは半分になり、ドイツ、オランダ、アメリカでも、3分の2以下にまで縮小した。ロシアとその帝国時代の領土では不平等も崩壊し、中国、韓国、台湾でも同様だった。エリートに握られていた富の集中も、革命圏の外ではそれなりに回復力が強かったのですぐには減少しなかったが、全体的には同じパターンをたどった。西欧では、1910〜1950年のあいだに年間GDPに対する資本ストックの比率が約3分の1まで急落し、おそらく全世界では半分くらいまで下がったと見られる。それは裕福な投資家の経済的な優位を大幅に損ねるリバランスだった。

暴力的な平等化を果たす四騎士のうちの2つ——大量動員戦争と変革的革命——が解き放たれて、破壊的な結果をもたらしたのだ。黒死病以来はじめて、西ローマ帝国の滅亡以来の圧倒的な規模で、物的資源へのアクセスがそれまでよりはるかに平等に分配されるようになった——しかも今回は独自の特色として、それが世界中の多くの場所に起こったのである。この「大圧縮」が完遂されたころ、つまり総じて1970年代か1980年代には、先進世界においても、最も人口の多いアジアの発展途上諸国においても、実効的な不平等がどん底まで、それこそ数千年前の定住生活への移行、食料の家畜化と栽培化への移行が果たされて以来、人類が経験したことのない低さにまで落ち込んでいた。その理由を次章から語ろう[37]。

第2部

第一の騎士

戦争

第4章

国家総力戦——日本の大規模な平等化

「戦局は必ずしも日本に有利に展開していない」——全面的平等化装置としての総力戦

かつて日本は地球上で最も不平等な国のひとつだった。1938年には、この国の上位「1%」が、税や社会保障費などを差し引かれる前の報告所得全体の19・9%を手にしていた。その後7年のうちに、「1%」のシェアは3分の2も減少して、6・4%にまで低下した。この損失の半分以上を被ったのが、上位1%のなかでも最も裕福な10分の1の層だった。この期間に彼らの所得シェアは9・2%から1・9%へと、ほぼ5分の4も後退してしまったのである（図4・1）。

図4.1　1910〜2010年の日本の上位層の所得シェア（%）

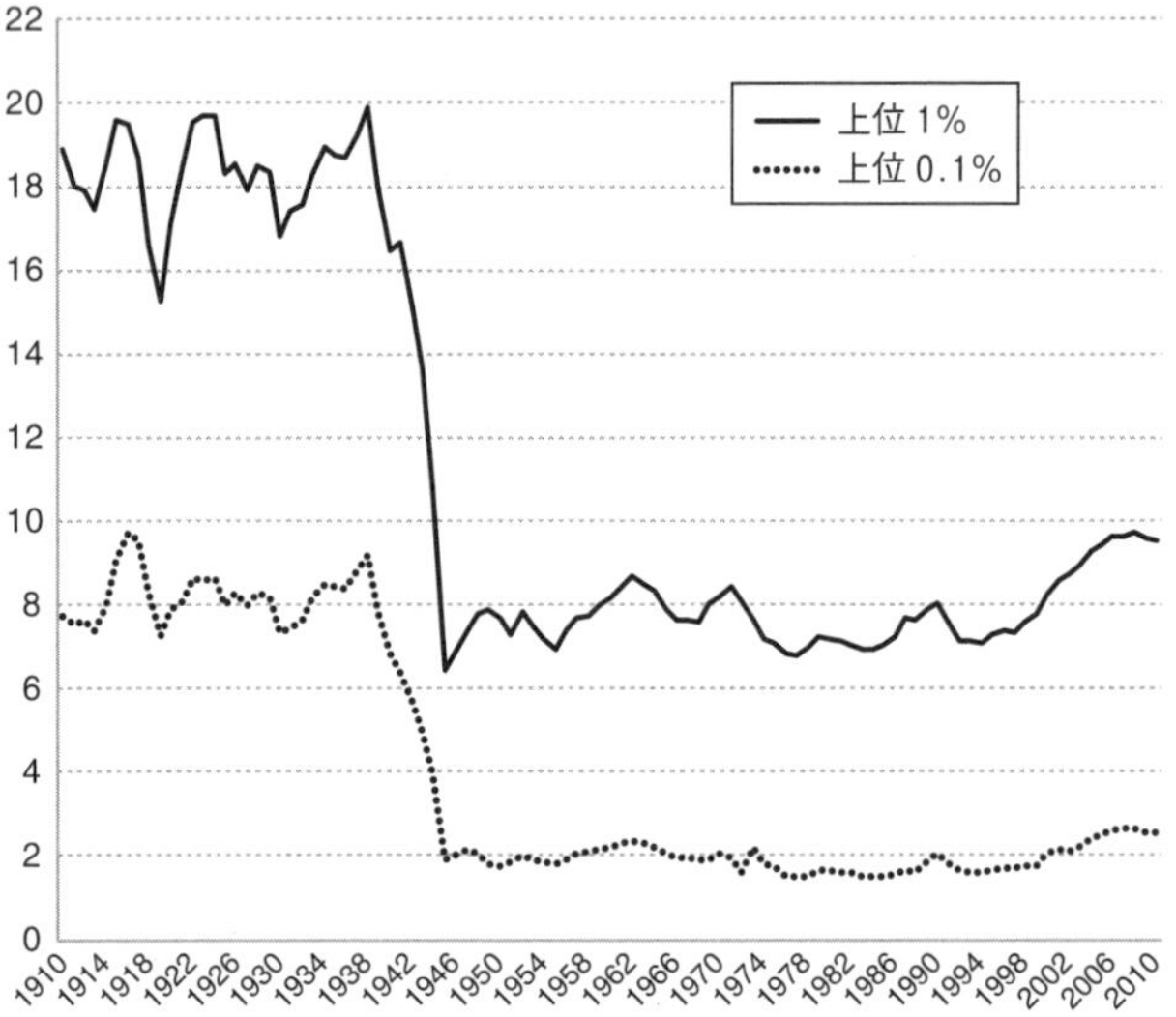

第二次世界大戦の衝撃——エリートの富の壊滅

しかし、このような急激かつ大規模な所得分配の変化もかすませてしまいそうなのが、これよりはるかに劇的なエリートの富の壊滅だった。公表されていた日本の最大財産の上位1%の実質価値は、1936〜1945年のあいだに90%下落し、1936〜1949年の下落率は約97%にもなる。全財産の上位0・1%となると、下落の幅はいっそう大きく、それぞれの期間で93%と98%以上に達した。実質的に、1949年の日本でならば最も裕福な世帯0・01%（つまり全体の1万分の1）と認められる資産額も、1936年であれば上位5%に数えられるにすぎなかった。財産がこれだけ収縮してしまえば、以前ならただの金持ちとされたレベルにも、もはや一握りの者しか到達できなくなった。得られるデータが断続的なため、日本の不平等が全体的にどれだけ縮まったのかを正確にたどることは難しい。しかし、1930年代後半には0・45から0・65のあいだだった国民所得ジニ係数が、50年代半ばまでに0・3前後まで下がっていることは察せられる。この下降傾向は、上位層の所得と富のシェアの縮小から伝わる大規模な平等化の印象は紛れもなく確かだったのだと思わせる。(1)

エリート層の所得に関する限り、日本は、1929年の証券市場崩壊の前夜――「1%」の絶頂期――のアメリカと同じくらい所得分配が不平等だった社会から、上位の所得シェアという点で現代の世界で最も平等な先進国であるデンマークに似た社会へと、劇的に変貌した。そしてエリートの富はほぼ一掃された。これ以上に徹底的な結果を残せそうなのは、レーニン、毛沢東、ポル・ポトくらいのものだったろう（第7章を参照）。とはいえ、日本は「デンマークに追いつく」という理想をかなえたわけでもなかったし、猛り狂う共産主義者たちに乗っ取られたわけでもなかった。その代わり、日本は第二次世界大戦に参戦して――あるいは別の定義によれば、それを開始して――いた。中国に対する支配権を確立しようとすることから始まって、西はビルマから東はミクロネシアのサンゴ礁、北は北極圏の先のアリューシャン列島から南は赤道の先のソロモン群島まで、なんとも広大な植民地帝国を築きあげることを目指したのである。その絶頂期には、日本は当時の大英帝国が支配していたのと同じくらい大勢の人間に対する支配権を主張した――数にして約5億人、それは当時の世界人口の5分の1に相当した。(2)

この途方もない企てを支えるために、日本軍はその規模を20倍以上に拡大し、1930年代半ばには25万人程度だった戦力を、1945年の夏には500万以上にまで増員していた。日本の全年齢の男性の7人に1人が軍隊に入っていた計算である。兵器生産も同じ規模で急増した。終戦までに、約250万の日本兵が戦死した。戦争の最後の9カ月間には、アメリカの爆撃機が雨のように日本に死と破壊をもたらし、およそ70万の一般市民の生命を奪った。日本のこうした惨状を考えれば、2発の原子爆弾は、何年にもわたる死にもの狂いの奮闘と苦痛と荒廃に決着をつけるものでしかなかった。国家総力戦に全面的に敗れて、日本は数十万人のアメリカ軍に占領され、将来の帝国主義的野望を完全に断つべく設計された侵略的な制度改革を受け入れさせられた。

戦争という平等化手段

こうした劇的な展開は、類を見ないレベルの平等化が起こる状況を生んだというだけでなく、むしろその平等化の唯一の原因だった。総力戦はかつてない規模で不平等を圧縮した。そして最近の学術研究が十分に明らかにしてきたように、この結果は決して日本だけに限られたものではなかった。第二次世界大戦のほかの主要参戦国も、そしてさかのぼれば第一次世界大戦の参戦国も、必ずしも日本の場合ほど極端ではないにせよ、同様の転換を経験したのだ。同じことは近くのいくつかの中立国にも当てはまった。大量動員戦争は、20世紀における2つの主要な平等化手段のひとつとして働いた。もうひとつは変革的——共産主義——革命だったが、そうした革命も2つの世界大戦を契機にしていたと考えれば、やはり唯一にして究極の原因は総力戦だった。例の四騎士の喩えに戻るなら、戦争と革命は双子であり、互いに肩を並べて突き進んだのである。

日本は、戦争由来の平等化の教科書的な事例を見せてくれる。そこで以下では、戦時中と占領下の日本の経験を詳細に追いながら、どれだけ多数のさまざまな要因が重なって富を破壊し、所得の広がりを著しく圧縮したのかを特定したいと思う。あわせて、2つの世界大戦に関連する短期的、中期的な平等化作用をもっと体系的な世界規模の視点で評価すべく、各国それぞれの経験、戦争が戦後の政策決定に及ぼした影響、および労働組合の結成や民主化などの主要な副次効果をざっと考察していこう。そして次章以降では、大量動員戦争によってもたらされる平等化効果はどれほど昔からあるものなのか、歴史的にもっと頻繁に起こっていた別種の戦闘にはどんな効果があったのか、そして最後に、内戦はどんな効果をもたらすのかを探っていく。それらを見たあとには、人類の長い歴史において戦争という暴力はじつにさまざまなかたちで不平等にかかわってきたこと、そして、貧富の差を縮められるのは格別に広範囲な軍事行動だけだということが理解されているだろう。

*

開国前後の状況

日本で不平等が高まったのは、1850年代後半に世界に向けて国を開いてからのことだった。この開国をもって、日本は明確にそれまでの状況と決別した。幕政末期の諸藩のデータから、日本の個人所得の不平等度や貧困度は、同時代の国際基準に照らせば比較的低かったことが窺える。賃金の不平等が徳川の時代に拡大したことを示唆するものは何もない。それよりむしろ、米に換算した都市部での賃金を見るに、16世紀半ばから19世紀半ばにかけてスキルプレミアムが次第に減少した証拠が窺える。もしこれが事実なら、労働者間での所得の不平等は減少していたことになるだろう。エリートと庶民の格差も縮まりつつあった可能性がある。この期間の後半になるにつれ、各地の大名は増大する余剰を誰が支配するかの争いで劣勢に立たされつつあった。固定された農業税率に縛られて、商人や農民に後れを取っていたのである。18世紀と19世紀初頭に外国との交易量が大幅に減少してくると、エリート層は以前にもまして商業活動からの利得を確保できなくなり、それもまた不平等の抑制に一役買った。(3)

しかし日本が国際経済に加わり、急速な産業化にさらされていくと、こうした状況は一変した。信頼できる数字はいまだ不足しているが、国民所得ジニ係数も、上位の所得シェアも、19世紀半ば以降はずっと上昇してきたと考えられている。1904〜1905年の日露戦争の結果として、産業化が加速した。インフレで実質賃金は下がりながらも、ヨーロッパとの貿易の増加が輸出主導の成長を支えた。第一次世界大戦に呼応して大企業の利益シェアが上昇し、所得の伸び率が賃金の伸び率を上回りはじめた。不平等はそれに従って両大戦のあいだに拡大した。1930年代には、富裕エリートがすっかり勢いに乗っていた。地主、株主、企業幹部が、経済発展から莫大な利得を手に入れた。株式所有は集中化を極め、豪勢な配当のおかげで大いに利益を上げた。企業幹部はたいてい大株主でもあり、巨額の給与とボーナスを受け取った。低税率のおかげで所得は守られ、富の蓄積がたやすく進んでいった。(4)

日中戦争から太平洋戦争へ

1937年7月の日本の中国攻撃は、こうした快適な状況に突然の終わりを突きつけた。最初の軍事行動が次第にエスカレートして、地球上で最も人口の多い国への歯止めのない侵攻に拡大するにつれ、日本はますます大量の資源を軍事投入しなければならなくなった。1940年9月から仏領インドシナをじわじわと占領していったのち、41年12月、アメリカ、イギリス、オランダ領東インド、オーストラリア、ニュージーランドへの総攻撃に至ると、日本はいよいよこの戦いにのめり込んでいった。太平洋戦争が始まってから最初の6カ月に、日本軍はハワイ諸島やアラスカからスリランカやオーストラリアに達する広大な領域で、軍事作戦を展開した。1945年までには、日本の全男性人口のほぼ4分の1にあたる、800万を優に超える人数が兵役に就いていた。兵器生産量は1936〜1944年に実質的に21倍に増大、政府支出は1937〜1941年で2倍以上となり、その後4年間で3倍になった。(5)

この尋常ならざる大量動員は、経済に重大な影響を及ぼした。戦争が行われているあいだ、政府規制、インフレ、物理的破壊が、所得と富の分配を平準化した。これらの3つのメカニズムのうち、最も重要なのは政府規制だった。国家の介入が続くうち、自由市場資本主義を見かけだけ残した計画経済ができあがっていった。最初は緊急措置として始まったものがいつのまにか拡大し、やがて制度として定着した。1932年以来、日本軍占領下の満州で行われていた計画経済がいいモデルだった。

国の統制による企業の弱体化

1938年の春、「国家総動員法」が制定されて、政府はさまざまな面から日本の経済を戦争遂行のために自由に使うことができるようになった（その努力はまもなく、文字どおりの国家総力戦へと発展することになる）。もはや、雇用や解雇、労働条件の決定、生産、分配、製品の移動や価格設定、労働争議の解決までも、政府の権限の及ぶところとなったのだ。1939年には「会社利益配当及資金融通令」によって増配が制限された。小作料など特定のいくつかの価格は一定に据え置かれ、賃金や土地価格も規制されはじめた。1940年には重役へのボーナスにも上限が定められ、翌年には賃貸料収入にも当局の定める枠が設けられた。所得税は個人でも法人でも、1937年、38年、40年、42年、44年、45年と、ほぼ毎年のように引き上げられた。所得税の最高限界税率は1935～1943年のあいだに倍になった。

政府は戦時国債を買わせるために株式債券市場にも介入し、その犠牲となった企業株や社債はさらに収益を悪化させた。賃貸料や土地価格が都市でも農村でも固定化されたうえに、物価の大幅な高騰が重なって、債券や預金、不動産の価値はますます下がっていった。

太平洋戦争の開戦に伴い、政府はトン数100を超える民間船舶をすべて徴発した。そのほとんどは二度と戻ってこなかった。商船の5隻に4隻が戦争で失われた。1943年の「軍需会社法」のもとで、軍需会社と公式に指定された企業には生産監督官の任命が義務づけられ、その監督官が政府からじかに注文を受け、設備投資、作業管理、資本配分を決定した。要するに、収益も配当も国によって定められたのである。

1943年から、いよいよ政府は兵器生産への包括的な移行を実施した。明確な根拠もない将来の補償の約束だけが、企業にとっての唯一の誘因だった。1944年、国はさらに権限を振るうようになり、いくつかの事業が国有化された。ある調査では、1937〜1945年に創設された、約70種類もの経済統制が挙げられている。配給制、資本統制、賃金統制、価格統制、地代統制など、さまざまな範囲に国の強制力が及んでいた[6]。

財閥——少数の富裕一族によって厳密に管理されるコングロマリット（複合企業体）——も弱体化しはじめた。企業の貯蓄や富裕層による投資だけでは戦時下での産業拡大に必要な資本を賄いきれないことが判明すると、こうした旧来の閉鎖的枠組みの外から資金を調達せざるをえなくなり、日本興業銀行が民間金融機関の市場シェアを縮小させた。かつては大株主が経営陣の上位に就くことが通例だったが、株式資本が増え、外部からの貸付も増えてくると、オーナーと経営陣の持ちつ持たれつの関係が断ち切られはじめ、富の蓄積には不都合な結果を生じさせた。もっと一般的に言えば、戦争の圧力が、企業は株主だけの所有物ではなく、むしろ各関係者を包含する共同体的な組織であるべきだとの新しい考え方を生んだのである。この信条は所有と経営の分離を促進し、利益の分配を含め、労働者にそれまで以上の権利を与えた[7]。

地主への圧力と農村における平等化

戦時中の一連の介入は、のちにアメリカの占領下で実施される全面的な農地改革の前兆だった。戦争前には、地主――そのほとんどが中程度の富裕層――が全国の農地の半分を所有し、全農民の3分の1はその小作人として働いていた。2つの世界大戦のあいだに農村部の貧困層が紛争や騒乱を引き起こしてはいたが、実際に改革をなそうという気運はまったくと言っていいほど高まっていなかった。

この状況を一変させたのが、1938年の「農地調整法」である。この法律のもと、土地所有者は小作地の売却を迫られ、未耕作地の強制収用も認められるようになった。1939年には「地代家賃統制令」によって賃貸料がその時点の水準で据え置かれ、政府には値下げを命じる権限も与えられた。1941年の「宅地建物等価格統制令」は土地価格を39年時点の価値に固定し、また同41年の「臨時農地等管理令」は政府にどの作物を栽培するかを決める権限を与えた。1942年に「食糧管理法」が制定されるに至って、当局は基本食品の価格まで決めはじめた。個人消費にまわされる分を超えるコメはすべて国に売らなければならず、個人的な必要分を超える地代はすべて国庫に譲渡させられた。

米作農家には価格インセンティブがないなかで、生産奨励のためにますます多くの助成金が渡された。これのおかげで一次生産者の所得はインフレのペースに追いつけたが、対照的に地主の所得はじわじわと減っていき、この分かれ目が農村部に少なからぬ平等化作用をもたらした。1941〜1945年に実質地代は5分の4も下落し、国民所得に占める割合は1930年代半ばの4・4%から、1946年には0・3%にまで縮小していた。地主にとってはもっと悪い結果もありえたが、財産没収のさまざまな提案が出回りながらも、最終的には一度も実施されなかった。(8)

労働者は、家賃統制、国の補助金、政府のますますの事業経営への介入によって得をしただけでなく、福利厚生策の拡大による恩恵にもあずかった。それはもともと召集兵や労働者の体調管理の必要と、国民のあいだに広がる不安の鎮静という明確な目的に沿って創設されたものだった。1938年に厚生省という新しい部門が設置されると、すぐに社会政策を背後で推進する主要な原動力となった。厚生省の役人がまず手がけたのは、国が支払いの一部を負担する健康保険制度の確立で、これは1941年以降、大幅に拡充されることになった。同様に、厚生省は貧民救済にも乗り出した。消費抑制を目的とした各種の公的年金制度と、日本初の公的住宅計画も1941年に始まった。[9]

インフレの加速と資本の物理的破壊

平等化をもたらした第二の力であるインフレは、戦時中に加速した。1937〜1944年に消費者物価は235%上昇し、1945年には、44年からの1年だけでまた360%跳ね上がった。それでなくとも家賃地代統制が地主の実質所得を蝕んでいたのに、このおかげで債券と預金の価値は急激に下がった。[10]

ヨーロッパでの事情とは異なり、第三の要因である資本の物理的破壊は、日本本土の場合、戦争の最終段階になってはじめて効果を発揮した。民間の海運業はすでにもっと早い時期から打撃を受けはじめていたが、それはここでは措いておく。1945年9月には、日本の物的資本ストックの4分の1は徹底的に破壊されてしまっていた。国内の商船の80%、建物の25%、家財と身の回り品の21%、工場設備の34%、完成製品の24%が失われた。操業中の工場の数と、そこに雇用されている労働力の規模は、戦争の最後の1年のあいだにほぼ半分になった。損害の程度は産業によって大きく異なる。鉄鋼業の損失は最小限ですんだが、繊維産業の10%、機械製造業の25%、化学産業の30〜50%は操業不能に追い込まれた。こうした損失の大半の直接的な原因は、空襲だった。1946年の米国戦略爆撃調査団の報告によれば、連合軍は16万800トンの爆弾を日本に投下した。これはドイツへの投下量の8分の1以下だったが、日本のターゲットはドイツより防御が薄かったため、はるかに大きな効果を収めた。1945年3月9〜10日の東京大空襲では、控えめに見積っても10万人近くの住民が死亡し、40平方キロメートルを超える範囲の25万以上の建物と家屋が破壊されたが、これらは被害の顕著な一例にすぎず、その意味では、5カ月後の広島と長崎の壊滅も同様だった。

この調査の編纂者の見積もりによると、爆撃を受けた66の都市の市街地の約40％が破壊され、日本全国の都市人口のおよそ30％が家を失った。だが、これによって不動産所有者や投資家が多大な損失を被ったとはいえ、その全体的な影響を過大評価してはならない。重工業と化学工業を戦時措置として積極的に拡大していたおかげで、1945年の時点で無事に残っていた生産設備の総量は、1937年に使用可能だった量を上回っていたのだ。しかも海運業を除いて、物理的破壊はおおむね終戦までの最後の9カ月に集中しており、もうその時には上位の所得と富のシェアはとめどない急落に入っていた（前掲の図4・1を参照）。連合軍の爆撃は、すでに進行中だった傾向を加速したにすぎないのだ。[11]

上位1％層の大幅な所得圧縮

キャピタルゲイン（資本利得）は戦時中にほとんど消滅した。国民総所得における賃貸料所得と利子所得の割合は、1930年代半ばの6分の1から、1946年にはわずか3％に下落した。1938年には、配当所得と利子所得と賃貸料所得があわせて上位「1％」の所得の約3分の1を占めており、残りを事業所得と給与所得が分け合っていた。しかし1945年には、資本所得の割合が8分の1以下に、給与所得は10分の1に落ち込んでいた。事業所得だけが（かつての）富裕層に残された唯一の大きな収入源だった。絶対的にも相対的にも、最も手ひどい打撃を受けたのは、日増しに厳しくなる政府統制にさらされていた配当と賃金である。不労所得生活者と高給取りの企業幹部というものは、階級としてほとんど壊滅していたも同然だった。そして、この急落の影響を誰よりもひどく被ったのが「1％」のなかでも最も上位の層だった。

その一方で、2番目の所得上位層のあいだでは、最上位層に降りかかったのに匹敵するような規模の圧縮は起こらなかった。95パーセンタイルと99パーセンタイルのあいだ（つまり最も所得の高い1％の次に位置する4％）の世帯の所得シェアは、戦時中を通じてほとんど減らず、戦後も長期にわたって20世紀初頭とほとんど同じ水準、つまり国民所得の12～14％前後で安定して推移した。もちろん日本人のほとんどは所得の損失を被ったが、相対的にも大損をしたのは最富裕層だけだった。第二次世界大戦前、上位「1％」は次の4％の合計所得の約1.5倍を一貫して手にしていたが、1945年以降は、その所得が4％の合計所得の半分以上になることが一度としてなかったのである。こうして上位「1％」の所得シェアの損失分全体が、上位層の下に位置する人口の95％の所得シェアの利得に転換した。その95％の国民所得における割合は、1938年の68.2％から、1947年の81.5％へと、5分の1も上昇した。これはまさしく劇的な変化で、この95％の所得シェアは2009年のアメリカにも匹敵する程度から、現代のスウェーデンと同じくらいの程度にまで上昇を果たしたのだ——それもわずか10年未満のあいだにである。[12]

「もはや未来は少数の人間に決定されるものではない」
——平等化の確立と強化

戦後政策による所得と富の分散

しかし戦争そのもののあいだに起こったことは、平等化プロセスの一部にすぎなかった。日本はある意味で、主要交戦国のなかでも特異だったかもしれない。というのも日本では、わかっている限りの1

930年代後半からの純所得の圧縮がすべて第二次世界大戦中に起こったが、他国では一般に、圧縮の大部分が戦時中に起こりつつ、戦後もある程度まではそれが続いたからだ（本書第5章の表5・2を参照）。とはいえ他国と同様に、より長期的な所得と富の分散は、やはり平等化を促進する面を持つ戦後政策によって実現された。日本の場合、こうした政策のすべては戦争の直接的な結果だったと見ることができる。

1945年8月15日、昭和天皇が「戦局は必ずしも日本に有利に展開していない」と認め、「耐えがたきを耐え」る——無条件降伏と連合軍による占領を受け入れる——時が来たと悟ったころには、日本経済はすでに最悪の状態にあった。原料と燃料の不足で生産活動は崩壊していた。1946年の実質GNPは1937年当時より45％も低く、輸入量は実質的に1935年の8分の1になっていた。経済が回復してきてからも一連の政策と戦争関連の影響が、戦争中に始まっていた所得の圧縮を維持して、富の分配をさらに平準化する役割を果たした[13]。

終戦とともにハイパーインフレーションが始まった。消費者物価指数は1937～1945年に14倍に上がったあと、1945～1948年にいっそう急激に上昇した。報告されている指標によって違いはあるが、ある測定では、1948年の消費者物価は日本が中国に侵攻した当時にくらべて1万8000％も高かった。わずかに残っていた固定資本所得も消え失せた[14]。

企業と地主はともに厳しい構造改革の標的になった。アメリカを中心とした占領統治機関の三大目標は、財閥の解体、労使関係の民主化、農地改革で、これらの措置が懲罰的な累進課税と連動して実施される予定だった。その最終目的は、戦争を起こすことのできる物的能力だけでなく、帝国主義的な侵略の源と見なされたものすべてを排除することにあった。経済改革は、日本のさまざまな制度を作り替えることを念頭にして設計された、より広範な基本的民主化計画の一端をなしていた。たとえば新憲法の制定、女性参政権、裁判制度と警察制度の全面的見直しなど、改革は幅広い分野に及んだ。これらはすべて、外国による占領という結果に終わった戦争から直接的にもたらされたものだった。[15]

平等化の追求――私有財産の再分配

経済へのさまざまな介入は、望ましい結果を達成するための手段として、はっきりと平等化を追求していた。「日本の経済諸制度の民主化」と題されたアメリカ占領軍司令部への「基本指令」は、「所得および生産手段と貿易手段の所有の広範な分配」の促進を要請した。社会福祉国家創設を目標にした占領政策は、ニューディール政策の狙いと密接に関連していた。１９４３年と45年のアメリカの調査班の評価では、日本の産業労働者と農民に対する富の分配の低さが国内消費を停滞させ、海外への経済拡張主義に駆り立てたのだと分析された。そこでいよいよこの問題に対処すべく、賃上げを伴う労使関係の再編成が推進された。これによって国内消費が促進され、非軍事化が容易に進むと考えられた。経済の民主化と平等化はそれ自身が目的ではなかった。その根本にある政策目標は、海外侵略につながりかねない経済特性を組み立て直して、軍国主義を打倒することだった。これに関しても結局のところ、戦争とその結果がこれらの変化の原因だったのだ。[16]

占領軍は課税という武器を強圧的に使った。１９４６～１９５１年に、資産の正味価値に対して莫大な累進資産税が課せられた。免税の適用基準は低く、最高限界税率は90%だった。所得でもなく地所だけでもなく資産そのものにかけられていたので、この課税は本質的にあまりにも没収的な要素が強かった。アメリカ側からすれば、その意図は私有資産を再配分し、収益を下層階級に移転して購買力の支えとすることにあった。当初は8世帯のうち1世帯がこの課税の対象となったが、最終的には最富裕５００世帯の資産の70%と、納税義務のある全世帯の資産の3分の1が国家に移った。この徴税が富裕層を特定のターゲットとしていた一方で、その時期の全体的な税負担はかなり低かった。統治原則はあくまでも再分配であり、税収入を最大限にすることではなかったのだ。さらに1946年には、多くの銀行預金が凍結され、その預金もやがてインフレによって価値が下がった。一定の限界を超えた預金は2年後にはなくなっていた。(17)

財閥の解体

一族所有の事業コングロマリットである財閥を、占領軍は快く思っていなかった。財閥は戦時中の軍国主義的な政治指導者の親密なパートナーであり、もっと一般的には、半封建的な労使関係を永続させる勢力として、結果的に労働者の賃金を押し下げ、資本家に莫大な利益を蓄積させる存在だと見なされたのである。特に大きかった財閥は解体されて、日本の経済に対する支配力を断ち切られた（数百の事業を再編するというさらに野心的な計画もあったが、それは冷戦による政策変更の犠牲になった）。財閥の一族は総所有株式の42％を売却させられ、企業の持ち株の割合を大幅に低下させた。1947年の全国的な企業上級幹部の追放で、632社の約2200人の重役が解任されるか、もしくは解任を見越して自ら退職を選んだ。かくして資本家による旧来の厳密な企業管理体制は瓦解した。1948年の新年の挨拶で、マッカーサー将軍はこう宣言した。

これまであなた方の国の商業資源、産業資源、天然資源の大部分は、少数の封建的な一族に所有され、管理され、彼らの排他的利益のために収奪されてきた。連合国の政策はそのような体制の解体を要求している。(18)

当初の介入計画はきわめて厳しかった。1945年と46年の段階で占領軍司令部が考えていた計画は、現状の製造設備と発電設備を見直して、1920年代後半か1930年代初頭の生活水準が維持できる程度には残しつつ、その基準を超える分はすべて戦争の賠償として吸い上げるというものだった。冷戦という新たな現実に呼応して政策はすぐに変更されたが、それでも数々の侵略的な措置が実施された。兵器工場と関連事業は賠償として差し押さえられた。1946年7月、「戦争は営利事業ではない」という主張のもと、アメリカは戦時中の日本企業に損失の埋め合わせとして約束されていた補償金の支払いの停止を命じ、未払いの請求は無効にされた。これによって企業や銀行のバランスシートにはさらなる圧力がかかった。多くの企業がその後数年のあいだに清算に直面した。清算を免れたところでも、準備金や資本や持ち株を使い果たし、ひどい場合は自分たちが生き残るためにその負担を債権者になすりつけた[19]。

海外資産の喪失と金融の崩壊

敗戦による損失はそれだけではなかった。1930年代には日本の植民地への投資として、かなりの資本が台湾、朝鮮、満州に流出していた。日本企業は戦時中にそれらの植民地や中国を含む占領地域でいっそう積極的に事業を展開した。1951年のサンフランシスコ平和条約で、日本はそうした世界中の海外資産をすべて喪失した——もっともその大半は、それ以前にさまざまな国によって奪い取られていたのだが[20]。

金融部門も荒廃した。1948年には、銀行の損失は莫大な額に膨れ上がっており、それに対処するには、ある一定基準以上の預金を帳消しにすることに加え、キャピタルゲインと留保利益をすべて無にして資本を90%も削減するしかなかった。株主は莫大な損失を被っただけでなく、その後3年間は新株の購入を禁止された。結果として、資本所得は実質的に消滅した。上位1％の所得に占める配当所得と利子所得と賃貸料所得を合計した割合は、1937年には45・9％、45年には11・8％だったが、48年には多く見積もっても0・3％にしかならなくなっていた。[21]

企業別労働組合の創設

労働組合の形成は主要な関心事になった。戦前の労働組合加入者は10％未満で、しかも既存の労働組合は1940年に解散させられ、大日本産業報国会という愛国的な労働者組織に置き換えられていた。そのような組織が取り入れられたのは、労働力を戦争遂行に駆り立てるためだったが、これが占領下で企業別の労働組合を創設するにあたっての基盤にもなった。アメリカ軍の進駐直後の1945年秋に、戦前には達成されなかった計画をもとに「労働組合法」が起草され、年末ぎりぎりに成立した。これによって労働者には団結権、争議権、団体交渉権が法的に与えられた。組合員数は飛躍的に増加した。1946年には労働者の40％が組合に加入し、49年にはほぼ60％に達した。賃金に加えてさまざまな手当も向上し、戦時中に創設されていた健康保険制度や年金制度も拡充した。

労働組合は、協力的な労使関係を確立するのに役立つことがわかった。それは年功賃金や雇用保障などを重視していたからでもあるが、平等化という観点から言えば最も重要なこととして、年齢、必要度、生活水準、物価、インフレなどを基準に支払額を決める新たな賃金体系についてのコンセンサスを育んだからである。新人レベルの労働者にあわせた最低限の生活賃金が設定され、年齢、年功、家族構成に応じてその額が引き上げられた。インフレのペースにあわせて生活賃金がこまめに調整されたおかげで、最初は大きかったホワイトカラーとブルーカラーの所得格差も次第に縮まった。[22]

農地改革――地主制度の根絶

最後に、占領軍の3番目の主要目標だった農地改革についてはどうだろうか。そのころ中国を掌握しようとしていた毛沢東主義者たちと珍しく意見が合って、アメリカもまた地主制度を根絶すべき最大の悪と見なしていた。当時の当局の覚書には、日本を平和的な方向に進めるにあたって農地改革は不可欠であると記されていた。日本の軍部は貧しい農民に、海外進出だけが貧困から抜け出す唯一の道であると思い込ませていたらしく、ここで農地改革をしないまま放置しておけば、農村部は今後も軍国主義の温床になりかねないというわけだ。この点でも、介入の根底にある論拠は戦争と密接に関係していたのである。

日本の農務省が考案した農地改革法案は、1945年の年末ぎりぎりに国会を通過したのだが、手ぬるすぎるとしてアメリカに却下され、改訂された構想が1946年10月に正式に法律として制定された。不在地主（所有地がある村に居住していない地主）が所有する土地はすべて強制収用の対象となり、在地地主の所有であっても1ヘクタールを超える小作地はすべて同じ扱いとなった。3ヘクタールを超える自作地も、農地として十分に機能していないと見なされれば、やはり強制収用されることがあった。

かつて設定された補償基準は、激しいインフレにたちまち追いつかなくなった。地代にしても同様で、1945年末に凍結された基準での額が現金で支払われることになっていたから、やがてインフレによって食い尽くされてしまった。そして同時に起こった土地の実質価値の低下は、まさに劇的だった。1939～1949年に、水田の実質価格はコメの実質価格とくらべて500倍も下落し、たばこの価格の低下にくらべてもおよそ半分は下落した。日本の全農地の3分の1が農地改革の対象になり、結果として全国の農村世帯の半数に譲渡された。戦前に農地のほぼ半分を占めていた小作地は、1949年には13％、55年には9％に減少した。一方、農村人口における自作農の割合は31％から70％と2倍以上になり、土地を持たない小作農はほとんどいなくなった。

田舎町の所得ジニ係数は戦前の0・5から、戦後は0・35へ低下した。この改革は日本の戦時措置や戦時中の構想を基盤にしていたが、ここまで大胆な規模で実行されたのは、やはり占領の直接的な結果だった。マッカーサー将軍はいかにも控えめに、この計画を「史上最も成功した土地改革ではないだろうか」と評した[23]。

大量動員戦争がもたらした完全な平等化

1937年の中国侵攻に始まって1951年の平和条約で一区切りとなる、日本の国家総力戦とその後の占領の期間は、この国の所得と富の源とその分配の構造を完全に作り替えた。本章の冒頭で見た上位の所得シェアの急落と大規模財産の劇的な崩壊は、何よりも資本収益の低下のせいで起こったのであり、その影響は超富裕層の枠をはるかに超えて及んだ。最大財産9％の構成も大きく変化した。1935年には、株式、債券、預金がこの9％の資産全体のほぼ半分を占めていたが、1950年までにはそれらの割合が6分の1に低下し、農地は4分の1近くから8分の1未満に減少していた。そして、こうした変化のほとんどは戦争そのものの最中に起こった。上位の所得シェアは1945年の時点ですでに完全に落ちきっており、絶対的にも、1936〜1949年の最大財産上位1％の実質価値下落のほとんどすべて（およそ93％）が、やはり1945年までに起こっていたのである[24]。

しかしながら、戦争の直接的な帰結として生じた被占領期間は、戦時措置を永続的なものにし、それにいっそう強固な基盤を与えるという意味で、決定的に重要な役割を果たした。マッカーサー将軍がはじめての新年の辞で日本国民に向けて述べたように、もはや未来は「少数の人間に決定される」ものではなくなった。アメリカは日本経済に対して、特に税制、企業統治、労働組織の部分に重点的に介入したが、これらすべての分野では、すでに戦時中の日本の指導者が既存の富裕エリートに莫大な財政負担を押しつけていた。したがって戦時中と終戦直後の数年間は、財力と権力を持った株主階級が企業の経営を管理して高配当を要求するというかたちから、終身雇用と年功賃金と企業別組合をもとにした平等主義的な企業体制への、永続的な移行を促したということになる。こうした事業と労使関係の再構築や農地改革と並んで、累進税制も、戦時中の平等化作用を維持するための重要なメカニズムとして働いた。

1950年代から徐々に正式に整えられていった日本の税制は、上位所得に最高限界税率60~75%の累進税を課し、莫大な財産に対しては70%を超える相続税を適用した。これにより、所得の不平等と富の蓄積は1990年代に入るまでずっとある程度まで抑えられた。同じように、賃借人に対する強力な保護措置は家賃収入による所得を押し下げ、労働者の団体交渉は進行中の最低賃金引き上げの成功を確実にした。(25)

戦争とその結末は、あっという間に大規模な、かつ持続可能な平等化を果たした。日本の歴史のなかでも最も血なまぐさい数年間、何百万もの生命を犠牲にして国土に甚大な破壊をもたらした戦争が、結果として、ほかには見られない独自の平等化を生みだしたのだ。それを可能にしたのは、全国民と全経済の動員を必要とする新しい種類の戦争だった。極端なまでの暴力が、日本社会の内部の極端なまでの所得と富の不平等を平準化した。全国民の動員から完敗と占領に至る厳しい歩みのなかで、国家総力戦は全面的に平等化を果たしたのだった。

第5章 大圧縮——2度の大戦による先進国の富の劇的な分散

「30年戦争の悲劇」——1914〜1945年の大規模な平等化

日本の経験にはどれほど普遍性があるのだろうか。第二次世界大戦は、あるいはもっと広く言えば2つの世界大戦は、ほかの国においても同じような結果を生んだのだろうか。端的に言えば、答えはイエスだ。それぞれの事例にはそれぞれの特定の事情が絡んでいるものの、シャルル・ド・ゴールが「30年戦争の悲劇」と呼んだ1914年から1945年までの展開は、結果として世界中の先進国の所得と富を大幅に、それもしばしば劇的に分散させた。別の要因や補完的な要因については追って第12章と第13章で考察するが、ともあれ現代の大量動員戦争と、その経済的、政治的、社会的、財政的な要因と結果

図5.1　1935〜1975年の4カ国の上位1％の所得シェア（％）

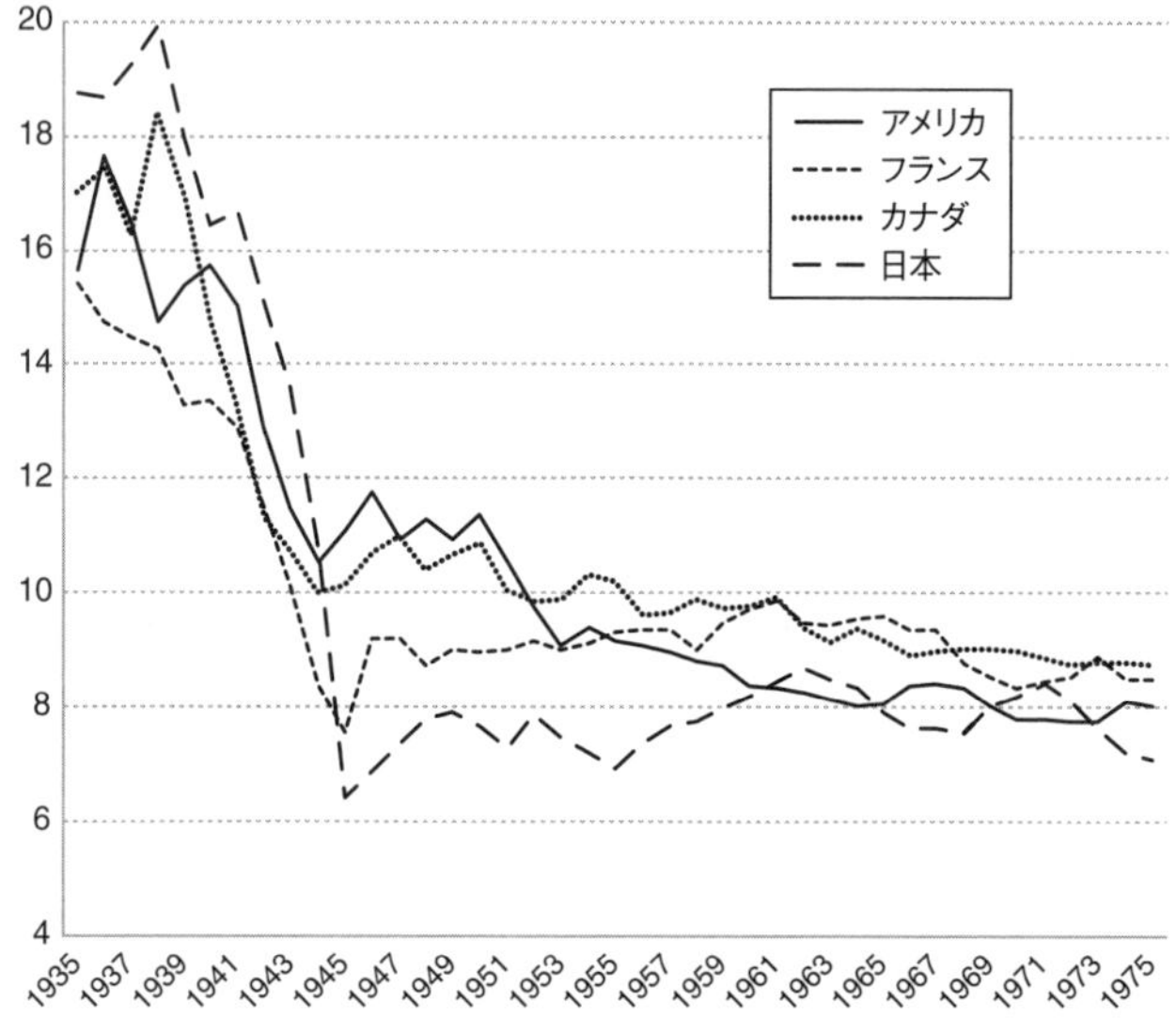

が、異例の強力な平等化手段として働いたことは疑いない[1]。

日本との平等化の類似性

前章で見たように、日本では第二次世界大戦のさなかに不平等度が急激に低下し、その後も低いまま推移した。この戦争に参加した日本以外の国の、なおかつ同じくらいのデータが得られている数カ国は、驚くほど類似したパターンを示している。たとえば、アメリカ、フランス、カナダなどがその例である[2]（図5・1）。

ほかの主要交戦国のいくつかに関しては、上位層の所得シェアについての関連証拠に、時間的な細やかさに欠けるという問題がある。戦時中の圧縮はえてして唐突に起こるものだが、データの時間的な精度が低いと、その性質が見えにくくなりがちなのだ。そうはいっても、根底にある傾向は同じである。たとえば、ドイツやイギリスにおける上位0・

図5.2　ドイツとイギリスの上位0.1％の所得シェア（％）

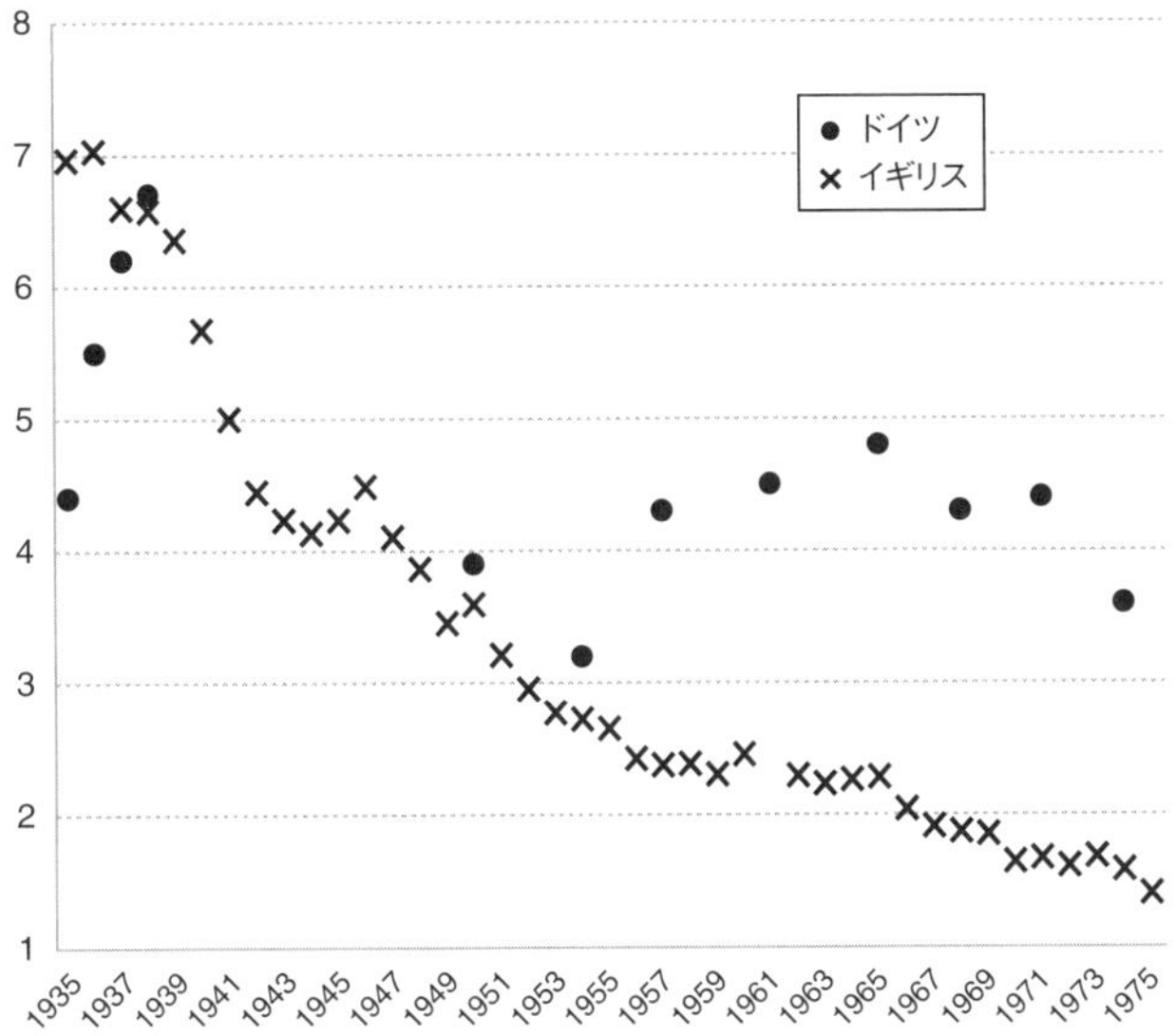

1％の所得シェアに、その傾向があらわれている（図5・2）。

ここで考えるべきは、関連する2つの問題である。ひとつは戦争のさなか（および、図5・2に示されているドイツの場合のように、厳密に適合するデータが得られない場合には戦争の直後）に戦争の直接的な影響として不平等にどんな変化があったか、そしてもうひとつは、戦後数十年のあいだに不平等にどんな長期的影響があったかである。

この先は、いくつかの段階を踏んでいこう。第一に、関連する証拠が公表されている国で戦時中に上位の所得シェアがどのように変遷しているかを分析しながら、その変化がその国の戦争への関与の度合いとどうかかわっているかを確認する。第二に、戦時中になされた平等化の程度と、戦後の進展とを比較して、不平等に対する戦争の直接的な影響が本質的に桁違いのものであることを論証する。第三に、日本についてほど詳細には語らないが、戦時中の所得と富の分配の圧縮を説明できるいくつかの要因を確認する。そして最後に、1945年以降、物的資源へのより平等主義的なアクセスが持続的になり、しかもしばしばその強化が続いていることに、世界戦争、とりわけ第二次世界大戦が、どれほどの影響を及ぼしたのかという問題を考えてみたい。

2度の大戦の上位層への影響

表5・1は、上位層の所得シェアの変遷について現在公表されている情報をまとめたものだ。ここでの上位層は総じて上位1%を意味するが、情報の分析に必要とされる時間的な長さや細やかさが上位1%の範囲では得られない場合は、上位0・1%、もしくは0・01%といった、さらに狭い層を対象としている。第一次世界大戦の基準年は1913年と18年、第二次世界大戦については1938年と45年だが、ややずれた時期を採用している事例もあり、この時間幅はそれぞれの国が参戦していた時期と必ずしも厳密に一致しているわけではない。

あらかじめお断りしておくが、これらの数字をすべて鵜呑みにはしないでもらいたい。それでもやはりデータとしては、この上位層の所得シェアの統計が最も便利なものなのだ。これなら標準ジニ係数よりもはるかに古い時期までさかのぼれるし、変化がいかに所得分配の最上位に集中していたかをよく伝えてくれる。とはいえ、ここでのデータの使い方がたとえ定量的に厳密な印象を与えたとしても、このフォーマットは決して個々の詳細を額面どおりに受け取らせようとするものではない。ここで示した証拠は、あくまでも変化の方向と規模を伝えられるだけであって、それだけわかれば十分と了解していただきたい。(3)

表5.1　世界大戦中の上位層所得シェアの変遷

	変化（%）			
	第一次世界大戦		第二次世界大戦	
	絶対値	相対値	絶対値	相対値
アルゼンチン	−		+2.92	+14[d]
オーストラリア	−		−1.95	−19[a]
カナダ	−		−8.28	−45[a]
デンマーク	+9.63	+59[c]	−1.96	−15[a]
フィンランド	−		−5.47	−42[a]
フランス	−1.05	−6[a]	−6.73	−47[a]
ドイツ	+4.43 (−6.47)	+25 (−36)[a]	−4.7	−29[a]
インド	−		−6.41	−36[b]
アイルランド(0.1%)	−		−1.39	−23[c]
日本	−0.83	−5[b]	−13.49	−68[a]
モーリシャス(0.1%)	−		−5.46	−55[b]
オランダ	+0.99	+5[c]	−2.82	−18[a]
ニュージーランド	−		−0.44	−6[a]
ノルウェー	−		−3.62	−28[a]
ポルトガル(0.1%)	−		−1.36	−28[c]
南アフリカ	−0.93	−4[b]	+3.35	+20[b]
スペイン(0.01%)	−		−0.19/−0.41	−15/−27[c]
スウェーデン	−4.59	−22[c]	−2.55	−21[c]
スイス	−		−1.29	−11[c]
イギリス	−		−5.51	−32[a]
(0.1%)	−2.56	−23[a]	−2.34	−36[a]
アメリカ	−2.08	−12[a]	−3.66	−25[a]

注：特に注記がない場合は上位1%．a=主要交戦国，b=二次的交戦国／交戦植民地，c=非交戦国，d=遠隔中立国

直接的影響

こうして一覧表にしてみると、第二次世界大戦の方がデータの質が優れていて、戦争に関連する傾向が明らかになることがよくわかる。最前線に立ってこの大戦を積極的に戦った国（また、時には占領されることもあった国）の場合、上位の所得シェアの戦前にくらべての平均低下率は31％で、これに該当する国が12カ国もあったことを考えれば、十分に信頼のおける数字だろう（最低限界値と言っていいようなニュージーランドを除外すれば、平均値はさらに上がって33％となる）。低下率の中央値は28～29％で、すべての事例でマイナスが記録されている。

これらにくらべ、非先進国や遠方の植民地として参戦した国ははるかに少なく（インド、モーリシャス、南アフリカ）、一貫した傾向を見ることはできないが、これらの国での上位のシェアの平均低下率は24％にもなる。近隣の中立国のサンプル（アイルランド、ポルトガル、スウェーデン、スイス）も同じく小さいが、少なくとも一貫した低下傾向を示しており、平均低下率は同じく24％だ。ほぼ終戦まで中立を保ち、地理的にも主戦場から大きく離れていたアルゼンチンは明らかな外れ値で、上位「１％」が戦前よりも所得シェアを14％も伸ばしている。

一方、第一次世界大戦についての証拠はもっと乏しく、複雑でもある。その複雑さは、戦争が不平等に影響するタイミングが第二次世界大戦とはまったく違うことを反映している。このあと見るように、ある程度まではフランスもだが、特にドイツの場合、政治的な理由と財政的な理由から、そうした不平等に対する戦争の影響が出るのは１９１８年以降まで遅れたのである。したがって主要交戦国の全体的な結果を見る場合、ドイツの１９１８年のデータを使うか１９２５年のデータを使うかによって違いが出る。後者の場合のみ、上位の所得シェアの平均低下率19％という数字が見られるのだ。交戦国のうち

2つの最低限界値の平均低下率は5％で、一方、3つの近隣中立国は14％の上昇を示したが、一貫性のある傾向は見られなかった。さしあたり、第二次大戦の方は、近隣の非交戦国にも波及するような非常に強烈で直接的な影響をエリートの所得に及ぼしたのだと結論してもいいかもしれない。その時期に不平等が増大していた例外的な2カ国は、交戦の現場から最も離れた国だった。

長期的影響

そこで今度は、こうした戦時中の変化を、第二次世界大戦の終結から数十年のあいだの進展と関連づけなくてはならない。第二次大戦に積極的に関与した国のほぼすべてでは、上位の所得シェアがその期間も低下し続けた。一貫して低下したにせよ、戦後に一時的に回復してからまた低下したにせよ、全体的な傾向としては同じだった。この傾向は総じて何十年か続いたが、やがて、1978年から1999年にかけてのさまざまな時点で反転しはじめた。それは上位層の市場所得シェアが再び上昇しはじめた時だった。

表5・2は、戦中と戦後、および場合によっては（いずれも急激な変化があったため）大恐慌も含めた期間ごとに、上位層（特に記載がない限り上位1％）の所得シェアの平均年間縮小率をパーセント表示で比較したものである。可能な場合には、戦後の縮小率を2つの方法で計算している。①第二次世界大戦の終結時から、以後に上位の所得シェアが最低値を記録した年までの、途中の変動を無視した正味低下率と、②戦後の最高値から最低値までの、経時的変化を考慮した連続低下率の2種類である。表5・2の「戦後低下率の倍数」は、戦時中の年間低下率が戦後期間の低下率の何倍になっているかを前述の二通りの計算方法で示したものだ。

これらのデータから、ある一定のパターンが見えてくる。上位の所得シェアの戦時中の低下率は、戦

表5.2　上位1%の所得シェア減少率の変動

	期　間	年	年間低下率 %	年間低下率 戦後低下率の倍数(概数)
日本	第二次世界大戦	1938-1945	1.927	適用不可
	戦後	1945-1994	−0.013	
カナダ	第二次世界大戦	1938-1945	1.183	15 ½
	戦後	1945-1978	0.076	
フランス	第二次世界大戦	1938-1945	0.961	68 ⅔(正味), 7(連続)
	戦後(正味)	1945-1983	0.014	
	戦後(連続)	1961-1983	0.136	
オランダ	第二次世界大戦	1941-1946	0.956	6
	戦後	1946-1993	0.162	
インド	第二次世界大戦	1938-1945	0.916	4 ⅔(正味), 2 ½(連続)
	戦後(正味)	1945-1981	0.195	
	戦後(連続)	1955-1981	0.385	
ドイツ	第一次世界大戦	1914-1918	−0.312	適用不可
	ハイパーインフレ	1918-1925	1.557	25 ½
	第一次世界大戦＋αの期間	1914-1925	0.589	9 ⅔
	第二次世界大戦	1938-1950*	0.392	6 ½
	戦後	1950-1995	0.061	
アメリカ	第一次世界大戦	1916-1918	1.345	11
	大恐慌	1928-1931	1.443	12
	第二次世界大戦	1940-1945	0.932	8
	戦後	1945-1973	0.119	
イギリス	第二次世界大戦	1937-1949	0.459	3
	戦後	1949-1978	0.147	
イギリスの上位0.1%	第一次世界大戦	1913-1918	0.512	5 ½
	第二次世界大戦	1939-1945	0.353	4
	戦後	1945-1978	0.091	
フィンランド	第二次世界大戦	1938-1947	0.781	11(正味), 2 ⅓(連続)
	戦後(正味)	1947-1983	0.07	
	戦後(連続)	1963-1983	0.334	
オーストラリア	大恐慌	1928-1932	0.645	6(正味), 4 ⅓(連続)
	第二次世界大戦	1941-1945	0.585	5 ½(正味), 4(連続)
	戦後(正味)	1945-1981	0.106	
	戦後(連続)	1951-1981	0.149	
デンマーク	第二次世界大戦	1940-1945	0.49	4
	戦後	1945-1994	0.13	
ノルウェー	第二次世界大戦	1938-1948	0.362	3
	戦後	1948-1989	0.121	

後期間の数字をどちらの方法で計算しても、戦後より常に数倍、そしてたいていの場合は何倍も高かった。主要交戦国の多くを見ると、その差の規模がきわめて大きい。フランスでは、戦時中の方が戦後の38年間にくらべて68倍も速く上位所得シェアが低下した。つまり１９３８年以来の上位所得シェア低下全体の92％までもが、１９４５年までに起こっていたのだ。この割合は、カナダにおいてもほぼ同じくらい高く、38年以来の圧縮全体の77％が戦時中に起こっていた。この点で首位に立つのは日本で、戦時中の平等化があまりにも激しかったため、上位の所得シェアが最低値を記録しているのが１９４５年で、結局そこまで下がったことは以後一度もなかった。イギリスでは、第一次世界大戦前から１９７０年代後期までの上位０．１％の所得シェア低下のほぼ半分が、２度の大戦そのもののあいだに起こった。アメリカでは、両大戦中の年間低下率が戦後にくらべて一桁高く、これは第二次大戦時のフィンランドについても同様だった。

一方、第二次大戦でさほど深刻な打撃を受けなかったデンマーク、ノルウェー、オーストラリア、インドなどの国では、いずれも戦時中の平均圧縮率が戦後の３～５倍という程度で、これもまたうなずける結果である（イギリスも第二次大戦中の低下率は比較的低めだったが、これは圧縮の大半がすでに第一次大戦中に起こっていたからだ）。

唯一、ドイツだけは証拠がもっと込み入っている。第一次大戦時のドイツでの平等化の遅れを考慮に入れて、１９１９年以降ではじめて具体的な情報が得られている１９２５年まで期間を広げてシェアの低下率を測定すれば、その時ようやくドイツの「戦中」の圧縮率は、第二次大戦後の期間より一桁高かったということになる。１９３８年から50年までのデータが欠落していることも、またひとつの問題を引き起こす。この期間全体の低下率のうち、どれだけの割合が１９３８～１９４５年に起こったかが特定できなくなってしまうのである。

特に先進工業国において、第二次大戦は非常に強力な平等化効果をもたらした。その威力は、以後に生じたどんな効果をも優に上回るほどだった。所得不平等の高まりが戦時と平時とで本質的に区切られることをこれほど際立たせられるものもない。対照的に、第一次大戦についての情報は比較的乏しいだけでなく、その解釈も難しい。ここからは、戦争関連の平等化のタイミングにどうして違いが見られるのかを、私が調べた国ごとの事情に即して考えてみよう。

上位の所得シェアに関する情報ほど幅広い範囲では得られないものの、国民所得分配のジニ係数からも、同じように戦時中の明確な切れ目が見てとれる。たとえばアメリカの場合、20世紀のあいだに起こった市場所得の不平等の低下は、すべて1930年代と40年代にかたまっていた。ある測定では、1931～1939年に約3ポイントの緩やかな低下を示したあと、次の6年間でジニ係数はまるまる10ポイントも急落し、それからは非常に狭い範囲内に収まった状態で変動なく1980年まで推移した。また別の調査によれば、ジニ係数は1929～1941年で約5ポイント、戦争そのもののあいだに、さらに7ポイント低下した。イギリスでの税引き後所得の不平等は、1938～1949年で7ポイント――おそらく1913～1949年の低下とくらべると最大2倍――減少し、その後は70年代まで変動のないまま推移した。そして日本の数少ない証拠からは、さらに急激な低下が見えてくる。1930年代後半から1950年代半ばまでに少なくとも15ポイント減少して、それから1980年前後までは安定が続いた。(4)

富の圧縮における世界大戦の重要性

富の集中の変化は、2度の世界大戦の決定的な重要性をいっそう際立たせる。関連証拠が得られている10カ国のうち8カ国では、富の集中度の最高記録値が第一次大戦勃発の直前にあらわれている。そし

図5.3　10カ国における1740～2011年の上位1％の富のシェア（％）

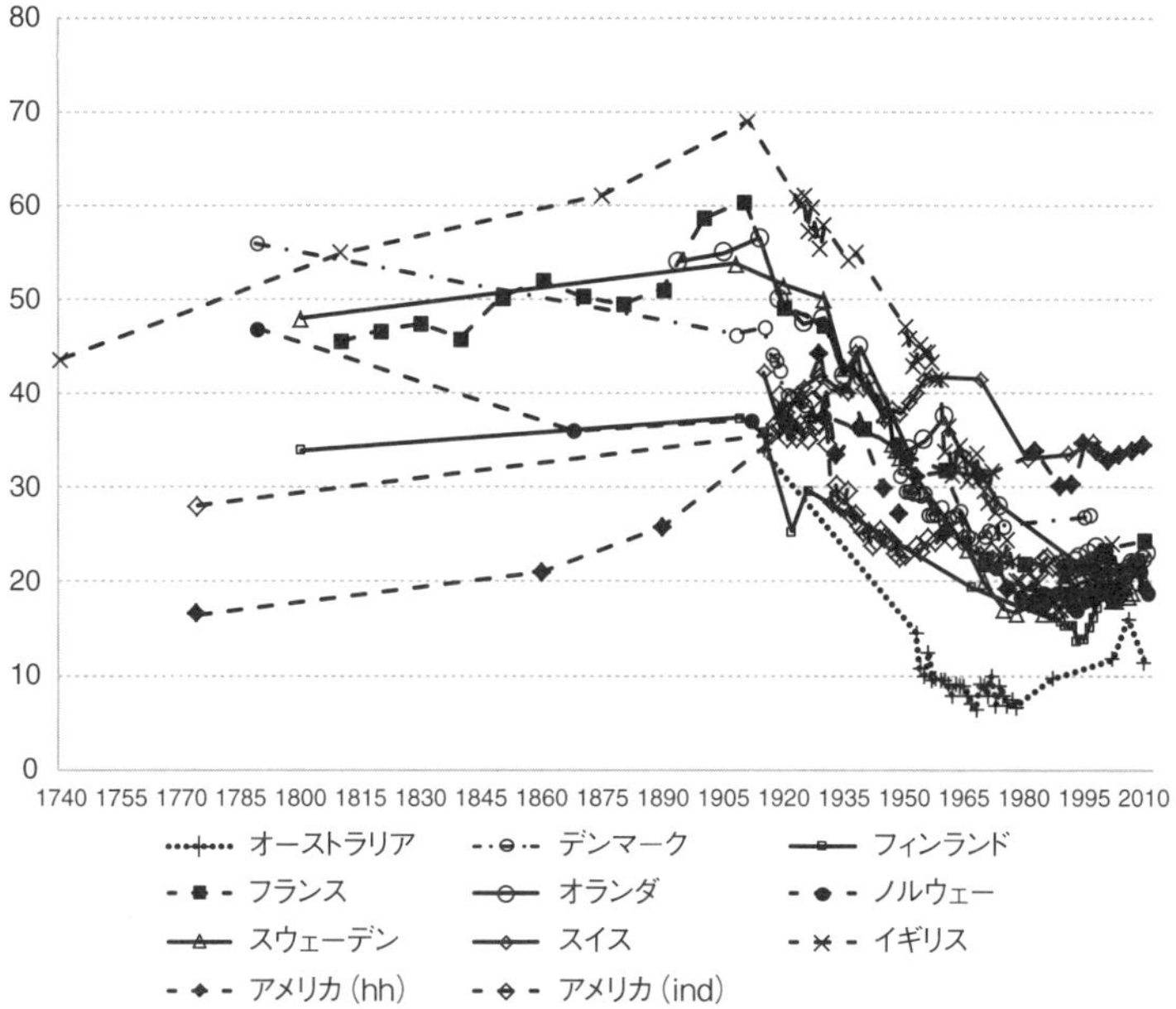

て1914～1945年の期間に、上位層の富のシェアの深刻な圧縮が起こった(5)（図5・3）。

2度の世界大戦の片方、もしくは両方についての有効データを備えた7つの国では、上位1％の富のシェアが平均で17・1％低下した（これは、記録されている全国民の私有財産の合計の6分の1に相当する）。第一次大戦前の最高値平均48・5％からすると、およそ3分の1の低下だった。ちなみに、最も早く報告されている戦後の値と、全期間を通じての最低記録値（記録した時点は1960年代から2000年代までさまざまだが）との差は、平均13・5％である。これだけ見ると、戦後の圧縮の規模は戦時中の規模とそれほど変わらないように思えるかもしれないが、ここで戦時中とされる期間に関しては、両大戦のあいだの期間に加え、だいたいにおいて1945年以降の数年間も含まれているため、対前年比での有意な比較ができにくいことを了解しておかなくてはならない。しかも富の分散は、戦争そのものが終わった時から長きにわたって課されてきた累進性の相続税に支えられたことを考慮すれば、このプロセスがもっと長々と続いていたとしてもおかしくはない。

ここで重要なのは、この種の課税そのものが、追って見るように、戦争努力の直接的な結果のひとつだったということだ。さらに言えば、これらのうちの5つの国では、上位の富のシェアの下落全体のうち、戦争中と大戦間の期間での下落が61〜70%を占めた。そして6番目の事例としてイギリスを見てみると、確かにその期間での下落が非常に大きい（全国民の私有財産の5分の1以上に相当した）。しかし1914年以前のイギリスの富の集中度がきわめて高かったことを考えれば、戦後の低下がさらに厳しくならないと、上位の富のシェアが20%前後という新たな共通基準に収束することはなかっただろう。

超富裕層に集中した富の圧縮

ここで特筆しておきたいのは、超富裕層での富の圧縮が、最も裕福な「1%」全体における圧縮よりもはるかに顕著だったと思われることである。特に目立つ一例を挙げると、フランスでは第一次大戦の始まりから1920年代半ばまでのあいだに保有資産上位0・01%の財産の価値が4分の3以上も減少し、第二次大戦中にさらに3分の2低下した。これは戦時中の期間に全体として90%近くも減少したということで、一方、上位1%の富のシェアは戦前の最高値の半分にも低下しなかった。ともあれ全体として重要な点は言うまでもなく、変曲点のタイミングがちょうど2度の世界大戦の始まるその時期だったということだ。それ以前は富の不平等がますます高まる傾向が強まっていたが、それがこの時点で抑止され、無理やり反転させられたのである。そして富のシェアの場合、徹底的な強制収用と再分配がな

図5.4　フランス，ドイツ，イギリス，および全世界における1870〜2010年の国民所得に対する私有財産の比率

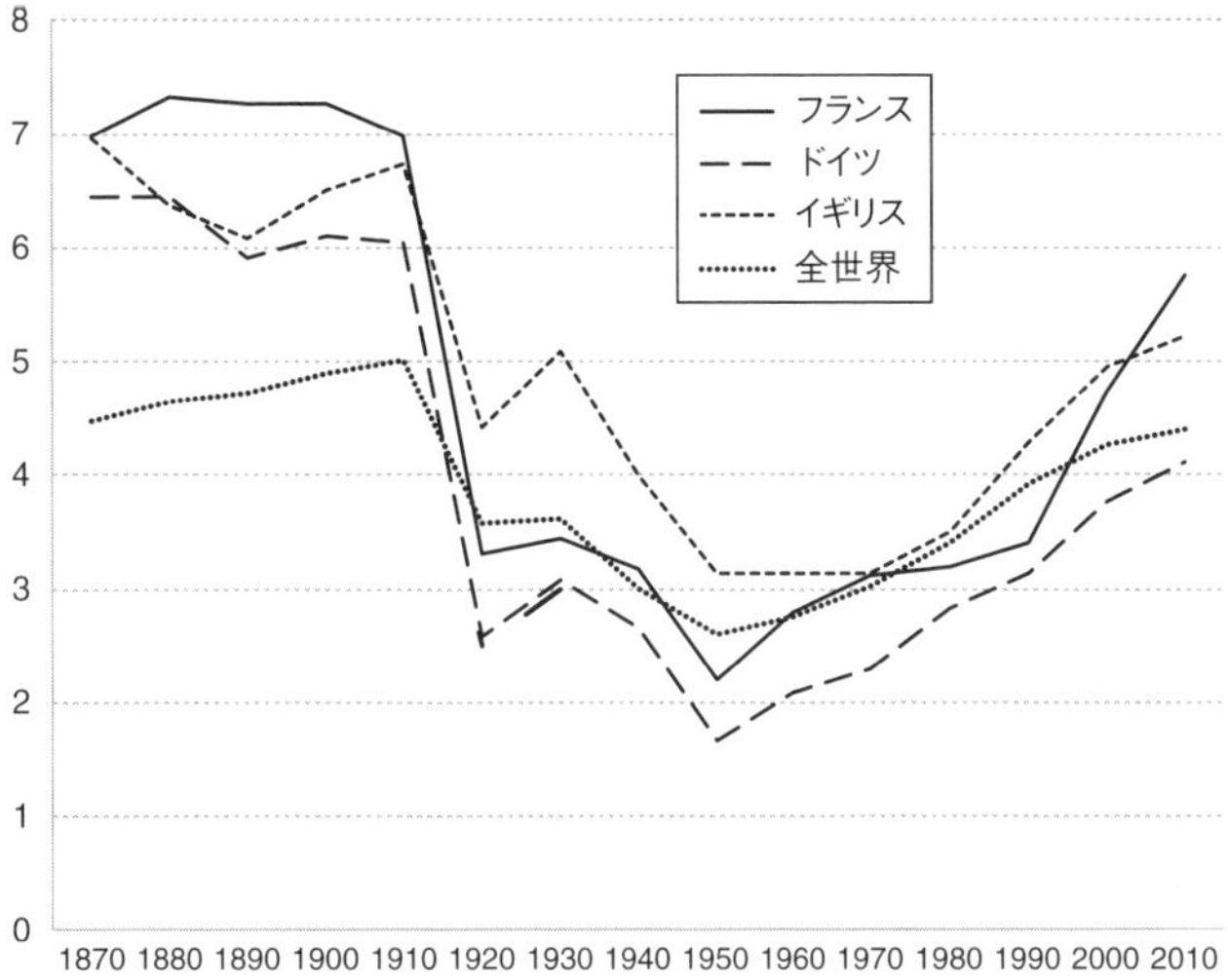

かったら、所得シェアと並ぶくらいの速さで再構成が達成されることはまずなかったということを頭に入れておかなければならない(6)。

エリートの富の大半は戦時中にただ再分配されただけでなく、むしろ実質的に一掃されたということが、3つの主要交戦国での国民所得に対する私有財産の比率の変化から明らかになっている（図5・4）。最も著しい減少は第一次大戦時に起こり、その後、第二次大戦の最中と前後でさらなる新たな圧縮が起こった。こうした変化を反映して、高収入世帯の収入における資本所得の割合は急落した（図5・5）。これらの調査結果からはっきりとわかるのは、エリートにとっての損失が、何はさておき、資本と資本所得にかかわる現象だったということだ。なぜ2度の大戦はこんなにも手ひどい打撃を資本所有者に与えられたのだろう(7)。

図5.5　1920～2010年のフランス，スウェーデン，アメリカの所得上位1%層の総所得における資本所得の割合（%）

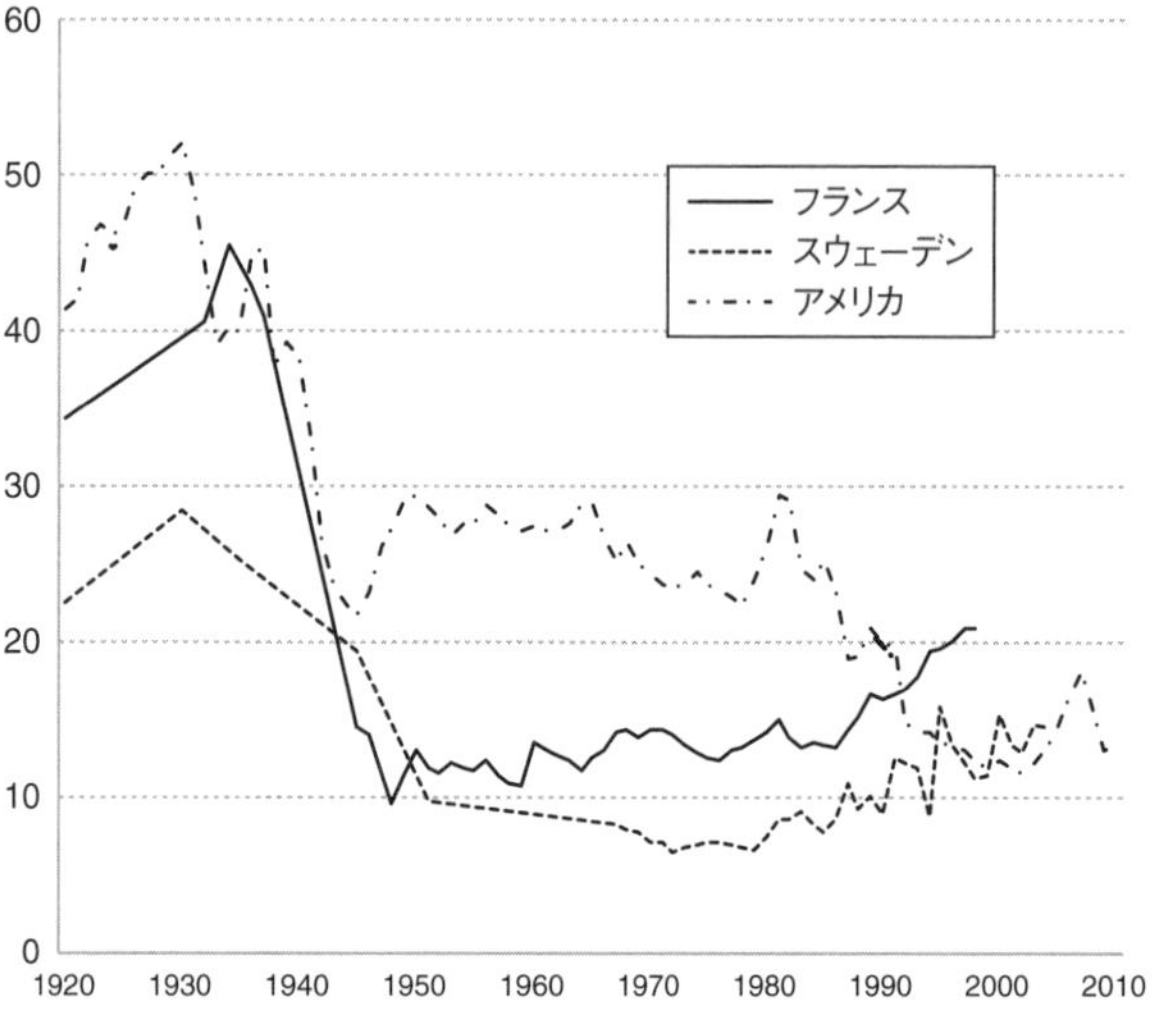

世界的な大規模動員

2度の世界大戦は、それまでに世界が経験したどんな戦争とも違っていた。人的資源と工業生産の大規模動員はかつて想像もできなかったような高みに達した。第一次大戦では7000万近くの兵士が動員された。これは戦争の歴史における空前の数字だった。そのうち900万ないし1000万人が戦死し、一般市民のなかでも戦争や戦争関連の困窮で約700万人の死傷者が出た。フランスとドイツは全男性人口のほぼ40%を動員し、オーストリア=ハンガリー帝国とオスマン帝国では30%、イギリスでは25%、ロシアでは15%、アメリカでは10%が動員された。作戦遂行のための資金として、莫大な財政資源が必要とされた。情報が得られている主要交戦国のあいだでは、国に徴発されるGDPの割合が4～8倍ほど増加した（図5・6）[8]。

フランスとドイツはともに国富のほぼ55%

図5.6　1913〜1918年の7カ国の国民所得に占める政府支出の割合（GDPの%）

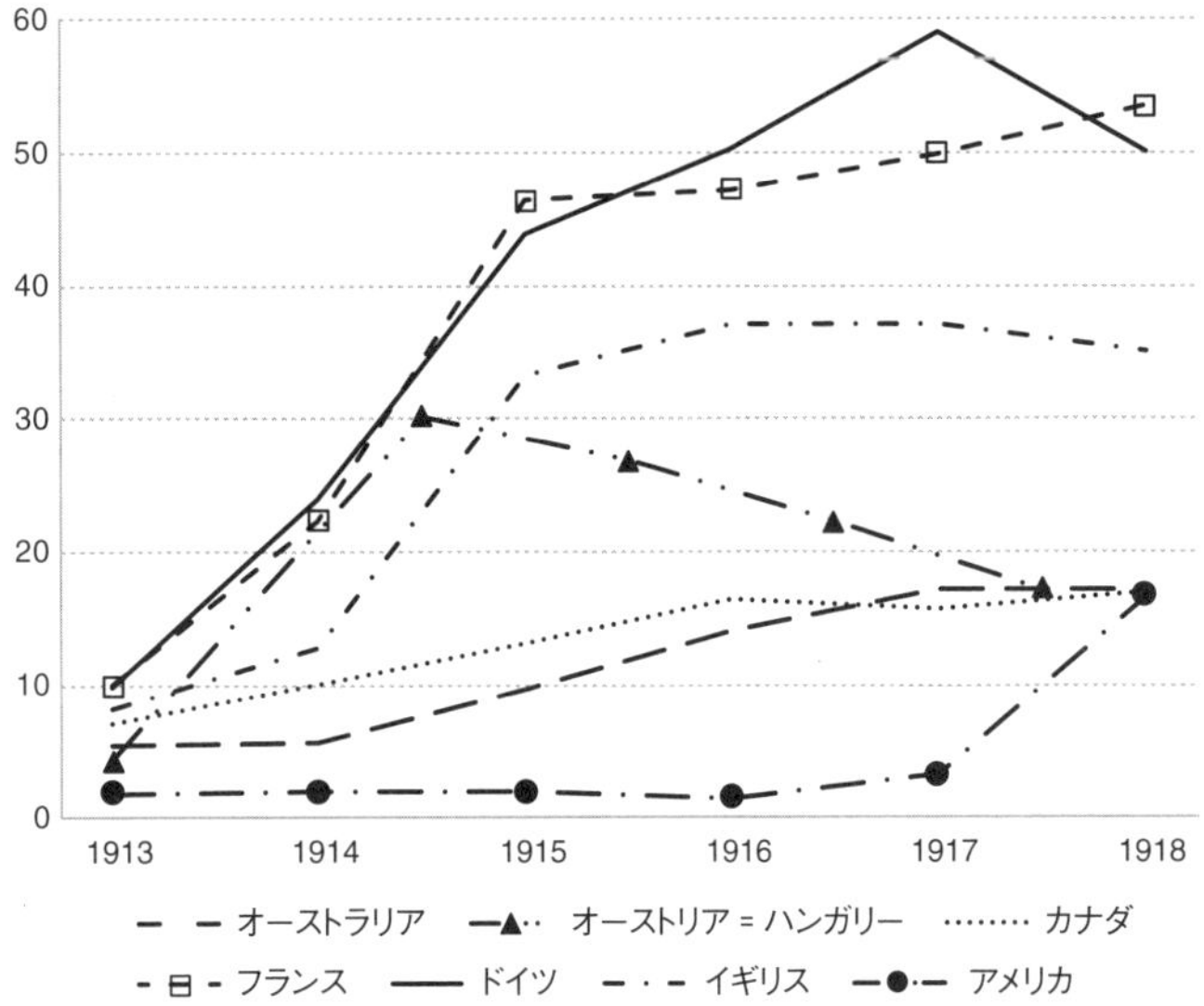

を、イギリスも15％を失った。そして第二次大戦はもっと厳しかった。1億人を優に超える兵士が動員され、2000万人以上が死んだ。民間人の死者数は5000万を超えた。主要交戦国は28万6000台の戦車、55万7000機の戦闘機、1万1000隻の大型艦船を建造した。4000万丁以上のライフル銃をはじめ、各種の兵器も大量に製造された。戦争で生じた費用と損失（人命の損失も含めて）の合計は1938年の価格で4兆ドルに達したと推定され、大戦勃発時の世界の年間GDPより一桁大きかった。

軍事占領は国家支出の割合を驚異的なレベルまで押し上げた。1943年、ドイツはGNPの73％相当を国家資金として確保したが、そのほとんどすべては戦争に向けられ、その一部は占領地の住民から搾り取られていた。ある話によると、翌44年、日本政府はGDPの87％を支出したというが、それもドイツと同じように未来のない帝国の資源を無駄に利

図5.7　1900～2006年の9カ国の最高限界税率（%）

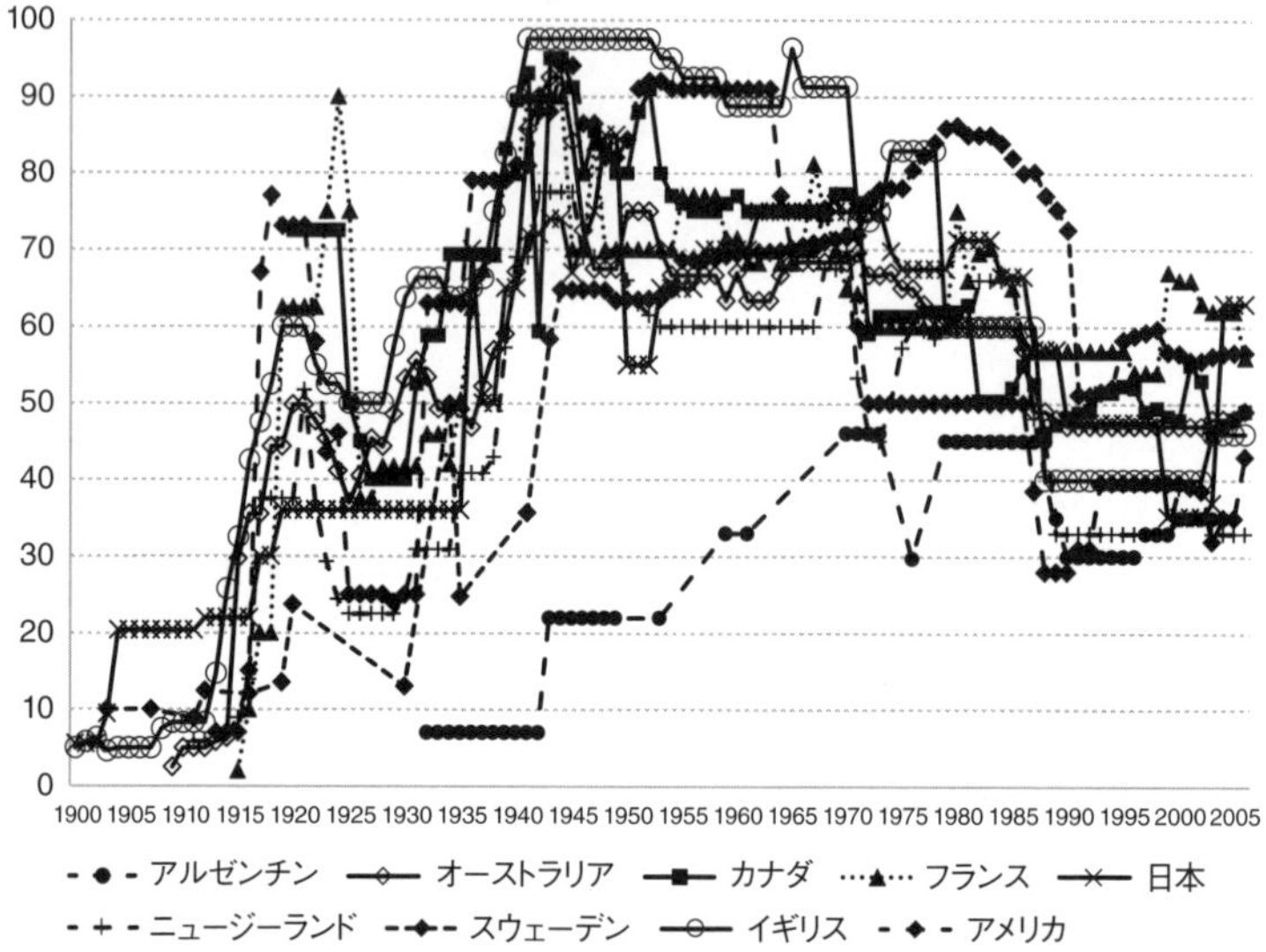

用してのことだった。[9]

　このとてつもない苦闘はほとんどが借金、紙幣の印刷、税金の取り立てで賄われた。のちに借金は、公債返済のための課税、実質的な返済軽減のためのインフレ、あるいは債務不履行など、さまざまなものにかたちを変えた。西側列強の最強国だけがどうにかうまくインフレを制御した。アメリカとイギリスの物価は1913～1950年に3倍に上昇しただけだったが、その他の交戦国はそれほど幸運ではなかった。同じ期間にフランスの物価は100倍、ドイツでは300倍に上昇し、日本では1929～1950年の期間だけで200倍になった。債券保有者や不労所得生活者は路頭に迷った。[10]

財政的変化の転機

　1914年までは、特に豊かな先進諸国においても所得に対する限界税率は非常に低く、そもそも最初から所得税がない国も多かった。

図5.8　1800～2013年の20カ国の最高所得税率と最高相続税率の平均値（%）

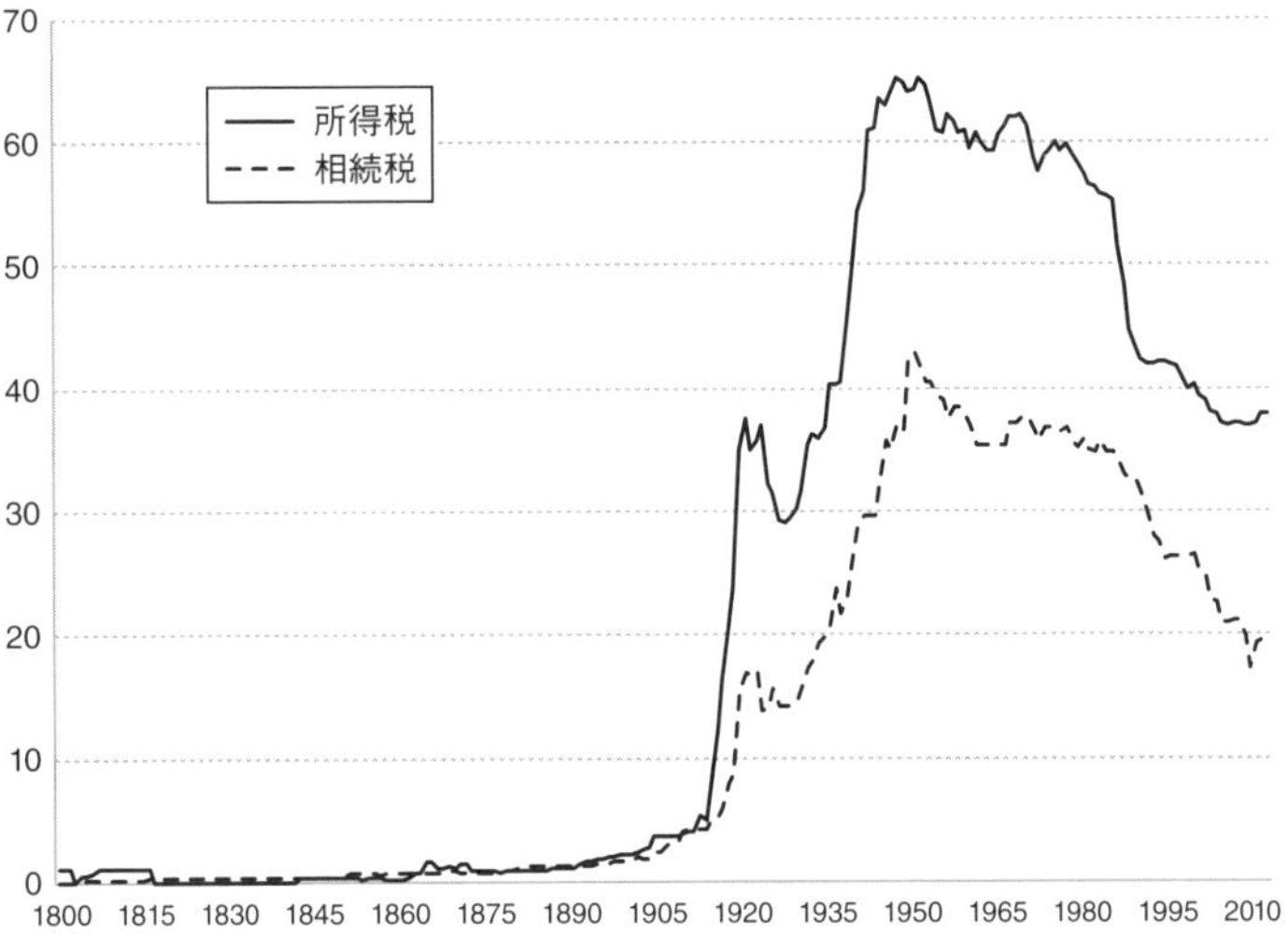

高い税金と急勾配の累進税制は戦争努力の産物だった。第一次大戦中とその直後に最高税率は急激に上がり、やがて１９２０年代に下がったものの、戦前の水準にまで戻ることは二度となかった。そして30年代に税率は再び上がった。だいたいは大恐慌の影響に対処するためだったが、第二次大戦が始まるとまた新たな高みに達し、それ以後はきわめて遅いペースながら、多かれ少なかれずっと低下を続けている（図5・7）[11]。

こうした世界各国の展開を平均すると、根底にある傾向がはっきりと見えてきて、2度の大戦がまさしく財政的変化の決定的な転機だったことがよくわかる（図5・8）[12]。

図5・7には戦争の決定的な重要性がよくあらわれている。たとえば日本は、ほかのすべての国と違って、１９０４～１９０５年に最高限界税率を上げている。これはその年の日露戦争での必要に迫られたからであり、ある意味では第一次大戦のための最終舞台稽古のようなもの

図5.9　第一次世界大戦と17カ国の平均最高所得税率（％）

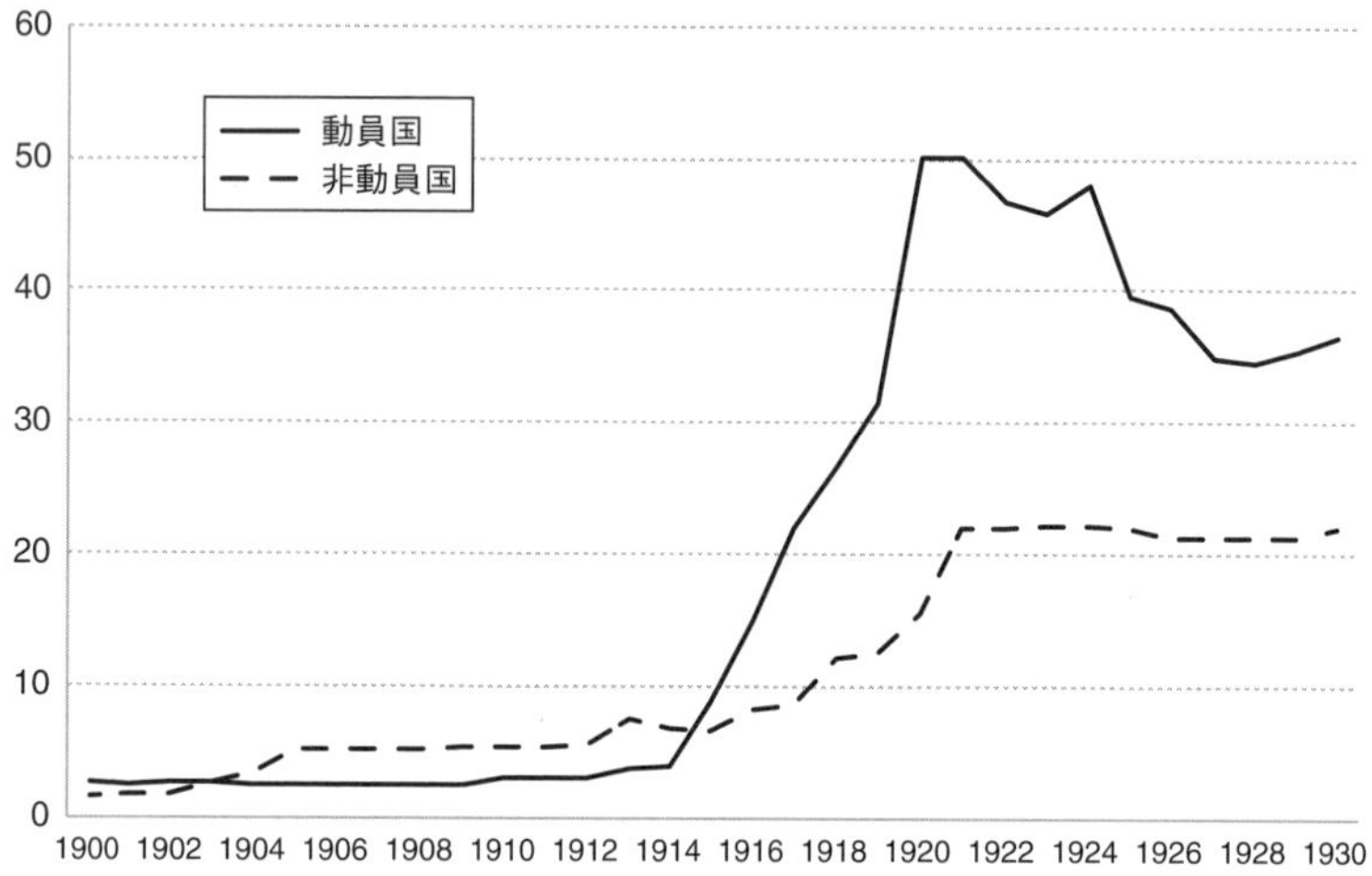

だった。

非交戦国のスウェーデンは第一次大戦時の最高税率の跳ね上がりにほとんど乗り遅れており、その後も次の戦争までずっと後れを取り続けた。最も目を引くのはアルゼンチンで、どちらの大戦でも表に出ることのなかったこの国は、ほかとまったく異なる動きを示している。ケネス・シーヴとデイヴィッド・スタサヴェージによれば、彼らのサンプルにおいては財政的な戦争効果が交戦国のあいだでは強く、それ以外の国ではずっと反応が弱かったという（図5・9）[13]。

軍事大量動員と、累進税率と、所得上位のエリートの資産の狙い撃ちが、財政的な平等化作用の三本柱をなしていた。シーヴとスタサヴェージの説によれば、大量動員戦争だけは課税戦略の点で異質だという。それは単純に大量動員戦争が非常に高くつくからというだけでなく、もっと具体的に言えば、大量動員戦争は社会的コンセンサスの必要性を高めるからで、そのコンセンサスが、富裕層から資源を不つりあいなほどに吸い上げようとする政治的圧力へと変化するのだ。大量動員それ自体は平等化を促す力ではなかった。むしろ裕福なエリートは、その年齢や特権からして従軍する可能性は低く、軍事産業に商業的に関与して利益を得る立場でもあっただろう。したがって公平を期するなら、いわば税の現物納付である徴兵制に、1918年のイギリス労働党マニフェストが「富の徴収」と称したものを付随させなくてはならなかった。

特に重視されたのが、戦時利得への課税だった。第一次大戦時、「過剰」と見なされた収益にかけられた最高税率はイギリスで63%、フランスとカナダとアメリカでは80%に達した。1940年にもローズヴェルト大統領が同じような措置を求めた。「少数が多数を犠牲にして利を得ることのないように」というわけである。戦時中ならではの公平への執着は、不労所得にさらに重い負担をかけることも正当化した。確かに累進性の所得税は不平等を圧縮する有効な手段だったが、富裕層に異常なほど強く効いたのは相続税だった。(14)

主要国の平等化効果

公平の追求がどのような平等化効果を生むかには、政体の種類が大きくかかわっていた。第一次大戦時のイギリス、アメリカ、カナダは、その民主主義によって、いつでも「金持ちに吹っかける」ことができる状態だった。一方、より独裁的な体制をとっていたドイツ、オーストリア＝ハンガリー、ロシアなどは、戦争努力の継続資金を借金や紙幣増刷で賄うことを選んだ。しかし後者の場合、のちにハイパーインフレや革命で高いつけを払うことになり、その衝撃がまた不平等を圧縮した。特に第一次大戦中は、大量動員戦争に資金を供給する一般的な枠組みが確立される前だったため、平等化のメカニズムが国によって大きく異なった。(15)

フランスにおける戦後のインフレ

フランスは2度の世界大戦で最も手痛い打撃を被った国のひとつだった。第一次大戦では戦時中ずっと自国内で戦闘が行われ、第二次大戦では2度の侵攻を受けて占領まで経験した。第一次大戦中とその直後で、フランスの資本ストックの3分の1は破壊され、全国の世帯所得に占める資本所得のシェアは3分の1低下し、GDPも同じ割合で縮小した。フランスでの徴税はそれほど急激になされたわけではない。第一次大戦が始まったばかりのころの相続税の最高税率はたったの5%で、1915年にはじめて所得税が導入されたものの、最高実効税率は戦時中を通じてずっと低いままで、19年になってようやく大幅に引き上げられた。1916年に新設された戦時利得税も、大きな収入を生むようになったのは戦争が終わってからで、相続税にしても同様だった。この時間差効果に加え、戦後の急激なインフレの影響もあって、上位の所得シェアの圧縮は戦時中ではなく、主として1920年代に起こることになった。一方、戦時利得は一時的に正反対の効果を示した。20年代の半ばまでに、最大財産0.01%の平均価値は、戦前の水準にくらべて4分の3以上も下落していた[16]。

第二次大戦中も、フランスは4年にわたるドイツの搾取的占領と、連合国の爆撃と解放による大きな被害を受け、それに伴ってエリートの富の破壊が続いた。この時は資本ストックの3分の2が消失し、第一次大戦時の2倍もの損耗率となった。フランスの最大資産の4分の1を構成していた海外資産はすっかりなくなってしまった。上位の所得シェアはこの時期に急激に低下し、続いて戦後のインフレがわずか数年のうちに債券や戦債の価値を食いつぶした。トマ・ピケティが主張しているように、1914〜1945年の上位1%の所得シェアの全面的な下落は、賃金所得以外の所得の損失に原因があり、戦争、破産、賃貸料統制、国有化、インフレによって資本が破壊されたからだった。

2度の大戦にまたがっての累積的な平等化効果は、じつに大きかった。1万%のインフレは債券保有者を無一文にし、実質賃貸料は1913〜1950年で90%下落し、さらに45年の国有化政策や、莫大な資産に対する最高20%、戦時中に膨れ上がった資産に対する100%の一時課税などは、資本蓄積をゼロ近くまでリセットする一因となった。結果として、最大財産0・01%の価値は、1914〜1945年に90%を優に超えるほど下落した。[17]

イギリスの累進課税

イギリスでは、最高所得税率が第一次大戦中に6%から30%に上昇し、企業に課せられた新たな戦時利得税——1917年までに80%に引き上げられた——は、歳入の面で何より重要な税金となった。イギリスはこの大戦中に国富の14・9%を、第二次大戦ではさらに18・6%を失った。所得の上位0・1%と見なされる基準は、第一次大戦時には平均所得の40倍から30倍だったが、第二次大戦時は30倍から20倍に低下し、戦後はさらに低下した。税引き後所得における上位層のシェアの低下は(1937年以降しか記録がないが)いっそう顕著で、1937〜1949年に上位1%ではほぼ半分に、上位0・1%では3分の2に減った。全私有財産に占める最上位1%のシェアは70%から50%に縮小し、同時期のフランスの60%から30%への激減にくらべればまだましだったが、それでもかなりの大きさだった。[18]

アメリカとカナダ——賃金統制と累進税制

大西洋の向こう側では、たとえ物的破壊や深刻なインフレがなくとも、戦争がかなりの平等化を誘発しうることをアメリカが証明していた。アメリカの上位1%の所得シェアは3度に分けて減少した。まず第一次大戦中に約4分の1が減り、大恐慌でまた4分の1が減り、そして第二次大戦中に残りの約

30％が減少した。全体として、この上位1％は1916～1945年に合計約40％のシェアを失ったことになる。他国と同じように、この傾向を極端に被ったのが最上位層で、所得上位0・01％のシェアはその期間に80％も減少した。所得シェアの分析は、この減少の大部分がキャピタルゲインの縮小から生じたことを示している。上位層の富のシェアは第二次大戦中よりも大恐慌の時に大きな痛手を受けたが、累計すれば、大恐慌前のピークから3分の1が減少した。このように、アメリカでは他の主要交戦国にくらべ、2度の戦争そのものよりも大恐慌の方が所得と富の格差の平等化に大きな役割を果たした。この点については追って第12章で詳述する。(19)

とはいえ、戦時中の平等化もそれなりに大きく、戦費捻出のための急勾配の累進課税が平等化プロセスを促進した。「1917年戦争歳入法」は最高付加税率を13％から50％に引き上げ、投下資本の9％を超える収益に20～60％の税をかけた。戦費の増加が続くなかで、終戦後にやっと成立した「1918年歳入法」は、最大所得と超過利得にさらなる高率の課税をした。5万ドルの所得に対する実効税率は1913年と15年の1・5％から、18年には22％になり、10万ドルの所得に対しては2・5％から35％に上昇した。1916年に新設された遺産税の最高税率は、翌年には10％から25％に引き上げられた。

こうした強引な介入の唯一の口実が、戦争だった。「第一次世界大戦への動員というきわめて偶発的な政治問題が、民主主義国家的な税制の創設を促した」のである。1921年歳入法と24年歳入法は超過利得税を廃止して付加税を大幅に引き下げたが、最高税率は戦前の水準からははるかに高いままに据え置かれ、何より重要なことには、遺産税がそのままにされた。したがって、戦後にある程度の財政緩和がなされ、それに伴って上位層の所得がまた新たに急上昇したものの、一方で所得と富のシェアに関しては、政府が主張するとおりの歯止め《ラチェット》効果も働いた――とはいえ、次第に抜け道が発達して累進課税制度が空洞化されていったのも確かだが。(20)

その後の平等化はある部分まで、所得と相続資産へのきわめて高い限界税率に後押しされた。この過程はニューディール政策に始まって、戦時中のさらなる追い討ちで頂点に達した。「この深刻な国家危機に際し、超過所得はすべてこの戦争に勝利するために投じられるべきものである」とローズヴェルト大統領が述べたように、所得税と遺産税の最高税率はそれぞれ1944年の94%、1941年の77%でピークに達し、最高税率の適用基準も大幅に引き下げられて、より広範な高所得者層が課税対象に組み込まれた。超過利得への課税も復活した。同時に経営陣と労働組合は、本質的に逆累進である連邦売上税に抵抗した。これは著しい引き締めだったが、当時はスウェーデンにさえも同様の税があったのだ。

全国戦時労働委員会による賃金統制の結果として、賃金所得は経済全般にわたっていっそう広く圧縮された。1942年10月の賃金安定化法に従って、あらゆる賃金の承認に責任を負うことになった同委員会は、最低賃金の引き上げに対応したが、もともと高賃金の層には意味がなく、結果として全賃金所得における高賃金層のシェアは低下した。賃金が最高水準にあった層ほど損失は大きく、1940～1945年に、賃金分布の上位90～95%の層はシェアの6分の1を失ったが、上位1%層は4分の1、上位0.01%層は40%を失った。企業はこの対応策として、賃金を上げるのではなく手当を出して、自動的に労働者の実質賃金が上がるようにした。

国家の介入とその波及効果は、全体的な賃金所得構造の圧縮に役立った。これは以前の傾向とは明らかに一線を画するもので、それを促したのが「第二次大戦期に特有の要因」だったが、ほかの要因もこの新たな傾向を増幅した。大恐慌の際にも実質的には変化のなかった役員報酬が、1940年以降に低水準賃金にくらべて大きく減少したのは、政府の介入のためというよりも、労働組合の力が増したためと収益が企業規模に応じて低下したためだった。こうしたさまざまな要素が同じ方向に向かった結果、所得ジニ係数は戦時中に急速に低下して、7～10ポイントも下げることになった。非エリート層の所得と賃金の分配に関するいくつかの指標も、同じ時期に急激な下降を示しており、たいていはそのまま数十年にわたって大きな変化もなく推移した[21]。

カナダはやや異なる軌跡をたどった。大恐慌は上位の所得シェアに目に見える影響を及ぼさなかったが、第二次大戦が劇的な所得の分散をもたらしたのだ。最高税率の大幅な引き上げがこの変化のひとつの要因で、1943年には95％に達し、所得上位1％層への実効税率は、1938年にはわずか3％だったが、5年後には48％にまで上昇した[22]。

ドイツ――戦中の格差の高まりと戦後インフレによる平等化

ドイツでの上位所得シェアの変遷は、軍事動員率がきわめて高く、国家支出も非常に高かった第一次大戦中に増加を示したという点で、やや特異である（図5・10[23]）。

この現象は、戦時破壊がなかったことだけでは説明しきれない。不平等が一時的に急激に高まった要因は、独裁的な政府が戦時利得を保護したこと、とりわけ政治的、軍事的な指導者層と密接に連携していた産業部門の富裕エリートの利得を保護したことにあった。組合労働者は服従させられるだけで、新たな資本税が導入されてはいても、その規模はかなり控えめなままだった。この点で、ドイツの状況はフランスに類似する。フランスでも1916年から1917年にかけて、戦時不当利得と低税率が組み合わさって上位層の所得を押し上げたのだ。

ドイツ政府は戦費を賄うのに大規模な累進課税を行おうとはせず、まずは起債に頼った。支出の約15％は通貨供給の拡大で賄ったが、厳しい価格統制によりインフレは抑え込まれた。マネタリーベースは戦時中に5倍に増加したにもかかわらず、卸売価格と食料品価格のインフレ率はそれぞれ43％、129％と、ともに対処可能な範囲に収まったのである。これはドイツのほかの同盟国とは明らかな対照を

図5.10　1891〜1975年のドイツにおける上位1％の所得シェア（％）

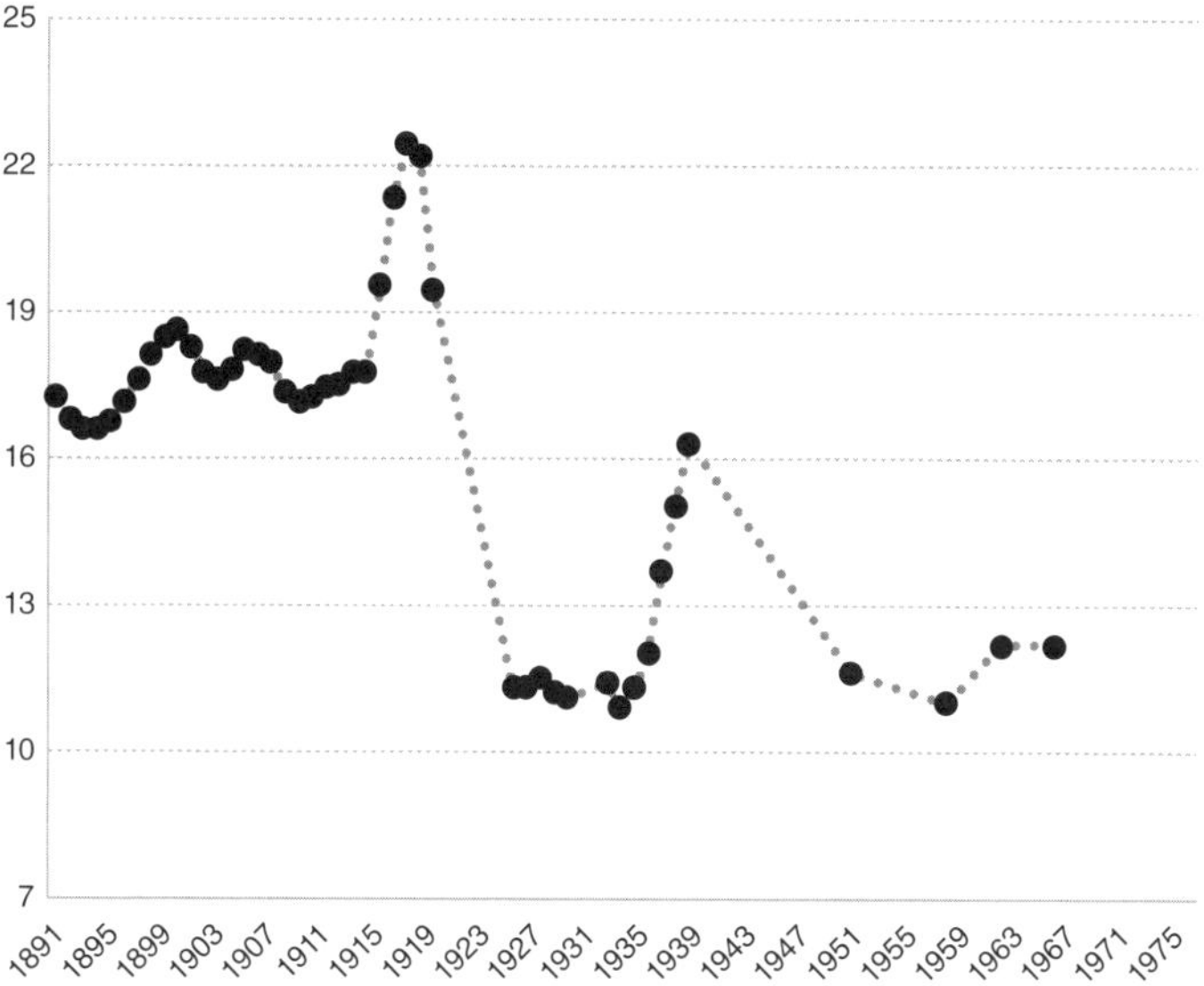

なしている。この時期、オーストリア＝ハンガリー帝国では消費者物価が１５００％のインフレを起こし、イスタンブールでのインフレは２１００％にも達したのである[24]。

しかし戦争が誘発する平等化を先送りすることはできても、回避することはできなかった。終戦直後の数年間の政治的混乱とハイパーインフレが組み合わさって、上位層の所得を大きく押し下げた。上位１％の所得は40％減少し、上位０・01％に至っては４分の３も縮小した。これは90パーセンタイルと99パーセンタイルのあいだの層にも共有されていない一握りのエリート層だけの経験で、むしろ中流階級世帯は所得シェアを増やした。マネーストックは戦時中からすでに拡大していた。最初は戦費を賄うためであり、次いで賠償金を支払うため、および戦争そのものがきっかけで起こった１９１８年のドイツ革命の直接的な結果のひとつとして、社会保障や雇用制度の計画に使われるためだった。

そして1919年と20年の価格統制の終了で、それまで抑えられていたインフレが一挙に爆発した。ベルリンの4人家族世帯の消費者物価指数は、1914年夏から20年1月までで1から7・7へ上昇していたが、1923年10月には5兆に達した。不労所得生活者は誰よりも多くを失い、企業家が国民所得に占めるシェアをどうにか維持できても、不労所得生活者のシェアは15％から3％へと急落した。資産全般が一挙に縮小した時期のインフレによる貨幣資産の破壊は――1923年の実質国民所得は1913年にくらべて4分の1〜3分の1ほど少なくなっていた――平等化効果を増幅した。貨幣資産はほかの資産よりも不平等に分配されていたためである。政策の変化も、この平等化プロセスを後押しした。戦後の数年間で、低賃金労働者のための調整措置が賃金圧縮をもたらし、国民所得における無償給付のシェアは1913〜1925年に3倍になった。最高相続税率が1919年にゼロ％から35％に引き上げられたのも偶然ではない[25]。

その後のナチスの政権下で、消費や賃上げの抑制、急速に成長する軍需産業からの利得、ユダヤ人からの財産没収などにより、上位の所得シェアは回復に向かった。第二次大戦中に、ドイツはフランス、オランダ、ノルウェーの国民生産の30〜40％を徴発して、国内での取り立ての必要性を緩和した。戦時中の不平等については推測する手段がないが、すべてが収まったあとには上位の所得シェアは再びハイパーインフレ後の水準に低下していた。これは資本の損失のせいというよりも、生産高の減少と財政改革とインフレが合わさった結果だった。連合軍の空爆は主として輸送インフラと民間住宅を標的にしていたため、産業資本の物理的破壊はごく一部にとどまり、むしろ総産業資本は1936〜1945年に5分の1ほど増加した。それでも正味の産業生産高は、1944〜1950年に約4分の3も減少した。

さらにドイツは終戦後の3年間、深刻なインフレにもさらされた。1946年には相続税の最高税率が15％から60％へと4倍に上昇した。戦時中の強制労働がなくなったことで労働力が欠乏し、労働組合が再結成され、占領当局からは賃金統制を課された。第一次大戦の時とまったく同様に、確認されている平等化の大部分は終戦直後に起こっていた可能性がある。[26]

ドイツ占領下の国々

オランダでは、戦時利得が第一次大戦の早い段階で上位の所得シェアを押し上げたが、その急上昇は長くは続かず、まもなく急激に低下して、そのまま1920年から23年の戦後の不況期を通して続き、国民所得に占める資本シェアを75％から45％に下落させ、正味の所得の不平等を大きく圧縮した。上位の所得シェアは大恐慌期に再び下落し、ドイツ占領下でも同程度に下落した。最高所得者層は第二次大戦で特に手痛い打撃を受け、この時点で上位0.01％の所得シェアは40％も減少した。ドイツの占領当局によって導入された賃金統制はそのまま解放後も維持され、家賃も1939年の水準に凍結されて、最低所得者層を優遇するかたちとなった。税率はそれまでかなり低いまま保たれていたが、戦後になると、損害補償のために大きく引き上げられた。[27]

第二次大戦に深く関与したフィンランドでは、1938〜1947年に上位1％の所得シェアが半分以下になる劇的な下落が起こり、この期間に課税対象所得のジニ係数は0.46から0.3へと低下した。デンマークでは、1939〜1945年に上位1％の所得シェアが6分の1低下し、上位0.1％では4分の1も下がった。さらに上位1％の富のシェアは、1930年代後半から1940年代後半までで4分の1低下した。デンマーク政府はドイツ占領下で大幅な増税と賃金調整を導入した。これは、ほかの戦争関連の効果ともあいまって、第一次大戦時とは正反対の結果を生みだした。第一次大戦時には、上位の富のシェアはすでに縮小していたものの、再分配政策がなかったために不平等が拡大していたのである。そしてドイツに占領された北欧のもうひとつの国ノルウェーでも、同じように上位の所得シェアは大幅に低下し、しかも戦後よりもずっと急速に下落した。1938〜1948年に上位0・5％の所得シェアはほぼ3分の1も失われ、上位の富のシェアもやはりこの時期に低下しはじめた。(28)

こうしてざっと見てきただけでも、平等化手段の詳細は国ごとに違っていたにせよ、全体的な結果は同様であったことがわかる。低い貯蓄率と押し下げられた資産価格、物理的破壊と海外資産の喪失、インフレと累進税制、家賃や物価の統制、国有化など、すべてがさまざまな程度で平等化を促す一因となった。これらの要素がそれぞれどの程度の効果を及ぼしたかによって、それぞれの国での所得と富の不平等の圧縮がどの時期に、どの程度の規模で起こったかが決まったのである。これらの要素はすべて同一の源から発していた。すなわち総力戦の圧力である。ピケティは自国フランスの経験から、こんな大胆な総括をしている。

かなりの部分まで、20世紀の不平等を緩和したのは、経済的、政治的な衝撃を伴う戦争という大混乱だった。漸進的で、合意にもとづく、争いのない変化を通じて、平等の拡大へと至った例はひとつもなかった。20世紀において、過去を消し去り、社会がまっさらな状態で新たに始動できるようにしたものは、調和のとれた民主的合理性や経済的合理性ではなく、戦争だったのである。(29)

＊

ピケティの総括の検証

では、この包括的主張は全面的に正しいのだろうか。ピケティの結論は2つの方面から検証できるかもしれない。第一に、これと異なる経験をした交戦国が皆無なのかどうかを確認すること。第二に、交戦国の経験を戦争に直接関与しなかった国の経験と比較することだ。第一の検証方法は、意外と実施するのが難しい。すでに見たように（表5・1、表5・2）、大戦時の暴力的な混乱が決定的な重要性を持っていたという仮定は、関連証拠が公表されている全交戦国の上位の所得シェアという証拠によって、完全に支持されている。しかし残念ながら、この調査には大事なところが抜けている。第一次大戦時のオーストリア＝ハンガリーとロシア、それに両大戦時のイタリアが含まれていないのだ。2度の大戦で大きな打撃を受けたベルギーについても同様である。この時期の「血染めの土地」と呼ばれた一帯に位置する中欧や東欧の諸国、第二次大戦時の中国も、当然ながら含まれていない。とりあえず言えるのは、この時期に平等化が起こらなかったことを明白に示すような矛盾した証拠はないということである。

所得ジニ係数の再現モデルにおいて、戦争関連の大きな変化をなんら示していないものはひとつあり、それに従えば、現在のところ唯一の例外となりえそうなのがイタリアである。ただし、これにどれほどの信頼性があるのかは定かでない[30]。

2番目の検証に関して言うと、いくつかの中立国で、第一次大戦時に不平等度の上昇傾向が記録された。オランダの上位1％の所得シェアは、1914～1916年に21％から28％へと3分の1も跳ね上がり、その後再び低下して、1918年には22％にまで戻った。戦争初期の高い独占利得と高配当が急上昇の原因だったが、それも原料不足によってすぐに抑制された。戦争が長引くにつれ、オランダも大量動員の必要性から逃れられなくなり、公的支出を増大させた。国家支出は不変価格で2倍以上に膨れ上がり、軍隊は20万人から45万人規模に拡大し、食料の生産と分配を管理する計画も実施に移さざるをえなくなった。そしてこれらの資金を賄うために、ついに新しい税が必要となった。たとえば累進性の高い国防税や、推定戦時利得に対して個人や企業に課せられる30％の特別税などである。こうした措置は、初期の不平等の拡大をすぐに抑制する働きをした。

スウェーデンでも、同じように第一次大戦中に上位の所得シェアがいきなり上昇したが、1920年までには急降下していた。デンマークでも同じだった。両国ともに、上位1％の所得シェアが一時的に爆発的に上昇し、1916年もしくは1917年に、28％という未曾有のレベルまで達した。デンマーク政府はなかなか物価統制や家賃統制に踏み切らず、経済が急速に成長していた時期にあって、1916年までを有効期限とした団体交渉協定が労働者の実質賃金を抑制した。税金もほとんど上がらなかった[31]（この期間のノルウェーの所得シェアについては有効なデータがない）。

第二次大戦非交戦国の不平等の変遷

対照的に、第二次大戦時には、戦争にかかわらずにすんだヨーロッパの数カ国で、逆の傾向が生じた。アイルランドでは、上位の所得シェアが1938〜1945年にかなり低下したが、データ上からは細かいところまではわからない。戦時中の物価や賃金の統制と原料不足がこの傾向の一因だったと考えられている。ポルトガルでは、最上位層の所得シェアがこの時期にもっと下落した。上位0・1％は1941〜1946年にシェアを40％も失ったが、その理由はまだ説明がついていない。スペインでも同様に、1930年代と40年代にかなりの平等化が起こった。これについては、内戦の効果の一例として次章で検討する[32]。

ラテンアメリカ

スイスとスウェーデンについては追って詳しく見ていくので、ひとまずここでは措くが、総じて第二次大戦時の非交戦国についての追加証拠はきわめて少ない。

非西洋世界の大部分はなおも宗主国に支配され、独立国家はほぼラテンアメリカに限られるが、そこでも証拠はほとんどない場合が多い。とはいえ、ラテンアメリカのデータは価値ある洞察を2つ提供する。ひとつはアルゼンチンにおける所得不平等のきわめて独自な進展に関してで、20世紀初めのアルゼンチンは、世界でもとりわけ豊かな国のひとつだった。第二次大戦中、アルゼンチンの上位1%の所得シェアは、戦前戦後のどちらよりも高くなっていた。これは第一次大戦時のヨーロッパのいくつかの中立国で見られたのと同様に、戦時利得がエリート層の所得を押し上げた結果だった。1940年代初め、アルゼンチンの経済は外国からの需要に乗って成長した。イギリス本国で消費される穀物と肉の40%をアルゼンチンが供給していたほどである。上位の所得シェアと輸出量は密接な正の相関関係にあり、アルゼンチンのエリート層は不つりあいに多くの利得を貿易から得ていた。遠方での戦争はアルゼンチンに大量動員や支援的な財政措置を余儀なくさせることもなく、資本利益を低下させることもなかったばかりか、戦争に巻き込まれていたヨーロッパや世界各地の国では到底ありえないようなかたちでアルゼンチンの不平等を一時的に大幅に拡大させたのだ。

そして第二の洞察はもっと全般的な事情に関してで、関連情報が存在しているラテンアメリカのすべての国において、体系的な比較が可能な最初の時期である1960年代に、所得の不平等がきわめて高くなっているのである。60年代の市場所得の標準化ジニ係数を計算した15カ国に関して言うと、ジニ係数の値は0.40~0.76の範囲にあり、平均値は0.51という高さで、中央値は0.49となっている。定性的な証拠も同様に、戦争初期に不平等が縮小するという見方とは一致していない。チリでは第二次大戦時にかなりの圧縮があったように見られるが、それはチリ特有の経済的な要因と政治的な要因に関連して言及されている。ラテンアメリカの多くの国では賃金の不平等も第二次大戦後に広がりはじめており、それはヨーロッパ、北米、日本とは明らかに対照をなしている。(33)

旧イギリス領

旧イギリス植民地の独立時の所得分配を調査した結果でも、やはり上位の所得シェアは、第二次大戦によって総じて低下していた西洋にくらべると相対的に高かった。かろうじて数少ない例外が、戦争効果の重要性を逆に際立たせてくれる。たとえばインドでは、上位1%の所得シェアが戦時中に3分の1以上も縮小した。逆累進的な間接税からの税収が輸入の縮小に伴って減少すると、インド政府は個人所得と法人所得への累進的な直接税を優先させた。最高所得者層に課せられる累進付加税と、企業の超過利潤に課せられる付加税は、ともに66%に達した。その結果、税収全体における所得税の割合は1938年と39年の23%から、1944年と45年の68%へと3倍に増えた。個人納税者がわずか数十万人しかいない課税基盤の小ささを考えると、この変化の犠牲になったのは上層階級だった。同時に労働組合員数はほぼ2倍になり、報酬をめぐる労働争議から発展したストライキがますます頻発した。[34]

モーリシャスでは、1932年に所得税が導入され、上位0・1%の所得シェアは1938～1946年に3分の2近くも下落した。戦争中の増税と同時に、そのエリート層のなかで総所得シェアと純所得シェアのあいだに大きな変化が生じた。1933年には上位0・1%の最高所得者層が総所得の8・1%を占め、純所得の7・6%を占めていた――この差異は無視できる程度のものだ――が、47年には、この値がそれぞれ4・4%、2・9%に下落していた。これはエリート層の所得の全体的な低下を裏づけているだけでなく、財政上の所得移転が平等化につながったことを裏づけてもいる。

日本に略奪的な占領をされていたマレーシアとシンガポールでも、1945年直後の上位の所得シェアは非常に低く、モーリシャスと同程度で、それは当時のイギリスやアメリカの上位の所得シェアと同じくらいでもあった。[35]

スイス——緩やかな格差縮小

ここであらためて、スイスとスウェーデンを見てみよう。ともに2つの大戦の非交戦国である。この両国が特別に興味深いのは、大量動員戦争のすぐ近くにありながら、それぞれの国に特有の政治的、経済的な条件があり、その相互作用がいかにして傍観者的な中立社会の不平等を進展させたかを示しているからだ。

1914年、スイスは人口400万にも満たない小国だったが、22万の兵士を動員した。実質的な報酬も雇用保護もないなかで、この措置は大変な困窮を招き、一方で戦時に乗じた不当利得者もいたことから、労働者が先鋭化して、ついに1918年11月、大々的なストライキが起こって自国内に軍隊が配備される事態になった。連邦政府と州（カントン）と地方自治体の歳入合計は、所得と資産と戦時利得にかけられた戦争税に支えられて戦時中に2倍に増えたが、いずれも税率はかなり低いままに抑えられた。戦争が終わって、直接税の連邦所得税と、戦債償還のための1回限りの資産税（最高税率は60％）が提案されたが、どちらも否決された。その代わり、より累進的な新しい戦争税が1920年に法制化され、それが戦債の償還に当てられた。1933年以前の上位の所得シェアについての情報がないため、この一連の過程で所得分配がどのような影響を受けたかは確認できない。しかし上位の富のシェアについてのデータが、その空白をある程度まで埋めてくれる。それによると、第一次大戦中に最大財産0.5％のシェアは4分の1近く下落していた。[36]

1939年、スイスは全国民の10分の1に相当する43万人を動員したが、フランスの降伏後、その数は12万に減らされた。先の大戦から教訓を得て、社会の緊張が再び高まるのを未然に防ぐため、兵役に就いた者には手当が支払われた。この時期、国家歳入は増えたものの、増加率は1914年以降よりさらに低く、約70％にとどまった。一連の緊急課税が支出拡大を賄うために導入され、戦争関連の利得に対しては最高70％の戦時利得税がかけられた。富裕税は個人に対してが3～4・5％、法人に対しては1・5％の税率で、戦時所得税はやがて最高税率9・75％に達し、配当には最高15％の配当税がかけられた。しかし見てのとおり、戦時利得税を除けば、これらの課税はかなり抑えめで、当時の主要交戦国のいくつかが制定したものにくらべると特に累進的でもなかった。連邦支出の追加分のほとんどは借金で賄われ、負債は戦時中に5倍に膨らんだ。

第一次大戦時と同様に、上位の富のシェアは低下したが、今回の上位0・5％が失ったシェアは18％にとどまった。同時に、エリート層の所得シェアも第二次大戦ではそれほど影響を受けなかった。上位1％の所得シェアの低下はごくわずか――戦前から約1％の低下で、シェア全体の10分の1――であり、最高所得者層（上位0・01％）だけが1938～1945年に約4分の1の大幅な下落を記録したが、これでも1930年代半ばの水準に戻ったにすぎなかった。スイスでは1933～1973年に、全般に上位の所得シェアの変動がほとんどなく、9・7％から11・8％のあいだという狭い――かつ低い――範囲の動きで緩やかに推移した[37]。

このように、不平等に対する戦争動員の効果は全体的にあまり目立たないままだった。確かに他の国々と同様に、2度の世界大戦で、暫定的な措置だと常に宣伝されながらも直接課税は拡大された。こうした増税に対して広範な抵抗があるというスイス特有の事情を考えると、そのような政策は外国の脅威がなければ到底実施できなかったかもしれない。そして他の先進国と同様に、特に第二次大戦のための動員は、戦後の社会福祉への要望を生み出して、スイスの福祉国家への発展を促した。その意味で、スイス社会は確かに戦争関連の影響を受け、それによって所得と富の格差縮小へと導かれたと見ていいだろう。上位の富のシェアの進展も、ある程度までこの見方に一致する。しかし別の見方をすれば、戦

図5.11　1903〜1975年のスウェーデンの上位1%の所得シェア（%）

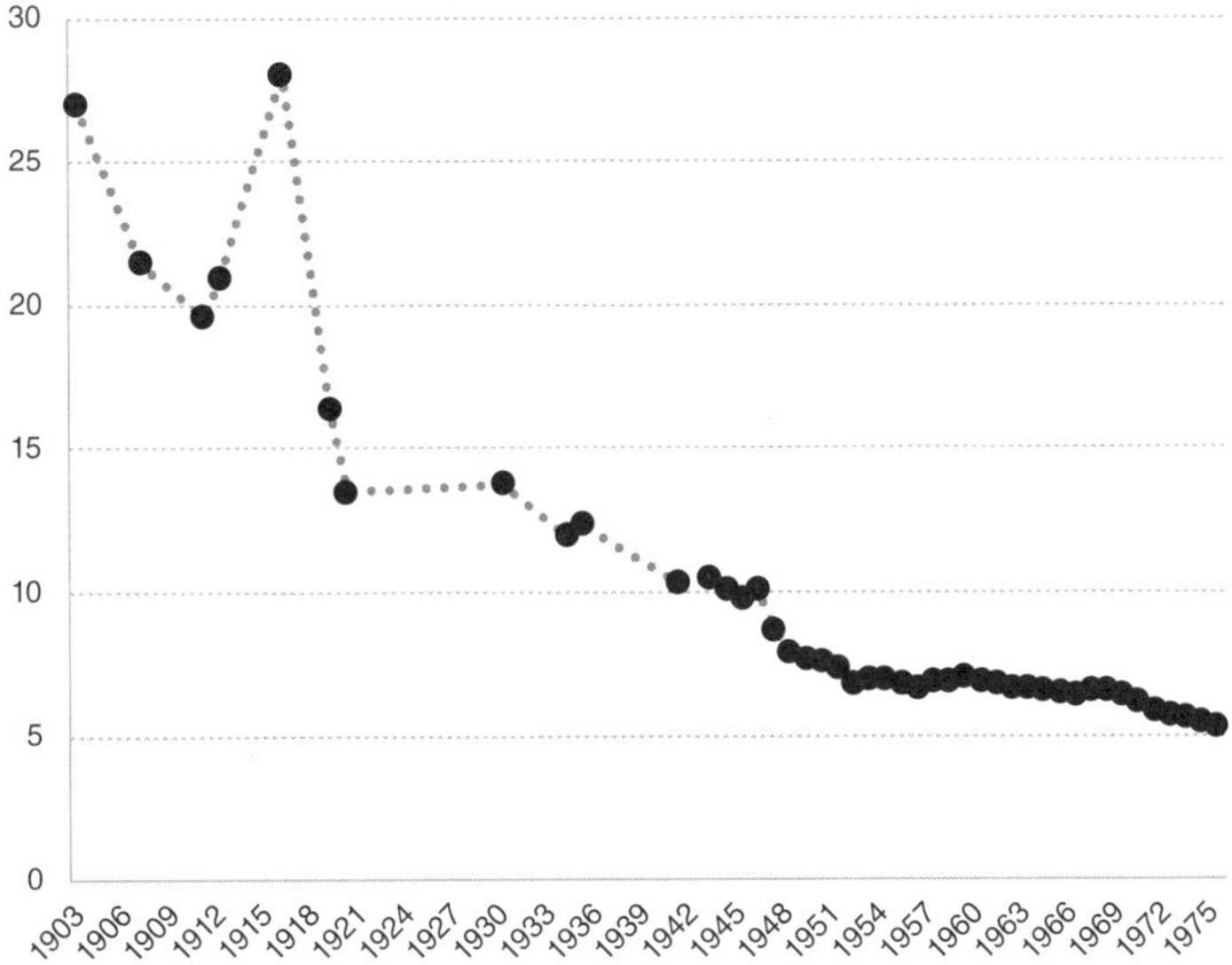

争による強烈な衝撃がなかったことと、それに関連して非常に累進的な課税が回避されたことは、戦中戦後に大幅な所得の圧縮が見られなかったことと合致する。スイスの政治制度や財政制度の珍しいくらいに分散的な性質と、上位の所得シェアが国際基準に照らせばすでに低かったという事実を考慮に入れれば、この比較的弱い戦時圧力では、より本格的な平等化はもたらせなかったのもうなずける。[38]

スウェーデンの累進税導入

スウェーデンの不平等は、1910年代から40年代にかけて、いくぶん異なる展開をした（図5・11）。しかし、やはり当時のほかの多くの先進国と同様に、2度の世界大戦と大恐慌という外部からの衝撃は、再分配的な財政改革とその後の福祉国家としての発展に重要な触媒として働いた。[39]

すでに述べたように、第一次大戦でスウェーデンの上位の所得シェアはピークに達した

図5.12　1862～2013年のスウェーデンの限界所得税率（%）

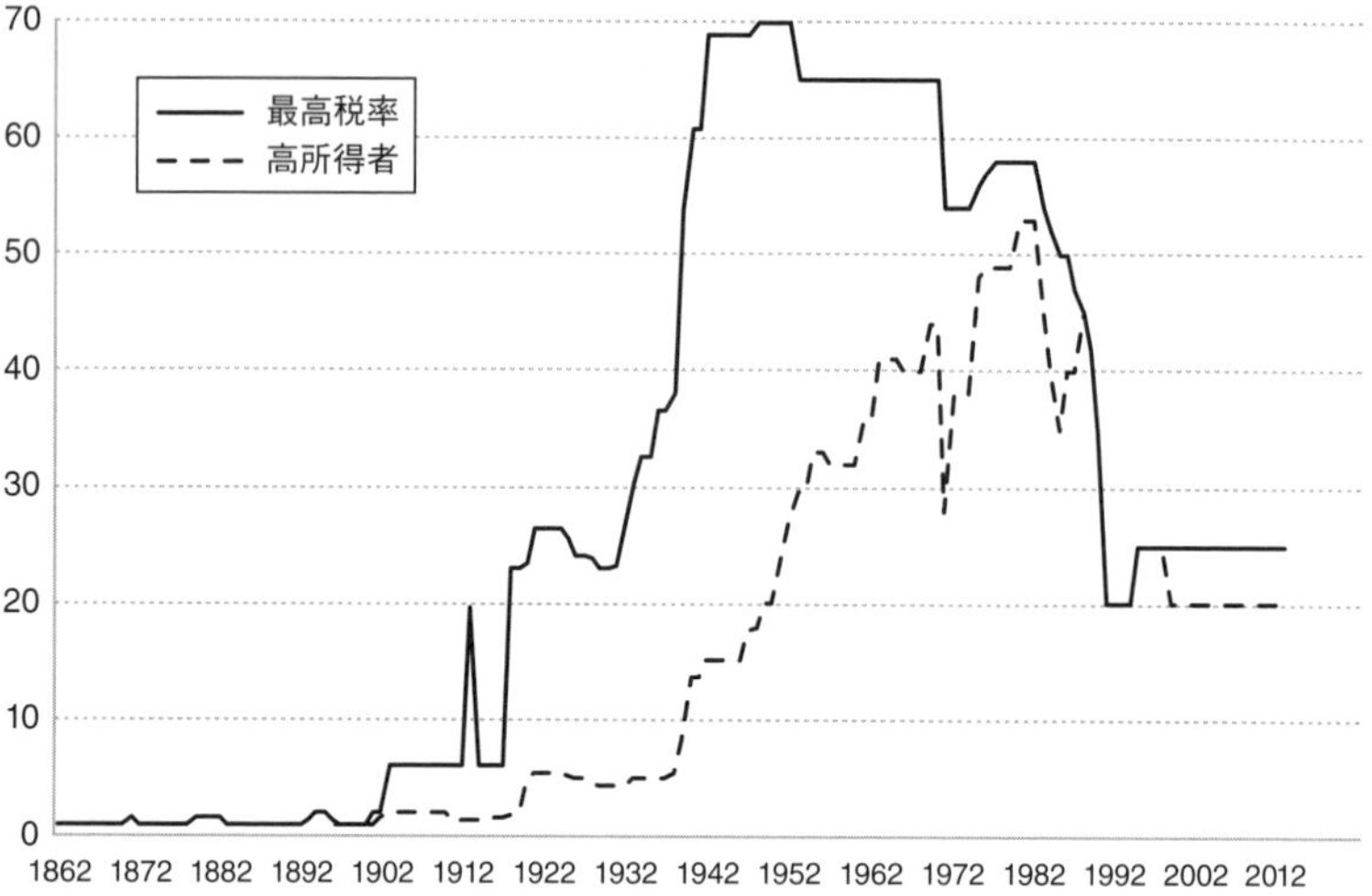

が、デンマークやオランダの場合と同様に、そのピークは長くは続かなかった。スウェーデンのエリート層はドイツに肩入れし、海上封鎖協約による食料不足と労働争議が国を揺るがしているあいだに莫大な利益を荒稼ぎした。戦争末期には失業者のデモが相次いで、警察が強引に鎮圧する事態となった。国民の不満から、やがてスウェーデン初の自由・社民連立政権が誕生すると、海を挟んでそう遠くないロシアでの革命の影が次第に忍び寄ってくるなかで、政府はより革新的な方向への歩みを暫定的にとりだした。

そしてひとたび戦争が終結すると、海外市場は崩壊しており、過剰な生産能力があだとなって金融危機と失業が到来した。図5・11が示すように、富裕層は特に手ひどい打撃を受け、そこへさらに追い討ちをかけるように、一時期は国民所得に対する相続資産の比率が大崩れした。本格的な累進課税がはじめて導入されたのもこのころで、高所得者への税率は非常に低いまま据え置かれたが（図5・12）、ともあれこうした状況が、スウェーデンのその後の進展のそもそもの始まりだった。世界で最も平等主義的な所得分配を持つ国のひとつへと向かっていった基盤には、何よりも第一次大戦時の経験と、それに付随する大混乱があったのである(40)。

ナチスドイツの戦争体制が本格的に動き出すと、戦争の効果はいっそう明確になった。社民党の代表的な政治家による1940年の発言を借りれば、スウェーデンはほどなくして、「砲弾を込めた大砲のすぐ前で生きている」ことに気づかされた。スウェーデンはドイツと連合軍、両方の圧力の前に立たされていた。やがてドイツは、スウェーデンが国内通行権を認めなければ諸都市を爆撃すると脅した。そして戦争が長引いてくると、次は、連合軍がスウェーデンに侵入した場合に自分たちもスウェーデンへ侵攻するという緊急プランを策定した。スウェーデンは国防態勢が危ういことを考慮して、軍事力を大幅に増強した。この戦争中に軍事支出は8倍に増加した。大恐慌への財政対応はずっと控えめなままだったのに対し、1939年の税制改革は最高税率を大幅に引き上げ、臨時国防税を新たに設けた。この国防税は最高所得層だけを対象にきわめて累進的になり、1940年と42年にはさらに累進度が高められた。加えて、法定法人税も40%に引き上げられた。これらすべての措置の公式の根拠が、軍事力の強化だった。戦争の脅威のおかげで、1920年代と30年代の厄介な政争からも堂々と逃れられ、これら一連の改革は議論されることも反対されることもほとんどなく、ほぼ満場一致の政治的決断として議会を通過した(41)。

スウェーデンにもたらされた社会平等化

しかしながら、スイスにおける以上にスウェーデンにおいても、上位の税引き前所得シェアは、上位を上から1%層と考えようが、あるいはもっと絞られたエリート層と考えようが、戦時圧力にほとんど左右されないままだった。これ以前の1930年代に見られたシェアの低下は、もともと大恐慌の影響によって引き起こされたようであり、そう考えれば富のシェアが同時に低下したこととも矛盾しない。

対照的に、この第二次大戦時には、上位の所得シェアがもっと落ちることもなければ、上位の富のシェアの長期的な下落が加速することもなかった。ただし、もっと前の研究では、1930年代後半から40年代にかけて多様な所得層でかなりの平等化が起こったことが示されている。より厳密に言えば、最も明確な平等化を生んだのは戦時中そのものだった。産業間の賃金格差と、地方賃金に対する都市賃金の比率が、ともに1940〜1945年に縮小したため、労働者間の全体的な所得不平等が縮まったのである。上位の所得シェアについての情報だけでは、この圧縮は捉えられない[42]。

さらに言えば、大量動員は財政の領域をはるかに超えた社会効果を生み、かつての右翼的な軍事力を大規模な徴兵制と志願兵制にもとづく国民軍に改変した。630万の人口のうち約40万の男性が兵役に就いた。軍務と民間業務を共有することで、従来の不信が払拭されやすくなり、チームワークと相互依存が育まれた。奉仕を超えた犠牲も生じた。戦傷、事故、従軍中の過酷な条件などが原因で、約5万人が傷病兵として送還された。食料配給も階級差を平準化する重要な手段として働いた。こうして戦争は社会の均質化と市民の関与を促進した。専門家のジョン・ギルモアは、戦時中のスウェーデンについての代表的な研究でこう述べている。

戦時中の諸条件の結果として、重大な社会的、政治的、経済的な混乱を経験したすえに、1945年には、理念と目標が一変した社会となっていた。……戦時中の徴兵制の経験は……ペール・アルビン首相の「国民の家」という社会平等化の理念の多くの部分の基盤となったモデルを提供した。……スウェーデンは、交戦国や被占領国が被ったのと同じような生命の損失や財産の損失を被ることなく、戦争から社会的な利益を得た[43]。

連帯主義国スウェーデンへ

この意味において、スウェーデンは戦時動員の主要な効果を経験し、それがのちの福祉国家の発展へとつながった。そして長期的に見れば、この戦時中の経験には、より広義の観念的な効果もあったと考えられる。要するに、連立政権と国民の合意により救われた小国として自国スウェーデンを捉えたことが、再分配を旨とする福祉国家によって支えられる連帯主義社会という理想の形成に寄与したのである[44]。

スウェーデンの戦後政策は、戦時中に確立された税制と、国民全体で共有された戦争経験とを基盤にした。いよいよ戦争も終わりに近づいた1944年、社民党は全国労働組合連盟とともに、累進税制による所得と富の平等化を目的とした政策のプログラムをまとめた。社民党は公約の一部で、こう宣言した。

> 大多数の国民が少数の資本所有者への依存から解放され、経済的階級にもとづく社会体制が自由と平等にもとづく相互協力的な市民共同体に置き換わるようになる[45]。

1947〜1948年の予算案は、戦前レベルへの復帰に必要となる額の2倍以上の歳出を準備していた。そのうちのいくらかは戦債の償還に当てられていたが、福祉の向上もこの予算で十分に可能だった。税率は戦時中のピークからいくらか引き下げられたが、所得税の減税を相殺するほど富裕税と遺産税が増税された。これはつまり、富裕層により多くの負担を負わせようとする変更だった。社民党の財務大臣エルンスト・ウィグフォシュは、アメリカとイギリスをモデルとして引用しつつ、遺産税が莫大な財産にとっては手痛いものであることを認めた。遺産に対する新しい税率は最高47・5％で、以前の150％増となっていたのである。この法案は、ほとんど再分配の観点だけから審議され、論議は白熱した。しかし最終的には、戦争経験によって形成されていた有権者の意思が社民党に味方して、法案は可決され、スウェーデンは大胆な社会実験に乗り出した。1948年、戦時改革は実質的に恒久のものとなり、改めて平等化の動きが始まった。[46]

終戦後も税率と歳出を高いままに維持した交戦国とまったく同じように、スウェーデンにおいても、このプロセスはまさしく戦争と直結していた。再分配政策と社会的、経済的な不平等の是正は、前々から一部の政党や労働組合が訴えてきたことだった。そうした理想を現実に変えるのに重要な触媒として働いたのが、戦時中の大量動員だったのだ。スウェーデンの事例は、比較的限られた戦時動員効果でも、革新的な政策志向が勝利を収めるために必要となる政治的意思や有権者の支持、およびそれにもとづく財政インフラを十分に醸成させられることを、身をもって教えてくれている。[47]

「世界の歴史における革命的な瞬間とは、革命を起こす時であって、つぎはぎの補強をする時ではない」——暴力的な衝撃から平等化を促す改革へ

参戦国における戦中・戦後の平等化

これがなおいっそう当てはまるのは、2度の世界大戦を実際に戦った国々だった。それらの国に共通して起こった一連の現象は、不平等を緩和し、戦時中の平等化を維持するばかりか、多くの場合、さら

に強化する働きをした。たとえば破壊や没収やインフレによる資本の喪失。国の租税政策、家賃統制、物価統制、賃金統制、配当統制といった政策介入による資本利益の減少。そして高税率の累進課税を戦後も継続しようとする方針などである。それぞれの国に固有の政治的、軍事的、経済的な状況によって、平等化は突発的に起こることもあれば、段階的に進むこともあった。戦時中に集中して起こることもあれば、戦後の危機の到来時まで先延ばしされることも、あるいはもっと長期にわたって広がることもあった。しかしいずれにしても、戦勝国であろうと敗戦国であろうと、戦時中に占領されようと戦後に占領されようと、民主政体であろうと独裁政体であろうと、結果は常に同じだった。大規模な暴力を目的とする大量動員こそが、どの国においても、資産と富の分配を変革する推進力となっていたのである。

1945年のあと、なぜ不平等がただちに復活しなかったかについては、ピケティのおかげで、すばらしく単純明快な答えが出ている。資本蓄積は時間のかかるプロセスで、西洋の大半がおおむね平和だった19世紀は、まさに格好の条件を提供した。しかし2度の大戦の期間に大々的に資本が破壊されてしまうと、所得と財産への累進課税のような戦時措置が継続されている限り、もはや再建ははるかに難しかったわけだ。そして、それらの措置が継続されたのは、大きく膨れ上がった戦争国家が戦後の社会的な国家へ変貌したからで、もともと国民と産業資源を大量動員するために設けられた財政手段が、今度は福祉の提供に利用されるようになったのである。[48]

労働組合加入率の上昇

戦時動員は、労働組合の結成を促進するのにも役立った。これは重要なことだ。労働組合は団体交渉を支え、労働者の権利を守るものであり、その労働組合への加入率が高いことは、平等化を促すひとつの力として見なせるだろう。そして実際、長期的に見れば、組合加入率は所得の不平等と負の相関関係

図5.13　1880〜2008年のOECD加盟10カ国の労働組合密度（%）

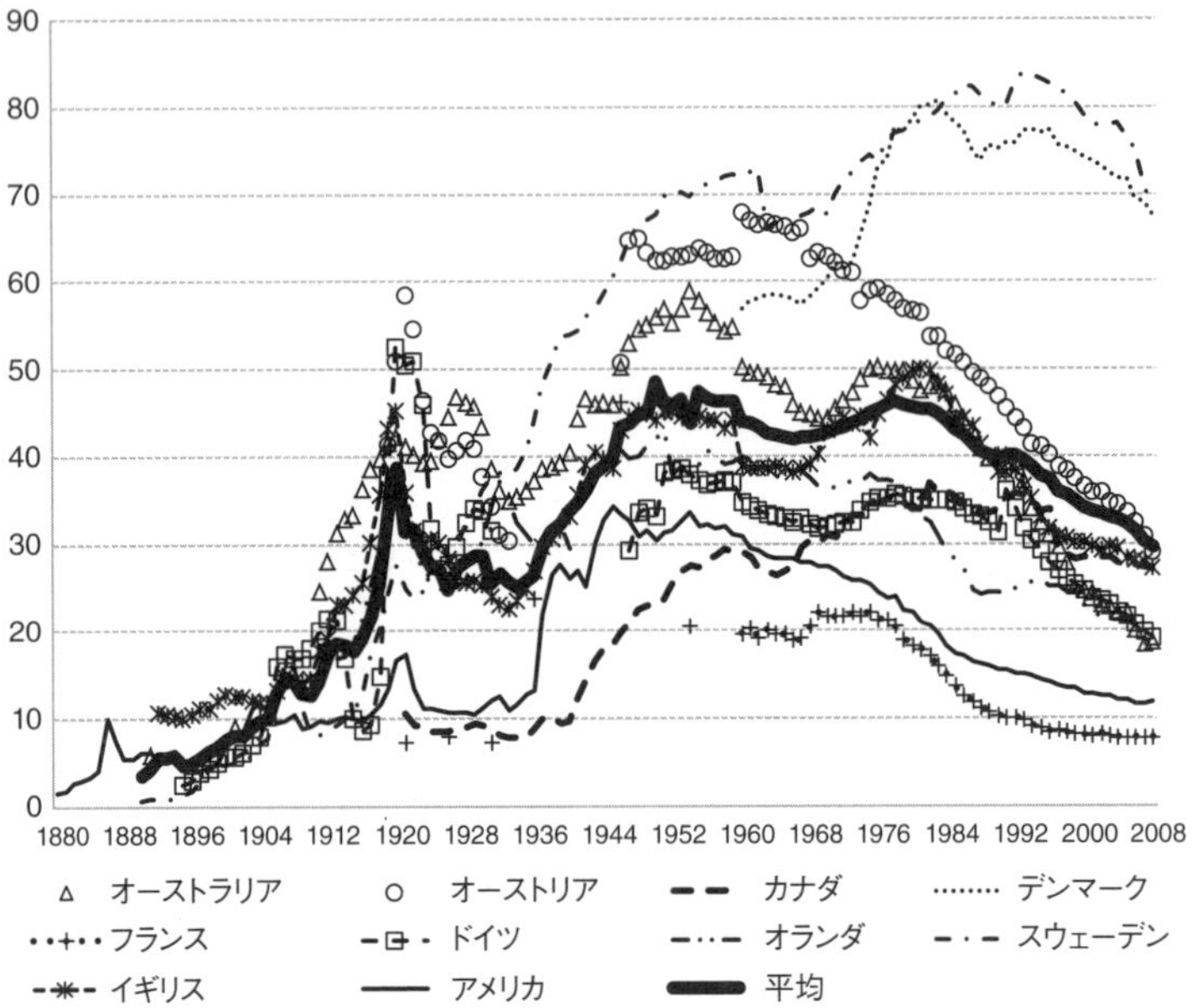

にあるのだ。とはいえ、労働組合の拡大がおおむね大量動員戦争の一作用だったことからすれば、前者を所得圧縮の単独の作用因だと文句なしに見なすわけにはいかない。

戦時動員効果の重要性は、イギリスの事例にはっきりと見ることができる。イギリスでは、労働組合員数が第一次大戦中とその直後にほぼ4倍に増えたあと、約15年にわたって徐々に減り続け、第二次大戦中にはじめてかつてのピークに戻った。アメリカでは、第一次大戦時にいったん上昇してすぐに低下した労働組合加入率が、2回の衝撃に反応して急上昇した。最初の衝撃は大恐慌だった。これに対応してニューディール政策が開始され、労働者の団結権と団体交渉権を保証する1935年7月の全国労働関係法が制定された。この時の勢いは数年後には失速してしまったが、そこへ再び戦争が強力な弾みをもたらした。労働組合員数は1945年に史上最高の人数に達し、その後は徐々に減っていった。

このパターンのいくつかの典型的な要素が、世界中のあらゆる先進国で同じように再現された。まず第一次大戦前の労働組合加入率はきわめて低く、第一次大戦の後期と終戦直後に大きく上昇して、その後は部分的に下降しながらも力強く回復し、第二次大戦中に新たな頂点に達する。大きな違いが見られたのは戦後の期間だけだった。第二次大戦が終わってからは、組合員数がたちまち減少しはじめた国もあれば、長期にわたって安定を保ち、最近になってはじめて減少してきている国もあった。この調査において、第二次大戦時の水準以上への成長を維持した国はごくわずかで、最も顕著なのがデンマークとスウェーデンだ。図5・13のOECD（経済協力開発機構）平均は、この全体的な傾向をみごとに示している。(49)

参政権の拡大――軍事動員の帰結

2度の世界大戦中に大きく成長した労働組合は、その時点で、累進的な財政政策やさまざまな政府規制と連動して、不平等の回復を抑えるブレーキの役目を果たせるようになった。追って第12章で見ていくが、民主主義そのものは、労働組合の結成とは違って、不平等と一貫した相関関係にはない。とはいえ、2度の世界大戦が参政権の拡大と密接に関連していたことは指摘しておいていいだろう。すでにマックス・ヴェーバーが、その根底にある力学を明らかにしている。

民主化の基盤は、本質的に軍事的なところにはどこにでも存在する。……軍事統制はまさしく民主主義の勝利だった。なぜならば、共同体が自らの意思によっても必要によっても、貴族ではない一般大衆の連携を確保すること、そしてそのために武器を、および武器とともに政治的な力を、大衆に握らせることをよしとしたからである。(50)

以後、近現代の学術研究は繰り返し、大規模戦争と政治的権利の拡大を結びつけてきた。大規模な軍隊の召集には社会の承認が必要であるとされる限り、確かに参政権の拡大は、猛烈な軍事動員の論理的な帰結と見なされるかもしれない。次章で検討するように、この原理はすでに古代ギリシャの昔から適用されてきた。

もっと最近の例で言えば、革命期のフランスで、25歳以上の全男性に国民議会の議員を選出する権利が与えられている。スイスでは１８４８年、前年の州（カントン）間の内戦が終わったあとで、男性に普通選挙権が認められた。同様に、アメリカでは南北戦争のあとの１８６８年（黒人に対しては70年）に、ドイツでは普仏戦争のあとの１８７１年に、フィンランドでは日露戦争によって促された改革のあとの１９０６年に、男性普通選挙権が認められている。もっと限定的な選挙権も含めれば、参政権は19世紀から20世紀初頭にかけて大きく広まり、それは革命のおそれも含めた社会不安に対する懸念からとられた対策だったと解釈されてきた。

対照的に、戦争や暴力へのおそれとまったく無関係に選挙権が与えられることは、かつてはほとんどなかった。１８１５年以降のヨーロッパの平和は、総じて政治的な改革を遅らせていたのだ。これが劇的に変わったのが、未曾有の大量動員がなされた2度の世界大戦の時だった。オランダでは１９１７年に男性普通選挙権が導入され、18年にはベルギー、アイルランド、イタリア、イギリスで導入された。デンマークでは１９１５年に普通選挙権が法制化され、同様に、18年にはオーストリア、エストニア、ハンガリー、ラトビア、ポーランド、および（厳密な意味での）ロシアで、19年にはドイツ、ルクセンブルク、オランダ、スウェーデンで、20年には英語圏カナダ、アメリカ、チェコスロバキアで、21年にはアイルランドとリトアニアで法制化された。イギリスでは1918年に30歳以上の女性も投票権を得て、さらに10年後には年齢制限も撤廃された。そして第二次大戦は、次の大きな一押しを生んだ。フランス語圏カナダのケベックでは1940年に普通選挙権が導入され、同様にフランスでは44年に、イタリアでは45年に、日本では46年に、中国（まもなく台湾に限定されるが）とマルタでは47年に、ベルギー、韓国では48年に、普通選挙権が導入された。

大規模戦争と参政権の拡大とのつながりは、この年表に暗黙にあらわれているだけでなく、実際に明言されてもいる。2つだけ例を挙げよう。まずアメリカ大統領ウッドロウ・ウィルソンは、婦人参政権を「戦時措置として」売りものにしようとした。

今われわれが遂行している人間性のための戦争を成功に導くにあたって、ぜひとも必要なことだ。……われわれはこの戦いで女性をパートナーとしてきた。彼女たちを犠牲や苦難や損害を分かちあうパートナーとして認めておきながら、恩恵や権利を分かちあうパートナーとせずにいてよいものだろうか？

1944年、アメリカにおいて白人限定の予備選挙を禁止とする司法判断がくだされたのも、「戦時中の共通の犠牲」をともに分かちあったマイノリティを排除することに対し、世論が反対の意を示すようになったことを受けての結果だったと言えるだろう(51)。

こうしたパターンは、戦間期に参政権改革の勢いが弱まっていることとも符合する。この時期に普通選挙制度が導入されたのは、トルコ（1930年）、ポルトガル（段階的に1931年から36年にかけて)、スペイン(1931年)で、あとは1928年にアイルランドとイギリスにおいて年齢制限が引き上げられたくらいだった。大きな戦争から遠く離れていて、大量動員の見返りに国民に譲歩や報酬を差し出す必要がなかった国では、総じて民主化の歩みが緩慢だったことも指摘されてきた。やはり総力戦にさらされることは、公式な民主化に向けての独特の重要な弾みを生んだのだ[52]。

暴力の衝撃による戦後の変化

近代大量動員戦争という圧倒的な暴力の衝撃は、さまざまな手段で不平等を抑制した。そして、この特異な衝撃を経験したことによって戦後の意識は形成された。どこにおいても見られた徴兵制と配給制は、変化に向けての有効な刺激だったと確実に見なされており、被害を受けた多くの国では、疎開をさせられ、爆撃を受け、そのほか一般市民を直接狙った軍事行動にさらされたことが、戦争の社会的効果をいっそう強めた。それが最も顕著だったのが1940年代前半だ。全国のあらゆる人びとに降りかかった混乱は、階級間の区別を切り崩し、公正、社会参画、受容、および万人に共通の社会的権利の承認が達成されることへの期待を高めた。その期待は、戦前の時代の特徴だった著しく歪められた物的資源の分配とは、まさに根本的に対立するものだった。戦時中の国家計画は集産主義的な考え方に拍車をかけた。2度の世界大戦の経験こそが、現代の福祉国家の創出に不可欠な触媒だったのだ——これについては大多数の研究者の意見が一致している[53]。

すべてを一変させるかのような第二次大戦の激震は、社会政策の実現を大いに加速した。戦後に改革と再分配的な福祉提供をなすことの必要性が、特に士気を高めるのに不可欠な手段として、政治的右派からも左派からも認められるようになったのだ。『タイムズ』紙が——必ずしも進歩主義の擁護者ではないこの新聞が——まさにフランスの降伏のあと、チャーチルが「今こそ英国の戦い《バトル・オブ・ブリテン》が始まろうとしている」という有名な予言をした数日後に、次のような社説を掲載したのは偶然ではない。

われわれが民主主義を語る時、その民主主義とは、投票する権利を認めてはいても、働く権利、生きる権利を忘れているような民主主義を意味するのではない。われわれが自由について語る時、その自由とは、社会組織や経済計画を排除する粗野な個人主義を意味するのではない。われわれが平等を語る時、その平等とは、社会的、経済的な特権により無価値にされた政治的平等を意味するのではない。われわれが経済再建を語る時、われわれは最大値を立て直すことよりも（この仕事も必要とはなろうが）、公正な分配を立て直すことを考える。[54]

累進性の高い税制、労働組合の結成、そして民主化は、この目的を達するための最も重要な手段だった。これに関して、たとえばスウェーデンの経済学者イェスペル・ロイネとダニエル・ヴァルデンストロームは、20世紀を通しての上位の所得シェアの進展を追った確かな研究において、こう述べている。

マクロショックが低下のほとんどを説明するが、政策の転換が果たした役割もあり、さらにおそらくは、経済全般にわたって資本収益と労働収益のバランスに変化があったこともかかわっている。[55]

だが、この解釈では、現代の平等化に対する近代大量動員戦争の独特の重要性が見えてこない。政策の転換や経済的な変化そのものが2度の世界大戦のもたらした結果であるならば、これらは別々の要因として扱われるべきではない。物的不平等の圧縮につながった政策は、まさに戦争という緊急事態の産物だった。この結果が意図的なものであったかそうでなかったかは問題ではない。重要なのは、この結果が至るところで生じたということだ。

イギリスの経済学者ウィリアム・ベヴァリッジは、戦争中に大胆にも次のような意見を公にした。

将来に対するいかなる提言も、過去に集められた経験を最大限に活用すべきではあるが、その経験を獲得するにあたり確立された偏った利害関係への考慮で制限されてはならない。戦争があらゆる種類の道標を破壊している今こそ、障害物のない広々とした平野で経験を活用する好機だ。世界の歴史において革命的な瞬間とは、革命を起こす時であって、つぎはぎの補強をする時ではない。

この意見はイギリスにおいても、ほかのどこにおいても、聞き流されることはなかった[56]。むろん経済的な変化はたったひとつの要因で単純に決まるものではなかったが、それでも大部分においては、経済的な変化も同じように、世界を巻き込む大量動員戦争の効果に深く根ざしていた。経済学者のピーター・リンダートとジェフリー・ウィリアムソンはこう述べている。

1910年以降の「大々的な平等化」を通じて起こった生産要素市場の根本的な変化を考えてほしい。それは軍事的、政治的な衝撃に限ったことではない。ほかにも労働供給の伸びの大幅な失速、教育の急速な向上、非熟練労働者への技術的偏見の弱まり、労働集約的な輸入品をアメリカから締め出し、技能集約的で資本集約的なアメリカの輸出品を押さえ込むような、非常に反貿易的になった世界経済、そして金融部門の後退があった。

この後段の5つの展開のうちの3つは、20世紀前半の軍事的、政治的な衝撃に深く結びついていた。移民受け入れの厳しい削減、世界的な経済統合の中断、金融部門の相対所得の低下は、それぞれ別の要因として意味があると見るよりも、すべてが軍事的、政治的な衝撃の結果であり、あらわれであると理解した方がいい。残りの2つの要素のうち、教育の提供の順調な向上は、不平等に徐々に働きかけると期待されるかもしれないが、得られている証拠のほとんどは、まさに2度の大戦時に高等教育への回帰とスキルプレミアムの一時的な減少があったことを示している。そして最後の要素であるアメリカ経済の非熟練・労働集約的部門での生産性向上は、上位の所得シェア、所得と賃金の分配、あるいは金融部門の相対賃金、教育収益と、不平等のさまざまな指数にまたがって、迅速かつ大幅な圧縮を果たすという実際の結果を示すことはできなかった。

さらに言えば、「大圧縮」は、産業化された世界のあらゆるところで、場合によってはさらにその先のところでも展開したプロセスだった。戦争の影響を受けた国のいくつかは移民の供給地であり、別のいくつかは目的地だった。金融部門はいくつかの国では大きな役割を果たし、別の国ではそれほどでもなかった。そして市民がどれほど教育を受けられる状況にあるかも、国によってさまざまだった。国の違いにかかわらず、いずれもが共通して持っていたのは、暴力的な衝撃の共有経験と、その衝撃が保有資本、財政政策、経済政策、福祉政策、および世界交易に与えた影響だけだった。この観点からすると、戦争と革命の暴力は、平等化を促すいくつもの影響力のひとつにすぎないというよりも、むしろ政治的、社会的、経済的な結果がこれによって決まってしまうという、とりわけ圧倒的な力だったことになる。(57)

イデオロギーも自律的な作用因としては働かない。革新的な政治組織の再分配構想がいくらイデオロギーにのっとった知的なインフラを提供し、戦中戦後の政策決定がいくらそれに頼れたとしても、政府がもっとはるかに野心的な社会政策を果たすべく、そしてそのための資金を都合すべく、意志と能力を発揮できたのは、政府に必死の対応を迫った世界規模の暴力の爆発に負うところの方がずっと大きいのだ。[58]大々的な平等化は、大々的な暴力から生まれた——将来もっと大規模な暴力が起こったとしても同じことだろう。

戦後の「鉄のカーテン」の両側での福祉国家の拡大も、西側とソヴィエト圏との競争に影響された結果だったのかもしれない。もっと具体的に言えば、1960~2010年の西洋18カ国の所得不平等の拡大は、冷戦によって抑制されていた。最高限界税率、労働組合密度、グローバリゼーションなど、ほかの関連要素を考慮して調整すると、ソ連の相対的な軍事力と各国の上位の所得シェアはきわめて有意な負の相関関係にあったのだ。ソ連の脅威は不平等に対する自制装置として働いて、社会の一体性を育む助けになったものと思われる。この抑制力は、1991年にソ連が崩壊するとたちまち消滅した。最後の世界大戦から約半世紀が経って、世界大戦はついに現実的な可能性ではなくなった。[59]

第6章

前産業化時代の戦争と内戦
――平等化の効果はあったか

「もはや戦争遂行の勢いを妨げるものは何もなかった」――西洋における大量動員戦争の(再)出現

税制と戦争に関するケネス・シーヴとデイヴィッド・スタサヴェージの最新研究は、近代の大量動員戦争がそれまでの戦争といかに一線を画するものであるかを証明している。17世紀ヨーロッパの30年戦争の終結以来、主要13カ国の全体的な軍事動員率がどう推移したかを見てみると、人口が時とともに増加するに従って軍事力は増大しているのに、軍事動員率はほとんど変わらず、平均して全人口のおよそ1～1.5%というところでずっと安定していた。しかし2度の世界大戦により、1900～1950年の半世紀間、平均動員率は一時的に4～4.5%にまで上がった。つまり、それまでの250年間の

図6.1　1650〜2000年の大国の戦時中における軍隊規模と動員率（25年平均）

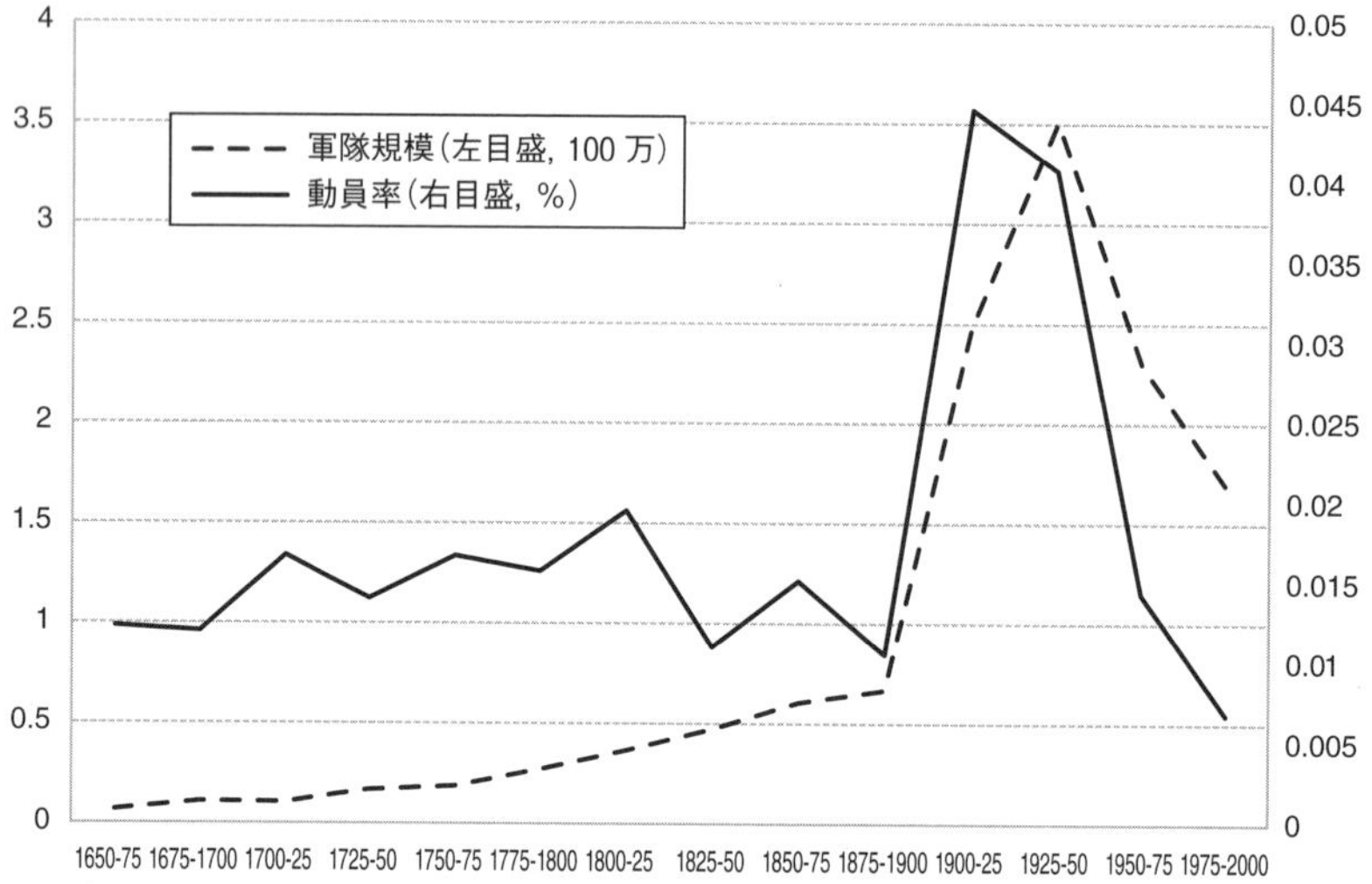

平均水準の3倍以上に上昇したわけである（図6・1）。これは、近代の大量動員戦争が強力かつ希少な平等化作用として働いたという見方とよく一致する。第3章で示したように、そうした戦争がなかった過去数百年間、ごくわずかな例外らしきものを除いて、物質的不平等はずっと広がり続けるか、もしくはずっと高いレベルで安定していたのである。(1)

大量動員戦争とは

大量動員戦争――全人口の少なからぬ割合（たとえばシーヴとスタサヴェージの分類に従えば、少なくとも2%）が軍務に就く戦争――は、1914年より前の時代では散発的にしか確認されていない。そして、量だけでなく継続期間も重要だ。ごく短期的に動員率が急上昇したところで、私的資源の分配に大きく影響を及ぼしたとは考えにくいからである。たとえば1870〜1871年の普仏戦争は、確かに動員率は高かったが、継続期間は10カ月にも満たず、しかも始まってわずか1カ月半後には実質的に勝敗が決していた。

これにくらべれば、その10年前に起こったアメリカの南北戦争の方が、平等化を促す力になりそうなものとしては有望な候補のように思える。従来の解釈では内戦と定義される南北戦争だが、これは国家間の大規模戦争の特徴を数多く備えていて、両軍ともに大量の人員を投入していた。1861〜1865年に、北部諸州は人口の約10分の1にあたる200万あまりの兵士を動員し、南部連合は奴隷を除いた人口560万のうち、最大100万人を軍隊にとったとされる。おそらく非奴隷人口の7人に1人、もっと高ければ6人に1人であり、ついでに言えば、全人口のほぼ9人に1人が動員された計算になる。年齢構成の違いを別にすれば、この動員率は後世の世界大戦の基準に照らしてもかなりの高さだった。南軍の動員率は、継続期間が同じ第一次世界大戦でのフランスとドイツの5人に1人という非常に高い動員率にかなり近いものであり、北軍の動員率にしても、第二次世界大戦時のアメリカの8人に1人という動員率にそれほど劣るわけでなく、4%にしか達しなかった第一次大戦時にくらべれば、ずっと高い。したがって、南北戦争は明らかに大量動員戦争と呼ぶにふさわしい(2)。

アメリカ南北戦争の平等化効果

原理的には、この南北戦争の主要な特徴——大規模な徴兵、複数年にわたる継続、莫大な費用、甚大な死傷者数——からして、のちの平等化につながるような政策措置がとられていたとしても不思議ではない。だが、実際にそうはならなかった。確かに南北戦争は、それ以前にアメリカ国内で起こったどんな戦闘よりも徹底的に財政のあり方を変えた。北部は1862年に所得税を創設し、翌年には南部も続いた。しかしながら、導入された当初の北部の所得税は、税率がきわめて低かったうえに、累進性が相当に穏やかだった。課税対象となる所得のほとんどは税率3%で、最高所得に対しても5%しかかからなかったのだ。

１８６４年、議会は課税区分を創設して、税率を最高10％といくぶん引き上げた。これは徴募兵の暴動と、このころ出てきたばかりの公正さを求める主張に対応するための措置だった。だが、それでもこの所得税はたいした収入をもたらさなかった。最初は戦債償還のために保持されていたが、１８７２年には消滅してしまった。おもな歳入源として残ったのは消費税だったが、これは本質的に逆累進性であった。直接税としては農産物にかかる十分の一税だけがそれなりの実入りをもたらしたが、これは要するに強制徴募を形式化したもので、やはり実質的には逆累進だった。

一方で、南部はもっぱら紙幣の増刷に頼ったが、これが手に負えないインフレを招くこととなり、戦争が終わるころには９０００％以上というとんでもない結果になっていた(3)。

不平等が拡大した北部

最終的に、不平等に対する南北戦争の効果は北部と南部とで大きく異なった。北部諸州では、富裕層が軍需物資の供給と戦債の引き受けによって莫大な収益を上げていた。この１８６０年代に百万長者の数は劇的に増加した。ジョン・Ｐ・モルガン、ジョン・Ｄ・ロックフェラー、アンドリュー・カーネギーなどの著名な大物実業家は、南北戦争で莫大な儲けを手にしたことからスタートを切ったのである。しかたのないことだろうが、こうした一握りの最上位層への富の集中は、国勢調査のサンプル研究には反映されない。サンプルでは１８６０年と70年の富の不平等がどちらもほぼ同程度となっていて、財産全般からの所得がいくらか集中度を高めただけとなっている。これと対照的に、所得全体の格差はこの10年のあいだに大きく開いた。ニューイングランド地方では、所得ジニ係数が６ポイント以上も上昇し、上位１％の所得シェアがそれまでの水準の50％増しにもなった。ほかの地域にしても、たいていはもう

表6.1　1860年を100とした場合の1870年の南部白人の資産

財産の種類	富のシェア				
	0-55	55-90	90-95	95-99	99-100
不動産	46.4	66.0	68.0	77.3	74.3
動　産	72.3	32.1	18.8	18.0	22.8
合　計	61.9	48.2	38.4	40.8	46.0

少し控えめだったが、やはり同じような変化を示した。南北戦争が北部において不平等を拡大したことに疑問の余地はない。(4)

南部における富の破壊——奴隷制の廃止

敗北した南部では事情がまったく逆となり、プランテーション（大規模農場）を所有していたエリート層の富のシェアが奴隷制の廃止によって大幅に低下した。1860年の時点で、奴隷は南部諸州の全私有資産の48・3％に相当する圧倒的割合を占めていた。これは、農地と関連施設すべての合計価値を大きく上回るものだった。奴隷所有制は南部での不平等を拡大し、国内のどの地域よりも高いレベルまで押し上げてきていた。1860年までに南部における世帯所得ジニ係数は、大西洋岸諸州で0・61、東側中央部で0・55、西側中央部で0・57に達していた。ちなみにアメリカ全体でのジニ係数は0・51であり、南部においても1774年にはまだ0・46という低さだった。

奴隷所有はかなり一般的に広まっていて、南部世帯の4分の1は所有していたが、それでも全奴隷の約4分の1が最も豊かな0・5％の世帯に集中していた。その奴隷が全面的に無償で解放されたうえに、戦時中の混乱と、南部のいくつかの州が負った広範な物理的破壊もあいまって、南部の資産は著しく減少した。そして、その損失の大半を被ったのが、特に裕福な一握りの大農場主階級だった。(5)

最も詳細な証拠は1860年と70年の国勢調査データのサンプルから得られ、これによって南北戦争中とその直後における変化をたどることができる。南部諸

表6.2　南部世帯の所得の不平等

地　域	ジニ係数		上位1％層のシェア	
	1860年	1870年	1860年	1870年
南部大西洋岸地域	0.61	0.53	13.7	8.5
南部東側中央部	0.56	0.49	12.5	8.5
南部西側中央部	0.57	0.48	16.0	7.5

州に関しては、これらのデータが大々的な富の破壊を裏づけている。この10年間だけで、1人当たりの平均資産が62％も減少していたのだ。これらの損失は均一に分布していたわけではなく、資産上の階層や資産種別によってばらつきがあった[6]（表6・1）。

最も裕福な10％の層は、それ以外の層にくらべて大きな損失を被った。この層においては動産のシェアが73％から59・4％へと大きく下落し、不動産のシェアが68・4％から71・4％へとやや上昇したものの、合計資産のシェアは71％から67・6％に低下していた。上位1％層を除いて、一般にもともとの資産が多いほど動産の喪失が大きかったが、資産の少なかった層においては、動産より不動産の喪失による痛手の方が大きかった。富裕層における動産喪失の原因は何よりも奴隷制の廃止で、これが南部社会の上位層を支えていた動産の大半を破壊した一方、奴隷を所有していなかった層にとっては、損失がはるかに少なくてすんだ。こうした過程は、甚大な平等化効果を南部社会にもたらしていてもよさそうなものだったが、裕福でない層の保持していた不動産が相当に価値を落としたり減少したりしたために、平等化効果は部分的に相殺されてしまった。

それは1860年と70年の南部白人の富のジニ係数にもよくあらわれている。不動産のジニ係数はわずかな低下（0・72から0・7）を示している一方、動産のジニ係数は0・82から0・68へと劇的に下落した。したがって総資産の不平等度はそこそこには平準化され、全資産のジニ係数は0・79から0・72へと低下した。短期的な枠組みで見れば、全体的な不平等はかなり圧縮されたことになる。187

0年のサンプルに解放奴隷を含めた場合でも、この全体的な傾向はほとんど変わらない。

所得分配における変化も、この変化に同調していた（表6・2）。南部人口全体の財産所得ジニ係数は、1860年の0・9から、70年の0・86へと低下した。全体として、総所得における南部の「1％」層のシェアは3分の1以上も縮小し、地域所得ジニ係数は7ポイントから9ポイントもの急激な圧縮を果たした。(7)

敗者から勝者への富の移転

とはいえ南部の平等化は、大量動員戦争そのものの作用ではなく、単なる軍事的敗北の結果にすぎなかった。外見的にはあたかも大量動員を伴う「近代」戦争の最初の事例であるかのように、産業資源を利用していたり、戦略目標として民間インフラを攻撃したりしていたが、物的不平等への効果という点において、やはり南北戦争はきわめて伝統的な紛争だった。つまり勝者側のエリートが得をし、敗者側のエリートが損をする――しかも一般民衆にくらべて不つりあいに損をする――という構図だったのである。歴史を通じて広く見られるこの結末については、のちほど本章で改めて論じよう。

1860年代においては、やり方だけが従来とは異なっており、もっと前の紛争では普通に行われていたあからさまな略奪などはさすがに見られなかった。この南北戦争ならではの重要な結果は、富と権力が南部の大農場主から北部の資本家へと移転したことだ。再分配のメカニズムが欠如していたおかげで――それ自体は、連邦政府の力が比較的弱く、もっと一般的には民主的な制度が整っていなかったからだが――勝者側の富裕エリートは南部の資産を収奪せずとも、戦争と、それに関連した経済発展から儲けを得られた。これが18世紀以前の戦争であったなら、勝者は南部のプランテーションを奪い取ったり、南部の奴隷をそのまま自分のものにしていたかもしれない。南北戦争でも敗者側の富裕エリートは資産を失ったが、この場合、彼らの資産は勝者側に明白に奪われたのではなく、所有権の移転のないかたちで没収されたのだ。おかげで南部エリートの損失はある程度まで軽減された。奴隷が解放されても、大農場主から労働力を奪うことにはならなかったからである。

社会進化の連結点としての南北戦争

一方で、この南北戦争の総力戦的な性格と、その結果として広く生じた動産の喪失は、敗北をこれまでにないほどコストの大きい、影響力の深いものにした。野心にも能力にもずっと限界のあった前近代の戦争なら、敗北の影響がここまでひどくはならなかっただろう。南北戦争はいわばハイブリッド型であり、社会進化のひとつの連結点に立って、片方の足を近代（大量人員の関与と全国規模の影響力に代表される）に乗せ、もう片方の足を過去（勝者側エリートがどこまでも暴利をむさぼり、敗者側だけが大幅にエリートの資産を奪われることに代表される）に乗せていた。歴史上、不平等にかかわる結末が勝者と敗者とで大きく異なったのは、おそらくこれが最後の事例だろう。対照的に、上位の所得シェアについての証拠から判断して、2度の世界大戦ではどちらの場合も、勝者側であろうが敗者側であろうが関係なくエリートが総じて損をした。(8)

フランス革命期とナポレオン時代の戦争

近代初期の一連の戦争のなかで、ほかに大量動員戦争としての資格を備えているのは、フランス革命期とナポレオン時代の戦争だけだ。1793年のフランスは、オーストリア、イングランド、プロイセン、スペインといったヨーロッパ列強の多くと交戦状態にあり、並々ならぬ緊張を強いられていた。この年の8月23日、フランス国民公会は「国民総動員《ルヴェ・アン・マス》」に乗り出し、年齢18歳から25歳までの身体健全な未婚男子の全員を徴兵しようとした。そのときの理屈――および、以後ますます施策の理由となっていく理屈――は、まさしく大量動員戦争のそれだった。

この瞬間から、敵が共和国の全土から駆逐されるその時まで、すべてのフランス国民は軍役を恒久的に要求されるものとする。若年男性は戦闘に出る。既婚男性は武器製造と食糧運搬を担当する。女性はテントや衣類の縫製と病院での奉仕に携わる。子どもは亜麻から亜麻布を作る。高齢男性は町の広場に出て兵士を激励し、諸侯への憎悪と共和国の団結を説く。(9)

のちの歴史が証明するように、これはきわめて重大な一歩だった。この年、弱冠13歳ではじめてフランスとの戦闘に出て以来、輝かしい軍歴を築いたプロイセンのカール・フォン・クラウゼヴィッツは、のちに記した『戦争論』の最終稿で、この革新的な戦争手法に驚嘆の意を示している。

1793年、いかなる想像の及びもつかない力が出現した。突如として、戦争は再び人民の関与する問題となった――その3000万の人民は、みな自らを一般市民と捉えていたのだが。……国家の全重量が天秤にかけられた。いまや活用できる資源と労力は、従来の限界のすべてを超えた。もはや戦争遂行の勢いを妨げるものは何もなかった。(10)

ナポレオンの指揮のもと、かつてない規模の軍隊がヨーロッパ全土で作戦を展開した。1790年代から1815年までのあいだに、約300万のフランス人男性が軍務に就いた。これはフランスの全人口の9分の1に相当する数であり、南北戦争時と第二次世界大戦時のアメリカの動員率に匹敵する規模である。追って第8章で見るように、フランス革命の勃発からナポレオン後の時代に至るまでのあいだに、フランスの所得分配はやや平等化が進んだと考えられている。しかし、この変化が国内の革命に伴う財産没収と再分配によるところが大きいのか、もしくはフランスの対外戦争の費用とその結果によるところが大きいのかは、どちらとも言いようがない。

大量動員戦争と革命は、このあとも繰り返し歩調を合わせて登場した。第一次大戦後のドイツとロシア、第二次大戦後の中国は、最もよく知られた例である。ただしフランスの場合、革命が大規模戦争に続いて起こったのではなく、先行したという点で異彩を放つ。そのため革命と戦争それぞれの平等化効果を切り離して評価することが不可能なまでに難しく、革命を重視するならば、戦争の結果は革命の副産物として扱わなくてはならない。したがってフランスの事例に関しては、革命的手段での平等化をテーマとした第8章で考察する。[11]

「耕戦之士」——前近代の大量動員戦争

軍事大量動員は、概して近代の現象だった。少なくとも、ここまでの記述で定義してきたような狭い意味で捉えればそういうことで、大半の事例では、国の全人口の10分の1以上が軍務に就かされていた。もっと基準を低くすれば、ナポレオン戦争時や世界大戦時の交戦国のもっと多くを含められるが、それでも全体像は変わらない。どの時期でも国民の2%が軍務に就いていることを最低要件とするシーヴとスタサヴェージの基準に従えば、戦争が長期にわたるほど、戦死などのさまざまな理由で兵員が交代するから、全体的な動員率はそれだけ高くなる。前近代の軍隊では伝染病が兵員減少の圧倒的な原因になっていたことを考えると、この基準値でも動員が長期化すれば、実際に動員できる身体健全な男性全体のきわめて高い割合がじわじわと奪われただろう。この理由からだけでも——経済的、財政的、組織的な制約は言うまでもなく——伝統的な農耕社会がこの種の戦争努力をある程度の長期にわたって維持できたとは考えにくい[12]。

一部の帝国的な政治体はきわめて大規模な軍隊を展開できたが、それは単なる規模の問題であって、大量動員がなされたことを意味するわけではない。たとえば西暦11世紀、中国の北宋王朝は、北方の金王朝による脅威を牽制するために大軍勢を維持していた。合計人員が最大125万と報告されている軍隊規模は、腐敗した将校の懐に入れられた分も含めた俸給の支払額を反映したもので、実際の兵力をそのまま反映しているのではないかもしれないが、仮に100万人の軍隊でも、少なくとも1億人はいた当時の人口の1%以上にはなっていないということになる。あるいは成熟期のムガル帝国にしろ、1億人を優に超える臣民を支配しながら、その1%も動員したことは一度としてない。成熟期のローマ帝国は、6000万~7000万の人口のうち40万人ほどを兵力にしていたと見られるが、この比率も1%に遠く及ばない。そしてオスマン帝国の動員率はさらに低かった[13]。

戦国時代の中国——統治体制の再構築

もっと有望な事例を見つけるには、歴史をはるか紀元前の昔までさかのぼらなければならない。中国の戦国時代は、その一番手とされるにふさわしい。紀元前5世紀から3世紀まで続いた戦国時代は、7つの主要王国が並び立って激しく覇権を争った時代だった。勝敗のつかない戦いがいつまでも続くうち、これらの政治体は次第に中央集権化した地域国家に変貌して、住民をはじめとする各種の資源を最大限に動員しようとするようになった。

統治体制の再組織は、権力と物質的な豊かさがエリートに集中していた構図にも影響を及ぼしただろう。かつて領土と領民は王から与えられた封土として地方に定着したエリート一族に統治されていたが、戦国時代の王は地区（県）を主体とした支配体制を強制的に施行して、地元エリートを直接の支配下に置き、彼らに徴税と徴兵を任せた。世襲貴族の力を削《そ》ぐために、官僚を転任させたり罷免したり、場合によっては処刑さえした。支配階級の家柄から任用されることが慣習だった高級官僚は、もっと身分の低いエリートのなかから採用されるようになり、以降、官職はあくまでも国家に対する貢献度だけで地位が決まる、俸給制の仕事となった。やがて、かつてのエリート一族がすっかりいなくなってしまうと、史料に残る官僚は出自の知れない者が大半となった[14]。

統治体制の再構築には、土地の再編も含まれていたかもしれない。実際、各国では紀元前6世紀から、農地が碁盤目状に再整理され、領民が五世帯一組の単位にまとめられていた。その過程で、国家は私的な土地所有を支援して地方エリートによる仲介を阻んだ。さもないと以前のようにエリートが中央国家と張り合って、地代や労働力を吸い上げかねないからだった。こうした国家の介入には、土地の再分配も含まれた。最も詳しくわかっている改革は、秦国の商鞅《しょうおう》によるもので（紀元前359年から実施）、地方をくまなく格子状に区画することを構想していた。この地域で見つかった道路や小道が四角形をなしていることからして、この野心的な改革は確かに実行されたのだろう。改革者は土地を均等に区画して、各世帯の成人男性の数に応じて割り当てることを目指した。これが実際に行われた限りでは、地方の一般住民のあいだでの資産の平準化に役立っただろう。

しかし、軍事的な褒賞が再び格差をもたらした。戦国時代の秦の後期には、兵士が敵の首をひとつ落とす度に、その兵士は階級がひとつ上がり、5人家族の最低生活費に相当する一定面積の土地ももらえた。加えて、封土もまだ存在しており、もはや支配区域とはされていなかったが、一定の収入源にはなっていた。たとえば秦では、全部で17ある階級のうち高い方の9つに属していれば、その封土から収入を得ることができたのである。封土は世襲を公認されてはいなかったが、エリートはその土地を私有化するために購入したり、農民に金を貸して債務者に追いやったりした(15)。

この再構築の最終目的は、戦争のためにより強大な軍隊を編制し、より多くの収入を確保することにあった。農民は兵士の予備軍と見なされた。この農民も兵士も同じという考え方をあらわしたのが、「耕戦之士」（耕す務めも戦う務めも果たす人びと）という概念だった。都市と地方との区分も同じように崩されて、全国民がひとつのまとまった集合として統合された。その結果、かつては貴族の専売特許だった合法的な暴力が——もっぱら二輪戦車を駆っての儀式的な戦闘や、狩猟に使われていただけだったが——平民にも拡大されて、徴兵された平民が大挙して歩兵戦に出ることになった(16)。

絶え間ない軍事衝突と平等化の関係

戦国時代には全期間を通じて数多くの軍事衝突があった。後世のある勘定では紀元前５３５〜２８６年に３５８回もの戦闘があったというから、年に１回以上は戦《いくさ》をしていた計算になる。複数年にまたがる軍事作戦も出現し、交戦領域もかつてより広くなった。軍事動員率は高かったが、報告されている数字は誇張されていることが珍しくなく、どこまで信用してよいかは定かでない。ともあれ主要国の斉、秦、楚は、それぞれ最大１００万人もの兵士を用意できていたとされ、これは各国の徴募可能な兵力のほぼすべてに相当した。合計10万人を超える戦闘員が投入された戦いがいくつも伝わっており、しかも頻度は上がる傾向にあった。

最も忌まわしい事例は紀元前２６０年の「長平の戦い」で、この時には40万の趙軍が秦の軍勢に全滅させられたと言われる。紀元前4世紀と3世紀に起こった26回の大きな戦いで、敗軍の死者数は合計１８０万人に達し、また別の調べでは、同じ期間の15回の戦いで秦の軍隊により１５０万人近くが殺され南省にあたる〕では、なんと15歳以上の全男子が動員されたという。[17]

たと見積もられている。こうした数字がかなり誇張されているのはほぼ確実だが、大量動員が広範に行われ、膨大な人員が失われたことに疑いの余地はない。長平の戦いの際、戦場近くの河内郡《かだいぐん》〔現代の河南省にあたる〕では、なんと15歳以上の全男子が動員されたという。[17]

これらすべてが所得と富の平等化を促進したかどうかは、いまだ答えの出ていない問題だ。国家が世襲貴族を牽制し、俸給制の官僚と一代限りの封土に頼ったことで、社会的流動性が高められ、世代を超えての富の集中は妨げられたに違いない。土地を区画して平民に与えたことも、民衆のあいだの格差を緩和しただろう。しかし、私的な土地所有は諸刃の剣だった。かつて農民は自立しておらず、土地に対する実質的な支配権のジニ係数はきわめて高かっただろうが、一方で、私有地は譲渡が可能であるため、土地の再集中化が進みやすくなる。これこそ漢王朝の初期に秦の失策として批判された特徴だった。

後世の評者たちは、自作農が国家への納税と予測のつかない兵役義務の圧力から土地を失ったと説明しているが、それももっともな言い分で、そうした圧力が農民に富裕層からの高利の貸付に手を出さざるをえなくさせ、最初は貸付をそのままにしていた富裕層が、最終的には農民の土地を取り上げたのだろう。打ち続く戦争は、平等化を促す土地改革と私有化を推進しただけでなく、その結果としてできあがった小規模農地の私有化システムを切り崩すことにもなったのだ。もっと広く言えば、このころは集落が貴族の城塞から大きな都市へと変貌するのに伴って、商業と貨幣化と都市化が発達した時期であり、そうした流れのすべてが不平等の拡大の前触れだった。実際、このころに農民が土地を失って、土地を持たない労働者や小作人となる一方、商人や事業家のような資本所有者がその土地を買い上げたという報告もある。こうした状況では、国家が余剰資源を悪の根源と見なし、絶え間なく起こる戦争で吸い上げてしまおうと考えるのも道理だった。[18]

とはいえ、高まる民間の生産高がすべて戦争のために吸い上げられたとも考えにくい。考古学上の発見から推測されるところもあいまいだ。ある研究では、この時代の楚の国の埋葬に低位のエリートと平民との統合が見てとれるという。かつては特定の副葬品に身分の階層分化があらわれていたが、そうした特別な扱いは次第に消えていき、代わって同様の副葬品があらゆる墓に見られるようになった。こうなると格差は量であらわされるようになり、副葬品の多さや墓の大きさなどに違いがあらわれた。もはや儀式的な序列ではなく、豊かさが身分や差別化をあらわす重要な指標だった。青銅製の武器はどの身分の墓にも納められていて、一般民衆の武装化を窺わせたが、必ずしもそれが平等主義の広まりを意味してはいなかった[19]。

不平等の圧縮と拡大の拮抗

結局のところ、戦国時代とは、不平等の圧縮を促しもすれば拡大を促しもする力が拮抗して競い合った場だった。これらの力は必ずしも同調して働かなかった。最初は既存の貴族階級の失墜と、農民への土地の再割り当てという平等化の利益を得られたとしても、やがてその利益は時とともに切り崩され、むしろ損失に転じていく。なぜなら富裕層が新たな富の集中化戦略を採用し、特権的な封土から利を得るのではなく、市場取引から利を得るようになっていったからだ。

軍事活動の途切れのない拡大は、私有財産の増加とともに進んだが、一方で、富の集中化も同時に進行していたことだろう。いくら国家が民間資源を取り上げようとしても、軍事大量動員がますます激しくなる過程で、私有財産の不平等の拡大に歯止めをかけることはできなかったと思われる。そもそも制度自体が、最も余裕のない階層である農民にきわめて重い二重の税――軍役と農産物――を強要する一方で、それよりもっと国の要求から守りやすそうな別種の富を富裕層に蓄えさせていたとすると、これは実質的に非常に逆累進的な制度だったかもしれない。当時の主流だった歩兵戦は、どちらかといえば低コストだった。なにしろ兵力は強制徴集、武器は大量生産され（おそらく後世と同様に、囚人をはじめとする国家管理の労働者を使っての強制労働によるものだろう）、食糧は兵員である農民自身が生産していたからだ。

秦の田賦（土地税）は通説によれば、後代の漢王朝におけるよりはるかに高かったという。一方で、本来ならばもっと複雑な、そしておそらくはもっと侵害的な累進課税が必要だったはずの戦艦のような高価な設備には、税を払う必要がなかった。したがって、この戦国時代の大量動員と長期化した大規模戦争を、最終的な再分配を成功させた推進力と解釈しなければならない理由はどこにもない。たとえこの時期の大量動員戦争が平等化と結びついていたとしても、再分配措置は戦争国家を立ち上げる時の手段であって、その結果ではなかったのである。近代の世界大戦で起こったことは、ここには当てはまらなかった。[20]

寡頭制ローマ――軍事大量動員と格差拡大の両立

共和政ローマについてもほぼ同じことが言える。その時代のローマもまた、何世代にもわたって高水準の軍事動員を維持していた。ただし、市民の軍事参加率を正確に推定するのは難しい。紀元前3世紀後半から紀元前1世紀にかけての共和政ローマ後期の軍事力に関しては、それなりに信頼できる情報が数多く得られているが、分母となるローマ市民の人口規模がいまだ議論の対象となっており、定期的に記録された国勢調査の集計をどう解釈するかで見方が分かれる。ある軍事動員率の見積もりなどは、そうした集計の一部が年齢や性別を問わない全ローマ市民を網羅していると見なされるのか、それとも成人男子のみが対象にされているのかで、数字が大きく異なってしまう。

各種の証拠は、概してローマ市民の数を控えめに見積もった場合を支持しているようで、それにもとづけば軍事参加率は総じて高く、場合によっては異常なほど高いレベルにもなった。その最たる例が、カルタゴを相手にした第二次ポエニ戦争の真っ最中で、ローマは全人口の8～12%を徴兵したと考えられる。これを17～45歳の男子に限定すれば、その人口の50～75%にも相当する。

のちの紀元前80年代と40年代の危機の際にも、期間は短かったが、やはり人口の8～9%が兵役に就かされただろう。もっと長期的には、史料で裏づけられている規模の軍勢を維持するのに必要な分を逆算して、紀元前2世紀と1世紀の大半を通じ、ローマの全男性市民のおよそ半分が、平均して約7年の兵役に就いていたことになる。これより市民人口をかなり多めに見積もっても、参加率はそれに応じて低くなる――おそらく半分ほどになる――とはいえ、前近代の基準に照らせばなお高い[21]。

しかし、ここでもまた、この種の軍役が所得や富の不平等を抑制したとは思われず、そう判断するだけの理由もある。国家運営をあずかっていた寡頭体制がエリートの富を取り上げるのに尻込みしていた一方で、一般大衆には強制徴用があり、さらに兵役のために農地を離れなければならない期間もあって、当然ながら彼らは不利を被った。カルタゴと戦った第二次ポエニ戦争時の次のような逸話は、そうした緊迫した局面においても富裕層を標的にできなかった国家の姿をよく伝えている。

紀元前214年、ローマは破産寸前にあり、しかもハンニバル将軍のイタリア侵攻で、いつ崩壊してもおかしくないような状態だった。すでに動員率は空前の高さとなっていたが、元老院はさらに戦艦の漕ぎ手として、所有奴隷の一部を海軍に差し出すようにと市民に命じた。供出量はケンスス（資産評価を兼ねた国勢調査）の階級に応じて加減されたが、それがまた及び腰で、一貫性のない累進になっていた。資産評価額が5万アス（当時のローマの通貨単位）以上、つまりローマのケンスス7階級のうちの4番目に相当する、いわば中流階層の市民には、奴隷1人の供出が要求された。以下同様に、要求された奴隷の数は、資産10万アス以上で3人、30万アス以上で5人、100万アス以上で8人とされた。つまり市民のなかでの最富裕層には、その資産規模につりあうだけの課税がされず、ましてや単純な累進性とは程遠い課税だったわけである。結局、この税制で最も重い負担を被ったのは富裕なエリートではなく、中の上にあたる平民だった。

このように寡頭制ローマの支配階級は、深刻な緊急事態においてさえ、相応の犠牲をほとんど払わずにすませられた。これは古代アテナイのような民主政体とは著しい違いで、のちほど見るようにアテナイでは、戦費を賄うために富裕層にこそ重税を課していた[22]。

ローマは拡大の続く帝国領土からの収入に依存することを選択した。紀元前167年には、市民の世帯資産に直接課税されていた唯一の戦争税も廃止された。共和政ローマの最後の2世紀は、すでに第2章で見たように、支配階級のあいだに膨大な富が蓄積された時代だった。数百万人の奴隷がこの期間にイタリアへ持ち込まれ、ずっとのちにアメリカの「オールドサウス」〔南北戦争前の南部〕で繰り返されたように、富と所得の格差をさらに押し広げた。少人数の寡頭政治に支配され、植民地からの献納で資金も増えて、成熟期の共和政ローマは、不平等が拡大する時期においても軍事大量動員を維持することができていた。ただし、この過程にも短命ながら例外となりえそうなものはあった。それについては本章の最後で触れることにする。

古代ギリシャ――小規模ポリスの市民主権文化

ではいよいよ、民衆の広範な軍事参加に関連した平等主義と、富と不平等の抑制を果たした実例として、何よりも有望そうな候補に話を移そう。すなわち、古代ギリシャの事例である。

紀元前二千年紀の末近くに、より大規模に、より中央集権化していた青銅器時代の政治体が崩壊してしまうと、その過程でヒエラルキーが崩れて経済格差も大幅に縮まったギリシャは（詳しくは第9章で後述する）、やがて激しい政治的な分断を特徴とするようになった。残骸から生まれ出たものは、史上最大の都市国家文化へと発展し、最終的には1000を超える独立したポリス（都市国家）のなかに合計700万以上の人口を抱えることとなった。ほとんどのポリスは小規模で、多少なりとも情報が得られている672のポリスに関しては、領土面積50～100平方キロメートルというところが一般的だった。最大で最強のポリスはなんといってもアテナイで、歴史的な記録も飛び抜けて多いが、全般的な社会政治構造はどこのポリスに関しても総じてある程度までわかっている[23]。

何世代にもわたって、この多元的な体制の出現と確立は学問的議論の対象となってきた。この過程の初期の形成段階から出ている証拠が乏しいために、いまだ多くのことがはっきりとわかっていないのだ。ごく大ざっぱに見れば、このギリシャの展開は、歴史学者のジョサイヤ・オバーが最新のポリス進化モデルで示したような軌道に従っていたのではないかと思われる。オバーのモデルでは3つの重要な問題が検討されている。なぜ青銅器文明崩壊後の支配者たちは、もっと中央集権的な社会秩序を再構築できなかったのか。なぜこんなにも多くの小さな政治体が出現したのか。そして、なぜ権威がこんなにも拡散するようになったのか。オバーの考えでは、地理的な条件が帝国支配的な融合に向かなかったこと、青銅器文明があまりにも深刻に崩壊したこと、同時期の鉄器製造技術の広まりで武器使用が民主化されたことがすべて「重なって、比較的なじみのある都市国家的な経路、すなわち、きわめて市民主権的な経路で国家形成へと至るように、独特の舵を切らせた」ことが、やがて結果につながったのではないかという。

青銅器文明の崩壊後、鉄器時代初期の共同体は貧しく、それほど差別化もされていなかった。時が経ち、再びの人口増加と経済成長を受けて、ヒエラルキーを復活させようとするエリートもいたが、いくつかの共同体は平等主義的な規範を捨てず、それが結果的にほかの共同体を打ち負かす力となった。

オバーの見解によれば、鉄の武器が普通に入手できるようになり、かつ単純な歩兵戦が主流の戦闘方式だったおかげで、「共同体の男性をどれだけ動員できるかは経済的な制約で決まるのではなく、社会の選択によって決まった」。そして「そうした条件下では、動員率の高さと士気の高さは、市民主権的な制度と正の相関関係にあり、少数の排他的なエリート集団による支配とは負の相関関係にあった」。言い換えれば、この特定の環境が、誰も排除しない包括的な社会政治組織を好んで選択したのだ。同時に、競争力に劣る他のポリスを吸収して個々のポリスが成長するようなことも、まさにその競争力を支えている市民主権的な規範によって抑制された。

経済成長が続くなかで、特に商業の発達と交易が平等主義を損なわせるおそれもあったが、できるだけ多くの人数を戦争に動員する能力こそが国家繁栄の何よりも重要な鍵であることは変わらなかった。そして戦闘様式の主流が次第に「ファランクス」という密集陣形にかたまっていくにつれ、動員力はますます重要になった。完成期のファランクスの四角い陣形は、その規模に比例する効力を引き出したからだ。密集陣形による戦闘はエリート以外の男子も動員しようとする強い動機になり、盾や槍といった基本的な装備だけでも十分に戦闘に参加できることが判明すると、動員要請はさらに高まった[24]。

軍事戦術の進化と社会政治的な制度が厳密にどう関連しているかについての一致した見解はないものの、紀元前6世紀までにギリシャ世界の大半が歩兵戦への大量参加に関連した市民主権文化を発達させていたことは明らかだ。軍事貢献が広く共有されるようになったのと時を同じくして、一定の領域内では互いを同等として扱う市民の大きな集団が形成された。その結果として生まれた市民権の伝統が、政権のアマチュアリズムという強力な要素に支えられ、強い力を持った個人から市民を守るとともに、政府の権限も牽制した。こうしたシステムを象徴するのが統治平等主義で、実際の政治制度は独裁的なものや寡頭政治的なものから民主的なものまでさまざまだったとしても、この基本的な特徴だけは変わらなかった。[25]

軍事大量動員国家スパルタ

この文化は、物的資源の分配をどの程度まで平等にしたのだろうか。古代の文献を文字どおりに解釈するなら、最もわかりやすい例とおぼしきものは、ギリシャのすべてのポリスのなかでも最も好戦的だったスパルタが提供してくれる。由緒ある伝統に従って、初期段階のスパルタでは、リュクルゴスという（おそらく伝説上の）立法者によるとされる広範な改革が行われた。その結果としてできあがった体制の最もよく知られる特徴のひとつは、恐ろしく平等主義的な共同食堂制度で、最高指導者層を含めた全男子が少人数のグループ単位で毎日食事をともにしなければならず、グループの構成員それぞれの作った各種の料理が等しい分量で食卓に供された。この立法者リュクルゴスは、土地所有の平等化も行ったとされている。

彼はすべての土地を供出し、新たに分配するように、市民たちを説得した。そうすれば全員が、それぞれを支えるために同じ大きさの資産を持ち、互いに等しい条件で暮らしていける。[26]

スパルタ中心部のラコニア地方の農地はすべて供出されて、合計3万の均等な区画に分割されたという。そのうち9000区画は男性市民に割り当てられ、土地に付属して農奴のような条件で働く共有奴隷ヘイロタイ（ヘロット）がそこを耕した。この措置は、市民間の平等を確保するためでもあり、軍事以外の仕事に従事する必要をなくすためでもあった。動産も再配分の対象となり、貴金属の貨幣は廃止され、倫理規制法令によって私的な住居に投資することも制限された。市民には徹底的な軍事動員が課され、7~29歳のほぼすべてのスパルタ男子は、窮乏と辛抱を強く旨とする共同生活と軍事教練を乗り切らなくてはならなかった。名誉と地位をかけて個人どうしを戦いで競わせるなど、きわめて好戦的な性格ではあったが、この制度は一方で、やはり非常に平等主義的でもあった。そして──伝統社会においてはめったにないことながら──女子に対する公教育まで提供しており、その教育でもまた身体的な能力が第一とされた。

そうして狙いどおりにできあがった結果が、自らの軍事能力を最大限に高められるようにしつけられた「ホモイオイ」(「平等なる者」)からなる市民社会だった。伝えられるところによれば、こうした規範が、スパルタのとどまるところを知らない勢力拡大を支えた。とりわけ有名なのは、紀元前7世紀に隣接するメッセニアを征服して、その住民をヘイロタイの身分に落としたことで、獲得された新たな土地は再び市民に分配され、力を見せつけたスパルタは次の紀元前6世紀、自らの主導するペロポネソス同盟を結成した。古代の歴史記録から想像されるスパルタは、社会と日常生活を徹底的に磨き上げ、物的資源へのアクセスの管理もする平等主義的な規範と密接に結びついた、永遠の軍事大量動員国家である。

調整システムの欠如による不平等化

戦争関連の平等化を研究する現代の学者にとっては残念なことに、この伝統的な見方は、そのほとんどがスパルタを称賛する後世の部外者の創作した定型的な物語からもたらされたものであり、それでなくても2つの点から問題がある。まず、この理想化された制度が実際にどの程度まで実行されたのかがわかっていない。そしてもうひとつは、紀元前5世紀以降、特に紀元前4世紀以降に、資源の不平等の広まりが火急の問題となったのは確実にわかっているということだ。後者が前者を否定しないことからして、この2つははっきりと異なる問題だ。つまり、新たに生じる不平等を定期的に調整する仕組みが欠如している環境だったなら、最初は平等化されていた富の分配が次第に崩れて不平等な状態になってしまうのは、まったくもって不思議のないことなのである。

だが、それでもまだ疑問は残る。そのように不平等になったのはまったく新しい現象だったのか、それとも、以前からあった経済的な差が次第に深刻化したことのあらわれにすぎないのか。この問題についての最も徹底的な研究によれば、スパルタの財産は最初から常に不平等に分配されており、本質的には私有財産だったが、平等主義的な生活様式を守らせようとする共同イデオロギーによって抑制されていたのだと結論されている。割り当てられた土地を各市民が世代を超えて伝達できていたのは疑いなく、そうであれば、最初にいかに平等主義的な条件が課されていても、長いあいだに不平等が促進されるのは必然だ。

スパルタ独特の相続習慣も手伝って、土地をはじめとする財産が次第に市民層のあいだで集中していった。少ししか土地を持たないスパルタ人は、共同の食事に提供するよう求められている一定量の食料を供出できなくなると、完全市民〔参政権を持つ市民〕としての身分を失った。したがって富の集中の進行は、やがて市民数の減少を引き起こした。紀元前480年には8000人だったスパルタ市民の数は、紀元前418年には4000人程度に減り、紀元前371年には1200人まで減った。紀元前240年代に入ると、すでに総市民数は700に減り、富裕層に数えられるのはそのうちたった100人程度だった。食料供出ができないところまで資産が減ってしまった人びとは、「ヒュポメイオネス」（「下等民」）という社会身分に分類された。こうして富の不平等は着実に市民の平等主義を蝕んでいた。[27]

歴史証拠につきまとう不確定性からして、スパルタの軍事大量動員の平等化効果については控えめな評価をせざるをえない。各種の史料は、平等主義的な規範を大切にする自称「戦士社会」を垣間見せてくれるが、ひょっとするとその規範は実際には完遂されていないかもしれないし、世代を超えての富の伝達が次第に不平等な結果を生み出すとともに規範が薄れていったのは確実である。

軍事大量動員そのものは、この流れにもさして影響は受けなかった。劣位のスパルタ人とラコニア地方の隷属都市の市民がスパルタのファランクスを形成して戦闘にあたり、ヘイロタイも後方の軍事支援機能を果たしたからである。日常生活に課された平等主義と、大量の下位労働人口からの地代の取り立てとの両輪が、国家の中核をなす市民層の大量動員を長きにわたって――じつに数世紀間――支えた。この事実からだけでも、大量動員と平等とのあいだに緊密なつながりがあることは確実だろう。その平等は主として消費と生活様式の平等だったが、少なくとも最初の時点では、資源も全体的にかなり平等化されており、特に征服した土地と、そこの住民をヘイロタイとしてスパルタ市民に分配した時は平等が守られていた。しかし、累進税制がいっさいない――特に食料供出などは、個人の財産の多寡にかかわらず一定量を徴収したから、実質的には逆累進だった――のに加え、定期的な土地の再分配もまったくなされない状況では、大量動員と平等主義の規範も、富と所得の不平等の高まりを長期的に阻止することはできなかった。

ようやくスパルタがこの問題に対処するようになったのは、紀元前3世紀のことだったが、そのころにはすでに富の集中がきわめて高いレベルまで達していて、しかもその対処法がまた、歴史上のもろもろの平等化計画に特有の、暴力に頼るというやり方だった（本書第8章と第12章を参照）。

民主主義国家アテナイ

継続的な軍事大量動員がスパルタよりももっと資源の不平等の縮小に成功したように見える例は、どこのポリスよりも大量に記録が残されている、紀元前5世紀と4世紀のアテナイである。証拠が十分にそろっているおかげで、軍事参加の広がり、市民権の高まり、富裕エリートよりも平民を優遇する再分配措置とのあいだに、密接な、そしておそらくは自己増強的なつながりがあったことは明確に特定できる。そしてその展開は、ほぼ3世紀にわたって追跡できる。

まず紀元前600年ごろのアテナイは、人口増加と豊富な労働力を起因とする不平等の拡大に苦しんでいた。貧困層は富裕層の債務奴隷と化して、無償で働かされたと伝えられている。

このころ、アテナイ周辺の強力なライバルのひとつだった隣接するポリスのメガラが、ある史料で「暴れ馬のような民主主義」と酷評されている体制——民衆政治のきわめて初期の事例——を導入し、遡及的な債務免除として債権者に貸付利子の払い戻しを求めるなど、富裕層を犠牲にしてでも貧困層を支援するための措置をとった。政治改革に促されて民衆が軍事動員に応じられるようになったため、メガラの海軍力は増強されて——当時のギリシャの戦艦は櫂を漕いで進んでいたので、漕ぎ手の数が海軍力を決める最大の要素だった——アテナイとの戦いで勝利を収めるとともに、両者のあいだで取り合いになっていたサラミス島の支配権も奪取した。

一方のアテナイは、この敗北を受けてただちに一連の改革に乗り出し、債務を棒引きにしたり、債務者の奴隷化を禁止したり、その他さまざまな市民権強化の措置をとった。すると、すぐに戦争の風向きは好転した。アテナイの繁栄は、市民間の合意と協力の向上に根ざしていたのかもしれない。

ほぼ1世紀後の紀元前508年、アテナイ内部の指導権争いに介入していたスパルタが、その過程で侵攻して一時的にアテナイを制圧した。この侵略は長くは続かず、動員されたアテナイ市民軍の密集部隊——「17列縦深」——がたちまちスパルタ軍を撤退に追いやった。この戦いとほぼ同時に、アテナイの全人口と全領土を選挙と徴兵のための一連の区割りに再編する徹底的な改革が行われた。その目的は人びとの団結を育むことにあり、結果として、ひとつの非常によくまとまった市民軍ができあがった。

周囲のいくつかの主要勢力に対する前例のないほどの軍事的成功は、その直接の成果だった。民衆の参加に依存する軍事機構と政治機構の基本的な枠組みがひとたび整ってしまうと、あとは次第に、軍事的な動員と政治的な動員との自己増強的なフィードバックループが発達した。ギリシャの歴史家ヘロドトスはこう説明する。

僭主のもとで抑圧されていたあいだ、人びとは隣人たちと同程度の戦功しか挙げられていなかったが、ひとたびそのくびきが外されてからは、彼らこそ世界最強の戦士であることが判明した。

実際のところ、くびきは大きなものがひとつあったのではなく、小さなものがたくさんあった。政治参加を阻んでいたいくつもの要素が次第に消えていくと、それに伴って軍事関与の度合いは高まった。(28)

最大の海軍力を支える民衆の優遇

そして次の何十年かのあいだに、きわめて重大な変化が起こった。数度にわたる増強により、アテナイはギリシャ最大の海軍力を持つことになった。紀元前490年、アテナイはペルシャ軍に侵攻されたが、兵役年齢にある全男性市民の約40%に相当する8000人の市民軍がこれを撃退した。このころには軍司令官をはじめとする上級職が民会で直接選出されるようになっており、不人気な政治家は市民の投票により一時的に追放された（「陶片追放《オストラキスモス》」）。

紀元前480年、アテナイは再度のペルシャの侵攻に直面した。この時布告された命令では、約2万人の成人男性市民全員と在留外国人を総動員して、200隻の戦艦に乗り込ませることが想定されていたという。最終的なペルシャの敗北に乗じて、アテナイはただちに広範囲な同盟関係を確立すると、そこから得られる納入金で海軍をさらに増強しながら、次第に海軍帝国の中心になっていった。紀元前460年代には、ギリシャとレヴァント地方の両方で、かつてないほどの地理的広がりに及ぶ軍事作戦を展開した。こうした軍事努力がまたもや組織上の変化にフィードバックして、エリート層の影響力を削ぎ、民会にもとづく民主的な統治を強化し、代議制評議会、人民大法廷を設置することにつながった。

一般民衆の便益はとてつもなく大きかった。たとえば陪審員を務めれば、国家が報酬を払ってくれるようになった。紀元前440年までには、約2万人の市民が公務の報酬を国家からもらうようになっていた。加えてさらに何千人もが、征服した領土の一部を割り当てられた。このように、海軍力と民主主義はともに歩調を合わせて発展したが、それもそのはず、前者は決定的に民衆の（私有奴隷の使用も加えての）大量動員に依存していたのである。

軍事動員と人員減耗の割合は、スパルタとその同盟軍とを相手にしたペロポネソス戦争（紀元前431〜404年）で、また一段と高くなった。だが、アテナイの財政はますます逼迫していながらも、下層階級への国家の支払いはこの戦争の後半段階でむしろ増大した。戦争の全期間を通じて海軍力は必須だったのだ。敵方の寡頭政体の史料ではこう説明されている。

> それゆえに、あそこでは貧乏人や平民の方が貴族や金持ちより当然のように多くを持っている。船を漕ぎ、都市の力を高めているのは、まさにその平民だからだ。

アテナイの並々ならぬ動員規模は、その最終的な死者数に反映されている。6万の成人男性市民のうち2万4000人が戦闘で死亡し、さらに2万人ほどが籠城中の劣悪環境によって激化した疫病にやられて死んだと思われる。これはどう見ても、間違いなく一種の国家総力戦と呼ぶにふさわしい。しかし人口回復が進んでくると、アテナイは帝国主義的な政策を復活させて、新たな海軍を創設した。紀元前357年に海軍力は頂点に達し、戦艦283隻を擁するまでになった。再び大量動員が国内交渉と手を取り合って、国家助成金を大幅に増大させた。民会出席者への手当は6倍から9倍に増加し、陪審員は以前にもまして完全雇用になった。国家祭典の参加者に手当を出すために特別の基金も設けられた。

そして最後の総力戦が始まった。紀元前323年のアレクサンドロス大王の死後、マケドニア支配に抵抗する戦いを起こしたアテナイは、40歳までの全男性市民を総動員し、240隻からなる艦隊を投入した。全成人男性市民のほぼ3分の1が国外遠征に派遣されるか、もしくは海軍での任務に就いた。(29)

富裕層に負わせた財政負担

これは所得と富の分配にどのような影響を及ぼしただろう。隷属都市からの収益がアテナイの戦時態勢を支えていた紀元前5世紀の大半とは異なり、紀元前4世紀のアテナイの軍事活動は国内の富裕層からの税金に大きく依存した——そして軍事動員の主要な行き先が海軍だったおかげで、戦争をする度に、軍艦に乗り込み櫂を漕ぐ貧しい市民への再分配がなされた。征服した領土を失ったあとのアテナイの国庫は、通行料や港湾利用料、鉱山からの収益、鉱山を含む公有地の賃貸収入といった間接的な税に頼った。直接税は少なく、在留外国人に課された人頭税、特別軍事支出のために裕福なアテナイ市民から徴収された財産税、および市民のなかでも最も裕福な層だけに義務づけられた「公共奉仕(レイトゥルギア)」という名の私財供出——これだけだった。

このレイトゥルギアは、一般公開される宗教的な祭りや芝居の上演のためにも使われたが、最も重要で、かつ最も負担の大きいレイトゥルギアは、軍艦の装備のためのものだった。どの年であれ、この奉仕を果たすべく指名された者は船1隻について責任を持たされ、乗組員の雇用(これについては一定額が国の資金で補償されたが、必ずしも十分ではなかった）、修理の実施、機材の購入などをすべて受け持った。そして船が難破でもすれば、その損失についても補わなくてはならなかった。この義務と、これが仕向ける競争的な出費は、エリート層にとってはまさに「金食い虫」だった。

そのシステムは時とともに変わった。紀元前5世紀には、海軍レイトゥルギアの奉仕者――たいてい担当する船の艦長も兼ねさせられた――は最も裕福な市民400人のなかからくじ引きで選ばれたが、紀元前4世紀には1200人が（あるいは後年、わずか300人になったという説もあるが）奉仕を求められた。実施の時期と内容しだいで、アテナイの世帯の1～4％にこうした負担が課せられるようになった。この「三段櫂船奉仕」と呼ばれるレイトゥルギアは彼らのあいだで持ち回りとなったが、さすがに2回連続の奉仕は免除されていた[30]。

海軍レイトゥルギアの平均費用は、アテナイの5人家族世帯の年間最低生存費のほぼ8倍に相当し、典型的なエリートの年間所得のかなりの部分にも相当した。富裕層でさえ、必要とされる現金を用意するためには借金をしたり、抵当を入れて融資してもらわなくてはならなかった。紀元前4世紀半ばには、1年ごとにレイトゥルギア階級に属する1200人（最大規模で）のそれぞれが、300隻の艦隊の維持や公共の祭りの後援、および財産税の支払いのため、平均して3世帯分の年間最低生存費に相当する金額を支出しなければならなかった。

レイトゥルギア階級に含められる基準となる資産額についてわかっていることからすると、その基準をぎりぎりで超える程度の資産では、平均年間資産利益がそれらの義務に完全に吸い取られていてもおかしくなく、生活費を考慮すれば、なおさらその可能性が高い。最近のある研究では、アテナイの最も裕福な400世帯の平均所得は、12世帯分の最低生存費に相当したと推測されている。したがって、この階層では総所得のほぼ4分の1の年間平均税額をレイトゥルギアで取られていたことになる。証拠にかなりの欠陥があるとはいえ、アテナイは富裕エリートに相当な所得税を課していたと結論して差し支えないだろう[31]。

市民への公平な富の分配

レイトゥルギア階級内での不平等な負担割り当てに関していまだわかっていない詳細があるのでない限り――最富裕層は費用を前払いして、あとで別の誰かから取り戻すだけだったと考えられているが――この制度は一貫した累進性にはなっていなかった。なぜなら所得が特定の基準を超えていれば、その所得がいくらであるかにかかわらずに一定額を徴収したからだ。とはいえ、レイトゥルギア階級でない市民が直接税をまったく払わなかったことを考えれば、この制度はきわめて累進的だったとも言える。

ここで2つの重要な点を指摘しておきたい。第一に、この慣習は何よりも（海軍の）大量動員という莫大な財政需要に根ざしていた。定期的に軍務に就くと同時に政治的な権力も得ていた選挙民は、財政負担の大部分を確実に最富裕層に負わせるようにしたのだ。そして第二の点は、もっと具体的に平等化に関係している。レイトゥルギアは必然的に、アテナイのエリート内における富の蓄積を減らすことになった――あるいは極端な場合には、蓄積を阻止することにさえなったのである。

これが重要なのは、このころアテナイが急速に経済を成長させており、特に非農業部門でそれが顕著だったからである。したがってレイトゥルギアは、それがなかったなら格差をますます広げていたであろう環境において、不平等化に対するブレーキとして働いた。この時代の喜劇で、こんな愚痴がこぼされている。

いったいいつになったら、俺たちはレイトゥルギアと三段櫂船奉仕で殺されなくなるのだろう？

これは単なる誇張ではない。参考までに言っておくと、国の財政介入が不平等を牽制したという考えは、当時のアテナイの富の分配に関してわかっていることと一致する。現代の2つの独立した調査による推定では、当時の土地の分配はかなり公平で、7・5%から9%のアテナイ市民が30%から40%の土地を所有し、まったく土地を持たない者は市民の20%から30%にすぎなかった。「重装歩兵（ホプリテス）」人口に代表される中間層――ファランクス（密集陣形）で戦うための武具一式を用意できるだけの資源を持っていた人びと――は、35%から45%を所有していたと見られる。この状況から推測される土地所有ジニ係数は0・38から0・39で、比較史的に見れば低いが、特に大きな財産があった証拠もないことからすると、矛盾した数字ではない。ただし、非農業資産の分配がもっと不平等だった可能性はあるかもしれない。(32)

一部の大胆な歴史家はさらに踏み込んで、全アテナイ市民の所得ジニ係数が0・38だとか、市民だけの富のジニ係数が0・7だとか、上位1%層と10%層の富のシェアがそれぞれ30%と60%だとか、さまざまな推定をしているが、いずれも制御された推測の域を出ていない。むしろ、ある特定の職種におけるアテナイの実質賃金についての評価なら、もっとしっかりとした根拠がある。それらの賃金は前産業化時代の基準からすれば高い方で、最低生存費の倍数として見れば、近代初期のオランダの水準に並ぶくらいだった。これに加え、土地の集中度が特に高かった証拠もなければ、もっと全般に莫大な資産があった証拠も見つからないことからして、アテナイ市民の内部での物的資源の分配はかなり平等に近かったようだと察せられる。そして紀元前5世紀と4世紀のアテナイの経済規模に関する現時点での推測がまったくの的外れでなければ、紀元前430年代と330年代の公共支出はともにGDPの15%前後に達していたことになる。(33)

さらに言えば、最初は大規模戦争による必要から財政拡大がなされたのだとしても、やがて財政拡大のきわめて多くの部分は非軍事的支出に向けられるようになった。大きな戦争のない年には、全公共支出の半分あまりが非軍事的な活動に当てられた。たとえば政治制度や司法制度への参加手当、各種の祭礼、福祉の提供、公共建設といった用途であり、いずれも一般民衆のかなりの部分に恩恵を与えた。これに注目すべき理由は3つある。第一に、GDPにおける国家シェアが前近代社会にしては高いこと。第二に、全支出のなかでの非軍事的な支出の割合が同じように比較的高いこと。そして第三に、隷属都市からの収入が途絶えたあと、搾取的な納入金に代わってアテナイのエリート層への累進課税が公共支出の財源とされたことだ。軍事大量動員、民主主義、累進課税、GDPにおける相当な国家シェア、かなりの非軍事支出、一定限度に抑えられた不平等がすべて収斂して、この紀元前4世紀のアテナイに、時代に先駆けて興味深い「近代」の様相を特別に与えている。

大量動員戦争と民主化によるポリスの平等主義

アテナイがそうだったからといって、古代ギリシャの成熟した都市国家文化を構成した1000以上のほかのポリスもみな同じだったとは限らないし、実際のところを解明できそうな方法も見当たらない。軍事大量動員への力のかけ方という点で、特にアテナイとスパルタは傑出していたかもしれないが、ほかのポリスもやはりそれぞれの人的資源を目いっぱい注ぎ込むような規模で軍勢を配備していたのは間違いない。全体として、時とともに民主的な統治がより一般的になっていったのは確かであり、交戦が激しくなったのもまた確かである。紀元前430~330年の100年間などは、ほぼ絶え間なく戦争が行われていた時期だった。大規模な野戦部隊も海軍も投入され、傭兵が次第に重要性を増していたとはいえ、やはり多くの場合は、召集された市民が鍵を握った。

一方、考古学の分野からは、おそらく最も広く手に入れられる物的不平等度の指標だと言えそうなものが提供されている。この時期の家屋――個人の住居――の規模は、統計の中央値付近にはっきりとかたまっているのだ。たとえば紀元前300年には、規模分布で75パーセンタイルにある家屋は、25パーセンタイルにある家屋にくらべて25％ほど広いにすぎなかった。明らかに計画都市だった紀元前4世紀のオリュントスでは、なんと家屋規模のジニ係数が0・14という低さだった。[34]

このように歴史記録の多くから判断しても、古代ギリシャの無秩序に広がった都市国家文明においては富と所得の不平等が比較的緩やかな程度に収まっており、それを支えていたのが全域に浸透していた大量動員戦争の文化で、さらにそこに媒介として加わったのが、各種の強力な市民主体の制度と、次第に高まる民主化の作用だったと結論して差し支えないように思われる。その同じ文化が、ギリシャ全体の領土統合を阻害することにより、各ポリスが国境を越えた先で富を蓄積しようとするのも妨げた。紀元前7世紀や6世紀という昔から、経済統合と、その結果としての富の集中をさせまいとする、政治的、社会的な障壁はかくも高かったのだ。そしてその壁が、古典時代においては、政治体の細分化と打ち続く国家間戦争というかたちを生じさせたのである。この点において、帝国的なアテナイは自らが例外となってこの原理を明らかにした。

数世紀後、より大きな帝国的構造に支配され、ついには組み込まれてしまったギリシャでは、必然的に平等主義が損なわれ、富の集中への新たな機会が芽生えてくることとなった。[35]

「敵は私のローブを剝ぎ取り、自分の女房に着せた」
——伝統的な前近代の戦争

不平等を呼び込む戦争

歴史上の戦争の圧倒的多数は、社会全体に軍事大量動員をかけるような戦争ではなかった。たいていの戦争は、社会学者のチャールズ・ティリーが言うところの「暴力のスペシャリスト」どうしが戦うもので、煎じ詰めれば、主として支配階級のエリートのあいだでの、人間や土地といったさまざまな資源の支配権をめぐる競い合いだった。イギリスの歴史学者アーノルド・トインビーの言葉を借りれば、まさに「王たちの競技会」だったわけである。

一方の側だけが大々的な破壊を被るような戦争では、略奪や征服がたいてい勝った側での不平等を拡大させ、破壊された側や敗北した側での不平等を縮小させた。勝者側の指導者層は（その部下たちよりも、もちろん一般民衆よりも）利益を期待できるのに対して、敗者側の指導者層は損失や壊滅にさらされるからだ。戦いの性質が「古風」であればあるほど、この原理が強く当てはまった。征服された側が受ける略奪のひどさは、最古の文字記録にまでさかのぼることができる。それは、紀元前3世紀のこんなシュメール人の嘆きである。

ああ、あの日よ、私が打ち負かされたあの日よ！
敵は軍靴を履いたその足で、私の部屋を踏みにじった！

その汚れた手を私に伸ばした！
……そして私のローブを剝ぎ取り、自分の女房に着せた
やつは私の宝石の紐を引きちぎり、自分の子どもの首にかけた
私はやつの住まいに連れていかれるのだ(36)

だが、戦争では多くの人間が苦しめられるとはいえ、金持ちはその分だけ失うものが多かった――そして勝者側の金持ちは、その分だけ得るものが多い立場にあった。ここでもうしばらくメソポタミアにとどまって、シュメール文化の絶頂期の1000年以上のちに栄えた、新アッシリア帝国の事例について考えてみよう。この時代のアッシリア王碑文はうんざりするほど、繰り返し、為政者がいかに英雄的によその都市を荒らし回り、略奪し、そこの住民を殺戮し、強制移住させたかを誇らしげに記している。ほとんどの場合、略奪については包括的な言及しかなく、誰の持ち物が奪われたのかも厳密にはわからない。しかし仔細が記録されている場合には、常に敵方のエリートが主要な標的として狙われている。たとえば紀元前9世紀、アッシリア王シャルマネセル3世は、ナムリ〔バビロニアの北東の山岳部に位置する地域〕の王マルドゥク・ムダンミクを打ち破ると――

彼の宮殿に襲いかかり、神々〔の像〕、財宝、さまざまな品、侍女、くびきをかけた馬などを、数知れず奪い取った。

王宮の財宝の強奪は、シャルマネセル3世のほかの碑文にも繰り返し刻まれており、そのひとつによれば、「黄金の扉」が何枚も剝ぎ取られ、持ち去られたという。強制移住は敵方の統治者とその一族だ

けでなく、王宮の役人や侍女など、周辺の身分の高い個人までも巻き込んだ。ほかのアッシリア王が戦利品を取り巻きのエリートに分け与えたという話もある。ある国の支配階級が失ったものは、別の国の支配階級の得るところとなった。したがって、ある国が常に戦争で他国より成功を収めていれば、その国の征服エリートは時とともにますます資産を蓄えて、征服された国のエリートは置き去りにされたことだろう。この過程によって、全体的なジニ係数は着実に上がり、まさに所得と富の分配の頂点のところから長いテールを伸ばすこととなった。第1章と第2章で述べたように、朝貢を受ける大規模帝国の成長も同様の経緯で、支配階級のなかでも最上位の階層への物的資源の偏った集中を促したのである。(37)

「ノルマン征服」に見るゼロサム的性質

敗者から勝者へ富が移転するだけという伝統的な戦争のゼロサム的な性質は、1066年の「ノルマン征服《コンクエスト》」〔ノルマンディ公ギヨーム2世によるイングランド征服〕によくあらわれている。土地を基盤とした富という点では、当時のイングランドの貴族階級は、一握りのきわめて豊かな太守《アール》、それより格下の数千人の従士《セイン》、およびその他の領主に分かれていた。のちの「征服王」ギヨーム2世〔イングランド王としてはウィリアム1世〕は、当初この集団を取り込もうとしたものの、ヘイスティングズの戦いで最初の勝利を収めてからも何年にもわたって反乱が絶えなかったため、組織的に領地を取り上げる政策に切り替えた。そして実行された大々的な土地所有移転で、国土全体に対する王室の持ち分は大幅に増加し、全土のまるまる半分が200人前後の貴族に与えられ、そのうち半分は新王に近しい配下10人が所有することになった。この10人は特権的な地位にはあったものの、結局のところ以前の太守ほど飛びぬけて豊かにはならなかったのに対して、ほかの封建家臣《バロン》は平均して、以前の従士の大半よりもはるかに豊かになった。

この暴力的な再分配は、イングランドのエリート階層のすみずみにまで及んだ。1086年の検地台帳「ドゥームズデイ・ブック」の記録では、明らかにイングランド人だと特定できる所有者の持つ土地の割合が、面積にして国土の6％、価値にして4％にすぎなかった。実際のシェアはもっと高かったのかもしれないが、いずれにしても、ノルマン系貴族に国土の大半を奪われていたことは疑いない。領地を奪われた従士の多くはイングランドを去り、海を越えた先で傭兵として生計を立てた。だが、この最初の集中化のプロセスは、やがて実質的に反転することになる。次第に国王の領地が縮小するとともに、貴族が自分の土地の大半を配下の騎士に分け与えたためで、結果として、規模ははるかに大きいが個々の豊かさはそれほどでもないという新しいエリート層が形成された。

しかし、この段階で、封建関係が複雑になったために、土地にもとづく財産の分配がどうなっているのかを確認するのは難しくなってくる。所得分配の変化についてはなおさら突き止めるのが難しい。しかし、ごく大ざっぱに言えば、ノルマン征服は最初こそ、土地からの所得をかつてよりずいぶん狭い支配階級の内に、かつてより激しく集中させる結果をもたらしたが、やがてその集中は徐々に元どおりになっていったようである。[38]

敗者側でのみ生じた平等化

この種の伝統的な戦争や征服では、平等化はもっぱら敗者側のリーダー層に偏ってなされてきた。たとえばアッシュール神の怒りに触れた近東のさまざまな王にしても、征服王にしてやられたハロルド王の従士たちにしてもそうである。もっと新しいところでは、トスカーナ地方の都市プラトがまたひとつの例を提供してくれる。プラトの富のジニ係数は――資産税の記録から推測すると――1487年の0・624から、1546年には0・575まで下がっていた。これはちょうどペストが下火になって、近隣の共同体では総じて不平等の拡大が記録されていた時期だった。しかしプラトでは、1512年、スペイン軍による血みどろの略奪が起こっており、それによって数千人が殺され、3週間にわたって無情な強奪が続いたという。こうした状況で、懸賞金や身代金の財源として真っ先に狙われたのが富裕層だった。

追って第11章の終わりにドイツのアウクスブルクの例を詳述するが、この都市は30年戦争中に交戦と疫病という二重の大打撃を受けて、その結果として富の格差をきわめて劇的に圧縮させた。その過程においては疫病も大きな役割を果たしたが、戦争に関連した資本価値の破壊と、富裕層に対する途方もない課税こそ、不平等を力ずくで縮小させた何よりもの要因だった[39]。

このような戦史からの記述を積み重ねることは、簡単だが無意味だろう。信頼の置ける数値がなかなか得られないことを差し引いても、一般原則はすでに明らかだからだ。伝統的な戦争では、平等化の規模は収奪と破壊の程度、勝者や征服者の目的、そして特に、研究に際して分析単位をどう定義するかなど、さまざまな要因に依存していた。仮に、攻め込む側と攻め込まれる側、略奪する側と略奪される側、勝者側と敗者側が別々の存在として見なされるなら、平等化は後者のあいだで生じたと考えられるだろう。戦争が徹底的な征服を果たし、新たに獲得した領土に勝者側の人間を定住させるなら、部分的にせよ全面的にせよ、あるエリート層が別のエリート層に置き換わるだけで、全体的な不平等には必ずしも大きな影響は生じなかっただろう。一方、戦争によって既存のエリートとその所有物が帝国的な構造に取り込まれた場合には、もっと大きな政治体ができあがって、全体的な不平等がさらに大きく広がるだろう。

とはいえ、このような粗雑な分類方法では、もっと複雑な現実がどうしても単純化されすぎる。勝者側にしろ敗者側にしろ、軍人エリートと民間人エリートとでは別の結果を経験していたかもしれない。

明確な勝者も明確な敗者もいなかった戦争には、特に問題がある。それは2つ事例を挙げれば十分だ。1808〜1814年、イベリア半島でスペインとその連合国がフランスを相手に戦った半島戦争［スペイン独立戦争］は、広範な破壊をもたらすと同時に、スペインの実質賃金を激しく変動させ、全体的な所得の不平等を一時的に急上昇させた。しかし対照的に、この戦いのすぐあとの数年間には、実質賃金が上昇し、地代に関連した名目賃金も上昇して、全体的な所得の不平等は縮小された。1820年代と30年代のベネズエラでも破壊的な戦争があって国内の混乱がいつまでも長引いたが、同じように、それが賃金に対する地代の比率の急落につながったと見られる。[40]

「何人殺したかを数えるのはもうやめて、何がこちらのものになるかを数えよう」——内戦

不平等が内戦の原因となるか

そこでいよいよ、最後の疑問となる。内戦はどのように不平等に影響するか、という問題だ。現代の学者たちは一般に、その逆に焦点を合わせてきた——つまり、不平等は内戦勃発の原因のひとつなのかということである。後者の疑問に関しては、そのものずばりの回答はない。多くの発展途上国のデータの質が低いため、どんな具体的な結果にも疑問は生じるが、とりあえず全体的な（つまり「縦方向の」）所得の不平等——ある任意の国内での個人間や世帯間の不平等——は、内戦の起こる可能性と正の相関関係にはない。

一方、集団間の不平等は、内部の紛争を促進するものと見られなくもない。最近のいくつかの研究が、

この図式を複雑にしている。人間の身長の不平等についての広範な調査を資源の不平等の代用として使うなら、これはまさに、19世紀初頭までさかのぼる国際的な大規模データセットにおいて、内戦と正の相関関係があるという結果を出している。あるいはまた別の研究によれば、内戦が起こる確率は土地の不平等に比例して高まるとのことだった。ただし土地の不平等が極端に大きければ話は別で、その場合は内戦の可能性が低くなる。なぜなら小ぶりなエリートの方がより巧みに抵抗を抑止できるからだ。今のところ、この問題の少なからぬ複雑さはようやく理解されはじめたところだとしか言えない。[41]

不平等を増大させる内戦

対照的に、不平等に対する内戦の影響はほとんど注意を引いてこなかった。1960～2004年の128カ国の状況を調べた先駆的な研究は、内戦が不平等を増大させる、特に紛争後の最初の5年間にその傾向が顕著になるという結果を示した。内戦中の国では所得ジニ係数が平均して1・6ポイント上昇し、その後10年間の復興段階では2・1％上昇、戦後の平和が保たれていれば終戦から約5年後に頂点に達する。こうした傾向が生じるのには、いくつかの理由がある。内戦が物的資本と人的資本を減少させるものであるなら、資本の価値は上昇するが、非熟練労働の価値は低下する。もっと具体的に言うならば、農業人口の大きい発展途上国においては、農民が市場へのアクセスを失って商取引から排除されることによる所得の損失を被るかもしれない。するとその損失が、最低生存水準まで生活を切り詰めようとする動機をもたらす。同時に、戦争で儲けようとする者は、国家の力が弱まるか消失し、ほかの監督機能も衰えるのをいいことに、莫大な利益を得ることになる。

このように戦争で儲けられるのは概してごく一部の少数派で、この層だけは、国家の徴税能力が弱まっているあいだに資源を蓄積できる。税収が減った国家は、軍事支出の増大も重なって、社会支出を減らすことにもなり、それが翻って貧困層をさらに苦しめる。再分配措置、学校教育、公共医療などに差し障りが出て、紛争が長引けば長引くほど悪影響が大きくなる(42)。

これらの問題は戦争そのものよりも長々と続く。だから調査結果でも、内戦のすぐあとの期間にジニ係数がいっそう高くなっている。その時期、勝者だけがその勝利から大きな利益を得られるのも、「個人的なつながりや先祖伝来のつながりが、資産の分配と経済的利得へのアクセスを決める」からかもしれない。内戦はこの点で、伝統的な前近代の戦争――勝者側の指導者だけが利益を手にする立場にあるため、不平等が拡大する――に類似する。19世紀にもそうした例があった。１８３０年代のスペインとポルトガルでは、内戦による財産没収の結果、各地に広大な私有地が生まれ、不平等が激化したのだ(43)。

スペイン内戦による不平等の独自の展開

この問題に関連する事例のほぼすべては、伝統社会や発展途上国からのものである。先進国で本格的な内戦が起こることはきわめて稀だった。さらに言えば、１９１７年以後のロシアや、１９３０年代から40年代の中国のように、内戦が大幅な平等化と関連していたいくつかの事例でも、平等化の主要な推進力となったのは内戦そのものよりも、その後の革命的な改革の方だった。本書の研究の目的からして、アメリカの南北戦争は内戦としては扱わず、国家間戦争と同等のものとして、すでにその結果を本章の最初に見てきた。したがって、残る大きな事例はあとひとつ――１９３６～１９３９年のスペイン内戦である。

ロシアや中国の場合と違って、この内戦では勝者の方に再分配を達成するつもりがまったくなく、内戦の結末はどう見ても「革命的」と呼べるようなものではなかった。内戦中に無政府主義者《アナーキスト》の支配地域では農業集団化が行われたが、短命に終わった。１９３９年からの数年間、フランコ派政権は経済的自

図6.2　1929〜2014年のスペインにおける所得ジニ係数と上位0.01％の所得シェア

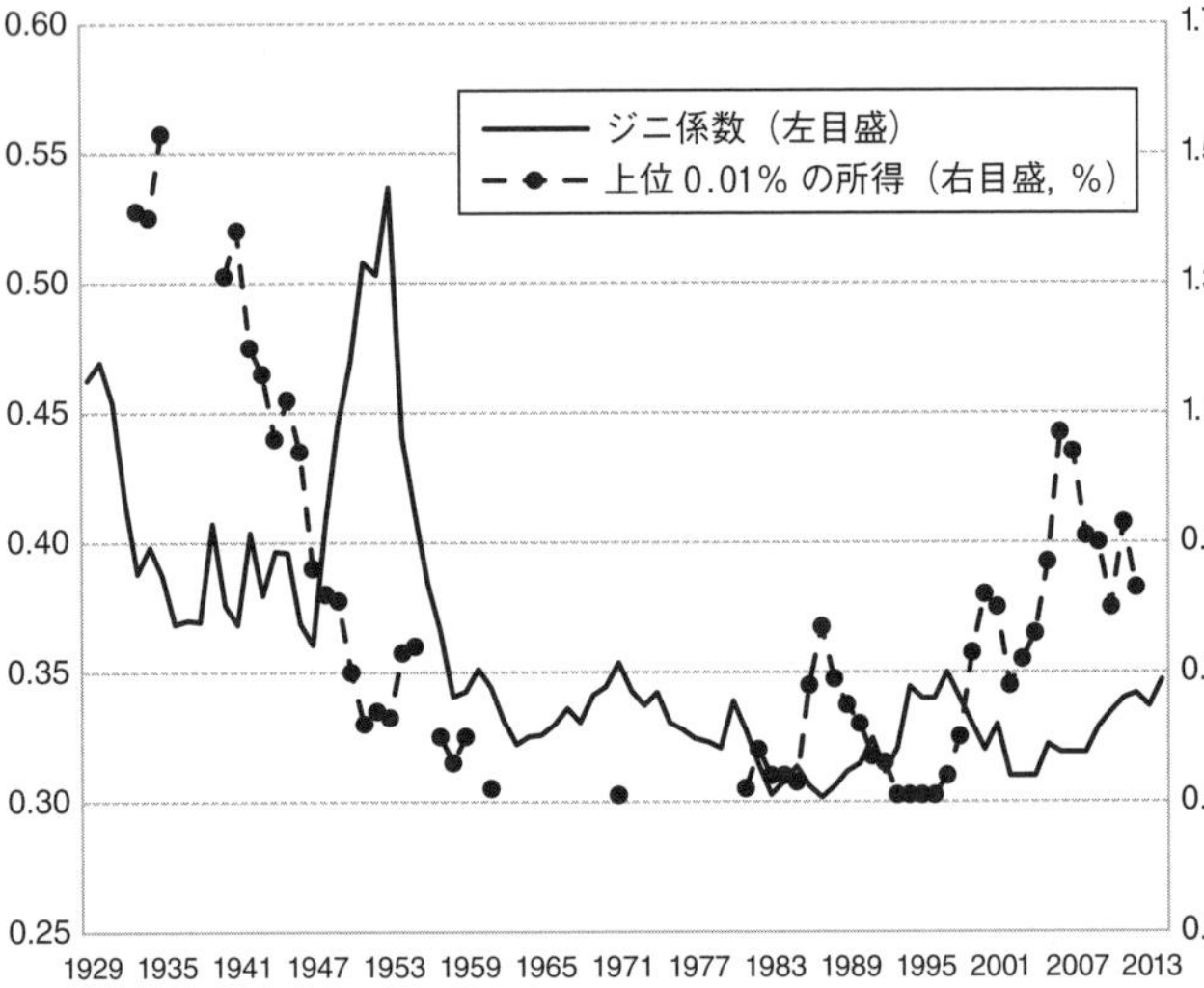

給自足の政策を実行したが、それによって経済は停滞した。打ち続く内戦の衝撃と、その後の経済の失政は、上位層の所得シェア縮小の原因となった。この期間については最上位層（最も裕福な0・01％）の所得シェアだけが計算されており、その層に限って言えば、所得シェアは1935〜1951年に60％も下落している。ところが反面、全体的な所得のジニ係数は、内戦のあいだも第二次世界大戦中もかなり安定していて、1947〜1958年のあいだだけが激しい変動を示している（図6・2）[44]。

　さらにややこしいことに、賃金所得のジニ係数は、1935〜1945年に約3分の1も下落していた。私の知る限り、こうした結果についての説得力ある説明は今のところない。経済学者のリアンドロ・プラドス・デ・ラ・エスコスラが提出した仮説では、いくつかの異なる効果が競合して働いたせいではないかとされている。たとえば、資本利益の減少（これが上位層の所得シェアを押し下げた）、フランコ政権下での再農村化による賃金圧縮（これが全体的な賃金の不平等を低下させた）、および自給自足政策の影響による、土地を主とした財産の利益の上昇（これが前述の効果を相殺して、全体的な所得不平等のジニ係数を生んだ）などである。これらはすべて、１９３０年から１９５２年までの１人当たりＧＤＰの実質成長が正味ゼロだった状況で起こったことであり、ほぼ同じ期間に貧困層の割合は２倍以上になっている。

上位の所得シェアが減少し、賃金格差が縮小したという点では一見すると似ているが、当時のほかのヨーロッパ諸国とくらべ、スペインでの不平等はかなり独自の展開をたどった。第二次世界大戦の交戦国や、ほかのいくつかの中立国と違って、スペインには累進税制がなく、全体的な所得不平等がなくならなかった。プラドス・デ・ラ・エスコスラはこれに関して、「内戦によって社会に不和が生じていたスペインに対し、ほかの西欧諸国の大半では、むしろ2度の世界大戦によって社会の一体感が高まっており、この違いが戦後の時代を理解するうえで関係してくるかもしれない」と述べており、私もその見方に同意する。とはいえ、どちらの場合にしても、所得と富の分配を形成した根本的な推進力は同じだった。すなわち、政府の政策が媒介した暴力的な衝撃である。(45)

共和政ローマを崩壊させた内戦

この考察の結びとして、最後に再び過去に戻って、ある種の混合的な事例を見てみよう。それは紀元前80年代から30年代に、共和政ローマを崩壊に追いやった数々の内戦である。これが混合的だというのは、ローマ社会内のとめどないエリート間競争に端を発した内部抗争でありながら、先に述べたような軍事大量動員文化のなかで展開されたために、国家間の大量動員戦争の主要な特徴を併せ持つことになったからだ。ローマ史上のとりわけ高い軍事参加率のいくつかは、国内が大きく揺れていたこの期間に記録されている。エリート間の内紛と民衆の動員とが組み合わさるという独特の事情は、所得と資産の再分配に新たな機会をもたらした。

これらの抗争のなかでも最も暴力的だったのは、紀元前80年代と、40年代から30年代にかけての争いで、ローマの支配階級は壊滅的な打撃を受けた。政敵は追放され――褒賞目当てで殺したい者には格好の獲物だと公に宣言され――て、その財産は勝者側によって没収された。紀元前83～81年の内戦では、元老院議員の数が300人前後だったその時代に、105人の議員が殺されたと言われている。紀元前43年の内戦では、元老院議員が（全部で600人のうち）300人と、ローマのエリート階層のなかでその次に高い身分である騎士《ナイト》が2000人、やはり同様に命を落としたと見られるが、名前がわかっているのは120人程度にすぎない。

この2つの出来事は、異なった意味で不平等に影響を及ぼした。最初の例での没収は、寡頭政治家の反発を支持する勢力が請け負ったものなので、高い地位にある支援者たちは競売にかけられた没収資産を手に入れて利益を得ることができた。これは内戦に先立って大勢の有力者が消えたあとだったこともあり、富の集中を大いに高めただろう。紀元前90～80年の10年間には、少なくとも291人の元老院議員が暴力的な理由で死んだと言われているのだ。相続人が足りなくなれば、エリートの財産は分散するどころか、統合されることになってしまう。地域共同体から没収された土地は退役兵士に与えられたが、最終的には市場に出ることが多く、これもまた結果的に土地の集中化を助長した。

対照的に、紀元前43年から42年の没収は、仕返しのためというよりも、イタリア本土外の国内の敵に対して軍事作戦を展開するための準備として、特別の財政需要が生じていたことが大きな動機だった。この場合、仲間たちが利益の恩恵にあずかれたとは考えにくく、利益のほとんどは大々的な市民軍への途方もない報酬の約束を果たすのに使われた。この派閥の指導者の近しい仲間たちにやっと正式に報奨金が支払われたのは、争いが決着した紀元前30年になってからで、こうして既存の貴族階級を犠牲にして富を得たのが「新人」(ノウス・ホモ)だった。[46]

最後の内戦による再分配効果

この最後の内戦で軍勢に支払われた法外なレベルの報酬は、おそらく相当の再分配効果をもたらしたと思われる。これらの内戦が始まる前には、ローマの兵士への報酬はずいぶん控えめなものだった。初期の軍閥主義は、外国の敵に対する軍事行動における手当の額を押し上げた。最初はきわめて低い水準だったのが、紀元前69年には年間基本給の7倍相当まで上昇し、紀元前61年には13倍にまでなった。紀元前40年代の内戦はそれをまた一段と上げ、紀元前46年には、新たに引き上げられた基本給の22倍(以前のレベルにくらべれば42倍)というさらに劇的な急上昇が起こった。だが、この支出額もすぐに塗り替えられる。4年後、はるかに数の増えた軍人に同じ額の報酬が約束されたからである。

要するに、とりあえず推定できるだけでも、通常の国家歳入の少なくとも10倍、もしくは当時のローマ帝国の年間GDPのほぼ半分にも相当する金額が、紀元前69~29年に——そしてその大半は紀元前46~29年に——兵士に移転されたのであり、その理由は当然ながら、内戦での忠誠心を買うためと、その忠誠心に報いるためだった。こうした報酬を受け取った者の数は、合計40万人にも及んだと見られ、その家族とあわせると、全ローマ市民の最大3分の1を占めたことになる。物価が高騰した証拠がないことからして、おそらくこれは非エリートの実質所得を急上昇させただろう。イタリア本土の心臓部であるローマ社会の内部に限ると、分配効果はもう少しあいまいになる。この資金の大部分は、海外の属州から資源を強奪することで得られていたからだ。

しかし例外もあった。紀元前43年に、不動産所得1年分と2%の財産税の支払いが富裕層に課せられたのだ。もちろんこのほかに、すでに述べたとおりの大規模な財産没収もあった。その後の何回かの徴税も、やはり富裕層を標的にしていた。ローマ史を通じてこの時期だけは、収税の仕組みが実質的に累進性となり、そうして生み出された歳入が再分配的なかたちで使われたのである。(47)

だが、やはりこれは一度限りの例外だった。平和が回復され、紀元前30年から安定した独裁政治が始まると、再び歳入は属州に依存するのが通常となった。可処分所得の分配が一時的に一般市民層に有利になるように移行したのは、紀元前40年代後半のわずか数年のあいだだけだったのだ。長期的に見れば、その後は数世紀にわたって政治的、経済的な安定が続き、それは当然ながら第2章で見たように、高水準の富の集中につながった。

「いくら費用がかかろうとも」——戦争による平等化の条件

この第2部では、数千年の歴史をさかのぼって数々の戦争を取り上げてきた。軍事闘争は昔から、人間の歴史の至るところで見られる特徴だったが、もうひとつ同じように至るところで見られる現象——所得と富の不平等——を緩和した戦争は、ある一定の種類の戦争だけだった。近代の大量動員戦争は、勝者にとっても敗者にとっても有効な平等化手段だったことがわかっている。社会全体を巻き込むような戦争努力がなされる時は、常に資本資産が価値を失い、富裕層が相応の支払いをさせられた。そしてその時、戦争は「人を殺し、物を破壊する」だけでなく、貧富の格差を縮めもした。第二次世界大戦時には、戦争で推進された政策がそのまま維持されたため、この効果が戦時中だけでなく戦後においても働いた。先進国の国民が一世代かそれ以上にわたって不平等の縮小を経験できたのは、この世界規模の紛争の未曾有の暴力のおかげだったのだ。

同じような物的格差の圧縮は、第一次世界大戦中とその直後にも起こっていた。それ以前、このような種類の戦争はほとんど例がなく、あったとしても総じて平等化には結びついていなかった。アメリカの南北戦争にしろ、南部の富を破壊したのは敗北と占領であり、軍事動員そのものではなかった。大量動員の先駆けとなる事例を古代に探してみても、古代中国や共和政ローマのように、証拠が示すのはあいまいな答えか、もしくは否定的な答えばかりである。古代の軍事国家スパルタでは、最初は間違いなく平等化されていた条件から、徐々に資源の不均衡が発達していった。

古典期のアテナイは、民衆の広範な軍事参加による平等化効果を示す、前近代の最もよい事例かもしれない。20世紀のある時期でもそうだったように、アテナイの民主主義は戦時動員という共有経験により強化され、次にはその民主主義により、不平等の高まりを抑制する政策が好まれたのではないかと思われる。全体的な展開の著しい違いと、古代の証拠の限界を考えると、この類似を重視し過ぎるのには注意が必要である。それでもやはり古代アテナイで起こったことは、各種の制度を適切に整えさえすれば、まったくの前近代的な環境であっても、軍事大量動員の文化は平等化のメカニズムとして働きうることを示唆している[48]。

もっと狭い範囲での戦争ならば歴史の至るところで起こっていたが、それらは一貫した結果を伝えてはいない。略奪と征服を特徴とする伝統的な戦争は、たいてい勝者側のエリートに利をもたらして、急激に不平等を押し広げた。これが特に当てはまるのが、敗北した政治体がさらに大きな政治体に組み込まれた時である。その過程でヒエラルキーの最上位に、いっそうの富と権力が加わるからだ。

内戦が平等化の原因になることもめったになかった。あったとしても部分的にであるか(方向は違ったが、1860年代のアメリカや、1930年代と40年代のスペインのように)、短期間で終わるかだった(古代ローマがおそらくそうだったように)。所得と富の分配を真に変えた内戦があったとすれば、それは圧倒的な勝利で急進的な政権を築き、その政権のもとで徹底的な没収と再分配を行うこと、そしてその実現のためにはどれだけ血の犠牲を払おうとかまわないことを決意しているような内戦だけだった。では次に、その「第二の騎士」の暴力による平等化に目を向けよう。

第3部

第二の騎士　革命

第7章 共産主義――全面的没収の実現

「プロレタリアートに力を」――20世紀の革命による平等化

国家間の争いが不平等を縮小させることがあるのなら、国家内の争いは何をもたらすのだろう。すでに近年の事例で見てきたように、内戦にこれといった効果はなく、あったとしても、どちらかといえば既存の格差をさらに押し広げるだけだった。この傾向は、単なる派閥争いにとどまらない、社会全体を再編しようとする内部闘争にも当てはまるのだろうか。そのような野望を秘めた企てはそうあるものではない。歴史上、民衆の武力蜂起の圧倒的多数は特定の苦しみの原因を是正しようとしたものであり、その圧倒的多数が失敗に終わった。それよりもっと野心的な運動が、権力の掌握にも成功し、かつ所得と富の分配の平等化にも成功したという例は、ごく最近までなかったのである。

戦争の場合と同様に、どれくらい力を注ぎ込んだかが決め手だった。たいていの戦争は平等化という結果につながらなかったが、軍事大量動員は既存の秩序を覆すことができた。反乱にしても、徹底的な平等化が実現したのは、あらゆる市町村の資源を同じようにまんべんなく動員できた時だけだったのだ。

最初の比喩に戻るなら、大量動員戦争と変革的革命は、まさしく黙示録の「四騎士」のうちの2つとして、同じくらい甚大な影響を及ぼした。これらはともに既得権を一掃し、物的資源へのアクセスを一新させたのである。重要なのは、暴力の激しさそのものだった。2つの世界大戦が人類の歴史で最も残虐な戦いだったように、平等化に最も寄与した革命も、歴史上有数の残酷な内乱だった。反乱と革命を比較調査した私の研究も、大規模な暴力行為が平等化の手段としてとりわけ重要であることを裏づけている。

このテーマについてもこれまでと同じように、時代をさかのぼるという手法をとる。最も関連性の強い証拠は、やはり20世紀から得られる。なにしろこの時代には、大々的な共産主義革命が所得と富の劇的な分散を引き起こしたからだ。本章ではそれを見ていくこととして、次章では、その共産主義革命の原型と考えられるものにさかのぼり、フランス革命を中心に検討したあと、さらに農民蜂起など、内部状況を武力によって変えようとした近世の試みにどのような効果があったかを検証する。戦争の事例を見た時と同様に、そこでもまた、近代と前近代の分かれ目、産業化と前産業化の分かれ目に遭遇するだろう。結局のところ、大多数の国民の所得と富の分配に十分な影響力を発揮できたのは、もっぱら近代の革命だったのである。

「金持ちに対する決死の戦い」
——ロシア革命とソヴィエト体制

第5章で見たとおり、前例がないほどの人員と資源を動員して大量殺戮を行った挙句の果ての第一次世界大戦の惨禍は、主要交戦国の所得と富の格差を圧縮した。この効果の規模とタイミングは国によって大きく異なった。ドイツでは、上位の所得シェアが戦時中は増大したが、敗戦後には減少した。フランスでは、戦後にごく緩やかに減少しただけだった。イギリスでは、戦時中と終戦直後にかなり減少したが、1920年代半ばには一時的に回復した。アメリカでも戦時中は減少したものの、戦後はすぐに着実に持ち直した。一方、オーストリア＝ハンガリー帝国、イタリア、ベルギーなど、戦争の被害が甚大だった国で同じようなデータが公表されていないのは残念きわまりない。ほぼすべての関与国において平等化という結果がいっそう強く、いっそう明確にあらわれた第二次世界大戦とは異なり、第一次大戦に関しての記録はこのように結果がばらばらで、一部は明らかにすらなっていない(1)。

第一次大戦後のロシアの平等化

第一次世界大戦後に不平等が最も劇的に縮小したのはロシアだった。だが、ほかの事例とは異なり、ロシアでの平等化をもたらしたのは戦時中の介入や混乱でも戦後の財政縮小でもなく、戦争の残滓から生まれた急進的な革命による激変だった。

皇帝ニコライ2世の帝国は、第一次大戦に最も深く関与した国のひとつだった。約1200万人の兵士が動員されて、そのうち200万人近くが命を落とした。加えて500万人以上が負傷し、250万人は捕虜となったか、もしくは行方不明と報じられた。さらに、死亡した市民も100万人はいたと見なされている。しかしながら、1914～1917年の戦争中に、大々的な圧縮が起こる必然性はまったくなかったと言っていい。税制はきわめて逆累進的で、間接税への依存度が大きかった。所得と戦時利得に対して課税がなされるようになったのは、戦争のごく末期になってからだった。内国債の計画もそれほどうまくはいかなかった。国家の赤字の大半は、紙幣発行によって賄われた。そしてインフレ率の急上昇、特に1917年に樹立された臨時政府下での急速なインフレで被害を被ったのも、富裕層だけではなかった(2)。

戦争そのものの直接的な影響が何だったにせよ、ロシアでは、それをすっかりかすませてしまうような事態が発生することになる。1917年11月にボリシェヴィキが決起して〔十月革命。ユリウス暦で10月25〜26日の出来事〕、その翌月には、第一次世界大戦の同盟国側との交戦をやめてしまうのだ。この年すでに、深刻な不景気をきっかけとして、国内の至るところで小作農が蜂起して土地を奪い取り、労働者がストライキを起こして工場を乗っ取っていた。これらの反乱の頂点が、1917年11月6日と7日の、ボリシェヴィキによる首都の武装占拠だった。サンクトペテルブルクの冬宮突入事件からわずか1日後の11月8日、新たに創設された人民委員会議は、レーニン自ら起草した「土地に関する布告」を採択した。そこで最優先課題とされたのが、土地の強制的な再分配だった。

この布告は旧来のありようを一変させた。布告の直近の政治目標は、すでにその年の夏から始まっていた小作農による貴族の所有地や国家の所有地の奪取と再分配を事後に合法化することにより、農民の支持を取りつけることにあった。しかし公式には、この布告はさらに高い目標を定めていた。要は、土地私有そのものを撲滅しようというのである。

> これをもって土地に関する地主の財産権は無償で廃止される。……土地に関する私有財産権は永久に廃止され、以後、土地の売買、貸借、譲渡はまかりならず……土地を使用する権利は、性別にかかわらず、自らの手を用いて働きたいと願うすべてのロシア国民に与えられる。……雇農は認められない。……土地は平等の原則にのっとって、すなわち……労働と食糧の基本単位にもと

づいて、使用者に分配される。(3)

レーニンによる富裕層の一掃

当面、この措置が有効となるのはエリートの所有地だけとされた。つまり大地主、皇帝一族、教会の土地だけということである。一般の農民（およびコサック）の土地は没収対象にはならなかった。土地の没収と再分配は地元の委員会が担当した。続いての布告で、銀行はすべて国有化され、工場はすべて労働者の評議会（ソヴィエト）の支配下に置かれ、私有の銀行口座は没収された。経済的見地からすると、地主階級——家族も含めて約50万人——が一掃され、同様に、ブルジョワ階級の最上層にあたる12万5000人ほども一掃された。「過去の人たち」（エリート階級はのちにこう呼ばれた）の多くは殺され、さらに多くが外国に移住した。急激な脱都市化も、平等化を促す一因となった。富と所得が集中する二大中心地だったモスクワとサンクトペテルブルクの合計人口は、1917〜1920年で半分以下にまで減っていた。共産党の機関紙『プラウダ』は、1919年1月の論説でいかにも満足そうだ。

金持ち、おしゃれなご婦人、高級レストランに個人のお屋敷、美しい玄関、嘘つきの新聞、腐敗した「黄金の生活」のすべてはどうなった？　みな消えてなくなった。

レーニンの「金持ちに対する決死の戦い」は勝利を収めたのだ。(4)

人口の大半があいかわらず土を耕しているような社会では、ボリシェヴィキの最初の「土地に関する布告」だけでも平等化の大きな推進剤となり、追加の没収措置がさらに平等化を強化した。1919年には、農地の97％近くが小作農の所有となっていた。しかし新政権は最初から、こうした土地の所有権移転だけでは不十分だと考えており、平等な分配は「プチブルジョワの農民を生み出すだけで、平等も保証されなければ格差も防げない」と懸念していた。確かに私有財産と土地所有をともに廃絶しなければ、完全かつ永続的な平等化の達成は望めなかっただろう。そこで1918年2月に出された土地に関する次の布告では、早くも農業集団化が促進されていた。

土地の使用を許可する際の方式や順序を定めるにあたり、個人ではなく共同で農業を営む集団に優先権を与える。(5)

共産党支配

ここに見てとれる野望は、来たる恐怖のほんの前触れにすぎなかった。さしあたり、共産党は内戦を勝ち抜いて国全体を支配することに全力を注いでいた。1918～1921年はいわば「戦時共産主義」の時期であり、国家があからさまな強制に度を越して依存していた。民間製造は禁止され、生産量は国家が割り振った。民間交易も禁じられ、農民の余剰食料は押収された。もはや貨幣はあってもなくてもいいようなものだった。食料は村を襲った軍隊に徴発され、累進的な配給制度を通じて都市住民と軍に分配された。大会社はすべて国有化され、小規模の会社も多くが同じ道をたどった。地方では、国家が生産者に作物の補償ができないため、直接没収という選択肢に頼った。ここでも「貧しい小作農とともに……プロレタリアートの力のために」と謳った平等化の大義名分が振りかざされていた。貧しい農民は、もう少し羽振りのよい隣人から強制的に余剰食料を分けてもらえばよいと考えられた。

そこでまず、農村部での穀物、農具、日用品の分配を統制するべく「貧農委員会」が設立されて、その働きと引き換えに無料で穀物を受け取る仕組みが作られた。中央の指導部は、より多く生産した者から作物を奪い取ることには十分なインセンティブがあると思っていた。とはいえ、委員会のメンバーは往々にして外部から連れてこなければならなかった。村人は階級闘争に喜んで飛びつくだろうという委員会のもくろみに反して、彼らは地域社会の仲間と敵対するのを嫌がったのだ。歴史学者のニーアル・ファーガソンは、レーニンが1918年8月に地方の人民委員宛てに書いた手紙を引用している。

> 同志よ！……少なくとも100人の名の知れた富農、金持ち、搾取者を縛り首にせよ（まさしく、皆に見えるように吊るすのだ）……そうすれば数百キロ四方にわたり、誰もがそれを見て、震え、思い知り、泣くだろう。貧しい者を搾取する富農はこうやって殺され、これからも殺され続けるのだと……。敬具、レーニン。追伸：もっと強い人間を見つけてこい。

この実験はじきに廃止された。レーニンは「富農を容赦なく叩きのめせ！　やつら全員に死を！」と訴えたが、これらの「富農《クラーク》」（クラークとは「拳《こぶし》」という意味で、それは「握り屋」〈けち〉の拳だと言われていた）、つまり比較的豊かな農民の大半は、実際にはほかの村人とくらべてそう豊かなわけでもなかったのだ[6]。

経済の壊滅と平等な貧困

これらの強引な介入は、確実に平等化をもたらした。だが、その経済の行く末は壊滅的だった。農民はあらかじめ没収を免れるために生産を抑え、家畜を殺し、農具を破壊した。耕地の面積も収穫量も、革命前とくらべて激減した。政権は生産量不足への対応策として、自発的な集団農業を促したが、これも農民の抵抗が勝った。1921年には、集団農場で働く農民はロシア人口の1%にも満たなかった。

徹底的な平等化が達成されても、その代価は高くついた。1912～1922年の期間で、馬を1頭も所有していない、もしくは1頭しか所有していない地方の農民世帯が64%から86%に増えた一方で、3頭以上を所有する農民は14%から3%に減っていた。いまや村全体が貧しくなった――それもより均等に貧しくなったのだ。すさまじいインフレも追い討ちをかけた。1921年の物価は1914年とくらべ、なんと1万7000倍近くも高くなっていた。物々交換が次第に貨幣に取って代わり、闇市場が繁盛した。(7)

生産量が激減し、内戦で数百万人が亡くなったこともあいまって、1921年にいったん新経済政策（「ネップ」）への方向転換が図られた。再び市場の稼働が認められ、農民は税を現物で納められるようになり、余剰作物の販売や消費も可能になった。賃借や雇用労働も再び認められた。自由化のおかげで経済が回復し、1922～1927年の期間で耕作地が50%増えた。同時に、これらの政策によって余剰作物を商業交換にまわせる生産者が優位に立ったため、農民間に新たな差別化が生じやすくなった。その結果、富農人口はごくわずかながら増え、農民全体に占める割合が5%から7%に上昇した。しかし富農といっても裕福とは程遠く、所有しているのは平均すると馬2頭、牛2頭、交換作物少々という程度だった。

結局のところ、革命初期の富農の資産の喪失と、土地を持たない労働者への土地分配が、所得の分配を平準化して、富農でも貧農でもない「中農」層を生み出す結果になっていた。産業企業家は革命前にくらべると数が格段に減っており、その富も格段に少なくなっていた。民間資本は実質的に産業に何の役割も果たしていなかった。1926年と27年で、民間部門の産業投資はわずか4%にすぎなかったが、

農業部門ではその傾向は正反対だった。(8)

スターリンの富農撲滅策

農民間に生じた新たな差別化の兆しと、さらには全体に蔓延していた農業集団化への抵抗が、スターリンの逆鱗《げきりん》に触れた。1928年から、国は産業化を支えるのに必要な穀物を入手すべく、強制という手段に再び訴えた。私営化された田園地方から社会主義化された産業部門へと、有効に資源を移転させようとしたのである。1929年の時点で、集団農場を促進するため、分のいい貸付という具体的な支援まで与えていたにもかかわらず、集団農場で収穫された穀物は全体の3・5%にすぎなかった。残りは国営農場が1・5%、個人所有の農場が95%である。スターリンはこれに関して富農が妨害しているとしか考えず、集団農場が機能しなかったことをはなから無視して、いつものように力ずくで状況を変えることにした。(9)

1930年1月30日、「農業の完全集団化地区における富農世帯撲滅の施策について」という決議のもと、階級としての富農は、処刑、追放、地元の強制労働収容所送りといった手段によって一掃された。比較的裕福だった農民は、何度も税を徴収されたあとに自分の土地を追われた。貧農は、さっさと強制に従って集団農場に参加した。共産党は反富農の論法をさらにエスカレートさせ、小作農が彼らの土地を奪い取ることまで奨励した。標的の数が足りなくならないように、富農の定義はますます拡大し、労働力を雇用している者、生産設備(ひき臼など)を所有している者、商いをしている者などが、つぎつぎと含められていった。逮捕や強制差し押さえは日常茶飯事だった。

だが、それまで裕福だった農民が差別的な課税のせいですでに貧しくなっていたことを考えれば、標的とされた農民の大半も、結局はそこそこの収入しかない中農にすぎず、単に政府の富農撲滅のノルマを満たすため、古い納税記録にもとづいて収奪の対象とされていただけだった。結果的に、平等化は共産主義者が宣伝したかった以上に、社会の階層のずっと下にまで及んでいたのだ[10]。

そして強制が勝利を収めた。1937年には、ソ連の農業の優に93%が力ずくで集団化された。個人農場はつぶされ、民間部門は家庭菜園のような小さな区画にしか残らなくなっていた。この変化には莫大な代価が伴った。家畜の価値の半分以上が失われ、総資本ストックの7分の1も失われた。人命の損失はさらに圧倒的だった。暴力が爆発的に広がっていた。1930年2月のわずか数日で「第一種」の富農6万人が逮捕されたが、逮捕者数はその年末には70万人、翌年末には180万人に達した。追放者のうち約30万人は、移送中や移送先の悲惨な環境が原因で死亡した。飢饉によって餓死した農民はおそらく600万人にのぼる。富農世帯の家長はそろって追放されたが、特に危険人物と見なされた場合は、追放どころか速やかに処刑された[11]。

都市のエリートの「大粛清」

地方での集団農場化や富農撲滅を通じた暴力的な平等化と足並みをそろえるように、都市では「ブルジョワ専門職」や「貴族」や企業家、店主、職人に対する迫害が起こっていた。この流れで始まったのが1937年と38年の「大粛清」で、スターリン配下の内務人民委員部が150万人以上の市民を逮捕し、そのうち半数近くが抹殺された。教育のあるエリート層が特に標的にされ、犠牲者のうち高等教育を受けた者の割合はずば抜けて高かった。

1934〜1941年の期間に強制労働収容所（グラーグ）に入れられた人の数は700万を下らない。この収容所送りという制度がまた、平等化の維持に一役買っていた。悲惨な労働条件を特徴とする辺境の地で、国家が労働者に高い賃金を払わなくてすんだからである。強制の費用と生産性の低さによって部分的には相殺されたものの、その節約効果を見くびるべきではない。後年、好ましからざる場所で働く労働者に支払われる賃金の上昇は、ソ連の全体的な所得の不平等のかなり大きな一因となったのである。

農業の集団化は25万の集団農場（コルホーズ）を生み出し、そこに農業人口のほとんどが組み込まれた。農民の苦労は並大抵ではなかったが、都市労働者にしても同様だった。農業以外の実質賃金は1928〜1940年でほぼ半減となり、個人消費は都市でも地方でも落ち込んだ。[12]

これらの政策に起因する人びとの受難はよく知られるところで、今さら詳しく説明するまでもない。この研究において何より重要なのは、全体的な結果として、おそらく世界史的に見ても前例のない規模で急速な平等化がなされたということだ。なにしろここではエリート層だけでなく、はるかに人数が多い中流層までもが没収と再分配の対象となったのである。しかし1933年ごろから厳しい弾圧が続いていたなかでも、経済がどうにか上向きになるにつれ、すぐに所得の不平等はじわじわと復活した。1930年代半ばに1人当たりの生産高と消費量が着実に上昇すると、労働者の賃金格差も広がった。政府が「スタハノフ運動」という生産性向上運動〔1935年に炭鉱労働者のアレクセイ・スタハノフがノルマの十数倍の成果を出したことにちなむ〕を掲げ、その達成に褒賞を出すようになってからは、エリートと一般大衆の生活水準の差がいっそう広がりはじめた。数百万人が流した血をもってしても、格差を永遠になくすには不十分だったのだ。[13]

ロシアにおける所得の不平等の変遷

ロシアのデータ、特にソ連時代のデータは質が均一でないために、所得の不平等の変遷を正確に測るのは難しい。帝政ロシア末期の所得の集中度はかなり高かったが、当時の水準に照らせば極端に高かったわけでもない。1904年から05年ごろには、ロシアの「上位1％」の所得は、国の総所得の13・5～15％ほどを占めていた。ちなみに同時期のフランスとドイツでは18～19％、そして10年後のアメリカでも同様の値となっている。土地が豊富にあることも、地方の労働価値を下支えしていた。この時期の市場所得のジニ係数は0・362だった。

1917～1941年の期間で、この値がどれほど低下したかはわからない。ソ連時代のデータによれば、1928年の産業部門の賃金で所得下位10％と上位10％の所得格差の比率は3・5という低さだったと報告されている。全般に、ソ連時代のジニ係数は帝政ロシア時代の数字よりはるかに低かった。それは1967年のソ連の非農業世帯の市場所得ジニ係数の推定値、0・229という数字からも明らかで、1968～1991年の全国の市場所得ジニ係数が0・27～0・28になっていることとも一致する。所得下位10％と上位10％の所得格差の比率も、1950年代から80年代まで比較的安定した推移を見せている。80年代の比率はおよそ3で、同時期のアメリカの数値は5・5であった。[14]

第二次大戦の数十年後には、さらなる平等化が起こったが、これは完全に政治的介入が誘発したものだった。すでに極度に低くなっていた農業所得が都市部の賃金にくらべて急速に上がるようになり、一方の都市部の賃金も低賃金の引き上げによって平準化され、賃金格差が縮まるとともに、年金やその他の給付金も手厚くなった。共産主義のイデオロギーを反映した政策は、とりわけ肉体労働者に有利だった。あらゆる非肉体労働に対する賃金割増は、1945年の98％から1985年には6％に激減し、各種の技術職も同じような収入減に見舞われた。ホワイトカラーの賃金は、肉体労働者の平均賃金を大きく下回るようになった。経済が着実に成長していた時期でさえ、専制的な政治が力を振るって大々的な平準化を進め、所得分配の構造を作り替えた。[15]

ソヴィエト体制の崩壊と不平等の爆発的広がり

ソヴィエト体制の終焉は、あっという間の大逆転劇の幕開けとなった。1988年には、労働力の96%以上が国家に雇用されていた。賃金所得が国の総所得の4分の3近くを占めていた一方、自営所得は10分の1未満、財産所得にいたってはゼロというありさまだった。経済学者のブランコ・ミラノヴィッチが言うように、このような所得分布は「共産主義のイデオロギーを前提とした論理の延長線上にある」もので、国家支出による所得、共同消費、賃金圧縮、富の蓄積の最小化が何よりも重視された結果だった。もはやこうした前提を力ずくで支えるのは不可能となったとたん、すべてが崩壊した。

市場所得のジニ係数は1980年代のほぼ全体を通じて0・26〜0・27あたりを推移していたが、ソ連が崩壊してロシア連邦が成立すると、不平等は爆発的に広がった。市場所得ジニ係数は1990年の0・28から、5年後には約2倍の0・51へと上昇し、以後は0・44〜0・52のあいだを動いている。ウクライナでは、80年代のジニ係数はロシアとほぼ同程度だったが、92年の0・25から翌年には0・45に跳ね上がった。ただし以後は緩やかに減少し、今では0・30に近づいている。

すべての旧社会主義国の平均ジニ係数は、1988／1989年から1993／1995年の期間で、9ポイント上昇した。全体的な不平等が高まるとともに上位の所得も増大した。ごく少数の例外を除き、旧社会主義国では上位20%の所得が、ほかの所得層の犠牲によって大幅に増加した。ロシアの場合、この期間の上位20%の所得シェアは、国民所得の34%から54%に上昇した。ちなみに、ちょうどこのころ所得の不平等が著しく拡大していたアメリカでは、1980年から2013年のあいだに上位20%の所得シェアが44%から51%に上昇している。つまり期間の長さは5〜6倍だが、上昇率は3分の1程度だということだ。

私有財産もすさまじい勢いで復活した。現在ロシアでは、最も裕福な10％が国富の85％を支配している。２０１４年までには、ロシアの億万長者１１１人で国富の5分の1を所有するまでになっていた。[16]

１９９１年の終わりにソヴィエト連邦共産党が解散し、その後ソ連そのものが解体すると、貧困が一気に広がって、所得の不平等が急激に高まった。3年のうちに貧困層の割合は3倍に増え、ロシアの人口の3分の1以上を占めるほどになった。１９９８年の金融危機〔１９９７年に発生したアジア通貨危機が98年にロシアに波及した〕の際には、その割合が60％近くまで達していた。しかし長期的に見れば、不平等の急激な拡大を生み出した原因は賃金所得の圧縮がなくなったことであり、賃金所得にばらつきが出てきた主たる原因は、地域による差が大きくなったことだった。首都のモスクワと、石油や天然ガス資源が豊富な地方では、並外れた勢いで所得が増大したが、これは高所得者層がレントにうまくありついたことのあらわれだ。最上位層への富の集中は、国家の資産が民間の所有者に移転されたために可能になったのである。[17]

ロシアにおける所得と富の平等化と再集中化のダイナミクスは、組織的な暴力の作用によるところがじつに大きい。革命直前の時点でかなり目立っていた不平等は、ボリシェヴィキが権力を奪取した１９１７年からの20年間で大幅に縮小した。この圧縮が達成されたのは、国家が強権を発動し、貧困層を動員して、彼らより少しだけましな層にしわ寄せがいくように徹底的に追いやったからだった。それが直接の原因となり、何百万人もが殺されたり追放されたりした。因果関係はこれ以上ないくらい明白である。暴力なきところに平等化はない。この変革のなかで創設された制度が共産党幹部とＫＧＢによって支えられていたあいだは、不平等はずっと低いままで抑えられていた。しかし政治的な抑圧がなくなって、代わりに価格設定市場と縁故資本主義がものを言うようになると、たちまち所得と富の格差が復活した。それが最も勢いよく噴き出したのが、旧ソ連の中心的な場所だったロシアとウクライナなのである。

「最もおぞましい階級闘争」――毛沢東の中国

それから一世代ほど遅れて、同じ話がスケールアップして共産党支配下の中国に登場した。最大の転覆は、国民の大半が住んでいた農村部で起こった。強制的な平等化が階級闘争という名目で実施されたが、それは実際のところ少々問題のある概念だった。当時の農村社会は必ずしも、共産党の教義が求めているほど不平等ではなかったのである。共産党は、上位10％の富裕層が国土の70～80％を支配していると主張していたが、それは誇張だった。１９２０年代と30年代の16省１７５万世帯をサンプルとした最も包括的なデータによれば、上位10％が所有していた農地は全体の約半分にすぎなかった。地域によっては、富裕層の上位10％もしくは15％が所有していた土地は、全体の半分から3分の1程度で、これではまったく集中度が高いとは言えない。実際、１９４０年代後半の土地改革を取り上げたウィリアム・ヒントンの名だたる研究で知られるところとなった山西省張庄村という北部の村では、すでに共産党が天下を取る前から中農と貧農が土地の70％を所有していた。[18]

共産党支配下の急進的な平等化

だが、中農が富農というレッテルを貼られて抹殺されたソ連と同様、やはり中国共産党の指導部も、不都合な事実に自分たちの任務を邪魔されるのを嫌った。すでに急進的な平等化は１９３０年代初頭の時点で、共産党の本部たる「江西省拠点」において、党の方針の一部に組み込まれていた。結果として、地主は土地や財産を没収され、さらに強制労働を申しわたされることも少なくなかった。富農はほんのわずかの痩せた土地を保持することだけを認めてもらえた。

党内での議論は、急進派の主張——当時の毛沢東が目標としていた平等化——をとるか、さらに急進的な措置——財産を没収したうえで富裕層を下位の階級に落とす——をとるかで拮抗した。1934年と35年の「長征」で、共産党は陝西省《せんせい》に移動した。そのいっそう貧しい一帯では、小作という概念すらほとんどなかったが、共産党は不平等の明確なしるしが皆無に近いにもかかわらず、速やかに再分配を実行した。(19)

侵攻してきた日本軍に対する「抗日民族統一戦線」は中庸を呼びかけていたが、共産党は1945年以降、あからさまに階級闘争を掲げた。占領されていた地域の「漢奸」(敵国協力者)が最初の標的となり、その財産が没収された。翌46年には、さらに広範囲な反地主運動が展開されていった。減租減息(小作料と利息の引き下げ)が日本の占領期までさかのぼって適用され、当然支払われるべきものとして地主は支払いを課されたが、この金額がその地主の全財産を上回ることもあり、したがって結果的に没収と同じだった。毛沢東が満州で出した指令はいたってシンプルで、裏切り者、暴君、泥棒、地主の土地を没収して貧しい農民に与えよ、というものだった。(20)

ほどなくして、不平等があるという前提のもとで掲げられていた党の目標は、現場の実態と真っ向からぶつかった。すでに地方の富裕層は持っていた土地のほとんどを中農に売ってしまっていたため、階級闘争にうってつけの敵が足りなくなるとともに、中農と貧農の格差が広がりつつあった。こうなると党幹部のあいだにも焦りが生じ、あとは「富裕層」から徹底的に没収したうえで、党の方針で適用の拡大が禁じられていたにもかかわらず、中農までも標的にせざるをえなくなった。

暴力はまだぎりぎりのところで抑えられており、大半の「地主」は引き続き自分の村に居住できていた。これがもう一段階上がったのが1947年10月で、「土地法大綱」のもと、「地主」と組織の土地所有権がいっさい廃止され、地方での債務はすべて棒引きにされた。それぞれの村の土地はすべて——もはや没収した地所だけでなく——人口に応じて均等に分割され、村の一人ひとりが（「地主」も含めて）実質的に同じだけの割合を与えられ、それを自らの私有地とした。「地主」の家畜、家屋、用具は取り上げられて、同じように再分配された。[21]

地主を標的にした暴力

財産の全面的な再配分は現実的に不可能なので、既存の土地所有パターンを調整することによって平等化が図られたが、そうした措置を強行するための常套手段として、暴力と殺人は次第に増えていった。国共内戦で勝利を収めた共産党は、１９５０年の土地改革法で、経済的な分類基準で定義されるところの「地主」階級を標的にした。地主の土地と一族の資産を没収して再分配するだけでなく、それに加えて罰金を科すことで、公式には没収の対象外とされている彼らの商業資産までも狙おうというもくろみだった。「地主」は没収前に財産を売ることを禁じられた。彼らの土地は、土地を持たない労働者や貧農に与えられることになっていた。それは綿密に調整された迫害で、「富裕な小作人」に分類された者はそれほど痛手を被らず、低所得層は完全に守られた。

暴力はこのプロセスの不可欠な一部だった。土地の取り戻しはそれぞれの村の内部で自発的にやらされたため、地元の農民は、自らこれにあたることができると（そして進んでやるのだと）信じ込むしかなかった。村人の動員を成功させた一因は、「公審大会」と呼ばれる村の集会で、地主を公衆の面前で糾弾し、屈辱を与えるという演出にあった。鞭打ちは公式には奨励されていなかったが、禁止されてもいなかったので、毎度のように行われた。この集会によってたいてい没収が決まり、「地主」に死刑が宣告されることすらあった。集会が終わる度、犠牲者の持ち物が参加者のあいだで分けられた。彼らは誰を吊るし上げるかを事前に投票で決めていた。極刑を宣告された者は、生き埋めにされたり、四肢を切断されたり、射たれたり、首を絞められたりして死んでいった。これこそ共産党指導部の狙いだった。毛沢東は1950年6月、党幹部にこう再認識させている。

3億以上の民を抱える国での土地改革とは、凶暴な戦争である。……これは農民と地主のあいだの最もおぞましい階級闘争だ。まさに決死の戦いである。[22]

党は最初から、地方人口の10％は「地主」か「富裕な小作人」が占めていると決めつけていた。実際には、村人の20～30％もが迫害の対象とされたところもあったのだが、とりあえずその前提でいくと、それぞれの村で少なくとも1人は死なければならないことになっていた。結果として、50万～100万人が殺されたか、もしくは自殺に追いやられた。1951年の末には、1000万人以上の地主が所有地を没収され、土地の40％以上が再分配されていた。1947～1952年に命を落とした者は150万～200万人、それ以外にも数百万人が敵対階級の搾取者という汚名を着せられた。これに伴って地方経済も悪化した。羽振りがよく見えることを恐れた農民が、生きていくのに最低限必要な分だけしか働かなくなったからである。「貧乏こそ最高だ」と村人は思った――暴力的な平等化を目の前にしての、まったくもって賢明な戦略である。[23]

最終的に国土のほぼ半分の所有が移転された結果、最も影響を受けたのが富のレベルの最上層と最下層だった。ところによっては「地主」の平均所有地が村の平均よりも小さくなり、比較的保護の厚かった「富裕な小作人」に負けてしまう結果にもなった。とはいえ、全体的な平等化の成果は目覚ましかった。新たな上位5～7％――「富裕な小作人」――が所有する土地は、全体の7～10％にすぎなかった。

地方ではもっと極端な場合もあった。国内でも特に徹底して改革が行われた北部の山西省にある張庄村では、ほとんどの「地主」と「富裕な小作人」が土地をすべて失っただけでなく、往々にして命まで失うか、さもなくば逃亡した。かつての雇農は全員が土地を与えられ、したがって雇農という分類そのものが消滅した。結果として、いまや村の人口の90%を占めるまでになった「中規模の小作人」が、土地の90.8%を所有した。これは望みうる限り最も完璧に近い平等化だ。(24)

都市の「ブルジョワジー」への攻撃

中国の都市部もこうした粛清からは逃れられなかった。革命的な改革の初期段階では、民間事業が極端な賃金上昇と重税に苦しめられ、ほとんどの外国人実業家が中国から追い出された。1952年1月、土地改革がほぼ完了した時点で、共産党は都市の「ブルジョワジー」に対する運動を開始した。最初に農村で開発した手法をここでも用いて、労使の対立をあおる糾弾集会を開かせ、言葉での攻撃と身体的な攻撃を経営者に浴びせさせた。さすがに直接的な殺害は少なかったとはいえ、鞭打ちや睡眠剝奪は珍しくなく、結局は数十万人が自殺に追い込まれた。この時も国家はノルマを設定した。「ブルジョワ」のうち最も反動的な5%が標的となり、1%が処刑されたと思われる。100万人前後が殺され、さらに250万人が収容所送りとなった。残りは罰金を払って逃げおおせ、その金は朝鮮戦争のための資金となった。中小企業の半数近くは捜査対象となり、社主と経営者の3分の1が詐欺で有罪になった。1953年の末には、すでに重税にさらされていた企業家たちが、ついに自分たちの資本をすべて国家に渡さなければならなくなった。ここでもまた、多くが最後には自ら命を絶った。(25)

続いて1955年と56年に始まった集団農場の形成は、経済格差をさらに縮めた。合作社《がっさくしゃ》と呼ばれる地域協同組合に属する地方世帯の割合は14%から90%以上にまで上昇し、民間区画は全体の5%までに制限された。56年には、すでにほとんどの産業が国有化されていた。といってもその実態は、80万社を超える大企業や中小企業の所有者に「自発的に」資産を国家に供出させることで成り立っていた。55年以降は、食料、衣服、各種耐久消費財の全面的な配給制度が、暴力的な手段によって達成されていた平等化を維持するのに役立った[26]。

これらすべての暴力的な介入も、1959年から61年にかけて実施された恐怖の「大躍進」政策の前には、すぐにかすんでしまった。この期間に政府の失策のせいで起こった大飢餓は、2000万人から4000万人とも言われる餓死者を出した。国家の直接行動も決して後れを取ってはいなかった。毛沢東体制の末期までに、600万~1000万人の国民が国によって殺されるか自殺に追い込まれ、さらに約5000万人が労働改造所に送られて、そのうち2000万人がそこで死んだ[27]。

経済自由化と不平等の高まり

このように、土地改革と都市部の商工業の接収につきものだった残虐性は、共産党指導部によって解き放たれた一段と大きな暴力の波にも組み込まれていた。そうして代わりに得られたものが、所得と富の格差の大々的な平準化だった。革命前の中国全体の市場所得ジニ係数は、実証的にはわかっていないが、おそらく1930年代の0・4を大きく上回ることはなかっただろう。共産党政権の初期段階でこの数値がどう変わったかはいまだ不明だが、毛沢東が死亡した1976年の時点では0・31で、84年までには0・23に下がっていた。1980年前後の都市部の所得ジニ係数は、0・16という低さだった。だが、経済自由化が劇的にこの傾向を反転させる。その後20年のうちに、国民市場所得のジニ係数は0・23から0・51へと倍以上に上がった。現在ではさらに少し上昇して、0・55前後ではないかと見られている。また、家計純資産のジニ係数は、1990年から2012年のあいだに約0・45から0・73に上昇した。この不平等の高まりは、もっぱら都市と地方の格差拡大と地域ごとのばらつきによるもので、いずれも政府の政策に大きく左右されている。特に目を引くのは、中国の所得不平等の高まりが、この国の1人当たりGDPから予想されるレベルをはるかに超えて進んでいるということだ。これは、経済発展の初期段階で高まった不平等も最終的には強力な経済成長によって減少させられるというクズネッツ学派の希望的観測を裏切る結果だ。中国の人口が現在の世界人口の5分の1近くに相当することを考えると、所得分配の形成に経済成長そのもの以外の重大な要因があることを明確に示唆する重要な例外だと言っていい。

中国の過去80年間における所得と富の格差の縮小と拡大は、ともに究極的には政治権力によって決められたのであり、特に最初の40年間は、暴力的な力がその決定要因だったのである。[28]

「新人民」――その他の共産主義革命

北ヴェトナムの中国的土地政策

同じような平等化は、ソ連の占領下で樹立されたり、革命行動を通じて築かれたりした、ほかの共産党政権によっても達成された。いくつか例を挙げれば十分だろう。北ヴェトナムでは中国のお手本どおりにことが進んだが、残虐さに関しては到底及ばなかった。もともとヴェトナムでの土地の不平等はかなり大きく、1945年の時点で人口の3%が国土の4分の1を所有していた。これに対する北部共産主義政権の土地政策は、1945～1953年の初期段階では、おおむね非暴力的だった。没収や徴発といった手法を用いるよりも、売却による移転、地代の減額、地主への懲罰的な累進課税といった措置をとったのである。とりわけ課税は土地所有権を放棄させるのに効果的だった。名目上は30～50％という税率が、課徴金を含めると実質100％近くになったからである。これによって多くの地主が土地を借地人に売ったり譲ったりした結果、地主のシェアは、人口の3％が全土の4分の1を所有していた状態から、2％が10～17％を所有している状態へと減少した。

しかし1953年以降、労働党の指導部はいっそう厳格に中国のやり方を踏襲しはじめた。農民の動員は既定事項となり、糾弾集会が村レベルで組織された。政治局はそれぞれの地区ごとに処罰すべき「専制地主」のノルマを定めた。土地改革が法制化され、最も「専制的」な金持ちからは合法的に土地を没収し、それ以外の金持ちにはわずかな補償をして強制的に土地を売却させた。「富裕な小作人」はこうした迫害の対象外だったと思われるが、運悪く「地主」が足りない地域では、小作人であっても富裕であれば、「封建的な手段で土地を悪用している」（すなわち土地を賃貸ししている）として標的にされ、やはり強制的に土地を売却させられたりした。

1954年にインドシナ戦争でのフランス敗北が決すると、およそ80万人が北部を去って南部に移った。その大多数は富裕層だった。これによって得られた土地の大半は貧困層に与えられた。1953～1956年に、国が後ろ盾となった暴力は徐々に増えていった。中国と同様、多くの「地主」——人口の5％がその範疇に入れられていた——は平均面積以下の土地を残してすべて奪われ、村からつまはじきにされて暮らした。しかし中国とは違って、処刑されたのは数千人ですんだ。世帯ごとの最低生活水準に応じて再割り当てが行われた結果、土地分配は実質的にかなり平等になった（持ち分を平均以下にされた「地主」は別として）。つまり、この施策で最も恩恵を被ったのは貧困層だったことになる。ソ連や中国と同様に、ひとたび平等化がなされると、すぐに集団農場化の動きが始まった。その結果、地域協同組合がますます拡大して農地の90％を管理するまでになった。南ヴェトナム政権が倒れた197

5年以降は、これらの政策が南にも適用された。「地主」と教会は財産を没収され、民間事業は無償で国有化された。(29)

北朝鮮、キューバ、ニカラグア

一方、北朝鮮の政権は最初からもっと攻撃的だった。1946年に地主から土地を奪ったのを手始めに、50年代には強制的な集団農場化を進め、最終的にはほぼすべての農民がいっそう大きな単位に組織された。

フィデル・カストロ率いるキューバでは、段階を踏んで土地の没収が進められた。まずはアメリカ資本の土地が接収され、続いて67ヘクタール以上ある地所のすべてが取り上げられた。1964年までには国内の農地の4分の3が没収され、地元に住む労働者の共同所有として組織されたのち、ほどなくして国営農場に転換された。60年代後半には、農業以外の民間事業もすべて国営化されていた。

ニカラグアでは、反体制のサンディニスタ民族解放戦線――筋金入りの共産主義者というよりは、マルクス主義の社会主義者――が1979年に勝利を収めると、国内の農地の5分の1を支配していたソモサ一族の地所を没収したのを皮切りに、一連の土地改革に着手した。80年代初頭には没収の範囲が拡大して、ほかの広大な地所も取り上げられた。その結果、86年までには国内の農地の半分と地方人口の半分が改革に組み込まれたことになり、協同組合や小規模農地が各地に設けられていた。にもかかわらず、90年にサンディニスタ政権が選挙に敗れて下野した時点の、ニカラグアの市場所得ジニ係数は依然として非常に高く、0.50台の前半から半ばだった。これは当時のグアテマラやホンジュラスと同水準であり、エルサルバドルよりも高かったが、それらはいずれも所得と富の分配がひどく不均等なことで知られた国だった。この環境で、革命政権が暴力的な強制に頼らずに、民主的な多元共存を目指したこ

とが、有効な平等化を果たせなかったことの決定的な要因だったように思われる。(30)

カンボジアの凄惨な暴力

再分配に関してレーニンやスターリン、毛沢東がとった恐ろしく暴力的な措置を基準にすれば、中央アメリカの各国はもちろん、ヴェトナムでさえも手ぬるく見える。しかし、その基準から反対の方向に振れたのが、クメール・ルージュ支配下のカンボジアだった。通常の尺度では測れないながらも、暴力的な政府介入が、この国の全土にとてつもない平等化をもたらしたのは疑いないだろう。

1975年、共産主義が勝利してからわずか1週間のうちに、都市はたちまち空っぽになった。首都プノンペンの全住民を含めて、カンボジア人口の最大で半数にあたる住民が都市を追われたのである。一般に、都市と地方との所得格差がその国の不平等の大きな一要素であることを考えれば、当然これは甚大な圧縮効果を生んだだろう。都市住民は「新人民」の一員とされ、敵対階級として強制移住させられたばかりか、移送先を転々とさせられることも多かった。彼らの資産は段階的に奪われた。政権は彼らを「プロレタリア化」すべく、所有物を取り上げにかかった。彼らの資産は段階的に奪われた。まずは都市からの立ち退き時に、次いで移送先では農民や当局に身ぐるみ剝がされた。やっと農村部に定住してからも、国からの弾圧は続き、自分が必死に育てた作物もろくに消費できなかった。

失われた命も数知れない。おそらく200万人近く、すなわちカンボジアの全人口の4分の1が死亡した。人口減は極端に都市住民に偏っており、プノンペンの住民の40％前後が4年のあいだに亡くなった。かつての役人や高位の軍人は特に目をつけられて、ひときわ厳しい扱いを受けた。同時に、新しいエリート層が出てくることもなかった。党幹部による粛清がいよいよ拡大して、その萌芽を摘んだからである。たとえば悪名高いトゥール・スレン政治犯収容所だけで、1万6000人のカンプチア共産党員が殺害されている。1975年に党員が1万4000人しかいなかったことを考えれば、この数のすごさがいっそう際立つ。

一般市民に目を向けると、その超過死亡の原因は、地方移送、処刑、投獄、飢餓、病気のいずれかに、かなり均等に分けられる。秘密裏に殺された人も何百万といて、その大半は、鉄の棒、斧の取手、農具などで死ぬまで頭を殴られた。ときに、その遺体の一部は肥料として使われた[31]。

「すべては一掃された」
――暴力的な平等化装置としての変革的革命

カンボジアで起こったことは、その現実離れした猛威ののちに急速に自滅に向かった暴力をすべて含めて、もっとはるかに広範なパターンの極端な一例にすぎない。1917年から1970年代後半までの約60年にわたって（エチオピアでは80年代に入るまで続いたが）、各地の共産主義政権は、没収、再分配、集団農場化、価格設定といった手法を通じ、強制的に不平等を縮小することに成功してきた。これらの措置を遂行するにあたって実質的にどれだけの量の暴力が投入されたかは、事例によって大きく異なる。ロシア、中国、カンボジアが一方の端に位置するとすれば、キューバとニカラグアがもう一方の端になる。だが、単に暴力が強制的な平等化に付き物なのだと考えるのは行き過ぎだ。レーニンにしろスターリンにしろ毛沢東にしろ、ここまで多くの人命を奪わなくとも目的を達することはできたはずだが、それでも全面的な没収を成し遂げるには、少なくともある程度の暴力と、その暴力の激化を予感させる確実な脅しに頼らざるをえなかったということである。

基本となる計画は常に同じだった。社会を再編成するために、私有財産と市場の力を抑圧し、その過程で階級差を均《なら》すのである。これらの介入は本質的に政治的なものであり、そこにもまた、前に論じた近代の世界戦争による暴力的な衝撃に匹敵するだけの暴力的な衝撃が備わっていた。この点で、大量動員戦争による平等化と変革的革命による平等化には多くの共通点がある。どちらも大規模な暴力に――それを予感させるだけであれ、実際に適用するのであれ――決定的に依存することで、今こうしてわかっているような結果を生み出したのだ。このプロセスの全体的な人的コストは周知のとおりだ。2度の世界大戦が最大1億人の命を直接・間接に奪ったように、共産主義もまた、中国とソ連を中心に、ほぼ同じだけの数の死者を発生させている。その痛ましいほどの凄惨さにおいて、変革的共産主義革命はまさに大量動員戦争に匹敵する――これこそ平等化をもたらす黙示録の四騎士のうちの二人目なのである。(32)

第8章

レーニン以前――共産主義革命の原型

「われわれは金持ちの首をはねるために全力を尽くすべきだ」――フランス革命

似たようなことは以前にもあったのだろうか？　もっと前の時代にも、所得と富の不平等を大幅に平準化することになる革命的な運動は起こったのだろうか？　いずれわかるが、この点で20世紀は――またしても――異例だった。確かに前近代社会は都市でも地方でも民衆蜂起に事欠かなかったが、概してどれも物的資源の分配に変化をもたらしてはいないようだった。大量動員戦争と同じように、平等化装置としての革命も、やはり産業革命以前の時代にはほとんど前例がない。

税制の不公平さによる格差

旧来の権威にたてついた以前の例として、多くの人の頭に真っ先に浮かぶのがフランス革命であり、これなら平等化をもたらせそうな紛争の候補としても、とりわけ有望であるように思われる。

アンシャン・レジーム（旧体制）末期のフランスは、富と所得の格差が著しく大きいことが特徴だった。現時点での最も妥当な推定では、当時のフランスの所得ジニ係数は0・59前後で、当時のイングランドとほぼ同程度だが、ただし誤差の範囲は（0・55～0・66）けっこう広い。さらに可処分所得の分配に関しては、税制の全体的な不公平さが一役買っていた。貴族は国土の4分の1を所有していたが、主要な直接税であるタイユは免除されており、1695年に導入された人頭税や1749年に導入された二十分の一税といった新しい税についても、うまく支払いから逃げおおせていた。聖職者にしても同様で、国土の10分の1を所有しつつも税は免除され、さらに彼らは教区の農民から十分の一税を受け取っていた。しかも、それはもはや収穫の10分の1とは決まっておらず、むしろ総じて多めだった。

こうして直接税は実質的に、ほぼ都市のブルジョワと農民だけが負わされた。そして金持ちのブルジョワほど称号や官職を金で買うことで徴税から逃れられたため、実際の負担はもっぱら小規模農家や労働者にのしかかった。間接税では、塩税（ガベル）が特に負担の大きいもののひとつだったが、各世帯が義務的に塩を購入することで成り立っていたため、これもまた豊かな者より貧しい者にとって厳しい痛手となった。このように、フランスの収税制度は全体にきわめて逆累進的だった。

加えて、農民は地元の領主たる貴族と聖職者に対して封建的な義務があり、賦役に就くなど、時間的、金銭的な務めを果たさなければならなかった。食べていけるだけの土地を持った農民はほんの一握りで――そうした取り決めでさえも、厳密には単なる小作扱いだったが――地方人口の大多数は物納小作人や土地を持たない労働者として働いていた。フランス革命に至るまでの数十年で、状況はますますひどくなった。人口圧の高まりと、忍び寄る封建的な権利の再導入に加え、共有地での放牧が削減されて、わずかしかいない家畜の維持に汲々としていた貧農がはじき出されたことも原因だった。こうして地方は貧しくなり、都市ではプロレタリアートが増大した。地代は１７３０〜１７８０年で2倍に上がり、農産物の価格は農業賃金が上昇するペースを上回って高騰した。その悪影響は都市労働者にも降りかかった(1)。

封建領主の特権の廃止

アンシャン・レジームとその制度の解体は、１７８９年から95年にかけて段階的に進んだが、そのなかには富裕層よりも貧困層に利した措置がいくつかあった。正式な施行は翌年にずれ込んだものの、１７８９年8月、憲法制定国民議会が封建領主の「人格的」な特権を廃止すると宣言した。地代は依然として払わなければならなかったが、支払いに対する小作人の抵抗は日増しに高まり、１７８９年後半から90年初めにかけて暴動が頻発した。農民は領主の邸宅を襲って帳簿や証書を焼き払った。この騒動に伴って、課税（間接税）に反対する暴動も広まったため、徴税は一時的に停止された。

１７９０年6月には、個人のあらゆる封建的な義務（賦役など）がついに無償で廃止され、共有地は地元住民のあいだで分配せよという命令がくだった。国民議会は度重なる地方での騒乱に対応すべく、特に負担の大きかった十分の一税をはじめとして、不人気な税をつぎつぎと廃止した。だが、それらに代わって新たに別の税が導入され、総じて負担は減らなかったため、農民の怒りは再燃した。「現物」に関する封建領主の権利（年貢など）は名目上はいまだ有効で、農民が年率の20〜25倍の補償を払って領主からその権利を買い上げない限り帳消しにはならなかったが、農民はその妥協策を拒否して、支払いを無視するか、もしくは反乱を起こした。1792年、地方で大規模な暴動が勃発したのをきっかけに、全土の大半で領主に対する襲撃が起こり、のちに「城戦争」と呼ばれた。

1792年8月にパリ市民がテュイルリー宮殿を襲撃すると、自らの権限に自信を得た立法議会は、地方の暴動に対処すべく、いよいよ全面的な改革に乗り出した。いまや土地を持っていた農民は、誰もが公式の所有者となった。封建領主がその土地の権利証書を具体的に提示できれば別だったが、慣例的な権利で成り立っていた封建社会では、そんなものはめったになかった。そして、その最低限の条件でさえも1793年7月にジャコバン派によって廃止された。この領主権の完全撤廃により、少なくとも紙の上では、富の重大な再分配がなされたことになった。なぜなら一定の地代を払っていた数百万の農民は、たとえ実質的には小規模自作農でも、公的には小作人の扱いとなっていたからだ。この考えでいくと、フランスの土地の40%——すでに農民が保有していたが法的には所有していなかった土地——が、1793年に正式に私有化されたわけである。そして所得の点からすると何より重要なのは、これらの土地に結びついていた封建的義務がいっさい廃止されたことだった。

ここで注意しておきたいのは、そもそも最初に封建制度の否定措置がとられた1789年8月の時点から、地方改革は常に「下からの突き上げ」——すなわち大衆の行動——に対する立法府の懸念が推進力になっていたということだ。ますます暴力的になっていった農民の行動主義と、中央の改革法制とが相互に絡みあい、その「弁証法的なプロセスが妥協策にはつながらず、むしろ双方を急進化させる結果となった」のである。(2)

土地の没収による平等化

土地の没収と再分配は、平等化をもっと強引に促進した。1789年11月、国民議会は教会が所有するフランス国内のすべての地所を接収し、国家の直轄とした。そのおもな目的は、新しい税を制定せずとも予算不足を補えるようにするためだった。これらの土地は「国有財産」と呼ばれ、広大な区画単位で売却されたため、その措置をありがたく享受できたのは、おもに都市のブルジョワと富農だった。しかし一般の農民も、これらの地所の30％程度を獲得したと推測される。１７９２年８月からは、亡命した貴族の土地も同じように接収されて売却された。この時は売却される区画面積が小さくなっており、その明らかな貧農支援策は、平等主義をもっと推進したい立法議会の狙いを反映してのものだった。

最終的に、農民はこの土地の40％程度も手に入れられた。没収された土地が最長12年の分割払いで購入できるようになっていたということも、それほど豊かでない農民にとってありがたい措置だったが、やがて急激なインフレによって分割払いの利息分が相殺されるようになり、最終的には誰にとっても有利な買い物となった。ただし全体として、再分配の規模はかなり限られていた。フランスの農地全体のうち、この方法で農民が獲得したのはわずか３％で、貴族と亡命者が仲介業者経由でこっそり土地の購入に参加することもできていた。土地の没収による平等化の効果は確かにあったが、過大評価はするべきでない[3]。

インフレによる平等化

インフレに火をつけたのは、１７９０年以降、ますます大量に発行されるようになっていたアッシニア紙幣だった。当初は没収した教会の資産を担保にしていたアッシニア紙幣だが、あまりにも大量に刷られたため、５年後にはその価値の99％以上を失っていた。インフレは良きにつけ悪しきにつけ、不平等に影響を及ぼした。国民はインフレによって無差別の税を一律に課されているようなものだったが、それは実質的には逆累進だった。富裕層はそれ以外の層にくらべ、資産を現金で保有している割合が低かったからだ。

しかし同時に、インフレはそれほど裕福でない者にも、いくつかの利点をもたらした。前述したように、分割払いにしていた農地と家畜の実質価格はインフレによって下がった。固定の地代がますます物納ではなく金銭で支払われるようになったことも、結果的に小作人の有利に働いた。インフレは地方の負債も一掃して、貧困層に味方した。逆に富裕層の側では、アンシャン・レジーム時代の債権者にはすっかり価値の落ちたアッシニア紙幣で部分返済されることになり、最悪の場合には負債がそっくりそのまま消えていた。要職を金で買っていた者も、価値の下がった通貨で報酬をもらうのでは大損となり、この慣習もエリートにとっては大きなしっぺ返しとなった。金で貴族に買われるのが普通となっていた高級官職に代表されるように、金銭ずくの取引のなかで培われていた資本の大半は、どうにも使えない状態のまま失われていった。(4)

富裕層への打撃

既存の富裕エリート層は大きな打撃を受けていた。かつて富裕層が享受できていた封建的な義務がいっさい廃止されたからだけでなく、教会の地所の国有化と、それに続く亡命貴族や政敵の財産没収がとりわけ痛手だったのだ。さらに1793年の戦争への大量動員は、莫大な金額を徴収する必要を生んだ。そのためパリでも各県でも、戦費を賄うために強制的に富裕層からの融資が集められた。各地の革命委員会はめぼしい負担者をリストアップし、支払い期限を1カ月とした。追加で創設された地方税の導入は、違法ながらも効果的に金持ちから搾り取れる手段として働いた。

「恐怖政治」が続くなかで、財産秘匿や価格統制違反の嫌疑をかけられた数千人が投獄された。パリの革命裁判所だけで、181件の死刑宣告がこのような罪に対してくだされた。そうした罪人の資産はすべて国庫に納められることになっていたから、当然、狙いは富裕層に向けられた。本節のタイトルに使った言葉は、派遣議員のジョゼフ・ル・ボンの演説から引用したものだ。彼いわく「共和国に対する罪で告訴された者のうち、われわれは金持ちの首をはねるために全力を尽くすべきだ。やつらが有罪というのは広く知られている[5]」。

フランスから逃亡する貴族はますます増えた。最終的には、貴族全体の1割を超す1万6000人がフランスを離れて安全な場所に移った。徹底的な迫害は1792年に始まった。翌年には政府の命令により、貴族の特許状や封建領主の権利証書などが公衆の面前で燃やされた。命を落とした貴族の数は、相対的に見れば少なかった。特別法廷で死刑を宣告された1万6594人のうち貴族は1158人で、全体の1％にも満たない。しかし、死刑を宣告される貴族の割合は次第に増えて、「恐怖政治」時代に頂点に達した。1794年の6月と7月のわずか6週間のあいだに首をはねられて、パリのすぐ東の「ピクピュスの庭」というかつての修道院の庭の2つの穴に埋められた1300体の遺体のうち、3分の1以上は貴族だった。伯爵や侯爵や公爵もいれば、その夫人、閣僚、将軍、高級官僚もいた。そして貴族でない者の多くは、貴族に雇われていた平民だった[6]。

フランスにとどまって生き残れた貴族は幸運だったが、失ったものも多かった。デュフォール・ドゥ・シュヴェルニー伯の回想には、こう綴られている。

私は革命の初めの3年間で、封建領主の年貢2万3000ルーブルを失い……ルイ15世に認められた国庫からの年金を失った。……私は国民軍の襲撃にも、ジャコバン派が課した莫大な税にも、愛国的寄贈という名目でのあらゆる徴発や接収にも耐えなくてはならず、手元に残ったのは銀器だけだ。……4カ月のあいだ収監された時には莫大な費用がかかった。……屋敷の名木は海軍に奪われ、徴発された穀物をブロワの軍の倉庫に持っていかずにすむ週はなかった。……そして言うまでもなく……封建領主の権利証書はすべて焼かれた……[7]。

地味な革命による地味な平等化

フランス革命が富裕層をいたぶり、貧困層を利している限り、ある程度の平等化は起こっただろうと想像がつく。だが、この傾向の全体的な方向性は明らかであるものの、その規模を見きわめるのは難しい。所得の分配に関して言えば、封建的な義務が廃止されたことで、労働者にはプラスの効果が、地主にはマイナスの効果があったはずだ。戦争への大量動員も、実質賃金を上げる効果があっただろう。ある計算によれば、地方の成人男性労働者の実質賃金は１７８９〜１７９５年で3分の1上昇した。フランス西部のある県では、収穫者の作物の取り分が6分の1から5分の1に増えた。都市労働者の実質所得が上がったという指標もある。１７８０年代から１８００年代までのあいだ、賃金の上昇ペースは穀物価格の高騰を上回っていたのである[8]。

富の分配に関しても、やはり土地所有の分配の変化に不平等の縮小があらわれている。ある新しい県では、１７８８年の時点で聖職者と貴族が土地の42％を所有していたが、１８０２年にはそのシェアが12％に下がり、一方、農民が所有する土地のシェアは30％から42％に上がっていた。だが、これは中間層が最も恩恵を受けたということでもある。フランス南西部のサンプルの場合、自分の所有地だけでは生計を立てられずに外に働きに出たり慈善に頼ったりしなければならない農民のシェアが46％から38％に減り、所有地で生計を立てられる農民のシェアが20％から32％に増えていた。長期的には、こうした変化にあらわれているように小規模な農場や自作農地は以前よりも安定し、生活はあいかわらず貧しいながらも、そうした土地所有者はとりあえず食べていくのには困らなくなった。

しかし改革は、土地資産の徹底的な再分配には遠く及ばなかった。多くの県では、ナポレオン時代になっても大地主は革命前と同じ一族で、没収で失われた土地の4分の1〜5分の1は、最終的に一族によって買い戻された。貴族の所有地全体のうち、永久に失われたのは10分の1にすぎない[9]。

フランスの所得分配に関して、その変化を見積もろうというクリスチャン・モリソンとウェイン・スナイダーのなんとも果敢な試みによると、所得分配の上位層ではシェアが減少し、下位層では増加したことが示されている（表8・1[10]）。

表8.1　1780〜1866年のフランスの所得シェア

所得シェア	1780年	1831年	1866年
上位10%	51-53	45	49
下位40%	10-11	18	16

この比較に問題があるとすれば、これはあくまでもフランスの労働者の所得分配に限られていて、不労所得で生活するエリートのシェアが含まれていないという点だ。そして、おそらくさらに重要なことに、これらの見積もりでは革命期（1789〜1799年）、その後のナポレオンによるフランス第一帝政期、さらにその後のブルボン朝の復古王政期とで、それぞれの時代に分配の結果がどうなっていたかの区別がつかないのだ。したがって、これらの数字からわかる以上に初期の平等化――1790年代前半に活発に行われた改革運動の成果――が際立っていたのか、そうだとしたらどれほど際立っていたのかを、確実に知ることは不可能だ。

たとえばナポレオン支持者が買い上げた土地は、ひょっとしたらその前に貧困層が入手できていたかもしれないし、復古王政の時代には、貴族を大半とする2万5000の世帯が革命時に没収された分の補償をされている。もしかしたら1790年代には所得の分配が一世代あとより大きく圧縮されていたのかもしれず、むしろその可能性は大いにある[11]。

とはいえ、20世紀の主要な革命によってもたらされた平等化に少しでも匹敵しうるような結果をフランス革命が生んだという指標はまったくない。土地所有、富の集中、所得分配のいずれにおいても、変化は微々たるものだった。もちろん、これは当事者にとっては決して小さなものではなかった。下位40％の所得シェアが相対的に70％も上がったという数字が正しければ、フランス社会の最貧困層にとっては非常に大きな向上だっただろう。だが、このプロセスは変革と呼ぶには程遠かった。この結論は、有産階級に対して向けられた暴力の度合いが比較的抑えめだったということと符合する。当時の保守的なオブザーバーをどれほど憤慨させていたとしても、後世の基準に照らせば、手段も野心もきわめて地味だったと言えるような革命は、それに応じて比較的地味な平等化しか生まなかったのである。

「すべての人間が共有できるよう、すべての物を神に捧げる」——太平天国の乱

この流れで見ると、19世紀のある革命的運動は、2つの点から特筆に値する。その共同体主義を掲げた野望と、それが招いた暴力の激しさだ。

1850〜1864年、中国の南東部は大部分が太平天国の乱に呑み込まれた。当時、史上最も残虐な紛争であったこの反乱は、2000万もの人命を奪ったと考えられている。これは清朝に対する蜂起であり、千年王国説の信奉者が「太平天国」の到来を期待したことによって燃え上がった。そもそもこの乱は、官僚になりたかったがなれなかった洪秀全《こうしゅうぜん》が、民衆の抗議という中国の伝統にキリスト教の要素をかけあわせた目標と計画を掲げたところから始まって、満州人の統治に対する抵抗感や国家官僚への憎悪、さらには民族間の緊張といった広範な国民の怒りを利用したものである。

神の崇拝と私有財産の否定

1850年から51年にかけて中国南西部で蜂起が始まった時、主力はほぼ農民で、ほかに炭焼き職人と鉱山労働者が加わっている程度だったが、あっという間に膨れ上がり、1852年には50万人、翌年には200万人規模の武装集団となっていた。「貧者の大軍」と呼ばれた一群は、中国の経済中心地のあいだを前進し、まもなく南京を陥落させると、そこを地上の太平天国の新しい首都に定めた。

数千万人を支配下に置いた太平天国の指導者層は、神の崇拝を奨励し、より世俗的には、漢民族の外国人支配からの解放を訴えた。そこに社会的な理念も加わった。物を所有していいのは神だけという思想から、私有財産は少なくとも概念としては認められなかった。普遍的な人類愛の称賛は、ひとつの家族のように全員で寄り集まることと解釈された。こうした崇高な思いを最も純粋に表現した一文が、1854年初頭にはじめて発表された「天朝田畝制度」という文書に残されている。その制度はこのような前提のもとにあった。

この地上にいる人間はみな天上におわす主なる神の家族であり、地上の人びとが自分で使おうとする物を何も持たず、すべての人間が共有できるよう、すべての物を神に捧げる時、この全土のあらゆるところが均等となり、誰もが衣食に困らなくなる。これこそ主なる神が太平天国の王を地上にお遣わしになり、世界を救わせようとした理由だ[12]。

理想では、すべての土地が均等に成人男女全員に分け与えられ、子どもにはその半分の広さが与えられて、「共有地として耕される」はずだった。土地は生産性に応じて格付けし、完全な平等を達成するために等分される。全員に標準的な分け前を与えるだけの土地がない場合は、土地がある場所に人間が移ることにする。各世帯はそれぞれ5羽の鶏と2頭の雌豚を育てるようにする。25世帯ごとに、生活に必要な分を超えた余剰を共同で保管しておくための聖庫を設ける。こうした徹底的な平等主義にもとづく地上の楽園は、大昔の中国の「均田制」に歴史的な起源を持つものだったが、どういうわけか、平等を維持するための定期的な再分配がいつしかできなくなっていた。

だが、その過失は、たとえ実際に過失だったとしても少しも問題にならなかった。理由は単純で、当時この計画が実際に行われていた形跡はなく、周知されてさえいなかったようだからだ。進軍の初期段階では金持ちの家や地所が襲われることもあり、その略奪品の一部は地元の村人に分けられたものの、大部分は反乱軍に持っていかれた。こうした行動がもっと広範な分配制度に発展することはなく、ましてや組織的な土地改革や実際の農業共産主義につながることもなかった。

清朝が激しく抵抗し、やがて反撃に出ると、太平天国軍は自分たちの作戦資金が枯渇しないよう、収入の流れを維持することばかりに腐心した。その結果、従来の地主と借地人の関係はほぼ無傷で存続した。変化はせいぜい、細かいところで多少は起こった、という程度だった。たとえば江南地方では、清の土地記録と納税記録が大量に破棄され、多くの地主は逃げたか、もはや地代を徴収できなくなっていたので、太平天国の新政権は小作農から国の代理人に直接税金を納めさせることを一時的に試みた。だが、結局それは長くは続かなかった。税は以前より下がったかもしれず、借地人は高い地代の請求に抵抗しやすくなった。

太平天国は清が与えていたような富裕層への特権を認めなかったから、全体でも正味でも、いくらかの所得分散は発生しただろう。地主は賃借人から強硬に抵抗され、さらに今度は特別税も加算された税金を全額払うことを求められて、所得がますます下がろうとするのをただ眺めるしかなかった。

理想でしかなかった反乱

だが、これらすべてをもってしても、ユートピア計画で想定されていた組織的な平等化は到底果たされず、絵に描いた餅で終わった――そもそも実現させるつもりもなかったのかもしれない。そう察せられるのも、従来の土地保有権がおおむね維持されていたのに加え、太平天国の指導部は女性をはべらせ宮殿に住むという豪奢な生活を当然のように要求するなど、むしろ階層分化を熱心に歓迎していたからだ。１８６０年代に清が太平天国を武力で壊滅させ、その時の戦闘と飢餓で何十万もの命が失われたが、それで平等主義の実験がつぶされたわけではない。そんなものは最初からなかったのだ。共同体主義の教理にしろ、農民の大規模な軍事動員にしろ、著しい平等化をもたらしたようには思われないし、実際にもたらしてみたところで持続させられなかっただろう。１９１７年以前には、イデオロギーにもとづく目標と前産業化時代の現実との隔たりがあまりにも開きすぎていて、とても力ずくでは埋められなかった[13]。

「力によって暮らしをよくしようとする地方の人びとのために」――地方の反乱

歴史に残る有名な民衆蜂起の大半についても、事情はほぼ同じだ。有史以来のほとんどの時代では、ほとんどの人が農民だった。そして近代以前はどの社会でも、土地の所有権と農産物の支配権の構成しだいで、富と所得の分配がおおかた決まった。したがって革命的な手段による平等化を調べようとするなら、地方反乱の効果にこそ注意を向けなくてはならない。たいていどこにおいても、地方反乱はきわめてありふれた事象だった。時代や場所によっていろいろ違いがあるように見えても、それは個々の条件による違いというよりも、むしろ証拠の性質による差異なのではないかと思われる。とはいえ、そのように頻発していた地方反乱が、正真正銘の革命に発展して明らかにそれとわかるような平等化を果たしたという事例は、めったにない。(14)

メキシコ革命の土地改革

最もそれに近そうな事例となると、やはり、比較的最近のものが多い。たとえば1910年のメキシコ革命に続いて行われた土地改革がそのひとつだ。メキシコではアステカ帝国の昔から、ずっと資源の不平等が大きかった。16世紀にはスペインの征服者が本国から許可を得て、広大な土地と多大な強制労働力を手に入れた。1810～1821年にメキシコ独立戦争が起こったが、それまでの富裕層だったペニンスラール〔イベリア半島生まれの白人〕が、新たなエリート層のクリオーリョ〔現地生まれの白人〕とメスティーソ〔白人とラテンアメリカ先住民との混血〕に入れ替えられただけで、土地所有の集中化は19世紀後半になっても着々と進んだ。富裕層は国と結託して、さらに土地を獲得し、商業化の進行による利益も手に入れた。

こうして革命前夜の貧富の格差は、極端なまでに大きくなっていた。全国民1600万の3分の2が農業部門に従事する国で、その国土の半分以上が1000の一族と企業の支配する6000の農園で占められていた。地方住民のほとんどは土地をわずかしか持たないか、あるいはまったく持たなかった。およそ半分は小規模自作農だったが、持っている土地の権利はいつ奪われるか知れず、残り半分の住民は広大な農園に雇われて、高い地代を払いながら重労働を提供した。債務のある農民は土地に縛りつけられて、ただ働きをするしかなかった。中央部のメヒコ州では、家長が財産を持つ世帯がたった0.

5％で、土地を持っているのはわずか856人、そのうち64人が大農園（アシエンダ）の主（アセンダード）として、全私有地の半分以上を所有していた。経済的な豊かさと政治的な権力の両方が、こうしたきわめて少数の支配階級に集中していた(15)。

もともとメキシコ革命は、競合するエリート間の派閥闘争として始まったものであり、特に土地改革を目玉にしていたわけではなかったが、革命に動員された地方の軍勢は、再分配という独自の目標を掲げていた。各地で武装集団がアシエンダを乗っ取った。最も有名なのは、エミリアーノ・サパタ率いる農民軍が南部の大農園を占拠して、土地を再分配した例だ。

これだけ地方で暴動を起こされては、すでに弱体化していた中央権力も、さすがに手を打たなければならないことに気がついた。ついに公益が私益に優先することが認められ、1917年の新憲法で財産没収が合法化された。こうしたことが公式に決められたのも、ひとえに農民軍をなだめる必要に迫られたからだった。トップダウン式の法制化ではなく、各地の暴力こそが再分配の推進の決め手だったのである。

とはいえ、1920年代を通じて貧困層への土地の正式な割り当てはなかなか進まず、一方で、地主は没収請求の上限を定めてもらうなどの譲歩を引き出した。1915年から33年のあいだに再分配された土地はほとんどが不毛だった。33年まで、年間に再割り当てされる土地は全体の1％にも満たず、そのうち、実際に耕作ができる土地は4分の1未満だった。地主は差し止め命令を請求できるようになっており、さらに外国の介入のおそれも加わって、広大な私有地の徹底的な没収にはいっそう歯止めがかかった。

大恐慌後の再分配の加速

しかし世界大恐慌ののち、その余波――失業と所得減――がついに改革への圧力を強め、それまでよりも急進的なラサロ・カルデナス政権のもとで再分配が加速した。カルデナスは1938年に石油産業の国有化も断行した。1934～1940年で耕作可能な土地の40%が没収され、債務を抱えた農民にも分配を得られる資格が与えられた。土地は借地人や労働者や私有地の少ない小作人に分け与えられ、村の共同農場（エヒード）として組織されたが、そこでの耕作は小区画ごとに行われた。これらの措置に関しても、やはり農民の動員がなければ必要な推進力は生まれなかった。結果として1940年までには、国土の半分が土地改革の対象となり、貧しい地方住民の半数がその恩恵にあずかっていた。そして10年後、土地所有者の割合は1910年の3%から人口の半分以上にまで増えており、68年には、農地全体の3分の2の所有権が移転していた。

ここまでの過程にこれほどの時間がかかったことに、選挙制民主主義の枠組みで大規模な再分配と平等化を果たすことの難しさと、再分配の実施を迅速に始めたり加速したりするのに不可欠なのは衝撃――地方の暴動と、その後の大恐慌――だったことがよくあらわれている。メキシコでは、共産主義者の革命や政権奪取につきものの急激な再編成のようなことは起こらなかったが、農民の動員が再分配に向かっての勢いを生み、持続させ、既存の支配層の抵抗にも耐えさせた。かなり改革的なカルデナス政権でさえ、決定的にこの助力に依存していたのである。(16)

農民主体の革命――ボリビア、エルサルバドル

似たような展開は1950年代のボリビアにも見られる。1951～1952年のボリビア革命は、

先住民の農民ばかりかスペイン語系市民まで厳しく弾圧していた少数独裁権力に向けられたものだった。先住民のインディオの大半は、大農園で農奴として働くか、もしくは最もよい農地を農園に奪われた共同体で暮らしていた。蜂起が始まると、組織された農民は大農園を占拠して建物に放火し、不在農園主に地所を放棄させた。革命後の1953年に実施された農業改革は、まともに管理されていない大農園を没収し、それ以外の農園の規模を縮小させるというものだったが、実質的には、すでに十分に進んでいたプロセスを追認したにすぎなかった。農地全体の半分以上を占めていた大農園が、小作人と近隣農民のものになり、結果として貧困層の半数以上が農地を手に入れられるようになっていた。

だが、暴力による抵抗は常に成功するわけではない。エルサルバドルでは1932年1月に共産党の率いる農民蜂起が起こったが、わずか数日で失敗に終わり、軍が農民を大量殺戮する事態となった。この事件は「マタンサ」（虐殺）と呼ばれる。その後に一時しのぎのような改革措置もとられたが、効果はないに等しかった。実際、近い過去においても農民主体の革命が成功した例はめったに見られない。土地改革を推進するうえでは暴力が、もしくは暴力の脅威が決定的な役割を果たすということと、平和裏にそれをなそうとする試みの大半が失敗するということについては、追って第12章で詳しく論じる。[17]

中国の農民反乱

近年の発展途上国の例はここまでとして、次は再び近代以前の時代に目を向けてみよう。とりわけ中国の歴史には、記録の残る農民反乱の例を潤沢に見ることができる。経済史学者のケント・ガン・デンは、秦朝の滅亡から清朝末期までの2106年に及ぶ歴史のなかから、大規模な農民反乱と見なして取り上げた269件もの事例を調査している。その多くで掲げられていた目標が「平等」、特に土地所有に関する平等であり、反乱軍が実施した措置のなかでも特に目立っていたのが富と土地の再分配だった。

ほとんどの反乱は失敗に終わったが、それでも税制改革や土地の再分配を訴えることにより、変化を促す触媒としての働きはした。そして既存の体制をどうにか覆すことのできた場合には、デンが言うところの「腐敗した国家機構にとどめを刺すもの」、および富を再分配するものとしての役目を果たした。この問題については次の第9章で、国家の破綻とその平等化効果に絡めて再び取り上げる[18]。

しかしながら、平等化という目標をいくら反乱軍が高々と掲げていても、その反乱が成功した場合でさえ具体的な変化は最小限しかないか、もしくはまったくないことが多いというのも注目に値する。明朝末期の李自成《りじせい》の乱が格好の一例だ。牧夫出身と伝わるこの反乱の主導者は、ほとんどが農民からなる大軍を率いて明朝を打倒した。1644年、李自成は短い期間ながら皇帝を自称して北京を占拠したものの、進軍してきた満州族に大敗した。彼は富を軽蔑し、富裕層の財産を没収して再分配する計画を立て、さらには土地所有の平等化まで目指していたと言われるが、どれひとつとして実現しなかった。すでに見てきた2世紀後の太平天国の乱も、これよりもっと規模は大きく長続きもしたが、何も実現しないという点ではほぼ同じだった[19]。

古代ギリシャとローマの奴隷蜂起

中国は、地方反乱の記録が遠い昔にまでさかのぼって残っているという独自の点において傑出している。ほかの古代社会では、今に残る証拠がずっと少ない。むしろ奴隷所有社会だった古代ギリシャと古代ローマでは、農民の反乱ではなく、奴隷の蜂起やそれに類似する出来事が記録に残っているが、それはおそらくたまたまではないだろう。原理的には、大規模な奴隷解放はきわめて有効な平等化のメカニズムとして働いたはずである。なぜなら奴隷がたくさんいる環境では、奴隷はエリート層が所有する大量の資本の具現化であり、その資本が突如として消失すれば、全体的な富の分配が均されることになるからだ。アメリカの南北戦争の影響として起こった「オールドサウス」での平等化が、第6章で見たとおり、この効果の何よりの証拠だ。

とはいえ、そういうことはめったに起こらなかった。たとえば紀元前413年のスパルタの侵攻でアテナイの奴隷2万人以上が脱走したと言われる事件は、間違いなく富裕層にとって大損失だったろうが、これは国家間の戦争に便乗した出来事であって、厳密には反乱ではない。メッセニアのヘイロタイ（ヘロット）――スパルタの市民戦士階級が支配していた農奴のようなかたちの共有奴隷――が紀元前370年に外国の干渉によって解放された時も、多少の平等化は起こったに違いない。しかしこれも、ヘイロタイの自発的な行動によるものではなかった。実際、これより前の紀元前462年に起こったヘイロタイの蜂起は失敗に終わっている。

ローマの属州シチリアで発生した2度の大規模な奴隷蜂起（紀元前136～紀元前132年ごろと、紀元前104～紀元前101年ごろ）には、平等化を果たせる可能性が多少はあった。これらは独立した「奴隷」王国の樹立を目指した反乱だったから、達成できていれば大地主から地所と所得を奪っていただろう。だが、どちらも成功しなかったし、紀元前73～紀元前71年にイタリアで起こった有名なスパルタクスの反乱も失敗だった。

ローマ帝国後期の暴動

ローマ帝国後期のいくつかの集団が起こした暴動に、平等化を目指した地方擾乱や反乱の様相が見えると解釈されたこともあった。だが、4世紀後半から5世紀初期にローマ帝国支配下の北アフリカで起こったキルクムケリオーネス運動を、14世紀にフランスで起こった「ジャックリーの乱」と同じようなものだと現代の視点から見なすのは、あまりにも実証的な根拠に欠ける。この2つのあいだの確たる共通点と言えば、どちらも当時の記述が敵意に満ちた表現で、反乱の首謀者のことを社会に対する脅威だと決めつけていることくらいだ。「地方の反逆者が地主に対抗して立ち上がる」、「借用証が債権者から奪い取られて債務者に返された」という説明は、今でも使われる階級闘争の二大主張だ。とりあえず確実に言えるのは、キルクムケリオーネスは聖アウグスティヌスの時代のキリスト教の宗派紛争に巻き込まれた暴力的な移動農業労働者の集団だったということだけである。

むしろ、わずかながらも見込みがありそうなのは、ローマの属州ガリアで起こったバガウダエ運動だろう。これはまず叛徒として西暦3世紀の史料にあらわれ、その後5世紀に再び登場しており、明らかに当時の危機とローマ支配の弱体化に関係している。もちろん、彼らはただ権力の空白に乗じて地元の支配権を主張したか、もしくは主張しようと試みただけなのかもしれない。農民反乱や階級闘争という見方を裏づける証拠はほとんどないのだ――時に数少ない資料がいかにもそのように見せかけているとしても。[20]

中世ヨーロッパの農民蜂起――フランドルの反乱

ヨーロッパで農民蜂起の報告がいろいろと出てくるようになったのは、中世の後半になってからだ。無数の都市暴動とあわせて、そうした報告は近代初期まで綿々と続いた。ある研究によれば、中世後期のドイツだけで、農民の反乱は60件以上、都市部の蜂起は200件前後にも及んだ。さらに範囲を広げた中世のイタリア、フランドル、フランスについての調査からは、はるかに多くの事例が出ている。

1323〜1328年のフランドルの農民反乱は、1524〜1525年のドイツ農民戦争以前では最大の地方反乱であり、その初期の成功の大きさに限っては、ほかに類を見ないほどだった。農民軍はまず都市の支持層と連合して、貴族と騎士を駆逐した。さらに特権階級と役人も追放した。1323年にブルッヘ（ブリュージュ）市民が蜂起して領主のフランドル伯ルイ1世を捕らえ、5カ月にわたって監禁したころには、反乱組織はフランドル地方の大部分を支配下に収めていた。

しかし反乱にかかわった都市住民と地方住民との利害が対立し、フランス軍が介入するおそれも出てきたため、1326年に和平が結ばれたところ、農民の自治が著しく制限され、罰金と延滞金の支払いまで課されそうになった。民衆議会で選ばれていた農民のリーダーが交渉から外されたため、これらの条件は地方反乱軍からたちどころに拒否された。反乱軍は権威を立て直して領土の大部分を引き続き支配するに至ったが、ついに1328年にフランスとの戦いで敗北した。農民の支配下でどれほどの平等化が進んだかは、いまだ答えが出ていない。農民は亡命者の土地の一部を没収して再分配し、税制や司法を含めた独自の統治を構築した。

そして平民は、評議員、市会議員、領主に対して反乱を起こした。……彼らは自分たちの砦の指導者を選び、法に逆らって集団を組織した。そして進軍し、評議員、市会議員、領主、徴税人を残らず捕えた。逃亡した領主がいれば、その屋敷を破壊した。……反乱に加わったのは全員が平民と地方住民だった。……彼らはフランドル西部にある貴族の館をすべて焼き……その所持品をすべて略奪した。[21]

裕福な地主の持ち物だった動産と作物が整然と没収されたことは、のちの補償請求が確かに裏づけていた。それとくらべて今ひとつ不明なのは、過激な蛮行と暴力行為があったという史料の記述が、はたして悪意のあるプロパガンダだったのか、それとも事実にもとづいていたのかという点だ。ところどころで金持ちを殺したというような残虐行為に言及しているが、かなり疑わしい。それに引き換え、反乱軍がカッセルで敗北し、3000人以上の農民が命を落とした時の、反乱軍に対する残酷な報復については十分に記録が残っている。勝利を収めたフランスの騎兵隊はすぐに市民の虐殺にかかり、反乱の首謀者は逮捕されたのち処刑された。

勝利を収めて意気揚々としたフランス王は、これらの事態を快く思わなかった。なぜなら全能たる神の力をもって王が統治しているのだから……王は村を焼き、反逆者の妻子を虐殺した。彼らの罪と反抗に対するこの復讐がいつまでも忘れられることのないように。

次いで速やかに和平が結ばれ、あわせて圧倒的な額の滞納金と補償金が請求された。ある意味で、この反乱は成功したからこそ失敗したのだとも言える。心底震え上がったエリート層は、ローマ教皇のお墨つきを得て国際的な鎮圧軍を組織し、ほかの地域の農民がフランドルの例にならう前に、これを徹底的につぶしたのである。一次生産者の武装抵抗がいかに強力な弾圧を呼ぶものか、それがはっきりとわかる初期の一例だ。この状況では、持続可能な平等化の実現は望むべくもなかった[22]。

ジャックリーの乱

同じことが1358年にフランス北部で発生した「ジャックリーの乱」にも言える。こちらはわずか2週間しか続かなかった点と、組織としての結束力が明らかに欠けていた点が、フランドルの蜂起と大きく異なる。ジャックリーの乱では、農民が各地で貴族の城や屋敷を襲って破壊したが、最後にはメロの戦いで騎士の騎馬隊に敗れて鎮圧された。エリート側の史料には、地方の暴徒が犯したという残虐行為がこれでもかとばかりに記されている。その最たるものが、妻子の目の前で串刺しにされて火あぶりにされた騎士を描写したジャン・ル・ベルの有名な文章だ。

武装した一団は軍旗を掲げて前進し、郊外を荒らし回った。貴族を見つければ片端から、たとえ自分たちの領主であっても容赦なく殺し、虐殺し、殺戮した。……貴族の屋敷と砦を徹底的に破壊し……遭遇した貴族の婦人とその幼子に残虐な死を味わわせた。

実際に農民がどのようなふるまいをしたか、確実なことはわからないが、支配階級の反応については疑う余地がない。

騎士と貴族は力を取り戻すと、復讐に燃えて結集した。あちらこちらの村を襲い、その大半に火をつけ、農民を一人残らず惨殺した。自分たちに害をなしたと思われる相手だけでなく、手当たりしだいに全員を殺した。[23]

ワット・タイラーの乱

実際にどれほど残虐であったかはともかくとして、この類いの地方蜂起が当時の強固な不平等をどうにかできる見込みはまったくなかった。ある程度は実現できた例でさえ、その数は決して多くなかった。たとえば1381年にイングランドで起こったワット・タイラーの乱も、明らかに失敗だった。

フランスでの戦争の費用を賄うために課せられた新しい税金が反乱のきっかけだったが、根本的には、黒死病が原因で起こった労働費用の上昇から得られる利益を守りたいという民衆の願望が原動力になっていた。本来なら得られるはずの利益を、エリート層が労働法と封建制を盾に取って押さえ込もうとしていたのである。この動きはすぐに鎮圧されたが、その前に反乱軍はロンドン塔を占拠し、市内の宮殿や邸宅を荒らし回り、国王リチャード2世とじかに会見し、カンタベリー大司教兼高等法院首席判事を含む数々の名士を処刑した。同時に、イングランドの東部を中心として、ほぼ全土で蜂起が発生した。反乱軍が実際にどう考えていたかはわからないが、当時の文書はこんなふうに伝えている。

彼らは本当はもっと過激な、血も涙もない悪事を計画していた。この一帯の貴族と有力者の全員を完全に叩きつぶすまで一歩も譲らないつもりだったのだ。

これは14世紀の歴史家ヘンリー・ナイトンによる偏った記述だが、ともあれ、そのようなことは起こらなかった。わずか数週間でいっさいが終わり、反乱軍の首謀者は捕えられて処刑され、1000人以上の叛徒が命を落とした。「人間は誰しも自由で、誰しも同じひとつの条件のもとにあるべきだ」とワット・タイラーが訴えたとされる要求は完膚なきまでに踏みにじられ、労働法は改正されず、農奴制も廃止されなかった。だが、にもかかわらず、このあと労働者の実際の生活条件は改善に向かった。それは、忌まわしい人頭税が廃止されたこととはほとんど関係がなかった。

暴徒の反乱よりよほど効き目のあった暴力が、平等化をいやでも推進させた。疫病が頻繁に発生して労働対価を上昇させたのである。追って第10章と第11章で見るように、細菌は人間による蜂起がどうがんばっても望めないほど有効に、不平等を撲滅した。農民の暴力も、それを迎え撃ったエリートの暴力も、大流行した伝染病の殺傷力の前では取るに足らない力だった。[24]

一時的な成果と多くの失敗

たとえ一時的にでも、暴力が改善に直結した例はごく稀だった。１４０１〜１４０４年にフィレンツェの支配領域にある２００以上の山村が反乱を起こした時には、「フィレンツェの焼き討ちに喜び勇んで赴かない農民は一人もいなかった」とパゴロ・モレッリの『覚書』にあるように、その並々ならぬ決意によって十分に支配都市から具体的な譲歩を引き出すことができた。何よりの戦利品は免税と債務免除だった。しかしながら、こうした規定だけで安定した平等化を維持できたかと言えば、それはおそらく無理だっただろう。

同様に、１４６２年から１４７２年まで続いたカタルーニャの農奴反乱《レメンサ》でも、ほとんど成果はなかった。これは黒死病によって労働力が希少になっていたため封建領主が農奴に対する圧力を高めた結果、反動として起こった争乱だった。スペインのほかの地域でも、１４５０年の反乱、そして１４８４〜１４８５年の反乱が、ともに失敗に終わった。

１５１４年のハンガリーでは、オスマン帝国に対する十字軍遠征に領主の命により動員された農民が、ドージャ・ジェルジュの指揮のもとに蜂起して、荘園を襲い、領主を殺した。だが、国王軍に敗北を喫したあとの反乱軍には、例のごとくとてつもない惨劇が待っていた。

西欧最大の地方蜂起は、１５２４〜１５２５年のドイツ農民戦争だった。ドイツ南部の大半を巻き込んだこの戦いは、疫病の影響で上昇していた所得を維持すること、および封建領主の特権と共有地の侵害に抵抗することを目標として、次第に広まった反権威主義の考えがさらにそれを下支えした。農民軍は城を襲い、修道院からの物資供給も確保したが、彼らの切迫した願いでは、普遍的な平等化には至るべくもなかった。農民軍の要求はもっぱら税の削減と、封建領主への義務と農奴制を制限させるか停止させることだったのだ。身分制の撤廃や、私有地と鉱山の国有化など、指導者の一人のミヒャエル・ガイスマイアーが訴えたような急進的なユートピア構想は、いつまでたっても主流にはならなかった。失敗は重なり、血にまみれた。一連の戦いが敗北に終わり、その戦闘と敗戦後の弾圧で、10万人もの農民が命を落としたと考えられている。例によって、エリートの反撃は最初の農民の行動より格段に暴力的だった[25]。

ほかも同じだ。1278年、ブルガリア人は自分たちの上にいつのまにか「農民皇帝」が君臨していると思ったかもしれない。モンゴル軍の襲撃に対抗するために農民を動員した元豚飼いのイヴァイロが、その後、現皇帝をその座から追い落としてしまったのである。だが、この反乱を社会運動としたがるマルクス主義的な解釈とは裏腹に、現代の学者は「イヴァイロや彼の支持者が社会の不正に抗議したとか、社会変革を目指したという証拠はまったく見つからない」と結論している。いずれにせよ、彼が皇帝だったのはわずか1年のあいだだった。

ロシアでは1670～1671年に、コサックに支持されて南部で大規模な農民蜂起を率いたステパン・ラージンが、転覆活動を訴える声明文をばらまいた。そのうちのひとつには、エリート貴族を罰し、階級や特権を廃止して、コサックの平等を推し進めると書かれていた。この運動もおびただしい血を流して失敗に終わった。

同様の例はまだまだある。1549年にイングランドで起こったケットの反乱は、農民の生計を著しく脅かすエンクロージャー（囲い込み）に対抗したものだった。1773～1775年のプガチョフの反乱は、農奴制の強化を阻止することがおもな狙いだった。1790年のサクソン系農民の反乱は、土地を荒らす貴族の狩猟権に対する怒りに端を発していた。1846年のガリツィアの農民蜂起は、封建領主への義務に対する抵抗だった。インドのマラバル地方で1921年に起こったモープラーの反乱

も、やはり領主の特権強化に対する農民の抵抗から始まった。(26)

反乱の背後にある原動力

概してばらばらな事象にも、ある程度の秩序を見いだせないかということで、近年では、反乱の背後にあった具体的な民衆の懸念や原動力が特定されてきた。

中世後期のイタリア、フランス、フランドルでは、領主との直接的な敵対関係が原因だったことはほとんどなく、それよりも政治的な色合いの濃い、おもに財政的な虐待に起因する反乱の方がずっと一般的だった。14世紀後半には、黒死病による混乱がつぎつぎと蜂起を発生させた。16世紀の反乱は、農奴制の復活に反応したものである。17世紀には、直接税を介した国家の財政拡大に農民が抵抗しようとした。直接税は地方にとっては、都市部にとってよりも大きな痛手となるからだ。そして18世紀後半の地方反乱は、いまだ残っている隷属的な制度をそろそろ完全に取り去らねばならないという意識が高まったことによるところが大きい。

農民反乱はしばしば租税反乱として始まった。たとえば1323〜1328年のフランドルの農民反乱、1381年のワット・タイラーの乱、1382年のルーアンの反乱、1437年のトランシルヴァニアの農民反乱、1514年のヴュルテンベルクの「貧民コンラート」の乱、1515年のスロヴェニアの農民反乱、1542〜1543年のスウェーデンのダッケの反乱、1595〜1596年のフィンランドの棍棒戦争、1594〜1707年に4度発生したクロカンの乱と呼ばれるフランスの農民蜂起、1653年のスイス農民戦争、1796〜1804年の中国の白蓮教徒の乱、1834年のパレスチナの農民反乱、1862年の朝鮮の壬戌《じんじゅつ》民乱、1906〜1907年に始まったルーマニアの農民一揆、1920〜1921年のタンボフの反乱と呼ばれる反ソヴィエト農民反乱などだ。

さらに1524〜1525年のドイツ農民戦争と、1894年の朝鮮の甲午農民戦争にも、やはり租税がらみの要素があった。17世紀のフランス、ロシア、中国で起こった主要な蜂起についても同様だ。ほかにも挙げれば切りがないが、ひとまずこれらを代表とする。[27]

中世後期の先例と同じく、近代初期の反乱も、所得と富の分配にそれとわかるような効果を及ぼすことはきわめて稀だった。ドイツ農民戦争は払った犠牲と引き換えに、長い目で見ればドイツ南部の農民にとって利となる譲歩を獲得できた。農場領主制（再版農奴制）の拡大が及んでこなかったおかげで、南部の農民はこの戦争に参加しなかった北部や東部の農民と同じ道をたどらずにすんだのである。1653年のスイス農民戦争は、税の軽減と債務の免除という、もっと直接的な効果に結びついた。これらの例は、暴力的な抵抗が効果を生む場合も確かにあることを示している。だが、全体を見れば明らかだ——もっと大幅な平等化は、前近代の農民反乱の力の及ぶところではなかったのである。それは志の問題でもあり、能力の問題でもあった。

歴史家のイヴ＝マリ・ベルセが言うように、「完全なる権力を掌握することに成功した反乱はほとんどない。そもそも彼らは、そんなことをしようとは考えてもいなかったのだ」。実際、反乱がそのような結果に近づけば近づくほど、1320年代のフランドルの農民反乱がまさしくやりかけた時のように、それに対抗するいっそう強い反撃力を解き放ってしまうのである。[28]

「人民万歳、強欲な狼に死を」
——都市と都市国家における反乱

地方反乱に言えることは、都市暴動にはなおのこと当てはまった。歴史を通じて、たいていの都市はそのまわりを広大な地方に囲まれており、都市人口は地方の農民の数に圧倒的に負けていた。どこかの町で反乱が起こっても、支配者と貴族は周辺地域から兵士も武器も資源も集めて、その反抗的な町をひざまずかせることができた。1871年にパリ・コミューンが崩壊した時の「血の一週間」は、比較的最近の一例にすぎない。都市反乱に成功の見込みが多少なりともあるとすれば、弾圧するための資源を、在住のエリート層が容易に外部に頼れない自治都市国家においてだったろう。

古代ギリシャに革命はあったか

第6章で見たように、古代ギリシャは、軍事大量動員と平等主義の同時発生をみごとに示す最初の例のひとつだった。そこで知りたくなるのが、そうした環境からはやはり全面的な平等化を目指すような、あるいは実際にそれを達成するような革命的な運動も生まれたのだろうかということだ。

古代ギリシャの演劇やユートピア論には、確かに急進的な構想が登場する。紀元前392年にアテナイで上演されたアリストパネスの喜劇『女の議会』では、アテナイの女たちが私有財産と家族制度を廃止して、全員の平等を法律で定める。それから4年後に上演されたアリストパネスの『福の神』では、不相応に蓄えられた富が持ち主から奪われる。プラトンは『国家』において「国家はひとつではなく2つ、貧しい者のための国家と富める者のための国家」があるという概念に悩まされ、その後の『法律』では、富裕な市民と貧しい市民の動産格差の最大比が4対1になることを夢見た。

さらに過激なユートピア主義者もいた。哲学者エウヘメロスは紀元前3世紀初期の著作にパンカイアという架空の島を登場させた。そこの住民は家と庭以外に私有財産をいっさい持たず、ほとんどのものが平等に供給される。紀元前3世紀にエウヘメロスのあとに登場したイアンブロスは、「太陽の島」について書いた。この島には私有財産もなければ家庭生活もなく、完璧な平等性を特徴としていた——したがって幸福だというわけだ。[29]

とはいえ、古代ギリシャにこんなことが本当にあったという形跡は皆無である。のちの時代とまったく同じく、目覚ましい平等化には著しい力が必要だったのだろう。記録に残っている最も極端な例は、紀元前３７０年のアルゴスの内戦かもしれない。このペロポネソス半島の中心都市での内戦で、１２００人の裕福な市民が形式だけの裁判で死刑を宣告され、棍棒で殴り殺された。その資産は没収されて民衆に与えられた。だが、このような毛沢東時代の中国を髣髴《ほうふつ》とさせるおぞましい光景は、かなり珍しい部類だった。のちの第12章で見るように、古代ギリシャの記録に残る土地改革は、おおむねクーデターには関連しているものの、そこに近代の革命の場面に見られるような大規模な暴力は伴っていないことが圧倒的に多い。[30]

野心的な都市反乱はあったか

真に急進的な都市反乱は、古今を通じてめったに見られない。ひとつ目立つものとして、１３４２〜１３５０年にテッサロニキで起こった「ゼーロータイ」〔ビザンツ帝国の宗教的急進派〕の反乱がある。この時は民衆が都市の支配権を奪い、貴族を殺してその財産を取り上げ分配した。だが、敵側が彼らを過激派のように描いた史料は残っていても、組織的な没収や再分配が計画されていたという証拠はまったくない。

あるいは、古代ギリシャの都市国家文化と並び、独立した都市国家の集合体であることが多かった中世から近代初期のイタリアも、いかにも野心的な都市反乱を見いだせそうな有力候補だ。実際、イタリアには都市暴動の記録が数多く残っている。しかし地方反乱で地主と直接敵対する例がほとんどなかったのと同様に、ここでの都市暴動も、経済問題がきっかけだった場合はあるにせよ、資本家や雇用者を標的にした例はきわめて少なかった。それよりずっと多かったのは腐敗や職業的な排除に不満を持っての暴動と、やはり租税反乱だ。

そして地方の蜂起と同じく、都市でも比較的控えめな目的を掲げた反乱は概して失敗した。わかりやすい例が、1378年にフィレンツェで発生した有名なチオンピの乱だ。労働市場をひどく不平等なものにしている商工組合に入れてもらえずにいたチオンピ（梳毛職人《そもう》）が中心となって起こした反乱である。彼らはフィレンツェを占拠することに成功したが、その要求は慎ましいものだった。新たに組合を創設して、そこに加入できるようにすることと、富裕層に課税することだ。それだけの運動でも、反対勢力はこれを叩きつぶし、例によって血の雨が降った。(31)

「こうして彼らは全滅した」――前近代の反乱の結末

このタイトルは、『ヴァロア朝の最初の4代の記録』（*Chronique des quatre premiers Valois*）という史料のなかで、短命に終わった1358年のジャックリーの乱を起こした農民たちについて言及した部分だ。そして実際、これは歴史を通じてじつによくある結末なのだとわかっている。

1932年のエルサルバドルでの蜂起では、共産ゲリラが殺したのはせいぜい30〜40人程度だったが、軍はその後の鎮圧でもっと大勢を殺した。犠牲者のなかには女性も子どももいた。その数は概算で8000人から4万人と幅がある。この結末は、あながち予測がつかないでもなかった。反乱直前、反乱側の指導者の一人であるアルフォンソ・ルナが、戦争大臣のホアキン・ヴァルデスに「農民は鉈《なた》であなたがたが与えまいとしている権利を勝ち取るだろう」と言うと、大臣は「君たちには鉈があるが、われわれには機関銃がある」と応酬したのだ。イヴ＝マリ・ベルセの言う「完全なる権力」を掌握できなければば、どんな蜂起であれ、所得と富の不平等を平準化するなどということは望めない――そもそもそれを目標にしていること自体がめったになかったのだが。

20世紀に見られたような、大変革に必要となる暴力的な没収と支配という手段は、近代前の社会には得られようもなかった。確固としたイデオロギーを持ってその目的を達成しようとする意欲もなかった。フランス革命で「恐怖政治」を敷いた悪評高いジャコバン派でさえ、全面的な没収と平等化には尻込みしていた。全国規模での真の恐怖が最終的にどういうものになるのか、彼らには見当もついていなかったのだ[32]。

前近代的手段では果たせない平等化

要するに、暴力的な反乱を介しての計画的で組織的な平等化は、前近代的な手段では果たせないものだった。20世紀に入ってから、ようやく機関銃と急進的な計画の両方を使いこなす革命家が登場する。その時はじめて『ヴァロア朝の最初の4代の記録』の結末が、ついにもう一方の側にも当てはまるようになった。すなわち領主や地主といった「最初の1%」の人びとである。そしてこの時はじめて、力の行使は十分に広範に、十分に変革的な目的のため、十分に長いあいだ持続して、真に大幅な平等化を起こすことができるようになったのだ。

前近代の世界でも異議を唱える民衆の暴動は珍しくなかったが、過激なまでの平等化政策を追求できるように社会が変わるには、暴力を振るう能力と、暴力を適用する範囲をもう一段階上げる必要があった――被支配者と支配者の双方にどのようなコストがかかろうと。だが、この話には最後にもうひとひねりある。無慈悲な革命家がどれだけ深く社会に食い込んだとしても、力ずくの平等は、その政権が権力を握っているあいだだけしか続かなかった。ソ連とその衛星国やカンボジアのように政権が倒れたとたん、あるいは中国やヴェトナムのように政権が路線を変更したとたん、所得と富の不平等はまたたく間に復活した。この原則は、ロシアと中国の例にあらわれているとおり、状況が大きく異なる場合でも等しく当てはまる。ロシアの場合は経済が破綻して不平等が爆発的に広がったが、中国の場合は大々的な経済成長によって段階的に不平等が拡大した。[33]

「近代」がもたらしたような、それも、たいていは血まみれの変革的な革命をもって実現させたような平等化は、制圧——潜在的にであれ表出的にであれ、要は暴力——ががっちりと市場の力を押さえ込んでいるあいだしか、維持できない。この制圧が緩んだり取り除かれたりすると、平等はたちまち覆される。

前章でも述べたように、ロシアの市場収入ジニ係数は1980年代の0・26〜0・27から、2011年には0・51に上昇し、中国の市場所得ジニ係数も1984年の0・23から、2014年には0・55に上がった。ヴェトナムにおいても2010年には市場所得ジニ係数が0・45に達したようだし（それより低い数値も挙がっているが）、カンボジアでも2009年の数値は0・51と推測されている。キューバでの進展も似たり寄ったりで、共産主義革命が実現した1959年時点での市場収入ジニ係数は0・55〜0・57だったが、それから順調に低下して1986年には0・22まで下がったものの、1994年には0・41に、2004年には0・42に上昇したと見られる。すでに1995年の段階で0・55まで達していたという見方さえある。

これらの事例のほとんどでは、共産主義政権が名目上は権力を握り続けているものの、経済の自由化が急速に不平等を押し広げてきた。同じことが共産主義政権崩壊後の中欧社会にも当てはまる。共産主義が、何億何千万という人命を犠牲にしてまで、どんな価値あるものを得たのかということは、本書の研究の対象とするところではない。だが、ひとつだけ確かなことがある。共産主義が多くの血を流して

手に入れた大幅な物質的平等というものは、もはや影も形もなくなっている。(34)

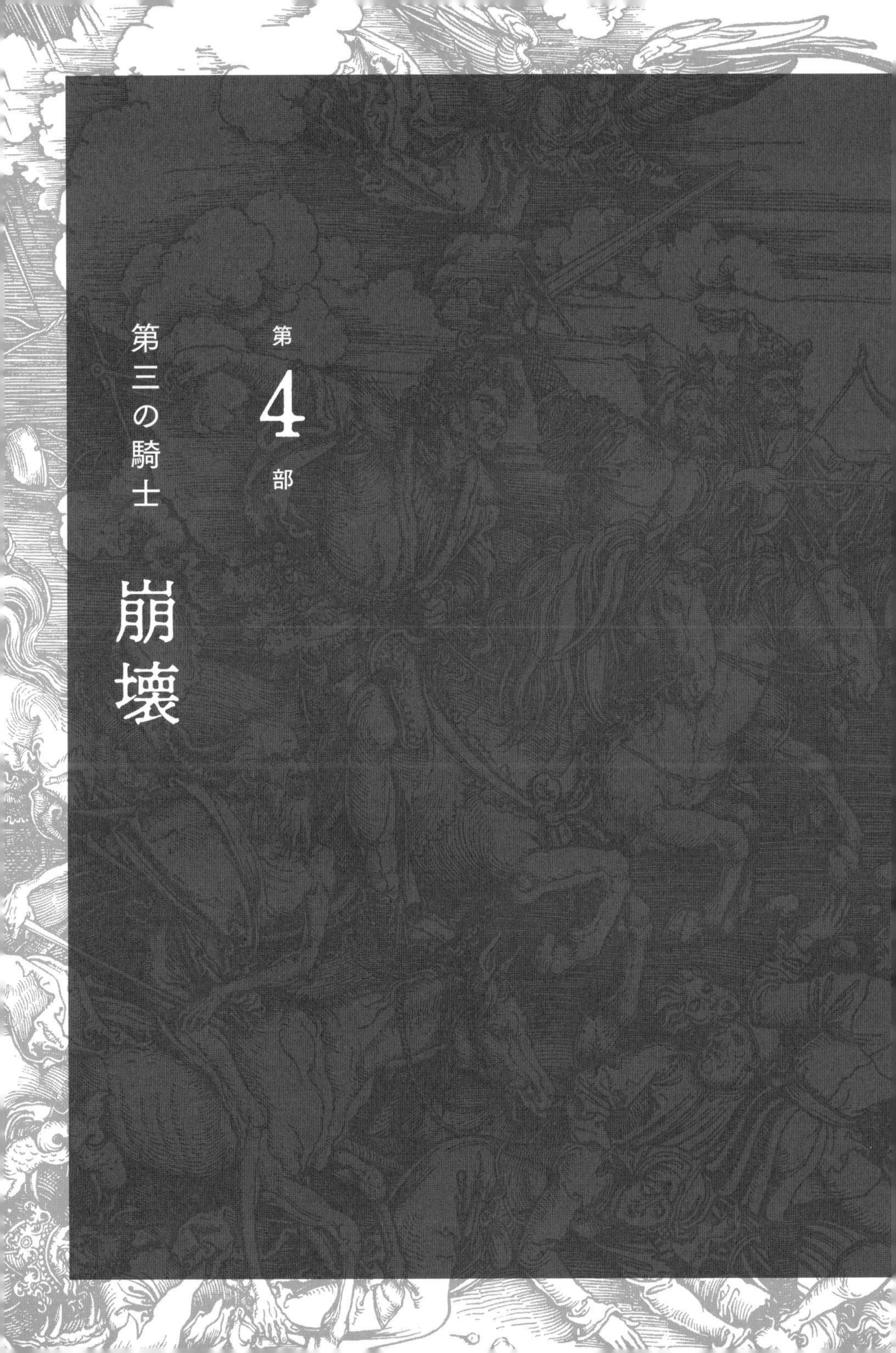

第4部

第三の騎士

崩壊

第9章 国家の破綻と体制の崩壊

「無情な支配者の冷笑」――平等化の強力な手段

戦争や革命が激しさを増し、社会に広がれば広がるほど、不平等を縮小する力は強かった。だが、これらの混乱が国全体を、また既存の社会・経済秩序を破壊してしまったらどうだろう？　ここまで見てきた証拠にもとづけば、混乱が大きければ大きいほど平等化が進むと予想されるかもしれない。この暗《あん》澹《たん》たる予測の正しさを支える証拠は、過去数千年の有史時代のなかにいやというほど見いだせる。国家の破綻や体制の崩壊はヒエラルキーを覆し、物質的な不平等を時に劇的に縮小させた。これまでいくつかの章で取り上げたおもに最近の事例を補完するかのように、こうした大激変の大半は近代以前に起こったものである。

まずは用語を定義しよう。大規模な社会構造が解体する激しさや厳しさは、さまざまに異なる。一方の端には、政治権力の行使が深くかかわるプロセスがある。通常はそれを国家の破綻という。現代の観点では、国家は国民に公共財を提供できなくなると破綻しつつあると見なされる。腐敗、安全保障の欠如、公的なサービスとインフラの崩壊、正統性の消失が、国家が破綻した証拠だ。だが、この定義は大昔には必要なかった基準を国家に当てはめるものだ。国家は最低限の安全保障だけでなく、多様な公共財を提供すべきであり、この期待に応えられなくなったかどうかで崩壊や破綻がわかるという概念は、歴史の大半の期間で時代にそぐわないようだ。

世界的な概観のためには、国家の基本的機能について最低限の特徴を把握しておくといい。近代以前の政治組織が何より力を注いでいたのは、国内外からの攻撃を抑止すること、支配者の大切な支持者と仲間を守ること、これらの課題を実行し、権力エリートを豊かにするのに必要な資源を搾取することだったのだから、国家の破綻はこういった基本的な目的さえ達成できなくなった状態とするのが最もわかりやすい。国民と領土への支配が弱まり、役人が部族の指導者などの非国家主体に取って代わられるというのが典型的なパターンであり、極端な場合には政治権力が共同体レベルに移譲されることさえある。[1]

これと対極にあるのが、体制の崩壊——政治的な統治機構の破綻をはるかに超える現象——といういっそう広義の概念である。体制の崩壊は、より包括的で、時には際限のない瓦解のプロセスであり、「定着している社会の複雑性を急速に大きく失うこと」と定義されてきた。その影響は、経済分野から知的分野に至る人間活動のさまざまな領域に及び、結果として、社会階層、社会的分化、分業制が衰退し、情報や財の流れが低下し、歴史的建築、芸術、文学、教養といった文明の特徴への投資が減少するのが普通だ。こうした展開には政治的分裂が伴って影響を及ぼし合い、そのせいで中央集権機能が弱まったり完全に失われたりする。極端な例では、全体の人口が減少し、居住地が縮小・放棄され、経済活動が旧態依然のレベルに後退する。[2]

崩壊や破綻の平等化作用

国家や文明全体の崩壊は、収入や富の格差を均《なら》す力を理解するうえできわめて重要な意味を持っている。内戦の影響をめぐる議論で見たように、国家の破綻は、限られた人びとに対して裕福になるチャンスを新たに生み出す。だが、既存のエリートは損害を被る可能性が高いし、大きな国家が小さな存在に分裂していく以上、最上層で資源の集中が起こる可能性は低くなる。体制の崩壊がもたらす痛手は、裕福で権力を持つ人びとにとっての方が大きいはずだ。中央集権化された統治組織が解体すれば、公的なヒエラルキーとエリート階級そのものが弱体化するため、後者のライバルが同等の規模で権力を振るいたがっていても、すぐに後釜に座るのは難しい。

近代以前の社会では文字で書かれた証拠が不十分にしか残らないことが多く、時には体制が崩壊すると読み書き能力も一緒に失われてしまった。こうした場合でも、証拠の代わりとなるものからエリートの没落が読みとれる。つまり、著名な考古学者で体制崩壊に関する理論家のコリン・レンフルーの言葉を借りれば「豪華で伝統的な埋葬が行われなくなる……富裕層による邸宅の放棄、あるいはそこに住み着いた「無断居住者」の貧しい暮らし……金に飽かして集めた贅沢品が使われなくなる」といったことだ(3)。

国家の破綻が平等化の強力な手段となるのは、支配階級が裕福になることをさまざまな面で妨げるからである。最初の数章で見たように、近代以前の社会においてエリートの富はおもに2つの源から生み出されていた——土地、交易、融資といった生産的な資産や活動への投資による利殖と、国務、収賄、略奪などを通じた搾取的蓄財だ。どちらの収益源も国家の安定に大きく依存している。というのも、前者の場合は国家権力が経済活動の保護手段を提供しているからであり、後者の場合は国家機関が利益を生んだり配ったりするという単純な理由によるためで、依存度はさらに高い。国家が破綻すれば、資本収益率は下がるし、政治権力の行使やそれへの近さから生じる利益は消えてなくなるかもしれない。

その結果、地位を固めていたエリート層は財産を大幅に失うことになった。政治の混乱によって、富を増やし続ける機会が奪われたばかりか、彼らがすでに所有していた資産まで脅かされたのだ。エリートの所得と富が大きく減れば、不平等は抑制される可能性が高かった。国家の破綻や体制の崩壊に際しては、あらゆる人びとの資産や生活がリスクにさらされたが、貧困層よりも富裕層の方が失うものをはるかに多く持っていたからだ。

生活がかつかつの農民世帯は、所得に占める損失の割合が比較的小さくてすんだため、何とかやっていけた。財産の減少幅がもっと大きければ、世帯のメンバーの生存が脅かされたかもしれないが、亡くなった人や逃げ去った人はすでにそこに属していないため、もはやその集団の資源分配に影響を及ぼすことはなかった。一方、富裕層は所得や資産の大半を失っても生き延びられた。かつて富と権力を手にしておりどうにか嵐を切り抜けた人びとや、彼らに代わってわずかに残った支配者の地位に就いた人びとは、絶対的にも相対的にも、以前からすればはるかに貧しくなることが多かった。

国家の破綻や体制の崩壊に続く物質的格差の縮小は、さまざまな規模での貧困化という機能を果たした。つまり、これらの事態によって国民の大半あるいはすべてが以前より貧しくなったとしても、富裕層の没落ぶりは格段にひどかったのだ。さらに、政治の崩壊によって余剰を搾取できなくなると、時には庶民の生活水準が上昇することさえあった可能性を考慮する必要がある。この場合、平等化は、さまざまなスピードによる底辺への競争の結果というだけでなく、労働者層が享受する利益によって促進されたのかもしれない。だが、証拠の性質のために、エリート層の没落を記録する方が同時期の貧困層の生活向上を確認するよりもたいていは容易であり、少なくとも絶望的に難しいということはない。ひとえにこの理由から、主として富と権力を持つ人びとの運命の変遷および、それが所得と富の分配に与える影響に焦点を合わせることにしたい。

まずは、記録が最もそろっている近代以前のケーススタディから議論を始める。われわれの知識の限界を探るもう少し曖昧な証拠を取り上げたのちに、現代の国家破綻の例としてソマリアに注目し、平等化を進める性質が現在でもまだ見られるかどうかを検討して本章の締めくくりとする。

「狐や兎《うさぎ》が、このあいだまで国のお偉方が住んでいた場所を駆けめぐる」——唐のエリートの破滅

中国は唐の時代の末期を振り返ると、国家の崩壊がいかにしてエリートの富の消滅につながるかが、これ以上ないほどはっきりとわかる。唐は618年に建国された。歴代皇帝は、短命だった隋の成功を足がかりに、かつて漢と西晋が支配していた広大な領土を政治的に再統一した。唐の統治下で、当初は土地分配計画によって資源へのアクセスの平等化が目指されたものの、やがて皇帝に近い支配階級の最上層に富も権力も集中するようになった。少数の有力者一族が上流階級に定着すると、個々の一族が最上位の地位を維持できるのはせいぜい数世代だったが、集団としての上流階級は数世紀にわたって政治権力を独占した。高位の官職にあることで手に入る特権を使って、個人が財産を増やしていった。

このプロセスを唯一妨げたのが、身内のライバル意識であり、しまいには激しい派閥闘争に発展して一族の台頭が押さえ込まれることもあった。しかし、こうした闘争も官職という最もうまみのある地位から集団としての上流階級を追い落とすまでには至らなかった。貴族の称号を与えられたすべての一族と、役人および官位を持つ者はもちろん、皇帝の遠い親戚さえ納税と勤労奉仕を免除されたため、富の

蓄積が大いに促された。

納税と勤労奉仕の免除はきわめて逆累進的な制度であり、権力を持ち人脈に恵まれている者を公然と優遇するものだった。こうした集団のメンバーは公有地を個人で購入した。支配者はそれを繰り返し禁止したものの、うまくいったためしがなかった。

土地の所有で増大するエリートの富

その結果、エリートの土地所有は国家を犠牲にして広がり、土地所有を平等化する仕組みを導入しようという試みは、8世紀半ばに始まった政情不安ののちに頓挫した。荘園が大規模化したおかげで小作農は国の課税から守られ、地主は余剰作物を地代として受け取れた。これらの商業化した地所は、遠距離貿易と結びつくことで、ますます裕福になるエリートの存続を支えることになった。水車小屋を運営できるだけの資本を持つ者は小作農から水を奪った。それに苦情を申し立てても、国が介入することはめったになかった。こうした様子を目にした8世紀のある人物はこう書いている。

貴族、役人、地方の豪族は互いの地所を隣どうしに設けて、規制を心配することなく好きなように小作農の土地を呑み込んでいる……彼らは均田制によって小作農に与えられた土地を不法に購入している……こうして小作農の住むべき場所がなくなってしまうのだ。

この描写は紋切り型で大げさかもしれないが、重要な問題を指摘している——土地が生み出す富が同じところに集まり続けるという問題だ。途方もない格差が生み出されたのは階級の頂点でのことだった。6世紀から7世紀にかけて、有力者一族は地方の拠点を捨てて長安や洛陽といった都に移住した。宮廷と密接な関係を築けば、政治権力やそれに伴う利益をいつでも手にできるからだ。こうして空間的に集結することによって、彼らは政府の高官や地方官庁に確実にアクセスしやすくなった。国の役人にまで昇格することはめったにない地方上流階級とは異なり、こうした有力者一族は中央政府の閉鎖的なエリート階級を形成すると、婚姻によって相互のつながりをいっそう強めていった。

この集団に関するきわめて詳細な研究と、彼らが残した数多くの墓碑銘から、次のことが判明している。9世紀までには、長安に住み皇帝に近いエリートとして知られたすべての人の少なくとも5分の3が、血縁や婚姻という関係でつながっており、地方政府を監督する大臣や最高幹部などの政府高官の大半がその一員だったのだ。こうして、いわゆる「きわめて限られた婚姻・血縁ネットワーク」が唐を支配するようになった。おかげで、そのメンバーは個人的にも大いに潤った。[4]

黄巣の乱――長安の荒廃とエリートの粛清

とはいえ、大都市に住めばそれなりの代償も伴った。秩序が保たれ社会が安定している時代には、とてつもないうまみがあるが、中央権力が反逆者の挑戦をかわしきれなくなると、唐のトップエリートは暴力にさらされることになった。881年、反乱指導者の黄巣《こうそう》が長安の都を攻め落とした。占領からほんの数日で、政府高官の抵抗が暴力による報復を招き、閣僚と元閣僚4人が殺害されたり自殺したりしたばかりか、数百人の命が奪われる結果となった。まもなく黄巣が自軍を統率しきれなくなると、兵士は数世紀にわたって築き上げられた巨万の富を抱える都で略奪狼藉を働いた。権力を握っていたエリートが格好の標的となった。ある資料によれば、兵士は「官僚をとりわけ毛嫌いしており、手当たりしだいに殺害した」。反乱軍を嘲るような一編の詩を発表したことへの報復として、3000人もの知識人が虐殺されたようだ。だが、これは始まりにすぎなかった。黄巣の乱は失敗に終わったものの、その後

何年ものあいだ長安は対立する反乱指導者によって繰り返し破壊されて荒廃し、住民は貧しくなった。詩人の鄭谷《ていこく》の表現を借りれば

夕暮れ時、狐や兎《うさぎ》が、
このあいだまで国のお偉方が住んでいた場所を駆けめぐる。
玉笛の音が何とも悲しげに響くが、
通り過ぎるかぐわしき馬車は見当たらない。

都周辺の富裕層の資産も多大な損害を被った。大資本家の御曹司である韋荘《いそう》は、一族の所有地の荒れ果てた様子をこう描いている。

あたり一面の桑林に人影は見当たらない。
寂しげな笛の音が聞こえてきて、その空しさに涙がこぼれる。

桑林は富の象徴だと考えられていた。鄭谷はまた、いとこの王斌《おうひん》の所有地の運命についてもこう嘆いている。

古い畑は荒れ果て、打ち捨てられていた……近隣の人びとについて尋ねるたびに、［いとこは］繰り返し墓を指さした……物資不足が長引き、使用人はみな散り散りになった。(5)

度重なる危機のさなかで命を落とした貴族はおそらく数千人を数えたし、生き延びた貴族も都市部の住居と郊外の所有地を奪われた。かつてのエリートが身ぐるみ剝がされるまで粛清は続いた。886年にクーデターが失敗すると、反対勢力を支持していた大勢の役人が処刑された。900年には宦官《かんがん》が自分たちを亡き者にしようとする陰謀に対抗し、皇帝に近い人びとをほぼ皆殺しにしたが、翌年にはその報復として宦官とその協力者が一人残らず殺された。905年に起きた単独の事件では、まだ存命だった有力閣僚のうち7人が殺され、遺体は黄河に投げ込まれた。たて続けに実行されたこれらの残虐行為によって、都市部のエリートは事実上全滅した。

都から地方へ暴力の伝播

暴力はまたたく間に都そのものを越えて広がった。885年には洛陽が略奪・破壊され、880年代から920年代にかけては全国の地方中心部が闘争と粛清の渦に呑み込まれ、大勢の地方エリートが命を落とした。

家という家から貴重品がひとつ残らず奪われ、
至るところで、凝ったひさしのある洒落た邸宅が燃やされて灰になった。(6)

結局、難を逃れた者は数えるほどしかいなかった。中央の支配階級はあっという間に消滅し、10世紀後半には歴史的記録からほぼ完全に姿を消した。881年の暴動勃発後、都の周辺では立派な墓地を作れる者がいなくなったせいで、発掘される墓碑銘はごく稀になった。地方のエリートも虐殺を免れなかった。生き延びた者がいることは、たいていは彼らの追悼文からわかっているが、それでも財産を失っていたのが普通だった。先祖代々の資産をなくし、人脈も崩れ去ってしまうと、エリートという地位を取り戻すすべはなかった。

960年以降は、宋という新たな帝国の出現によってまったく異なる一族の時代に入った。彼らの多くは地方出身で、中央組織が再建されるにつれて権力を掌握していった。[7]

国家の破綻による支配階級の壊滅

唐の上流階級が暴力によって完全に消滅してしまったことは、国家の破綻が社会的ピラミッドの頂点にある富を一掃し、富裕層を貧しくすることによって——場合によっては抹殺さえして——資産分配を平等化した極端な例かもしれない。とはいえ、国家のエリートを直接狙ったわけではない暴力であっても、同等の平等化を実現したケースもある。国家の破綻は、政治的地位や人脈から得られる収入ばかりか、経済活動から得られる収入をも奪ったし、エリート層が支配を手助けしていた国家の領土が失われたり、国内外の反乱者に保有地を奪われたりしたせいで、エリート層の資産は減った。これらすべての例において、全体的な結末は——きちんと測定することは難しいとしても——似たようなものだった。

つまり、(ローレンツ曲線上の)所得分布の最上部を切り落とし、人口の1%にあたるごく一部の人びとが握る所得と富のシェアを大幅に圧縮することによって、不平等が減少したのだ。貧困層よりも富裕層の方が失うものがはるかに多かったという単純な理由から、国家の破綻によって国全体が貧しくなったにせよ、おもにエリート層が損害を被ったにせよ、平等化が起こる可能性が高かった。[8]

「あまりにも多くの苦難とさまざまな不幸に満ちた」世界
——西ローマ帝国の崩壊

西ローマ帝国の崩壊とそれに伴う富裕エリート層の破滅は、血なまぐささは多少控えめとはいえ、国家の破綻による平等化の事例として、同じく多くのことを教えてくれる。5世紀の初め、政治権力とがっちり結びついた少数の支配階級が、莫大な物的資源を手中に収めるようになっていた。巨額の資産が地中海沿岸部の西半分にあったことが記録に残っている。ローマ帝国発祥の地であるイタリア中心部、広大なイベリア半島、ガリア（現在のフランス）、さらには北アフリカといった領土から構成される地域だ。

少数の支配階級への富の集中

ローマの元老院の議席は、長い伝統にのっとって幅広い政治的人脈を誇る大金持ちのローマ人によって占められていたが、やがてローマそのものに拠点を置く、相互に密接に結びついた一握りの著名な一族に支配されるようになった。この超富裕層の貴族が「ローマ世界のほぼ全域に散らばる地所を所有していた」と言われている。具体例をひとつ挙げれば、イタリア、シチリア島、北アフリカ、スペイン、イギリスにある土地を一組の夫婦が所有していたのだ。官職にあることはもちろん結婚や相続の結果として、地域をまたぐ土地資産が維持された理由は、統一された帝国が提供する基本的な安全保障にあったが、それだけではない。国家が財政的目的から物資の移動を支援したことも理由のひとつであり、このおかげで土地の所有者は信頼できる交易網から利益を得ることができたのだ。

先述した唐のケースと同じく、元老院議員は下級エリート層に重くのしかかっていた付加税と兵役義務を免除されていたため、富は増えるばかりだった。最終的に、トップクラスの裕福な一族ともなると、国が地方全体から吸い上げる収益に匹敵する年間所得を手にし、ローマをはじめとする都市に宮殿のような邸宅を構えていたという。中央のエリートには及ぶべくもないが、地方の大金持ちも同じく帝国とのつながりから利益を得ていた。ガリアに住む2人の地主は、イタリアとスペイン、バルカン半島南部にそれぞれ土地を所有していたことが知られている(9)。

下級貴族のうえに君臨する最上層の地主階級を生み出すのに不可欠だったのは、地域にまたがる富を蓄え、利益を出しつつ維持する能力だった。数千万人の臣民を抱える帝国の高官とつきあえる特権も同様だ。こうした国の統治には汚職や腐敗がつきもので、大金と特権を手にした役人は、国の要求から財産を守るのに最も適した立場だった。したがって、彼らの突出した地位とそれが生み出す極端な格差は、帝国の強固な権力に完全に依存していた。

5世紀に入ると、国内の紛争や国外からの挑戦が次第に増えていった。430年代から470年代にかけて、ローマ帝国はまず北アフリカを、続いてガリア、スペイン、シチリア、そして最後にはイタリアまでをゲルマン系諸王に奪われた。525年ごろから、東ローマ帝国がイタリアを奪い返そうと試みたもののこれが大混乱を招き、やがてゲルマン人の再度の侵略を受けて頓挫した。こうして地中海沿岸の統一は劇的に崩れ去り、ローマを拠点とするトップエリートの保有地の広大なネットワークも解体された。エリート層といえども、イタリア国外で、また最終的にはイタリア国内の大半の地域で、もはや領地を維持することはできなかった。

地方分権化による富裕層の消滅

政治の地方分権化が進むと、西ローマ帝国の上流階級の最上層は事実上消滅した。5世紀に地中海沿岸の後背地で始まったプロセスが、6世紀から7世紀にかけてイタリア半島に到達したのだ。ローマに住む地主の所有地はラティウム〔ローマ郊外の南東にあった地域〕周辺に限られるようになり、教皇でさえイタリア南部とシチリアにあるローマカトリック教会の地所を奪われた。こうした崩壊の過程を見ていくと、レデンプタス司教のようなエリートのローマ市民が次のように考えた理由が理解できる。すなわち、教皇グレゴリウス1世が593年にまとめた『問答集』(*Dialogues*)によると、「あまりにも多くの苦難とさまざまな不幸に満ちた」世界から逃れるべく人びとが修道院に入ったために「すべて肉なるものが終わりを迎えた」のだと。

貴族はかつてとくらべてはるかに局地的な存在となり、財力は大きく低下した。衰退はさまざまなかたちで現れた。田舎の豪華な別荘が簡素なものになる、あるいは手放される。立派な元老院議員の名前が記録からひっそりと消える。7世紀初頭以降、元老院議員一族の系譜がたどれなくなる、といったことだ。グレゴリウス1世の著作は、かつて裕福だった一族がどこまで没落したかを示す最も印象的な例証かもしれない。教皇は、何とか暮らしていけるようにささやかな施しを与えてやった困窮した貴族の話を繰り返し取り上げている。イタリアの一地方であるサムニウムの元総督は、金貨4枚とワイン少々をもらった。前の世代が政府の要職に就いていた貴族一家の未亡人や孤児も、同じく少額の寄付を受けた[10]。

ローマの大富豪が壊滅する様子はこれ以上ないほど劇的であり、唐の貴族の没落を予見させるものだった。大きな違いは、ローマの場合、人が殺されて結末を迎える例が、皆無ではないにせよずっと少なかったと思われる点だ。とはいえ、暴力はこうしたプロセスの中心にあったのであり、帝国の分割に際しては大々的に用いられた。西ローマ帝国社会の最上層を占めるごく一握りの人びとが消え去ったおかげで、不平等は抑制される運命にあった。さらに決定的だったのが、より下層の有産階級にまで広く変化が及んだことだ。旧西ローマ帝国の大部分で「地域や小地域のエリートまで消滅した」のである。この混乱に乗じて新たな軍人エリートが台頭したものの、大規模な領土再統一が叶わない状況では、ローマ帝国後期の富の集中と似たようなものですら実現することは不可能だった。一部地域で農民の自治が拡大したせいで、地域レベルでさえ資源の収奪はますます難しくなった[11]。

この最後の展開を知ると、平等化が進んだ原因は最上位層の消滅だけでなく、底辺層の利益拡大にもあったのではないかという疑問が湧いてくる。物質的幸福をあらわすと考えられる証拠のひとつ、つまり人骨遺物はこうした見方と矛盾はしないものの、さまざまな解釈が成り立つためにそれを実証しているとは言いがたい。身長、歯や骨の病変の発生率といった肉体の健康度を示す指標は、西ローマ帝国の崩壊とともに実際に改善した。このことから、一般の人びとは帝国に支配されていた時代より健康だったことが窺える。残念ながら、こうした変化の主因を確実に突き止めることはできない。政治体制の崩壊後の人口減や脱都市化によって、寄生虫への感染が減り、実質所得が増え、食生活が向上したのはもっともだが、同じ時期に政治の崩壊とは因果関係のない腺ペストが大流行し（これについては次章で取り上げる）、これも同様の影響を及ぼした可能性が高いからだ[12]。

住居の大きさに見る不平等度

別のカテゴリーの考古資料ははるかに期待が持てる。資源の不平等をもっと直接的に測れるようにしてくれるからだ。最近、ロバート・ステファンはスタンフォード大学の博士論文で、ローマ帝国による支配以前、支配期、支配以後のローマ世界各地にあった住居の大きさの変化を検証した。住居の大きさは、1人当たりの経済的安寧の尺度として妥当なものだ。つまり、どの文化圏でも世帯収入と住居の大きさには強い相関があり、住居は一般的に社会的地位を示す指標となる。

　われわれの目的にとってとりわけ有益なのは、古代から中世初期にかけてのイギリスに関する測定結果である。関連するデータが時間的にも空間的にも広く分布しており、現代の研究方法の質が高いうえ、これが一番重要かもしれないが、ローマという国家の崩壊はイギリスにとてつもなく重大な影響を及ぼしたからだ。

図9.1　鉄器時代から中世初期のイギリスにおける住居サイズの中央値

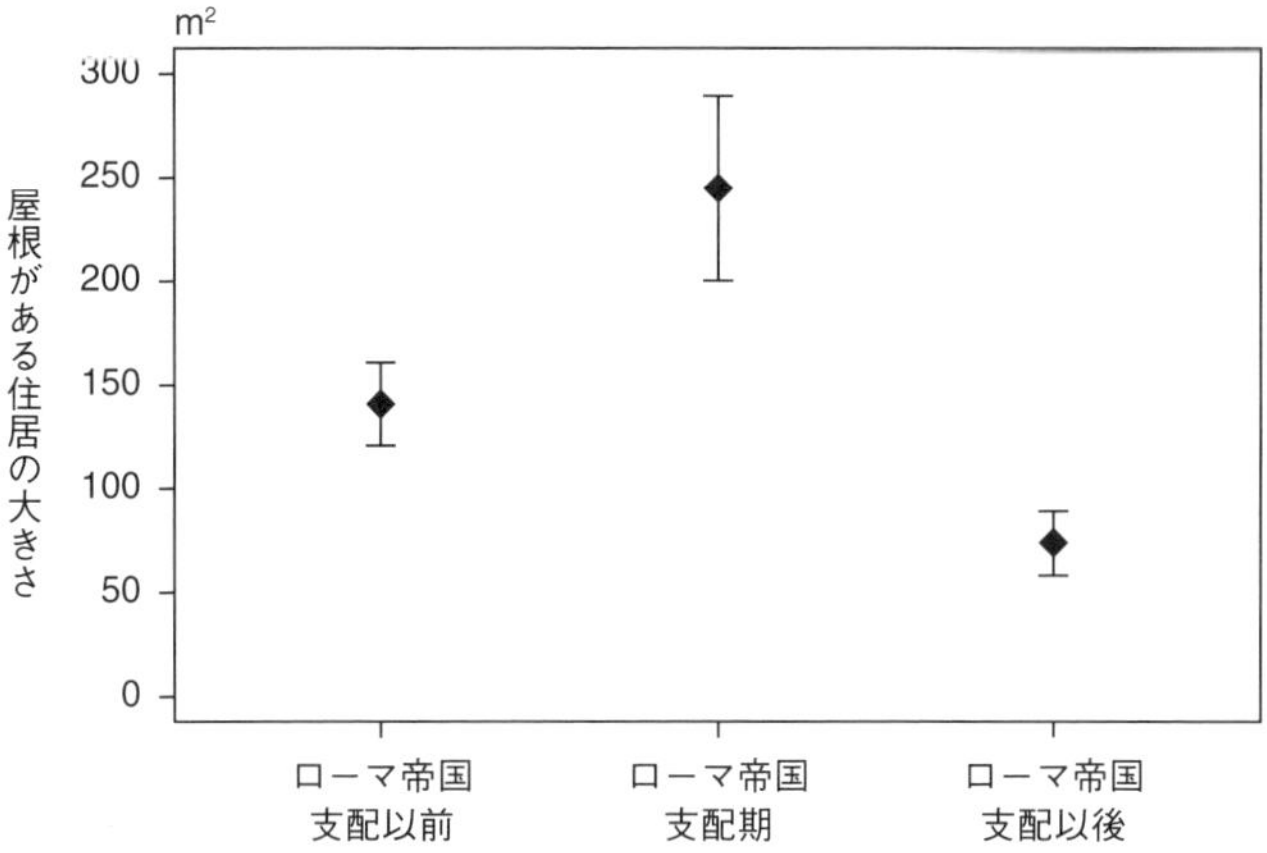

　5世紀初頭に西ローマ帝国の支配が終わりを告げると、イギリスを支配しようとする中央集権国家は数世紀のあいだ現れず、複数の小規模な統治組織が権力を握った。屋敷はうち捨てられ、都市経済は衰退し、あらゆる陶磁器生産が最も基本的なもの――ろくろさえ使わない手作業――を除いて停止し、社会経済的な複雑性は大きく低下した。地域による違いや小型の発掘物の特徴からして、これらの居留地の遺跡に階級制度の存在を示す痕跡は見当たらないし、豪華な埋葬品を納めた墓所はイギリスの大部分でほぼ記録に残っていない。要するに、地方のエリートは存在してはいたものの、5世紀後半から6世紀にかけて歴史にほとんど痕跡を残せなかったのだ。ローマ時代の社会構造は、帝国の支配下にあった大半の地域よりもイギリスにおいて徹底的に消し去られた。この島

図9.2　鉄器時代から中世初期のイギリスにおける住居サイズの四分位数

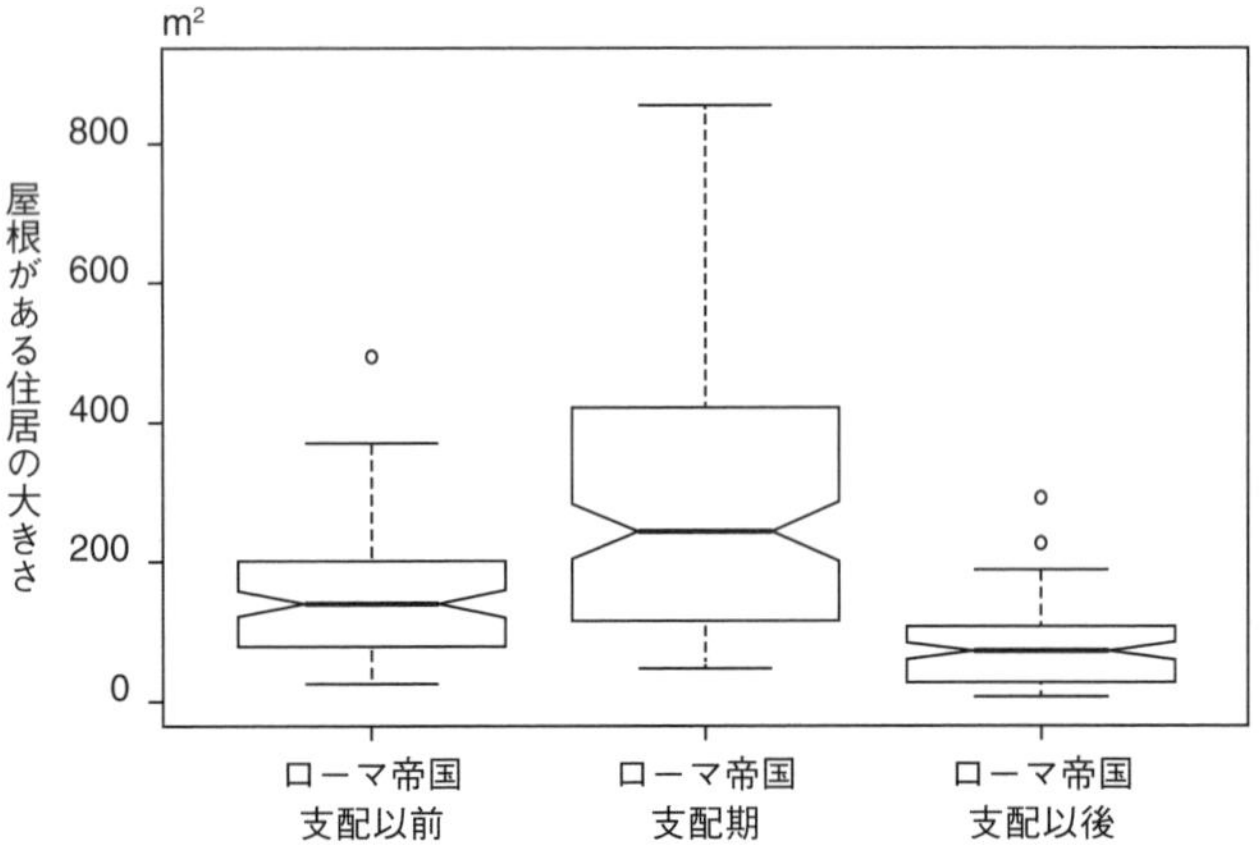

図9.3　鉄器時代から中世初期のイギリスにおける住居サイズのジニ係数

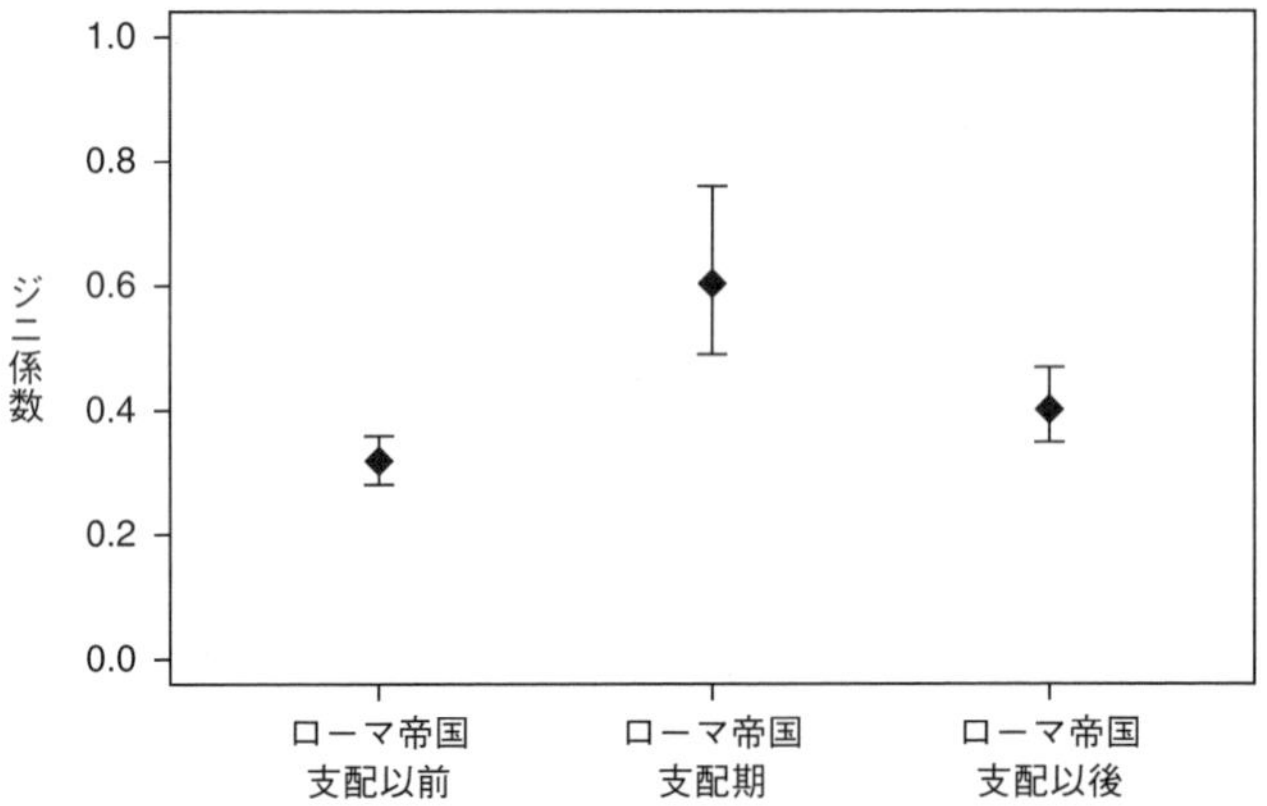

国が経験したのは単なる国家の破綻ではなく、体制の全面的な崩壊だったのである。(13)

こうしたプロセスは、住居サイズの中央値はもちろん、その多様性の幅にも大きく影響した。どちらも帝国時代とくらべて著しく低下したのだ。この圧縮は、1世紀のローマ帝国による征服に伴って両基準が上昇したという先行例を逆転させるものだった。当時は経済生産も増え階層化も進んだのである（図9・1、図9・2、図9・3）[14]。

これらの結果を見てますます残念になるのは、これまで同じ方法で研究されてきたローマ帝国の別の領土のデータ・サンプルがさまざまな欠陥を抱えていることである。たとえば、少数の遺跡に頼っていたり、特定の時代を代表するデータが欠けていたりするせいで、住居の不平等の変化のさらなる分析をきちんと進められない。それでも考古学は、一方の帝国による支配と他方の経済成長および不平等との相関関係を垣間見せてくれる。

ローマ帝国崩壊による包括的な富の分散

これらのデータの地理的な制約にもかかわらず、帝国崩壊後の富の分散はかなり包括的なプロセスであり、頂点にいる者だけに限定されていたわけではないことがわかる。帝国崩壊後の平等化が全体にどれくらい進んだのかを測定することはできないが、富裕層が何世紀にもわたって権勢を振るっていた状況では、国家の破綻の影響はきわめて大きかったに違いない。

崩壊の帰結は、従来の国家構造の規模と特徴を維持した征服のそれとは大違いだった。イングランドのノルマン征服が、富の不平等を維持し、一時的には拡大すらしたのに対し、少数の中央集権的支配階級に搾取されていたかつての巨大な階級の分裂は、正反対の結果をもたらしたのだ[15]。

「その時代の町の多くは、現在のわれわれにしてみれば、さほど立派とも思えない」
──青銅器時代後期における地中海沿岸部とコロンブス以前の南北アメリカの体制崩壊

紀元前13世紀には、地中海東部沿岸に、外交、戦争、交易で相互に結ばれた強力な諸国家がひとつの体制を作り上げていた。ラムセス2世率いるエジプトとアナトリアのヒッタイト王国は覇権をめぐってにらみ合い、中アッシリアはメソポタミアまで勢力を広げ、レヴァント地方では都市国家が栄え、エーゲ海沿岸は経済的な生産と分配を牛耳る巨大な宮殿に支配されていた。紀元前1200年からの数十年で、こうした国家体制が急速に崩壊するとは誰も予測できなかっただろう。この地域一帯の都市は被害を受けたり完全に破壊されたりした──ギリシャでも、アナトリアでも、シリアでも、パレスチナでもそうだった。

地中海沿岸部の大規模な崩壊

紀元前1200年に入ってまもなくヒッタイト王国が崩壊し、首都ハットゥシャは至るところで破壊され、打ち捨てられた。シリア沿岸の中核都市ウガリットは数年後に消滅し、もっと内陸のほかの都市も同じ運命をたどった。メギド（聖書に出てくる「ハルマゲドン」の地）などの都市もあとに続いた。ギリシャでは権勢を誇った宮殿がつぎつぎと破壊された。一部で再建の作業が始まったが、同世紀の終わりごろになって放棄された。さらに南ではエジプトがパレスチナの支配権を失い、紀元前1100年ごろから崩壊しはじめた。南部のテーベの宗教エリートとナイル川デルタの多様な支配者の綱引きによって引き裂かれてしまったのだ。アッシリアも無傷ではいられなかった。程度の差こそあれ、支配と搾取の制度が崩壊し、都市は消滅するか、残ったとしてもごく小さくなった。文書が利用されることは少なくなり、帝国は分裂して小国や都市国家が生まれた。生産や交易は減り、社会の複雑性は低下した。(16)

この大規模な崩壊の理由については依然として激しい議論が交わされているが、関係する要因は多岐にわたるようだ。いわゆる「海の民」、つまり、エジプト、シリア、アナトリアの歴史に登場する「船で暮らす」略奪者の集団にも昔から少なくとも責任の一端があるとされてきた。紀元前1207年のエジプト襲撃は阻止されたものの、彼ら海の民はその30年後に同盟を結んで再び出陣した。ラムセス3世はこう書いている。

突然、土地が奪われ、争いのなかで分割された。武器を携えた彼らの前では、どんな土地も持ちこたえられない……彼らは地上で到達できる限りの土地に手をかけた。

ファラオの軍隊がどうにか彼らを打ち破ったものの、ほかの共同体はそこまで幸運ではなかった。パレスチナのペリシテ人の居住地は、こうした攻防の帰結として生まれたのかもしれない。破壊行為の少なくとも一部は考古学的遺跡に見られるとおりだ。いくつかの土地では、地震活動によると思われる損害も見られる。紀元前13世紀末から紀元前12世紀初頭にかけて、「地震嵐」として揺れが繰り返しその地域を襲ったのだ。さらに、紀元前1200年ごろに干魃が発生し、地域全体がますます乾燥したという証拠がある。当時、負の力が厳密にどのようなかたちで作用したにせよ、さまざまな要因が重なったらしい——おそらく偶然にではなく相互に影響し合いながら。最終的に、複数の影響によって青銅器時代後期の世界体制が粉々に砕け散ったのである[17]。

エーゲ海沿岸部の崩壊

こうした崩壊がとりわけ深刻だったのがエーゲ海沿岸部だ。紀元前二千年紀の中ごろ、エリート兵士が蓄財して要塞化した拠点を築くと、ギリシャ本土南部で居住地が拡大していった。立派な墓や、社会階層に応じて異なる副葬品の出現に、階層化が進んだことが見てとれる。やがて、これらの土地に宮殿が建設された。線文字Bと呼ばれる文字や初期のギリシャ語で記された粘土板に、これらの宮殿を中心に運営されていた再分配経済が記録されている。

宮殿では王と上級官吏が権勢を振るっていた。高官は下級の者に物品や役務を提供させていた。こうした体制は、南部のクレタ島で発展した初期の宮殿経済（ミノア文明として知られる）に多くを負っていたが、暴動と要塞化の徴候が増え、富の拡散が鈍っていく様子が見てとれる。かなりの規模の王国が本土の巨大な宮殿周辺にいくつも建設され、現在ミケーネ文明として知られる政治組織のネットワークが成立した[18]。

政治支配の性質と所得分配についてはは期待を大きく下回ることしか判明していないものの、エリート中心の分配を進める中核地域の存在は、平等主義の考え方とはとても調和しそうにない。わかっているのは、ミケーネの宮殿社会が非常に階層的だったことくらいだ。粘土板に線文字Bで記された父の名をとった姓は、少数のエリート一族のあいだで近親結婚が行われていたことを反映するものだ。特定の人名、社会的地位、富といったものがすべて、同じ特権階級の一族によって支配されていたらしい。

粘土板を見ても、完成した高級品が労働階級にも割り当てられたという証拠はほとんどない。この時代に関する2人の優れた専門家がうまい表現をしている。「上がったものは、そのまま上がりっぱなし」。

金、銀、象牙、琥珀でできた贅沢品が見つかるのは、決まってエリートの墓からだった。少なくともひとつの事例で、考古学的資料から、富の循環が時を経るにつれていっそう限定的になったことがわかっている。一部の支配階級に権力と資源が集中したことによる不平等の拡大という事実と一致する結果である。富の循環は、宮殿エリートどうしでの内輪の贈り物のやりとりというかたちをとっていたのかもしれない。さらに、地位の高さを示す外国製品の供給を目的とした輸出入がそれを補完したのである。[19]

ミケーネ文明の崩壊

ミケーネ文明の崩壊のプロセスは長期にわたるものだった。紀元前13世紀半ば、おそらく地震が関係していたのだろうが、破壊の兆しがまずいくつかの大都市に現れた。紀元前13世紀後半、さらなる打撃に見舞われたことが記録されている。続いて新しい要塞が建設された。軍事的脅威があったことをはっきり示す出来事だ。紀元前1200年前後には破壊的事件がつぎつぎと勃発し、ミケーネ、ティリンス、テーベ、オルコメノスの宮殿が、また少し後にピュロス全体が瓦礫の山と化した。ほかの場所と同様、原因についてはいまだ推測の域を出ていない。地震、干魃、疫病が、侵略、反乱、さらには交易のパターンや人びとの動きの変化とともに起こったのだろう。最終的に体制が崩壊するに至った。その根底には、厄災が襲ってきた時に対応できない無能な宮殿体制があった。[20]

多くの土地で、ミケーネ文明は紀元前11世紀初めまで続いた。破壊された宮殿が再建されることはなかったが、再利用されたり新築されたりということはたまにあり、場所によってはしばらくのあいだエリートが繁栄を謳歌した。防御しやすい避難場所がより大きな役割を果たすようになった。しかし、紀元前1100年ごろに新たな破壊の波に襲われ、残存していたものの大半が失われた。宮殿が消滅すると村落だけが残った。ただし、ピュロスのように宮殿の力が絶大だった土地では、その没落後に生き延びるものはなく、全域が打ち捨てられることになった。

とはいえ、ほとんどの地域はそこまでひどくは崩壊せず「小規模な部族的存在に戻った」。高い技術を誇った建築様式は消滅し、文字を書く行為も完全に失われた。紀元前10世紀はあらゆる発展と複雑性がどん底にある時代だった。当時のギリシャ最大の居住地には1000〜2000人程度が住んでいたが、人口の大半は小村や集落に住み、各地を転々としながら暮らしていた。多くの土地が永久に放棄された。国際的な交易関係は途絶し、住居もおおむね簡素になり（部屋がひとつしかない家がその典型）、墓もみすぼらしくなった。個人の墓が普通になったが、以前のミケーネ文明で家系に重きが置かれていたことを考えると、これは際立った変化だった。(21)

エリート層の消散

宮殿エリートの時代は終わった。彼らがどうなったのか、情報は何もない。もしかすると、一部は東方へ去り、当時活発に活動していた略奪者に仲間入りしたのかもしれない――2000年後、ノルマン征服から逃れたイングランドの従士《セイン》がそうしたように。当初は、保護を求めて遠く離れた島や海岸沿いの土地に逃げた者もいたことだろう。それについては、ここで考える必要はない。重要なのは、この集団がまるごと消えてしまった点だ。

宮殿制度が地方住民に課していた上からの搾取構造は失われ、復活することはなかった。紀元前10世紀には、最大の――というより、最も小さくない――居住地のみで、エリート階層らしきものが維持されていたようだ。この時代の副葬品の特徴からして、輸入品を手に入れられたのはごく一部の人だけだったことがわかる。

じつのところ、階層化とエリートの富の痕跡がほとんど見つからないため、現代の考古学者はある構造物に熱い視線を注いできた。紀元前1000年ごろにエウボイア島はレフカンディにあった住居である。奥行き約45メートル、幅約9メートルで泥れんが製、周囲は木の杭で囲まれていて、金の装身具を埋めた墓が2つあった。それよりほんの数世紀前だったら注目に値しないような遺跡でも、この時代のものとしては傑出しており、依然としてほかに類を見ない。[22]

鉄器時代のギリシャの崩壊

鉄器時代初期のギリシャには、広大な構造物、贅沢品、そのほか富や地位の証となるものが著しく欠如しているが、この点はミケーネ文明期とじつに対照的だ。政治組織が崩壊していただけでなく、社会活動と経済活動がともに衰退し、大幅に分断化しつつあった。こうした状況では、強い権力を持つ組織が残っていたとしても、大規模な搾取と余剰の集約はかなり難しかっただろう。市民が塗炭の苦しみをなめたことは疑いないが、権力を持つ富裕層の没落ぶりはもっとひどかった。体制がこれほど崩壊すれば、それ以前にあった所得と富の格差が大幅に縮小するのは避けられない。しかも、紀元前10世紀以降に新たなエリートが現れ、紀元前8世紀には経済が上向きはじめたにもかかわらず、宮殿経済後のほぼ一律の貧困化による悲惨な平等化は、古代ギリシャ時代後期の弾力的な平等主義の下地になったようだ。これは不平等に制約がかかった珍しい例であり、第6章で説明した。

古典期マヤ文明の劇的壊滅

ミケーネ宮殿体制が大崩壊して2000年後、ユカタン半島南部にあった古典期マヤ文明もやはり劇的な壊滅に見舞われた。この文明の古典期後期（600～800年ごろ）には、国家構成は個々の都市国家を超えたものへと発展していた。ティカルやカラクムルなどの都市は大規模化した政治組織の中心地になると、ほかの都市国家の支配者に対して宗主権を主張し、謁見、贈り物の交換、儀式の共有、異なった社会階級間の結婚といった制度を通じて彼らを取り込んだ。都市中心部では壮大な建造物がさかんに建てられ、寺院や宮殿には巨費が投じられた。エリートの結婚文化は豪華さの新たな極みに達した。輸入した翡翠や大理石などの贅沢品が、この時代の遺跡から大量に出土している。

ところが、8世紀末から9世紀初めにかけて状況は一変した。地域勢力は衰退し、小規模な政治組織どうしが軍事的に激しく争うようになったのだ。政治組織間の紛争の増加は、搾取の増大および社会階級間の格差の拡大と密接に関連していたようだ。一部の都市における宮殿の急増、埋葬習慣の変化と家系の重視に見てとれるエリートの一体化、政治的境界線を超えた文化エリートの統合は、いずれも進展する階層化と、物質的不平等をほぼ確実に物語っている。[23]

9世紀のあいだに、主要中心都市のいくつかで新規の建設工事が着工されなくなり、やがてまったく行われなくなった。もっとも、一気にそうなったわけではない。考古学者の発見によれば、ユカタン半島でも地域と時代によって違いが大きかった。過渡的な出来事が、さまざまな地域で数世紀にわたって広がっていったのである。とはいえ結局、社会の複雑性は広い範囲で失われ、深刻な影響を及ぼした。最大の都市のひとつであるティカルでは、830年には建設活動は終わっており、その80年後には人口の9割がティカルを去ったか、もしくは命を落としたと考えられている。ほかの主要都市も同様に放棄された。大都市がきわめて深刻な打撃を受けた一方で、小さな居住地はもうしばらく維持された。この没落の原因も、やはりあれこれ取り沙汰されている。現代の説明によると、崩壊は複数の要因が相互作用してマヤ社会を弱体化させた結果だったのではないかとされている——注目すべき要因は、度重なる戦争、人口圧力、環境の悪化、干魃などである。[24]

こうした状況が正確にはどんな様子であろうとも、このプロセスに暴力が大きな役割を果したことは明白である。その圧倒的な規模に関する記録も十分に残っている。ミケーネ文明のギリシャで起こったことと同じように、いくつもの宮殿を抱えた都市の中心部が、次第に戦闘の中心地となり、最後には小さな村へと落ちぶれた。南部の内陸中心地では、精緻な行政機構や住宅構造、寺院、墓碑建立の習慣などがすべて失われ、筆記や有名なマヤ暦も消滅した。贅沢品の生産も終わりを告げた。エリート体制とそれに付随する文化活動（貴族の血筋に捧げられる墓碑礼拝など）も完全に姿を消した。このテーマに関する現代の権威の簡潔な分析によれば、支配階級全体が「風とともに去りぬ」ということになる。(25)

鉄器時代初期のギリシャとのおもな違いは、北部主要地でエリート文化が存続し、それどころか繁栄までしたことである。めぼしい都市を挙げれば、9世紀から10世紀にかけての後古典期のチチェン・イッツァ、それに続くマヤパンやトゥルムがある。チチェン・イッツァのエリートは、自分たちの政治組織が11世紀に壊滅的に衰退したにもかかわらず生きながらえた。長引いた干魃が衰退に関係あるとされているが、12世紀と13世紀以降のマヤパン期に移行できる程度には文化と組織が維持された。一方南部では、鉄器時代初期のギリシャと同じく、先に発生した大規模な崩壊が都市中心部や支配階級だけでなく一般住民までを巻き込んだ。現代の学説によると、人口減少率は最大で85％に及ぶものと推測されている。無数の住民を支えていた基本的な経済が崩壊したのだ。

マヤ文明の崩壊と資源分配への影響

すると、マヤ文明の体制崩壊が資源の分配にどう作用したかという疑問が浮かんでくる。国家のヒエラルキーやエリート文化につきものの装飾品がすっかり消滅し、かつてのような階層や格差が存続できない環境が生じた。秩序の崩壊によって庶民生活は痛手を被ったかもしれないが、少なくとも短期的には、国のエリートから押しつけられた慣習的な義務がなくなったおかげで利益があったようだ。より具体的には、放射性炭素年代測定によると、8世紀半ば以降エリートの生活環境が急速に悪化したのに対し、庶民の生活環境は維持されたことが研究からわかっている。このことから特権階級が過度に減少したのではないかと考えられるが、答えはまだ出ていない。

ことによると、最もしっかりしたデータは、ユカタン半島の南部低地のさまざまな遺跡から出土した人骨の入念な調査から得られるかもしれない。古典期後期には、エリートと従者の埋葬の差は、食事に関する一貫した特権と相関関係にあった。地位の高い者の方が、食事がよかったのだ。これらの特徴はともに800年以降はなくなっていった。この時期、暦の日付を付した象形文字の文書など、エリートの所産の見られる頻度がぐっと下がっている。こうした点から、物質的格差はもちろん、身分の差も縮まったことがわかる。[26]

メキシコの都市テオティワカンの消滅

新世界で早期に成立したほかの国家も、崩壊とそれに伴う平等化のプロセスを経験した。ここではわかりやすい例を2つ挙げれば十分だろう。第一千年紀の前半、メキシコ中央部のテオティワカン（現在のメキシコシティの北東部）は、世界最大の都市のひとつだった。埋葬が地位のいっそうの階層化の証となった時代を経て、6世紀から7世紀初頭にかけて、慎重に狙いを定めて引き起こされた火災によって、テオティワカン中心部にある壮大な建造物が破壊された。巨石は労をいとわず取り除かれ、像は打ち砕かれ、破片は投げ落とされた。南北の宮殿の壁や床は焼け落ち、大変な労力によって公共の建築物は瓦礫と化した。埋葬された人骨がばらばらにされることすらあった。そうした人骨のなかには、エリートだったことを示す豪華な装飾品で飾られていたものもあった。

政治的意図があったのは明らかに思えるが、権力の中枢としてのテオティワカンを消滅させようとした犯人の身元は不明である。局地的な社会不安が外部への攻撃に先行したのかもしれない。エリートと国家の資産を狙ったこの事件が不平等に及ぼした影響は、かなり明白だ。統治権力の組織的・物理的な解体に、政治組織による支配・搾取機構の解体が伴うのは言うまでもない。文書による証拠はないものの、既存のエリートがどうにか無傷で生き延びたという考えは考古学的データとは相容れない。もっとも、彼らの一部がどこかへ移住し、その地で特権的な地位を維持すらした可能性はある。(27)

アンデス高原ティワナク文明の没落

アンデス高原のティワナク文明の没落にも同じことが言えるが、体制崩壊の例としてはこちらの方がさらに劇的だった。海抜約３９００メートルに位置し、アンデス高原のチチカカ湖付近にあったティワナクは、西暦４００年ごろから拡大して10世紀ごろまで続いたある帝国の中核だった。

帝国の形態は成熟していた。首都ティワナクは壮麗な儀式の中心地として綿密に設計され、宇宙原理にのっとって空間配置がなされて、人の出入りを制限すると同時に聖なる島に見えるように周囲に巨大な堀がめぐらされていた。この閉ざされた領域に、国家の主要な儀式に用いる大型建造物だけでなく、支配者やその関係者であるエリートの住居が多数存在し、さらには墓地までがあった。ゆとりある設計で、設備の整ったエリートの居住区域には精巧な上水道システムも備わっていた。現地での埋葬に際しては多数の副葬品が埋められた。堀の外側の住居はこれほど贅沢ではないのが普通だった。それでも、慎重に計画された一貫性のある空間的配置、質の高い建設工事、多彩な発掘品などから、堀の外側に住んでいたのは、内側に住んでいたエリートよりは地位が低いものの、地方の庶民よりはずっと恵まれた層だったことがわかる。のちのインカ文化との類似点から判断すると、堀の周囲に住んでいた都市住民は、支配階級の下位の血族に属していたか、あるいは擬制的親族という傍系親族を通じて支配階級と結びついていたのだろう。
ティワナクが政治的・宗教的権力の中心として、また支配階級とその関係者に役立つようにと建設・再建設されたのは明白だ。こうした目的をかなえるために首都の規模は数万人に制限されたが、この人口密集地域はもっと多くの都市住民を楽に支えられたことだろう。ところが、地方の庶民は都市から排除された。青銅器時代のギリシャと同じく、職人は中心地に住み、特権階級の内部で流通するだけの製品を作っていたようだ。こうして、裕福で権力を持つ一握りの人間を一般市民から空間的に分離することによって、社会経済的な階層化が強化されたのである。[28]

帝国の衰退とエリートの富の消失

帝国後期になると支配者とエリートの権力がますます強まり、それに伴って社会の不平等が拡大した形跡がある。いったん衰退が始まると、あっという間に末期症状があらわれた。気候変動による深刻な干魃が、ティワナクの複雑な支配構造を弱体化させたと考えられている。国が崩壊し、支配者、貴族、儀礼の中心地がその道づれになった。首都そのものは段階的に放棄され、西暦1000年までには完全に無人となった。

考古学者は広範囲にわたる暴力の確かな証拠を発掘している。ティワナクにある東西の宮殿はどちらも破壊された。じつのところ、東の宮殿は跡形もなく消え去った。テオティワカンと同じくティワナクでも、儀礼用の巨大建造物を意図的に破壊した痕跡が窺える。エリートの力の象徴である彫刻は傷だらけにされて埋められた。相当なエネルギーを注がないと、なかなかできない所業だ。こうした動乱の原因が、派閥争いにあるのか、それ以外の暴動にあるのかはいまだ決着がついておらず、答えは永遠に出ないかもしれない。

はっきりしているのは、政治的なヒエラルキーがこれらの激動に耐えられなかったことだ。中心部の衰退に伴い、奥地の農業も崩壊した。それから数世紀かけて、チチカカ湖沿岸部から都市が姿を消した。政治は分断化し、地域ごとの経済活動が普通になった。人口は減少し、残った者は自分の身を護れる地域に移っていった。居住地が広い範囲で要塞化されていたという事実から、暴力的で不安定な環境だったことがわかる。余剰の搾取、特殊な工芸品の製作、遠距離貿易といった富の主要な源泉は失われ、旧世代のエリートは完全に消滅した[29]。

別の例では、国家権力の行使および、その崩壊がエリートの権力と富にどう影響したかについて、ほとんど何もわからない。紀元前三千年紀の後半に繁栄した都市を多く抱えるインダス川流域のハラッパー文明が有名な例だ。紀元前１９００年から紀元前１７００年にかけて体制全体が崩壊し、多くの地域が縮小したり、放棄されたりした。この場合も、かつて機能していたヒエラルキーと差別化は、このプロセスを生き延びることはできなかった[30]。

体制崩壊＝強力で確実な平等化装置

後世になると、体制崩壊の物質的な側面が何より目立つことが多かった。２４００年あまり昔、アテナイの歴史家トゥキュディデスは、ホメロスの叙事詩で称賛されている都市は、自分の時代にはとりたてて立派には見えないと述べている。スペインの征服者《コンキスタドール》であるエルナン・コルテスは、ティカルやパレンケといったマヤ文明の遺跡のそばを通り過ぎたが、気づきもしなかった。すっかりジャングルに覆われ、ほとんど人が住んでいなかったからだ。東南アジアのアンコール遺跡も似たような運命をたどり、中心地域の整備が始まったのは20世紀になってからだった。プリア・カン・コンポン・スヴァイは面積が約26平方キロメートルにも及ぶ巨大都市で、11～12世紀にクメール王朝の支配者が時に居住したこともあったが、現在は人里離れた土地だ。２００８年に私が仲間とともにヘリコプターで訪れた際、われわれ以外には、近くの村からやって来た数人の護衛と大蛇しかいなかった[31]。

全面的な体制崩壊が起こると、考古学的遺跡以外の歴史的な記録はほとんど失われてしまうため、結果的に生じる所得と富の不平等の変化を測るのはまず間違いなく不可能になる。同時に、こうした大変動は大規模な圧縮の発生を強く示唆している。崩壊後の時代にも見られる格差やさまざまな搾取は、高度に階層化された帝国で可能な、多くの場合はその時代に典型的だった格差や搾取とはまったく別物にならざるをえない。さらに、かつてのエリート階層のみならず、社会全体が貧しくなるせいで、余剰の搾取の可能性が低くなり、資源の不平等の上限が下がった。

平等化を促す大量動員戦争、変革的革命、壊滅的な疫病が例外的な事件であることを考えると、大規模な体制崩壊は、歴史を通じて最も強力で確実な唯一の平等化装置だったに違いない。こうした出来事は一般に思われるより頻繁に起きたかもしれないが——あまり知られていない多くの事例を追加することもできる——それでも比較的稀なケースだった。こうした劇的な変化に伴う大量の暴力や苦難を考慮すれば、それは幸いなことだったと言える。対照的に、外部の勢力が権力を奪った結果としてしばしば起きたことだが、国家体制がすぐさま再建されることも珍しくなかった。権力の移行が順調であればあるほど、不平等の維持や復活はいっそう容易だった。

「喜びのために建てられたそなたの宮殿に衰退が訪れますように」
——古代近東における国家の破綻とエリートの衰退

国家が存在する限り、それは必ず崩壊してきた。いわゆる古王国時代のエジプトで、支配者は紀元前27世紀から紀元前23世紀にかけて統一を維持し、メンフィスに強大な王宮を築いた。有名なギザの大ピラミッドは、中央集権国家の権力を目に見えるかたちで示したものだ。ところが、紀元前22世紀から紀元前21世紀初めには地方分権が進んでいった。地方の州侯が自治権を獲得し、対立する2つの王宮が国の南北に現れた。これが不平等にさまざまな影響を与えた。地方の支配者や貴族は、かつて中央に集中していた資源を転用して儲けたようだが、ファラオとその側近が手にする富や権力は減少した。国家の統合が終わりを迎えつつある時期に、廷臣の墓がかなり粗末になったところに、側近の没落が見てとれる。より具体的な証拠がないのでこれ以上の推測は難しいが、頂点の弱体化によって少なくとも原理的には所得と富の分配の最後尾が短くなったはずだ。[32]

アッカド帝国の崩壊

メソポタミアからシリアにかけて存在したアッカド帝国の劇的な崩壊も、同様の結果が、もう少し大規模に生じたものと考えられるかもしれない。紀元前24世紀から紀元前22世紀、絶え間ない軍事行動が略奪を招き、略奪品は寺院、王族、エリート層に渡った。メソポタミア南部一帯のシュメールという地域が、アッカド帝国の支配者とその一族、さらには宮廷の役人に支配されるようになった。さまざまな地域で資産が蓄えられたおかげで、アッカド帝国はかつてない規模で富を集中させることになった。こうした動向については、すでに第1章で検討したとおりだ。それが最終的に破綻すると、このプロセスが逆行するのは避けられなかった。

数世紀ののち、アッカド帝国の崩壊は過度に脚色されて語られるようになった。帝国が領土を拡張し過ぎたせいで、神の「呪い」を招いたというのだ（本節の見出しは有名な文章から引用した）。現実はもっとありふれたものだった。上流社会内部での権力争いに、外国からの圧力や干魃が重なって帝国が弱体化すると、シュメールやその他の地域で政治組織が独立を取り戻し、帝国の支配地域は大幅に縮小した。社会階層の頂点を占めるエリートの所得と富が、それに伴って減少したのは間違いない。[33]

破綻国家に代わる新たな国家の出現

たいていの場合、こうした縮小は長続きしなかったはずだ。新たな帝国的権力が事態を収拾したからだが、この新たな権力もやがて地方分権化や征服に屈した。ファラオが統治していたエジプトでは、国家が分断される「中間期」のあとに、必ず新たな統一国家が続いた。紀元前22世紀から紀元前6世紀にかけて、メソポタミアはウル（学者のあいだでは「ウル第3王朝」として知られている）、バビロニア（ハンムラビ、その後カッシート人が統治）、ミタンニといった王国が継続的に支配しただけでなく、アッシリア帝国や新バビロニア王国も繰り返し支配した。

もうひとつだけ具体例を挙げよう。現在のシリアとイラクの国境に近いユーフラテス川沿岸の中規模国家だったマリは、紀元前1759年ごろにバビロニア王ハンムラビに滅ぼされた。ところがわずか一世代のちには、かつて第二の中心都市のひとつだったテルカが新たな王国（ハナ）を築いた。ハナは実質的にかつてのマリの領土を支配し、バビロニアから独立を勝ち取った。[34]

対照的に、前節で論じたような全面的崩壊は比較的珍しかった。新たな権力が急速に勃興して後釜に座った地域では特にそうだ。巨大な帝国が複数の小さな政治単位へと分裂すれば、社会の最上層への所得と富の集中に下方圧力がかかったことだろう——たとえそれが、より包括的な崩壊に伴う広範な平等化には遠く及ばなかったとしても。ここでやっかいな問題が浮上する。近代以前の社会は通常、経済格差の結果的な縮小をきちんと記録したり計測したりできるだけの証拠を残していないのだ。とはいえ、諦めて踵《きびす》を返すわけにもいかない。これら初期の社会は、記録が多く残っている近現代の国家とくらべ、断続的な国家の破綻と分散を経験している可能性がはるかに大きいからだ。国家の破綻に備わった平等化の能力を無視すると、強力な平等化の力を見逃すおそれがある。この状況でできることと言えば、どんなに曖昧であろうとも、平等化に向かう変化を示す代わりのデータを探すことだ。

エジプト北部の分権化によるエリートの衰退と南部の安定

こうした手法の複雑さと制約を明らかにするために、ひとつだけ事例を紹介したい。すでに述べた青銅器時代後期の危機ののち、紀元前1069年ごろから、エジプトは事実上、テーベのアメン神の神官団が支配する南部の上エジプトと、タニスを中心とした北部の下エジプトに分かれるようになった。リビアの軍事勢力が流れ込むと、北部の分権化はさらに進んだ。紀元前10世紀のある時期、またその後、とりわけ紀元前9世紀末以降（慣習的に第21王朝から第23王朝に結びつけられる時期）、地域の自治勢力のいくつかの拠点が支配権をめぐって争った。このような権限移行のプロセスを通じて、地方のエリートの購買力は減退したものと思われる。なにせ彼らの購買力は、国家歳入へのアクセス、国家の役務に関連して得られるその他の収入、国家の健全性に左右される個人の資産や経済活動が頼りだったからだ。

かつての首都メンフィスの主要な埋葬地だったサッカラの墓の貯蔵品には、こうした流れにおけるエリートの相対的貧困化が反映されている。そうした貯蔵品が見つかったのは、紀元前13世紀に栄華を極めた第19王朝のファラオ、ラムセス2世の義理の兄ティアの墓に付随する縦坑《たてこう》でのことだ。この補助的な縦坑は、ティアの秘書官だったイウルデフの墓だった。

その後ずいぶん経って、おそらくは紀元前10世紀に、この縦坑とそれに付属する部屋は棺と副葬品で満杯になった。全部で74人がこうして埋葬されていた。何人かは棺に入れられ、何人かは敷物にくるまれ、何人かはまだ棺に入っていない状態だった。全体的に棺の品質の低さが目につく。太古の昔に墓泥棒が短期間ながら闖入《ちんにゅう》した形跡があるが、彼らもすぐに諦めたようだ。こうした遺物の期待外れの様子に意欲が失せたのかもしれない。同時期のエジプト南部の棺とくらべると、職人の技量が劣るのは一目瞭然だ。小さな木片を継いで作られており、装飾は棺の主要な部分にしか施されていない。文字による記録はそのうちのいくつかにしか見られず、たいていの場合、意味のない偽ヒエログリフで書かれているか、朽ちていて読めないかだ(35)。

これは特別な例ではない。同じように偽の文字が描かれた粗末な棺や、きちんとミイラ処理されなかった遺体を納めた墓が、エジプト中王国のほかの場所でも発見されており、とりあえずは同時期のものだとされている。だが、粗末な状態にあるとはいえ、これらの墓にはエリートの慣習が見てとれる。どんなに出来栄えがひどくても、木製の人型棺を入手できるのは特権階級だけだったからだ。こうした事態は、より安定していた南部とくらべ、メンフィス地域の上流階級の購買力と需要が低下していたことを示す状況証拠だと解釈できる。当時は北部最大の都市だったタニスにある王族の墓でさえ、儀式用の盃、宝飾品、石棺などの古い品物が広く再利用されていたことが明らかになっている(36)。

当時、テーベ南部のエリートのあいだでも棺の再利用が一般的になっていたのは確かだ。しかし、この場合の根本的な原因は、エリートに新しい棺を買う資力がないというより、北部との分離に起因する原料不足、そして何よりも頻繁に起きていた墓泥棒に対する安全面での懸念に求めるべきだろう。墓泥棒への対策として、剝ぎ取られるおそれのある高価な材料、たとえば金箔の使用をやめ、より入念に防腐処理を施して遺体の状態を整えることに重きが置かれるようになった。こうした投資が略奪者に狙われることはないからだ。同じ時期、人目を引く神殿型貴族墓《トゥーム・チャペル》から目立たない集団墓地への移行が起きたことも、こうした解釈に合致している。

テーベのエリートが困窮していたという明白な証拠が見つからないことは驚くにあたらない。アメン神の神官団に率いられたこれらのエリートは、依然としてエジプトの大半を支配していたばかりでなく、昔の貴族の墓に納められた財宝の略奪に没頭し、収入源を必要としていなかったことを考えてみるといい。この点で、彼らは北部の同輩と違っていた。北部では分断が進み、社会的混乱も多かったため、エリートの所得や出費が抑制され、彼らの購買力に大きく依存していた特殊な工芸技術が衰退してしまったのだ。[37]

不平等研究の不確実性――歴史的証拠の不足

この例を選んだのは、限定的な国家破綻という状況で平等化の形跡を特定する難しさを明らかにするためだ。包括的な体制崩壊に際しては、財産や所得の格差縮小のほぼ疑いない考古学的証拠が現れるのが普通である。対照的に、そこまで劇的ではない社会的混乱の場合、往々にして散発的で曖昧な代替データには、同じく確固たる平等化の痕跡が残されているとは期待できない。だが、われわれが自由に入手できるデータはそれだけなのだ。こうして見ると、不平等の一般的な縮小はもちろん、エリートの財産の減少を察知しようとする試みは、必然的に大きな不確実性を抱え込むしかなく、推測の域を出ないことも多い。

こうした難題に加え、解釈にまつわる大問題がある。とりわけ注目すべきなのは、よく言われるように埋葬の習慣や保管パターンの変化を社会経済状況に結びつけることの危険性であり、特定の発掘物から一般論を導くのは正当かどうかという当然の疑問だ。たとえばエジプトの第3中間期の埋葬という題材について考えると、われわれは不平等研究の進め方の限界――ことによるとその先――に達する。政治的分裂によって促された平等化の大半は、近代以前に起こったものだ。おそらく広範囲に及ぶ現象だったものと思われるが、たいていの場合、現代の観察者にとってははっきりしたことは永久にわからないままだろう。それは、不平等の歴史における一種の「暗黒物質《ダークマター》」だ。存在するのは確かだが、突き止めるのは至難の業なのである。

「この国はもうぼろぼろだ」——ソマリアにおける現代国家の破綻

大半の歴史的証拠がどれほど大きな限界を抱えていようと、それは次のような主張を裏づけるものだ。つまり、近代以前の略奪的国家が暴力によって解体されると、既存エリートの富や権力が奪われて不平等が抑制されるという主張である。だとすれば、この種の平等化は近年の歴史にも、もっと言えば現代の世界にも存在するのかという疑問が浮かんでくる。一見すると、答えはノーのように思える。第6章の最後の方で見たように、発展途上国における内戦は不平等を抑えるより広げる可能性が高い。繰り返しになるが、これらの紛争は国家組織を弱体化させはするものの、すでに述べたような近代以前の劇的な事例に見られるほどの規模で、統治機構を崩壊させたり、社会経済全体の複雑性を低下させたりすることはめったにない。

現代の深刻な破綻国家

とはいえ、少なくともそれに近い事例は現代にもあるかもしれない。アフリカ東部のソマリアは、近年の国家破綻の例としては最も深刻なものだと一般に見なされている。1991年にモハメド・シアアド・バーレ政権が転覆してから、ソマリアは派閥や支配地域ごとに分裂し、それ以降は国全体を統治する組織がない状態が続いている。国の北半分にソマリランドやプントランドという自治区が出現したが、残りの国土は各地の指揮官、民兵――アル・シャバブの聖戦士を含む――によって、また断続的に隣国の軍隊によって支配されている。ここ数年でようやく、名ばかりの連邦政府がモガディシュ内外で支配権を行使するようになった。１９９１年からエチオピアが介入した２００６年まで、ソマリアは事実上破綻国家だった。

国の福祉水準は概して非常に低い。乳幼児死亡率、栄養状態、学校教育、基本的サービスの受けやすさといった要素をもとにした（広義の）アラブ諸国の貧困を測定するある研究で、ソマリアは最下位だった。データが不十分なため、人間開発指数の最新版の世界ランキングにソマリアは入っていない。だが、多次元貧困指数では、すべての発展途上国のなかでワースト6位のスコアをつけられている。また、極度の貧困状態で生活する人びとの割合も6番目に大きいことがわかった。ソマリアが多くの点で「ぼろぼろ」なのは疑いない。ソマリアの最も有名な亡命者にして、作家・活動家のアヤーン・ヒルシ・アリがかつてインタビューで語ったとおりだ[38]。

ここでわれわれの関心を引くのは、より具体的な問いだ。中央政府の崩壊とその後に起こった国土の分裂は、はたして、またどのように、所得と富の不平等に影響したのだろうか。証拠が不足している以上、この問いへの答えに大きな不確実性がつきまとうのは避けられないため、話半分に聞いてもらう必要がある。それでも、より広範な地域的背景のもとで考えると、国をなくしたソマリアは、経済発展のみならず不平等に関してもかなりうまくやっていることがさまざまな指標から窺える。

破綻前の不平等の実態

この一見すると直観に反する結果が出てくるのは、1991年までの状況が大半の国民にとって想像を絶するほどひどかったという事実のせいだ。1969～1991年のシアド・バーレ政権下では、独裁者とその仲間のために資源を搾取することが、政府の唯一にして最大の目的だった。当初は派閥をいっさいなくすと公言していたにもかかわらず、バーレは自分の一族や支持者を優遇する一方、それ以外の人びとを無慈悲に扱い、搾取の対象にした。対立するグループには、ますます大規模化する暴力で応じた。土地改革で利益を得たのは、政治家および有力なコネを持つ都市部の実業家だった。政府の役人と取り巻きは、国有企業から資産を奪い取り、公共支出のほとんどを吸い上げた。そのうちの90％は最終的に政権と軍に渡った。冷戦時代の対立と難民数の操作によって増額された外国からの援助は、政府に横取りされた。

うらやむところなどないその地域の基準からしても、腐敗ぶりはあまりにもひどかった。政府高官とバーレ一族は大手の銀行の引当金を奪い、ついにはそれらの銀行を破産に追いやった。唯一の国営銀行が政治家にコネのあるエリートの需要に応えていた。ソマリア通貨の恣意的な過大評価によって、輸入品を買う裕福な消費者が恩恵を受ける一方、肉などを輸出する貧しい人びとが犠牲になった。バーレ政権は「ゲートキーパー国家」としてふるまい、国の富の出入りをコントロールした。こうした非道な介入が積み重なり、首都モガディシュ内部でも、モガディシュとそれ以外の地域のあいだでも格差が生じた。社会サービスへの支出は最小限だった。中央政府が存在していたにもかかわらず、公共財の大半はインフォーマル・セクター〔国家の統計や記録に含まれない経済部門〕や、氏族ネットワークなどの現地グループによって提供された。労働力の大半を占める牧畜民はよくて無視、最悪の場合は政権に搾取された。彼らは公的資金をほとんどもらえなかった[39]。

破綻後の生活水準の改善

こうした環境では、国家構造が消滅したからといって公共財の供給に大きな影響が及ぶことはなかった。それどころか分裂によって暴力は減った。1995年に外国の軍隊が撤退してから2006年にエチオピア軍が侵攻してくるまでのあいだは、特に少なかった。要するに、国家が実際に崩壊する1990〜1995年と、国家を再建しようとする努力が本格化した2006〜2009年に、暴力的な紛争が集中していたのだ。将軍や民兵は一般市民から地代を搾り取ったが、規模や競争による制約があったため、かつての独裁国家時代とくらべれば大したことはなかった。課税や商取引の障壁も以前よりずっと低くなった。

その結果ソマリアは、生活水準を測る各種の尺度で、近隣諸国はもちろん比較対象となる西アフリカ諸国を繰り返し上回ったり肩を並べたりした。ほとんどの開発指標は国家の崩壊後に改善したが、唯一の大きな例外は就学率と成人識字率だった。しかし、これは国家サービスが変化したからというより、外国の援助が減ったせいだった。13種の開発尺度でサハラ以南のほかの41カ国と比較すると、ソマリアは国家末期には記録されたあらゆる指標で下位にランクされたものの、それ以降は、絶対的にも、またより注目すべきことにこれらの国々の多くと比較しても、発展を遂げたことがわかる。平和が続いていた国との比較でも、ソマリアとほぼ同時期に戦争を経験した国との比較でも、それが当てはまる[40]。

国家の崩壊後にソマリアの不平等が縮小した要因は2つ考えられる。①比較的集中していた国家財産と、地代を搾取して散々うまい汁を吸っていたパワーエリートが消滅した。②都市部の実業家や政府高官に有利で、地方の大多数の人びとに不利な組織的政策が終了した。あくまでも私見だが、ごくわずかに存在する実証的情報はこの予測と一致している。１９９７年のソマリアの所得のジニ係数０・４は、近隣諸国（０・47）や西アフリカ（０・45）よりも低かった。世界所得不平等標準化データベース（ＳＷＩＩＤ）では、不確実な部分がかなり大きいものの、２０００年代初めにソマリアの所得格差は縮小したと記録されている。現在のソマリランド（１９９７年のソマリアよりはやや中央統制がきいている）の所得のジニ係数の推測値が、０・43～０・46でやはり高いという結果をどれくらい重視すべきかはわからない。証拠の性質を考えると、ほかの福祉指標で改善が見られたのは、野蛮な収奪国家が消滅したからだと結論をくだしていいだろう。

つまりバーレ政権下のソマリアでは、政府はじつのところ問題であり、解決策ではなかったのだ。国家の崩壊による平等化は、依然として捉えにくい問題である。とはいえ、ソマリアの例は本章で展開した議論全体を少なくともある程度補強するものだ。[41]

略奪国家はどれも似たようなものだが、崩壊が起こる度にそれぞれのやり方で平等化が進む……

バーレ政権下のソマリアのような国家の経験が広く関心を集めるのは、ひとえに発展途上世界の略奪国家、別名「吸血鬼」国家が、現代の西側社会よりも近代以前の国家支配の伝統と共通点が多いからだ。つまり、エリートの略奪行為が横行し、公共財の提供が最低レベルということである。

確かに、いろいろ但し書きはつく。近代以前の国家には、ソマリアのような押しつけがましい「科学的社会主義」は総じてなかった。これがあれば、国民の被害を抑えられたことだろう。また「略奪国家」に関するトルストイ的な私の定義を認めてもらわなければならない。近代以前の国家は、生み出していた公共財の質、量ともにそれぞれ大きく違っていたことが知られているからだ。ひとつですべてに適合する型はない。それでも強欲な国家の終焉が、一般的には人間の幸福にとって、具体的には不平等にとって、どんな恩恵をもたらしたかはすぐにわかる――たとえ多くの国民が、醜悪な国家でもないよりはましだと思っていたとしても。ある経済モデルによれば、制約のない略奪国家は、国民の幸せにとって無政府状態よりも有害だとされている[42]。

場合によっては、崩壊はあらゆる人びとを貧しくする――だが、富裕層をさらに貧しくする――ことによって不平等に影響を与える。鉄器時代初期のギリシャ、古典期後期のユカタン半島、ティワナク文明後のチチカカ湖沿岸部のように、全体の複雑性が大きく低下すると、そうした結果になる可能性が高い。また、ごく最近ではソマリアのように、崩壊が政治の領域に限定されている場合、平等化の達成には生活状況全般が悪化する必要はなく、もっぱら社会の最上位層に影響が及ぶだけでいい。安全保障環境は重大な変数となったはずだ。

国家破綻の結果として分配状況がどうなるかは、一般市民が外部からの侵略者に略奪される（たとえば大草原地帯からの侵入者が農村を食い物にする）のか、そこまでひどい影響はないのかによって、大きく違ってくる。だが、それに応じて平等化の程度も変わってくるとはいえ、大勢は変わらない可能性が高かった。というのも、所得と富の格差の縮小は、国家のヒエラルキーや搾取的組織が暴力的に終止符を打たれることで実現するからだ。

国家と文明の崩壊は、平等化の世界史において、最も古く、最も広く旅した第三の騎士に相当する。この騎士は至るところで人生を台なしにする一方で、不平等を踏みつぶしたのだ。

第5部

第四の騎士 疫病

第10章

黒死病——暴力ではない暴力的破壊

病原菌と市場——人口抑制と労働価値の上昇

われわれはここまで、人間対人間の暴力とそれが不平等に及ぼす影響に注目してきた。大衆に有利な取引を促し、富裕層から富を搾りとった大量動員戦争、正真正銘の「上位1%」に加え、「地主」「富農」「ブルジョワ」を破滅に追い込んだ血塗られた革命、手に入る限りの余剰を搾取し私腹を肥やしていた裕福なエリートを一掃した国家の破綻。ここでは、さらにもうひとつの平等化装置について検討しなければならない——第四の騎士、伝染病だ。ほかの三騎士と異なるのは、別の種がかかわっているものの、暴力とは無関係だという点だ。とはいえ、細菌やウイルスによる人間社会への攻撃は、人間に起因するいかなる厄災よりもはるかに破滅的な場合があった。

伝染病はどうやって不平等を減少させるのだろうか？　それは、トーマス・マルサス牧師が1798

年の著書『人口論』(*An Essay on the Principle of Population*) で「積極的抑制」と称したものとして作用する。ごく大雑把にまとめると、マルサスの考え方のもとになっているのは、長期的に見ると人口は資源の増加を上回るペースで成長するという前提だ。だとすれば、さらなる人口成長を抑制しなければならないことになる。こうして、「道徳的抑制」——結婚と出産の年齢を遅らせること——によって出生率を抑える「予防的抑制」と、死亡率を上げる「積極的抑制」が提唱される。マルサス本人の表現によれば「積極的抑制」には、

程度の差はあれ、人間の自然な寿命を縮める……あらゆる要因が含まれる……重労働や季節の辛さにさらされる仕事といった、体に悪いあらゆる仕事、赤貧、間違った子育て、大都市、あらゆる行き過ぎ、一連のありふれた疾患と伝染病、戦争、ペスト、疫病、それに飢餓(1)。

こうして大まかに表現された「積極的抑制」のリストでは、人口圧力の直接の帰結と伝染病などの出来事が一緒くたにされている。だが後者のような出来事は、人口統計的な条件によって起こるわけでも、悪化するわけでもない。そうではなく、本質的に外因性の出来事と言っていい。

現代の研究で強調されているのは、人口成長と資源ストレスへの対策の重要性だ。生産性を向上させ、それによってマルサス的危機を乗り越えるための対策である。したがって、最先端の新マルサス・モデルでは歯止め《ラチェット》効果が想定されている。資源不足の圧力と技術的・制度的進歩のトレードオフを通じて人口も生産も増加するということだ。そのうえ、過去150年の「人口転換」〔社会の近代化に伴って多産多死から少産少死に移行すること〕のおかげで、急速なイノベーションに加えて、実質所得の上昇とは裏腹に少子化が進んだため、マルサス的な制約が緩和されたと考えられている。現代のこうした新たな特

徴が、歴史の早い段階で同じように観察されることはありえない。このため、マルサスの主張するメカニズムはおもに、近代以前の社会（それは本章のテーマでもある）についての理解にとって大きな意味を持っている。

中世後期から近代初期にかけてのイングランドに関して入手可能な最善の証拠から、伝染というかたちの致死性の病の蔓延が、少なくとも主要な――必ずしも唯一のではない――外因的インプットだったことが強く示唆されている。それが当時の一般的な生活水準にかかわらず人口成長を抑制したのだ。もっとも、資源不足の時期に重なってその影響が増幅した可能性はある。[2]

病原菌と市場の連携による平等化

近代以前の農耕社会では、疫病のために土地と労働者の比率が変わることによって平等化が進んだ。土地の価値が下がり（地価、地代、農産物価格として記録されている）、労働の価値が上がったのだ（実質賃金の上昇と小作料の低下というかたちをとった）。こうして、以前とくらべて地主や雇用主は貧しく、労働者は裕福になり、所得と富の不平等は減少した。同時に、人口構成の変化がさまざまな制度と相互作用し、価格や所得の実際の推移を決めた。雇用主と交渉する労働者の能力に応じて、伝染病から生じる帰結は変わった。つまり土地と、とりわけ労働力の価格決定市場の存在が、平等化の成功のための基本的な条件だった。病原菌と市場が、不平等を抑制すべく手を携える必要があったわけだ。

最後に、これから見ていくように、実際に起こったいかなる平等化も長続きしないことが多く、ごく一部の例外を除いて、人口回復の結果として生じた新たな人口圧力のせいで、結局は元の木阿弥となったのである。

「誰もが世界の終わりと思った」——中世後期の伝染病の流行

1320年代後半のある時、ゴビ砂漠でペストが発生し、旧世界の大半に広がっていった。ペストを引き起こすのは、ノミの消化管に棲みついているペスト菌だ。ネズミのノミが最も有名な宿主だが、数十種の齧歯《げっし》類もペストにかかったノミを運ぶことがわかっている。これらのノミはたいてい齧歯類にしがみついていて、もとの宿主の集団が壊滅した時にだけ次の犠牲者を探す。こうして、人間のあいだでペストが流行することになる。

ペストには3種類あるが、最も多いのは腺ペスト（bubonic plague）だ。ノミに刺されやすい鼠径《そけい》部、わきの下、首のリンパ節が目立って腫れることで知られているが、その名前は皮下出血によってできる血ぶくれの横痃《おうげん》（buboes）に由来する。細胞壊死と神経系の中毒症状が出て、感染者の50～60％は数日で死亡する。さらに致死性の高い肺ペストは、感染した肺から放出される飛沫が空気で運ばれることによって人間どうしで直接感染する。死亡率はほぼ100％だ。ごく稀に、病原菌が虫によって運ばれ、敗血症型ペストという病気を引き起こす。これは伝染速度が非常に速く、必ず死を招く[3]。

旧世界でのペストの蔓延

14世紀の第2四半期、ネズミがペストに感染したノミを、東は中国へ、南はインドへ、西は中東、地中海沿岸、ヨーロッパへと運んでいった。中央アジアの隊商路が拡散ルートとなった。1345年、ペストはクリミア半島に到達すると、そこでイタリア商船に乗り移り、地中海沿岸に運ばれていった。当時の資料によれば、この一連の出来事の発端は、クリミア半島はカッファにあったジェノヴァ植民地への包囲攻撃だとされている。カッファを取り囲んでいたタタール軍にペストが発生すると、指揮官のジャーニー・ベクは、ペストの犠牲者の遺体を町の城壁の向こう側に投げ込むよう命じ、なかにいるジェノヴァ人を感染させたという。だが、そんな必要はなかったし、効果的でもなかっただろう。腺ペストはネズミ、肺ペストは生きている人間という宿主に依存しているからだ。ペストに欠かせないネズミとノミを運ぶには、既存の商業的つながりがあれば十分だったのだ[4]。

1347年の末、ペストがコンスタンティノープルを襲った。退位したビザンティン帝国皇帝のヨハネス6世カンタクゼノスが、その症状を克明に書き残している。

どんな医者の技術をもってしても太刀打ちできなかった。病気にかかっても全員が同じ経過をたどるわけではなかった。抵抗力のない者はその日のうちに死んだ。たった数時間で死んだ者もわずかながらいる。2、3日のあいだ抵抗できた者は、最初はひどい高熱に苦しんだ。この時、攻撃されるのは頭だ……別のケースでは、この災厄は頭ではなく肺を襲った。すぐに体内で炎症が起き、胸に鋭い痛みが走る。吐き出される痰は血だらけで、吐息は吐き気がするほど臭い。喉と舌は熱のせいで乾ききっており、黒く鬱血している……膿瘍《のうよう》が上腕や前腕にでき、人によっては顎やその他の部位にもできている……黒い水ぶくれもある。全身に黒点が出ている者もいる。また、黒点は少ないながら非常に目立つ者がいるかと思えば、見えにくい場所に密集している者もいる。巨大な膿瘍が脚や腕にでき、それが破れると、悪臭を放つ大量の膿《うみ》が流れ出た……気分が悪くなると、回復の見込みはなかった。絶望に直面することで衰弱に拍車がかかり、病状はひどく悪化し、感染者はあっという間に亡くなった[5]。

死を運ぶ貨物船がボスポラス海峡とダーダネルス海峡を通過したあとの1348年、アレクサンドリア、カイロ、チュニスといったアラブ圏の大都市をペストが襲った。翌年にはイスラム圏全体がこの感染爆発に呑み込まれ、特に都心部で膨大な死者数が報告された。

さらに西では、クリミア半島を出港したジェノヴァ船が、1347年秋にシチリア島にペストを持ち込んだ。それからほんの数カ月で、ペストはヨーロッパ南部のほぼ全域に広がった。ピサ、ジェノヴァ、シエナ、フィレンツェ、ヴェネツィアの住民が、もっと小さな多くの町の住民とともに命を奪われた。伝染病は1348年1月にマルセイユに到達し、フランス南部とスペインをあっという間に壊滅させた。ペストが北へ広がっても依然として阻止することはできなかった。1348年春にはパリに、その後フランドル地方と北海沿岸低地帯〔現在のベルギー、ルクセンブルク、オランダ〕に達した。49年にはスカンディナヴィア地方を襲い、さらに辺境の地であるアイスランドとグリーンランドへと進んだ。1348年秋には、南部の港町からイングランドに入り、翌年アイルランドに上陸した。ドイツも被害を受けたが、ヨーロッパ各地より程度は軽かった。(6)

詩人たちが見たペストに襲われた都市

当時の観察者は、病、苦悩、死の悲痛な物語――また埋葬の習わしの放棄、社会全体の混乱と絶望の物語――を語っている。大都市での出来事は、都市に住む作家にとってこれ以上ないテーマとなった。アグノロ・ディ・トゥラが、シエナを襲ったペストについて印象深く書き残している。彼の味わった苦難を考えると、読むのがひときわ辛い。

シエナで人がばたばたと死にはじめたのは5月のことだった。残酷でおぞましかった。この悲惨さと過酷さを、どこから語っていいのかわからない。ほとんどすべての人が、苦難を目の当たりにして茫然自失の状態だった。この恐ろしい事実を人間の口で物語るのは不可能だ。じつのところ、悲惨な状況を見ずにすんだ者は幸いだとしか言いようがない。犠牲者はまたたく間に命を落とした。わきの下と鼠径部が腫れ、話しているさなかに倒れてしまった。父は子を見捨て、妻は夫を見捨て、兄弟はお互いを見捨てた。この病は呼吸や視線を介して伝染するように思えたからだ。こうして、彼らは死んだ。金や友情のために死者を埋葬してくれる者は見つからなかった。死者が出た家の者は、遺体を溝まで運ぶだけで精一杯だった。司祭もいないし日々捧げられる祈りもない。弔いの鐘が鳴ることもない。シエナの各地で深い穴が掘られ、多数の死者がそのなかに積み重ねられた。昼夜を問わず数百人もの人びとが死んでいった。遺体はすべてこれらの穴に放り込まれ、土をかぶせられた。穴が満杯になると別の穴が掘られた。そしてこの私、アグノロ・ディ・トゥラといえば……わが子5人をこの手で埋葬した……あまりに多くの人が死んだので、誰もが世界の終わりだと思った(7)。

アグノロの語る共同墓地は、ほかにも多くの逸話に繰り返し登場し、数えきれないほどの人命が失われたことを伝えている。詩人ジョヴァンニ・ボッカッチョによるフィレンツェのペストの有名な描写はこうだ。

どこもかしこも死体だらけで……埋葬のための聖なる土地が足りない……すべての墓地が満杯になると、教会の庭に巨大な溝を掘って、新たに到着した遺体を何百体と入れた。船荷のように積み重ねていく。それぞれの遺体の層の上に薄く土をかぶせ、それを溝が埋まるまで続けた。

こうした描写はその後、ヨーロッパ各地で発見された共同墓地によって裏づけられた。時にはペストのDNA証拠が出ることもあった(8)。

一方、中世の人びとの圧倒的多数が住んでいた田舎の荒廃は、あまり注目されなかった。ボッカッチョは読者に次のように念押しせざるをえなかった。

散在する村落や本当の田舎では、貧しく不運な農民とその家族は、助けてくれる医師も使用人もおらず、昼夜を問わず、道端や畑や小屋で倒れ、人間というよりは獣のように死んでいった(9)。

1350年にはペストは地中海沿岸に広がり、翌年には、一時的であれヨーロッパ全土を衰退させた。中世の目撃者が提示する犠牲者数を挙げても得られるものはほとんどない。彼らは計り知れないものを計ろうと四苦八苦し、たいていは切りのいい数字やありふれた数字に頼っていたからだ。それでも、1351年にローマ教皇クレメンス6世のために計算された2384万人という死者数は、あながち的外れではない。現代の計算による死者総数は、全体の25~45%となっている。経済学者のパオロ・マラニマによる最新の推定によれば、ヨーロッパの人口は1300年の9400万人から、1400年には6800万人に落ち込んだ。減少率は25%を超える。

特に落ち込みがひどかったのがイングランドとウェールズで、ペスト前に600万人近くあった人口のほぼ半分が死亡し、18世紀初めになってやっとペスト前の水準に戻ったのだ。イタリアも落ち込みがひどく、住民の3分の1以上が死亡した。信頼のおける中東の概算データはなかなかないが、エジプトやシリアの死者数は、特に15世紀初めまでの総死者数を勘定に入れれば、ほかの国と同程度である。[10]

一変した世界

細かな点はさておき、黒死病の影響が甚大だったことは疑う余地がない。歴史家イブン・ハルドゥーンは普遍史に関する著作でこう書いている。

東西の文明は破壊的な疫病に見舞われた。この病は国家を荒廃させ、国民を死へ追いやった……人間が住んでいた世界全体が一変した。

実際、世界は一変した。感染爆発のさなかとその直後には、人間の活動が低下した。長期的には、ペストとそれがもたらした混乱が、人びとの考えや社会制度に広く爪痕を残した。つまり、キリスト教の権威が弱まり、快楽主義と禁欲主義が同時に繁栄し、恐怖と跡継ぎがいない者の死亡が原因で、慈善活動が増えたのだ。芸術のスタイルまで影響を受けた。医者は長年守ってきた原則の再考を迫られた。[11]

最も根本的な変化は、経済領域、なかでも労働市場で起きた。黒死病がヨーロッパに達したのは、3世紀にわたって人口が大きく――2倍、時には3倍に――増加していた時だった。西暦1000年ごろから、技術革新、農耕法と収穫高の改善、政情不安の改善があいまって、定住が進み、生産性が向上し、人口が増えた。都市は大規模化し、数も増えた。

ところが13世紀後半には、この長期にわたる繁栄は自然に終息した。中世の気候最適期が終わりを告げると、生産性が低下し、需要が供給を上回りはじめたため、飢えた人びとが増加して食料価格が上がった。耕作に適した土地の拡大は止まり、牧草地が縮小したせいで、タンパク質の供給は減った。同時に、ますます質素になる食事において基本的な穀物がそれまで以上に主要な食品になった。人口圧力によって、労働の価値が下がり、したがって実質所得が減少した。生活水準も、せいぜいのところ横ばいだった。

14世紀初めには、気候が不安定で収穫が減った結果、壊滅的な飢饉となって、状況はいっそう悪化した。人口水準は14世紀初めの25年間で下がったものの、生活が維持できるかどうかの危機はさらに一世代のあいだ続き、動物間流行病のせいで家畜が激減した[12]。

ヨーロッパの大半の地域が、修正版マルサスの罠とでも言うべきものにかかったらしい。事前の人口増に起因する好ましくない土地／労働比率といった内因性の問題と、生産性を下げる気候変動という外因性のショックによって、勤労大衆の生活は脅かされ、生産手段——何といっても土地——を支配するエリートは有利な立場を得た。

黒死病によって人口は激減したものの、物理的なインフラは損なわれずに残った。生産性が向上したおかげで、人口の減少ほど生産高は減らなかったため、1人当たりの平均的な産出量と所得は上昇した。時おり主張されるように、ペストによって、本当に労働年齢にある人びとがそれより若いあるいは老いた人びとよりも多く命を落としたかどうかはわからないが、ともかく労働力に対して土地が余るようになった。地代と金利は絶対的にも賃金比でも下がった。地主にとっては損だが、労働者は利益を望めそうだった。とはいえ、こうしたプロセスが実際の暮らしにおいてどう展開するかは、中世の労働者に有効な交渉力をもたらす制度と権力構造にかかっていた。

ペスト流行後の労働価値の高騰

当時の西欧の観察者は、人びとの大量死によって賃上げ要求が高まったことにすぐに気づいた。カルメル会の修道士ジャン・ドゥ・ヴネットは、1360年ごろの年代記でペスト流行後の様子について書いている。

何でもふんだんにあるものの、価格は2倍だった。調度品や食料はもちろん、商品、賃金労働者、農業労働者、使用人などすべてがそうだ。唯一の例外は土地と家屋で、それらは現在でも供給過剰の状態にある。

作家のウィリアム・ディーンが書いたとされるロチェスター小修道院年代記によれば、

労働者不足が続いたため、庶民は雇用労働など歯牙にもかけず、3倍の賃金で貴人に仕えるという条件にもなかなか首を縦に振らなかった。(13)

雇い主はただちに、人件費の上昇を抑制するよう当局に圧力をかけた。イングランドが黒死病に襲われてから1年も経たない1349年6月、国王は労働者勅令を発布した。

住民の大部分、特に労働者と使用人（「召使い」）がペストで死亡して以降、多くの人びとが主人の窮状と労働者不足につけこんで、法外な給金をもらわないと働こうとしない……イングランドの領土に住むあらゆる男女は、自由民であれ非自由民であれ、身体が健康な60歳未満で、商売や特殊な技能の行使によって生活しているのではなく、耕す必要のある自分の土地からの不労所得がなく、他人のために働いているのではない限り、自分の地位とつりあう仕事を提供されたらその申し出を受ける義務が生じることを、ここに定める。その料金、仕着せ、支払い、給金は、わが国の統治の20年目［1346年］か、5、6年前の適切な年に、彼らが働いている地域で通常支払われていた金額でなければならない……誰も、賃金、仕着せ、支払い、給金を、先に規定した金額を超えて支払ったり約束したりしてはならない……違反すれば、それでは損だと思う者に対して支払った、あるいは約束した金額の2倍の罰金を科す。職人や労働者は、自分の労働や技能に対し、どこで働いていようとも、前述のとおり20年目、もしくはそれ以外の適切な年に得られるであろう額より多くを受け取ってはならない。多く受け取っていることが発覚すれば、牢獄行きとなる。(14)

この勅令の効果は実際にはあまり上がらなかったようだ。それからわずか2年後の1351年、労働者制定法という別の法令で、こんな訴えがなされている。

先の勅令で述べられた雇われ人は、この勅令を無視して自分自身の豊かさや並外れた強欲さを優先している。20年目およびそれ以前に受け取っていた金額の2倍から3倍の仕着せや賃金をもらわない限り、偉人やその他の人びとのために働こうとしない。こうして、彼らは偉人に大変な損害を与え、あらゆる庶民を貧しくしている。

そして、このやっかいな状況を是正すべく、さらに詳細な制約と罰則が科されることになった。ところが、一世代も経ずしてこの施策も頓挫した。1390年代初め、レスターのアウグスティノ修道会の修道士、ヘンリー・ナイトンは年代記にこう書いている。

労働者はひどく思い上がっていて血の気も多いため、王の命令など気にも留めなかった。彼らを雇いたければ、その言いなりになるしかなかった。というのも、刈り取らずに農作物を失うか、労働者の傲慢さと貪欲さに迎合するか、2つにひとつしかなかったからだ。[15]

もう少し中立的な言葉で言い換えると、政府の命令と抑圧によって賃金上昇を抑えようとする試みに対し、市場原理が勝《まさ》ったということだ。雇用主、特に地主の個人的利益が、労働者に対して共同戦線を張ることによる強制できない集団的利益を上回ったからである。

イングランドばかりかほかの地域でも事情は変わらなかった。1349年、フランスも同様に賃金をペスト前の水準に抑えようとしたが、さらに早く負けを認めるはめになった。51年には、改正法によって賃金を3分の1上げることがすでに認められつつあった。まもなく、人を雇いたい時は相場どおりの賃金を支払わなければならなくなった。[16]

ヨーロッパ都市労働者の実質賃金の推移

経済史家のロバート・アレンと共同研究者の尽力により、今では熟練・非熟練の都市労働者の実質賃金を示す長期的な時系列のデータが数多く手に入る。このデータは時に中世にまでさかのぼり、時空を超えて体系的に比較できるよう標準化されている。

ヨーロッパとレヴァント地方の11の都市で記録された非熟練労働者の賃金の長期的傾向から、明確な全体像が読みとれる。ペスト発生前の賃金がわかる少数のケース（ロンドン、アムステルダム、ウィーン、イスタンブール）では、ペストの流行以前は賃金が低く、その後急速に上昇している。実質所

図10.1　1300〜1800年のヨーロッパとレヴァント地方の非熟練都市労働者の実質賃金

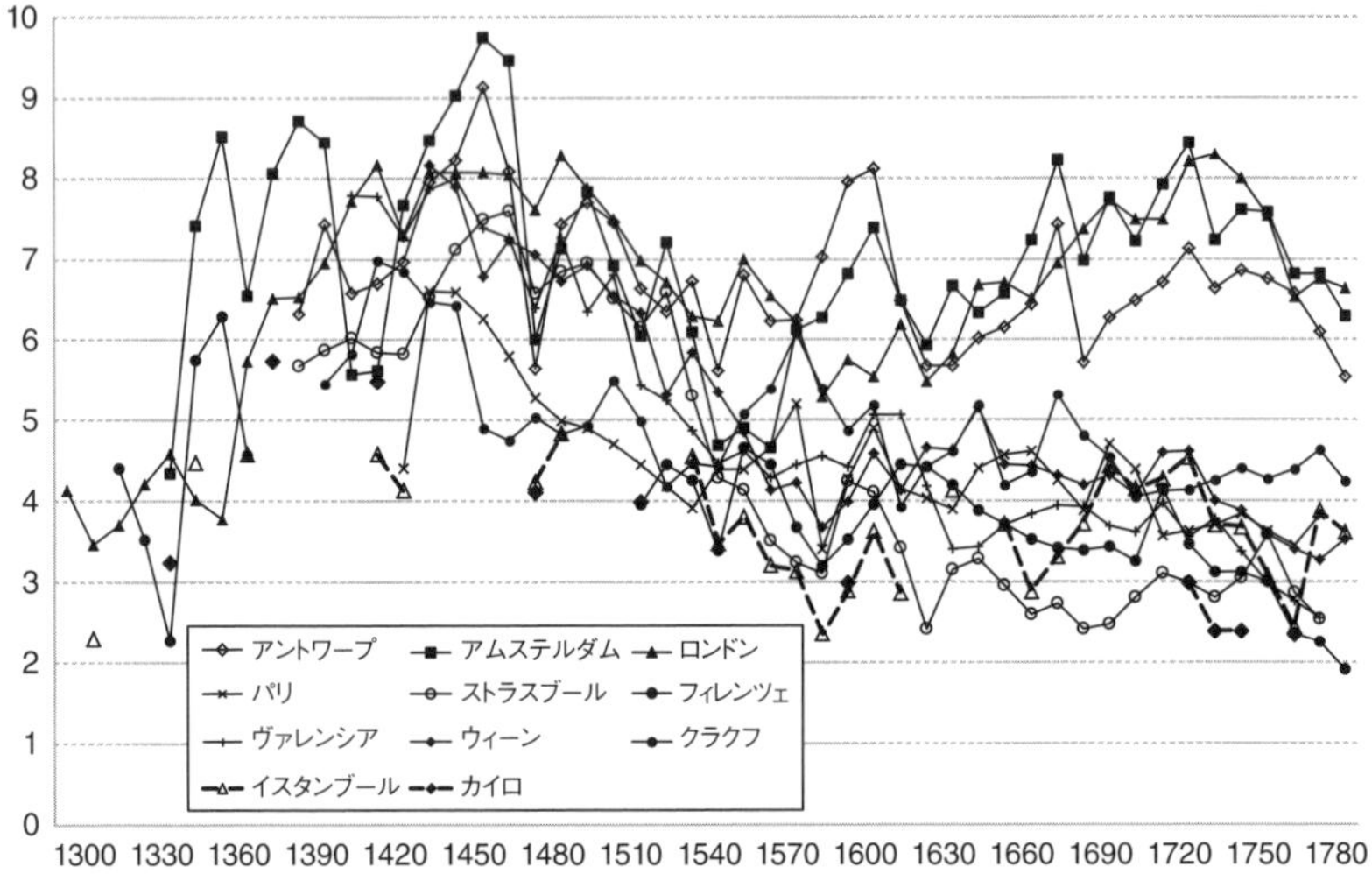

得は15世紀初めから半ばにかけてピークに達している。この時期、ほかの都市でも同様のデータが残されており、やはり賃金上昇の動きが見られる。

1500年ごろ以降、実質所得は大半の都市で下落傾向にあり、1600年ごろにはペスト発生前の水準に戻った。その後、所得は2世紀にわたって停滞するか、もしくはさらに下落する場合すらあった。ロンドン、アムステルダム、アントワープでは例外的に、近代初期を通じて賃金が高めに推移した。とはいえアムステルダムとアントワープでは、15世紀後半に実質賃金が一時的に急降下し、その後再び上昇したのだ。ペストに関連して賃金が上昇し、その後下降するというのがほぼ全般的なパターンで、上昇の幅は100％、下降の幅は50％程度だった（図10・1）[17]。

14都市の熟練労働者の賃金についてもほぼ同じ構図が浮かび上がる。データが得られた地域では、ペスト発生の直前から15世紀半ばまでに

図10.2　1300〜1800年のヨーロッパとレヴァント地方の熟練都市労働者の実質賃金

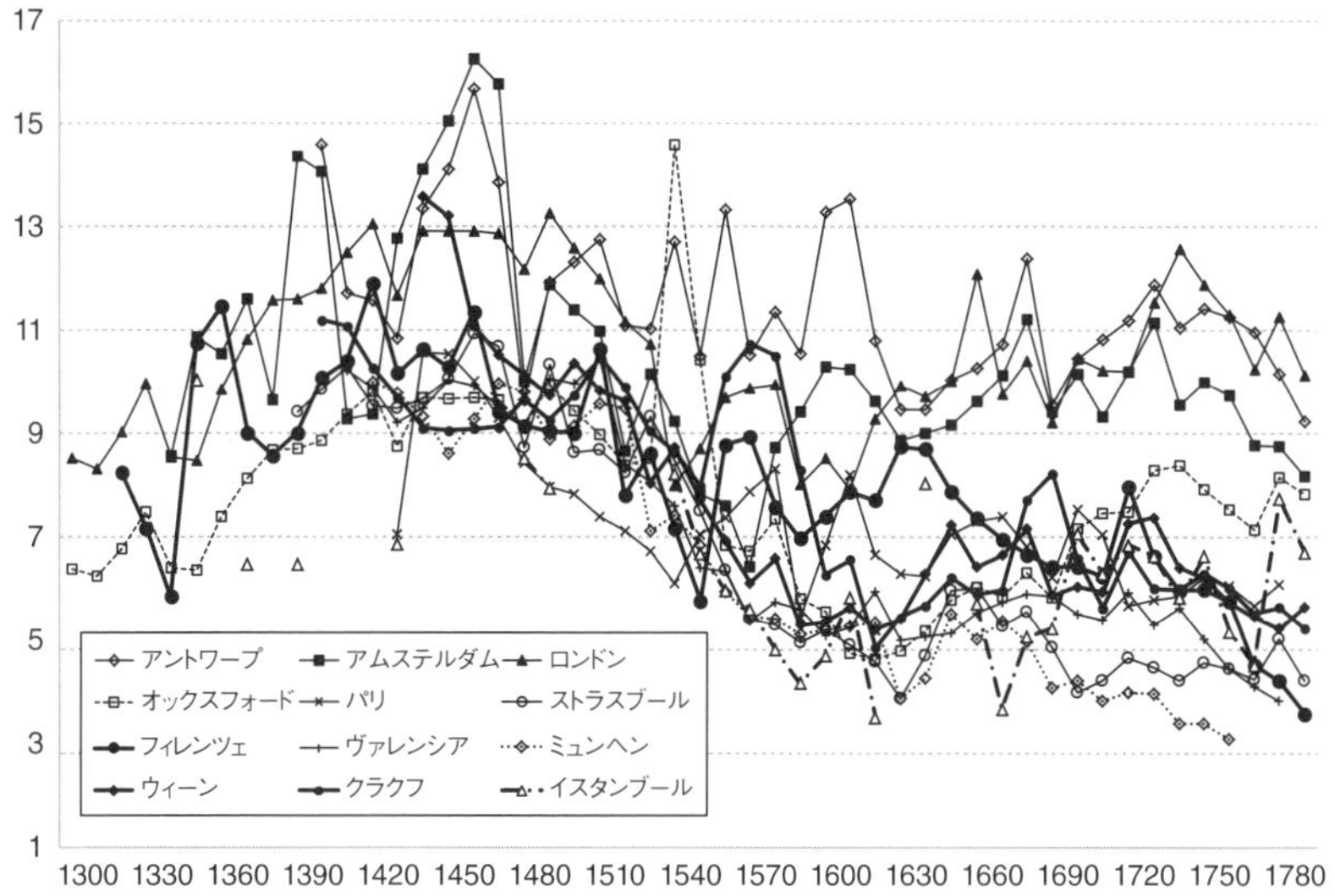

賃金はほぼ2倍になり、その後1500〜1600年に広範囲で下落し、それから1800年までは停滞するかさらに下落するかだった。ほかのデータセットと同じように、ヨーロッパ北東部の三都市（ロンドン、アムステルダム、アントワープ）は例外だった（図10・2[18]）。

人口の変化と実質所得には際立った相関関係がある。調査対象となった全都市で、人口が最低になった直後に実質所得がピークに達したのだ。人口が回復してくると賃金は減少に転じた。多くの都市で、1600年以降は人口が増え続けて実質所得は下がる一方だった。地方の賃金の記録はあまり残っていないが、イングランドに関する資料からペストが強い誘因となって賃金が上昇したことが見てとれる（図10・3[19]）。

ヨーロッパ以外の賃金水準

地中海東岸でも同様の結果が見られる。黒

図10.3　1200〜1869年の穀物によって測ったイングランドの地方部実質賃金

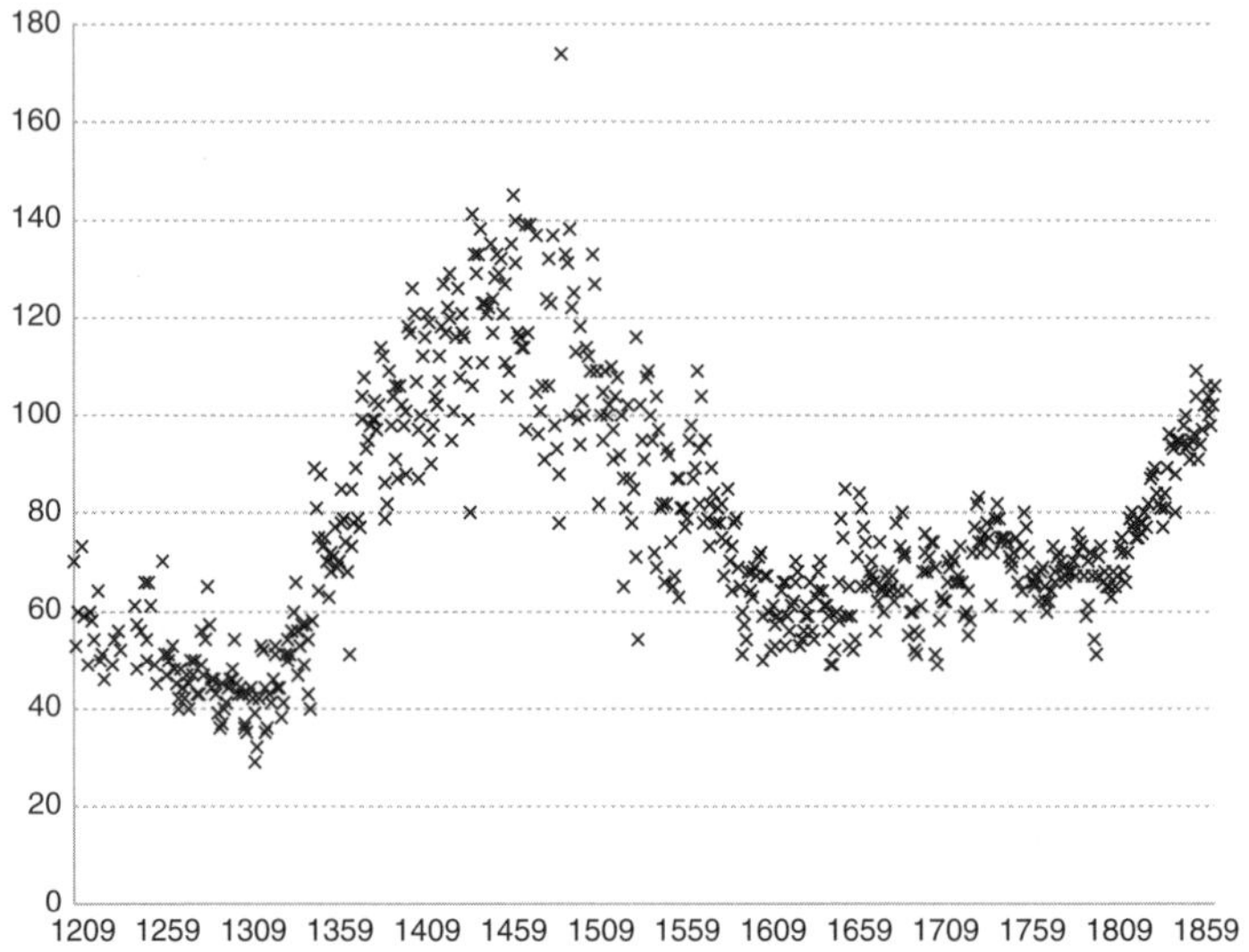

死病の発生後、期間はヨーロッパより短かったものの、人件費が急騰したのだ。歴史家のアル＝マクリーズィーはこう述べている。

職人、賃金労働者、荷物運搬人、使用人、馬丁、織工、作業員といった人びとの賃金は数倍に跳ね上がった。しかし、彼らの多くはもういない。ほとんどが死んでしまったのだ。この種の労働者を見つけるには、必死になって探す必要がある。

ペストの犠牲者からの遺贈や、遺産相続した生存者からの寄贈に支えられ、宗教的、教育的、慈善的寄付が急増した。おかげで、人手不足にもかかわらず建設工事が推進され、職人は非熟練都市労働者とともにわが世の春を謳歌した。生活水準が一時的に向上したおかげで、肉の需要が押し上げられた。14世紀初めの所得と物価の内訳によれば、平均的なカイロ市民の1日の消費量は1154カロリー（タンパク質45・6グラム、脂肪20グラム）と控えめだったが、15世紀半ばには1930カロリー（タンパク質82グラム、脂肪45グラム）が摂取されるようになっていた[20]。

ビザンティン帝国とオスマン帝国のデータは質的には同等でないものの、ヨーロッパの大半と似たような構図を裏づけている。1400年には、ビザンティン帝国の都市部の実質賃金はペスト発生前の水準をはるかに上回っていた。奴隷価格の倍増を反映してのことだった。オスマン帝国の記録によれば、イスタンブールの建設労働者の実質所得は16世紀半ばまで高い水準を維持し、19世紀末までそれ以上になることはなかった。ペストによる賃金の急騰がいかに常軌を逸していたかがわかる[21]。

繰り返し襲ったペストの猛威

甚大な影響があったとはいえ、第一波の黒死病だけなら、都市部の実質賃金を倍増させ、それを数世代にわたって維持するほどの力はなかっただろう。人口の急速な回復を妨げるには、ペストが繰り返し流行する必要がある。その後に続く一連のペスト襲来は、中世後期の記録によって十分に裏づけられている。

1361年に再び襲ってきたペストは、その年の春から翌年の春まで猛威を振るった。子どもが大勢死んだことから「小児ペスト」として知られ、とりわけ、最初の流行の際にはまだ生まれていなかった人びとを狙い撃ちにしたようだ。そのため死者数は膨大で、最初の黒死病による死者数に次いで多かった。現代の推定によると、ヨーロッパの人口の10～20％、イングランドの人口の少なくとも5分の1が死亡したとされている。

破壊力が比較的弱かった3回目の流行は、1369年のことだった。これがその後100年あまりの方向性を決めた。イングランドにおける全国的流行だけでも、1375年、1390年、1399～1400年、1405～06年、1411～12年、1420年、1423年、1428～29年、1433～35年、1438～39年、1463～65年、1467年、1471年、1479～80年に起こったことが伝えられている。最後の数十年の人口減はとりわけひどく、1479～80年の流行時が被害のピークだった。1361年以降で最悪の事態だったと言われている。

正確な数字を入手できるケースでは、ほかの国もやはり散々な目にあったことがわかる。オランダでは1360年から1494年にかけて15回、スペインでは1391年から1457年にかけて14回、ペストに見舞われた。ヨーロッパ全土で、ペストは一世代につき二、三度発生して人口を抑制した。その結果、1430年代にはヨーロッパの人口は13世紀末とくらべて半分以下になったようだ。地域によって差はあるが、人口がようやく回復に向かったのは、1450年代、1480年代、遅いところでは16世紀になってからだった。労働者階級の生活水準の向上が見られたのは、数世代にわたって多くの人びとがペストに苦しみ、早死にしたことが原因だったのである。[22]

庶民の所得向上による階級の消失

不平等に対するペストの影響はどんなものだったのだろうか。基本的な論理は明瞭だ。土地や食料の価格が下がって労働力の価格が上がれば、富裕層よりも貧困層にとって有利なのは間違いない。したがって、財産と所得の両方で不平等が是正される可能性が高い。

歴史家は長きにわたり、こうした考え方に沿った変化を示唆する代替データに依拠してきた。小麦への需要が低下する一方で、肉、チーズ、（ビール醸造用の）大麦の価格は維持されたおかげで食事が改善し、かつては富裕層しか手が出なかった食料品に労働者もありつけるようになった。贅沢品への需要も全般的に増えた。賃金の上昇に加え、イングランドの労働者は報酬の一部としてミートパイやビールを要求し、手に入れた。ノーフォークの収穫作業員の場合、食費に占めるパン代の割合は13世紀末には約50％だったが、14世紀末から15世紀初めには15～20％に下がった。一方、肉代の割合は同時期に4％から25～30％に上がった。

平等化の強力なシグナルとなったのが、イングランドにおける2つの奢侈《しゃし》禁止令だ。1337年、議会は最低1000ポンドという潤沢な年収のある貴族と聖職者だけが、ステータスのしるしである毛皮を着用する資格があると布告した。ところが、黒死病の到来から15年も経たないうちに、1363年の新法によって身分が最も低い肉体労働者以外は毛皮を着用していいことになった。当局は、どの動物の毛皮をどの社会集団のメンバーが着ていいかを命じようとしただけだった。ウサギとネコの毛皮は最も身分の低い者が、白テンの毛皮は最も身分の高い者が着るように、と。こうしたより控えめな制約でさえ無視されるようになったのは、庶民が次第に裕福になり、階層の障壁がなくなってきたことのあらわれだった。[23]

エリートの規模と財産の縮小

一般庶民がかつてエリートの特権だったものを手にできる立場になる一方で、貴族階級は危機に直面した。彼らの農地で収穫される農産物の価格が下がり、それを作る人びとの賃金が上がったからだ。小作人がペストで死んでしまったため、地主は土地を耕してくれる賃金労働者を、より高い報酬でさらに雇うはめになった。小作人として引き続き雇われる者は、より安い地代でいっそうの長期契約を結ぶことができた。当時の社会において、地主階級をより強く裕福にし、大半の者をより貧しくしてきた過去の趨勢が逆転したのだ。

ほぼ150年にわたってエリート層が手にする余剰は減り、それ以外の者が受け取る余剰は増えた。イングランドの不労所得者の土地収入は、15世紀の前半だけで20～30％下がった。郷紳《ジェントリ》の社会的地位は下がったが、大荘園の領主は少ない収入をやりくりしてどうにか地位を維持した。

ペストのせいで貴族階級も劇的に減少した。二世代のあいだに貴族の4分の3は跡継ぎがいなくなり、旧家が消滅して新興の一族が台頭した。エリート階級はその規模も財産も縮小した。礼帯を着用する騎士は13世紀に3倍に増えて3000人ほどになったが、同等の実質所得レベルで比較すると、1400年には2400人に、1500年には1400人に減少した。最上位の階層では、貴族の数が1300年の200人から1500年には60人まで減った。多くの場合その原因は、社会的地位の低下と、一族の財産の減少を補うために貴族どうしがまとまったところにあった。記録に残る貴族の所得の最高額も、1300年から15世紀のあいだに激減した(24)。

こうした展開全般が、一定の平等化を強く示唆している。だが、それをしっかりと裏づける定量的証拠が現れたのは、ここ数年のことだ。経済学者のグイド・アルファーニは先駆的な構想のもとに、イタリア北部のピエモンテ都市部の公文書館からデータを集め、分析した。資産分配に関する情報は地元の不動産登記簿に残っていたが、大半の登記簿に記録されているのは不動産だけで、資本、貸付金、動産といったその他の資産――有名な1427年のフィレンツェ資産台帳の詳細な記載に匹敵する情報――まで記録されていたケースはごく一部にすぎなかった。こうした制約のため、体系的な比較分析を許す変数は土地所有の不平等だけだ。

アルファーニの調査は、ピエモンテの13の自治体のデータにもとづいている。最古のデータセットは1366年にさかのぼるものの、たいていの場合、入手できるのは15世紀末以降の記録である。この後者の期間を通じて見られるトレンドは、不平等の絶え間ない拡大だ。ほとんどの場合、18世紀の各都市

図10.4　1300〜1800年のピエモンテの各都市の富の分布における上位5%の富のシェアとジニ係数

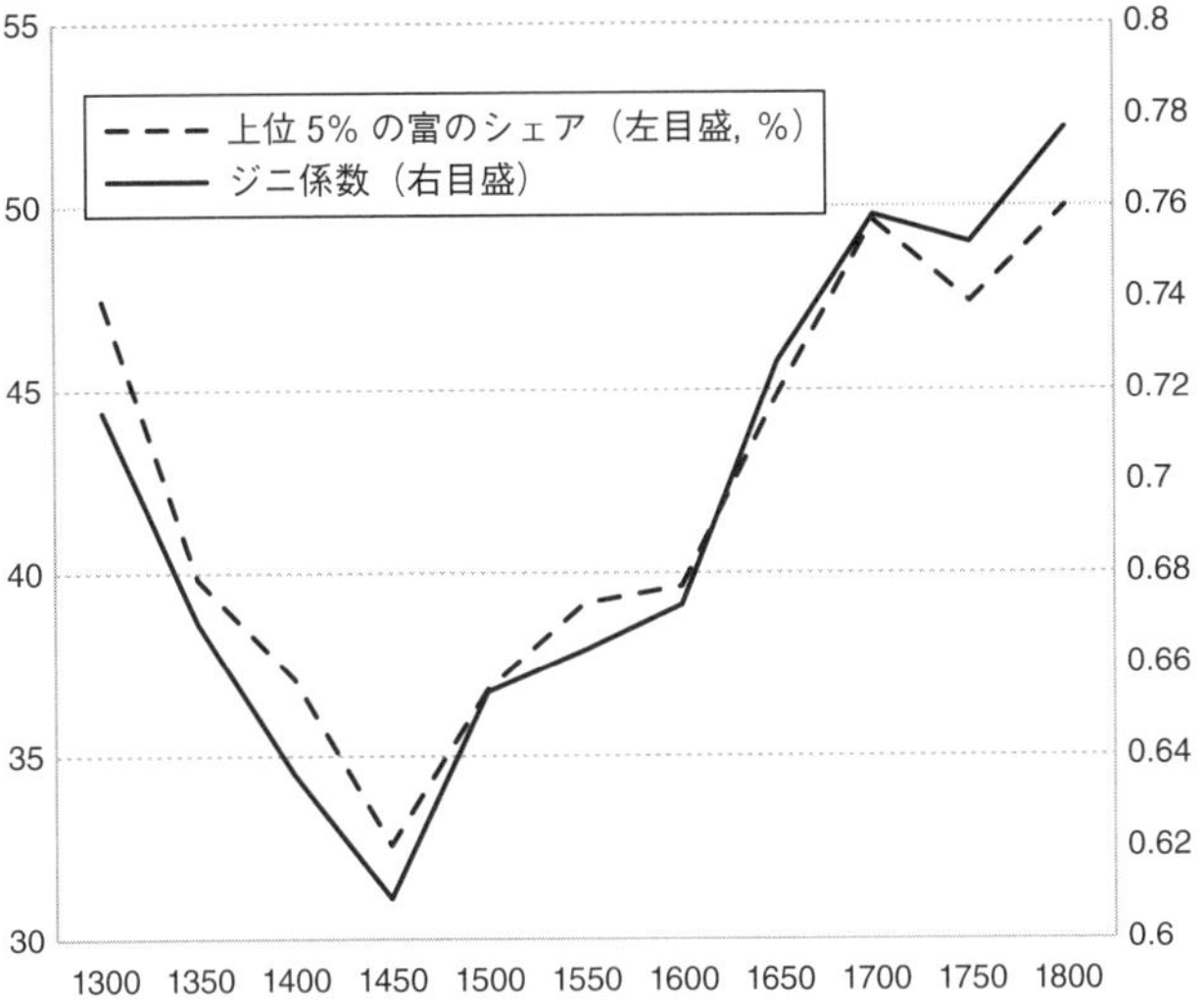

の記録を使う方が、中世末期の同等の記録を使うよりも、はじき出されるジニ係数は高くなる。都市だけでなく地方の自治体でも同じことだ。不平等をジニ係数で測ろうが、最上位10%の富裕層の富のシェアで測ろうが（ジニ係数も所得シェアも図10・4で用いている）、この点は変わらない。資産の集中というこの一般的傾向は、近代初期の経済発展から生じた「スーパー曲線」の上昇局面を象徴している。これについては第3章で論じた。[25]

ペスト流行の平等化効果

最も目を引く発見は、ペスト流行前と流行中の歳月にかかわるものだった。その期間のデータが入手できる3つの町、キエーリ、ケラスコ、モンカリエーリ（図10・4ではそれらをひとまとめにして1450年以前の都市データとしている）では、14世紀から15世紀初めにかけて不平等が縮小した。ちょうどペストが繰り返し流行していた時期だ。

ピエモンテとトスカーナのいくつかの自治体では同じ時期に、地元世帯の財産の中央値の10倍以上を保有する世帯の割合が減少した。こうした平等化効果は、すでに検討した実質賃金のデータと完全に符合する。というのも、フィレンツェ近郊では非熟練労働者の実質賃金が同じ時期にほぼ倍増したのだ（図10・1を参照）。ペストの衝撃によってエリートのあいだで富の移譲が起こったにもかかわらず、労働者は可処分所得が増えたおかげで財産を手に入れやすくなった。不平等の縮小から拡大への転換が、人口の変曲点、つまり人口が底を打ち、回復に転じる時期と一致することを考えると、分布曲線のかたちも重要であることがわかる。[26]

ペスト対策による平等化効果の抑制

実質賃金をめぐる大半のケースと同じく、この不平等の圧縮も長くは続かなかった。15世紀半ばから土地所有の集中が進み、それ以降も強まっていった。そればかりかさらに驚くべきことに、１６３０年にはペストの再来に見舞われた――最初の黒死病以来最悪の地域死亡率を記録するという危機をもたらし、イタリア北部人口の3分の1を死亡させたと考えられている――にもかかわらず、不平等への影響は従来ほどではなかったのだ。

１６５０年または１７００年のジニ係数と最上位層の富のシェアは、１５０年にわたって人口が回復したあとであるにもかかわらず、１６００年よりも高かった。ここからわかるのは、黒死病の最初の衝撃とその直後の再流行（経済的影響への備えが足りなかった地主が痛手を被った）を受けて、たまりかねた地主階級が、人口減の時期に自分たちの土地を守るための方策を立てたということだ。信託遺贈（適当な跡継ぎがいなくても財産を一族で所有し続けられるようにするもの）の利用といった制度による適応が、エリートの財産をそのまま残す助けとなった。最も激しい感染爆発でさえ文化的な学習によ

図10.5　1338〜1779年のポッジボンシの富のジニ係数

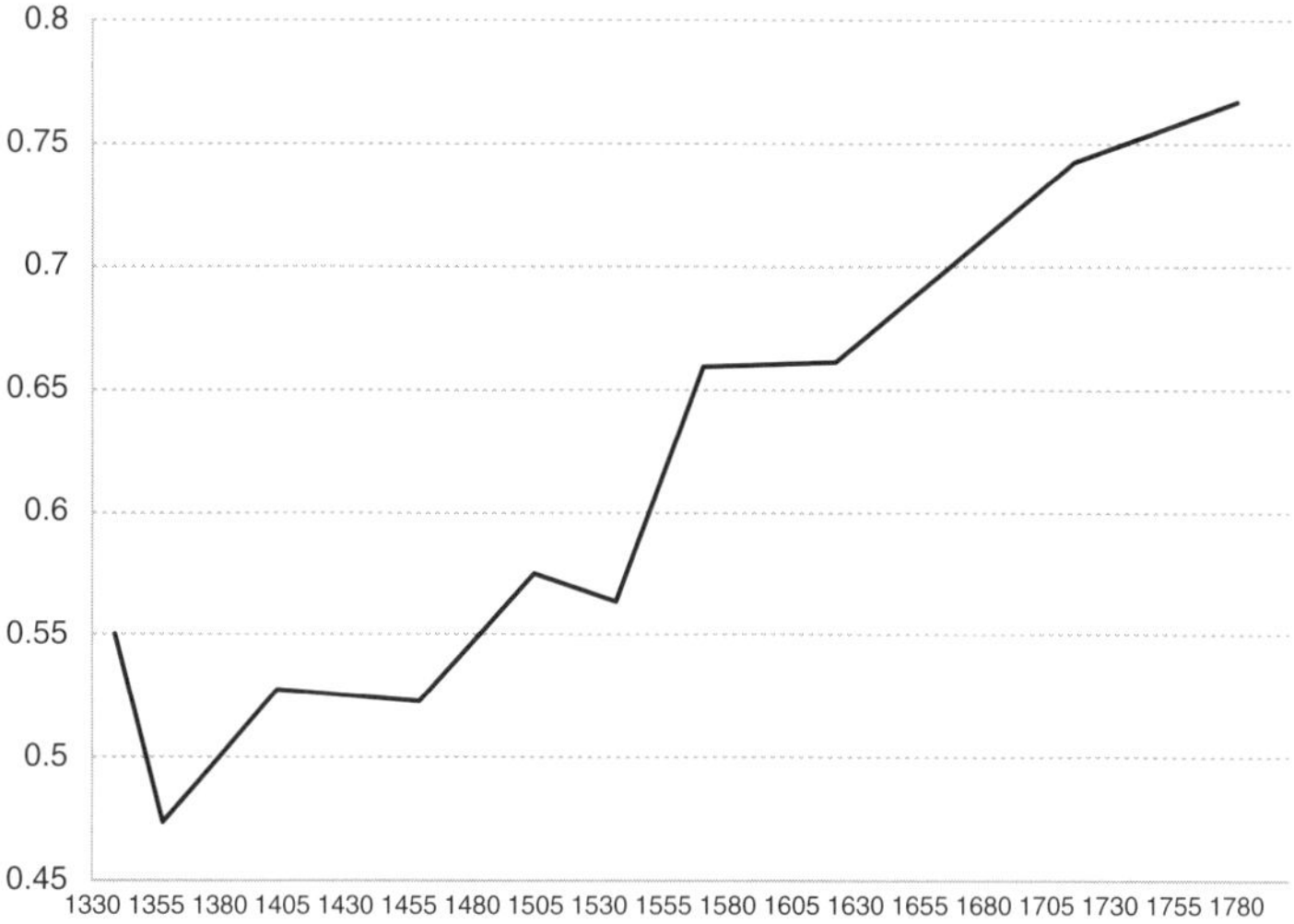

って制御し、マルサス的緩和の平等化効果を弱めることができるらしい[27]。

トスカーナ各地で保管されていた富裕税データからも、じつによく似た構図が浮かび上がる。特に注目したいのは、ポッジボンシという田舎町における富の分配の例だ。この町では1338〜1779年の記録がきちんと残っており、黒死病後の平等化とそれ以降の富の集中がよくわかる（図10・5）。同様の証拠が、フィレンツェの領土内の村落10カ所のほか、アレッツォ、プラト、サン・ジミニャーノといった都市でも見つかっているが、これらは必ずしも同じくらい明瞭な帰結を生むわけではない。とはいえ、全体としてほぼ似たような傾向が見られる（図10・6）。

不平等の大幅な減少が観察される唯一の時期は、ペストが流行した時期だ。地方では1450年ごろから不平等が拡大した。1600年ごろからあとは、観察されるジニ係数はたいてい前世紀を上回り、決まって18世紀にピークを迎えた。そのうえ、いくつかの自治体では、黒死病の直後にロー

図10.6　1283～1792年のトスカーナにおける上位5%の富のシェア

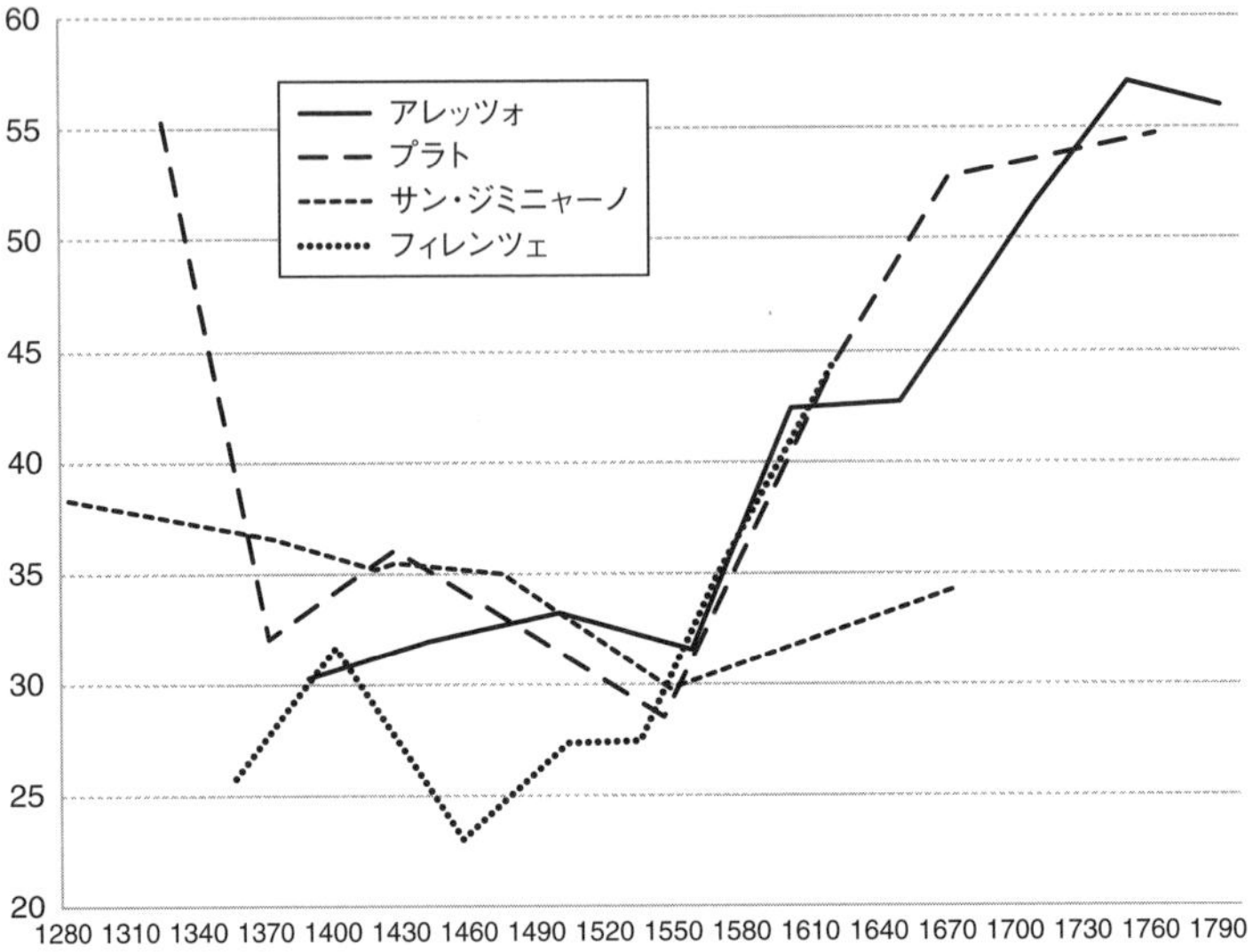

レンツ曲線が直線に近づいた。おもに富裕層が亡くなることによって、平等化が促されたことがわかる。[28]

こうした力学の裏づけは、ルッカの領土でも見られる。そこでは、ペストの流行中に不平等が急激に縮小し、流行が去るとたちまち不平等は復活したのだ（図10・7）。今では、ロンバルディアとヴェネトでも1500～1600年ごろに富の集中が進んだ証拠があるものの、ペスト発生前のデータはまだ見つかっていない。[29]

17世紀のイタリアの経験から、人口構成の変化以外の要因の重要性が浮かび上がる。賃金をペスト発生前の水準に維持しようという試みが失敗に終わったことは、すでに述べた。エリートは、黒死病とその再来による平等化効果を抑えようという強力な動機を抱えていた。そのための対策の成果は、社会の権力構造や体制に応じて大きく異なっていた。

図10.7　1331〜1561 年のルッカの富の分配における上位 5% の富のシェアとジニ係数

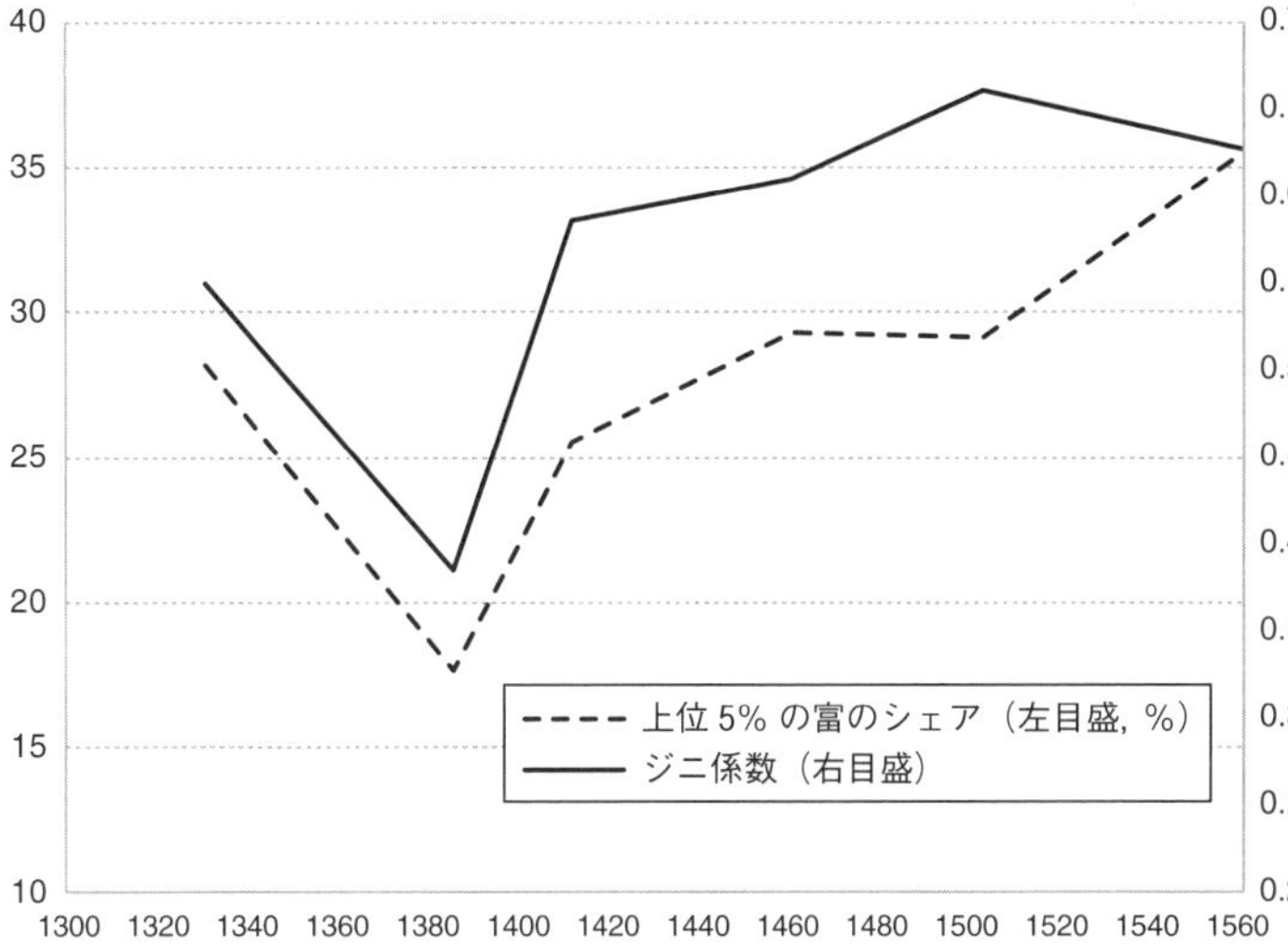

裕福な農民の誕生

西欧では、人手不足による利益がそのまま労働者に渡ったため、労働者は恩恵を被った。賃金や社会的流動性を制限しようという動きが失敗に終わっただけでなく、ペストによる人口減の衝撃のおかげで中世初期の農奴制はほぼ全滅した。小作農は自分たちの社会的流動性を主張し、よりよい労働条件を提示されれば別の荘園に移った。これによって地代が下がり、荘園経済の基本的な特徴だった勤労奉仕は減少し、やがて消滅した。最終的に借地人は地代だけを払えばすむようになり、自身で管理できる広さの土地で働く機会を得た。

こうして社会的地位が向上し、裕福な農民によるヨーマン階級が誕生した。ひとつだけ例を挙げると、イングランドのレッドグレイヴ荘園では、借地の広さは1300年には平均約4.9ヘクタールだったが、1400年には約8ヘクタール、1450年には約12ヘクタールを超えるまでになった。西欧全体で同じようなメカニズムが働いた。1500年には、西欧、南欧、中欧において、いわゆる謄本保有権が借地権の主要なかたちとなった。つまり、借地人である農民が交渉を通じて勝ち取った最善の条件をもとに一定の年間賃料を支払うことが、契約によって定められたのだ。(30)

エリートに抵抗する西欧の農民反乱

労働者は時おり、自分たちが新たに得た利益を奪おうとするエリートの試みに抵抗して、暴力に訴えた。第8章で見たように、フランスのジャックリーの乱（1358年）、イングランドのワット・タイラーの乱（1381年）のような農民一揆というかたちの民衆の反乱がそれにあたる。ワット・タイラーの乱のきっかけは、減少する国家歳入を埋め合わせるために人頭税が課されたことだった。だが実際には、経済上の特権的地位を維持したい領主に対し、増大する収入からの利得を守りたいという労働者の欲求がその原動力だった。反乱軍側の要求のひとつは、賃金労働契約を自由に交渉する権利だった。短期的には、この蜂起は軍隊によって鎮圧された。

だが、新たな制約を課す法律が制定され、リチャード2世の「お前たちは今後も農奴の境遇のままだ。しかも、以前とは比較にならないほど過酷な境遇の」という農民に向けた警告が有名になったが、この運動は農民への譲歩を引き出しもした。人頭税は廃止され、農民による交渉は次第に拡大していった。当時の保守的な詩人はこう嘆いている。「無責任な労働者」が「彼らの奉仕と労働を必要とする世界を前にし……彼らのような労働者がほとんどいないために傲慢になっている」、「ほんのわずかな仕事でも、とてつもなく高い支払いを要求する」。総じて、労働者は人手不足の恩恵を、少なくとも人手不足が続いているあいだは享受できた。(31)

西欧以外の黒死病後の労働者の結末

だが、ほかの地域では、地主は労働者による交渉をもっとうまく封じ込めていた。ポーランド、プロイセン、ハンガリーといった東欧諸国では、黒死病後に農奴制が導入された。このプロセスに関する定評ある記述としては、古くはジェローム・ブラムのものがある。ブラムは1957年、中欧と東欧は、人口減、土地放棄、土地と穀物の価格下落という、ずっと西の地域で起きたのと同じ問題に直面したと述べている。

土地を所有している貴族は、収入減を食い止めるために法的措置に訴えた。賃金と都市部の商品価格に上限を課したのだ。西欧とは異なり権力者は、労働者の責任、とりわけ労役義務、現金支払い、移動の自由の制約などを減らすのではなく増やそうと全力を尽くした。プロイセン、シレジア、ボヘミア、モラヴィア、ロシア、リトアニア、ポーランド、リヴォニアといった多くの国々で、借地人は許可なく、あるいは多額の料金や借金全額の支払いなしに、特定の時期を除き、場合によってはいかなる状況でも、その土地を離れてはならなかった。労働者の引き抜きは、法律や領主の協定によって禁じられていた。都市は移住者の受け入れを拒否するよう命じられ、統治者は彼らを生まれ故郷に連れ戻す条約を結んだ。借地人の負債は彼らを束縛する強力な要因だった。

責任と制約は16世紀になってもひたすら拡大し続けた。さまざまな要因が重なって労働者を抑圧したが、おそらく最も重要だったのは、貴族の政治権力のさらなる強化——彼らは自分の荘園で働く小作農への支配力をますます強めた——と、商業化と都市化に伴う好ましからざる展開だろう。貴族が国家を犠牲にして権力を拡大していったのに、都市はそれに対抗する手段を提供できなかったため、労働者はさらに強制的な取り決めに追い込まれてしまったのだ。この問題に関する修正主義的研究によって、この古典的な再構成にようやく疑問が投げかけられるようになったが、労働者を待ち受けていた結末が、西欧の場合と大きく異なっていたという事実はゆるがない(32)。

マムルーク朝のエジプトでは、また異なる一連の制約が課されていた。すでに述べたように、この国も黒死病にひどく痛めつけられ、都市部の実質賃金と消費水準は、少なくとも当初はほかの国と同じように上昇した。ところが、政治権力と経済力の独特な構成のおかげで、エリートが労働者の要求を拒否することが可能になった。

外国人の征服者階級として、マムルーク(奴隷身分出身の軍人)は土地を掌握し、中央集権的かつ集産主義的にその他の資源を支配した。マムルーク朝の支配階級のメンバーは、個々の分与地《イクター》から収入を得ていた。土地やその他の資源からの収益が各人に割り当てられたのだ。人手不足と農業経営の混乱の結果として利益が減った際、国家のおきまりの対策は、減っていく納税者をさらに締め上げて、給付金を増やすことだった。都市部では、増税だけでなく、没収、強制購入、独占の確立といった施策がとられた。これらの強制的な対策が、中世後期のカイロで記録された賃金上昇が短命に終わった理由を説明してくれる(33)。

抑圧は地方でさらにひどかった。マムルークは自分の荘園から離れて暮らす不在不労所得者だった。そのため、責任ある地主としてふるまうことはできなかったし、そうする気もなかった。状況の変化に対処するために交渉する準備はなかったわけだ。

地代の流れが途絶えないようにするのは、中央集権的な官僚の役割だった。官僚はマムルークと農業生産者のあいだを埋める中間層を形成していた。この官僚は管理者として小作農に躊躇なく圧力をかけ、必要とあらば暴力も辞さなかった。小作農は都市への移住、さらには反乱という手段で対抗した。そのうえ、ベドウィンという遊牧民が放棄された土地に入り込んだせいで、収益基盤はさらに弱体化した。

エジプトの置かれた特殊な環境のおかげで、ペストや逃亡によって人手が足りなくなると、こまめな手入れを必要とする精巧な灌漑システムが崩壊した。それゆえ農業資産はヨーロッパよりも脆弱だった。耕作地の面積が速やかに減少したとすれば、土地／労働比率の変化はヨーロッパほど大きくなかったかもしれない。

これらの特徴——集産主義的搾取に依存し、国家を支配していたマムルークの圧倒的な集団的交渉力、中間管理者によるマムルークと土地の分断、労働に代わって資本を利用するための技術向上の欠如、増大する需要からの生産者の逃避、資源基盤全体の結果的な荒廃——が重なって、農村地域の生産と所得が減少した。西欧の契約主義の台頭（それによって労働者の実質所得は増え、大きな平等化効果が生じた）とこれほど対照的な例はないだろう[34]。

疫病による平等化を抑制するもの

黒死病が結果的にもたらした繁栄はさまざまに異なっていたこと、17世紀にイタリアでペストが再発した際も不平等が持続したことを考えると、最も破壊的な伝染病でさえ、それだけでは財産や所得の分配を平等化できないことがわかる。制度をいじれば、人口への衝撃を弱め、強制的な方法で労働市場を操作できたのだ。あるかたちの暴力は別のかたちの暴力で相殺された。病原菌に襲われても、交渉を封じ込めるだけの人間の力で迎え撃てば、エリートは高いレベルの不平等を維持するか、あるいはすぐに回復させることができた。つまり、ペストの平等化効果が2つの面から抑制されたということだ。まずは時間。人口が回復するにつれ、平等化効果は決まって徐々に失われた。次にその効果が浸透する社会的・政治的環境である。したがって、疫病による不平等の大幅な縮小は、いくつかのケースでしばらくのあいだ見られたにすぎなかったのである。

第11章

流行病、飢饉、戦争——複合して発揮する平等化の効果

「死ぬために生まれてきた」——新世界の感染爆発

14世紀半ばの黒死病は、その後17世紀までヨーロッパで、さらには19世紀になっても中東で周期的に流行したこともあり、歴史に残る大流行病として最も有名だ。しかし、猛威を振るった疫病はこれだけではない。ペストがヨーロッパでようやく終息の兆しを見せはじめたころ、スペイン人が大西洋を渡って、同じように威力があり、間違いなくより悲惨な一連の流行病を新世界に持ち込んだ。

最終氷河期末期に海水面の上昇によってアラスカとシベリアを結ぶベーリング陸橋が遮断されて以来、人口、そして病気の環境は、新世界と旧世界で別々に進化した。アメリカ大陸の住民とくらべ、アフリカ大陸とユーラシア大陸の住民は、病原菌に感染したより多様な動物との接触のせいで、天然痘、はしか、インフルエンザ、ペスト、マラリア、黄熱病、チフスなど、しばしば死に至る感染症にかかること

が増えた。中世末期には、商業上の交渉、その後の軍事上の交渉を通じ、それまであくまで局地的だった病気の供給源が次第に統合され、多くの致死的な病気が風土病となった。対照的に、アメリカ先住民をとりまく病気の環境はさほど深刻ではなく、かつてはこうした旧世界の厄災に苦しめられることはなかった。

ところが探検と征服が原因で、アルフレッド・クロスビーが言うところの「コロンブス交換」が起きた。大西洋を挟んだ接触を通じて、大量の致死的感染症があっという間にアメリカ大陸に持ち込まれることになったのだ。新世界はお返しに梅毒を旧世界に送り込んだが、アメリカ大陸に持ち込まれたヨーロッパの病原菌の方が、多様性に富み、破壊力ははるかに大きかった。(1)

アメリカ大陸に持ち込まれた伝染病

ヨーロッパから持ち込まれた病気のうち、最も大きな被害をもたらしたのは天然痘とはしかだった。旧世界では長いこと幼児の病気だった風土病が、アメリカ大陸で伝染病として流行したのだ。たいていの船乗りは幼少時にかかっていたので大人になると免疫がついていたが、時には発病前の保菌者が大西洋を横断する探検隊に交じっていることがあった。3番目に多くの命を奪ったインフルエンザの場合、成人になっても免疫がつくことはなかった。持ち込まれた新顔の感染症のうち、この3つは伝染力が特に強く、飛沫や体の接触を通じて伝染した。マラリア、チフス、ペストといったほかの病気が広がるには、相応の媒介動物――それぞれ蚊、シラミ、ノミ――が同時に持ち込まれる必要があった。だが、これも時間の問題にすぎなかった。

クリストファー・コロンブスがはじめて海を渡ってから1年足らずのうちに、伝染病はヨーロッパの最初の足がかりであるイスパニョーラ島を蹂躙《じゅうりん》しはじめた。島の先住民は数十万人いたと思われるが、それが1508年には6万人に、10年には3万3000人に、19年には1万8000人に減り、1542年には2000人を切った。複数の疫病がカリブ諸島を通過し、まもなくアメリカ大陸に到達した。1518年、カリブ諸島で天然痘がはじめて流行し、島々を荒廃させると、19年にはメソアメリカのアステカ族とマヤ族に途方もない数の死者が出た。その衝撃があまりにも大きかったので、生き残ったアステカ族はのちに疫病の到来以降の月日を数えるようになった。新たな恐怖時代の幕開けを告げる重大な出来事だと考えたからだ。接触によって伝染し、治療法もないため、天然痘はそれにはじめて触れた住民を手加減なしに襲った。あるアステカ族の言葉を借りると、

顔、胸、腹に腫れ物ができた。頭のてっぺんから爪先まで辛い腫れ物だらけだった。この病気はとにかく恐ろしく、誰も歩いたり動いたりできない。病人は完全に無力で、死体のようにベッドで寝ているしかなく、体を動かすどころか、頭さえ動かせなかった。うつぶせになることも、寝返りを打つこともできなかった。体を動かせば、痛みで叫び声をあげることになる。

わがもの顔で猛威を振るう伝染病が、スペインによる征服の道を拓いた。フランシスコ会の修道士ベルナルディーノ・デ・サアグンは、アステカの巨大な首都テノチティトランの占領についてこう記している。

通りは死者と病人であふれ、われわれの兵士はその上を歩くほかなかった。(2)

メキシコを襲った複合的な感染爆発

それから数年足らずのちの1520年代、天然痘はアンデスのインカ帝国に達し、おそらく統治者のワイナ・カパックを含む膨大な数の住民の命を奪った。

2度目の感染爆発が始まったのは1532年のことで、今度ははしかだった。この時も失われた人命は数知れず、被害はメキシコからアンデス山脈にまで及んだ。とりわけ深刻だった伝染病（おそらくチフス）は、1545～1548年にメソアメリカ中央部を壊滅状態に陥れた。その後のケースでは、いくつかの病気が足並みそろえてやってきた。たとえば1550年代末から1560年代初めにかけての事例がそのひとつだが、この時はインフルエンザが中心だったようだ。被害の報告も増え、1576～1591年には複合的な感染爆発が起こるに至った。疫病が全面的に蔓延して生き残っていた人びとの命を奪った。まずチフスが、続いて天然痘とはしかが手を携えて襲来した（1585～1591年）。これは、こんにちに至るまで最も過酷な出来事のひとつである。

伝染病は17世紀前半まで猛威を振るい続けた。おそらく威力は弱まり、地域によって被害には大きな差があっただろうが、それでも破壊力はすさまじかった。大勢が死亡し、それに伴って秩序が崩壊したせいで、スペインによる侵略が後押しされたものの、新たな統治者はまもなくこうした流れを断ち切ろうとした。16世紀末には、自分たちが搾取する現地の労働力を確保しようと、医師を配置して検疫を課した。こうした措置の効果は、よく言っても小さいものだった。

伝染病は波状攻撃のように、だいたい一世代に一度の割合で発生した。最初の150年あまり、総死亡者数は徐々にしか減らなかった。そのうえ、征服そのものの暴力が先住民に及ぼした多方面にわたる経済的、社会的、政治的衝撃によって、全体的な死亡危機が悪化したことは言うまでもない。

人口への壊滅的な累積影響があったのは間違いない。ここで問うべき唯一の問題は、失われた人命の規模に関するものだ。長いこと学者を悩ませてきた問題だが、先住民が外の世界と接する前の人口レベルについて信頼できる情報がないため、扱いはかなり難しい。メキシコだけを考えても、人口の累積減少率は文献によって20％から90％までの幅がある。大半の推定によると、失われた人命は人口の半数をやや上回る程度とされている。黒死病による死亡率は、新世界からすれば最低限のものにすぎないと考えるべきだと結論するのが適切だろう。全体として少なくとも人口の半分を失ったのはおそらくメキシコであり、はるかに多くの人口を失った可能性があるのはより限られた地域だと思われる(3)。

人口減少の労働市場への影響

この劇的な人口減少によって資源の不平等が縮小したかどうかは、長いあいだ未解決の問題だった。アステカとインカの階層的な帝国が、同じく階層的なスペイン支配に取って代わられた際の国家権力の移行によって、富の変革が起こったはずである。人口の変化が労働市場にどう影響したかを見極めるには、確固たるデータが必要だ。経済史家のジェフリー・ウィリアムソンは大胆にも、ラテンアメリカの不平等の「歴史を証拠なしで」描くことを試みた。彼は、標準的なマルサスの論理に従えば、16世紀に起こった大規模な人口減に応じて実質賃金は上昇したはずだと述べたものの、この推測を裏づける証拠を挙げられなかった。2014年、1530年代から3世紀にわたるラテンアメリカの所得の先駆的な研究が、ついにこの状況を打破した。図11・1に、メキシコシティ地域の労働者の実質賃金の増減が示されている(4)。

この反転したU字曲線を見れば、人口減少に呼応した賃金変化とその後の回復についてマルサス的解釈をとりたくなる。だが、疫病による死亡率がとりわけ高かった16世紀に賃金が上昇しなかった点には

図11.1　1520〜1820年のメキシコ中央部における，必要最小限の消費バスケットの倍数であらわされた実質賃金（10年移動平均）

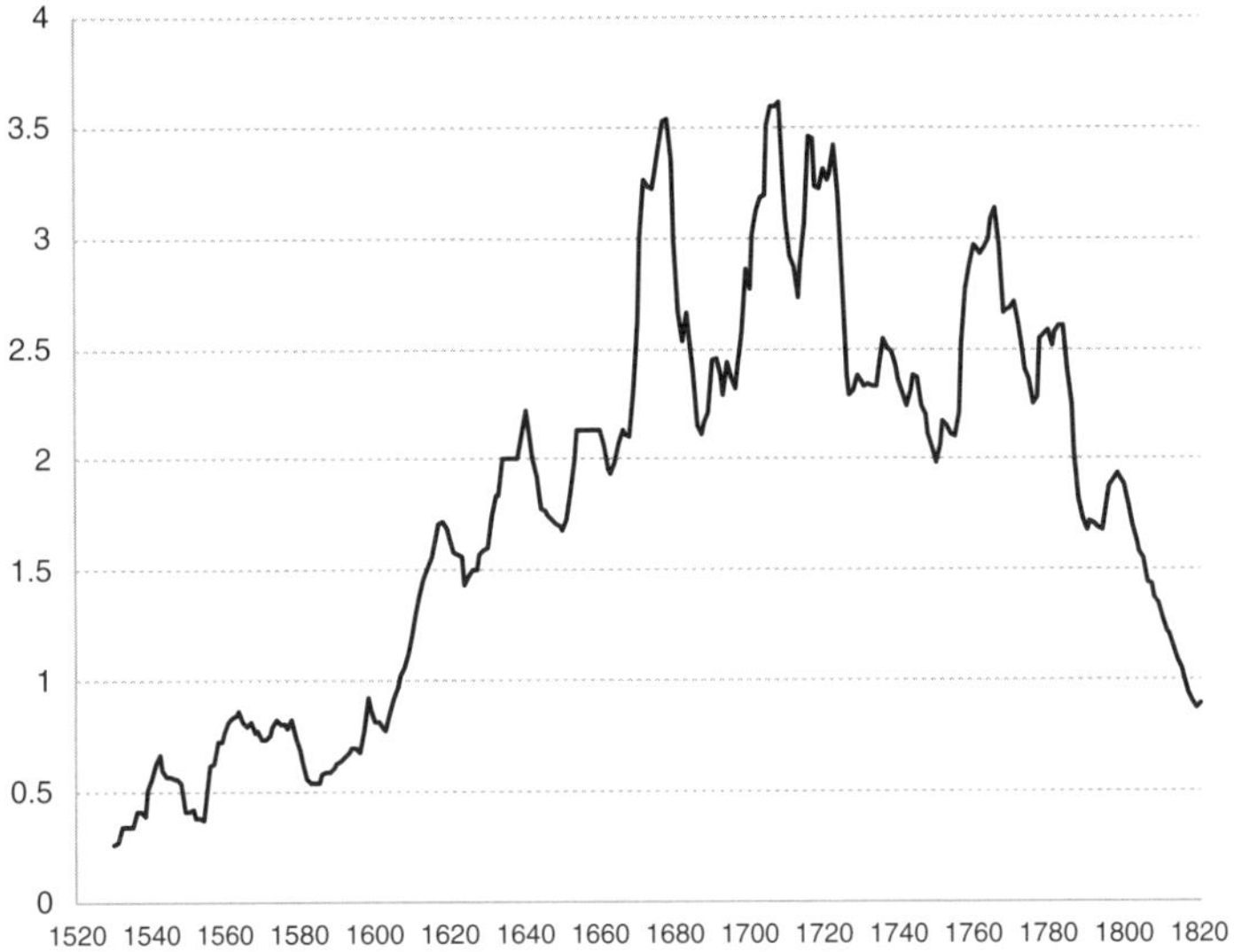

説明が必要だ。答えはおそらく、人口減少に直面したスペインが労働力を確保するために使った強制手段にある。コロンブス以前からあった強制労働制度に根ざしたやり方だ。結果として、政府の介入によって長期間にわたり賃金交渉が規制されたのかもしれない。この解釈は、強制が最もひどかったのはスペインによるメキシコ支配の初期段階だった事実とうまく符合する。

こうして「エンコミエンダ」――個々の受益者が割り当てられた先住民から労働力と貢ぎ物を搾取するために与えられた土地――が、征服後のエリート第一世代の報酬の標準的なかたちとなった。この取り決めは１６０１年に鉱山業を除いて禁止されたが、実際には１６３０年代まで残っていた。それでもエンコミエンダの総数は、１５５０年の５３７から１５６０年にはすでに１２６に減っていた。

労働市場の自由化による賃金の上昇

当初は賃金にも厳しい制約が課せられていたが、時とともに緩んでいった。16世紀のメキシコでは副王が賃金を定めており、至るところで強制労働が見られた。17世紀初めから、労働市場が自由化されて賃金が上昇した。その結果には目を見張るものがあった。1590年の労働者は依然としてどうにか生活できる程度の収入しかなかったが、1700年になると実質賃金はヨーロッパ北西部と肩を並べるまでになり、当時としては世界最高のレベルにあると考えられていた。16世紀に見られる賃金上昇の停滞が国家の介入によるものだとすれば、その後の労働市場の自由化によって人手不足が実際の報酬レベルに反映されるようになったのだ。とはいえ、黒死病当時の効果が薄かった西欧の労働法とは違い、メキシコでは強制労働が深く根づいていたので、当局が手にする介入の力はより大きかった。そのため労働者が受ける恩恵は長続きしなかった。実質賃金は1770年代から下がりはじめ、1810年にはぎりぎりの生活しかできない水準に逆戻りした。(5)

メキシコにおける実質賃金の上昇で一番目立つ特徴は、そのすさまじい上昇率だ。黒死病後の西欧の都市では「たった」2倍だったのに、メキシコでは4倍にもなったのである。メキシコの賃金がこれほど上昇したのは、ヨーロッパとくらべて死亡者数がはるかに多かったという事実と論理的に整合するし、したがってそれを暗示していると言えるかもしれない。

その後実質所得が下がったのは、近代ヨーロッパの大半における似たような展開を思い起こさせる。とはいえ、やはり下落率はより大きく、人口の回復という要因のみにもとづく予想値をも超えていた。これらの変化の観察された規模からして、記録の信憑性に疑問符がつくかもしれないが、全体の構図ははっきりしている。人手不足が深刻化したせいで、市場機構がもはや報酬水準への介入を受けなくなると、労働者は数世代にわたってその恩恵を享受した。だが、こうした時期が過ぎると、人口が増えて労働者の交渉力が弱まり、残念ながら元の状態に戻ってしまったのである。

一時的な不平等の低下

一般的な生活水準や人間の身長といった幸福度の代用データは、観察される実質賃金の上昇とおおむね合致している。だが、近代以前の歴史の場合によくあるように、賃金のこうした推移が所得格差そのものに与えた影響を確かめるためのデータは存在しない。普通に考えれば、労働者の実質賃金が4倍になれば、全体として何らかの平等化効果がなかったはずはない。だが、現時点ではこの基本的な直感から先へ進めない。循環論法に陥るおそれはあるものの、こう言っていいだろう。この突然現れた新世界のデータは、さまざまな制約があるとはいえ、疫病が促す平等化の論理とも、数世紀前にヨーロッパで得られた疫病後の経験的データとも矛盾しないと。

征服者であるスペイン人エリートがアステカの支配階級の占めていた地位を引き継いだため、社会の頂点に集中していた富はそのまま維持されたが、少なくとも一部の労働者の実質所得が大幅に上昇することによって、たとえ短期的だったにせよ、全体的な不平等はある程度低下したはずだ。17世紀のメキシコは、15世紀の西欧とこうした特徴を共有していた可能性が高い(6)。

「死者の方が生者より多かった」
――ユスティニアヌスのペスト

疫病の大流行による平等化の別の例を探すと、さらに時代をさかのぼることになる。14世紀の黒死病は、旧世界におけるはじめての感染爆発ではなかった。それに先立つこと800年前、同じ病気がヨーロッパと中東をまったく同じように襲い、破壊していたのだ。「ユスティニアヌスのペスト」として知られるこの感染爆発は、541年から750年ごろまで続いた。この時、最初に病気が発生したのはエジプトとパレスチナのあいだの海沿いの町ペルシウムで、541年7月のことだった。8月には近隣のガザに、9月にはエジプトの首都アレクサンドリアに感染が広がった。翌年3月1日、東ローマ帝国皇帝のユスティニアヌス1世は「死が至るところに出現している」と述べた。それからわずか1カ月後、帝国の首都コンスタンティノープルそのものが疫病に襲われ、破滅的な結末がもたらされた。

病はビザンティウム［コンスタンティノープルの古名］で4カ月のあいだ流行し、その最大の猛威は3カ月にわたって続いた。当初は死者がいつもより少々多いという程度だったが、その後ひたすら増えていき、やがて死者数は1日5000人に、さらには1日1万人にまで達し、なおもそれを上回っていった。初めのうちは、まず各人が自分の家から出た死者を弔い、こっそりわからないように、もしくは暴力を用いて、遺体を他人の墓に投げ込んでいた。だがその後は右を見ても左を見ても混乱と無秩序しかなかった……前からあった墓が死者で満杯になると、人びとは次から次へと町の至るところに溝を掘り、できる限り遺体を1体ずつ埋めて、そこを去った。だが、死者が増えて追いつかなくなると、これらの溝を掘っていた者たちは、シカエの砦の塔に登り、屋根を引き剝がして遺体をやたらめったら放り込んだ。落ちるに任せて遺体を積み上げていき、事実上すべての塔が満杯になると、再び屋根をかぶせて蓋をした。

広範に広がったペストの被害

8世紀後の状況とまったく同じように、病気の流行はとどまるところを知らなかった。シリアは542年の夏に、北アフリカは同じ年のその後に、イタリア、スペイン、南仏、バルカン半島は543年に病に襲われた。ペストの波は延々と続いた。現代のある集計によると、541〜750年に18回も繰り返されたという。東はイランとメソポタミア、西はイベリア半島、北はイギリス、アイルランド、スカンディナヴィア、南はイエメン、それらのあいだに存在するあらゆる地域で、病気の発生が記録されている。(7)

歴史的記述はペスト菌の存在を裏づけている。ビザンティン帝国の史料で繰り返し強調されているのは、腺ペストの典型的な症状である鼠径部の腫れだ。わきの下、耳の裏、腿《もも》といったほかの部位にも腫れが出たと言われている。同じように、死が迫っている前兆と見なされた黒い癰《よう》〔痛みを伴う化膿性炎症〕もできたという。昏睡、せん妄、喀血《かっけつ》、高熱なども伴った。さらに、今では分子生物学によって当時ペスト菌が存在したことが確認されている。バイエルン地方のアシュハイムにあるローマ時代後期の墓地で発掘された骸骨12体のうち、10体にペスト菌のDNAの成分が見つかっている。そのうちの2体に、細菌の完全なDNA配列を再構築できるだけの量があった。1体の骸骨が身に着けていたビーズは、おおよそ6世紀の第2四半期のものであることがわかっている。まさにユスティニアヌスのペストが最初に発生した時期だ。(8)

大量の死者と労働力の不足

伝えられる死亡者数はやたらと多くなりがちだが、たいていは当てにならないようだ。観察者の想像によると、コンスタンティノープルをはじめて襲ったペストは、1日に数千人——場合によっては1万人——もの命を奪い、町の人口は半分以下になったという。その後も時おり、同じ場所や別の場所で発生したペストについて、同じように極端な主張がなされることがあった。間違いないのは、大量の死者数が強烈な印象を残したということであり、観察者はそれに対してもっともらしい数字を当てはめたのだ。この病が中世後期と同じもので、似たような期間猛威を振るったことを考えると、全体の死者数も同程度、つまり、ユーラシア西部と北アフリカの人口の4分の1から3分の1ほどだったのではないだろうか。

これだけ大量の死者が出ると、労働力の供給に大きな影響が及ぶのは避けられない。コンスタンティノープルでは、高位聖職者であるエフェソスの聖ヨハネが、ペストの犠牲者の死体を処理する人びとが手にする利益と、洗濯費の上昇について、やや無遠慮に不満を述べている。ペストがはじめて発生してからわずか3年後、ユスティニアヌス1世は労働者の増大する要求を非難し、政府命令によってそれを禁じようとした。

神がくだしたもうた罰にもかかわらず、商いや文筆に携わる者、各種の職人や農民、船員は、彼らがよりよい人生を生きるべき時に、利益を得ようとやっきになり、昔からのしきたりを破って、賃金や給金を2倍、3倍と要求していることが明らかになった。したがって、勅令によって、あらゆる者が強欲という忌むべき情熱に屈するのを禁じることが望ましいと思われる。何らかの技能や取引の主《ぬし》、あらゆる種類の商人、農作業に従事する者は、今後、昔からのしきたりで定められた以上の賃金や給金を要求してはならない。建築物、耕作可能地、その他の資産の測定者は、その役務に対して正当な額以上を請求してはならず、この点において従来の慣習を遵守しなければならない。仕事を管理する者や材料を購入する者もこれらの規則を遵守するものとする。慣例で認められている以上の額を支払うことも認められない。それ以上の額を要求する者、また最初に合意した以上の額を受け取り、もしくは与えて有罪になった者は、その3倍の額を国庫に納めなければならないことを、ここに告知する。(9)

これは、疫病の流行に直面して交渉力を封じようとする、知られている限り最も古い試みだ。中世のイングランドやフランス、スペイン支配が始まった当初のメキシコでの似たような措置の先駆けとなった。だがペストはなかなか終息せず、労働力への需要が高まったせいで、この勅令の賃金への影響はよく言っても限られていたはずだ。経済学者が当然のごとく推測してきたように、広範囲で実質賃金が上昇したと考えるのが妥当だろう。

エジプトに残る賃金記録の証拠

もっとも、経験的な証拠は中東、それもエジプトでしか見つかっていない。エジプトでは証拠となる文書が類例のないほど残っている。エジプトの実質賃金の記録は紀元前3世紀にまでさかのぼるが、連続性には欠ける。最初の1000年間は地方の非熟練労働者の賃金、中世になると都市部の非熟練労働者の賃金が記録されているのだ。したがって、これらのデータを同じ土俵に上げることはできないが、どちらも同様の傾向を示しており、ひとつの包括的な物語にまとめられる。地方の場合はたいてい、記録に残っている1日の賃金は3・5～5リットルの小麦に相当する。これは、近代以前の社会において一般的であり、なおかつ生理学的な必要最低限に近い生活水準を維持できる3・5～6・5リットルという範囲に収まっている。対照的に、6世紀後半、7世紀、8世紀については、はるかに多い10リットル超という小麦による賃金の証拠が残っている（図11・2）[10]。

実質所得のこうした急騰の証拠は、パピルスに書かれた内容を分析することで得られる。ユスティニアヌスのペストの余波のなか、地方の非熟練労働者がどれくらいの報酬をもらっていたかがわかるからだ。ペストによる人口への影響がピークに達していたはずの6世紀後半から7世紀に関するいくつかの記録では、灌漑作業員は1日当たり小麦13・1〜13・4リットルに相当する報酬を現金で受け取っていたとされている。以前の約3倍である。同時期のほかのケースでは、現金報酬と食事手当を合わせて、1日当たり小麦7・7〜10・9リットル超に相当するものをもらっていたという。これは以前のおよそ2倍にあたる。これらの発見は、熟練労働者がさらに高い報酬（最高で1日当たり小麦25リットル相当）を得ていたという証拠によって裏づけられている。

さらなる確かな証拠として、6世紀初めから後半——最初のペストの発生直前から終息直後の時期——にかけて土地の無期借地契約の割合が約17％から39％に増えたのに対し、1年間の有期借地契約は全体の29％から9％に減ったという記録がある。こうした事実、とりわけ実質所得の並外れた急騰という事実は、極端な人口減少に応じて、熟練か非熟練かを問わずあらゆる職業の労働者の交渉力が大きく高まったという背景のもとでしか説明がつかない[11]。

ペストによる賃金の上昇と人口回復による下降

物語の後半は、カイロ都市部の非熟練労働者の小麦賃金によって提供される。図11・2に示されているように、そのデータは8世紀初めのペスト流行の最終段階になってようやく手に入るようになったが、それ以降は中世末期まで継続している。実質所得の上昇は、740年代にエジプトで最後にペストが確認されてから100年後の850年ごろまで続いた。報酬は小麦にして1日当たり約10リットルと史上

図11.2　紀元前3世紀～西暦15世紀のエジプトの地方・都市部における，非熟練労働者の1日当たりの小麦賃金

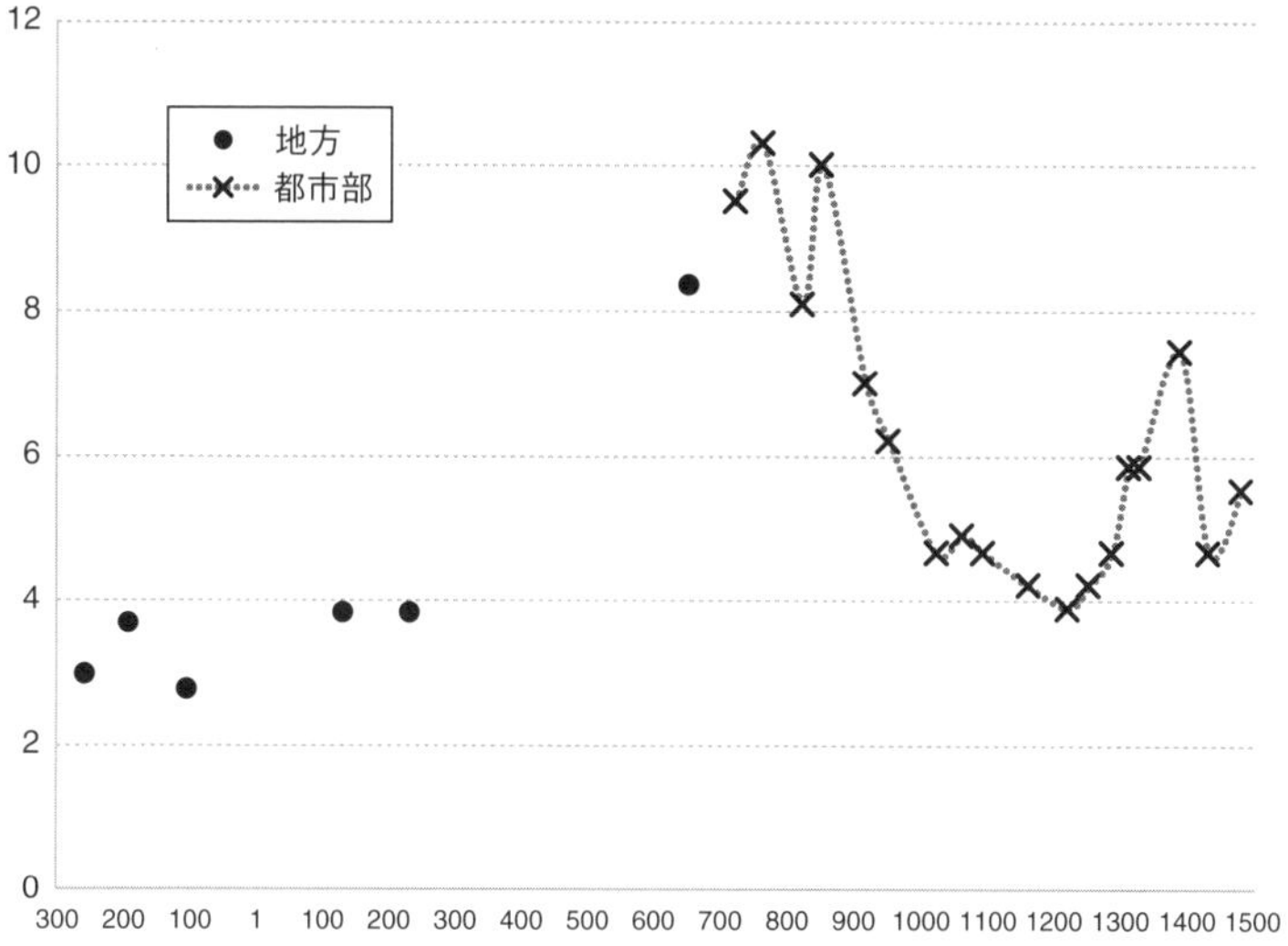

最高レベルで、家族4人がどうにか生活できる水準の3倍近かった。

その後の350年間で人口が回復すると、カイロの小麦賃金は半分以下に落ち込んで生理学的に必要最低限の水準となり、14世紀後半の黒死病の流行後に一時的に回復するまでそのままだった。バグダードのデータはもう少し質が低いものの、やはり、8～13世紀に実質所得が小幅ながら長期的に減少していることを示している。

カイロ都市部の非熟練労働者の名目賃金と基本的な消費財の価格を結びつける消費バスケットを再現すると、改めて似たような構図が浮かび上がる。これによってわかるのは、実質所得はペストの流行中と流行直後に増え、その後は減るものの、黒死病が発生すると再び増えるということだ。小麦賃金のみの場合よりも変動の幅は小さいが、全体のパターンは同じである。[12]

中世後期同様、連続して発生したユスティ

ニアヌスのペストのおかげで、人口は長いこと抑えられていた。エジプトでは541～744年に10回発生し、合計で32年間にわたって流行した。つまり、6年につき1年ということだ。メソポタミア南部では558～843年に14回発生し、合計で38年間にわたって流行、7年半に1年の割合だった。シリアとパレスチナについてはもっと多くの証拠があるのだが、所得データが欠けている。

歴史学者のシェヴケト・パムクとマヤ・シャツミラーは、「イスラム黄金期」と見なされることの多い8世紀から11世紀を、ペストによって生み出された高賃金環境のたまものだとしている。彼らの見解によれば、それは中世後期のヨーロッパ各地で黒死病が嗜好や消費に与えた影響にいくぶん似ているという。その顕著なあらわれが、資料で言及されているように、有給の中産階級のあいだで肉と乳製品の消費が広がったことだ。その根底には畜産の普及という事実があった。別の要因としては、都市化とそれに伴う分業の拡大、また製造品や一部のエリートの特権ではなくなった輸入品の食料・衣料への需要も挙げられる[13]。

ペストの資産平等化力の大きさ

だがまたしても、これらのプロセスが所得と富の不平等にどう影響したかは、推測するしかない。直接の証拠資料はなくても、地方労働者の実質賃金の爆発的な上昇を、所得格差の縮小とエリートの富の減少を示す信頼できる代用データと見なしていいかもしれない。非熟練労働者の実質賃金がありえないほど少なく、記録に残っている資産格差のレベルが非常に高い状況では、さらに広い範囲で平等化効果が働いた可能性が大いにありそうだ。

中世ヨーロッパの黒死病のケースと同じく、ユスティニアヌスのペストが到来した際、資源の不平等はじつに大きく、しっかりと根づいていた。エジプトの土地と税金の台帳を調べると、3世紀から6世紀までの土地所有の不平等についてヒントを得られる。これらの記録に共通しているのは、地域をまたいだ富や、土地を持てない人びとを除外したために、土地をめぐる全体的な不平等を――もしかすると大幅に――小さく評価しているということだ。よって、このデータを使っても現実の資産集中についてより低い基準値しか算定できないかもしれないのだが、それでも不平等は大きいことがわかる。

都市部の土地所有者をサンプルにした場合、計算された「土地のジニ係数」〔土地の集中度を示す尺度〕は0・623～0・815だったのに対し、村に住む者の場合は0・431～0・532だった。州全体、あるいは主要な行政区における土地所有の構造を再現すると、土地所有者に限ればジニ係数は0・56だったことがわかる。少なくとも理論上は、土地所有者が全人口の3分の1を上回ることはなかった。土地を持たない労働者や借地人は住民の半分だけ（あるいは土地を持たない者はやや少ないが、一部のエリートはほかの州にも別の土地を所有している）というもっと緩やかな仮定にもとづくと、全体の土地のジニ係数は0・75近くになったはずだ。だとすれば、この資産集中のレベルは、土地改革直前の1950年のエジプトにおける0・611（土地所有者の場合）と0・752（人口全体を対象にした場合）という高い土地のジニ係数と似たようなものになるだろう。したがって、ペストによって資産の平等化が促される可能性は、相当大きかったのだ[14]。

古代末期から中世初期にかけてのエジプトにおける所得の不平等については何もわからないし、永久にわからないだろう。それでも、こうしたあらゆる事態の進展から論理的に導かれるのは、労働者にとっての利益であり、希少価値が土地から労働へ移ったことを考えれば、古くからの裕福なエリートにとっての損失である。もっとも、経済格差と都市化が、不平等を生む新たなメカニズムを同時に作り出す可能性もある。

人口回復によって失われた恩恵

何より重要なのは、集産主義的な不在地主制度が労働者の交渉を封じ込めたマムルーク朝とは違い、土地の私的所有が優勢だったこと、また比較的自由な労働市場のおかげで、資産評価や賃金が土地／労働比率の変化に敏感に反応する環境ができあがったことだ。こうした環境では、地価の低下が富の不平等を縮小する可能性が高かったのと同じように、労働力の供給の大幅な減少は全体的な所得の不平等を低下させたはずである。非熟練労働者の実質所得の急騰が、こうした再構成の最も強力な要素となる。所得圧縮に関する望みうる限り最善の代用データだ。このデータを見ると、賃金の上昇を阻もうとした国家の試みは完全に失敗したことがわかる。黒死病後の西欧の状況と同じである。

同様に重要なのは、人口が回復するにつれ、上昇した賃金は徐々に下がっていったことだ。「第一次黒死病」とでも言うべきものの暴力的な衝撃は、人びとの暮らしに大いなる恩恵と思われるものをもたらしたが、それらの恩恵は人口への衝撃と一緒に薄れていった。この点でも、大流行した2つのペストは非常に似通っていたのである。

「残ったのは廃墟と森ばかり」——アントニヌスの疫病

感染爆発がもたらす平等化効果に関する情報は、さらに時代をさかのぼるにつれてどうしても少なくなる。最も期待が持てそうなのは「アントニヌスの疫病」として知られる初期の事例だ。この伝染病は西暦165年にメソポタミアに展開していたローマ軍を最初に襲うと、翌年にはローマに達し、168年にはローマ帝国の大部分に広がったようだ——ローマ帝国後期の歴史家アンミアヌスの言葉を借りれば「ペルシャの辺境からはるばるライン川を越えてガリアまで」だという。医学的な原因はいまだにはっきりしないが、天然痘だったという見解が優勢だ。空気中の天然痘ウイルスを吸い込むことによって人間どうしで感染するこの病気にかかると、発疹ができてやがて膿疱《のうほう》になり、高熱も伴う。もっと重いと出血することも知られている。アントニヌスの疫病がじつは天然痘で、免疫のない人びとを襲ったのだとすると、感染した患者の20〜50％が死亡し、感染率は全人口の60〜80％に達した可能性がある。この事件を対象とする唯一の疫学的モデルによれば、合計死亡率は25％程度と推測されている。入手できるなかではもっとも妥当な推定値だろう。(15)

エジプトでの大量の死者

関連するパピルス文書が残っていたおかげで、エジプトはこの疫病の範囲と影響について唯一の詳細な情報を提供してくれる。その記録によれば、ファイユームにあるカラニスという村では、１４０年代から１７０年代初めにかけて納税者が3分の1〜2分の1減った。ナイル川デルタのいくつかの小村では人口減少率がさらに高く、１６０年から１７０年にかけて70〜90％超に達した。これほど人口が減った原因は、住民の死亡だけでなく人口流出にもあったかもしれない。だが、人口流出自体を疫病の流行ときれいに分けて考えることはできない。後者が前者を引き起こすことも多いからだ。さらに、具体的な死者数データを見ると大量の死者が出たとの印象が強まる。ソクノパイオウ・ネソスという村では、１７９年の1月から2月にかけてのわずか2カ月で、住民登録していた男性２４４人のうち78人が死亡したのだ。(16)

物納地代については、中央エジプトのいくつかの地区から証拠が手に入る。記録に残っているすべての地域で、疫病の流行前から流行後の（データが入手できる）数年のあいだに、年間地代は大きく下がっている。ファイユーム・オアシスにおける地代の平均値と中央値は、西暦１００〜１６５年の期間（34の事例が知られている）とくらべ、２１１〜２６８年の期間（19の事例が知られている）でそれぞれ62％、53％低かった。オクシュリュンコスの町における平均値と中央値は、１０３〜１６５年の期間（12の事例）と、２０５〜２６２年の期間（15の事例）でそれぞれ29％、25％下がった。ヘルモポリスに関するデータセットはやや信頼性が落ちるものの、似たような低下傾向が見てとれる。[17]

土地から労働力への価値の移転

現金で表示される物価と賃金の変化は、追跡がもう少し難しい。この疫病の発生から一世代足らずのうちに、全体の物価水準がおよそ2倍になったからだ——ほぼ間違いなく、まさに疫病に起因する混乱の帰結である。こうした混乱のひとつが、おそらくそれに関連して同時に発生した財政上の緊急事態に促された貨幣価値の切り下げ拡大だろう。

要するに、疫病前と疫病後のデータは直接比較できるよう調整する必要があるのだ。それを実行することによって、西暦１００年代初めから１６０年代、１９０年代から２６０年代という2つの期間のあいだに、土地資産から労働力へと一貫して価値が移っていったことを示す全体的な構図が浮かんでくる。この2つの期間のあいだの空白は、実際に疫病が流行していた歳月の記録が欠如していることを示しており、そのこと自体がこの災害の深刻さを物語っている。この概説では、あらゆるものの価格が小麦価格との比較によってあらわされている。小麦価格は2つの期間で１００に定められ、基準となっているが、名目では約１２５％上昇した。したがって、この名目値よりも上昇幅が小さかったものの価格は疫病後では１００以下となるし、逆もまた然りだ（図11・3[18]）。

契約に記録が残っている地方の労働力の価値は、雇用期間に応じて、数％から20％近くまで上がった。

図11.3　ローマ帝国期のエジプトにおける，100〜160年代と190〜260年代の実質価格と地代の変化

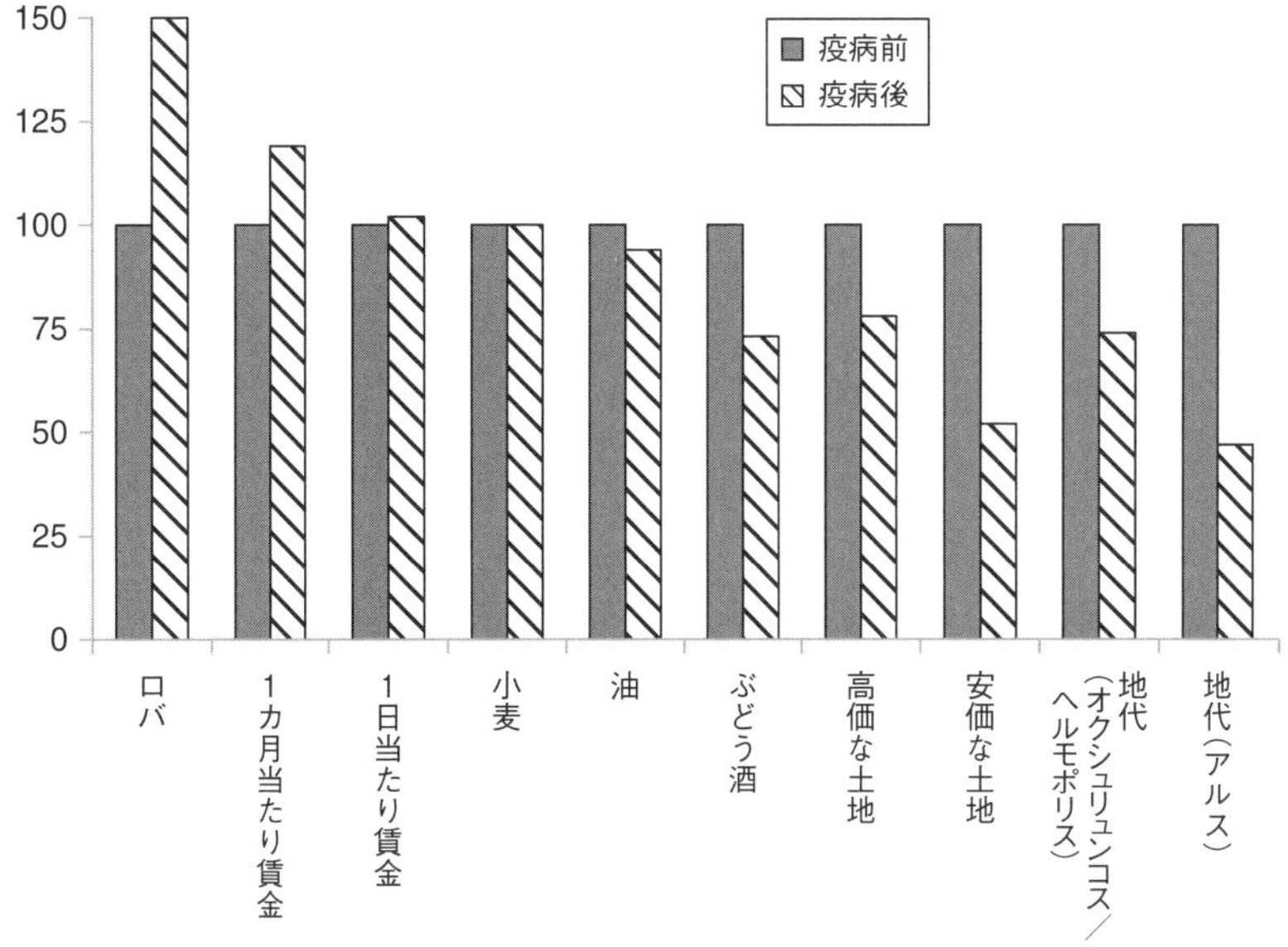

一方、ロバの実質価格——これもまた労働の象徴であり、期せずして記録がとりわけきちんと残っている——は50％上がった。反対に、油や特にぶどう酒といった必需品でない食品は、小麦とくらべると相対的に値下がりし、労働者も地位の高さを示す商品を買えるようになった。実質賃金を油とぶどう酒であらわすと、小麦賃金を用いた場合よりもかなり上昇した。土地の品質は一定に保てないため、地価を経時的に比較するのは難しい。それでも、大まかな調査によると、はるかにしっかりした証拠が残る実際の地代の下落と非常によく似た結果となった。ここで重要なのは、データセットによって質のばらつきがあるにせよ、すべての変数は人口減少後のマルサス的制約の緩和モデルに沿う動きをするということだ。

　つまり、労働の価値は上がり、土地の価値は下がったのである。さらに、小麦価格は――同等の外需がなかった地元のぶどう酒や油の価格とは違い――ローマ帝国から課された大規模な輸出によって下支えされていたのだろう。輸出需要がなく、内需が唯一の決定要因だったとすれば、小麦価格はおそらく賃金やその他の主要産物とくらべてもっと下がったに違いない。これが話をややこしくし、実質価格の推移の実際の規模をぼやかしてしまう。地価に関する証拠によれば、その規模ははるかに大きかったらしい[19]。

労働者の生活水準向上と都市の繁栄

疫病後に耕作パターンがどう変化したかを示すひとつの例がある。ファイユームのテアデルフィアという村では、疫病が到来する数年前の西暦158~159年に、約16~17平方キロメートルほどの土地に穀物の種がまかれ、約1・4平方キロメートルほどの土地にぶどうの木や果樹が植えられていた。それが、216年には耕地は約10平方キロメートルに減った。以前とくらべると6割程度の面積だ。一方、樹木栽培用の土地は以前の3倍の4平方キロメートル超に拡大した。こうして、疫病前とくらべて全体としての農地は減ったが、その多くが価値の高い作物に割り当てられた。これは黒死病後に見られたパターンと似ている。当時は、気候が許せばどこでもぶどう酒が生産されたし、果樹の栽培面積も広がった。地中海沿岸ではサトウキビの栽培も増えた。人口が減ると基本的な食糧への需要が低下し、耕作限界地の放棄によって収穫高が増えた。より多くの土地や所得を高級品のために使えるようになったのだ。これは、大衆の生活水準の向上を示す強力な証拠だと考えていいだろう[20]。

エジプトには同等の証拠がないことを考えると、このプロセスをさらに体系的に立証することはできない。だが、それは農産物価格の相対的な動きときれいに一致している。より一般的に言うと、学者たちは小作人や村人の移動性が増している形跡を見つけてきた。つまり、農民による土地の放棄、都市への移住、全体的な都市化の進行などであり、これらはすべて、黒死病直後と同じように、労働者にとっての機会増加と都市の繁栄という疫病後のシナリオに沿っていた。

ここでもまた、疫病が不平等そのものに及ぼした影響について直接定量化できる情報はない。前出の中世後期から近代初期のイタリアの不動産登記簿のような例外を除き、近代以前の感染爆発に関するその種の情報が一般的に欠けていることを考えれば、驚くことではない。通例、疫病の死者による平等化効果は、実質所得の上昇と消費形態の向上をもとに推測する必要があるが、このケースではどちらも記録が残っている。2世紀半ばのエジプトが、相当な人口圧力にさらされていた可能性は大いにある。人口は700万人もあり、1870年前後の水準に匹敵する。都市化率〔都市部に住む人口の割合〕は少なくとも4分の1に達しており、3分の1を超えていたと主張する声もある。

ローマ世界のほかの地域では、2世紀にわたる平和によって促された長期的な人口成長もまた、農業経済の限界を試していたかもしれない。こうした環境では、平等化が進む可能性は高かった。決定的だったのは、ローマ帝国支配下のエジプトでの労働協定は市場機構によって支配され、土地所有者はたいてい自分の所有地の近くに住んでいたことだ。黒死病当時の西欧と似ているが、中世後期のマムルーク朝時代とは異なる状況だ。人手不足と地価の下落が所得と富のより公平な分配に反映されるのを防ぐはずの強力な制度的制約は、存在しなかった。[21]

「何かに役立つには到底足りない」
――飢饉は平等化装置たりえるか

平等化をもたらす力としての疫病についてひととおり見てきたが、最後に別の、そしてまったく無関係とは言えない大量死の誘因について検討する必要がある。飢饉である。無数の人びとが食料難で死んだら、疫病と同じように、生き残った者のあいだで物的資源の分配が変わるだろうか。確たる答えはわからないが、肯定的なものとはならないようだ。

まず、飢饉は主要な疫病ほどの致死力を持たないのが普通である。われわれが知る限り、2年連続で基準となる死亡率を少なくとも倍増させた食料難——「飢饉」の控えめな基準——は歴史上珍しいし、それよりはるかに深刻な事態はめったになかった。この理由だけからしても、飢饉が人口規模の調整に果たしてきた役割はかなり小さいと言える。また、報告されている飢饉の死亡者数が、証拠の質と逆相関関係にあることも注目に値する。記録の信頼性が低いケースほど、人口減少がひどかったと言われているのだ。さらに、推定死者数を移住の影響と切り離すのは、不可能ではないまでも難しい。住民は被害を受けた地域を去るからだ。また疫病の影響と切り離すのも難しい。疫病には飢饉がつきものだからである。

1877〜1878年に中国北部を襲い、900万〜1300万人の命を奪ったと考えられているきわめて壊滅的な飢饉でさえ、1億800万人の被災民の基準死亡率を3倍にしたにすぎなかった。この惨事が不平等に影響を及ぼしたかどうかはわからない。1770年と1943年に起きた2度のベンガル飢饉にも同じことが言える。特に後者は、戦時中で人口が減っている時に起こったからだ。(22)

他の要因との複合効果

こうした観察結果にはさらなる留保がつく。記録に残る最も被害の大きな飢饉のなかには、平等化が大きく進んだ時期に起こったものもある。だが、そのプロセスを促したのは飢饉だけではなかった。物質的格差を縮めたのは、1932〜1933年に起こったウクライナの飢饉ではなく、むしろ当時進められていた強制的な集団農場化だった。1959〜1961年に中国で実行された大躍進政策によって壊滅的な飢饉が起こったのは、1950年代半ばにピークに達した再分配とその後の集団農場化が大幅な平等化をすでに確実なものとしたあとのことだった。(23)

ヨーロッパを襲った「大飢饉」

2つの歴史的な飢饉は、より詳しく検討するに値する。その規模が大きいうえ、所得と富の分配のかたちを変える力を持っていたためだ。ひとつは1315〜1318年の「大飢饉」で、黒死病の一世代前に起きている。当時、北欧はとりわけ寒く雨が多かったせいで、広い範囲で穀物が不作だった。加えて、動物間流行病も発生して家畜が死んでしまった。大量の死者が出たが、その規模たるや前例がないように思われた。だが、この悲惨な出来事は、疫病と同じように価格や労働の変化を促したのだろうか？　労働者の賃金は少しばかり上がったものの、消費者物価は町でも地方でもはるかに急速に上昇した。生産量の減少が価格の上昇分を相殺したため地主は圧力にさらされたが、生き延びるのに必死だった庶民よりもはるかに上手に難局を乗り切った。(24)

データは少ないものの、入手できるほんのわずかな情報からしても、大幅な平等化があったとは思えない。私がすでに用いたイタリアにおける富の分配の記録は、14世紀前半の変化を明らかにするには時期が少々遅すぎるし、データが粗すぎる。都市部の熟練労働者と非熟練労働者の賃金と物価との関係を示すロンドンとフィレンツェの生活水準倍率は、1300年もしくは1320年から1340年のあいだにいっさい改善しなかった。イングランドにおける地方の実質賃金も同様だ。こちらは1300年から1349年までおおむね変化せず、黒死病後にようやく長期的に上昇した。この点で、2つの大惨事の結末はじつに対照的だ。飢饉をきっかけとする平等化が観察されないという事実を理解するのは難しくない。大量の死者が出たのはほんの数年間に限られ、その被害は最初にペストが襲来した時よりずっと小さかったと思われるからだ。すでに高かった失業率が緩衝材の役割を果たしたうえ、人口減少は長続きせず、深刻でもなかったため、ペストの連続発生によるほどの経済的影響が見込まれることはなかった[25]。

アイルランドのジャガイモ飢饉

1845〜1848年に起きたアイルランドのジャガイモ飢饉が次の候補だ。(植物の)疫病の流行であり、食料危機でもあったこの飢饉のきっかけは、ジャガイモ疫病菌という水生菌が蔓延したことだった。それによって、1846年から48年にかけて、アイルランドの食事には欠かせないジャガイモがほぼ全滅に追い込まれた。命を落としたアイルランド人は100万人にのぼった。海外移住や出生率低下が重なったせいもあり、この飢饉によって、1841年に820万人だった国勢調査人口が10年後には680万人に減った。農民の減少はさらに急速で、1845年の120万人から51年には90万人に落ち込んだ。一見すると、この人口の減り方は、1347〜1350年の最初の黒死病到来に起因する人口の減り方とよく似ている。

そして、この最初の黒死病だけでは持続的な変化をもたらすほどの衝撃とはならなかったように、アイルランドの飢饉の死者数は、当時のイギリスの観察者によって不名誉にもこう言われている。全体的な生活状況の改善という観点からすると「何かに役立つには到底足りない」と。中世末期にペストが繰り返し発生して人口に与えた影響は、絶え間ない移住によってある程度は再現された。そのせいでアイルランドの人口は回復を阻まれたばかりか、減る一方だったからだ。1850〜1914年に400万人がその島を去り、1840年代初期のピーク時から人口がほぼ半減する結果となった。もっとも、ペストとは違って移住者の年齢には偏りがあり、おもに10代後半から20代前半に集中していた。

さらに、これもペストとは違うのだが、ジャガイモの疫病のせいで収穫量が減ったことにより、資本ストックに損害が出た。このように、ペストと飢饉という2つの大惨事の果たした機能には、似ているとは言いがたい面がある。[26]

短期的な衝撃の限定的な効果

ある意味で、飢饉、それを受けての移住、出生率の低下などを通じた大幅な人口減少は、感染爆発に匹敵するほどの経済的利益を生み出した。それまでの趨勢から離れ、実質賃金と生活水準は飢饉後に着実に向上した。賃金が低い地域では転出率が上がったが、これも地域間の格差を縮小させたはずだ。一方で、簡単に旅に出られる人びととくらべ、底辺層の人びとが土地を離れる可能性は低かった。全体的な生活状況の改善に伴い、資産や所得の分配の平等化が進んだかどうかもはっきりしない。土地の放棄や立ち退きが原因で、飢饉の期間にきわめて狭い所有地（0・4ヘクタール未満）の数は劇的に減った。このプロセスを通じ、土地の入手に関する不平等が拡大した。その後60年にわたり、分配の変化は控えめなままだった。小区画の土地の割合が再び徐々に増えることで、変化の大半は底辺層で起こったからだ。0・4～6ヘクタール程度の保有地は、それより広い保有地が増加した時でさえ増えなかった。全体的な傾向は後退していたわけだ。

ジャガイモ飢饉と、それが促した継続的な人口流出という強烈な衝撃も、黒死病の時に見られたほどの平等化をもたらすには至らなかったようだ。格差をなくすことにかけては、疫病に勝るものはなかったのである。[27]

「人の住む世界全体が変わった」
——平等化装置としての感染爆発とわれわれの知識の限界

不平等の縮小に感染爆発が果たす役割に関するわれわれの現在の知識は、大半がかなり新しいものだ。黒死病の社会経済的影響はだいぶ以前に十分に証明されているものの、人口を激減させるその他の災害の所得と富への影響が探られるようになったのは、つい最近のことにすぎない。アントニヌスの疫病やユスティニアヌスのペストに起因する物価変動については、エジプトにおける証拠の分析が21世紀になってようやく始まったところだし、近代初期のメキシコの実質賃金やイタリア北部の富の不平等に関する研究は２０１０年代に入って現れたばかりだ。こうして研究が拡大していく様子を見ていると、証拠はもっとあって、収集されて解釈されるのを待っているのではないかとの期待が高まる。黒死病の流行中と流行後の古記録が、その最も有望な候補だろう。中国における大規模な疫病の平等化効果の研究も必要だ。中国では、アントニヌスの疫病の時も黒死病の時も疫病が発生したことが確認されている。

キプリアヌスの疫病

だが、ほかの事例では、現存する情報があまりにも少ないため、実質所得や不平等といった問題が解明されることはないだろう。キプリアヌスの疫病として知られる出来事が格好の例だ。これは、西暦２５０年代から２６０年代にかけて、ローマ帝国をずたずたにした大規模な感染爆発である。その人口への影響はまさに劇的だった。当時ローマ帝国第二の都市だったアレクサンドリアの司教ディオニュシオスは、目撃者の一人としてこう書いている。「このいつまでも終わらない疫病……こうして手を替え品を替え、徹底的に人類を滅ぼそうとする」。それによってアレクサンドリアの人口が激減したせいで、当時の14～80歳の住民の数は、疫病が流行する前の40～70歳の住民よりも少なくなってしまったほどだった。この数字は公式の穀物支給記録に依拠するとされていたから、まったくの作り話とは言えないし、それが示唆する死亡率は驚くべき高さだ。

モデル生命表によれば、報告されている人口変動は、都市住民の60％超が失われたという事態に匹敵する。所得と財産の不平等はもちろん、実質賃金に関する当時のデータは入手できない。それでも、西暦250年代にエジプトの2カ所の農園で地方労働者の名目賃金が突然大幅に上がったのは、おそらくこの疫病に起因する人手不足のせいだろう。[28]

紀元前に見られた賃金上昇

紀元前になると解明はさらに難しくなる。人口減少による実質賃金上昇に関して現存する最古の記録は、もしかすると紀元前6世紀のバビロニアのものかもしれない。紀元前570年代、ネブカドネザル王統治下のバビロニア南部では、バビロンの王宮の建設工事に従事していた労働者は、大麦にして1カ月当たり450～540リットルの支払いを受けていた。これは1カ月当たりおよそ5シェケル〔古代に使用されていた重さと通貨の単位。現在は新シェケルとしてイスラエルの通貨に採用されている〕の銀貨に相当し、日払いの小麦報酬に換算すると12～14・4リットルになる。現金で受け取る場合は1日当たり11・3～12リットルの小麦賃金に相当する。

紀元前540年代のナボニドス王統治下のバビロニア南部でも、やはり小麦賃金が上昇したという証拠が残っている。当時の1日当たりの小麦賃金は9・6～14リットルで、中央値は12リットルだった。これらの数値は、近代以前の標準だったとおぼしき1日当たり3・5～6・5リットルという中心的な数値をはるかに上回っている。また、それから一世代後、ダレイオス大王の統治していた紀元前505年ごろをも上回っている。当時、労働者が受け取っていた賃金は7・3リットル相当にも満たなかったからだ。これよりあとのバビロンの実質賃金はもっと低く、紀元前1世紀初めには4・8リットルにすぎなかった[29]。

新バビロニア王国におけるこうした一時的な賃金上昇については、今のところ説明がついていない。楽観的な見方をすれば、市場志向の農業による生産性向上、労働の高度な専門化、貨幣の流通拡大（どれもこの時期に起きたことが証明されている）によって、一時的に経済が繁栄したという構図を描きたくもなる。だが、紀元前7世紀末の血に染まったアッシリアの崩壊が招いた人口減少による利益消失もまた、もうひとつの説明の候補である。これがバビロニアの南端でペストに勝るとも劣らない人口減少を引き起こし、この人口減少が上述の大激変の主役を演じたのかもしれない。とはいえ、これはあくまで推測の域を出ないし、紀元前6世紀後半に実質賃金が一見急降下したことは、人口回復だけでは説明がつかないように思われる。

持続性のない疫病由来の平等化

われわれの知識にはこうした欠落がどうしても残ってしまう。とはいえ、疫病に起因する平等化のプロセスは、かつてはおもに、あるいはもっぱら黒死病と結びつけられたものだったが、今では世界の歴史において繰り返された現象だったことがわかる。本章で提示した研究成果はすべて、あるひとつの論点に集約される。つまり、制度的な枠組みを介した人口変動による強制的な平等化というマルサスのシナリオを支持することだ。これらの平等化のエピソードに共通するのは、信じられない数の人命が失われたことだった。おもな事例で亡くなった人はそれぞれ数十万人に及んだ。平等化の効果があっという間になくなることも、共通するもうひとつの特徴だ。人口が回復すると、平等化による利益はほぼ例外なく奪い取られてしまった。

したがって感染爆発は、所得と富の不平等を圧縮するメカニズムとして機能したものの、ひどく残酷であり最終的には持続しなかったのだ。どちらの点でも、これまで検討してきた有効な平等化のプロセス――大量動員戦争による犠牲、変革的革命による残虐行為、国家の全面的崩壊による損害――に列せられる。こうしたすべての出来事が、膨大な血の犠牲と人間の苦難の代償として、物質的不平等を平準化した。ここに、四騎士が出そろったのである。

「神はかつて高みにあったものをおとしめた」――30年戦争と疫病のアウクスブルク

四人の騎士に4つの区分。歴史上の主要な平等化装置をきれいに分けてしまえば議論を組み立てるのには役立つものの、もっと混乱した過去の現実を正当に評価することはできない。たいていの場合、二人以上の騎士が力を合わせ、異なる平等化のメカニズムが同時に働いたり、相互作用したりしていたからだ。17世紀、アウクスブルクというドイツ南部の都市で起こった出来事が、異なる要因――この場合は戦争と疫病――の複合的な影響の格好の例を提供してくれる[30]。

不平等の実態

アウクスブルクは近代初期の南ドイツ経済の中心地のひとつであり、中世後期の黒死病から立ち直る原動力だった。1500年には2万人だった住民が1600年には4万8000人に増え、当時として

図11.4　1498～1702年のアウクスブルクにおける富の格差（納税者数，平均納税額，納税のジニ係数）

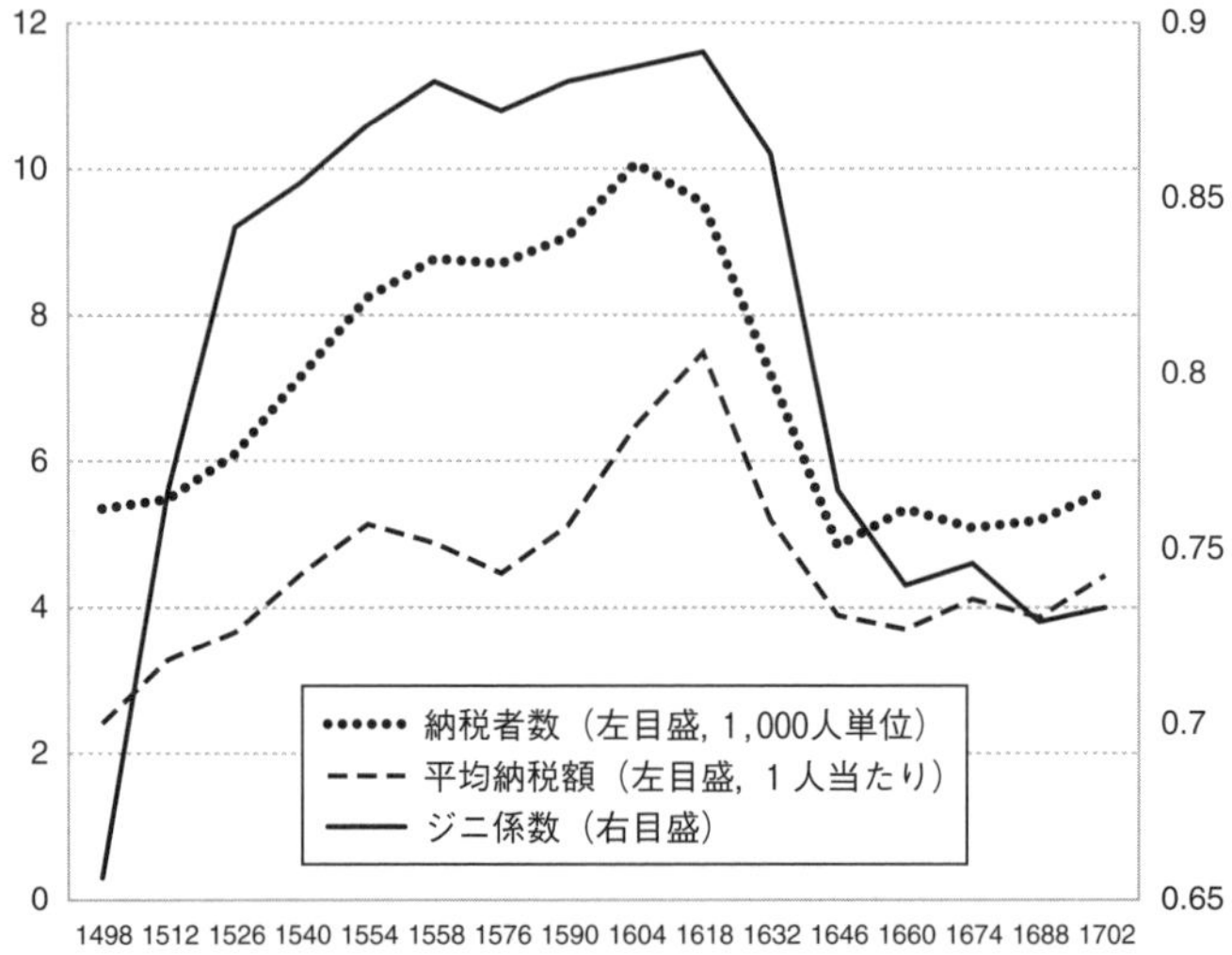

はドイツで2番目に大きな都市だった。富の増大とともにその分配がますます不均衡になったため、経済成長と都市化を通じて資源の不平等はいっそう大きくなった。すべての都市世帯を対象とする定期的な資産評価をもとにした富裕税の詳細な記録が、実際の資産とその分配のかなり正確な代用データとして役に立つ。混乱を招く変数がいくつかあることは頭に入れておきたい。課税資産を持たないと記録されている住民でも身の回りの品は持っていたので、それを勘定に入れれば算出された不平等は多少低くなったかもしれない。

また、どの家庭も現金500ギルダーまでは課税が一律免除された。税率0.5％とすると税額にして2.5ギルダーに相当し、これは1618年の所得分布で上位20％より下に位置する誰の税額よりも多かった。宝飾品や銀器も同じく課税対象から外されていた。

これらの特例はどれも富裕層に有利であり、課税を免除されている貧困層の乏しい所持品が計算に入っていないとしても、それを補ってあまりある効果があったに違いない。全体的に言って、観察される傾向はかなり典型的なもののように思われる。データには顕著な経時的変化が記録されている。資本の蓄積と集中のせいで、富裕税における不平等のジニ係数は、1498年の0・66から1604年には0・89に上昇した（図11・4）[31]。

1618年の経済の階層化はすさまじいものだった。最も裕福な10％の家庭が富裕税の91・9％を支払っており、ジニ係数は0・933に達していた。この特権階級ですら、ひどく階層化していた。上位1％は貴族と豪商が占めていたが、彼らが富裕税全体のほぼ半分を納めていた。

記録に残っている織工と建設作業員の3分の2はまったく課税されていなかった。日雇い労働者の89％もそうだ。アウクスブルクの社会の底辺では、6000人ほどの住民が大規模な貧困層を形成していた。そこには、路上で暮らす物乞い約1000人、ほぼ施しに頼って暮らす住民1700人、一部施しに頼っている住民3500人が含まれていた。裕福あるいは金持ちとされる住民はたった2％にすぎず、人口の3分の1が中間層、残り3分の2が貧困層（ぎりぎりの生活をどうにか維持している住民が少なくとも半数）という状況では、経済成長に支えられて中流階級が現れる兆しなどあるはずがない。それどころか、前章で取り上げた多くの都市住民のケースと同じように、実質賃金の低下が見てとれる[32]。

戦争による格差の拡大

これが30年戦争の開始直後の状況だった。この戦争は複雑で長期にわたる軍事活動であり、ドイツ史上前例のない壊滅的な大災害を引き起こした。結果として広い範囲で住宅と資本が破壊され、多大な人命が失われた。戦闘は度重なるペストや比較的新しい病気、つまりチフスの蔓延と同時に起こったり、かなりの程度それを促したりした。そのせいで死亡率はさらに上がった。

戦争の初期段階では、アウクスブルクは直接のターゲットになっておらず、間接的な影響を受けただけだった。最も著しい影響は通貨価値の下落だ。戦費を賄う通貨の下落は、1620年代から30年代にかけて物価のインフレーションを招き、当初は物価が10倍に跳ね上がることもあった。最も大きな被害を受けたのは下層階級だったようだ。

一方、窮地に陥った中間層から不動産を買い取った豪商は純利益を手にした。1618年と比較して1625年の納税額を見てみると、より多くの商人がより多くの税金を納めており、彼らの納税額が全体の4分の3を上回るまでになっていた。このグループのなかの最も成功したメンバーに富が急速に集中していた証しだ。「昔からの資産家」の代名詞である貴族の場合、勝者と敗者がバランスよく存在していた。機を見るに敏な商業資本の持ち主は、戦争に伴う通貨下落で儲けるのに最も適した立場にいた。貧しい者がますます貧しくなる一方で、より裕福な中間層の利益は増加したとの記録が残っている。こうした勝者には金細工師や宿屋の主人が含まれる。貴金属や食料など、不足している物資に直接アクセスできたおかげである。(33)

ペストの襲来と都市における平等化

しかし、ペストと戦争がアウクスブルクを襲うと、こうした利益はあっという間に消えてなくなった。最初に大打撃を与えたのはペストだった。これは、アムステルダムからドイツを越えてイタリアにまで広がった感染爆発の一部だった。1627年10月、駐屯していた兵士を経由して、戦争によってアウクスブルクにペストが持ち込まれた。それから翌年にかけて、ペストは都市を徹底的に破壊し、4万〜5万人の住民のうち9000人の命を奪った。1625年から1635年にかけて、福祉支出の空間分布とアウクスブルクの人口減少の空間分布はぴたりと一致している。つまり、ペストは貧しい者ばかりを殺したことがわかる。

1632年から33年にかけての2度目の流行の際も結果は同じだった。こうした不均衡のおかげで、都市全体で平等化効果が生じた。結果として起こった混乱もまた資産の流動性を低下させた。1629年、アウクスブルク市当局は過去数年のあいだに組まれた融資の高い利払いを減らすことによって、債権者に「ヘアカット」を命じた。訴訟を起こそうとした債権者は、判決がくだるまで利息や元本の支払いが停止されるため、提訴を思いとどまった。[34]

占領がもたらした経済的困窮

1632年4月、スウェーデン軍が到着した。平和裏の占領だったにもかかわらず、そのコストは高くつき、住民の肩にのしかかることになった。なかでもカトリック教徒の家庭が狙い撃ちされた。2000人もの軍勢が町に駐屯し、巨大な砦の建設工事の費用を払わなければならなかった。特別税が導入され、そのひとつに申し訳程度に累進的な人頭税があった。市は破産の危機に陥り、地方債の利払いは完全に停止した。おもな犠牲者は資本の所有者だった。占領下、死亡率が再び上昇した。1632年に再びペストが流行し、その後カトリック軍による封鎖が原因で飢餓が広がったからだ。[35]

1634年9月、ネルトリンゲンの戦いでスウェーデン軍が敗れ、状況はさらに悪化した。皇帝軍はすぐにアウクスブルクを包囲した。包囲は1635年3月までほぼ半年にわたって続き、住民に筆舌に尽くしがたい苦しみを与えた。最も痛手を被ったのは貧しい人びとだった。年代記作者のヤコブ・ヴァーグナーによれば、住民は動物の皮、犬や猫、人間の死体を食べるまでに落ちぶれたという。人間の死体を食べるというのは、単なる決まり文句ではなかった。死体から乳房やほかの部位の肉がなくなっていたという墓掘り人の報告がある。通りで行き倒れた馬の骨をしゃぶっているところを見られた住民もいる。死者と死にかかった者の悪臭が町に重苦しくたち込めていた。一方、スウェーデンの駐屯軍は地元の議会にひっきりなしに圧力をかけ、議会はすでに並外れて高額の軍税をさらに上げざるをえなかった。初回の徴税だけでまる一年分の税額に匹敵した。こんな要求に応えられたのは富裕層だけだった(36)。

1635年3月、駐屯軍は降伏条件を呑み、こっそりと退却していった。だがアウクスブルクは、今度は皇帝軍を迎え入れ賠償金を払わなければならなかった。前回はカトリック教徒の家庭が軍税を負担したので、今回は裕福なプロテスタントが残っている財産の大部分を差し出す番だった。同年に実施された国勢調査から、当時の状況が多少なりとも明らかになる。保有されている不動産の分配状況はほとんど変わらなかったが、家屋はほとんど価値を失った。家賃は下がり、売り家は状態がひどく、潜在的な投資家は流動資金を持っていないために割安の不動産を買えなかったからだ。4年後、ヤコブ・ヴァーグナーは、家屋の価格が占領前の3分の1になり、職人の作業場の半分が空き家だと述べている。

アウクスブルクのエリートは負担に対して不平を漏らしていた。1636年、ニュルンベルクにいるハプスブルク家の皇帝に派遣団が送られ、アウクスブルクに残っている1600戸のプロテスタント教徒の家庭が、兵士に宿舎を提供したり、その他の費用を負担したりしたせいでひどく困窮していると訴えた。1640年、駐屯軍が退却して1年後、今度は別の使節団が、アウクスブルクのプロテスタントは過去5年にわたって8倍の税金を支払わなければならず、100万ギルダー以上を失ったと主張した。それが本当なら、市の歳入の2倍に相当する(37)。

1646年までのペストと戦争による累積影響のバランスシートは、読むのも気が滅入る。1616〜1646年に、アウクスブルクの人口は50〜60%も減った。ミュンヘン、ニュルンベルク、マインツなど、被害がひどかったほかの都市も状況は同じだった。だが、社会経済的な構造は人口分布の両端でいっそう劇的に変わった(表11・1)。貧しい住民は異常なほど減った。織工の家庭の5分の4が消え

表11.1　1618〜1646年の税率区分によるアウクスブルクの課税対象家庭の比率と戸数

課税	比率%（戸数）		変化%	
税率区分	1618年	1646年	比率	戸数
免除	48.5(4,240)	37.2(1,570)	−23.3	−63
1〜15 kr.	13.2(1,152)	4.2(176)	−68.2	−84.7
16〜30 kr.	7.0(614)	22.0(928)	+214.3	+51.1
31〜60 kr.	6.7(587)	12.4(522)	+85.1	−11.1
1〜10 fl.	16.5(1,440)	18.0(761)	+9.1	−47.2
10〜100 fl.	6.6(577)	5.7(241)	−13.6	−58.2
100〜500 fl.	1.35(118)	0.5(20)	−63.0	−83.1
500超 fl.	0.01(10)	0(0)	−100	−100
合計	100(8,738)	100(4,218)	−51.7	

Kr：クロイツァー　fl：ギルダー

てしまった原因は、死亡や移住だけでなく、多くの人が職を諦めなければならなかったところにある。彼らの大半は貧しかった。そのため、この消失に加え、当初アウクスブルクの住民のかなりの割合を占めていた貧困層の極端な減少によって、貧しく暮らす人びとの比率が大きく下がり、平等化が進んだ。[38]

資産の減少による富裕層の消滅

都市社会の上位層にも大きな変化があった。かつての大金持ちはもはやただの金持ちにすぎず、ただの金持ちだった人の数は6分の5減った。暮らし向きがよい、もしくは生活に困らない人の数は半減したが、（激減した）総人口に対する割合としてはほぼ変化がなかった。最低生活水準のすぐ上の収入層に入る人の割合は、貧困層と極貧層の割合が下がったにもかかわらず急増した。全体的な平等化効果はきわめて大きかった。

こうした変化には、人口減少よりもさらに深刻な課税対象資産の減少が伴っていた——人口が半減したのに対し、課税対象資産は約4分の3も減ったのだ。富の十分位数による税収の内訳を見ると、この大幅な減少のほぼすべてが、富裕層上位10%の富の消失に起因していることがわかる。1618年には富裕層上位10%の納税額が富裕税の91・9%を占めていたのに対し、1646年には84・55％に落ち込んだ。絶対額で見ると、このグループの納税額は5万2732ギルダーから1万1650ギルダーに減っている。これは富裕税の減少総額の94％超に相当する。最も大きな打撃を受けたのは、貴族に代表される「昔からの資産家」だった。彼らの平均納税額はおよそ5分の4も減ったのである。[39]

だが、それで終わりではなかった。1646年、今度はフランスとスウェーデンの軍隊にアウクスブルクが再び包囲されたのだ。この攻撃は失敗に終わったものの、年間死亡率は2倍になった。同年に地元の商人が書いた陳情書には、襲撃、略奪、関税の新設や値上げ――そのいずれもが、封鎖や宿舎提供費用と同じく戦争に起因するものだった――などによる商業の衰退についての嘆きが記されている。総合的に考えると、これらの要因のために投資と信用取引の機会が減少し、資本所有者の利益が損なわれたと言われている。戦争の最終年となった1648年には、またしても包囲の危機が高まり、最終的に和平条約が結ばれるまでアウクスブルクには2400人の兵士が配置された。[40]

過酷な代償がもたらした平等化

生き延びたアウクスブルクに、かつての面影はほとんどなかった。人口は戦前の半分以下に減ってしまった。数千人という極貧の住民がペストと飢えで命を落とし、資本を所有するエリートはとことん搾取された。莫大な財産が消えてなくなり、少ない財産の所有者も大幅に減った。不動産は価値を失い、融資は無意味になり、安全な投資の機会は減った。要するに、資本が大々的に蝕まれたのだ。

結局、深刻な人口減少のおかげで、生存者のあいだで労働力への需要が高まり、労働者階級の環境が改善したため、彼らはかつて多くの者が陥っていた貧困から脱した。終戦時には、(代用データによる)課税対象資産のジニ係数が0・9超から約0・75に下がっていた。これでもまだ高いものの――実際、黒死病後よりもずっと高い——以前ほど極端ではなくなった。この平等化効果は過酷な代償によってもたらされたものだが、17世紀末まで持続した[41]。

＊

黒死病以来最悪のペストが流行するなかで、西欧の歴史上でも最も恐ろしい戦争のひとつが戦われた。アウクスブルクでのこうした出来事は、尋常ならざるものに思える。だが、所得と富の平等化を推進する原動力は決して珍しいものではなかった。富裕層の財産を取り上げ、労働人口を減らして残った人びとの暮らしが目に見えてよくなるようにするには、圧倒的な暴力と人間の苦難が必要だった。社会階層の頂上と底辺における異なるかたちの人口減少が、ひとつの力となって所得と富の分配の不平等を圧縮した。

この第5部、および第2〜4部において検討したように、まったく異なる環境でさまざまな理由から似たようなプロセスが進行した。青銅器時代のギリシャから第二次世界大戦時の日本まで、黒死病流行時のイングランドや、コロンブス交換で塗炭の苦しみを味わったメキシコから毛沢東の中国までが、その舞台だった。有史時代の大半といくつかの大陸にまたがるこれらの例に共通しているのは、資源の不平等を大幅に減少させたのは、暴力的な大惨事だったということだ。ここから、2つの差し迫った問題が浮かんでくる。すなわち、不平等を均《なら》すほかの方法はあったのだろうか？　そして、現在はあるのだろうか？　ようやく、四騎士に代わるもう少し穏便な選択肢を探る時がきた。

第6部

四騎士に代わる平等化のてだて

第12章　改革、経済危機、民主主義——平和的平等化

「万物の父にして万物の王？」——平和的平等化を求めて

ここまでの章はすべて、読んでいささか憂鬱になるような内容だった。貧富の格差を根本的に埋めるために、どれほど大きな代償が必要で、人びとが苦しんできたか、われわれはいやというほど見てきた。しかも、あらゆる暴力がその目的に役立つわけではない。大半の戦争では、どちらの側にいるかによって不平等の程度が増減するだけのようだ。内戦も同様にさまざまな結果を生んできたが、おおむね、不平等を縮小するよりは拡大する傾向の方が大きかった。軍事的大量動員が最も有望な仕組みであることがわかっている。並外れた暴力が並外れた結果を生んできたからだ。だが、人類史で最悪の戦争、すなわち2度の世界大戦についてはそれが全体として当てはまるとはいえ、それ以前の時代には、そのような現象から平等化という帰結が生じることは稀であり、古代ギリシャが唯一の先駆けだったかも

しれない。

また、最も激烈なタイプの戦争が、所得と富の格差を圧縮するのに最も有望だとすれば、激烈を極めた革命にはなおさらそれが当てはまる。何といっても、20世紀の共産主義革命はじつに大掛かりな平等化を成し遂げた。それにくらべると、規模で劣るフランス革命のような企てが生んだ影響はもっと弱かったし、歴史上の民衆蜂起のほとんどは、平等化をまったく達成せずに終わっている。

国家の破綻はより確実な平等化の手段として働き、富と力のヒエラルキーを一掃するとともに格差をも破壊してきた。大量動員戦争と変革的革命の場合と同様に、平等化には人間の大変な苦境と荒廃がつきものであり、悲惨な疫病の多くにもそれは当てはまる。猖獗《しょうけつ》を極めた感染爆発は平等化を強力に進めたとはいえ、不平等の治療法が病気だとすれば、それよりはるかにひどい治療法を考えるのは難しい。

これまで、平等化の規模は暴力の規模に比例する度合いが高かった。費やされる力が大きければ大きいほど、平等化が進んだ。それが鉄則ではないにしても——たとえば、共産主義革命のすべてが特別に暴力的だったわけではないし、大量動員戦争のすべてが平等化を実現したわけでもない——大まかな前提になるという期待は抱いてもいいのではないだろうか。これはまさしく、きわめて暗澹たる結論だ。

だが、方法はそれだけだったのだろうか？　戦争は「万物の父にして万物の王」であるというヘラクレイトスの言葉どおり、暴力は常に平等化の源だったのだろうか？　同様の成果をあげた別の平和的方法があるだろうか？　本章と次章では、その候補となる事例を幅広く検討していく。なかでも土地改革、経済危機、民主化、経済成長に注目したい。締めくくりに、事実とは異なる選択肢について検討してみたい。大規模な暴力という衝撃がなかったら、20世紀を通じて、不平等はどんなふうに進展しただろうか？(1)

「嵐となってすべてを根こそぎにするまで?」——土地改革

土地改革が最初に取り上げるのにふさわしい理由は単純だ。これまでほとんどの時代、ほとんどの人が土地に居住してきたし、一般に、耕地が個人の富の大半を占めていたからだ。300年前のフランスでは、土地が全資本の3分の2を占めていた。イギリスではおよそ60%を占めていた。何千年来とは言えないにしても、世界史上の何百年にもわたり、そのような状況が普通だったことだろう。したがって、土地の分配は不平等の主要な決定因子のひとつだった。土地所有制度を貧困層に有利に変える試みは有史以来、絶えず行われてきた。土地改革は本来暴力とは無関係であり、理論のうえでは、社会が平和的方法によって土地所有制度を改め、貧困層を優遇することを妨げるものはない。だが、現実には、そうはいかないのが常だった。以下に見るように、成功した土地改革はほぼ例外なく暴力の行使あるいは脅迫に頼ってきた[2]。

最も特筆すべき例については、第7章ですでに論じた。ソヴィエトと中国の革命は疑問の余地なく暴力的で、平等化する力を持っていたが、なかにはキューバのように、暴力が広範には目立たず潜在的だった例もいくつかある。このタイプの急進的な土地改革は冷戦の終焉とともに消え、1970年代と80年代のカンボジア、エチオピア、ニカラグアなどが、記録に残る最も新しい例となった。

それ以降では、ジンバブエが強制的な土地再分配の唯一の主要な例である。同国では1980年代から90年代の大半を通じて土地改革が緩やかなペースで進められ、農地のおよそ1割が、白人の農民から、おおむね貧しい黒人の7万世帯に移譲された。急進化の始まりは、1997年に解放戦争の元兵士たちが白人の大地主たちの所有地を占領して「土地侵攻」を企てた時だった。その結果、農地のさらに8分の1が強制収用の対象となった。現在までに、1980年代に6000人の白人農民が支配していた土地のおよそ90%が25万世帯に与えられている。白人が所有する大農場が全土に占める割合は39%から0・4%に激減した。これは、一握りのエリートから多くの貧しい世帯へ、純資産が大規模に移動したことをあらわす。

1997年以降のより強硬な第二段階の土地改革は、元兵士たちの暴力的な扇動に負うところが大きい。ムガベ政権が福祉と財政支援の約束を反故にすると、元兵士たちと、彼らの手引きで動員された人びとは、白人移住者のみならず当局にも圧力をかけたため、ムガベ大統領は白人所有の営利農場の接収に同意せざるをえなかった。ムガベは当初この動きを抑えようと試みたものの、2000年には運動に同調して白人の農場に矛先を転じ、占拠者を保護する条例を制定した。これは、20世紀初頭のメキシコ革命で地方の私有地が占拠され、政府が動かざるをえなくなった事例に似ている。地方の暴力は、土地再分配、ひいては富の平等化を広域に拡大するために不可欠な手段だった。[3]

戦争をきっかけに始まった土地改革

歴史上の土地改革の多くは戦争の産物だった。第4章で概観したとりわけ極端な例がアメリカ占領下の日本における土地改革で、日本全土で無補償の接収と土地所有制度の大掛かりな再編が効率よく行われた。これは第二次世界大戦後の新しい現象だ。それまで、外国の占領によって再分配計画が推進されたことは一度もなかった。ソヴィエトによる中欧の支配が、征服勢力の後押しによる平等化のおもな例だ。歴史をひもとけば、戦争は土地改革の契機をほかのやり方でも提供してきた。定着した仕組みのひとつが、戦争の脅威に備える改革で、国の軍事能力を強化する方法として利用された。

考え方によっては、西暦645年以降に日本で行われた「大化の改新」が、そのような過程の初期の例と解釈できるかもしれない。隣国である中国の隋と唐の支配者が手がけた土地平等化計画を手本とするこの改革では、農地を測量して同一面積の区画からなる碁盤状に再編し、田地を生産性のある構成員の数にもとづいて各世帯に割り当て〔口分田〕、定期的な見直しにより状況の変化に対応した。割り当てられた区画は制度上の公有地であり、譲渡は不可能とされた。

例によって、この野心的な計画が実際にどの程度広範に、あるいは忠実に実践されたかは定かでない。ここで注目すべきなのは、それが国内外の戦争の脅威のもとで進められた改革の一環だったことだ。日本は660年代に朝鮮で戦争〔663年の白村江の戦い〕に参加したことで、唐代の中国と対立することになり、隣の超大国による軍事侵略への警戒感が高まった。その結果、軍事化が進められたが、672年に皇位継承をめぐって起きた壬申《じんしん》の乱により中断された。日本で最初の国勢調査は689年に実施され、すべての成人男子を対象とする皆兵制度が導入された。戦争の脅威を契機に始まった国内改革によって地方のエリートを抑圧し、民衆の結束を促して、軍事動員に備えようとしたようだ。(4)

不平等を増幅させた土地改革

帝政ロシアについてはもっと確実な裏づけがある。1853～1856年のクリミア戦争で敗北を喫してから1カ月と経たないうちに、皇帝アレクサンドル2世は「万人にとって等しく公正な法」を約束した。改革に含まれていた農奴の5年以内の解放は、皆兵制度を土台として軍を強大化するための措置だった。農民は自分が耕作する土地を所有できるようになった。とはいえ、地価の75～85％に相当する弁済金の支払い義務のせいで、平等化は妨げられた。国債による融資が提供され、農民は49年間6％の利息を支払わねばならなかったため、長期にわたり資産が流出し、それまで耕していた土地よりも狭い区画しか持てないことが少なくなかった。土地を与えられた者と与えられない者がいたために差別化が進み、貧しい農民はプロレタリア化し、比較的豊かな世帯はほかの農民たちから離れていった。

1905年の日露戦争敗北による混乱が引き金となって、新たな土地改革が行われる。当時農民が所有していたのはまだ全国土の3・5％にすぎなかった。弁済金のさらなる支払いを拒んだ農民たちがストライキに突入し、私有地を襲い、1000カ所以上の領主の館を略奪した。そうした暴力行為への対応として、未払いの弁済金の支払いはすべて免除され、自らの土地を世襲財産とする権利が農民に与えられた。その結果、第一次世界大戦時には、全土の半分以上を農民が所有していた。それでもなお、一握りの広大な私有地と無数の小農地のあいだに残る貧富の差によって、土地の不平等性は全体として高まり、役馬の分配も従来よりもさらに不平等になった(5)。

これは特殊な例ではなかった。戦争をきっかけに始まった土地改革が結局は不平等を増幅させた例は、古来、枚挙にいとまがない。ナポレオン戦争を契機に多くの国で土地改革が行われたが、長い目で見れば、好ましくない結果を生んでいる。プロイセンでは、1806年の敗戦の打撃により、翌年、農奴制が廃止され、小作人が貴族や君主から土地を買うことが解禁されたものの、価格は高く、大地主《ユンカー》たちはますます土地に執着し、支配的地位にとどまり続けた。だが、1945年に、共産主義勢力が大規模な私有地をすべて無償で接収した。

スペインでも同様に、ナポレオン戦争が自由化を促すきっかけとなった。限嗣《げんし》不動産権〔土地を直系の子孫が相続する制度〕は1812年に廃止され、公用地が売り出されたが、その後の内戦が土地所有をかつてないほど集中させる結果を招いた。ポルトガルの場合も同じである。オーストリアでは、1848年の革命により、政府は農奴を封建的義務から解放せざるをえなくなった。そのための法律は名目上、1780年代に導入されていたものの、その時点までは適正に施行されていなかった。移譲された土地の弁済価格は年収の20倍に設定され、農民、国家、地主のあいだで均等に分けられた（つまり、地

主は土地による資産の3分の1を没収された)。民衆蜂起に応えて平和を購《あがな》った一例である。(6)

戦争に起因するほかの改革の試みのなかには、もっと急進的だったが短命に終わったものもある。1901年に結党されたブルガリア農民党は、当初は地方の農民の支持を得られなかったものの、第一次世界大戦での敗戦という甚大な衝撃と、その帰結としての降伏、政治の混迷、領土喪失を経て、1920年に政権の座に就いた。同党の土地改革計画は野心的だった。土地所有に30ヘクタールの上限を設け、過剰に保有された土地はスライド制(面積に応じて補償の水準も下がる)で強制的に売却されて土地を持たない人と小自作農へ移譲され、教会の土地と、投機や戦争で得た利益によって取得された土地は没収された。そうした措置はエリート層の猛烈な反発を招き、ついには政権の転覆に至った。

第二次世界大戦中と戦後のグアテマラでは、戦争の影響はもっと間接的にあらわれた。戦時中は、ドイツのコーヒー市場を失い、ドイツ人が所有する多くのコーヒープランテーションがアメリカの圧力によって国有化されたため、大地主たちの抑圧的支配が弱まった。それが素地となり、1952年に民主的な選挙で選ばれた政府が農業改革に乗り出した。この改革では広大な私有地が分割・再分配され、地主への補償は、彼らが一般に行っていたかなり低めの税申告に応じた額の国債で支払われた。1954年までに、平和的で秩序ある手続きを経て、農村人口の40%が土地を受け取った。

ところが、同年のクーデターにより軍事体制が打ち立てられると、土地改革は白紙に戻され、新たな抑圧が始まった。その後長く続いた内戦では優に15万人が死亡した。1990年代には3%の地主が全土の3分の2を所有し、農民の90%が土地をほとんど、あるいはまったく所有していなかった。その過程で、暴力の現れ方は変化していった。最初は間接的に変化を後押しし、続いて暴力不在の平和的政府が登場したものの、結局、暴力的な介入と抑圧には勝てなかった。(7)

戦争や革命への不安からの土地改革

その他の事例では、国内外における暴力への懸念が土地改革の推進力となった。とりわけ強力な誘因となったのが、反共産主義だ。第二次世界大戦終結時、韓国では土地の不平等性が高かった。農家の3％弱が全土の3分の2を所有する一方、58％の世帯はまったく土地を所有していなかった。戦後、土地改革が進められたのは、北朝鮮の共産主義勢力がすでに1946年から朝鮮半島北部で土地を収用しており、南部の農民を動員するおそれがあったからだ。アメリカの支援と、1948年の第一回選挙を戦った全政党による土地改革の取り組みの結果、大規模な接収と再分配が実現した。まず、植民地時代に日本が所有した不動産がすべて差し押さえられた。1950年代前半には、個人所有の上限が優良な耕地3ヘクタールと定められ、過剰な私有地は差し押さえられたり、最低限の補償額（年間借地料の1・5倍）で売却されたりして農民に移譲された。他人の農地で耕作を続ける者の借地料は低く抑えられた。全土の半分強で所有者が代わった。

再分配効果は著しく高かった。地主が所得の80％を失った一方、下位80％の農家の所得は20～30％増えた。1956年には、最も裕福な6％の地主が所有する土地は全土のわずか18％となり、小作人の占める割合は49％から7％に減った。土地所有のジニ係数は、1945年には0・72または0・73という高さだったが、60年代には0・30台まで低下していた。土地改革の平等化効果は朝鮮戦争の影響で増した。土地所産業・商業資産のほとんどが破壊され、ハイパーインフレのために補償はないも同然となった。土地所有エリートはすっかり姿を消して、高度に平等な社会が出現し、その後も幅広い教育の機会のおかげで維持された。この場合、戦争や革命の懸念に代わって実際に大量動員戦争が起きた結果、第5章で見た例に近い平等化が成し遂げられた。(8)

南ヴェトナムでも同様に、革命への不安と現実の戦争がひとつになり、アメリカの要請で1970年に土地改革が始められた。小作地はすべて耕作者に譲渡され、耕作者はある程度の土地を無償で受け取った。土地所有者は補償された。改革は3年のあいだに行われ、小作人の割合は劇的に下がって、たとえばメコンデルタでは60％から15％になった。対照的に台湾では、戦争そのものよりも戦争に対する漠然とした懸念が平等化のおもな作用因子として働いた。

共産主義勢力の勝利によって大陸から追い立てられた国民党政府は、1949年、現地住民の支持を得る方法として土地改革に乗り出した。国民党を支援するアメリカも、共産主義に対抗するために再分配を促した。動機は強く、制度上の障害は少なかった。指導者たちは地方の地主に何の義務も負っていなかったし、内戦の敗因を大陸の土地改革の失敗に帰する意見も多かった。韓国と同様に、個人所有には上限が設けられ、借地料は下げられた。公有地が小作人に売却されたあとの1953年、地主は市場価格をかなり下回る補償額で余っている土地の売却を強いられた。その結果、農家の所得は上がり、小作人の割合は1950年の38％から、10年後には15％に減り、同時期の土地所有のジニ係数は、当初の0.6から、0.39～0.46にまで下がった。総所得のジニ係数は、1953年の0.57から64年の0.33へと劇的に下がった(9)。

ルーマニアの1921年の土地改革はこうした封じ込め戦略の先駆的な例だったのかもしれない。この改革では、接収された土地を受け取った貧しい農民と小自作農が恩恵を受けた。革命が隣のソヴィエト連邦から広まるのではないかというおそれが原動力となったとも考えられる。共産主義の扇動へのおそれは、ラテンアメリカ諸国の改革にも拍車をかけた。1960年、カストロがキューバで実権を握ったのを受けてアメリカが設立した「平和のための同盟」が、土地改革を促進するとともに、目的を達成するための助言と金銭的支援を提供した。

その対象国のひとつだったチリは、最初に消極的な措置を試みたあと、1964年に右派と中道派の連立政権が選挙での敗北をおそれ、外国の支援を得てより幅広い土地改革を受け入れることにした。1970年までに、広大な私有地の多くが接収されたものの、支払われた額はわずかだった。サルバドール・アジェンデの左派政権下でさらなる進展が見られたが、73年のクーデターで同政権は倒される。それによって改革は停滞したが、わずか10年前には小自作農の所有地は国土の10分の1にすぎなかったのに対し、その時にはすでに国土の3分の1が小自作農に譲渡されていた。[10]

流血を回避するための土地改革

1968年のペルーの軍事クーデターの主導者たちは、60年代を通じて高かった不平等性と農民による暴力を背景に、同国の伝統的寡頭政治に対抗した。彼らはアメリカの対反乱原則を学ぶと、全面的内戦を回避するひとつの手段として土地改革を選んだ。それから数年以内に、ほとんどの大きな私有地は接収されて、全農地の3分の1が移譲され、農業労働者の5分の1がその恩恵を受けた。大地主の力を削《そ》いだことでおもに恩恵を被ったのは、貧困層よりもむしろ軍部と中間層の農民だった。同様の動機による措置がエクアドル、コロンビア、パナマ、ドミニカ共和国でもとられた。エルサルバドルではゲリラ戦が勃発した翌年の1980年に、アメリカの勧告と財政支援を受けて暫定政府が土地改革に着手した。[11]

その10年ほど前、エジプトでも革命のおそれが土地改革の誘因となった。エジプトの土地は（極端ではなかったが）やや不平等に分配されており、地主の上位1％が土地の5分の1を支配し、富裕層の上位7％が3分の2を保有していた。小作農の割合は高く、彼らの地位は低くて労働者のそれに近かった。1952年のガマール・アブドゥル＝ナセルの軍事クーデターに至る10年間、エジプトは不安定な情勢に翻弄されていた。政権は17回も目まぐるしく交代し、戒厳令が敷かれ、ストライキや暴動が相次いだ。支配階級の人びとは暗殺の標的となった。新政府は政権を掌握した翌年、土地改革に乗り出す。同時期の東アジアと同様に、アメリカが共産主義の影響を封じ込めるために改革を擁護し、支援した。サイード・マレイ農業大臣はそうしたおそれを引き合いに出して以下のように改革を正当化している。

われわれは1952年7月の革命に至る日々を覚えている。危険な扇動によりエジプトの村がいかに不安に陥ったかを覚えている。流血と財産の破壊を引き起こした出来事の数々を覚えている……。大地主たちは、この混乱を吹き抜ける風にさらされたまま、貧しく困窮した者を搾取し続け、風が嵐となってすべてを根こそぎにするまで待つことを望んでいたのだろうか……？

土地の私的所有には上限が設けられたものの、所有者は補償金を受け取り、土地を受け取った者は、帝政ロシアで1861年以降に考案された方法に似たやり方で、何十年にもわたる国家への返済を求められた。支払いは以前の借地料よりはずっと低額だったため、この方法は農民に有利だった。持ち主が代わったのは土地のおよそ1割だったので、富の分配は所得の分配ほど影響を受けなかった。イラクではクーデターとバース党の支配の影響の方が大きく、1960年代と70年代に集団化によって土地所有の不平等が大幅に解消された。1971年のスリランカの共産主義者による蜂起の失敗は、何千人もの犠牲者を出したと考えられ、翌年ただちに土地改革が行われる契機となった。この改革では、規定された上限を超える私有地や、のちには企業の所有地も接収された。ここでも暴力をきっかけとして行われた介入が、独立以来のあらゆる政府の失敗とは完全に一線を画し、土地の不平等を解消する取り組みとなった[12]。

土地改革は不平等の解決にほとんど役立たない

こうした例のすべてから一貫して読み取れるのは、有意義な土地改革を実現するには、暴力が、行使されるにせよ潜在的に影響するにせよ、何よりものを言うことだ。だが、その成果は大きく異なっていた。実際のところ、土地改革が不平等を軽減したという記録はあまりない。20世紀後半の27件の改革を調べた結果、土地に関する不平等がおおむね変化しなかったか、時とともにかえって増大した例が過半数を大きく上回る（21件、78％）。縁故主義が平和的な土地改革を蝕むこともある。

1960年代のベネズエラでは、民主的に選ばれた政府が国内の農地の1割――半分は接収した土地、半分は国有地――を、土地を持たない貧困層の4分の1に再分配した。当時ベネズエラはほぼ農業中心の経済から、石油輸出にもとづく都市経済へ移行している最中だった。そのおかげで、政府は石油収入から潤沢な補償金を支払うことができた。補償金の潤沢さゆえに、地主は雇用している労働者にストライキを起こして土地を要求するようけしかけ、自身の土地が接収の対象となって市価を上回る水準の補償金が転がり込むように画策した。このような路線の改革は、物質的な不平等の軽減にほとんど役立たなかったようだ[13]。

時には補償が不正な手段で取り入れられることもあった。古代ローマは共和政時代にイタリア半島全域に拡大する過程で、倒した敵の耕地を大量に接収し、公用地へ転換して入植者に割り当てるか、賃料をとって貸地とした。貸地は広大な土地を耕作と投資の対象にする資力のある者を利し、公有地がもっぱら富裕層に支配される結果を招いた。この種の土地の利用権に法的制限を設けようという試みのあと、紀元前133年にようやく本格的な解決策がとられた。寡頭政治の支配階級出身の護民官で、平民寄りの改革を進めたティベリウス・グラックスが再分配計画を推進し、公有地の占有を1人につき120へクタール強に制限したのだ。上限を超えて占有された土地は、先行投資への補償なしに差し押さえられ、貧しい市民に配分された。割り当てられた土地は譲渡不可能となり、新たに生まれた小自作農が富裕層や有力者による買い占めなどのせいで退去させられるのを防いだ。

この改革に対し、エリートたちは反発を強めていった。グラックスは入植者に準備金を支給して改革計画を推進しようとしたが、寡頭政治支持者たちは激高し、彼の命を奪った。再分配計画は創始者グラックスの死後4年足らずで終了した。紀元前110年代には地代が廃止され、公有地の占有者はすべて、許可された面積の上限まで所有していた者も含め、土地を売却可能な私有財産として所有するようになった。こうして、この改革計画によってそれなりの数の小自作農（市民の人口の数%相当）が新たに誕生したものの、長い目で見れば、土地所有が富の分配に及ぼした影響は、ほんのささやかなものだったようだ(14)。

現代のフィリピンでは、戦争や革命の脅威に信憑性がなかったため、地主のエリートは改革に及び腰だった。土地改革が選挙運動の度にスローガンとなり続けたが、数十年を経ても変化は乏しかった。1988年以降に本格的な取り組みがあったものの、成果はあまり上がらなかった。その点ではインド、パキスタン、インドネシアも同様である。イランでは1970年代に、地主が過剰に所有していた土地の強制的売却を通じて、大半の分益小作人〔小作料を収穫物で地主に納める小作人〕はいくらかの土地を手にしたものの、その過程で、現実には小自作農間の不平等が増した。原因は補償の要求に絡む売り主のえこひいきと、国家の支援の欠如で、それらすべてが裕福な農民に有利に働いた。

ハワイの1848年の「大マヘレ」〔マヘレはハワイ語で「分割」の意〕は、平和的な土地改革が不公平な結果を生んだとりわけ極端な例である。それまで集団で耕作されていた土地は、王と、族長と、民衆のあいだで分けられた。私有権を確立するには正式な請求が必要だったため、庶民世帯の多くは請求するに至らなかった。さらに、まもなく外国人土地所有法によって部外者による土地取得が認められたため、時とともに、王室が所有権を申請しなかった土地の大半がハワイ人以外に商業目的で所有されることになった[15]。

非暴力による土地改革の成功の条件

非暴力による土地改革が完全な成功を収めるのはごく稀な状況においてだけだ。18世紀後半のスペインで行われた共有地の分配は、ひいき目に見ても部分的な成功例でしかない。改革のきっかけとなった暴動で、1766年に国王カルロス3世はマドリードからの逃亡を余儀なくされた。つまり、暴力の行使がなかったわけではない。改革の成果には、各地方の状況によって大きな違いがあった。たいがい、農機具を購入する資力のある者だけが利益を得た。一部の地域では、農業労働者の資金不足とエリートたちの操作的介入のせいで、改革は失敗に終わった。成功したのは、商業エリートが支配するマラガのように上流階級が土地所有権にあまり投資していないか、農業労働者が比較的少ないうえに土地が豊富なので地主の購買力が限られていたグアダラハラ〔スペイン中部の都市〕などの場合だけだった[16]。

19世紀のセルビアで平等化のための土地改革が可能になったのは、帝国の支配からの脱却が進んだからだ。オスマン帝国が強制した封建体制下では、土地は縁故に恵まれたイスラム教徒の信託受益者に割り当てられた。そのうえ、力で勝るトルコ人がセルビアの農民の土地を侵略し、準私有地とする権利を不法に確立した。地元の農民は高い地代の支払いと労務の提供を強いられた。1804年以降に相次いだ暴動が引き金となり、オスマンの宗主権下におけるセルビアの自治という二重統治の移行期間が1815年から30年まで続いて、違法な土地所有権は無効とされ、封建地主と地代への圧力が高まる。1830年代前半の調停により、トルコ人の大半に、土地をセルビア人に売却して数年以内にセルビアから退去することが求められた。封建制は廃止され、セルビア人は土地の私有権を得た。立ち退いたトルコ人から譲渡された土地の一部は、小自作農に分配された。残った大地主たちには、自らの土地で働く農民に、小作人用住宅と、ある程度の農地を売却することが求められた。その結果、大規模な土地所有はほぼなくなり、土地の所有者が著しく増えた。1900年にはセルビア人世帯の91・6％が家屋その他の不動産を所有していた。この場合、不平等の軽減は、「外国人」エリートが従来の特権的地位を追われるという代償によって成し遂げられた。かつての植民地や、収奪されてエリートのものとなった土地を対象とする土地改革は、ほかの多くの国々でも同様に行われた。(17)

平和的土地改革はあまり成功していない

純粋に平和的な改革には、何らかのかたちで外国が支配し、地元エリートの力を抑制することが必要な場合が多いようだ。その方法は1940年代後半のプエルトリコで功を奏したが、その成功ですら、大恐慌と第二次世界大戦をきっかけとするアメリカの平等化改革の副産物であり、アメリカ占領下の日本における上からの改革と同時期の出来事だった。

アイルランドの土地改革でも、植民地支配が役立った。1870年代後半のいわゆる「土地戦争」は、公正な地代を求め、小作人を追い立てから守るための運動であり、ストライキとボイコットというかたちで組織的抵抗が繰り広げられたが、実際の暴力はほとんど行使されなかった。イギリス議会はそうした抗議に対処するため、一連の法令によって地代を抑制し、売却に乗り気な地主から土地を購入したい小作人に一定の利率で資金を貸し付けた。1903年、ウィンダム法によってようやく和平に至り、政府は、小作人が提示した補償額と地主の希望額の差を埋める12％の報奨金を国庫の歳入から支出し、小農地の私有化を助成することに合意した。そのおかげで、アイルランドが独立した1920年代前半には、国内の耕地の半分以上が小自作農の管理下に入っていた[18]。

平和的かつ効果的な土地改革を目指す取り組みは、あまり成功していない。再分配を大きく進めた介入は、(しばしば暴力的な)革命と内戦によって可能になった。革命期のフランス、メキシコ、ロシア、中国、ヴェトナム、ボリビア、キューバ、カンボジア、ニカラグア、エチオピアや、ジンバブエなどで起きた別のかたちの暴力的扇動がその例である。その他の事例で平等化につながる土地改革の原因となったのは、外国による占領を引き起こした戦争(第二次世界大戦後の日本と中欧、そして北朝鮮と韓国にもある程度当てはまる)、戦争の脅威(中世前期の日本、プロイセン、台湾)、戦争に関連するその他の混乱(グアテマラ)、革命にかかわる懸念(チリ、ペルー、エジプト、スリランカ)、そのような懸念と実際の戦争の併存(韓国、南ヴェトナム)だった。最近の調査によれば、1900~2010年にラテンアメリカ以外で行われたおもな土地改革のじつに87%が、世界大戦、植民地の独立、共産主義の支配、共産主義勢力による扇動の脅威のいずれかのあとで行われている[19]。

平和的改革は、ハワイやベネズエラのように富裕層を利することもあれば、アイルランドやプエルトリコのように比較的公正に行われることもある。平和的に展開して著しい平等化の成果を上げた自律的な土地改革の証拠は乏しい。この発見に驚きはない。なぜなら、土地改革が不可欠な発展段階にある社会では、暴力的衝撃あるいは暴力の脅威によって本質的な譲歩が促されない限り、エリートの抵抗が再分配政策を妨げたり弱めたりするのが常だからだ。それも一因となって、「床」(新たな小農地の面積)が高くて「天井」(地主の所有に適用される上限)が低いのを特徴とする非暴力的土地改革が見当たらないのだろう[20]。

過去をさらにさかのぼっても、この図式は変わらない。中国では、戦国時代および隋・唐の時代には国家建設の目玉として、漢の時代には為政者がエリートの富の縮小を図る目的で、野心的な土地の再分配計画が繰り返し掲げられてきた。それについてはこれまでの章で述べてきたとおりだ。古代ギリシャでは、土地改革および同種の措置、殊に債務免除は、たいがい暴力的クーデターと結びついていた。古代からヘレニズム期までの数世紀について、そうした例が伝えられている。紀元前7世紀にコリントスの最初の僭主、キュプセロスが敵対する部族の人びとを殺したり追放したりした際には、再分配のためにその部族の土地を押収したかもしれない。

ほぼ同時期か少しあと、隣接する都市国家メガラで、僭主テアゲネスは貧しい人びとの畑に放牧されていた金持ちの家畜を殺した。そのあとに続いた急進的民主主義の一時期、富裕層は追放されて財産を没収された。貧者が富者の家に入り込み、ただで食事をさせるよう要求したり、暴力を働いたりしたと伝えられる。金貸しは負債の利子を返金するよう命じられたが、負債を全面的に免除した形跡はない。紀元前280年、アポロドロスという人物が奴隷と製造業の労働者の援助を得て、カッサンドレイアという都市で権力を握った。彼は「富者の財産」を没収して「貧者に分け与え、兵士の給料を上げた」と言われるが、その状況は4年間しか続かなかった。同じような経緯で、クレアルコスは紀元前364年にヘラクレア・ポンティカの僭主となり、土地再分配と債務免除の計画をしつこく進めようとした[21]。

暴力的土地改革と報復的暴力

平和的土地改革はスパルタでもあまり進展しなかった。第6章で見たように、土地保有による富はますます偏って分布し、富と無縁の市民の割合は増える一方だった。紀元前4世紀半ばには、完全市民の数は700人に減り(150年前の1割以下にまで減少)、そのうちおよそ100人が富裕層に区分され、その他には負債があった。それ以外の約2000人のスパルタの男性は二級市民に分類された。理由のひとつは、所得が規定額以下に落ち込んだことだ。スパルタ社会のより低い階層はもとより、市民集団内にも著しい不平等が生じたことが、改革の試みの素地となった。

最初の介入は紀元前240年代に、スパルタ王アギス4世によって血を流さずに達成されるはずだった。目標は債務免除と、面積が均等な4500区画の土地をスパルタ市民のみならず、従属するポリス（都市国家）の適格な市民にも再分配することだった。アギスが軍事行動のためスパルタを離れているあいだにその取り組みは阻止されたので、彼は亡命し、改革は失敗に終わった。2度目の改革では、早くも多少の暴力が行使された。紀元前227年に国王クレオメネス3世が傭兵の力を借りてクーデターを起こし、スパルタの5人の監督官（エフォロス）のうち4人と、その他の10人ほどを殺害し、80人以上を追放したのだ。彼の計画はアギスのそれと同じで、今回は実行に移された。同時に軍事改革も行われた結果、軍事および外交面でただちに成果が上がった。クレオメネスは最終的には紀元前222年に軍事上の敗北を喫し、国外に亡命するが、彼の行った再分配が滞ったことを示す証拠はない。とはいえ、この敗戦により多くの人命が失われたため、地主の数も大幅に減ったと見られる。

紀元前207年には、さらなる軍事的大敗を契機として、ナビスによって3度目の最も抜本的な改革が行われ、ヘイロタイ（ヘロット）と見られる「奴隷」が何千人も解放されて市民権を与えられた。ナビスは裕福なスパルタ人を殺害したり、拷問したり、追放したりして、彼らの土地を貧民に与えたと考えられている。紀元前188年にナビスが外国の介入で退位に追い込まれると、原状回復の措置がとられ、解放されたばかりのヘイロタイが追放されたり売られたりした。土地改革がうまく実施されるためにはある程度の暴力的手段を要する傾向があり、それによってかえってより大きな報復的暴力が引き起こされかねないことが、この事例からもわかる。(22)

「契約を白紙に戻す」――債務免除と奴隷解放

わかっている限り、何らかのかたちの暴力を伴わない土地改革が所得と富の不平等と闘う強力な手段になりえたことは、きわめて稀にしかないと言えそうだ。債務免除についてもほぼ同じことが言えるだろう。債務は農民を土地の売却に追い込み、可処分所得を減らすため、不平等を増加させる要因だったことは間違いない。少なくとも理論上は、債務の軽減や免除は、裕福な貸し手の負担によって貧しい借り手の状況を改善するのに役立ったはずである。だが現実には、そうした措置が真の変化を引き起こしたという確たる証拠はない。債務免除計画は、文字を持つ最初期の社会以来、記録に残されている。

経済学者マイケル・ハドソンは、紀元前２４００年から紀元前１６００年までのメソポタミアにおける利子や債務そのものの免除と、債務保証人の免責についての記述を30件近く集めた。それは近東における古代の習わしで、旧約聖書のレビ記で命じられる50年ごとの「ヨベルの年」の返還〔土地の返還や奴隷の解放〕にも反映されている。シュメール、バビロニア、アッシリアの王による救済令は、剰余金、徴税力、徴兵力の支配をめぐって国家の為政者と富裕層のあいだで繰り返された葛藤の一要素と理解するのが最も適当で、それについては第1章ですでに論じた。債務免除が有効であり繰り返されてきたとすれば、融資条件に織り込まれていたことが考えられる（記録に残る高利率の説明もつく）。有効だが稀だったか、頻繁だが効果がなかったとすれば、不平等の解消にはあまり役立たなかったことになる。いずれにしても、債務免除を平等化の強力な手段と考えるのは難しい[23]。

奴隷解放による平等化は限定的

奴隷制廃止は平等化の推進力として期待できそうに見えるかもしれない。エリートの資本の多くが奴隷に関連していた（比較的少数の）社会では、奴隷解放により資産の格差が縮まる可能性があった。とはいえ、実際には、大規模な廃止の過程には暴力的な障害がつきまとうことが多かった。1792年の試みが失敗したあと、イギリス議会は1806年に奴隷貿易を禁止する法律を通過させた。この措置は当初、イギリス以外の植民地のみを対象とし、イギリスの国益、より正確にはナポレオン戦争中にフランス軍と対峙した軍の利益にかなうはずだった。

制度そのものの廃止の端緒となったのは、1823年にデメララ〔ガイアナのイギリス領植民地〕で、また、とりわけ1831年と32年にジャマイカで起きた大規模な奴隷の暴動だった。ほどなく33年に奴隷制度廃止法が成立した。解放された奴隷はその後数年、以前の所有者のもと無報酬で働くことを強いられ、所有者には補償金が支払われた。補償に要した2000万ポンドという金額は莫大で、イギリスの年間公共支出の40％、こんにちの価値で23億ドル（または、当時と現在のイギリス経済に占める割合で考えれば、現在の1000億ドル以上）に相当する。この金額は解放奴隷の市場価値――当時の概算で1500万ポンドとも、2400万ポンドとも、7000万ポンドに達するとも言われた――よりは少なく、4～6年の無給の年季奉公を伴ったが、補償パッケージの総額は大幅に不足せずにすんだ。

支払い金の半分以上が不在所有者と債権者に支払われたが、彼らの大半はロンドンに拠点を置く商人と金利生活者だった。多額の金利を得ている者が補償を辞退した例は、知られている限り皆無である。そうした状況で、平等化はきわめて限定的となるのが関の山だった。さらに、イギリスの国庫歳入が関税と物品税などの間接税に大きく依存していた当時、この補償計画を賄うためには巨額の負債を抱えざるをえなかったことから、人口の大多数の収入から裕福な奴隷所有者や公債購入者へ、所得を効果的に再分配する結果になった(24)。

多くの暴力を伴うほど平等化は効果的になる

奴隷解放のほかの事例は、暴力的な紛争とさらに密接に結びついている。フランス革命が最高潮に達した1794年、フランスは、サン＝ドマング（現在のハイチ）の反抗的な奴隷を敵から引き離して再び味方につける戦略的手段として、奴隷制を廃止した。この措置はその後、ナポレオンにより覆される。1804年、ハイチが独立を宣言すると、それまで奴隷を所有していた人びとは追放され、居残った人は同年の白人大虐殺で殺害された。フランスに残された植民地の奴隷制に終止符を打つには、さらなる暴力的衝撃が必要だった。1848年の二月革命である。ヨーロッパ全域を覆う混乱の一端であるこの革命により、フランスの王制は再び倒され、その結果、ただちに奴隷が解放された。所有者はいくばくかの補償を現金や債券で受け取ったが、金額はイギリスの場合ほど高くなかった。

ラテンアメリカのスペイン領植民地の大半では、戦争が奴隷制廃止に一役買った。1808年、ナポレオンのスペイン侵攻が引き起こした国内の反乱によって植民地支配が打倒されると、新たに成立した国家はすぐに奴隷解放法を通過させた。第6章で、アメリカの南北戦争における暴力的な奴隷制打破について、奴隷保有者からの無償の没収は、非エリート集団の付随的被害によって部分的に相殺されたが、それによって全体的な平等化の規模は縮小したことを論じた。

一方で、イギリスによる大西洋での奴隷貿易の禁止は本質的に国家的暴力行為だったが、ラテンアメリカに残存していた奴隷制の縮小に役立った。抵抗を示したおもな国が、ブラジルとキューバである。キューバ（およびプエルトリコ）の場合も、やはり暴力的紛争によって政策変更が促された。1868

年に始まったキューバ独立闘争では、10年間の戦争状態のあいだに、島内の一部で奴隷が解放された。70年以降、奴隷制は改革によって制限され、86年に廃止が達成された。奴隷の輸入を禁じる外交上の公約に反してブラジルがアフリカ出身の奴隷を輸入し続けた際、イギリス海軍は1850年にブラジルの複数の港を襲撃して奴隷船を破壊し、奴隷貿易をやめさせた。廃止に至る最終局面だけは、暴力が主たる原動力ではなかった。1871年以降、奴隷制度は次第に崩壊し、88年に最終的に廃止されたが、所有者への補償はなかった。[25]

大まかに言えば、戦争や革命を通じて多くの暴力を伴うほど、平等化は効果的に行われるようだ(ハイチ、ラテンアメリカの大半、アメリカがそうだった)。一方、平等化の過程が平和的であればあるほど、提供される補償がかさみ、移行について所有者が交渉できる余地が増した(イギリスとフランスの植民地がそうだった)。ブラジルだけは部分的に例外と言える。以上のように、富の不平等を減らした奴隷解放は概して、本書の前の章で見てきたような暴力的な平等化の推進力を伴った。逆に、平和的かつ有意義に(物質面で)平等化するような奴隷解放は稀であり、存在しないとさえ言えるかもしれない。より一般的には、奴隷制廃止という出来事が所得の不平等に及ぼす影響はさらに弱かった。所有者が常に土地を支配し続け、南北戦争後の南部における分益小作制度のような新たな搾取的方法で労働力を確保して利益を得られたからだ。

「堅固で豊かな土台の上に」――経済危機

すでに見たとおり、景気後退には不平等を減らす力があった。第9章で論じたような、体制の崩壊が引き起こした大規模な経済の衰退の結果、平等化が達成されたことは、考古学的証拠からも認められる。

変革的革命の余波である深刻な経済的混乱も、規模はさほど大きくはないものの、同様の結果を生む可能性がある。だが、暴力的衝撃に起因しない「平和的」なマクロ経済の危機、景気後退はどのような役割を果たしたのだろうか？　人類史の大半について、そうした危機が不平等のあり方にどう関連してきたかを検証するのは不可能だ。初期の例であるスペインの長期的不況では、17世紀前半を通じ、羊毛の輸出や、貿易や、都市活動が衰退し、1人当たり実質生産量が落ち込んだ。

平等化の成果は、どのような価値尺度の数値を選ぶかによって違ってくる。この期間には地代と賃金の比が小さくなったので、土地の利益よりも労働の利益が高くなり、それによって所得の不平等が縮小したことが窺われる一方、1人当たりの名目生産高と名目賃金の比はかなり安定していたため、所得の分布に大きな変化はなかったとも考えられる。入手できるデータが限られているせいもあるかもしれないが、そうしたことから、近代以前の社会の経済力による平等化について調べるのがいかに難しいかがわかる。[26]

経済危機は不平等を減らさない

実質的な証拠が見つかるのはもっと近い過去についてだけだ。大規模な経済危機には、不平等を減らす体系的な効果はなかった。これまでで最も包括的な調査の対象は、1911〜2010年の連鎖的金融危機72件、1911〜2006年に最盛期にくらべて10％以上の落ち込みがあった消費減少100件、同時期にGDPが同程度減少した101件である。タイプの異なるそれらの出来事が重なる度合いは、ごくわずかだ。たとえば、景気後退と同時に起きた金融危機は18件だけである。25カ国における72件の連鎖的金融危機のうち、37件から有用な情報が引き出せる。そこからわかるのは、不平等が増大する場合の方が多いという傾向だ。所得の不平等が減少したのはわずか3件であるのに対し、増大したのは7

件、金融危機以前のデータが入手できない件数も含めると13件にのぼる。

消費減少の影響はこれとは異なるようだ。データが利用できる36件のうち、不平等が減ったのは7件、増えたのは2件だけだ。GDPの減少についても、これといった傾向が認められない。どちらのタイプのマクロ経済危機についても、その大半で、不平等に関してはほとんど変化の痕跡がない。発展途上国でGDPが下落した67件についての単独の調査では、10件でそうした出来事により不平等が増したことが示され、貧しい国ほどこの種の衝撃から影響を受けやすいことがわかる。マクロ経済危機は平等化を進める重要な手段としては機能せず、金融危機は逆効果にさえなると結論づけるしかない。(27)

1880〜2000年の16カ国に関する調査もこの発見を裏づけるが、時間的な幅が加えられている。第一次世界大戦前と第二次世界大戦後の金融危機は、高所得層よりも低所得層の所得をすばやく抑えることで、不平等を増大させる傾向があった。おもな例外は大恐慌で、資本所得に大きく依存していた富裕層の所得が落ち込んだにもかかわらず、実質賃金は上がった。大恐慌は、アメリカで経済的不平等に強い影響を与えた唯一のマクロ経済危機である。

アメリカ人富裕層の上位1％の富のシェアが1928〜1932年に51・4％から47％に減少し、上位1％の所得シェアは1928年の19・6％から3年後には15・3％に下がった。キャピタルゲイン（資本利得）も含めれば、同時期に23・9％から15・5％に下がった。上位0・01％の損失は特に際立っていた。キャピタルゲインを含む所得シェアは1928〜1932年に5％から2％に下がった。富裕層の厚みもそれに伴って縮小した。全米製造業者協会は1920年代前半から1933年のあいだに会員数の3分の2強を失っており、銀行の数は1929〜1933年に2万5000行から1万4000行にまで減っている。(28)

大不況でも富の不平等は変わらない

大恐慌が不平等に及ぼした世界的な影響は、おおむねもっと少なかった。オーストラリアでは上位1％の所得シェアが1928年の11・9％から32年には9・3％に下がったが、1936年から39年までの平均は10・6％で、経済危機以前の水準からさほど下がってはいない。フランスでは1928年の17・3％から31年には14・6％に減ったあと、わずかに持ち直した。オランダでは1928〜1932年に18・6％から14・4％に下がったが、その後、やはり部分的に持ち直した。同様の落ち込みは、日本ではわずかで期間も短かったし、ニュージーランドではさらに少なかった。同じ時期に、上位の所得シェアはドイツ、フィンランド、南アフリカでは安定していたし、カナダとデンマークでは上昇さえした。つまり、大恐慌が平等化をもたらしたのはほぼアメリカだけに限られたようである。だが、アメリカでさえ、大恐慌が及ぼした影響は複雑だった。数年間の平等化のあとは所得の集中が続き、戦争が始まってから、富の不平等のさまざまな尺度が相反する傾向を示すようになる。(29)

ハーバート・フーヴァー大統領は、株価が大暴落した1929年10月29日の4日前に演説で次のような誤った発言をしたことが知られている。「わが国の基幹事業は物資の生産と流通であり、その土台は堅固で豊かである」。だが、アメリカの不平等の土台は、演説後まもなく与えられた印象よりも堅固だったかもしれない。1930年代後半のエリートの所得と資産の回復の徴候を見れば、その傾向が2度目の世界戦争によって断ち切られなかったら、いつまで続いただろうと考えさせられるからだ。

ともあれ、より近い過去においても、上位の所得シェアは常に復元力と回復力を示してきた。1987年の株式市場の暴落「ブラックマンデー」でも、上位層の所得の安定的な上昇は止まらなかったし、2000年のドットコム・バブル（ITバブル）崩壊と翌年の9・11の混乱によるささやかな平等化効果も、2004年にはすっかりなくなっていた。2008年の大不況についても同様で、上位の所得シェアに及んだマイナスの影響は、4年後には跡形もなくなっていた。これは、アメリカの所得シェアの上位1%、0.1%、0.01%のいずれにも通じる。ほかの先進国の平等化効果はさまざまではあるが、やはりあまり大きくない。経済危機は深刻な衝撃かもしれないが、暴力的な圧力がなければ、普通はそれだけでは不平等を軽減できないのだ。[30]

「それでも、両方を持つことはできない」——民主主義

一見、民主制の普及は平等化の平和的手段として有望に見えるかもしれない。ところが、第5章、第6章で見たように、制度上の民主化が、暴力行為と無縁の自律的発展であるとは簡単には言いきれない。古代アテナイの民主制の発達が大量動員戦争と絡み合っていたように思えるのと同じく、西洋の多くの国々でも、20世紀前半の各時点における参政権の拡大は、2度の世界大戦の衝撃ときわめて深く結びついている。もっぱらこの理由により、仮に民主化がそれらの社会で物的資源の分配を平等化する働きをしたように見えるとしても、どのプロセスも、少なくとも部分的には戦争の圧力によって進められてきたはずである。[31]

そのうえ、民主主義と不平等の関係についての研究からは、長きにわたって相矛盾するさまざまな結論が出されてきた。研究結果のそうした多義性は、この問題に関するこれまでで最も野心的で包括的な調査によって裏づけられている。経済学者ダロン・アセモグルらは、184カ国の538の事例を、独立の年あるいは1960年（のどちらか新しい方）から2010年について調べた結果、民主主義が、市場にも、可処分所得の不平等にさえも、一貫した影響を与えていないことを発見した。可処分所得の

分布のジニ係数を上げる効果は見られたが、統計的に有意な程度には至っていない。基準とした不平等の尺度の多くは正確さに欠けるため、疑問の余地が残るのは確かだ。それでも、GDPの一部を占める税収には民主主義が多大な影響を与えるだけに、有意な関係性の欠如は、なおさら意外に感じられる。

このことから窺えるのは、資源を最終的にどう分配するかを決める際に民主主義が果たす役割は複雑で多種多様であること、そして、民主主義と平等な再分配の政策は当然関連していると見られがちだが、直結しているとはとても言えないことだ。そのおもな理由は2つある。民主主義が有力な有権者たちによって「独占」されると平等化が妨げられるおそれがあること、そして、民主化は経済成長の可能性を提供するものの、経済成長そのものが所得の不平等を拡大しかねないことである。(32)

党派性と所得の不平等

ケネス・シーヴとデイヴィッド・スタサヴェージによるさらに具体的な研究を見ると、西洋の民主化が物質的不平等を縮小したという観念はぐらつく。彼らの発見によれば、党派性——政府が左翼政党に支配されているか否か——は、1916年から2000年までのあいだ、13カ国で所得の不平等全体に何の影響も与えず、上位1%の所得シェアをわずかに下げただけだった。全国レベルでの集中的な賃金交渉も、大きな変化を起こすには至らなかった。

シーヴらは参政権の拡大に関し、党派性との関係と、最高所得税率との関係も調べた。最高所得税率は不平等と反比例する傾向にあり、不平等そのものよりも記録が確実に残されていることが多いため、不平等の信頼できる尺度が見つからない時代について、大まかな目安になりうる。シーヴとスタサヴェージの研究によれば、男性の普通選挙権の導入は、最高所得税率には大きな影響を及ぼさなかった。15カ国で、男性の普通選挙権導入直前の5年間の最高税率の平均は、その後の10年間よりもごくわずかに低いだけだった。イギリスの1832年の選挙法改正から1918年の男性普通選挙権導入までのように、段階的に選挙権が拡大した場合にも、最高所得税率は上がらなかった。上がったのは第一次世界大戦によってであり、選挙法が改正されたのは、その急激な上昇の前ではなくあとだった。最後に、左翼政権への移行前後の最高所得税率を比較すると、その前後の5年間で、平均がわずかに3パーセンテージ・ポイント増加した（48％から51％に）だけだった。[33]

対照的に、労働組合の強さは実際には不平等と反比例の関係にある。だが、第5章で示したように、組合組織率は2度の世界大戦の衝撃により大きく変動したため、民主主義そのものの直接的な作用やあらわれと見なすことはできない。アメリカの最高裁判事ルイス・ブランダイスはかつてこのような見解を述べた。「この国では、民主主義か、少数の手に集中した富のどちらかを持つことができるが、両方を持つことはできない」。今ではわかっているように、実際にわれわれは両方を持つことができるが、少なくともそれは民主主義を形式的に定義した場合のことで、この著名な学者が意図したはずの、より幅広い実質的な意味に解釈した場合は違う。逆に、社会主義国以外でも、強力な民主的政府の不在と経済的平等が両立しないわけではない。韓国と台湾は、当初は暴力的な衝撃によって生まれた平等化の利得を、1980年代に民主化運動が勢いづくまでみごとに保持したし、シンガポールについてもほぼ同様だった。[34]

第13章

経済発展と教育——最大級の力を持つのか

「長期波動」——成長、技能、不平等

ここまで検討してきたプロセスからは、平和的平等化の確実な証拠はほとんど得られていない。暴力を伴わない土地改革、不況、民主化は、功を奏する時があるものの、不平等を体系的に軽減する効果はない。平等化を著しく進めた土地改革や奴隷解放は、通常は暴力行為と関連しており、そのつながりが本書の中心テーマのさらなる証左となる。低所得者の大規模な移民は、ある母集団の不平等を軽減する可能性がある。たとえば、第一次世界大戦前の約30年間に何百万人ものイタリア人が新大陸へ移住したことは、不平等化が進む工業化の時代に、イタリアの所得ジニ係数と最富裕層の所得シェアを安定させるのに一役買い、それらを低下させる一因にさえなったかもしれない。この種の移動は人口動態による平等化のメカニズムとして働き、その作用は第10章、第11章で論じた感染爆発に近いが、害はずっ

と少ない。

だが、移民は平和的かつ効果的な平等化装置として機能するとはいえ、少なくとも人口規模がごく小さい場合以外は、明らかな効果をあげるには大規模な移住が必要なため、きわめて特殊で歴史上稀な状況が背景となる。その最も顕著な例が、アメリカに大量に流入した19世紀半ばから第一次世界大戦までの移民と、それより数は少ないが1980年代以降の移民だ。実際の効果はかなり複雑になる可能性があり、原集団の構成に対する移民集団の構成と、送金の役割によって変わってくる。要求される資産と、多くの受け入れ国の方針により、こんにちの移民には、むしろ経済状況や教育の面で恵まれた社会階層の出身者が少なくない。また、移民が不平等に与える影響の評価は、どんな場合でも、受け入れる社会に与える不平等化の影響を考慮しなければ、不完全なものとなる。(1)

経済発展と所得の不平等

残る候補は、格差圧縮に最大級の力を発揮するとも言われる経済発展だ。国家の富が増えれば所得の格差は減るという考え方は、一見もっともらしいかもしれない。何といってもこんにちの世界では、裕福な経済大国は不平等性が数世代前よりもおおむね低下しているし、多数の発展途上国にくらべて経済も好調だ。だが、現実はそのような単純さからは程遠い。ペルシャ湾岸などの産油国について、信頼性がより高いデータがあれば、もっと大きな不平等が見いだされるのはほぼ確実で、在留外国人を含めればなおさらだ。したがって、商品輸出に大きく依存する経済発展を考慮から外すことによって、1人当たりGDPの高さと不平等性の低さの関連性を限定する必要がある。

だが、こうした複雑な事情よりも大きな問題がいくつも出てくる。なぜなら、不平等性が比較的低く裕福な欧米の経済大国および日本、韓国、台湾の発展は、おおむね20世紀前半の巨大な暴力的衝撃と、それが一因となって生じた政策と経済的成果によって形成されたからだ。要するに、それらの社会がいまや豊かで、不平等の度合いがたいてい特に高くないにしても、不平等性の低さは必ずしも豊かさから生じたものではないということである。そのような変革的衝撃の大きさと、それが社会、政治、経済の発展に与えた全体的影響の多面性を考えれば、経済成長や1人当たり生産高そのものがその後の不平等の水準をどの程度決めたかを問うのは、あまり意味がないように思えるだろう。[2]

本章では、経済発展が所得の不平等にどのように寄与するかを、2つの方法で掘り下げていきたい。まず、1人当たりGDPそのものが不平等の程度と体系的に相関しているという主張について考察する。次に、1914〜1945年——あるいは、アジアの共産主義革命も含めれば1970年代まで——の暴力的混乱にかかわりのなかった地域に注目する。より正確には、裕福な欧米諸国の大半やアジアの多くの地域とは違って暴力的混乱に直接かかわらなかった地域、すなわちアフリカ、中東、特にラテンアメリカのことだ。

クズネッツのモデル

所得の不平等は経済発展と結びついており、それに牽引されるという古典的な定式の生みの親は、ノーベル経済学賞受賞者のサイモン・クズネッツである。1950年代、アメリカの所得格差研究の先駆者だったクズネッツは、あえて単純なモデルを提唱した。農業を土台とする伝統的形態を超えて経済が発展し、地方よりも都市の平均所得が高ければ——そして、ことによるとさらに不均等に分配されれば——、当初は不平等が増す。都市化が進むと、都市の人口占有率と、国の経済における都市部の重要性が高まり、結果的に所得の格差と全体的不平等が膨らむ。人口の大半が非農業部門に移動してしまうと、その格差は縮まる。

こうしたプロセスを補強するのが、生活の安定に応じた都市部の賃金上昇と都市労働者の政治力の増大だ。都市労働者のこうした政治力増大が、今度は富裕層の高い貯蓄率の不平等効果を弱める。課税をはじめとする財政政策、インフレ、資本利益の抑制などによってその効果が削《そ》がれるからだ。その帰結をクズネッツはこう述べる。

> よって、不平等の長期波動が、長期的所得構造の特徴と考えられるかもしれない。つまり、前工業文明から工業文明へときわめて迅速に移行する経済成長の初期段階では、不平等が拡大する。それから、しばしの安定に入る。そして、その後の段階では縮小していく。

クズネッツが政治的要因を、特に所得再分配後の純所得の不平等の変化とのかかわりでかなり重視していることは注目に値する。彼の言葉を引けば、財政措置と福祉給付は、

> 所得の不平等を縮小させることで……長期波動の下降段階を加速させ、所得の不平等の長期的な拡大・縮小傾向を逆転させるのに役立ってきたに違いない。

だが、クズネッツのモデルでは、それらの要因でさえ、経済変動が前提であり論理的根拠である。そのため、

> 所得の不平等における長期波動は、経済成長のより幅広いプロセスの一部と見なされるべきである。

クズネッツは自身の貢献について、以下のように謙遜している。

おそらく経験から得た情報が5%、憶測が95%で、その一部は希望的観測の気味があり……さらなる検証を要する直感の集合かもしれない。

それでも、このモデルはやがて脚光を浴びるようになった。人気を博した理由は、ピケティがいささか辛辣に述べたように、おしなべて楽観的で、資本主義経済に「冷戦の真っ最中に良い知らせ」をもたらしたことだけではない。世界中の経験的データとうまく一致するように見えたからで、クズネッツ自身は集めるに至らなかったそれらのデータは増え続けている。(3)

各国の1人当たりGDPと不平等の尺度（普通は所得分布のジニ係数）を関連づける国別データ集計は、表面上はクズネッツの予測に驚くほど忠実であるように見える。世界規模のデータセットを使って図表で示せば、通常は逆U字型曲線が描かれる。低所得国は中間所得国よりも所得の不平等性が低い傾向にあり、富裕国でもやはり不平等性が低い（図13・1）。

さまざまな国に通じるこの基本的傾向は、所得不平等性が最初は上昇し、それから集中的な経済成長とともに下降するという考え方を裏づける経時的変化をあらわすものとして利用されてきた。したがって、発展しつつある理想的かつ典型的な経済において、不平等は、経済の成熟とともにこの逆U字型曲線をなぞると予想される。(4)

だが、このアプローチには非常に深刻な問題がいくつもある。データの質がひとつの懸念材料だ。世界のさまざまな場所から得られた大量の観察結果に頼る調査は、正確さと信頼性への疑問を払拭する証

図13.1　2010年の各国の国民総所得（GNI）とジニ係数

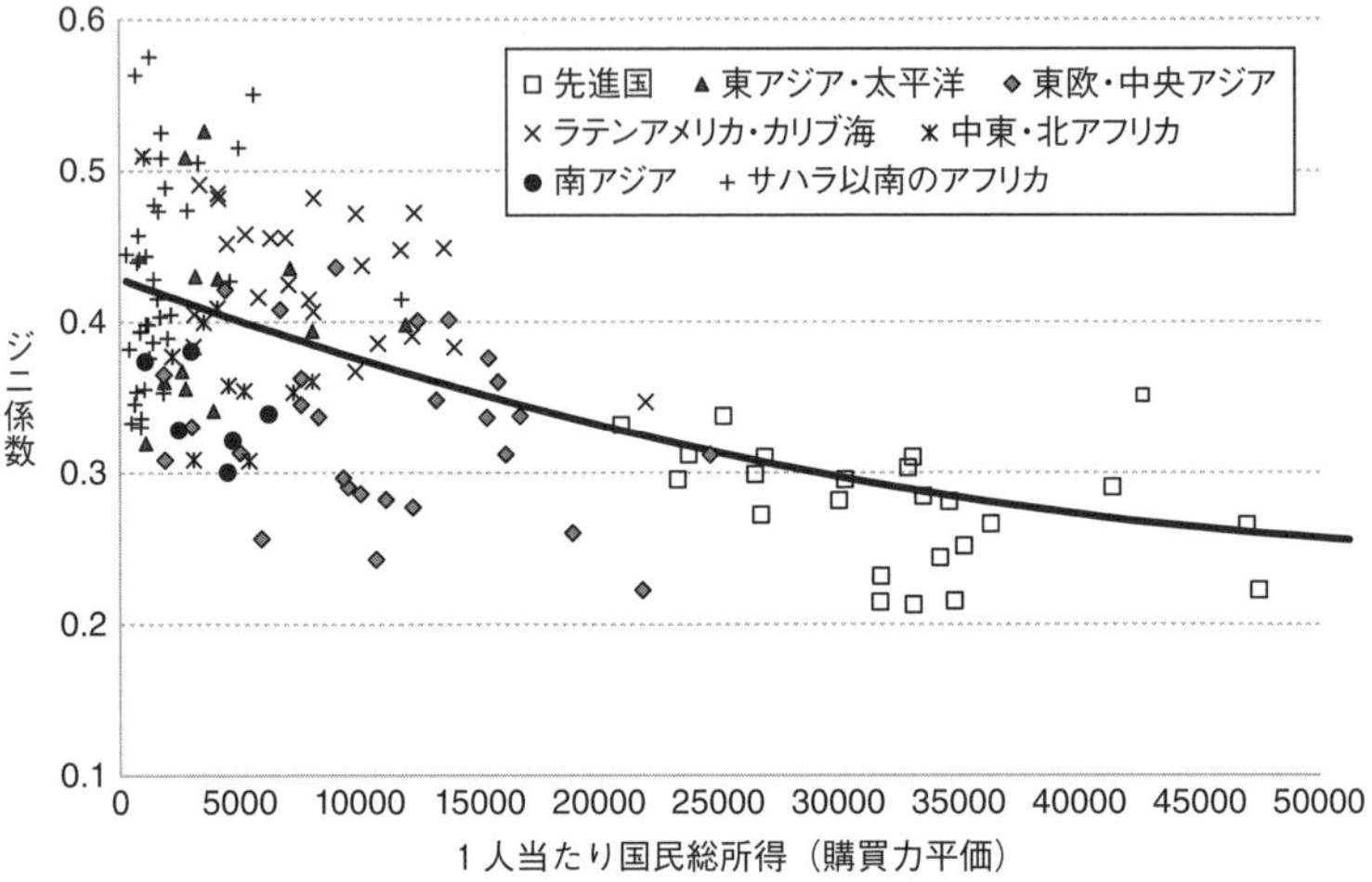

拠が提供されなければ成り立たないからだ。確固とした発見をするには、各国間で十分に互換性のあるデータが必要だが、それは必ずしも達成されていない。また、さらなる妨げとして、国際的なパネル調査〔同じ調査対象に対して行う継続的調査〕は、マクロ地域的特異性があまりに大きいために実質的に無効となることが次第に明らかになってきた。たとえば、そうしたパネル調査で逆U字型曲線が見られるのは、おおむね世界の2つの地域、ラテンアメリカとアフリカ南部の中間所得国の異常に高い不平等水準のせいだ。

2005年あるいはその前後の135カ国の所得ジニ係数に関する調査によれば、不平等水準の上位部分にはラテンアメリカ諸国がひしめいている。当時、ラテンアメリカでは富裕層の上位10％の所得シェアが平均41・8％だったのに対し、それ以外の世界の平均値は29・5％だった。仮にラテンアメリカと、アフリカ南部で不平等性の高い数カ国（南アフリカ、ナミビア、ボツワナ）を除外するか、地域のダミー変数で置き換えれば、逆U字型曲線は国際的な図表から跡形もなく消えてしまう。これは、不平等の尺度として用いるのがジニ係数でも、所得の上位10％でも同じことだ。

世界の大半で、1人当たり所得が著しく異なる国々——サハラ以南のアフリカと南アジアの低所得国から、アジアと東欧の中所得国、高所得の先進国に至るまで——の所得ジニ係数が、現在ではだいたい0・35から0・45の範囲内に集中している。所得にもとづいて体系的に不平等性をあらわす曲線は存在しない。不平等性と1人当たりGDPの相関関係は一般にかなりまちまちで、特に不平等性の高いアメリカと、不平等性の低い日本とヨーロッパの諸地域が共存する所得上位層では、その傾向が強い(5)。

クズネッツのモデルと正反対の結果

したがって、1人当たりの経済成長に伴う変化を記録する方法として唯一信頼できるのが、国内分析だ。1998年に着手された長期的データの先駆的研究では、クズネッツ仮説の裏づけは得られなかった。調査した49カ国のうち40カ国で、経済が発展しても、1人当たりGDPと不平等のあいだに有意な逆U字型の相関関係は現れていない。残り9カ国のうち4カ国では、データは逆にU字型分布を示し、クズネッツのモデルとは正反対の結果となった。

49カ国のうちわずか5カ国が有意な逆U字型のパターンを示したものの、そのうち2カ国ではデータに異常が見つかり、結果に疑問が残る。そのため、残る3カ国のすべてで、経済発展と不平等のあいだにクズネッツの述べる有意な相関関係が認められたことになるものの、そのうち1カ国、トリニダード＝トバゴはどちらかと言えば小国だ（ほかの2カ国はメキシコとフィリピン）。調査期間が短すぎたせいで確実な観察結果が得られなかった可能性を指摘しなくてはならないが、これらの発見はクズネッツ仮説の信憑性を高めるものではない(6)。

それ以降、長期的国内調査からは、相関関係の仮説の確実な裏づけはやはりほとんど得られていない。現在入手できる最良の例と思われるスペインでは、1850〜2000年に所得ジニ係数が最初は上がり、それから下がった。第6章で論じた、スペイン内戦・フランコ政権樹立後の1940年代と50年代の短い激変期を差し引いて考えることができれば、長期にわたる所得の不平等の高まりが見られ、ジニ係数は1人当たりGDPが約1200ドル（1990年国際ドルで表記）だった1860年代の0・3前後から、1人当たりGDPが約2000ドルだった1910年代後半の0・5台前半でピークに達し、その後は全般に低下して、1人当たりGDPが3000ドルに達した1960年には0・3台半ばになっていた。すべては農業から工業へ徐々に転換していった結果と考えられそうだ。

逆に、この先で見るように、ラテンアメリカ諸国の長期的時系列は、概して経済発展に関する全体的な逆U字型曲線のパターンを示していない。さらに重要なこととして、早期に工業化を果たした国々についても同様に、不平等性の変曲点への到達と1人当たりGDP2000ドルのあいだには関連が見られない。GDPがその水準に達したのはイギリスが1800年前後、アメリカが1850年前後で、フランスとドイツはその20年後だが、そのなかで所得（あるいは富）の不平等が軽減しはじめた国はないし、1865〜1907年にそれらの国々でGDPが3000ドルに達した際も、不平等が目に見えて減ったわけでもない[7]。

より新しい別の研究は、クズネッツの最初の二部門モデルを検証する目的で、農業人口の相対的シェアと不平等の関係に的を絞った。この研究でもやはり、予想された相関関係は立証されなかった。国際比較でも相関関係は見られなかったし、各国内についても有意な関係はなかった。最後に、複数の国内調査の系列をノンパラメトリック回帰分析で比較しても、経済生産と不平等のあいだに一定のつながりがあるという根拠はほとんど出てこない。

このアプローチからわかるのは、各国の発展は、1人当たりGDPという比較可能なレベルでさえも非常に多様であることで、発展途上国でも先進国でも、経済発展に関連する不平等の傾向は時期にも方向にもかなりのばらつきが見られる。結局、逆U字型パターンを特定するための継続的努力と、そのパターンに合ういくつかの例の存在にもかかわらず、クズネッツが構想した、経済成長と所得の不平等のあいだに体系的関連性があるという考えを裏づけられない証拠の方がずっと多い(8)。

教育とテクノロジーの競争

経済発展と不平等のあいだには、予測可能なつながりがあるのだろうか? 答えはわれわれの視点しだいだ。考慮する必要があるのは、クズネッツサイクル、あるいは少なくとも波動が複数あるかもしれず、その存在のせいで単一の曲線を探す試みが妨げられているという可能性だ。ごく広義には、経済の移り変わりが不平等を促進することに疑いの余地はほとんどない。農業システムから工業システムへの移行のみならず、かつての狩猟採集型から農耕型への移行も、現在の工業経済から脱工業・サービス経済への移行もそうだ。

では、平等化はどうなるのだろうか? 補遺で論じるように、(ある社会で論理的に可能な最大限の所得集中度に対する)実効的不平等は、経済が成長して豊かになるにつれて常に減少するとは限らない。名目上の不平等を測る従来の尺度からは、発展途中の特定の段階で、経済の進展が不平等の軽減を予測させるという考えを裏づける根拠はあまり得られていない。それに代わる考え方で最も有力なのは、暴力的衝撃なしには移行期における不平等の増大は覆せないというもので、こちらの方がはるかに、長い歴史から得られた証拠とつじつまが合う。

広く支持されている別の見方は、いわゆる「教育とテクノロジーの競争」を中心に据える。テクノロジーの変化は、特定のスキルへの需要を生む。供給が需要に追いつかなければ、所得格差や「スキルプレミアム」が増す。供給が需要に追いつくか需要を超えれば、プレミアムは減る。だが、そこには重要な但し書きがつく。この関係はおもに労働所得と密接に結びついているが、資本から得る利益にはあまり影響しないようだ。そのせいで、富から得られる所得の不平等が高水準にある社会では、特定のタイプの労働の需要と供給の相互作用が不平等全体に与える影響が弱まるはずだ。さらに、より以前の時代には、スキルではなく労働所得の抑制が重要な役割を果たした可能性がある。奴隷制やその他の強制・半従属労働が、所得格差を歪めていたかもしれないからだ。[9]

そうした要因は、近代以前の社会においてスキルプレミアムと不平等がなぜ体系的に関連しないかを説明するのに役立つかもしれない。ヨーロッパ各地について、時代の傾向が14世紀までさかのぼって明らかにされている。スキルプレミアムが崩壊したのは、ペストのあおりを受けて非熟練労働者の実質賃金が上がったからで、このプロセスについては第10章で述べた。中欧と南欧では、人口が回復するとスキルプレミアムが再び上がった一方、西欧では19世紀末まで低いままでかなり安定していた。後者のような経緯は珍しく、熟練労働者が柔軟に供給できたことや、農業部門での生産性の上昇などにより非熟練労働者の賃金が支えられたことによって可能になった。

いずれも、労働市場の統合が進んだことがプラスに働いた。だが、中世後期にはスキルプレミアムの低下と連動して所得の不平等が全般に平準化したものの、この２つの変数の関係はその後、直線的な結びつきからは程遠くなる。１４００~１９００年の西欧でスキルプレミアムが安定していたからといって、不平等性も安定していたわけではない。[10]

スキルプレミアムと教育

経済が発展し、労働市場がうまく機能すればするほど、スキルプレミアムは全体的な所得の不平等を助長すると予想される。われわれが問わなければいけないのは、スキルの供給を調整する仕組みそのもの、とりわけ教育が、潜在的要因によってどの程度形作られるかだ。教育の大衆化は西洋の近代国家形成の副産物で、経済成長と関連するプロセスだが、国家間の競争によって進められたプロセスでもある。より具体的には、教育の需要と供給の相互作用は、一時の暴力的な衝撃に敏感に反応した。それをよくあらわすのが、19世紀末以降のアメリカのスキルプレミアムをめぐる状況の進展だ。肉体労働におけるスキルプレミアムの比率は、1929年には1907年よりはるかに低くなっていた。

とはいえ、この低下の大半は1910年代後半に集中している。データが入手できた5種の仕事のうち4種で、この22年間の純減はすべて1916〜1920年に起きている。当時、第一次世界大戦により非熟練労働者の相対的需要が高まり、肉体労働の賃金分布が塗り替えられた。戦時インフレと、紛争による移民の流入の減少も、この突然の強力な平等化への変化を後押しした。ブルーカラーの賃金に対するホワイトカラーの賃金の比率も同じパターンをなぞり、1890〜1940年の純減はすべて、1915年から1920年代前半のわずか数年間に起きている。(11)

賃金格差の2度目の圧縮は1940年代に記録されている。第二次世界大戦により、再び非熟練労働者への強い需要が生じ、インフレが起き、労働市場への国家の介入が増加した。その結果、男性労働者全体について高賃金と低賃金の割合の比が小さくなり、高卒と大卒の労働者の収入の差が縮んだ。教育の投資収益は、中卒と高卒の労働者をくらべても、高卒と大卒の労働者をくらべても、1939〜1949年に劇的に低下した。

その後、戦争に関連する復員軍人援護法もこの平等化圧力に寄与したが、大学への入りやすさが増しても、1950年代にすでに一部で見られた収益の回復傾向に歯止めはかからなかった。大きな変化として記録に残るのは、1910年代後半と40年代の急激な低下だけだ。このように、教育の機会の提供が増え続けたことが、スキルによる賃金格差を縮める働きをしたものの、結局、1980年代になってから差が開き始めた。実際に平等化が進んだのは、アメリカが戦争による暴力的衝撃を経た比較的短い期間にほぼ限られる。(12)

「知的能力と職業的能力に社会的良心が加われば、物事を変えることができる」——衝撃によらない平等化

それでは、平等化を促す経済の力を特定する第二の戦略へ向かおう。まずは、1914〜1945年の暴力的衝撃と、その後30年ほど続いた後遺症に直接さらされず、革命による変革も経なかった国々における不平等軽減の事例を探してみたい。世界の大半の地域に関して、このアプローチでは平和的方法による平等化の確かな証拠はほとんど得られない。

1980年以降、欧米諸国全般で、所得の不平等はごく短期的に低下しただけだった。90年代のポルトガルとスイスにおける市場所得ジニ係数の低下は、最富裕層の所得シェアに関する情報と矛盾する。ソ連の崩壊後に誕生した国々では1989年あるいは91年のあと、貧困の激増により不平等が著しく増加したのだが、部分的には回復してきている。中国やインドのような広大な国では不平等が増しており、パキスタンやヴェトナムといった人口の多い国でも同様である。それら4カ国だけで、世界人口のおよそ40%を占める。たとえばタイなどとは異なり、これらの国々で不平等が減少することはめったになかった。

中東では、エジプトで1980年代と2000年代に不平等の減少があったと報告されているが、最

近の複数の研究でデータ不足が強調されている。1950年代と60年代に、改革のおかげで不平等が軽減されて（本書第12章の土地改革の部分で既述）以来、この国では多少の変動があったとするのが最も妥当な筋書きだろう。そのほかの事例としては、2000年代のトルコとともに、90年代と、特に2000年代のイランなどが挙げられる。イスラエルの可処分所得の不平等は、市場所得の不平等がかなり安定していたにもかかわらず上昇を続けており、逆行的再分配を窺わせる奇妙なパターンを示している。[13]

サハラ以南のアフリカは、今世紀初頭10年間の平和的な所得平等化から恩恵を受けたと見なされることがある。だが、この印象の根拠は危うい。標準化された所得ジニ係数がこの時期について入手できる27カ国のうち、1カ国を除くすべての国で、根拠となるデータが貧弱で、不確実な部分が全般的に非常に大きい。質の高い情報が得られた唯一の事例、南アフリカでは、不平等は変化に乏しく、非常に高いレベルにとどまっている。その他27カ国のうち13カ国では有意な傾向が見つからず、ほかの5カ国では不平等は実際に増大した。27カ国のうち10カ国でのみ不平等の減少が記録されたが、それは人口で言えばサンプル全体のわずか5分の1にすぎない。さらに、関係するジニ係数の信頼区間が非常に広い傾向があり、信頼度95％では信頼区間の平均は12パーセンテージ・ポイントで、おもに9ポイントから13ポイントのあいだに固まっている（平均値は、不平等が減少している国についても、その他すべての国についても、おおむね同じである）。

多くの場合で、その幅は含意される不平等の変化の規模を超えている。そのような状況では、全体的な傾向を特定するのは不可能とは言わないまでも、難しい。また、たとえわれわれがそれらの結果を額面どおり受け取ろうとしても、一貫した不平等の減少のプロセスは示されないだろう。地域内の一部の国が近年、一定の平和的平等化を達成したとしても、そのような発展の性質、程度、維持可能性について一般的な結論の根拠とするには、そもそも信頼できる証拠が足りない。[14]

ラテンアメリカは平和的平等化に成功したのか

残っているのは、最大にして最も詳しい記録がある事例、ラテンアメリカだ。この地域でわれわれがデータを持っているほとんどの国では、今世紀初頭以来、所得格差の目覚ましい減少が見られた。ラテンアメリカの発展については、より詳細に考察するもっともな理由がある。この地域全体が、これまでの章で論じてきた暴力的な平等化の力に関して、この地球上に見いだされるものとしては、旧世界と北米の大半に最も近い――あまり近くない部分も多いが――反事実的仮定の材料となるからだ。ごく稀な例外はあるものの、大量動員戦争や変革的革命といった激しい暴力的衝撃にさらされなかったラテンアメリカに注目すれば、より安全な環境での不平等の進展を探ることができる。[15]

一連の代替データと現代の創造的再構成を利用すれば、数世紀をさかのぼることができる。信頼できる所得ジニ係数が得られるのは、調査を行う国が増えた1970年代以降の場合が多く、90年代以降は質が大幅に向上した。したがって、早い時代に関する発見は多少疑ってかかる必要がある。それでも、ラテンアメリカの不平等の長期的変化を、少なくとも大まかに追うことは可能になった。最初のグローバリゼーション期には、1870年代から1920年代にかけて経済成長が実現した。この成長を牽引したのは、工業化された欧米への有機・無機産物の輸出だった。そのプロセスの恩恵はエリートに偏っており、不平等を増大させたことがわかっている。[16]

輸出に牽引された発展は、まず第一次世界大戦後、ヨーロッパの需要の落ち込みにより勢いを失い、そして、アメリカを大恐慌が襲った1929年、ついに停止した。さらに第二次世界大戦により、少なくともいくつかの形態の貿易は縮小した。1914~1945年は移行期・成長の減速期と特徴づけられてきた。記録が残っている6カ国で、所得の不平等はこの時期に増大を続け、1913年の0・37

7から1938年には0・428になった（人口加重による）。戦争への直接的関与は免れたものの、それでもラテンアメリカは地域外で起きた暴力的衝撃とマクロ経済の衝撃から大きな影響を受けた。なかでも最も重大な帰結を招いたのが、貿易の中断と変化する思想の流入だった。それらの衝撃が誘因となって、グローバリゼーションの第一段階の末期に経済的自由主義が衰退し、国家介入が増加する方向へ向かった[17]。

それに続く数十年間、ラテンアメリカ諸国の政府は、工業力を強化することでこの世界的潮流に適応した。おもな対象は国内市場で、保護的措置によって産業の発展を促した。そのおかげでやがて経済は再び成長を始め、所得分配に影響があらわれた。成果は地域によって大きく異なる。経済が発展していた国では、成長によって中間層と都市部が繁栄し、賃金労働者に占めるホワイトカラーの割合が増した。そうした変化に伴い、より福祉志向的で再分配的な政策が導入されたり強化されたりした。外部からの影響が大きな役割を果たし、1942年にイギリスが社会保障に関して発表したベヴァリッジ・リポートをはじめとする欧米の戦後プログラムが、南米大陸の南部で社会保障構想の充実を促した。

不平等にはさまざまなかたちで影響が及んだ。アルゼンチンや、おそらくはチリでもそうだったように、所得格差が縮まる場合もあったが、拡大する場合もあり、ブラジルが後者の最も顕著な例だった。その他の国では格差がまず増大し、それから縮小した。メキシコ、ペルー、コロンビア、ベネズエラなどがそうした例で、非熟練労働者の余剰人員の多さと、技能労働者への高い需要が不平等をさらに大きくし、そのような圧力が収まったのは1960年代か70年代になってからだった[18]。

所得を少しでも平等にするための広範な動きが文献全般から読みとれるものの、人口加重したジニ係数を見るとまったく話が違ってくる。特に長期の純生産に焦点を合わせた場合がそうだ。1938年までさかのぼるデータが入手できた6カ国のうち、1カ国を除いたすべての国で同年から1970年までのあいだに不平等が増大している。その結果、人口加重した総所得ジニ係数は0・464から0・548になった。15カ国についてのより大きなサンプルでは、1950〜1970年に13カ国で所得の不平等が増大したが、全体的な増大の程度はより緩やかで0・506から0・535になっていた。これは国際水準からすればかなり高い数値である。

注目すべきなのは、不平等の純減があった3カ国のうち2カ国で、その改善が実質的に1950年代に限られることだ。改善の時期は、アルゼンチンではフアン・ペロンが積極的国家主権主義を掲げて再分配を進めた時期と重なり、グアテマラでは血なまぐさい内戦の最中とあとだった。したがって、ベネズエラが経済成長を通じた平和的平等化の筆頭候補となるが、不平等に関する別の推定値のデータセットを採用すれば、チリを加えてもいいかもしれない。そのデータからは1930〜1970年に平等化が進んだことが窺われ、その牽引役は経済の変化と(平和的)政変と見られる。[19]

1970年代の保護主義政策と国有化産業を支えるための公的借り入れが、80年代に債務危機を引き起こし、そのいわゆる「失われた10年」のあいだに経済成長は停滞し、貧困は拡大した。それによって、今度は経済の自由化に拍車がかかってこの地域の経済が開放され、グローバル市場への統合が進んだ。不平等の推移は国によって大きく異なり、80年代と90年代には地域全体で、人口加重した所得ジニ係数が10年ごとに2ポイント弱という緩やかな増加を示し、2002年前後にピークを迎えた。[20]

不平等が増大し続けた20世紀

それらすべてからわかるのは、ラテンアメリカの所得の不平等が、輸出主導の成長、国家主導の工業化と保護主義、経済の停滞、自由化といった多様な経済状況下で増大したことである。最も長い時系列を持つ4カ国では、人口加重した所得ジニ係数が1870年の0・348から1990年の0・552へ、

図13.2　1870〜1990年のラテンアメリカの所得ジニ係数の概算・推測値（4，6，16カ国の人口加重平均）

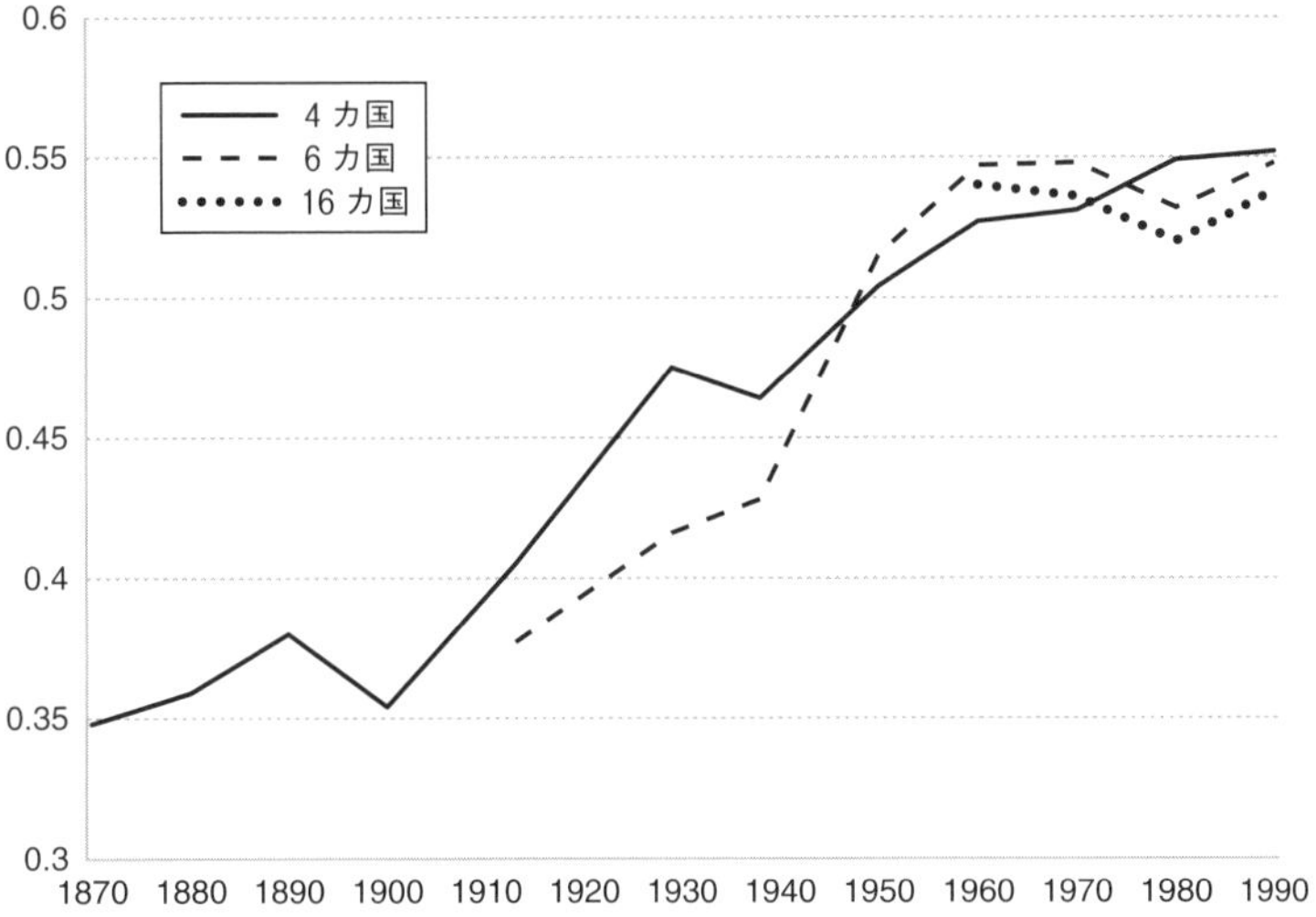

大きく上昇している。6カ国に関しては、1913年の0・377から1990年の0・548に、15カ国に関しては1950年の0・506から1990年の0・537に、上昇している。このデータでは地域による差異が明らかにされず、一時的な波動が均《なら》され、正確な数値が不明であることが少なくないが、長期的傾向はこのうえなく明白だ。進歩は見られるものの、20世紀後半に不平等の増加が減速したにすぎない。図13・2を見ればわかるように、時おりの平等化は短命で、国外のマクロ経済の危機が引き金となった不況の時期に限られる。最初は1900年代のイギリスの経済危機、それから30年代のアメリカの経済危機、そして80年代には国内外の要因の両方から生じた深刻な景気後退が原因となった。[21]

　ラテンアメリカにおける所得の不平等が最新の局面に入ったのは、2000年を迎えてまもなくのことだ。おそらく歴史上はじめて、地域全体で不平等が減少したのだ。関連するデータ系列が得られた17カ国のうち14カ国で、2010年の所得ジニ係数が2000年の数値よりも低かった。コスタリカとホンジュラス、そしておそらくグアテマラだけが、記録に残る例外だ。ほかの14カ国については、市場所得ジニ係数の平均が0.51から0.457に、可処分所得ジニ係数の平均が0.49から0.439に、いずれの尺度でも5ポイントあまり下がっている。

この圧縮は規模においても地理的広がりにおいても確かに目覚ましいものだが、正しい視点で捉える必要がある。この圧縮により、市場所得の不平等は、きわめて不平等な社会であるインド並みのレベルから、アメリカに近いレベルにまで下がった。ただし、正味の不平等性の低下によって、ラテンアメリカのジニ係数は中国やインドよりは低くなったものの、依然としてアメリカより7ポイント高い。アメリカは議論の余地なく、欧米諸国中では不平等のチャンピオンだ。したがって、ラテンアメリカ諸国のひどく偏った所得にこうした変化が与えた影響を、過大評価すべきでない[22]。

スキルプレミアムの低減の影響

さらに悪いことに、2010年以来、不平等のこうした低下傾向が維持されているのは、われわれがデータを持っている国々の半数を割っている(アルゼンチン、ボリビア、ドミニカ共和国、エクアドル、エルサルバドル、ウルグアイ、ベネズエラ)。同じ時期に、ブラジル、チリ、グアテマラ、パナマ、ペルーでは不平等はほぼ一定のままで、メキシコとパラグアイ、そして、証拠に乏しいがおそらくホンジュラスでも、再び上昇に転じた。コスタリカは1980年代以来、常に地域の傾向に逆らい、不平等が緩やかに増大している。こうしたあらゆる事情を考慮すると、今世紀最初の10年間に起こった平等化の原因と持続可能性について、重大な疑問が湧いてくる。それは短命な改善であり、すでに寿命を終えたのだろうか？

こうした平等化をクズネッツ仮説が唱える不平等への下方圧力の帰結だと説明することはできない。つまり、この地域の国々の経済が豊かになって、所得がより公平に分配されるようになるある種の成長の変曲点を通過したせいではないのだ。2000年に不平等が低下していた14カ国の1人当たりGDPは、最も豊かな国（アルゼンチン）と最も貧しい国（ボリビア）のあいだで7・6倍の開きがあった。低い方に偏っているとはいえ、このように大きなばらつきがあるのは、この地域の常である。1人当たり年間GDPの平均値が1000〜2000ドルだった国が5カ国、2000〜4000ドルだった国が5カ国あり、残り4カ国では5000〜8000ドルだった。これだけを見ても、その後の10年間に同時に見られた平等化が経済発展そのものの水準と関連しているという可能性は排除される。正式なテストにより、その期間の力強い経済成長にもかかわらず、観察された不平等減少の理由のほとんどが、クズネッツのモデルでは説明できないことが確かめられている[23]。

最近の研究によって、このプロセスの原因がいくつか特定されている。スキルプレミアムの減少と強い外需により、部門間の収入の差が縮んで市場所得の不平等が圧縮されたこと、かつて貧困を悪化させたマクロ経済危機からの回復、急速な経済成長に後押しされた強い労働市場、何らかの政府移転支出が可処分所得の不平等に与えた分配的効果などである。少なくとも理論上は、以上のうち最初の要因が、長期的平等化の平和的推進力の候補として特に有望だ。1990年代の市場改革は教育制度の拡大を伴う傾向があった。その拡大はこんにちまで続き、技能労働者の供給を増やしてきた反面、高等教育の見返りとスキルプレミアムを低下させ、それによって労働所得全般の不平等も低下させた。

スキルプレミアムの低減の原因が供給の増加なのか需要の減少なのかという問いには、一言では答えられない。アルゼンチンをはじめとする一部の国々では、需要の弱まり――将来の経済発展に疑問を投げかける事態――に応じてプレミアムが縮小した。エルサルバドルとニカラグアでは、需要の低迷に直面して、中等教育や高等教育を受けた労働者の（単に相対的というよりも）実質的な収入が落ち込んだため、不平等が低下した。エルサルバドルはとりわけ懸念される例だ。あらゆるレベルの学歴保持者の実質賃金が低下したが、学歴の高い労働者ほど低下の度合いが大きかった。これは、平等化という成果が常に望ましい経済発展から生じるわけではないことを思い起こさせる。(24)

スキルプレミアムの低減によって生じる所得分配への恩恵は、高い代償を伴う場合もある。ある驚くべき調査結果によれば、現在のボリビアでは教育の価値が地に落ちてしまい、初等教育しか受けていない労働者とくらべて、高等教育を受けた労働者が受けるスキルプレミアムはゼロだという。このことから、スキルプレミアム低減の別の理由か、少なくとも補足的な理由がわかる。基礎レベルを超える教育の機会が増えるにつれて教育の質が低下し、教えられる内容と労働市場の求めるものがかみ合っていないのかもしれない。この悲観的な見方をある程度裏づける証拠がある。ペルーとチリでは教育の質の低下のせいで高等教育の見返りがマイナスとなってしまったし、アルゼンチン、ブラジル、チリでは中等教育と雇用者の要求のあいだに齟齬が生じる結果になっているのだ。(25)

その他の経済的要因の影響はさらに一過性のものだった。国際的な商品需要の高まりが、農村と都市部の労働者の賃金格差を縮めるのに一役買ったものの、その後需要は縮小した。２００２年以降に起きた平等化のなかには、それ以前の経済危機による一時的な不平等の高まりからの回復にすぎないものもあった。最もよく知られたアルゼンチンの例では、１９９８～２００２年の大規模な経済破綻により人口の大部分が貧困に陥った。それ以降、経済の着実な回復と、低熟練・労働集約型部門への転換に伴う熟練知能労働者の需要低下とスキルプレミアムの減少があいまって、人口の半分を占める低所得層に過大な恩恵が与えられるようになった。労働組合の勢力拡大と政府移転支出の増加も低所得層にとって有利な出来事だった。コロンビア、エクアドル、ウルグアイ、ベネズエラでも、同様の景気回復のおかげで不平等がある程度低減した。ある推計によれば、経済危機からの回復による平等化効果を除くと、2000年代前半の所得の不平等の低減は平均すればごくささやかで、ジニ係数で1ポイント台だという。より一般的に見ると、1990年代の自由化の好ましくない短期的帰結を排除することで、不平等を緩和する影響が生じた。それに先立つ数十年間の成長率の2倍にあたる実質年平均4％という目覚ましい経済成長により、雇用が増加したものの、それは不平等に起きた変化のごく一部にすぎないと見られてきた。そのうえ、そうした好ましい状況はもはや過去のものだ。この地域のGDP年成長率は2010年以降5年間連続で低下し、2010年の6％から15年には0・9％になる見込みだからである。本書を執筆している時点で〔原書は2017年の刊行〕、この地域で群を抜く経済大国であるブラジルは、大恐慌以来最悪の不況に見舞われているという。それらすべてが、さらなる平等化への疑念の源である。[26]

政府移転支出拡大の効果

最後に、政府移転支出の拡大は可処分所得の不平等と闘うための一法としてかなり注目されてきた。たとえば、ブラジルで今世紀最初の10年間に達成された不平等軽減の半分は、移転の支払の規模、範囲、配分の変更によるという。「ボルサ・ファミリア」プログラム〔条件つき現金給付制度〕は1100万世帯の貧困家庭に適用された。それでも、先進国に見られる同様の制度にくらべれば、ラテンアメリカの再分配的移転の実際の規模は依然として非常に小さい。膨大な数の貧困世帯が存在するために、比較的少額の移転でさえ（GDPの0・2〜0・3％）、多くの人びとの生活を向上させ、平等化の効果を生む。

だが、西欧では総所得額が可処分所得額と大きく異なる傾向があるが、ラテンアメリカではそれほど差がない。その理由として、さまざまなことが挙げられてきた。GDPに対する徴税額が国際水準にくらべて少なく、特に所得税が低い。同時に脱税がはびこっており、その原因は政府への不信感や、非正規部門の規模の大きさなどだ。所得税免除の平均水準は地域全体における1人当たりGDPの平均額の2倍で、所得水準がきわめて高い場合にしか累進課税率が適用されない国も数カ国ある。したがって、国庫収入の不足が、移転支出の可能性をひどく狭めている。さらに悪いことに、福祉制度のなかには、正味の不平等性につながるものもある。年金および失業保険は、所得分布で上位5分の1に属する人びと(おもに都市に在住する正規雇用の労働者)に過度に手厚く、農村在住者や非正規部門で働く人びとにとっては差別的な制度だ。直接的な現金移転だけは別で、おおむね所得分布の下半分に位置する人びとを支えるが、収入制限に妨げられない範囲内に限られるし、もっと逆進的なかたちの福祉によって相殺されてしまう。[27]

財政的制約は経済動向に左右されない

ラテンアメリカの財政的再分配はなぜそれほど不十分なのだろう? この問いによって、われわれは再び本書の中心的テーマ、暴力的衝撃の変革力に立ち戻る。これまで見てきたように、欧米の累進的財政制度は2度の世界大戦に深く根ざしていたし、同様に共産主義体制における再分配は別のかたちの暴力的変革に根ざしていた。一方、経済発展そのものは、財政的再分配の度合いの有効な目安にはならない。1950年に欧米諸国と日本がせっせと金持ちに課税し、野心的な福祉制度を打ち立てていたころ、1人当たりGDP(1990年国際ドル換算)は、ドイツ、フランス、オランダ、スウェーデン、イギリス、カナダで4000~7000ドルの範囲内であり、日本では2000ドル前後で、アメリカでさえ西欧にくらべてさほど高いわけではなかった。それらの数値は、当時でもアルゼンチンやベネズエラといった南米きっての経済大国の数値とあまり変わらなかったし、こんにちではもっと多くのラテンアメリカ諸国がその数値に近づいている。ラテンアメリカで最も経済が発展した裕福な8カ国については、同様の1人当たりGDP平均値は2010年に7800ドル、対象を広げたサンプルでは平均6800ドルだった。この尺度によれば、平均的なアルゼンチン人、チリ人、ウルグアイ人はいまや、1950年の平均的アメリカ人よりも豊かであることになる[28]。

要するに、ラテンアメリカ諸国の財政的制約は経済動向に左右されてきたわけではないのだ。世界中で、20世紀前半のみならず、何百年、何千年ものあいだ、暴力的衝撃は財政制度の拡大に不可欠の前提条件だった。国家間の血なまぐさい戦争や変革的革命は、過去2世紀のラテンアメリカの歴史において、ささいな役割しか果たしてこなかった。それがわかれば、この地域の大半に著しい不平等が蔓延してきた経緯が理解しやすくなる。この現象を解き明かすために、地域特有のさまざまな特色が引き合いに出されてきた。なかでも目立つのが、人種差別、強制労働や奴隷制といった植民地の慣行、根強い縁故主義と寡頭政治政権などの悪しき影響だ。だが、ラテンアメリカとそれ以外の大半の地域のあいだに長年存在した不平等の規模の大きな違いを理解しようとすれば、起こらなかったことも同等あるいはそれ以上に重要かもしれない。そうした背景があるため、所得の飛躍的な平等化は、うまくいきそうかどうかはもちろんのこと、実現可能かどうかすら大いに疑わしい[29]。

平和的な不平等軽減の証拠は限定的

今世紀初頭以来ラテンアメリカで起きた平等化の大部分は、教育への公共支出、対外投資、税収と移転支出に関する政策決定によって説明がつく。純粋に経済的な要因の数々が、国際的に有利な状況を生んだり、以前の危機からの回復を促したりといったかたちで貢献したものの、その効果は長続きしなかった。回復が一段落して外需が減少している状況で、さらに平等化を進めるには、より積極的な財政再建によって教育を改善し（スキルプレミアムの低下は、需要の減少や教育成果の乏しさに起因するとすれば、痛し痒しであることを考慮すべきだ）、再分配的移転を拡大する必要がある。10年以上前に始まった平等化プロセスが続くかどうか、あるいは多くの場合むしろ再開するかどうかを予測するのは、時期尚早だ。今から5年、あるいは10年経てば、この流れの持続可能性がもっと理解できるだろう。[30]

ラテンアメリカ諸国の経験から得られる平和的な不平等軽減の証拠は非常に限られたものでしかなく、少なくとも今のところ、暴力的衝撃が介在しない長期的かつ本格的な平等化の証拠はまったくないというのが、私の結論だ。過去150年間に、不平等が拡大するさまざまな段階で、散発的な逆転が時おり見られた。それらは欧米のマクロ経済危機のような外的要因に関連する場合もあれば、数は少ないが積極的あるいは暴力的な政策に関連する場合もあった。ボリビアのエボ・モラレス大統領の名言「知的能力と職業的能力に社会的良心が加われば、物事を変えることができる」に異議を唱えることは難しいものの、ラテンアメリカの歴史には、暴力的手段による平等化の王座を脅かすような出来事はほとんどない。[31]

そのうえ、本章と前章で論じた力はいずれも、物質的不平等を一貫して縮小する効果があったとは言えない。それは、平和的な土地・債務改革、経済危機、民主主義、経済成長について当てはまる。それらすべてに共通するのは、不平等を軽減する場合もあれば、しない場合もあるということだ。要するに、結果に一様な傾向がまったくない。現代の経済発展を通じて、人的資源の重要性が物的資源のそれよりも高くなってきたのは確かだ。人的資源分配の不平等は何よりも教育の提供に応じて増減するため、教育に関する平等化政策はとりわけ有望に見えるかもしれない。だが、教育への投資は、賃金格差に及ぼす効果のおかげで、まさに非暴力的平等化の実現可能な仕組みとして役立つかもしれないものの、歴史においては平和的でないプロセスに搦《から》め捕られてきた。記録に残る20世紀のアメリカのスキルプレミアムの増減からは、やはり社会政策と経済的見返りの形成において戦争が大きな役割を果たしてきたことがはっきりと読みとれる。

第5章で見たように、組合化にもほぼ同じことが当てはまる。再分配的な財政・福祉政策は確かに可処分所得の不平等を減らすが、その規模も構造も、暴力的衝撃とその長期的余波の遺産に縛られる傾向がある。欧米や東アジアの不平等と、ラテンアメリカの状況を対比してみると、この根本的な関連性に気づく。不平等を圧縮する別の原因を検討したあとでさえ、暴力が長年、直接的にせよ間接的にせよ、平等化政策を決定的に進める触媒だったことは否定できない。

第14章　もしも……だったら？　歴史から反事実的仮定へ

「太陽の下に新しきものなし？」——歴史の教訓

不平等のダイナミクスについて、歴史から学べることはどのくらいあるだろうか？　私の答えは「多数」だが、知るべきことのすべてではない。まずは多数の方から見ていこう。物的資源の分配の不均衡が増大するのは、集中的な経済成長のなせる業だが、それが（常に）直接の原因というわけではない。実質的不平等は、経済発展が非常に遅れた地域でもきわめて高い水準になりうるし、実際にしばしばそうなったことがわかっている。だが、名目上の不平等は最終的には、最低生活水準を超えた生産の規模に応じて変化した。つまり、経済の生産性が高まれば高まるほど、その経済が支えうる少数の手に資源が集中していく。現実にそうなるとは限らないものの、少なくとも理論上はそうなる（この詳細は補遺で論じる）。このような成長と不平等の基本的つながりが最も純粋なかたちで現れたのは、人類が狩猟採集から家畜化・栽培化へと大きく移行するさなかのことだった。その変化によって、資源の不均等な分配が一般にはじめて可能になったからだ。この移行にクズネッツ的側面がないことは、注目に値する。一時的に高まる不平等性の二部門モデルは、一部が狩猟採集民で、一部が農民という構成の社会を想定しようとしない限り、適用不能だ。むしろ重要なのは、家畜化・栽培化への移行が、結果として平等化を約束するわけではないことである。定住、農耕、相続される物的資産の拡大は、不平等が生じる可能性と実際の不平等の両方を増加させるだけで、暴力的衝撃を経ずに不平等を軽減するメカニズムは生まない[1]。

産業化以前の不平等

家畜・農耕経済、あるいは有機燃料経済がいったん確立すると、その後1000年ほどのあいだ、さらなる移行の動きは比較的緩やかで、食糧生産から都市部門への労働の移動などがあったくらいだが、それが既存の不平等化圧力を高める傾向があった。この場合も埋め合わせのメカニズムはなく、非農耕部門は一定の水準以上には成長できなかったため、クズネッツ的移行はどんな種類であれ、ありえなかった。

とはいえ、経済の移り変わりは不平等の進展を促す一要因でしかなかった。家畜化・栽培化は、それまで考えられなかった規模で強制力の増大を招き、略奪を促した。国家の形成と、政治的力関係の範囲、程度、偏りが、最富裕層の所得、とりわけ財産にとてつもない膨張効果を及ぼした。そのような状況では、暴力的な大惨事によって、ヒエラルキー、搾取、財産所有の堅固な構造が一時的に取り払われない限り本格的な平等化はあまり望めず、事実上ほぼ不可能だった。大量動員戦争や革命に端を発する再分配的政策は近代以前の社会ではきわめて稀だったため、そのような衝撃はまず国家の破綻か感染爆発のかたちで起こった。それらがなければ、不平等は、国家建設、国家間の競争、支配者・エリート間の力の均衡といったものの予測不能な変化に支えられ、経済発展のどの段階でも高水準のままだった。

歴史的記録を長期間にわたり調査してわかったのは、不平等の変遷と経済実績のあいだに、先述したごく基礎的な関連を超えた系統的なつながりを見つけようとするのは無駄らしいということだ。近代以前の社会の主要な2つの平等化力は、多種多様な経済的動向と結びつく傾向があった。たとえば、国家の破綻や体制の崩壊は、通常は1人当たり平均生産高を押し下げ、平等化と同時に貧困化を進める。一方、大規模な疫病の流行には逆の作用があり、マルサスが唱えた人口増加による制約が緩和されるため、1人当たり生産性と非エリートの消費が増大し、平等化が進む。また、ペスト後の数世紀にも不平等と経済成長のあいだに直接的な関係は同じく見いだせない。当時、ヨーロッパでは経済活動が活発だった地域でも停滞していた地域でも不平等が増大したし、近代初期のスペインとポルトガルのように類似した構造を持つ国でも、不平等に関する帰結は異なっていた。とても大雑把な言い方をすれば、産業化以前の不平等には、経済成長率のちょっとした変動よりも、政治的力関係や人口動態の方がずっと大きな役割を果たしていたのである。(2)

暴力的衝撃なしに平等化はできない

次の大きな移行は、農耕経済から工業経済へ、有機燃料経済から化石燃料経済への移行である。所得と富の不平等への影響は多様だった。当該社会の不平等がこの転換以前にどの程度上昇していたかに大きく左右されるが、一般的には、物質的な格差は産業革命によって温存され、助長されることさえあった。そうした状況は、19世紀と20世紀前半の一次産品産出国のみならず工業化が進む国にも見られたものの、大量動員戦争と変革的革命がもたらした歴史上最大級の暴力的衝撃によって終焉を迎えた。

何千年もの歴史は、以下の単純な真理に要約される。文明の夜明け以来、経済力と国家建設における絶え間ない進展は不平等を増大させただけで、抑制する働きは皆無に等しかったのだ。1914〜1950年の「大圧縮」とそれに至る期間に、暴力的衝撃とまったく無関係に物質的不平等が少なからず軽減したという論理的かつ確実な裏づけのある事例を見つけるのは難しい。前述したように、近代以前の例は、16〜18世紀のポルトガルの諸地域と、おそらく17〜19世紀半ばの鎖国時代の日本に限られるようだ。近代世界では、第一次世界大戦勃発のわずか数年前にスウェーデン、ノルウェー、そしておそらくドイツで不平等の突然の低下があったため、より長期的にはどんな趨勢になったはずかを見極めるのは難しい。イタリアが経た進展は依然としてあまりに不確実で、このサンプルにはあまり役立たない。見逃した事例や新たな証拠の発見があったにしても、平和的平等化は極端に稀な現象だったことに、疑いの余地はないだろう。

また、多くの国で、暴力に満ちた1940年代以後のおよそ30年間、所得、特に富の平等化が続き、多くの発展途上国でも進みはじめたのは事実であるにしても、そのプロセスをきわめて暴力的な根源から切り離すのは一般的に、不可能でないにしても難しい。ほんの数年前には平和的平等化の最も有望な候補に見えたであろうラテンアメリカでさえ、いずれ期待を裏切る可能性がある。(3)

（可処分）所得分配の不平等は永久に増え続けることはない。発展のどの段階にも、不平等がそれ以上増加しない上限があり、その上限は1人当たり平均生産高に敏感に反応するが、長期的にはかなり堅固である。その土台にあるダイナミクスについては、本書の補遺で論じる。

歴史から明らかなのは、平等化を招く暴力的な出来事がなければ、不平等の程度は概して理論上の最大限度にくらべてかなり高く、長期にわたり高水準を保つ可能性があることだ。暴力的衝撃からの回復段階においては、所得と富が目を見張るほど増大した。ヨーロッパでは中世盛期と1500〜1900

年に、南北アメリカではより短い期間に、そして、おそらく世界の多くの地域で過去数十年間に、そうした増大が見られた。その繰り返される傾向が示す一般的な基準は、発展の多様な段階——農耕社会、工業社会、脱工業化社会、経済の成長と停滞——に当てはまる。こうした収束から明らかになるのが、もっと野心的な異文化間研究と理論化の必要性だ。最初に述べたように、断続的平等化のあとで不平等に繰り返し拍車をかけたさまざまな力を適切に説明するには、本書と同等あるいはそれ以上の分量の本をもう一冊書く必要があるだろう。

「主要な原因は財産のきわめて大きな不平等だった」——不平等から暴力へ

2つの重大な問いが残っている。不平等を減らし、覆すのに暴力的衝撃が不可欠だったとすれば、そうした衝撃は起こるべくして起こったのだろうか？　仮に起こらなかったとすれば、そうした衝撃なしに、不平等はどのように存続しただろうか？　前者はよくある問いで、歴史的因果関係にかかわっており、後者は反事実的帰結を考えてみるように促す問いだ。まずは第一の問いから始めよう。

暴力的衝撃は必然だったのか

前工業化社会が本格的な平和的平等化の種を宿していたことを示す証拠はない。しかし、権力と所得と富が確立したヒエラルキーを転覆した暴力的混乱は、外的要因によって偶発的に起きたのか、それとも高度の不平等から生じる緊張から起きた度合いが大きいのかを、どうすれば知ることができるだろう？　古い時代の社会の大半をひどく不平等にしたエリート主義政策と権力の偏りが、やがてその偏りの解消を促したのかもしれない。これはとりわけ、巨大な帝国の形成に当てはまったのではないだろうか。帝国形成にあたっては、外部からの抵抗に直面したのみならず、国内エリートによる略奪も阻止する必要があった。国内エリートが剰余分を搾り取って私物化し、それによって、多様な地域の寄せ集めである国を統《す》べるてだてを支配者から奪おうと躍起になったからだ。第2章で、中国と古代ローマの歴史におけるそのような傾向をすでに指摘した。しかし、ブランコ・ミラノヴィッチが以下のように述べた恒常的な相互作用を想定するだけでは不十分だ。

不平等の高まりは実際に、しばしば破壊的な性質を持つ力を呼び起こす。この力が最終的には不平等を低減させるが、その過程で何百万もの人命や莫大な富など、多くのものを破壊する。非常に高水準の不平等は結局のところ持続不能となるが、独力で低減するわけではない。戦争、社会的対立、革命といったプロセスを引き起こし、それが不平等を低減させるのだ。[4]

何気なく使われている「結局のところ」が、この見解の重大な弱点をあぶり出している。高水準の不平等が人類の文明の既定条件だとすれば、その条件と、かつて起きたほぼすべての暴力的衝撃のあいだに関連性を想像するのはきわめて容易になる。そして、同じく起こってもよさそうだったのに実現しなかった衝撃について、なぜ起こらなかったかを説明するのは難しくなる。

国家の破綻とその平等化効果を理論化し、内因化する最も野心的な試みをしたのは、人口生態学者から歴史家に転じたピーター・ターチンだ。彼の総合的長期サイクル理論は、おおよそ予測可能な時間枠のなかで、マクロ経済の構造を弱体化させたり回復させたりする発展の理想的・典型的推移の概要を描き出す。人口の増加は環境収容力を圧迫し、土地に対する労働の価値を相対的に下げる。そのプロセスはエリートを裕福にして不平等を高めることにつながり、それが今度はエリート間の競争の激化を促して、最後には国家の機能不全を招く。この危機が人口圧を減少させることによって人口動態に跳ね返り、特権階級のエリートたちをさらなる危険にさらして、国家体制を再構築する新たな軍族エリートの台頭を促す。こうした予測を検証する歴史的ケーススタディによって、人口動態や財政にかかわる要因よりもエリートの行動や競争が最も重要であることが明らかにされている[5]。

この種の内因化アプローチは、ほぼ外因性あるいは完全に外因性の力の重要性を軽視するおそれがある。外因性の力とは、疫病のように、不平等をはじめとする社会的条件を通じて影響を及ぼすが、その条件にまったく起因しない力のことだ。ただし、暴力的衝撃を正当に内因化して、所得と富の集中の波動のより恒常的なモデルを作り出せれば、それは本書の核となる主張には影響しない。必要とされた衝撃には、その根本原因にかかわらず、一貫して暴力的性質があった。問題は、物質的不平等に現れる政治的、社会的、経済的不均衡にそれらの衝撃がどれだけ深く根ざしていたかだけだ。深く根ざしていればいるほど、エリートの行動と人口動態が国家形成と構造的不平等化を牽引するという整合性のある分析的な物語のなかに、暴力的平等化をうまく組み入れることができる。変革的革命と国家の破綻のさまざまな事例が、この命題を検証するとりわけ大きな根拠となる。

この問題に真剣に取り組もうとすれば、もう一冊、別の本を書かざるをえないだろう。今のところは単に注意を喚起するにとどめたい。長期サイクル理論や、それに比肩する自己充足モデルの根拠となる適当な事例を選り分けるのは比較的容易だろうが、そうした考え方は結局、記録に残る歴史全体にどの程度通用するかによって判断されるべきだ。

内因性だけではない

1800年前後のフランス、イギリス、オランダ、スペイン、南北アメリカ大陸のスペイン領植民地の例を考えてみよう。わかっている限りでは、これらすべての場所で、不平等が高水準にあるか、高まりつつある時期がしばらく続いていた。フランス革命は、人口動態の圧力、エリートによる略奪、悲惨な不平等というサイクルを暴力によって終わらせた典型例と受け取られがちかもしれない。長年富の不平等が増し続けてきたオランダで、君主制に反対する一派がフランスの軍事介入に頼ってバタヴィア共和国の建国を宣言したのは、かなり以前から国内にくすぶっていた対立の帰結だった。その対立は、国内情勢と国外からもたらされた要因の両方によって説明できる。

スペインの不平等も同様に、何世紀にもわたって高まり続けていたものの、大きな危機は引き起こさなかった。外国勢力による度重なる侵略はおおむね外因性の出来事の連続で、それがなければ、所得の分配が日に見えて変わることはなかっただろう。その変化が引き金となって、今度は中南米でスペインの統治に対する反乱が起きた。このプロセスも、そもそもは国内の緊張と、半島戦争〔第6章参照〕を引き起こした外因性のきっかけの両方が原因である。

最後に、イギリスは以上の国々の社会に見られたような物質的資源の不均等な分布をある程度抱えていたが、国内の大きな混乱はまったく経験してこなかった。異なる帰結は政治制度の違いや戦争の勝敗に起因すると考えがちだが、引き合いに出す交絡変数〔それぞれが結果にどの程度影響しているか区別できない要因〕が多くなればなるほど、整合性のある内因化理論を現実の幅広い事例に当てはめるのは難しくなる。残された仕事はまだ多い(6)。

「われらの時代に平和を」——現実とは別の帰結

私の第二の問いについては、こんなことも言える。歴史には限界があるということだ。不平等について歴史的な説明をしようとすれば、必然的に、実際に起きた（とわれわれが思っている）ことに的を絞り、なぜそれが起きたかを説き明かそうとせざるをえない。起こらなかったことは、物語の外に置かれたままだ。私自身、歴史家として、それで満足していれば楽だと思う。事実を突き止めるのが歴史家の責務だと考えれば、近代歴史学の祖と言われるドイツの歴史家レオポルド・ランケが１８２４年に語った言葉としてよく引用される、「wie es eigentlich gewesen」（「実際に起こったこと」）だけで仕事は完結する。暴力的衝撃は古代より20世紀に入ってからもずっと、平等化を最も強く進める力であり、非暴力的メカニズムは一般に同様の帰結を生まなかったことが、歴史的記録によって明らかにされているからだ。

しかし、社会科学的な考えに傾いている人は、異議を唱えるだろう。反事実的仮定を論理的に考察するのは、実際の帰結をもたらすのに不可欠だった要因を確定しやすくするという理由ひとつをとっても、よりよい歴史にとって有用だ。そこで、別の問いが必要になる。平等化を進める暴力的衝撃が、平和的修正という別のシナリオになったかもしれない状況を台なしにしただけだとしたらどうだろう？

人類の歴史のほとんどに関して、そのような方針の研究が袋小路に陥りそうであることは間違いない。ローマ帝国が滅亡しなければ、ローマの貴族は虐《しいた》げられた大衆にとてつもない富を分け与えただろうか？　ペストが流行しなければ、イギリスの労働者は雇用者を説き伏せて賃金を2倍、3倍にできただろうか？　それらへの答えも、同種のどんな問いへの答えも、間違いなく「否」だ。同様の変化を引き起こしたかもしれない別の平和的メカニズムなど、まったく考えられない。そのうえ、ごく長い目で見れば、この問いは無意味でさえある。帝国は永遠には続かなかったのが常だし、疫病は、何らかの時点で発生するべくして発生した。永遠のローマ帝国とか、伝染病のない世界は、現実味のない仮定だ。歴史上の衝撃が起きなかったにしても、いずれ別の衝撃が代わりに起きただろう。その意味で、ごく近年まで、周期的な暴力的平等化に代わるもっともらしい選択肢はなかった。

だが、近代性が何らかの方法でゲームの規則を変えたとすればどうだろう？　この問いに重みがあるのは、平和的平等化の候補が簡単に頭に浮かぶからだ。大衆の教育、参政権の拡大、労働者の組織化をはじめ、工業化時代の目新しい特徴は、枚挙にいとまがない。本書がこれまで発してきたメッセージはどこまでも暗かったことは、正直に認めよう。もっと楽観的な識者――たとえば、クズネッツ曲線の後半部分に入っていると考える経済学者や、西洋式民主主義をはじめとする開明的な制度の栄光に慣れ親しんだ政治学者――に言わせれば、20世紀の「30年戦争」〔第一次世界大戦開戦から第二次世界大戦終結まで〕の混乱と、その長い余波が先にあったせいで、近代性の数多《あまた》の恩恵による平和的で秩序正しく適正に内因化された平等化が実現されなかっただけかもしれない。このシナリオを本来の純粋なかたちで実現するのを歴史が不都合にも拒んだことは、厳密には、実現の可能性がなかったことを意味しない。

もしも、世界大戦も革命もなかったら

もちろん確実に知ることはできないにしても、この反事実的仮定こそ、もっと深い考察に値する。もしも、世界大戦も、共産主義革命もなかったらどうだろう？　終始平和だった20世紀など、到底ありえない反事実的仮定に見えるかもしれない。当時のヨーロッパの主要な国家とその支配階級の力関係と特徴を考えれば、何らかの産業規模の戦争はおそらく避けられなかっただろう。だが、戦争の時期、期間

と深刻さについてはそうとは言いきれないし、第一次世界大戦がすでに終結したあとの紛争の再燃については特に疑問が残る。ボリシェヴィキと毛沢東思想の勝利も、どうなっていたかわからない[7]。

理想的には、2つの西側世界を研究できることが望ましい。ひとつは全面戦争と経済不況により疲弊した世界、もうひとつは無傷のままだった世界。そうすることでしか、一定の環境と制度を固定したうえで、経済的、社会的、政治的進展の相互作用と、それが不平等に及ぼす影響に焦点を合わせることはできない。そのような自然実験は不可能だ。われわれにとって都合が悪く、巻き込まれた人にとって悲劇的だったのは、世界大戦はその名のとおり、地理的な範囲が並外れて広かったことだ。そのせいで、反事実的に仮定した事態の進展を現実に推定する試みは、まったくないとは言えないが、あまり行われていない。

アメリカと日本はいずれも、どちらかと言えば脇役として第一次世界大戦に参戦した。アメリカの正式な参戦期間は19カ月で、軍事行動に携わっていた期間はそれよりずっと短い。関与が短期間だったため、徴兵率もヨーロッパよりはるかに低かった。日本の関与はごく小さかった。ほかの参戦国との比較のみならず、その10年前に日本がロシアと戦ったリスクの高い戦争にくらべてもそう言える。両国ともに、ヨーロッパのおもな交戦国とは異なり、最富裕層の所得シェアの低下は短期的なものにすぎず、不平等の回復によってたちまち元に戻った。

第二次世界大戦は、一度目の大戦よりもさらに地球規模で繰り広げられたため、選択肢はいっそう限られる。第5章で論じたように、物質的に巻き込まれなかったか影響を受けなかった先進国を探しても無駄なようだ。最良の候補はスイスかもしれない。いずれの世界大戦の期間中でも、最富裕層の富のシェアの低下は一時的でわずかであり、1933年に報告が始まって以来、上位1%の所得シェアはかなり安定していた。残る候補は、ラテンアメリカで最も開発の進んだ国々だ。制度と環境が欧米とは著しく異なるため、比較対象としては疑問もあるが、それでも望みうる最適な例である。なかでもわかりやすいのは、アルゼンチンが（南アフリカと同様に）第二次世界大戦中に所得の不平等の高まりを経験し、平等化でも財政の拡大でも先進国に後れを取って、それらが実現したのは1945年以降、しかも外国からの影響による部分があったことだ。このように、ささやかながら得られた証拠は、大量動員戦争と革命なしには本格的な平等化は起こりえなかったという考えとつじつまが合う[8]。

もちろん、この推測は到底結論と言えるようなものではないし、工業国の平和的平等化にはもっと時間が必要だっただけだという主張にも一理ある。そうした追加時間を考慮し、疑念を脇に置いて、20世紀を通じて大きな暴力的衝撃がなかった世界を――あるいは、信憑性が多少増す仮定として、そのような戦争が起こったが速やかな決着により新たに現れた力の均衡が持続する世界を――想定すれば、世界の、特に欧米の不平等はどのように進展したと考えられるだろうか？

唯一確信できるのは、起こらなかったと推測されること、つまり、資本の破壊と減価や、大胆な財政的再分配や、経済界へのさまざまな国家の干渉がなければ、所得と富の不平等の低減は、1914〜1940年代後半に見られたほど大幅ではなかっただろうということだ。実際に観察された平等化の規模はあまりに劇的であり、たとえ信じられないほど反事実的なメカニズムが働いたとしても、わずか一世代で同様の変化は引き起こせなかっただろう。だが、そうでなければ、どんなことが起きていただろうか？

第一の「悲観的」シナリオ

20世紀全体を網羅する理想的・典型的な帰結を4つ、考えてみよう（図14・1の①〜④）。第一の「悲観的」と呼べるかもしれないシナリオは、すでに19世紀の特徴となったパターンの延長であり、ヨーロッパでは中世末期近くのペスト流行の終焉以降、アメリカでは少なくとも独立以降に続いた、所得と富の集中の上昇期と安定期の繰り返しだ。その世界においては、欧米（および日本）では不平等が高水準でも比較的安定し、根強い金権政治に支配された終わりのない「金ぴか時代」が続いただろう。ラテンアメリカ全域のみならず欧米社会の一部でも、不平等性はさらに高まっていただろうが、イギリスをはじめ、すでに不平等性が最大限に高い場所では、横ばいになったはずだ。

この帰結は、近代以前の歴史の長きにわたる安定期に関しては申し分なく現実的であるものの、20世紀に関してはあまりに保守的に見える。1914年に先立つ数十年のあいだに、欧米の多数の国はすでに社会保障法、所得税や遺産税を導入し、参政権を拡大して、労働組合を認めるようになっていた。それらの取り組みはのちの世代の水準とくらべれば控えめだが、その後二世代ほどにわたって展開される再分配制度と福祉国家の大幅な拡大を支えた制度と概念の基礎を固めるものだった。われわれの平和な反事実的仮定の世界では、これらの政策も、緩やかにではあるが継続されてきたはずだ。それが、長期的には不平等の軽減に役立った可能性も大いにある。

第二の「楽観的」シナリオ

しかし、その程度はどのくらいだっただろうか？　第二のシナリオは最も「楽観的」な反事実的仮定だ。このシナリオでは、社会政策と大衆の教育が、ゆっくりと、だが着実に、所得と富の集中を徐々に減らしていった。そして、その好ましいプロセスは現在までに、現実の世界で数十年前（おおむね1970年代か80年代にかけて）にほぼ完全に実現した平等化をどうにか達成していたことだろう。ところが、たとえ暴力的「大圧縮」がなかったとしても、不平等はいずれ同じように減少したはずであり、時期が遅くなったにすぎないという想定には、いくつもの重大な支障がある。

そのひとつは、資本と資本所得の役割に関するものだ。社会民主主義が優勢になれば、遺産税の調整と市場経済への介入によって資本所得の利ざやが少しずつ削られたかもしれない。だが、暴力的衝撃がなかった場合、資本の破壊と減価が同程度の規模で起きたかどうかはわからない。20世紀の平等化が資本にまつわる現象である限り、それほど破壊的な環境でなければ、どれだけ時間が経とうと全般的な不平等が同じくらい減少することはなかったはずだ。

現実にとられたほかの措置も、反事実的仮定の平和な世界では実施されなかったと思われる。たとえば、90%超の限界所得税率、没収的な遺産税、事業活動と資本利益への多大な国家介入（賃金、地代、配当などの統制）などだ。一部の国々で不労所得生活者を一掃した破滅的なインフレの波もなかっただろう。共産主義の平等化効果も排除する必要がある。１９１７年以降のロシア、45年以降の中欧、50年以降の東・東南アジアで共産主義が実際に出現したことによる直接的影響はもちろん、欧米と東アジアの資本主義者に対する抑制装置として作用した間接的影響も考慮しなければならない。

最後に、反事実的仮定の平和な世界は、１９１４年以降のグローバリゼーションの中断を経験しなかったはずだ。その中断は貿易と資本移動を妨げ、関税、輸出入の割り当て、種々の規制といった多様な貿易障壁の設置を促した。現実世界では、その影響は第二次世界大戦以後に工業化した市場経済によってようやく徐々に克服されたが、発展途上国が被った影響の方が大きく長期にわたった。見方によっては、グローバリゼーションが完全に回復したのは１９７０年代になってからだ。暴力的衝撃がなかった場合、われわれは今ごろ、１５０年間途切れずに続いた真にグローバルな経済統合とともに、遅ればせの、ことによるとまだ完了していない脱植民地化と、それに伴って中心部および周辺のエリートが棚ぼた式に得た利益について振り返っているかもしれない[9]。

第三の「中間的」シナリオ

事実に反して、以上のような強力な平等化力がいっさいなかったと考えれば、最もありそうな帰結は、実際の歴史上見られたものよりも小規模（どれくらいの規模だろうか？）な平和的平等化になりそうだ。だが、こうした第三の「中間的」シナリオでさえ、おそらく楽観的すぎる。反事実的世界における技術の発展が現実世界のそれを反映すると仮定すれば（長い目で見ればそれは理にかなっているように思われる）、こんにちの識者を悩ませる多くの不平等化圧力——部門間の所得格差の復活から、コンピューター化に至る技術の進歩が可能にしたさらなるグローバリゼーションまで——は、不平等が現実世界に近いレベルまで減少するかなり以前に感じられたのではないだろうか？　そして、世界大戦の暴力的衝撃によって形成されたわけではない社会は、その圧力にもっと耐えられたのではないだろうか？

第四の最後のシナリオ

第四の最後のシナリオでは、20世紀の第2四半期と第3四半期に、社会民主主義と大衆教育によってエリート階級の富の蓄積が減り、不平等はある程度減少したかもしれないが、その後、現実世界、特にアングロサクソンの国々で見られたのとほぼ同じように回復したはずだ。4つの反事実的シナリオのうち最もありそうに思われるこのケースでは、不平等は一世紀前の典型的な水準に戻り、われわれは現在よりも悪い立場に立たされていただろう（図14・1）。

これらの理想的・典型的な反事実的仮定の相対的利点について、これ以上長々と考えるのは無駄かもしれない。それでも、暴力的衝撃なしに相当の平等化を実現するには、どれだけの条件の違いが必要だったかを理解する助けにはなる。第一に、近代という情勢のもとで平和的平等化が徐々に進む可能性を——こうした考え方を裏づける経験的証拠はほとんどないとしても——受け入れなくてはいけない。第二に、比較的平和な状況にある一世紀を加えることを認めなくてはいけない。現実と同程度の反事実的衝撃があったと仮定すれば、その時期や特徴にかかわらず、現実世界に近い状態に戻ることを余儀なくされ、暴力的平等化の優位性が強まるだけだからだ。第三に、20世紀初頭に存在したような資本の集中は、たとえ大規模な暴力的混乱がなくても、何らかの方法で解消できたと仮定する必要がある。それによってさらに想像が膨らむことは間違いない。第四に、そのような平等化が、過去一世代に見られた不平等化の力によって覆されることはなかったと信じる必要がある。

図14.1　反事実的仮定による20世紀の不平等の傾向

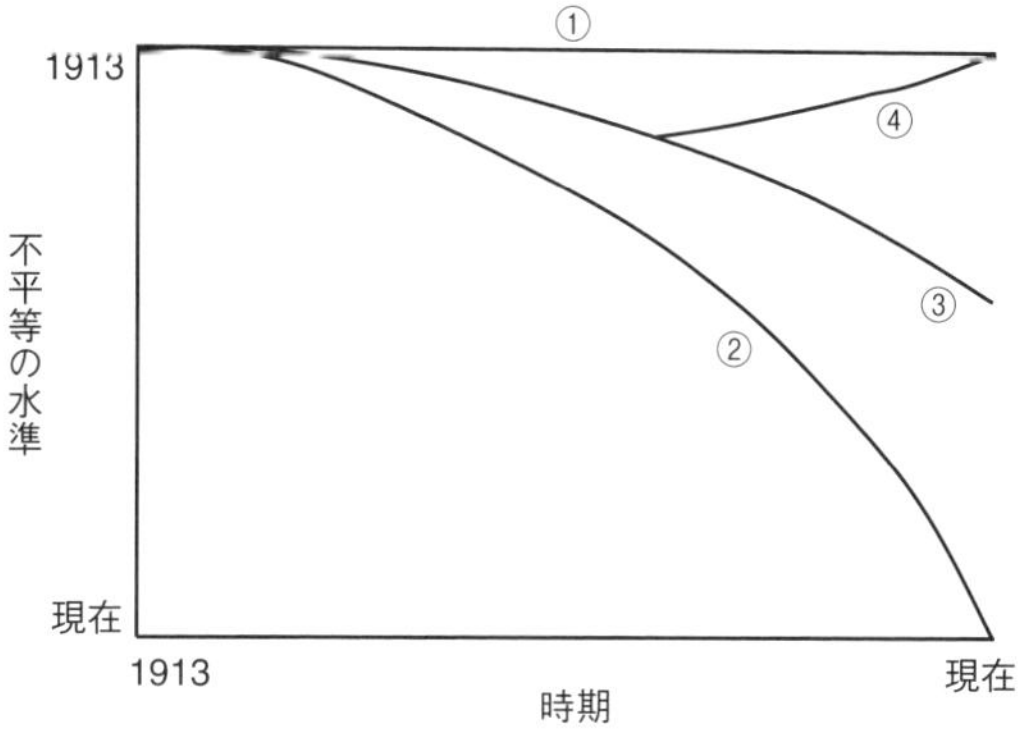

最初の3つの条件は、そもそも大規模な非暴力的平等化が起こるとすれば必ず当てはまるはずだし、こんにちわれわれが住む世界の不平等のレベルに近づくためには、4つの条件がすべて必要だ。これはあまりにも無理な注文であり、大きな暴力的衝撃がなければ、現在の先進国では所得と富の不平等が実情よりもかなり高まっているはずであることを強く示唆している。本当に問えるのは、どのくらい高まっているかだけだ。

反事実的仮定の重要性

こうした考察を、検証が不可能というだけでなく、何よりもわれわれが生きている世界ではないという理由から的外れだとして退ける人もいるだろう。だが、それは誤りだ。近代という情勢のもとでの平和的平等化という反事実的仮定が重要なのは、格別の理由があるからだ。「大圧縮」という地球規模の暴力なしに不平等が軽減されたかどうかや、あるいはどのくらい軽減されたかを知ることができなければ、現在や未来の平等化の見込みをどうやって判断できるだろう？　数多の地域的な危機が絶えず注目を集めているとはいえ、私が反事実的仮定で描いた、比較的平和で安定し経済が統合された世界は、まさに現代の人類の大半が暮らす世界だ。その状況は、どのように現在の不平等を形作ってきたのだろう？　そして、平等化の未来にとってどんな意味を持つのだろう？

第7部

不平等の再来と平等化の未来

第15章 現代はどうか?

復活した不平等

「大圧縮」の時代を生き抜いてきた最後の世代は、急速に消え去りつつある。第二次世界大戦に従軍したアメリカ人の95%がすでに他界し、生存者の大半が90歳代だ。人びとと同様に、平等化も消えつつある。先進国では、1914年に始まった不平等の大がかりな縮小はとっくに終わった。この30年プラスマイナス10年のあいだに、信頼性のあるデータを入手できたあらゆる国で、所得格差は拡大している(表15・1、図15・1)[1]。

26カ国のサンプルで、最富裕層の所得シェアは1980~2010年に1・5倍になり、市場所得の不平等はジニ係数で6・5ポイント上昇した。この増加分は、ほぼ世界的な再分配の拡大によっても部分的にしか吸収できていない。統計上は1983年が大きな転換点で、フィンランド、フランス、ドイ

表15.1　1980～2010年の主要国における最富裕層の所得シェアと所得の不平等の趨勢

国名	基準	1980年	1990年	2010年	最低値(年)
オーストラリア	上位1%	4.8	6.3	9.2	4.6(1981)
	ジニ係数(m)	35.5	38.1	43.3	
	ジニ係数(d)	26.9	30.3	33.3	
オーストリア	ジニ係数(m)	38.3(1983)	44.0	42.3	
	ジニ係数(d)	26.6(1983)	28.4	27.4	
ベルギー	ジニ係数(m)	33.0	30.7	33.1	
	ジニ係数(d)	22.6	23.0	25.2	
カナダ	上位1%	8.1	9.4	12.2	7.6(1978)
	ジニ係数(m)	34.9	37.6	42.2	
	ジニ係数(d)	28.2	23.0	25.2	
デンマーク	上位1%	5.6	5.2	6.4	5.0(1994)
	ジニ係数(m)	43.1	43.6	46.7	
	ジニ係数(d)	25.5	25.8	25.3	
フィンランド	上位1%	4.3	4.6	7.5(2009)	3.5(1983)
	ジニ係数(m)	37.5	38.2	45.1	
	ジニ係数(d)	21.7	21.0	25.6	
フランス	上位1%	7.6	8.0	8.1	7.0(1983)
	ジニ係数(m)	36.4	42.6	46.1	
	ジニ係数(d)	29.1	29.1	30.0	
ドイツ	上位1%	10.4	10.5(1989)	13.4(2008)	9.1(1983)
	ジニ係数(m)	34.4	42.2	48.2	
	ジニ係数(d)	25.1	26.3	28.6	
ギリシャ	ジニ係数(m)	41.3(1981)	38.6	43.2	
	ジニ係数(d)	33.0(1981)	32.7	33.3	
アイルランド	上位1%	6.7	7.3	10.5(2009)	5.6(1977)
	ジニ係数(m)	41.3	42.6	45.2	
	ジニ係数(d)	31.1	33.1	29.4	
イタリア	上位1%	6.9	7.8	9.4(2009)	6.3(1983)
	ジニ係数(m)	37.0	39.7	47.2	
	ジニ係数(d)	29.1	30.1	32.7	
日本	上位1%	7.2	8.1	9.5	6.9(1983)[a]
	ジニ係数(m)	28.3	31.3	36.3	
	ジニ係数(d)	24.4	25.9	29.4	
韓国	上位1%	7.5	—	11.8	(6.9(1995))
ルクセンブルク	ジニ係数(m)	—	31.3	43.5	
	ジニ係数(d)	—	24.0	26.9	
オランダ	上位1%	5.9	5.6	6.5	5.3(1998)
	ジニ係数(m)	33.8	38.0	39.3	
	ジニ係数(d)	24.8	26.6	27.0	
ニュージーランド	上位1%	5.7	8.2	7.4[b]	5.4(1988)

国名	基準	1980年	1990年	2010年	最低値(年)
	ジニ係数(m)	29.7	36.0	35.5	
	ジニ係数(d)	28.1	22.9	23.1	
ノルウェー	上位1%	4.6	4.3	7.8	4.1(1989)
	ジニ係数(m)	33.8	36.8	36.9	
	ジニ係数(d)	23.5	22.9	23.1	
ポルトガル	上位1%	4.3	7.2	9.8(2005)	4.0(1981)
	ジニ係数(m)	33.9	45.1	50.5	
	ジニ係数(d)	22.4	30.8	33.3	
シンガポール	ジニ係数(m)	(41.3)	(43.7)	46.9	
	ジニ係数(d)	(38.3)	(40.8)	43.3	
南アフリカ	上位1%	10.9	9.9	16.8	8.8(1987)
スペイン	上位1%	7.5(1981)	8.4	8.1[b]	7.5(1981)[c]
	ジニ係数(m)	35.4	35.9	40.9	
	ジニ係数(d)	31.8	30.2	33.3	
スウェーデン	上位1%	4.1	4.4	6.9	4.0(1981)
	ジニ係数(m)	39.3	41.9	48.5	
	ジニ係数(d)	20.0	21.4	25.8	
スイス	上位1%	8.4	8.6-9.2	10.6	8.4(1983)
	ジニ係数(m)	46.3	39.7	40.7	
	ジニ係数(d)	30.3	32.2	29.8	
台湾	上位1%	6.0	7.8	11.2	5.9(1981)
	ジニ係数(m)	27.8	29.2	32.4	
	ジニ係数(d)	26.3	27.2	29.6	
イギリス	上位1%	5.9-6.7[d]	9.8	12.6	5.7(1973)
	ジニ係数(m)	37.0	44.4	47.4	
	ジニ係数(d)	26.7	32.8	35.7	
アメリカ	上位1%	8.2	13.0	17.5	7.7(1973)
	上位1%(cg)	10.0	14.3	19.9	8.9(1976)
	ジニ係数(m)	38.6	43.3	46.9	
	ジニ係数(d)	30.4	34.2	37.3	
平均	上位1%[e]	6.7	7.8	10.0	6.1(1983)[f]
	ジニ係数(m)	36.2	38.7	42.7	
	ジニ係数(d)	28.0	28.1	29.8	
	移転	8.2	10.6	12.9	

注：m＝市場所得，d＝可処分所得，cg＝キャピタルゲインを含む
a：1945年は6.4
b：本章の注(3)参照
c：1980年以前はデータなし
d：1979年および1981年
e：南アフリカを除く．南アフリカを含めた数値：6.9（1980），7.9（1990），10.3（2010），6.2（最低値，1983）．数値は括弧つきの不確実なデータにもとづく
f：メジアン（中央値）およびモード（最頻値）

図15.1　1980～2013年のOECD加盟20カ国における上位1%の所得シェア

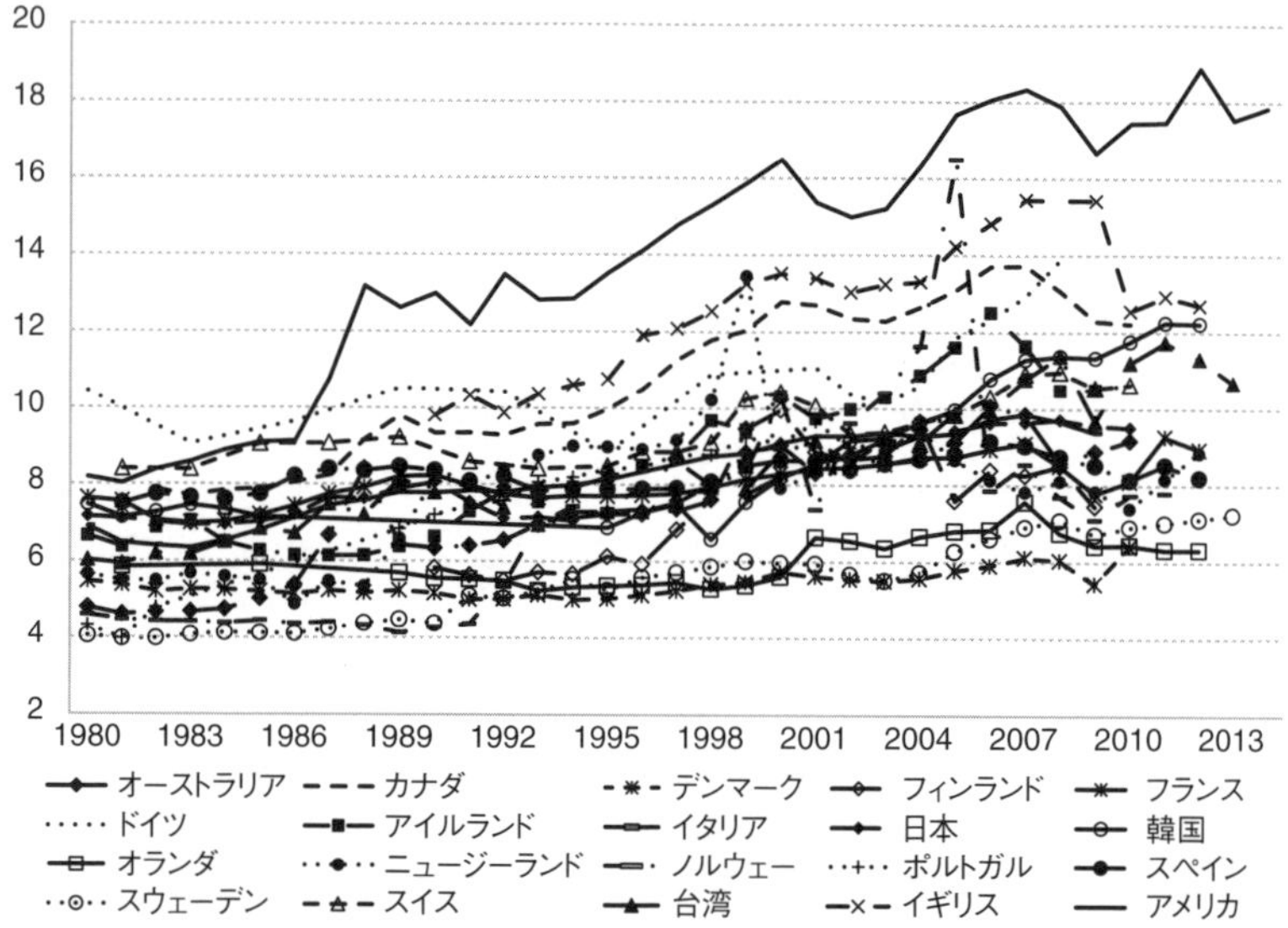

ツ、イタリア、日本、スイスで不平等の減少傾向が逆転しており、様相としてはサンプル全体が同じ傾向にある。

アングロサクソンの国々の経済では、おおむね１９７０年代にいち早くその傾向が始まっていた。イギリスでは１９７３年、アメリカでは73年あるいは76年、アイルランドでは77年、カナダでは78年、オーストラリアでは81年から不平等が高まりはじめた。アメリカの賃金格差は１９７０年前後にはすでに広がっていた。ほかの測定基準もこの見方を裏づける。世帯当たり等価可処分所得ジニ係数と、最上位と最下位の所得シェアの比は１９７０年代または80年代以降、概して大きくなり続けた。80年代以降、ＯＥＣＤの多くの国々で、中間所得層人口の割合が、高所得層と低所得層にくらべて低下している[2]。

もっと詳しく見ても、この趨勢には部分的な例外すらほとんどない。最富裕層の所得シェアに関しては、データの範囲にムラがあるため、表15・1では単独の基準年を使っている。そのせいで、スペインとニュージーランドでは不平等がわずかに低下し、フランスでは変化がないままだったように見える。かわりに5年移動平均を用いると、このグループには1990年前後以降、最富裕層の所得シェアがいっさい上昇しなかった国はひとつもないことが明らかになる。

同じ方法でジニ係数を検討してみると、可処分所得の不平等はオーストリア、アイルランド、スイス以外のすべての国で増加し、市場の不平等は例外なく増していることがわかる。そして、ほとんどの場合、所得の集中ははるかに顕著だった。最富裕層の所得シェアが公表されている21カ国のうち11カ国で〔正しくは12カ国〕、「1%」が得た全所得の割合が、1980〜2010年に50%から100%以上、上昇している。(3)

各国で拡大し続ける不平等

2012年に、アメリカの不平等はいくつかの記録さえ達成した。同年、最上位1%の所得シェア(キャピタルゲインを含む場合も含まない場合も)と、最も裕福な0・01%の世帯が保有する私有財産のシェアが、1929年の最高水準をはじめて超えた。それだけでなく、公表された所得分布ジニ係数は実際の不平等の水準よりも低かった可能性が非常に高い。データの出所となった調査は、超富裕層に関する情報の把握に問題があるからだ。

アメリカに関しては、さまざまな補正を加えるとジニ係数はだいぶ高い値となり、時とともにその傾向が強くなる。したがって、1970〜2010年の公式の市場所得分布ジニ係数はおよそ0・4から0・48に上がったが、実際には1970年には約0・41〜0・45で、2010年には0・52〜0・58という高さに達していた可能性がある。最も控えめに補正した場合でさえ、この不平等指標は1970年の

0・41から2010年には0・52となり、25％以上も上がったことになる。再分配はこの趨勢をほんのわずかに緩和しただけだった。1979〜2011年に最上位1％の年間所得の伸びは所得再分配前で3・82％、所得再分配後で4・05％だったのに対し、下位5分の1ではそれぞれ0・46％と1・23％だった。(4)

この趨勢は、表15・1で調べた国々に限ったものではまったくない。第7章で詳述したように、正式あるいは実質的に共産主義から脱した社会で、物質的不平等が非常に大きく膨らんできている。そのような展開はとりわけ中国で目覚ましく、市場所得ジニ係数が1984年の0・23から2014年には0・55前後と2倍以上になっており、富の集中をあらわすジニ係数も、1995年の0・45から2010年代前半には0・7台へと急上昇した。ロシアでも、市場所得ジニ係数は2008年以来0・5強で推移している。ソヴィエト連邦が消滅した1991年の0・37、さらに低かった80年代前半の0・27から上昇したのだ。

おもな発展途上国の一部も、同様の変遷を経てきた。インドの市場所得ジニ係数は70年代半ばの0・44〜0・45から2000年代後半の0・5〜0・51に上昇し、最上位1％の所得シェアは80年代後半から99年のあいだに2倍になった。パキスタンの市場所得ジニ係数は70年ごろの0・3という低い数値から2010年には0・55となった。それでも、発展途上国の多くでは、一貫した長期的な趨勢を見いだすのは難しい。たとえばインドネシアは、90年代前後の所得の集中の著しい高まりからは回復したものの、ジニ係数と最富裕層の所得シェアは80年前後よりも高いままだ。すでに第13章で、アフリカとラテンアメリカの不平等の複雑さを指摘した。80年代後半から2000年前後までに、低所得国を除いた国々のあらゆる種類の経済圏において、所得はより不均等に分配されるようになった。世界全域の下位中間所得国、上位中間所得国、高所得国で分配がより不均等になったのだ。地球上のあらゆる場所で、上位20％の所得シェアは、1990年代から2000年代前半までに伸長した。(5)

平等化効果の弱まり

さまざまな発展段階にある多種多様な国々が、同じようにこの不平等のプロセスに至ったことには驚かされる。中国とロシアという二国の例だけを見ても、片や経済崩壊の憂き目にあい、片や例外的に力強い成長を享受したにもかかわらず、いずれも所得と富の劇的な集中を経験してきた。その結果、1990年から2010年までの実現率――理論的に可能な最大限度の不平等が実現された割合――は、中国では1人当たりGDPとジニ係数が連動して上昇したため、おおむね横ばいだったが、ロシアでは生産高がソ連時代の水準まで伸びなかったため2倍になった。

より広い範囲では、所得の不平等の高まりは、中欧・東欧と中央アジアでは中央計画経済から市場経済への移行に起因したが、東アジアでは経済の強い成長に後押しされたものであり、2002年ごろまでのラテンアメリカではマクロ経済危機と構造的変革が原因だった。それら複数の原因に加えて、豊かな西側の国々で同時に起きた変化には多種多様な原因が挙げられてきた[6]。

ラテンアメリカは例外として、それらの社会に共通するのは、1910年代から40年代までの「大圧縮」のみならず、その余波である緩やかな平等化をも分かち合っていたことだ。2度の世界大戦に直接かかわった国々は現在、世界の名目GDPの4分の3以上を生み出しており、ヨーロッパの非参戦国と、大きな影響を受けた旧植民地を含めれば、この割合は5分の4以上にのぼる。つまり、近年の広範な不平等の高まりは、かつて不平等をほぼ維持不能な異常に低い水準にまで減らした暴力的衝撃の平等化効果の弱化、と解釈するのが最善かもしれない。

市場と権力

私は、人類史の夜明けから20世紀までの所得と富の不平等の変遷のあらましから、本書を書き起こした。何千年もの歴史的記録をサンプルとすることで、資源を少数の手に集中させる2つのおもな要因を突き止めることができた。それは経済発展と権力者の搾取的行動で、権力者たちは自らの活動が競争的市場で生む量をはるかに超える富――経済学者の言う「レント」（超過利潤）――を私物化できる。いずれも現在まで作用し続けているメカニズムである。

本質を突き詰めていけば、高まる不平等の原因をめぐるこんにちの議論は、ひとつの根源的な問いを中心に繰り広げられる傾向にある。一方は需要と供給を通じて、他方は制度と力関係を通じて作用する市場の力の相対的重要性をめぐる問いだ。この問題に真摯に向き合えば、先進国の経済で拡大しつつある所得格差に、それらすべてが大きく関与してきたことはほぼ否定できないだろうが、具体的詳細については異論も多々ある。近年、制度と権力にもとづく説明が支持を広げてきたとともに、需要と供給の提唱者も、テクノロジーやスキル、効率的市場の重要性を強調する、さらに高度なモデルを考案し続けている。(7)

教育からのアプローチの限界

所得の不平等の高まりは高等教育の見返りの増加に原因があり、特にアメリカでその傾向が強いことが、多くの識者によって明らかにされてきた。１９８１～２００５年に、高卒者と大学進学者の平均賃金格差は48％から97％にまで倍増した。その推移は単に利得の増加が不均衡だという問題ではない。１

980〜2012年の実質賃金は、大卒男性で20〜56％増え、学士号よりも上の学位を取得した人がもっとも恩恵を受けた一方、高卒者では11％、高校中退者では22％下落したのだ。

1980年ごろから2000年代前半に広がった賃金格差のおよそ3分の2は、大卒労働者に与えられるプレミアムの拡大に起因する。60年代と70年代にあらゆる労働時間における大卒者の割合が急速に増加したあと、1982年前後から増加が緩やかになり、技能労働への需要が供給を上回ると、プレミアムが上がった。グローバリゼーションだけでなく、技術的変化も決定的役割を果たしたようだ。人間の単純労働にオートメーションが取って代わり、手工業は海外の生産者へ移転され、正規の教育、技術的熟練、より幅広い認知能力への需要が増した。それが低賃金の肉体労働と高賃金の頭脳労働の両極化を招き、中間の仕事がなくなって、所得分布の中間層が空洞化した。発展途上国では技術的変化が、さらに強力な不平等化効果を発揮したかもしれない(8)。

教育への投資を増やすという解決策は棚上げされたままだ。2004〜2012年に、アメリカでは大卒労働者の供給が増加すると同時に、プレミアムが（高水準だが）横ばいとなった。イギリスを除けば、ヨーロッパの大半と東アジアの数カ国で、スキルプレミアムはおおむね横ばいか、減少さえした。国ごとの差異は高学歴労働者の供給量に関係する。実際、教育への見返りは国によって大きく異なる。アメリカではスウェーデンの2倍に達することもある。これは、教育のプレミアムの高まりが世代間所得移動の減少と関連するだけに、なおさら大きな意味を持つ(9)。

それにもかかわらず、このアプローチのさまざまな限界が、評者により指摘されている。賃金の高い職業と低い職業の両極化という現象を裏づける確固とした証拠はないかもしれないし、技術の変化とオートメーションは、90年代以降の賃金比率の拡大の理由とするには不適当だ。むしろ、職業間ではなく職業内の賃金の差異が、不平等を高める決定的な要因のように見える。そのうえ、最富裕層の所得の激しい上昇は、教育との関係で説明するのがとりわけ難しい。この問題は、あとでまた取り上げる。また、アメリカで教育と雇用のあいだにミスマッチが増えているという見解も、問題を複雑にする。実際の仕事内容と比較して過剰な資格や資質を持つ労働者が増え、それが賃金格差に拍車をかけてきたというのだ[10]。

グローバリゼーションと不平等

グローバリゼーションは一般に、不平等化を進める強い力と見なされている。グローバリゼーションの盛衰は長年、不平等の波動と関連づけられてきた。欧米のみならずラテンアメリカと日本でも、19世紀後半から20世紀前半のグローバリゼーションの第一波が、不平等の高まり、あるいは（高い）不平等の安定と時期を同じくした一方、１９１４年から１９４０年代までの戦争と大恐慌によるグローバリゼーション停滞期には、不平等が減少したからだ。１９７０〜２００５年の約80カ国の動向の調査から、国際貿易の自由化と、同時に進められた規制撤廃により、不平等がかなり高まったことがわかる。

グローバリゼーションは概して経済成長に有利に働くものの、先進国でも発展途上国でも、エリートがその恩恵を過度に受ける傾向がある。この不均衡にはいくつかの理由がある。ある試算によれば、中国が資本主義を受け入れ、インドが市場を改革し、ソ連圏が崩壊したことにより、グローバル経済の労働者数は実質的に倍増した一方、資本はそれほど増えず、技能労働者が世界の労働者全体に占める割合は低下したため、富裕国の不平等が拡大したという。対外直接投資というかたちでの金融のグローバル化は、スキルプレミアムと、おそらくは資本利益を引き上げる圧力となり、高所得層内部の不平等を高める。対照的に、完成品の貿易を通じた低賃金国との競争は、アメリカでは不平等に大きく影響しなかったようだ。貿易のグローバル化による平等化効果と、資本の移動による不平等化がせめぎ合い、グローバルな経済統合のなかで相殺されるため、全体的な効果は薄れてしまうのだ[11]。

グローバリゼーションは政策決定に対しても影響力を持つ。競争が激化し、金融が自由化され、資本の流れを妨げる障害が除かれることで、財政改革と経済開放が進むかもしれない。その結果、グローバリゼーションによって、課税が法人税や個人税から支出税へ移行し、そのせいで税引後所得の分配の平等性が低下する傾向がある。それでも、少なくとも現時点までは、国際経済の統合と競争は、理論上は一部のタイプの再分配政策だけを抑制するものと予測されているし、実際上も一般に福祉支出を縮小させてはいない[12]。

富裕国では、人口動態的要因がさまざまなかたちで所得分布に作用してきた。移民は、アメリカでは不平等にわずかな影響しか与えず、ヨーロッパの一部の国々では平等化効果さえ生んできた。逆に、同類婚――より具体的には、配偶者どうしの経済状況がますます類似すること――が世帯間の格差を広げ、1967〜2005年のアメリカにおける収入格差の全体的増加の25〜30％程度を引き起こしたとされるが、この影響はおおむね1980年代に集中しているようだ[13]。

労働組合加入率の重要性

制度の改変も、目立つ原因のひとつだ。労働組合加入率の低下と最低賃金の漸減が、所得格差の高まりを助長してきた。政府による再分配は、組合密度や団体賃金交渉と正の相関関係にあることがわかっている。労働者の組織力と雇用の保護が強まれば、スキルへの見返りは低くなる。一般的には、労働組合が組織されることにより、公平さの規範が制度化されて、賃金の不平等が圧縮される傾向がある。その逆の動き――脱組合化と実質最低賃金への下降圧力――が結果的に賃金分布を歪めてきた。アメリカでは1973〜2007年に、民間の労働組合加入率が男性では34％から8％に、女性では16％から

6％に下がったのと時を同じくして、時給の不平等が40％以上増加し、この時期の全体的不平等の原因の大きな部分を占めた。その規模はスキルプレミアムの上昇に匹敵する。それにくらべれば、最低賃金がこのプロセスに果たした役割はずっと小さい。同時に、ヨーロッパ大陸のより公平な労働市場の制度は、不平等の高まりを抑えるのにもっと有効だった。(14)

税と不平等

労働市場の制度が労働報酬の分配法の形成に一役買ったのと同様に、財政制度も可処分所得の分配の決定に重要な役割を果たした。第二次世界大戦中と戦後には、多くの先進国で限界所得税率が記録的高さに急上昇した。この流れが逆転したのは、所得の不平等が回復しはじめたのとほぼ同時期である。OECD18カ国に関するある調査では、2カ国を除くすべての国で、最高限界税率が70年代か80年代以降、低下してきた。とりわけ、最富裕層の所得シェアは課税負担と強く関連しており、大幅な減税を実施した国で最富裕層の所得が相当伸びても、ほかの国ではそうした伸びはなかった。

富裕税の規模も同じ道をたどり、戦後期には重い相続税によって莫大な財産の再構築が妨げられたものの、その後の減税で新たな蓄財が容易になった。アメリカでは、資本所得への課税率の引き下げにより、税引後所得全体に占める資本所得の割合が上がり、2000年代には、減税に伴ってキャピタルゲインと配当金の相対的な重みが大幅に増した。1980〜2013年に、上位0・1％の世帯の平均所得税率は42％から27％に下がり、富への課税率は平均で54％から40％に下がった。税の累進性の縮小は、近年アメリカで富の格差が拡大した原因のおよそ半分を占める。一方、所得の不平等の高まりは、大部分が賃金格差によって引き起こされた。ここ数十年、OECD諸国のほとんどで再分配の規模が拡大してきたにもかかわらず、税と移転支出は市場所得の不平等の高まりに追いつかず、90年代半ば以降、平等化の手段としての効果が薄れてしまった。[15]

税、事業規制、移民法、労働市場の多様な制度を決めるのは政策決定者であるため、前述した不平等の原因のいくつかは、政治の領域に深く根ざしている。すでに述べたように、グローバリゼーションの競争圧力は国家レベルの立法結果に影響する可能性がある。ただし、政治と経済的不平等化は、多種多様なかたちで相互に作用する。アメリカでは、二大政党がいずれも自由市場資本主義を目指すようになってきた。議会の氏名点呼投票の分析によれば、1970年代以降、共和党議員がさらに右寄りに流れた度合いは、民主党議員が左寄りに傾いた度合いより大きいが、民主党議員は90年代の金融規制撤廃の実施に貢献し、昔ながらの社会保障政策よりも、ジェンダーや人種や性同一性といった文化的問題に的を絞るようになってきた。

連邦議会における政治的両極化は、1940年代にいったん落ち着いたものの、80年代以降、急速に進んでいる。1913～2008年、最富裕層の所得シェアの推移は両極化の変化を忠実に追いかけてきたが、時期はほぼ10年、うしろにずれている。両極化の進展が最富裕層の所得シェアの変化に先立つが、両者は概して同じ方向へ進んだ――まず下がり、それから上がったのだ。アメリカ経済の金融部門における賃金と教育の水準を、その他全部門と比較した指標も同じで、やはり時期はずれているが、二大政党の両極化を追いかけている。つまり、エリート全般の所得、特に金融部門エリートの所得は、議会の結束の程度を敏感に反映し、悪化しつつある膠着状態から恩恵を受けてきたということだ。

そのうえ、有権者の投票率にはかなりの偏りがあり、富裕層が有利な状況となっている。裕福でない有権者の投票率は伝統的に低く、1970年代以降、市民権を持たない低所得労働者の大量移入によってますます低下した。2008年と2010年の選挙では、有権者の投票率は所得と密接に関連しており、世帯所得の低い方から高い方へ、ほぼ直線的に増加していた。2010年には最も貧しい世帯のわずか4分の1しか投票しなかったが、15万ドルを超える所得がある世帯では半数以上が票を投じた。アメリカの「1%」は、人口全体にくらべて政治的により活発であると同時に、課税、規制、社会福祉に関してはより保守的で、その偏りは高所得層の最上位に至るとさらに大きくなる。

結局、項目別の寄付が大幅に増加したにもかかわらず、選挙運動への寄付は時とともにますます集中するようになってきた。1980年代には、最も収入の多い0.01%層の寄付額は、寄付による選挙運動資金の総額の10〜15%を占めていたが、2012年には寄付総額の40%以上にのぼった。その結果、候補者と党が超富裕層の寄付に頼る傾向がますます強まり、高所得層有権者の意向を尊重する議員の偏向がより広く目につくようになっている。[16]

最富裕層の影響力

それらすべてから確実に引き出せる結論は、力関係の変化が、技術的変化や地球規模の経済統合から生じた不平等化圧力を補強し増幅する役割を果たしてきたということだ。所得と富の分布の最上層における変化が、制度的・政策的要因にとりわけ敏感に反応し、時には劇的な結果を引き起こすという見解がまとまりつつある。アメリカでは、1979〜2007年の市場所得の成長の60%が「1%」に吸い取られた一方、下位90%に届いたのは成長全体のわずか9%だった。同じエリート層が、税引後所得の成長分の38%を懐に入れたのに引き換え、下位80%が得たのは31%だった。アメリカで最高水準の収入を得ている0.01%の世帯の所得シェアは、90年代前半から2010年代前半のあいだに2倍以上になった。分散した富は着実に高所得層に集中していった。アメリカの90パーセンタイルの所得と50パーセンタイルの所得の比は1970年以来、着実に大きくなってきたが、50パーセンタイルの所得と10パーセンタイルの所得の比（すなわち中間レベルと低レベルの比）は1990年代以来、むしろ横ばいである。言い換えれば、高収入の人びとがその他大勢を引き離し続けているのだ。

この傾向は一般にアングロサクソンの国々で目についてきたが、ほかのOECD諸国の大半ではずっと目立たないか、まったく見られない。とはいえ、全体的な所得の不平等は、世界中どこでも、長期的には最富裕層の所得シェアの影響を敏感に受けてきた。多くの国で、上位「1%」のすぐ下の9%の世帯の所得シェアは、1920年代からこんにちまで(20~25%前後で)安定してきた一方、最富裕層の所得シェアははるかに不安定だったからだ。同様の傾向は上位層の富のシェアにも見られる。それらすべてからわかるのは、最大所得の相対的な規模が、全体的不平等の主要な決定因子であり、それゆえに特に注目に値することだ。(17)

高所得者がその他大勢を引き離してきたのはなぜだろう? 経済学者と社会学者はじつにさまざまな説明を提示してきた。役員報酬の高騰と企業価値の高まりの関係、特定の経営能力への需要の高まり、取締役会を巧みに牛耳る経営者によるレントの搾取、資本所得の重要性の高まりといった経済的要因に注目する学者もいる。また、保守的な政策に有利な党派性と政治的影響、金融部門の規制撤廃、税率の下落といった政治的理由を強調する学者もいれば、企業トップの報酬を設定する際の評価基準や上方へのバイアスがかかっていたり上昇志向者が好んだりするサンプルの使用、より一般的には公正に関する社会規範や通念の変化といった社会的プロセスの果たす役割に重きを置く学者もいる。

制度上の原因を重視する傾向が強まっているにもかかわらず、需要と供給を前面に押し出す説明も根強く支持されてきた。時価総額であらわされる企業規模の拡大のせいで、経営能力のわずかな差さえ非常に大きな意味を持ちかねない。そのため、1980~2003年に大企業の株価が6倍になったことが、アメリカで同時期にCEO(最高経営責任者)の報酬が6倍になった理由のすべてだと言われてきた。勝者総取りモデルを前提とすれば、市場規模の拡大そのものが、最上層の報酬を引き上げる促進剤となることは十分に考えられる。

金融の専門職が得る過剰な利得

とはいえ、企業規模と役員報酬の相関関係はいつまでも続くわけではない。ここ数十年ですら、最富裕層の所得の並外れた高騰は、企業幹部をはじめとする「スーパースター」の域を超えて広がってきた。アメリカでは、主要企業の幹部、超一流の芸能人とスポーツ選手は上位所得層のおよそ4分の1を占めるにすぎない。経営者の力を強調する説明もあるが、それは比較的少数のCEOグループに関連するだけで、ほかの立場にいる人びとの報酬の増加が同等か、相対的にはより大きいことの理由としては不十分だ。技術的変化、特に情報・通信技術の変化と、ある種の事業の国際的規模の拡大が互いに作用した結果、卓越した業績を上げる人の相対的生産性が上がり、同時に彼らの所得シェアが膨らむのかもしれない[18]。

しかし、「豊かさに大きく影響するのは、経済的生産性とは関係が薄いか無関係な要因である」という強い批判もある。金融部門の報酬の水準は規制撤廃と密接に結びついてきたが、目に見える要因だけでは説明できないほど高い。1990年代までは、アメリカの金融部門労働者が得る学歴調整ずみ賃金はほかの部門の労働者と同程度だったが、2006年には50％増し、幹部にいたっては250〜300％増しとなった。この格差のかなりの部分は説明できていない。企業幹部のみならず金融の専門職が得るこのように過剰な利得は、レント獲得、つまり、競争市場でサービスを確保するのに必要な額を超えた所得を暗示する。1978〜2012年に、アメリカのCEOの報酬は2012年恒常ドルで876％上がった。株価指数でスタンダード＆プアーズが344％増、ダウ・ジョーンズが389％増だったのをしのぐ、劇的な増加だ。90年代にはほかの最富裕層の所得や賃金とくらべても、きわめて劇的に上昇した。

教育の需要に対する供給はそうした事態とは無関係で、同じ学歴グループ内の所得のばらつきを説明することはできない。実際、利益の最も大きい仕事や事業活動のなかには、正規の教育よりも社会的スキルが求められるものもあるし、最高幹部の評価はおおむね、企業が接触し管理する必要がある顧客、取引業者、経営者からなる譲渡不可能なネットワーク内の地位によって決まるようだ。波及効果も注目に値する。高騰する幹部の報酬と経済の「金融化」が直接的原因となるのは最富裕層の所得の近年の伸びの一部でしかないが、法律や医療といったほかの部門にそれらが及ぼす影響が、不平等化効果を増幅させてきた。

それればかりか、ＯＥＣＤ諸国全体で限界最高税率の引き下げによって最富裕層の所得シェアが伸びたため、地位の高い労働者の優遇が民間部門から公共部門へと広がった。巨万の富の構築は政治的影響と略奪的行為に多くを負うことが少なくないが、欧米以外の社会では権力関係がさらに重要だ。中国では、政界出身者や政界に強いコネを持つＣＥＯの方が報酬が高いのは、おおむねそのためである。[19]

富の不平等の軌跡

最後が――資本である。富は所得にも増して不均等に分配され、裕福な世帯により激しく集中するのが常であるため、資本所得の相対的な重要性や富の集中が少しでも増すと、所得の不平等性が高まるようだ。資本の復活は、ピケティの最新の著作の中心的テーマのひとつだ。この流れを最もはっきりと示しているのは、「大圧縮」中には落ち込んでいた、国民所得に対する国富の比率の回復である。その後、富の相対的規模は、多くの先進国だけでなく世界全体でかなり拡大してきた。同様の流れによって、国民所得に対する私有財産の比率と、可処分所得に対する民間資本の比率も上昇した。

このような進展が不平等にどのような全体的影響を及ぼしたかについては、まだ議論が続いている。批評家たちの主張によれば、この増加の多くは民間住宅の値上がりを反映しており、資本ストックに対する住宅の寄与分を計算に入れた調整値が示すのは、1970年代以降、主要な経済大国の数カ国で資本／所得の比が上昇せず横ばいに推移したことだという。この時期には多くのOECD加盟国で、国民所得に占める資本所得の割合が上がっていったが、所得上位層では、資本による所得と賃金による収入の重さの比には、70年代から2000年代前半まで一貫した変化はなかった。[20]

富の不平等がたどってきた軌跡は、ばらついている。1970年代以降、最も裕福な1％の世帯が保有する私有財産のシェアはフランス、ノルウェー、スウェーデン、イギリスではほとんど変わらず、オランダでは減少し、フィンランドではやや増加、オーストラリアとアメリカではより大きく増加した。アメリカの富は、アメリカの所得よりもさらに急速に集中してきた。このプロセスは超富裕層において特に目立つ。70年代後半から2012年までに、「1％」が保有する全私有財産のシェアは2倍弱になったが、上位0・1％では3倍となり、最も裕福な0・01％の世帯では5倍にもなった。

そのことが、資本所得の分布に劇的な影響を及ぼした。同時期に、課税資本所得全体における「1％」のシェアは、全米合計の3分の1から3分の2へと、ほぼ2倍になった。2012年には、すべての配当金と課税される利子のうち4分の3がこのグループのものだった。増加のなかでひときわ目を引くのが、全利子のうち、上位0・01％の世帯が得た分のシェアが1977年の2・1％から2012年の27・3％へと、13倍になったことだ。[21]

世界的な富の集中

以上の変化が、富の不平等をアメリカの社会全体で引き上げるのに一役買った。2001〜2010

年に、純資産分布のジニ係数は0・81から0・85に、金融資産のジニ係数は0・85から0・87に上がった。勤労所得と資本所得の分布はより密接に関連するようになったものの、賃金所得の相対的重要性は「1%」内では緩やかに減少している。90年代以来、投資から得る所得は所得上位層にとってより重要になり、減税のおかげで税引後所得に対してそれが寄与する部分が増し、投資所得に全面的に頼るエリートの割合が増している。1991〜2006年に、キャピタルゲインと配当金の変化が税引後所得の不平等の高まりに決定的に重要な役割を果たした。[22]

アメリカが頭抜けているとはいえ、富の集中度の高まりはきわめて世界的な現象だ。1987〜2013年に超富裕層——地球上の2000万人に1人、あるいは1億人に1人の最も裕福なごく少数の集団——の富が年平均6%増えているのに対し、世界中の成人では平均2%増である。さらに、概算によれば、世界の個人金融資産の8%が現在、オフショアの租税回避地で保有され、その莫大な額が記録されていないという。富裕層がこの慣行に励むのは必然であり、アメリカの資産が占める割合(4%)がヨーロッパの資産の割合(10%)よりもかなり低いと見積もられることを考慮すれば、より平等だと考えられているヨーロッパ諸国の実際の富の集中度は、税の記録にあらわれているよりも相当高いのではないだろうか。発展途上国のエリートは資産のさらに大きな割合を海外に置いている。その額は、たとえばロシアの場合、国民の私有資産の半分にも達するかもしれない。[23]

*

所得と富の不平等が広範囲で復活しているこの数十年の状況は、序論で展開した物語から途切れることなく続いている。本節で見てきた要因の多くは、国際関係と結びついている。不平等を強力に進める原因のひとつである貿易と金融のグローバル化は、19世紀に世界規模の経済統合が最初に始まった時点で大英帝国がすでに確立していたような、比較的平和で安定した国際秩序を基盤とし、その後、アメリカの実質的な覇権のもとで再構築され、そして、冷戦の終結によってさらに強められた。平等化の鍵を握るメカニズムである労働組合の結成、民間部門の賃金設定への公的介入、所得と富への累進性の高い課税などが最初に目立つようになった背景には、いずれも世界戦争があった。第二次世界大戦中と戦後の完全雇用も同様である。アメリカでは、政治の両極化による不平等化現象は、大恐慌後から第二次世界大戦中にかけて急速に勢いを失った。技術的変化が進み続けるのは当然だが、変化に対応するための教育の提供は多分に公共政策の問題である。

最終的な分析によれば、過去数十年の不平等化の動きを牽引してきた力は、「大圧縮」以来の国家間の関係と世界の安全保障の変遷を反映している。すなわち、暴力的衝撃によって世界規模の交流のネットワークが分断され、社会の団結と政治的結束が固められ、積極的な財政政策が支持されたあと、衝撃の弱化によって、所得格差と富の集中を抑制するそれらの作用が力を失いはじめたということなのだ。[24]

第16章

未来はどうなる?

圧力のもとで

この問いと向き合う前にまとめておきたいのは、経済的不平等が世界のどこでも、標準的尺度だけに頼って見た場合よりも大きいということだ。第一に、ジニ係数は所得の不平等の測定に最も広く使われる尺度だが、最上位層の所得の寄与を把握するには不十分である。この欠点を補正すると、実際の不平等水準は全体的にかなり高くなる。第二に、報告されていないオフショアの資金が世帯の私有財産に組み入れられれば、この部門の不平等もより高いことが判明するだろう。第三に、私は所得と富の分布の相対的指数に的を絞るという一般的な方法に従ってきた。ところが、絶対的不平等、すなわち高所得と低所得の格差の大きさについては、西欧の一部の国々でジニ係数と最富裕層の所得シェアがかなり安定しているか、あるいはごく緩やかに上昇しているにすぎないとはいえ、経済成長を考慮に入れれば、

（ユーロまたはその他の通貨の）実際の所得では不均衡が増大していると解釈できる。

そうした効果がはるかに強く働いたのが、資源分配の歪みの増大と強い成長率の両方を経験してきたアメリカのような社会だ。中国では１９８０年代以来、所得分布のジニ係数が２倍以上になり、１人当たり実質生産量の平均は６倍となって、絶対的不平等が天井知らずに拡大した。絶対的所得格差は近年のラテンアメリカでも、相対的な所得の不平等の減少と同時に強い経済成長があったにもかかわらず、拡大を続けてきた。

世界中で、所得の絶対的不平等は新たな高みに達している。１９８８〜２００８年に、世界の上位１％の実質所得は、世界の第５、第６、第７十分位数のそれと同じ伸び率を記録したが、１人当たりではおよそ40倍に増えた。最後に、補遺でより詳しく論じるが、ある社会で理論上達しうる所得の不平等の最大限度は１人当たりＧＤＰに応じて変わってくる。先進国の経済は構造上、以前の農耕社会経済よりも資源の極端な不均等配分に対する耐性が低いという事実を考慮すれば、アメリカでこんにち、１００年か１５０年前よりも不平等が実質的に減少しているかどうかはきわめて疑わしい[1]。

この最後の但し書きが、名目上の不平等が比較的高水準にある近代国家経済にしか当てはまらないのは確かである。ヨーロッパ大陸の多くの国では、高度な経済成長に可処分所得のより公平な分配が組み合わさって、実質的不平等――実現しうる最大限の不平等に対して実際に到達した割合と定義される――は現在、２度の世界大戦以前よりも大幅に低い。

それでも、そうした国々の最富裕層の所得シェアがアメリカよりも低い傾向にあるとはいえ、可処分世帯所得における不平等が比較的小さいのは、概して高いレベルにある市場所得の不平等を埋め合わせる大規模な再分配の成果だという面が大きい。再分配で名高い５つの社会――デンマーク、フィンランド、フランス、ドイツ、スウェーデン――の２０１１年の市場所得ジニ係数（所得再分配前）の平均は

0・474で、アメリカ（0・465）とイギリス（0・472）の数値とほとんど見分けがつかない。5カ国の可処分所得ジニ係数の平均（0・274）だけが、イギリス（0・355）とアメリカ（0・372）の数値よりもかなり低かった。

高齢化と不平等

上記5カ国よりも市場所得の不平等がやや小さい国がヨーロッパに数カ国あるにしても、ごく少数の例外を除いて再分配の程度がアメリカより高い（かなり高い場合が多い）という事実は次のことを示している。すなわち、ユーロ圏とスカンディナヴィアに典型的な、より均等な最終所得の分布はおもに、強い平等化力を持つ国家介入という広範かつ高価な構造の維持によって成り立っているのだ。

その仕組みがあるからといって、ヨーロッパの平等が将来にわたって安泰なわけではない。社会的・再分配的な公共支出は、ヨーロッパの大部分ではすでに非常に高額だ。2014年にはヨーロッパの11カ国がGDPの4分の1から3分の1を社会的支出に費やし、それらの国々の中央政府はGDPの44・1〜57・6%、中央値で50・9%を吸い上げた。政府の規模が経済成長にとってマイナスの効果を及ぼすことを考えれば、その割合がこれ以上増えるとは思えない。1990年代前半から2000年代後半まで、国民産出量に占める社会的支出の割合はEU、アメリカ、OECD諸国全般でほぼ横ばいで推移し、安定期に達したことがわかる。2009年には景気停滞に伴って、また、世界的な金融危機により増加した需要に応じて再び上昇し、それ以来、その新たな高水準にとどまっている。(2)

そうした平等性の高い福祉システムが、大きくなりつつある人口動態上の難問2つをどう切り抜けていけるのか、答えはまだ出ていない。ひとつは、ヨーロッパの人口の高齢化である。出生率はかなり前から人口置換水準を下回っており、当面はその状況が続きそうだ。ヨーロッパの人口の平均年齢は20

50年までに39歳から49歳に上がる見込みで、労働年齢人口はすでにピークを過ぎ、現在から同年までにおよそ20％減少するかもしれない。

今から2050年あるいは2060年までのあいだに、依存人口比率――15～64歳の人口に対する65歳以上の人口の割合――は0・28から0・5以上に急上昇し、80歳以上の人口は2005年の4・1％から2050年には11・4％に膨らむだろう。年金、医療、長期的介護の需要もそれに応じて増加し、GDPの4.5％にのぼるだろう。この年齢分布の根本的な変動に伴って、過去数十年よりも低い経済成長率が予想され、2031～2050年に平均1・2％、あるいは2020～2060年の年率が1・4または1・5％など、さまざまな予測値が出ている。さらに、EUの主要国ではそれをかなり下回りそうだ。[3]

ここ数十年でやや緩やかになった高齢化は不平等にあまり影響してこなかったが、その状況は変わりそうだ。基本的に、労働者と引退者の比率の縮小により不平等が高まると予想されるし、それと同時に進行している成人単身世帯の割合の上昇にも同じことが言える。重要性を増すと考えられる個人年金は、不平等を継続あるいは増加させる傾向がある。ある研究の予測によると、2060年のドイツでは、高齢化によって不平等性が大幅に高くなっているという。外国生まれの人が国民に占める割合がEUやアメリカよりもかなり小さい日本では、依存人口比率はすでに0・4に達し、所得の不平等の高まりはおおむね人口の高齢化に帰せられてきた。これまで韓国や台湾とともに移民を厳しく規制してきた日本の政策が再分配前所得の比較的平等な分配を保つのに役立ってきたことを思えば、この発見は、厳しい現実を突きつけるものだ。[4]

第三の人口転換

そうした予測はいずれも、現状のような大量の移民を前提としている。人口動態に移民の寄与がなければ、ヨーロッパの依存人口比率は高まり、2050年までに0・6に達することもありうるからだ。つまり、何百万人もの新参者の到来は、長きにわたる高齢化プロセスの長期的影響を緩和するにすぎない。同時に、移民によって、再分配政策はこれまでにない方法で試されるかもしれない。

著名な人口統計学者デイヴィッド・コールマンが自ら「第三の人口転換」と名づけた先駆的研究の試算によれば、調査した7カ国のうち6カ国(オーストリア、イングランドおよびウェールズ、ドイツ、オランダ、ノルウェー、スウェーデン)で、2050年には、移民の比率と出生率を控えめに見積もっても、外国にルーツのある(この概念の定義は国により異なる)国民の割合が4分の1から3分の1に達するという。これらの国の人口は西欧の全人口のおよそ半分を占めるし、ほかの国々の多くも同様の変化を経るだろう。

そのうえ、移民は学齢期の子どもや若い労働者の割合が高く、その数が国全体の学童や若年労働者の人口の半分にも達する場合もある。西洋以外からの移民は、ドイツとオランダの人口の6分の1にのぼると予想される。その流れが今世紀半ばまでに勢いを失うと考えられる確かな理由はないため、オランダとスウェーデンは、外国にルーツを持つ人口が2100年までに過半数を占める国になるかもしれない(5)。

これほどの規模の人口転換は、世界のそれらの地域で農耕が始まって以来、歴史に前例がないのみならず、不平等にも前例のない影響を与えるかもしれない。経済的視点から見れば、移民をうまく統合することに多くがかかっている。移民の学業成績は現状どおり、今後もヨーロッパの国民よりもかなり低いままだろうし、多くの国では雇用率も低く、特に女性の雇用率が低い。それらの問題の存続あるいは悪化は、社会に不平等を生む源となるかもしれない。

さらに、移民一世と、外国に家族を持つ新移民のコミュニティの拡大は、社会福祉と再分配支出に関する考え方と政策に影響を及ぼす可能性がある。ハーヴァード大学教授の経済学者アルベルト・アレシナとエドワード・グレイザーの主張によれば、福祉政策は民族的均質性と相関関係にあり、それが、アメリカがヨーロッパ諸国よりも脆弱な福祉国家となってきた理由のひとつだという。移民の増加によってヨーロッパの福祉国家の寛大さは損なわれ、反移民感情が再分配政策の解体に利用されて「ヨーロッパ大陸の再分配はやがてアメリカ並みの水準に近づく」と彼らは予測する。少なくとも現時点では、この予言どおりの展開は見られない。最近の総合的な調査では、移民のせいで社会政策に対する世論の支持が失われるという考え方を裏づける結果は得られていない[6]。

しかし、もっと具体的に見ていくと、懸念材料が目につく。不均質性の高まりと移民の増加は、社会政策の提供の縮小はもちろん、より高水準の貧困や不平等と結びついている。ヨーロッパのOECD諸国では、民族的多様性は公的社会支出の水準とごく弱い逆の相関関係にあるだけかもしれないが、失業率のせいで考え方に強いマイナスの影響を与える。財政的負担の多くを負う裕福なヨーロッパ人は、自分たちの社会の低所得層の多くが民族的少数派に属している場合、再分配への支持をあまり表明しなくなる。

イギリスにおける研究によれば、民族的多様性のために貧困層が異質だと見なされると、課税にもとづく再分配への志向は弱まるという。決定的に重要なのは、不均質性の源と規模だ。移民や宗教的不均質性は、少数派の民族や人種の存在とくらべ、福祉国家の施策に強いマイナスの効果を及ぼすからだ。それらの要因のうち最初の2つは〔再分配制度の高いコスト、高齢化〕、すでにヨーロッパの経験の決定的な特徴となっており、中東とアフリカからの移民圧力は続くと見られるため、その関連性が持続するのは必至で、強くなる可能性さえある。

以上のすべてにおいて重要なのは、人口置換水準以下の出生率と移民に応じて各国の人口構成が変わるヨーロッパの「第三の人口転換」は、まだ初期段階にあるという点を認識することである。この転換は今後30年ほどのあいだに、確立された再分配と不平等のパターンを予想もつかないかたちで一変させるかもしれない。現行制度の高いコストと、高齢化、移民、不均質性の高まりが加える不平等化圧力を考えれば、そうした変化は不平等を抑制するより、むしろ高める可能性の方が高い(7)。

居住地によって所得が決まる

人口動態的な要因のすべてが、さらなる不平等の進展に同じように大きく影響するとは考えにくい。世帯間の所得と富の格差を広げる可能性のある同類婚の頻度が近年、アメリカで高まっているという確固とした証拠はない。同様に、所得の世代間移動が減速したようには見えないが、結論につながる発見をするためには、より長い時間枠が必要かもしれない。それとは逆に、アメリカで増えている、所得による居住地の住み分けの方が長期的には不平等に強い影響を与える可能性がある。隣人たちの所得が自らの社会経済的な成果に間接的に影響し、特定の所得グループが空間的に集中することで地元自治体が資金提供する公共財の配分が歪んでしまえば、人口の物理的分布における経済上の不均衡が増して、不平等が将来の世代にまで続き、さらに強まることさえ考えられる(8)。

ピケティの主張によれば、現在進んでいる資本の蓄積によって資本投資利益率が経済成長を超えると、資本が国民所得に占める割合と、国民所得に対する資本の全体的重要性の両方が高まって、それが結果的に不平等を押し上げる。この主張には批判も少なくなかったため、主唱者であるピケティは、こうした予測にまつわる不確実性を強調した。それでも、現存する所得と富の分配の不平等を悪化させる、ほかの経済的・技術的な力はいくらでもある。不平等化を特に先進国で進めるとされてきたグローバリゼーションは、しばらくは衰えそうにない。

このプロセスから今後、国家政策の制約に縛られない一種のグローバル・スーパーエリート――「ダボス族」〔スイスのダボスで開催される「世界経済フォーラム」年次総会に出席する金持ちのエリート〕に代表される、大衆メディアで喧伝されている悪評高い人物像――が現れるかどうかは、まだわからない。オートメーションとコンピューター化はその性質上、計り知れない可能性を含むプロセスであり、労働の報酬の分配に影響を及ぼすはずだ。ある試算によれば、アメリカの労働市場における702種もの職業の半分近くが、コンピューター化によって危機に瀕しているという。オートメーションは労働市場において高所得と低所得への両極化をいつまでも進めるわけではないという予測とは裏腹に、知能全般に関して機械が人間に追いつき、追い越すことを可能にする人工知能（AI）が今後画期的に進歩すれば、長期的帰結を予測する試みはどれも無意味になる。[9]

遺伝子エリートの出現

人体の改造も、不平等の進展に新たな地平を開くだろう。人工頭脳生物の創出と遺伝子工学によって、格差が個人からその子孫にまで、生来の資質と利用できる体外の資源をはるかに超えて広がり、それがさまざまなかたちで将来の所得と富の分布に跳ね返ってくる可能性がある。ナノテクノロジーの進歩によって人工臓器移植の利用と有用性が飛躍的に増したため、適用目的は機能の維持から強化へと移りつつある。

遺伝子編集の進歩のおかげで、過去数年間で特定のDNA断片の削除と挿入が、ペトリ皿の上だけでなく生体組織でも、これまでになく容易にできるようになった。そのような介入の影響は個々の生体内に限られるだろうが、精子や卵子や小さな胚の遺伝子構造を操作して遺伝性を与えることもできる。ヒトの（生育不能な）胚のゲノムを改変した最初の実験結果が、2015年に発表された。この分野の近年の進展はきわめて急速なので、人間は今後も未知の領域の彼方へ進んでいくだろう。費用と利用しやすさしだいで、富裕層がそうしたバイオメカトロニクスや遺伝子改良の一部を特権的に享受できるようになるかもしれない。

そのような特権の利用は政治的規制によっては十分に抑止できないかもしれない。公衆衛生と違って機能強化は一種のアップグレードであるため、不平等な提供につながりやすいからだ。西側の民主主義国では法的規制がすでに提案されているものの、不平等をさらに強める結果を招きかねない。そうした民間の医療を、提供国――おそらくアジア各地――で受ける資力を持つ人だけが有利になるからだ。長期的には、金と人脈に恵まれた人びとのためにデザイナー・ベビーを創り出すことで、遺伝子操作やサイボーグ化による「持てる者」と「持たざる者」のあいだの移動性が損なわれて、少なくとも理論上は、最終的に2つの異なる種に分岐することもありうる。プリンストン大学の遺伝学者リー・シルヴァーが構想したように、遺伝子エリート「ジェンリッチ」（遺伝的富者）とその他大勢の「ナチュラル」（天然人）に分かれるのだ。[10]

教育は古来、技術的変化に対する既定の反応だった。それは進む一方のグローバリゼーションのもとでも変わらないだろうし、コンピューター化がさらに画期的な進歩を遂げたとしても、おそらくある時点までは変わらない。しかし、遺伝子工学、あるいは人体と機械の混成――その両方という可能性も大いにある――により、人間がますます不平等になったあと、このパラダイムは限界に近づくだろう。

教育は、肉体と頭脳の人工的強化のまったく新たな段階に対応できるだろうか？　いや、先走ってはいけない。スーパー人類の命令を実行するスーパーロボットの心配をするのははるかな未来の話で、こんにちの世界は、すでに存在する所得と富の不平等という、ありふれた難題に直面している。最後にもう一度、本書の中心テーマである不平等の軽減に立ち戻りたい。結局、平等化の見通しはどうなっているのだろう?

処方箋

現在、不平等を減らす方法についての提言には事欠かない。ノーベル経済学賞受賞者たちも、受賞歴では劣るが著作の販売部数では時に勝る同業者や種々雑多なジャーナリストにならい、所得と富の均衡の回復法を書き連ねた本の出版という儲かるビジネスに参入している。中心的な位置を占めるのが、次に挙げるような税制改革だ(特に断らない限り、以下はアメリカの現状に応じた案である)。所得への課税をもっと累進的にする。キャピタルゲインは経常収入として課税し、資本所得全般の税率を上げる。逆進的な給与税を廃止する。富への課税は、直接的に、世代間の移動を減らす方法で行う。関税や、世界規模の富の登録簿の作成といった制裁が、オフショアの租税回避を防ぐ一助となるだろう。法人への課税は世界全域の利益を対象とし、隠された助成金は撤廃する。フランスの経済学者たちは、グローバルな年次富裕税を源泉徴収することさえ提案した。さらに、資本への一時的課税を増やせば、公的債務が減り、私有財産と公共財産の比の均衡を取り戻す一助になるだろう。

すでに述べたような、需要と供給にもとづいたスキルの扱い方により、教育の役割に注意が向けられるようになった。公共政策は、学校教育の機会と質の平等化によって世代間の移動性を高めることを目指すべきだ。学校の資金調達を地方の財産税から切り離せば、その方向へ一歩前進できるだろう。幼稚園の全入も有効であるし、高等教育には価格統制を課してもいいかもしれない。全体として、教育の充実は、競争の激しいグローバル環境における労働力の「スキルアップ」につながる。

支出面では、住宅の価値から労働者の保有する協同組合住宅、国民の健康に至るまで、低所得グループが持つ資産の価値を外因性の衝撃から守るようなかたちの保険を、公共政策が提供する。国民皆医療保険制度は、外的衝撃を和らげるだろう。裕福でない人が起業活動への信用貸付をもっと容易に受けられるようにし、破産法は債務者にとってもっと寛容なものにする。貸し手には担保の見直しを奨励金によって促すか、強制する。より野心的な方法として、最低限のベーシックインカム、一定の上限までの個人貯蓄額に応じた補助金、全児童への最低限の国債、公債の給付などがある。

事業規制も候補に挙げられている。所得の市場分配を調整するためには、特許や独占禁止や契約に関する法律の改正、独占の抑制、金融部門の規制強化を行えばいい。法人税をCEOの報酬と社員の平均賃金の比と連動させる手もある。幹部のレント追求行動には、企業統治改革を通じて対処する。株主と被雇用者の地位を高めるために、後者の代表権と投票権を確立し、企業が従業員と利益を分かち合うことを義務づける。機構改革を行い労働組合の力を復活させて、最低賃金を上げ、少数派の雇用を改善し、連邦雇用計画を作成する。

移民政策では、スキルプレミアムを下げるために、技能労働者の受け入れを優遇すべきだ。労働基準を国際的に調整し、生産地を問わずに国外における収益と企業利益に課税すれば、グローバリゼーションの不平等化効果を和らげられるだろう。国際的な資本移動を規制するとともに、きわめて大胆な提案によれば、アメリカは貿易相手に各国の平均賃金の半額の最低賃金を制定するよう求めてもいい。政治面では、アメリカは選挙資金改革法案を可決して不平等と闘い、投票率を上げる措置をとるべきだ。メディアへの介入によって、報道が民主化されるかもしれない。(11)

政策の実現可能性

最近の議論はほとんど（もっぱらとさえ言える）政治的措置の内容に集中し、予想されるコストと利点の大きさや、政治上の現実的な実行可能性に適切な注意が払われていない。それは、少数の例を挙げるだけでわかる。フランスの経済学者フランソワ・ブルギニョンの見積もりによれば、アメリカの「1％」に課される実効税率を35％から67・5％にほぼ倍増しなければ、世帯の可処分所得における彼らのシェアは1979年の水準にさえ下がらないが、これは「政治的観点から、全面的に実行可能には見えない」目標だという。

ピケティは、経済的コストと平等性の利点を対比すれば、最高所得税率は80％が「最適」だとしながらも、「その種のどんな政策も、当面は採用されそうにない」とあらかじめ譲歩している。提案の実現に世界規模の政策協調が必要な場合は、ハードルがとてつもなく高くなってしまう。コーネル大学教授の経済学者ラヴィ・カンブールは、労働基準を調整する国際団体の創設――グローバリゼーションの圧力と闘う、ほとんど夢の武器――を説きつつ、「そのような機関の政治的実現可能性や運営の実用性は脇に置く」としている。ピケティは単刀直入に、この提案の「資本へのグローバルな課税はユートピア的な考えだ」としながらも、ヨーロッパ全体にわたる富裕税が非現実的だとする「技術的な理由はない」という。

ところが、この種の高邁な考えは、無用であるばかりかもっと実行可能な措置が見過ごされるおそれがあるために逆効果になりかねないとして、批判されてきた。全体的に、上記の案のどれに関しても、実現に向けて政治的多数派を動かすのに必要な手段を、誰も真剣に考えないことばかりが目につく。[12]

アトキンソンの平等化プログラム

これまでに打ち出された最も詳細かつ具体的な平等化プログラムは、アンソニー・アトキンソンによるイギリスの不平等軽減策の新しい青写真だ。これが、こうした政策志向手法の限界を示している。往々にして野心的な多数の対策案が、以下のような包括的改革パッケージを構成している。

公共部門は「労働者の雇用可能性を向上させるイノベーションの促進」により、技術的変化に影響を与えることを目指す。議員は「消費者市場における市場の力の縮小」と、組合労働者の購買力の復活に力を注ぐ。企業は「倫理原則を反映する」方法で労働者と利益を分け合わねばならず、それができなければ公共団体への製品供給を禁止される。最高所得税率を65%まで引き上げ、労働から得た所得よりも資本から得た所得に積極的に課税し、遺産と贈与への課税を生前に強化し、固定資産税は時価評価額にもとづいて設定する。国民貯蓄債券は「貯蓄に対するプラスの（おそらく補助された）実質利子率」を個人に認められた上限まで保証する。法定最低賃金は「生活賃金に設定」する。すべての国民は成人に達した時点かそれ以降に、資本給付を受ける。「政府は、希望する人全員に生活賃金での雇用の提供を保証する」（アトキンソン自身、これは「やり過ぎに見えるかもしれない」と譲歩している）。追加案となりうるのは、年次富裕税と「総資産にもとづく個人納税者へのグローバルな課税体制」だ。さらに、EUは、国民所得の中央値に連動してスライドする課税給付として「全児童へのベーシックインカム」の導入に合意すべきだ。

それらが現実に実行できるかどうかを幅広く論じるなかで、アトキンソンは次の3点に的を絞る。すなわち、経済にかかる（依然として不明確な）コスト、グローバリゼーションの相殺圧力（ヨーロッパや世界の政策調整で乗り切ることが期待される）、財政的な実施可能性だ。平等化に向けた改革案のほかの提唱者とは異なり、アトキンソンは果敢にも、このパッケージがどれほどの効果をもたらすかも見積もっている。四大政策——所得税とその累進性の引き上げ、低所得区分での勤労所得税控除、全児童への相当額の課税給付金、全国民への最低所得の保証——が実施されれば、等価可処分所得のジニ係数は5・5パーセンテージ・ポイント下がり、それによって、現在イギリスとスウェーデンのあいだにある不平等の差異は半分以下に縮むだろう。より小幅な変化であれば、改善の度合いも小さくなり、3〜4パーセンテージ・ポイント台になるはずだ。

これと比較して、アトキンソン自身の記述によれば、前述したイギリスのジニ係数は1970年代後半から2013年までに7パーセンテージ・ポイント上がった。したがって、かなり急進的で歴史上前例のない政府の介入をいくつか合わせても、復活した不平等の一部を覆す効果しか得られそうにないし、もっと控えめな政策では、さらに小さな改善にとどまるだろう。[13]

四騎士のいない世界

「Tout cela est-il utopique?」[14]（それらはすべて絵空事だろうか）。まったくの絵空事とは言いきれないにしても、そのような政策提言の多くが歴史認識を欠いている。周辺の改革は現在の市場所得と富の分配の傾向に大きく影響するようには見えない。アトキンソンの議論のユニークな功績は、野心的な対策パッケージの代償と、それが可処分所得の不平等に及ぼしそうな効果の両方を考察したことだ。その種の効果は、どんな現実的政策構成をとろうとも比較的小さい。より一般的には、そうした提案をどう実現するかという問いにも、あるいは、そうした提案は大きな違いを生むのかという問いにさえ、意外なほど関心が集まらないようだ。

それでも、歴史は平等化について2つの重要なことを教えてくれる。ひとつめは、急進的な政策介入は危機に際して行われるということだ。世界戦争や大恐慌の衝撃や、また言うまでもなくさまざまな共産主義革命が、平等化政策を生んできたが、いずれもそれぞれの状況に多くを負う措置であり、背景が異なれば、少なくとも同じ規模での実行は難しかった。2つめの教訓はさらに単純明快だ。政策の策定によってできることには限界があるということだ。社会における物質的不均衡の圧縮は、たびたび暴力的な力によって進められてきた。それは人間の制御を超えた力か、あるいはこんにちでは実行可能な政治目標の範囲をはるかに超えた力である。こんにちの世界では、平等化の最も有効なメカニズムはどれも作用していない。「四騎士」は馬から下りたのだ。そして、正気の人間なら、彼らの復帰を決して望まないだろう。

大量動員戦争からサイバー戦争へ

大量動員戦争は、もはや過去のものだ。軍事紛争の形態は常にテクノロジーによって否応なく決まってきた。古代の戦闘用馬車や中世の騎士のように高価な資産への投資が有利な場合もあれば、低コストの歩兵集団の結集が強みとなる場合もあった。西洋では近世前期に財政軍事国家〔軍事力に経済モデルの基盤を置く国家〕が成熟すると、大勢の国民からなる軍が傭兵に取って代わった。大衆軍事動員の規模はフランス革命とともにかつてなく高まり、2つの世界大戦を戦うために徴集された何百万人もの軍隊で頂点に達した。

その後、流れは再び逆転し、量から質へと向かった。理論上は、核兵器の登場によって早くも1940年代後半には通常兵器を使った大規模戦争は時代遅れになったかもしれない。しかし、実際には、小競り合い的な紛争や、核能力のない勢力どうしの紛争は従来型の戦争のままだった。徴兵制は徐々に姿を消し、より高度な機器装備を扱う熟練志願兵からなる軍隊が取って代わりつつある。

いまだに軍事行動に携わっている比較的少数の先進国では、兵役はすでに社会の主流から外れている場合が多く、平等化を進める「動員効果」は消滅している。アメリカで戦費を賄うための増税が真剣な論争を経ずに可決されたのは、1950年が最後だった。徴兵がまだ行われていた時代でさえ、1964年の歳入法のおかげで、ヴェトナムへの軍事的関与が拡大していたにもかかわらず、81年以前ではアメリカ史上最大の減税が実現した。80年代および、2000年代のアフガニスタンとイラクへ侵攻した間はアメリカ軍の支出が急増したが、いずれの時期も、減税と同時に所得と富の不平等が高まるという、世界大戦中とは逆の現象が起きた。イギリスでも、1982年のフォークランド紛争前後に同じ現象が見られた。

近年の紛争は比較的規模が小さかったし、冷戦の場合は現実には開戦に至らなかったが、規模がより大きな戦争が勃発するとしても、向こう数十年はこの流れが変わることはないだろう。想像しうる最大の紛争である米中間の戦争が、熱核兵器の災禍を伴わず通常兵器による全面戦争となって、きわめて大量の兵員が投入されるなどということは考えられない。70年以上前でさえ、太平洋戦争では高価な軍艦と空軍力が大量の歩兵隊よりもすでに重視されていたし、この地域で将来どのような戦争が起こるにしても、主力となるのは空軍力と海軍力、ミサイル、衛星、あらゆる方法によるサイバー戦争であり、そのいずれも大量動員にはつながらない。極限の事態である核戦争に至ってはなおさらだ。

ロシアは現在、徴兵制から志願制へ移行しつつあり、EU諸国の大多数はすでに徴兵制を全廃している。やはり大規模戦争の火種を抱えるインドとパキスタンも、志願制に頼っている。イスラエルでさえ、不安定さを増す近隣諸国をはるかにしのぐ軍事力を持ちながら、将来的には同様の移行を想定している。

つまるところ、21世紀の戦場で大編制の歩兵隊が何を成し遂げられるかは定かでない。将来の戦闘の性質を現在予測すれば、その中心は「ロボット工学、スマート弾、ユビキタスセンサー、極限ネットワーキング、そして、サイバー戦争がもたらすであろう甚大な影響」だ。人間の戦闘員は少数精鋭となり、外骨格や移植、そしておそらく将来は遺伝子的強化により、肉体と認知力を増強されるだろう。彼らと戦場をともにするのは、昆虫ほどの小さなものから車両ほどの大きなものまで、あらゆる形態と大きさのロボットであり、それらがレーザー光やマイクロ波といった指向性エネルギー兵器に加えて、フォースフィールド〔爆発などの衝撃波を防ぐことのできる区域〕も駆使するかもしれない。兵器の小型化により、個々の人間に狙いを定められる精密な照準設定が無差別射撃に取って代わり、高速・高高度のスーパードローンによって人間のパイロットが不要になるかもしれない。

そのようなシナリオは、工業化された戦争の初期形態からは極端にかけ離れており、軍事を文民の領域からさらに隔絶させるだろう。そうした紛争の平等化効果はいずれも金融市場に集中すると考えられ、近年のグローバル金融危機に似た混乱を引き起こして、一時的にエリートの富を減らすだけで、数年後には元の木阿弥となるだろう(15)。

核戦争のシナリオ

ほぼ同じことが、小型核兵器の限定的な戦略的使用を含む戦争にも言える。現在の資源の分配を根本的にリセットできるのは、熱核兵器を使用する全面戦争だけかもしれない。状況の深刻化がある程度までに抑えられて、公共機関がまだ機能し、必要不可欠なインフラが十分に無傷で残っていれば、政府と軍当局は以下のような措置をとるだろう。賃金と物価と地代の凍結。銀行からの不要不急の預金引き出しの停止。総合的な食料配給制度の施行。必要物資の徴用。各種の中央計画の採用（乏しい資源を中央集権的に分配し、戦争の遂行、政府の運営、生存に不可欠な物品の製造を優先する）。住宅割り当て。

場合によっては強制労働に頼ることさえありうる。

「最終戦争後《デイ・アフター》」に備えたアメリカの計画では、経済全体で戦争による損害を分かち合うことが、長年、中心的な政策目標となっている。主要国どうしが戦略的レベルで核弾頭をやりとりしようものなら、物的資本が類を見ない規模で一掃され、金融市場は壊滅する。最も可能性が高い帰結と考えられるのは、GDPの劇的な下落のみならず、利用可能な資源の平等な再配分と、資本から労働への転換だ。

歯止めのない核戦争による「この世の終わり」のシナリオには、予測されるこうした帰結をはるかに超えた平等化が伴うはずだ。究極的なかたちの体制崩壊が起こり、その苛酷さは、第9章で論じた古代文明の劇的な滅亡さえしのぐだろう。現代のSFで描かれる大破局後の世界では、生存に必要な乏しい資源を支配する人びとと、持たざる多数派とのあいだに大きな不平等が生じることがある。だが、近代以前の歴史の、すっかり疲弊して階層が消えた崩壊後の社会の経験の方が、将来の「核の冬」における状況の参考になるかもしれない。

だが、そんな事態が生じることはなさそうだ。核拡散が戦域におけるゲームの規則を変えたとはいえ、1950年以来、同じ生存の危機が主要国間の核戦争を抑止してきたし、こんにちもなお、作用し続けている。さらに、大量の核兵器がただ存在しているだけで、アメリカや中国のような中核的地域が通常兵器の戦争にさえ大きく関与する可能性は低くなり、紛争を世界の周辺地域に飛び火させるおそれも、結果的に世界の経済大国に深刻な打撃を与えるおそれも小さい[16]。

兵器のテクノロジーは問題の一部にすぎない。時とともに人類がより平和になってきたという可能性も認めるべきだ。石器時代までさかのぼるさまざまな証拠の集積が強く示唆するのは、暴力が原因で人間が死ぬ平均的確率は長い歴史を通じて減少してきたし、今もその傾向が続いているということである。この長期にわたる変化は国家権力の拡大と、それに伴う文化的適応によって進んできたように見えるが、前にも述べた、より具体的なひとつの要因が、人類の平和化を強めようとしている。ほかの条件がすべて同じであれば、人口の高齢化が暴力的紛争の可能性を全体として減らすと見られるのだ。

高齢化は西洋ですでに始まり、やがて世界の至るところで見られるようになるだろう。それはとりわけ、米中間と東アジア諸国間の将来の関係の評価にかかわってくる。それらの地域の多くの国が、若年層中心から高年齢層中心へという人口構成の劇的な変動に直面しているからだ。これらすべてが、ミラノヴィッチの「人類はこんにち、100年前と同じ状況に直面しているが、世界戦争という大変動によって不平等の病が治療されるなどということにならないように」という望みと合致する。(17)

時代遅れな革命と崩壊

大破局による平等化の四騎士のうち次の二人には、あまり注意を払わなくていい。変革的革命は、大量動員戦争以上にすっかり時代遅れとなった。第8章で示したように、単なる反乱の成功は稀であり、本格的な平等化を成し遂げることはあまりない。共産主義革命だけが、所得と富の不均衡を大幅に平準化することができた。しかし、1917～1950年の共産主義体制の大幅な拡大は世界大戦に根ざしており、再び繰り返されていない。

その後、ソ連の支援を受けた共産主義運動は時おり――キューバ、エチオピア、南イエメン、そして、特に1975年までは東南アジアで――勝利を収めたが、やがて尻すぼみになりはじめる。70年代後半には最後のわずかな巻き返しがアフガニスタン、ニカラグア、グレナダであったものの、いずれも短命だったり政治的に中道に傾いたりした。ペルーの根強い共産主義・反政府運動は90年代にはおおむね鎮圧され、2006年までにはネパール共産党毛沢東主義派が内戦の停戦に合意し、選挙による政治に参加した。市場改革は、残存するすべての人民共和国で社会主義の土台を実質的になし崩しにした。キューバや北朝鮮でさえ、この世界的潮流から逃れることはできていない。現時点で、さらなる左派革命の兆しはまったく見えないし、暴力による平等化を進めそうな、共産主義運動に匹敵するほど強力な別の運動は登場していない[18]。

第9章で論じたような規模の国家の破綻と体制の崩壊もまた、きわめて稀になった。近年、国家が破綻した例はアフリカ中央部と東部、それに中東周辺に限られる。2014年にセンター・フォー・システミック・ピース（Center for Systemic Peace）が算出した「国家脆弱性指数」による評価が最低ランクだったのは、中央アフリカ共和国、南スーダン、コンゴ民主共和国、スーダン、アフガニスタン、イエメン、エチオピア、ソマリアである。次に脆弱な国々とされた17カ国も、ミャンマーを唯一の例外として、アフリカか中東に位置する。

90年代前半のソヴィエト連邦とユーゴスラヴィアの解体や、ウクライナで今まさに起きている出来事を見れば、工業化された中所得国でさえ、崩壊の圧力を免れないことがわかるが、こんにちの先進国が――多くの発展途上国でさえ――同じ道をたどることは考えにくい。現代の経済成長と財政的拡大のおかげで、高所得国の国家体制は一般にきわめて強固で、社会にきわめて深く根ざしているため、統治構造の全面的な崩壊とそれに伴う平等化は起こりえない。そして、最も恵まれない社会でも、国家の破綻はしばしば、ほとんど平等化につながらない暴力的衝撃である内戦と結びついてきた[19]。

疫病による大量死の可能性は低い

残るのは四人目の最後の騎士、すなわち重篤な疫病だ。大災厄をもたらすおそれのある新種の伝染病が爆発的に流行する危険性は、とても無視できるものではない。動物宿主から人間に感染する人畜共通伝染病は、人口増加と熱帯の国々の森林破壊のせいで増えつつある。野生動物の肉の消費もこの感染の連鎖の土台にあり、工業化された畜産のせいで、微生物が新たな環境に適応しやすくなっている。病原菌の兵器化とバイオテロリズムへの懸念は高まりつつある。それでも、新たな感染症の発生と拡大につながるのと同じ要因、すなわち経済成長と世界的な相互接続性が、その脅威の監視と対応にも役立つ。すばやいDNAシークエンシング（塩基配列決定）、この分野に使われる実験機器の小型化、コントロールセンターの設置とデジタル資源の活用により疫病の発生を監視する能力などが、われわれが手にしている強力な武器だ。

この研究の目的にとって、重要な点が2つある。第一に、第10章、第11章で論じた近代以前の感染爆発の相対的規模に匹敵する厄災が発生すれば、こんにちの世界では何億人もの死者が見込まれ、最も悲観的な予測をはるかに超えそうだ。そのうえ、将来の感染症の世界的流行はおおむね発展途上国に限られるかもしれない。100年前、当時の治療法がほとんど奏功しなかった時代でさえ、1918〜1920年のインフルエンザの世界的流行による死者数は、1人当たり所得水準に大きく左右された。こんにちでは、同程度に悪性の菌株による流行の全般的影響は医学的介入によって減るだろうが、死者数に関しては、高所得国がさらに有利になるだろう。「スペイン風邪」で報告された死亡率を外挿法で2004年に当てはめて推定すれば、世界中で予測される5000万〜8000万人の死の96％は発展途上国で起きるかもしれない。高度化する兵器製造技術によってより強力なスーパー細菌が作り出されるかもしれないが、そのような物質をばらまくという発想を国家の首脳が抱くことはまずありえない。一方、バイオテロリズムは成功する見込みはほとんどないうえ、国家やそれを超える規模で真に大量死を引き起こす可能性はさらに低い。

第二の論点は、将来の疫病が分配に及ぼす経済的影響だ。感染症が不意に引き起こす悲惨な大量死が、農耕時代と同じように所得と富の不平等を平準化するかどうか、確実なことはわからない。1918〜

1920年のインフルエンザの世界的大流行は、およそ5000万～1億人の命を奪い、死者は当時の世界人口の約3～5％にのぼったと考えられるが、それが物的資源の分配に大きく影響したかどうかさえ、定かではない。たまたま第一次世界大戦の副作用である平等化の時期と重なったためだ。インフルエンザのような一般的な感染症はこんにち、貧しい人に対してより深刻な影響を及ぼすものの、ある階層に限定した大量死という危機により、経済全般にはほとんど害がないのに低技能労働の価値が上がるという事態はまったく想像できない。

現代において、真に破滅的な疫病が世界中で何億もの人命を奪うとすれば、少なくとも短期的には抑制できず、国境も社会経済学的領域も越えて犠牲者が出ることは避けられないだろう。その場合、複雑で相互に結びついた現代経済や、そうした経済の高度に分化した労働市場に破壊的影響が及び、労働供給や資本ストックの評価にかかわる平等化効果を上回るかもしれない。統合の度合いがずっと低かった農耕社会でさえ、伝染病は人びとを無差別に苦しめる短期的混乱の引き金となった。長期的には、分配にまつわる帰結は、労働を資本で置き換える新たな方法によって形作られるだろう。伝染病で疲弊した経済においては、やがてロボットが、失われた労働者の多くに取って代わるかもしれないということだ[20]。

確立された秩序の暴力的破壊

文明の夜明け以来歴史を区切ってきた暴力的衝撃に、われわれが今後見舞われないとは言いきれない。大きな戦争か新たな黒死病が、確立された秩序を打ち壊し、所得と富の分配を仕切り直す可能性は、小さいとはいえ常にある。われわれにできる最善策は、最も経済的な予測を見定めることだ。それは、伝統的な平等化の4つの力は今のところ消え去っており、当面再生しそうにないというものである。4つの力の不在が、将来の平等化の実現可能性に大きく影を落としている。歴史的帰結には多くの要因が寄与しており、平等化の歴史も例外ではない。制度の是正は、圧縮的衝撃による分配の結果を出すのに不可欠だった。支配者や資本所有者の強制力の違いに応じて、伝染病のせいで実質賃金が上がった社会もあれば、そうでない社会もあった。また、世界大戦によって市場所得の分配が均《なら》された国もあったが、野心的な再分配計画が促進された国もあった。毛沢東の革命は「地主」を一掃したが、都市と農村の不平等を助長した。

とはいえ、本格的な平等化として知られる出来事の陰にはいつもひとつの「大きな理由」があった。ジョン・D・ロックフェラーが一〜二世代後のアメリカ一の金持ちよりも実質的に一桁多い富を保有し、『ダウントン・アビー』〔1912〜1925年を舞台に、ある架空の貴族一家を描くテレビドラマ・シリーズ〕のイギリスが、全国民への無料の医療サービスと強力な労働組合で名高い社会に取って代わられ、世界中の工業国で20世紀の第3四半期に、世紀の幕開けよりも貧富の差がかなり縮まり、さらにはじつに百世代ほども前に、古代スパルタとアテナイが平等という理想を抱きその実現を目指したことには、ひとつの「大きな理由」があった。1950年代に中国の山西省張庄村が完璧に平等な農地の分配を誇るようになっていたことには、ひとつの「大きな理由」があった。3000年前の下エジプトの権力者が死者を古着で包んだり、粗末な作りの棺に入れたりして埋葬しなければならず、古代ローマの貴族の生き残りが教皇から施しを受けるために列に並び、マヤ人の王侯の末裔たちが庶民と同じものを食べていたことには、ひとつの「大きな理由」があった。ビザンティン帝国や初期イスラム時代のエジプトのしがない農業労働者、中世後期のイングランドの大工、近世前期のメキシコで雇われた労働者などが、その前後の時代の同業者よりも多く稼ぎ、よい食事をしていたことには、ひとつの「大きな理由」があった。それらの「大きな理由」はすべて同じではないが、根本に共通するものがある。それは、確立された秩序の大々的かつ暴力的な破壊だ。記録された歴史を通じて、大量動員戦争、変革的革命、国家の破綻、疫病によって周期的に起きた不平等の圧縮は、完全に平和的手段による平等化として知られるどんな例とくらべても、常にきわめて規模が大きかった。

悲嘆を繰り返さないために

歴史が未来を決めるわけではない。おそらく、現代の特性はまったく違う。遠い将来、それがわかる時がくるだろう。人類は今、技術的特異点（singularity）に向かっているのかもしれない。そこでは、あらゆる人間が融合し、世界規模で相互に接続された、肉体と機械のハイブリッドの超生命体となり、不平等の心配はもうなくなる。あるいは、逆に技術の進歩によって不平等が新たに極端なかたちで進み、生体メカトロニクス（電子機械工学）と遺伝子工学により強化されたエリートと、普通の人間に分かれて、後者は支配者の進化し続ける能力に永遠に引き離されていくのかもしれない。あるいは、そのどちらでもなく、人類は、今はまだ想像もできないような帰結に向かっているのかもしれない。

だが、それらはしょせんSFの世界の話だ。われわれはさしあたり、現在持っている頭脳と肉体と、それらが作り出した制度でやっていくしかない。それはつまり、将来の平等化の見込みは薄いことを意味する。ヨーロッパ大陸の社会民主主義国が高税率と幅広い再分配の込み入った制度を維持し手直ししていくのも、アジアの裕福な民主主義国が税引前所得を異常なほど平等に配分し続け、不平等化の高まりというねりをせき止めるのも、容易なことではない。そのうねりはグローバリゼーションの進行につれて激しさを増すばかりかもしれない。前例のない人口動態の変容がその圧力に加わるからだ。それらの国々が現状を維持できるかどうかは疑わしい。不平等は至るところで徐々に高まっており、その流れが現状を覆そうとしていることは否定できない。現在の所得と富の分配を安定化するのがますます難しくなるとすれば、より公平な分配を目指す取り組みはどんなものであれ、必然的にさらに大きな障害にぶつかるはずである。

何千年にもわたり、歴史は、不平等の高まりあるいは高止まりの長丁場と、散在する暴力的圧縮を繰り返してきた。１９１４年から１９７０年代あるいは80年代までの60～70年間に、世界の経済大国と、共産主義体制に屈した国々の双方が、歴史上最大級の大幅な平等化を経験した。その後、世界の多くの地域が次の長丁場となりそうな期間に突入し、継続的な資本蓄積と所得の集中に回帰した。歴史的に見れば、平和的な政策改革では、今後大きくなり続ける難題にうまく対処できそうにない。だからといって、別の選択肢はあるだろうか？　経済的平等性の向上を称える者すべてが肝に銘じるべきなのは、ごく稀な例外を除いて、それが悲嘆のなかでしか実現してこなかったことだ。何かを願う時には、よくよく注意する必要がある。

補遺

不平等の限界

不平等はどこまで高まる可能性があるだろうか。所得の不平等の測定値は、ひとつの重要な点に関して富の不平等のそれとは異なる。ある集団内で富がどのくらい不平等に分配されうるかには限界がない。理論上は、1人が所有物のすべてを所有し、その他の全員は何も所有せず、労働か移転から得た収入で生きることもありうる。この分配をジニ係数であらわすと「~1」で、最富裕層の富のシェアは100%となる。純粋に数学的に考えれば、所得ジニ係数も、完全な平等を意味する0から、全面的な不平等を意味する「~1」のあいだとなりそうだ。ところが、実際に「~1」に達することは決してない。誰もが、ただ生きているだけで最低限の額の収入を必要とするからだ。

この基本的必要性を説明するために、ブランコ・ミラノヴィッチ、ピーター・リンダート、ジェフリー・ウィリアムソンは「不平等可能性フロンティア」(IPF)という概念を打ち出した。これは、ある水準の1人当たり平均生産高に対して、理論的に可能な不平等の最大限度を決める尺度だ。1人当たりGDPが低いほど、ぎりぎりの生存最低限度を上回る1人当たりの余剰分は少なくなり、IPFは抑えられる。

1人当たり平均GDPが生存最低限度と等しい社会を想像してみよう。その場合、所得ジニ係数は0になる。所得にほんのわずかな差があっても、生存に必要な水準以下に押し下げられる人たちが出てくるからだ。それ——富む人がいる一方で飢える人がいること——は確かにありうるが、その状態は長続きしない。人口が次第に減り、ついには消滅してしまうからだ。1人当たり平均GDPが生存最低限度をわずかに上回り、たとえば1.05倍で、人口が100人だとすれば、1人が生存最低限度の6倍の所得を手に入れて、残り全員がちょうど最低限の所得水準で生きることはありうる。すると、ジニ係数は0.047、上位1%の所得シェアは5.7%となる。平均GDPが生存最低限度の2倍——貧しい実生活経済ではより現実的な設定——で、入手可能な余剰分のすべてを1人が独占すれば、この唯一の稼ぎ頭は全所得の50.5%を手に入れることになり、ジニ係数は0.495に達する。

IPFはこのように1人当たりGDPの増加とともに上昇し、1人当たり平均生産高が生存最低限度の5倍なら、実現可能なジニ係数の最大値は0.8近くになる(図補・1)[1]。

図補・1から、IPFが最も大きく変動するのは1人当たりGDPが非常に低い場合であることがわかる。1人当たりGDPが増えてぎりぎりの生存最低限度の何倍にも達し、近代の先進国全般のようになると、IPFは0.9台という高い数値に押し上げられ、形式的な上限である「~1」に限りなく近づく。そのため、この基本的IPFはおもに前近代社会と現代の低所得国の不平等を理解するために利用するのが最もふさわしい。生存最低限度を年収300ドル(1990年国際ドル)と定義すれば——もう少し高水準の方が妥当かもしれないが、これが一般的なベンチマークである——1人当たり年間GDPが1500ドルまでの国が、IPFにもとづく不平等可能性の調整から最も大きな影響を受ける。前近代のほぼすべての経済がこの範疇に入るため、図補・1で示した範囲が人類史の大半をカバーする

図補.1　不平等可能性フロンティア

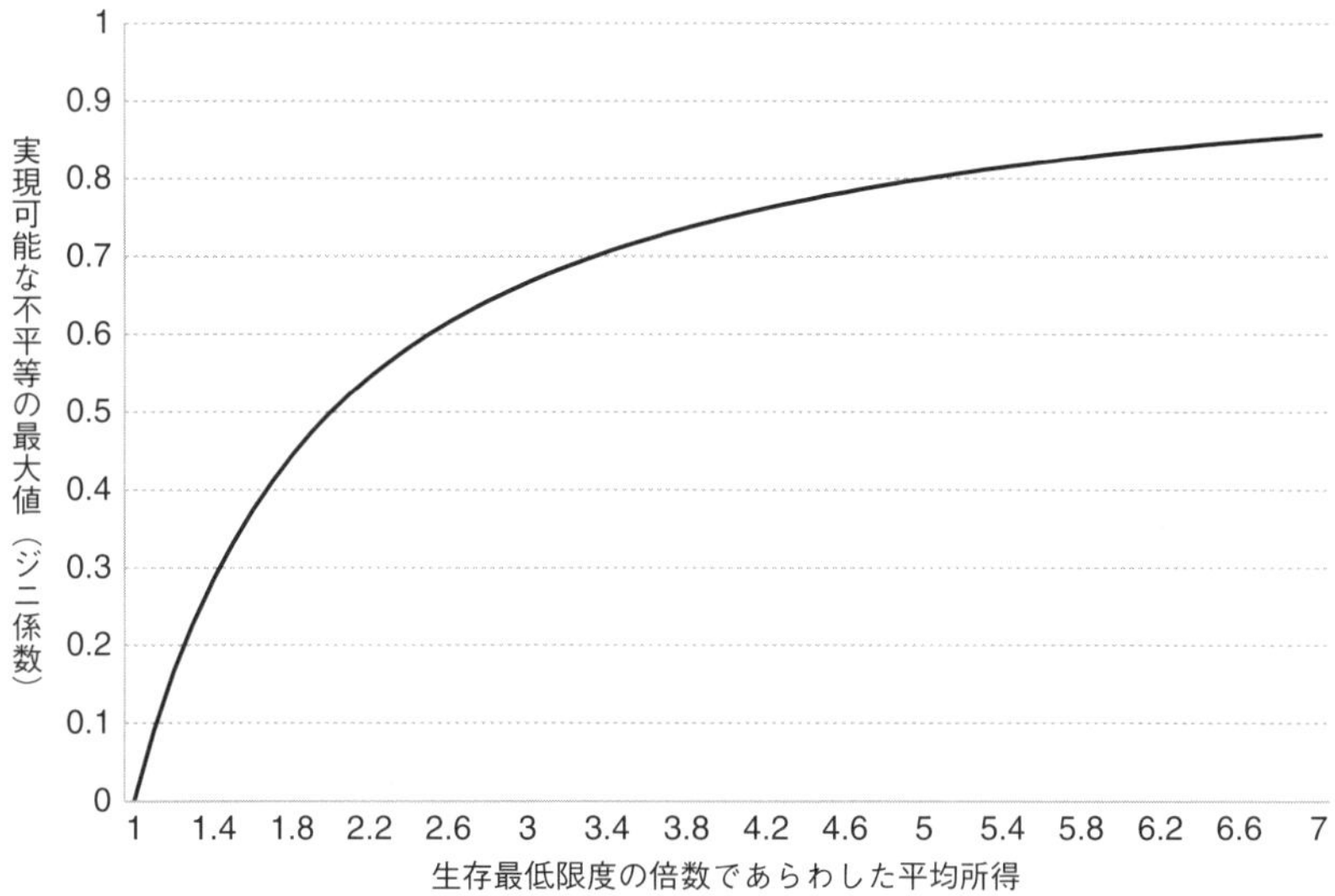

ことになる。

国別では、３００ドルの最低生存水準所得の5倍という閾値に最初に達したのはオランダが16世紀前半、イングランドが１７００年前後、アメリカが１８３０年ごろ、フランスとドイツが19世紀半ば、日本が１９１０年代で、中国全体はようやく１９８５年、インドはその10年後だった[2]。

実測による所得ジニ係数を可能な最大値（ＩＰＦ）で割ると、「吸い上げ率」が算出される。これは、理論的に可能な不平等のうち、生存最低限度を上回る所得の人たちによって実際に吸い上げられた所得の割合のことだ。吸い上げ率の幅は、完全な平等状態の０％から、１人当たり生存最低限度の総計を上回る生産高のすべてを１人が吸収する場合の１００％までにわたる。実測によるジニ係数とＩＰＦの差が小さくなるほど、吸い上げ率は１００％に近づく。

ミラノヴィッチ、リンダート、ウィリアム

図補.2　前近代社会における所得ジニ係数推定値と不平等可能性フロンティア

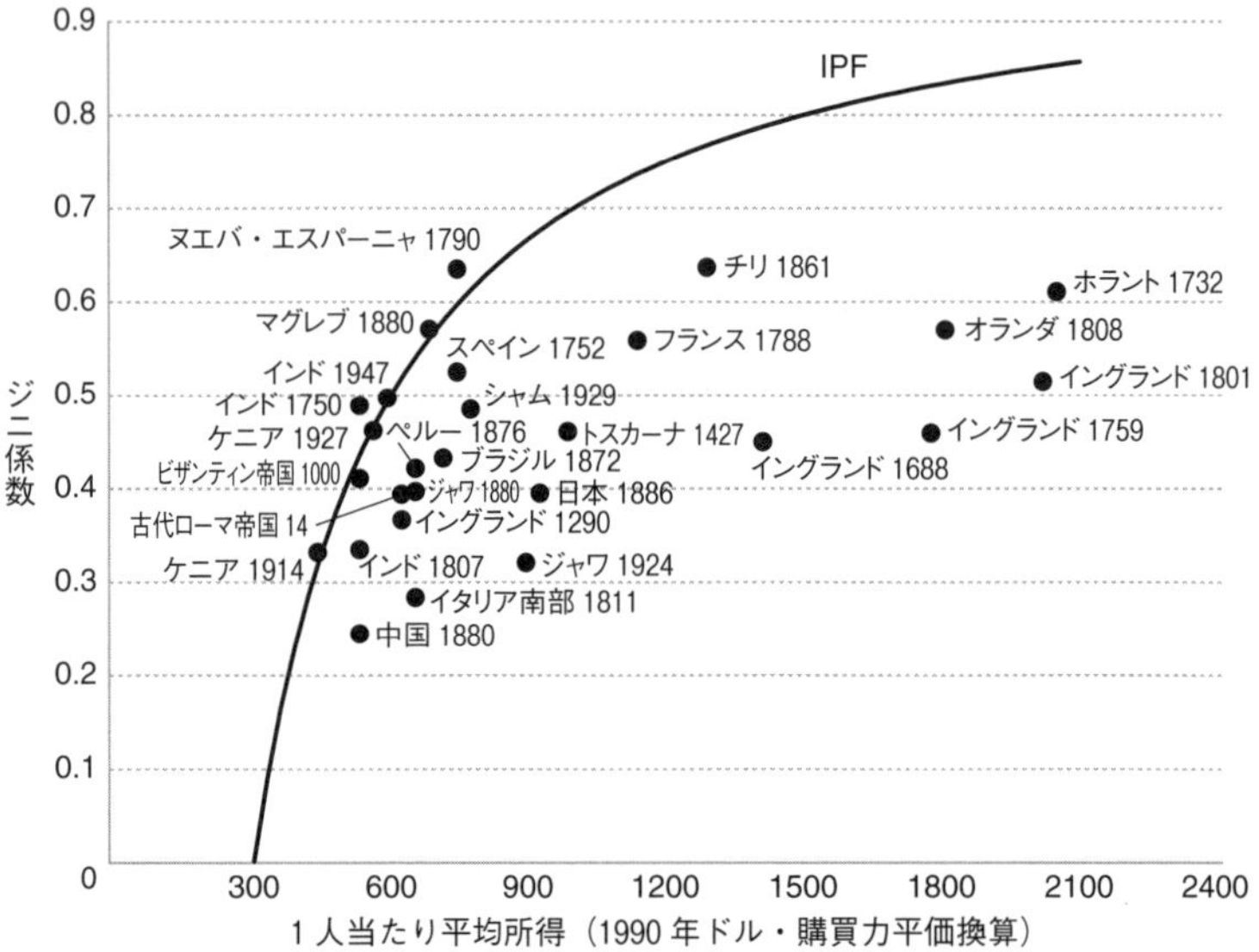

〔訳注：国名の右の数字は年．ヌエバ・エスパーニャは 1519～1821 年の北米大陸，カリブ海，太平洋，アジアにおけるスペイン帝国副王領〕

ソンは、ローマ帝国から英領インドまで、27の前近代社会について吸い上げ率を計算した。もとにしたのは、所得分配の未補正指数が得られる社会表――その形式の起源は、１６８８年のイングランド社会を貴族から貧民まで31の階層に分けた、グレゴリー・キングの名高い社会表にさかのぼる――と、入手可能な限りの国勢調査情報の組み合わせである（図補・2）[3]。

それら27の社会の所得ジニ係数は平均で約0.45、吸い上げ率は平均77％である。貧しい社会の方が、発展した社会よりもＩＰＦに近づく傾向がある。サンプル中、1人当たり平均ＧＤＰが１０００ドル未満（１９９０年国際ドル）の21の社会では、吸い上げ率は平均76％で、1人当たり平均ＧＤＰが１０００～２０００ドルの7つの社会の平均である78％と実質的に同じだ。吸い上げ率が下がるのは、経済実績が上向いて１人当たりの所得が生存最低限度の4～5倍に達してからである。１７３２～１８０８年のイングランドとホラントすなわちオランダの吸い上げ率は平均61％だ。

サンプルで最も高かった97～１１３％の５つの数値は、特に推定ジニ係数が想定されるＩＰＦを大きく超える場合、不適切なデータに起因する不自然な結果かもしれない。現実には、不平等の実際の水準はいまだかつてＩＰＦに届いたこともなければ、非常に近づいたことさえなかったはずだ。その理由としては、１人の支配者やごく少数のエリートが、生存最低限度ぎりぎりの生活をするその他すべての人びとを支配できた社会が想像しにくいというだけで十分だ。それでも、それら５つの社会が宗主国か征服国のエリートに支配され、その状況によって搾取的な吸い上げが例外的な高率に引き上げられたかもしれないことには、留意する価値がある[4]。

ＩＰＦの計算と吸い上げ率から、２つの重要な洞察が得られる。まず、古い時代の社会は可能な限り不平等な傾向にあったという事実が目を引く。ＩＰＦに近い吸い上げ率を生む可能性があったのは、裕福な「１％」と、軍人や行政官や仲買人からなる数％が、困窮した農民の上に位置する社会だけだ。そして、それはよくあるパターンだったようだ。図補・２で示した推定値に内的整合性があることから、いささかの慰めが引き出せるかもしれない。これらのデータセットのすべてが同じ間違った方向に導き、それが過去の不平等水準について根本的に誤った印象を与えるおそれはなさそうだからだ。２つめの重要な発見は、集中的な経済成長がやがて吸い上げ率を減らしたことだ。この現象の規模が、サンプルの27の社会と、２０００年前後の同じ国や部分的に領土が重なる国である16カ国の比較からわかる（図補・３）[5]。

図に見られる吸い上げ率の不連続性からわかるのは、大きく異なる水準の１人当たり平均ＧＤＰを無視してすべて所得ジニ係数で比較するのが、どれほど誤解を招くかだ。前近代と近現代のサンプルのジ

図補.3　前近代社会（黒丸）と対応する現代の社会（白丸）の吸い上げ率

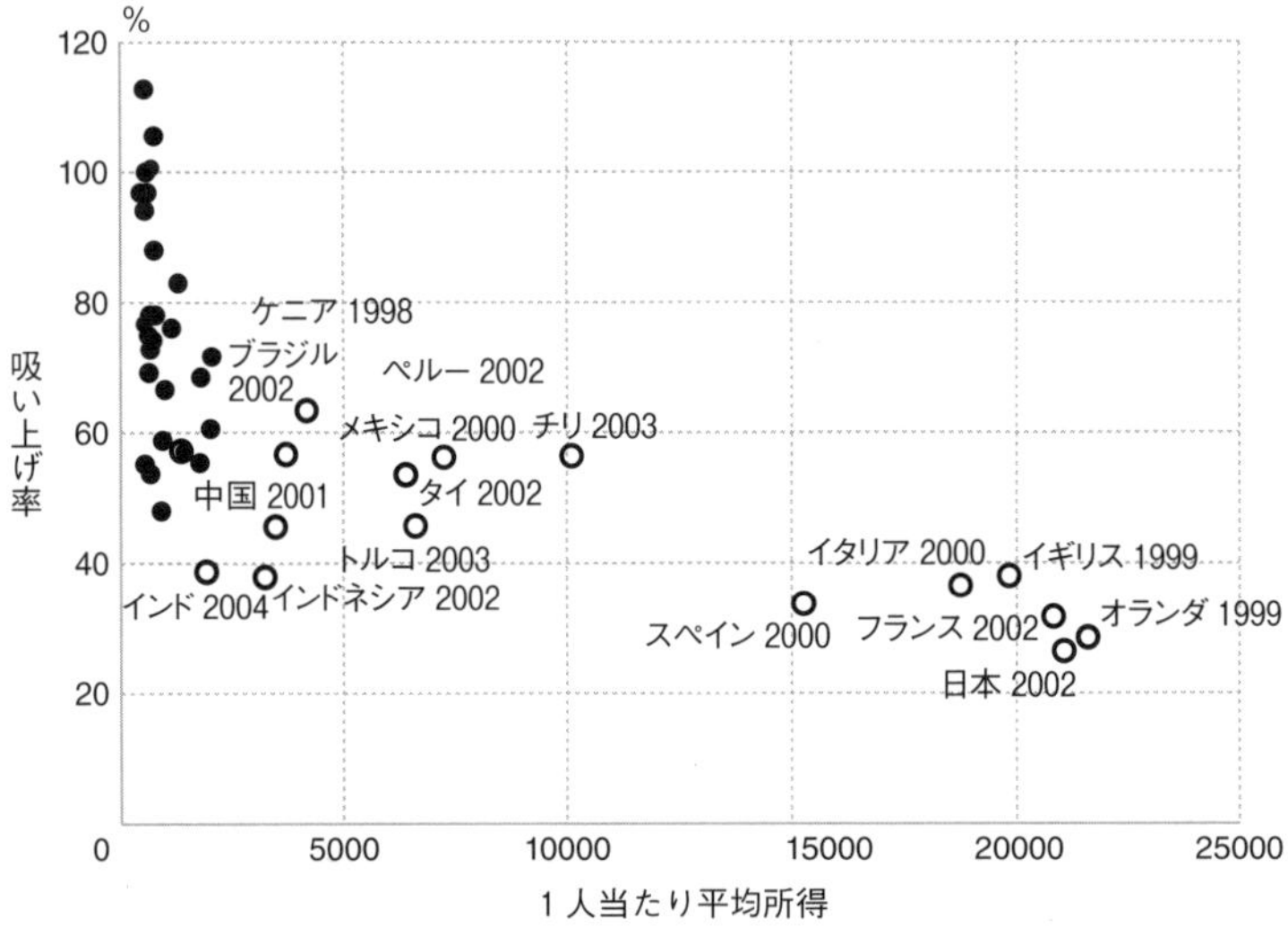

〔訳注：国名の右の数字は年〕

ニ係数の平均数値は、それぞれ0・45と0・41で非常に近い。額面どおりに受け取れば、近代化を通じて、不平等は緩やかに軽減しただけのように見える。ところが、1人当たり平均GDPは、現代のサンプルが過去のサンプルの11倍だったため、平均吸い上げ率はずっと低く、過去の76%に対して44%だった。この尺度では、2000年までに、これらの社会では古い時代よりもかなり不平等が軽減していたことになる。

最富裕層の所得シェアの未補正値を比較するのは、さらに厄介かもしれない。先に述べた架空の社会における1人の富者と99人の貧者の例を思い出してほしい。1人当たり平均GDPが生存最低限度の1・05倍で、上位1%の所得シェアは5・7%である。上位1%の所得シェアがまさにこの数値だった2000年のデンマークでは、1人当たり平均GDPは私の思考実験における数字の、じつに73倍だった。経済発展水準に劇的な差があっても、うわべの不平等水準は同程度に見える場合もあるということだ。教訓は明白である。歴史上の所得分配を補正せずに見積もるのは、「実質的不平等」——理論上実現可能な不平等水準との対比によって定義される——と私が呼ぶものが時とともにどう変化してきたかを理解する妨げになりかねない。

個々の数値の信頼性への疑問は脇に置いて、イングランドの所得ジニ係数が1290年ごろに0・37、1688年に0・45、1759年に0・46、1801年に0・52だったことからわかるのは、不平等が次第に高まった一方、吸い上げ率は、同じ時期の大半で経済生産高が増えたために減少し、0・69から0・57に、そして0・55となってから、0・61まで回復したことだ。ホラントすなわちオランダでは、所得ジニ係数が1561年の0・56から1732年には0・61に上がり、それから1808年には0・57に下がったのに、吸い上げ率は下がり続け、76％から72％に、そして69％になった。これらの数字にはかなり不確実な面があることを考えれば、そうした個別の結果にあまり重きを置くのは賢明でない。肝心なのは原則である。つまり、吸い上げ率によって、ジニ係数だけの場合よりも、不平等がうまく捉えられるということだ。

それは取りも直さず、従来の不平等の尺度が、現代社会の所得の真の不平等を、過去の時代やこんにちの最も貧しい発展途上国の不平等にくらべて誇張しているということだろうか？　また、結局、経済発展が本当の平和的平等化を支えてきたということだろうか？　この問いへの答えは、実質的不平等をどう定義するかに大きく左右される。標準的な不平等の尺度を状況に応じて補正するのは、問題をわざわざ複雑にするだけだ。実際の所得の下限を決めるのは生理的生存に必要な最低水準だけではなく、強力な社会的、経済的要因でもある。IPFと吸い上げ率という考え方を導入してまもなく、ミラノヴィッチは必要最低限の生活の社会的側面を考慮することによって、このアプローチを改良した。300ドル（1990年国際ドル）という最低限の年収は、確かに肉体的生存には十分で、所得が非常に低い社会では今後も存続する基準かもしれない。しかし、最低限の生活に必要な水準は、経済が豊かになり社会の規範が変わるとともに、相対的に上がっていく。こんにち、正式な貧困ラインが従来の最低生活水準と合致するのは、最貧国だけだろう。それ以外の国では、1人当たりGDPの上昇に応じて、下限がもっと上昇している。

社会的に許容できる最低生活水準の内容の主観的評価は、全体的な生活水準をも反映する。その一例として、アダム・スミスが当時の最低限必要なものを定義した記述がよく知られている。彼の意見では、最低限必要なもののなかには「生命を維持するのに必要不可欠な日用品のみならず、その国の習慣により、最下層の人ですら持っていなければ信用を失うようなあらゆる物」が含まれる。たとえば、イギリスならリネンのシャツや革靴などだ。それでも、貧困水準はGDPと同じペースで変わるわけではなく、やや遅れがちだ。平均所得に対する貧困水準の弾力性は限られている。ミラノヴィッチは弾性値を0・5として試算し、社会的な最低生活水準に合わせて補正すれば、任意の1人当たり平均GDPに対するIPFは、生理的な生存維持に必要なものだけで決められた場合よりもかなり低くなることを示している。国民1人当たり平均GDPが1500ドルの場合、IPFは0・8から0・55に下がり、3000ドルの場合は0・9から0・68に下がる（図補・4）[6]。

社会的な最低生活水準の変化を考慮してもしなくても、吸い上げ率は1688〜1867年のイングランドや1774〜1860年のアメリカでは安定していた。しかし、GDPの伸びに対する社会的な最低生活水準の弾性値0・5をIPFの計算に組み込めば、それら2つの期間の推定吸い上げ率は約80％となり、実測された不平等を生理的生存に必要な最低水準と関連づけて算出した約60％という数値よりもかなり高い。対照的に、第二次世界大戦後の吸い上げ率は、どちらの定義でもはるかに低い状態

図補.4　さまざまな社会的最低生活水準に応じた不平等可能性フロンティア

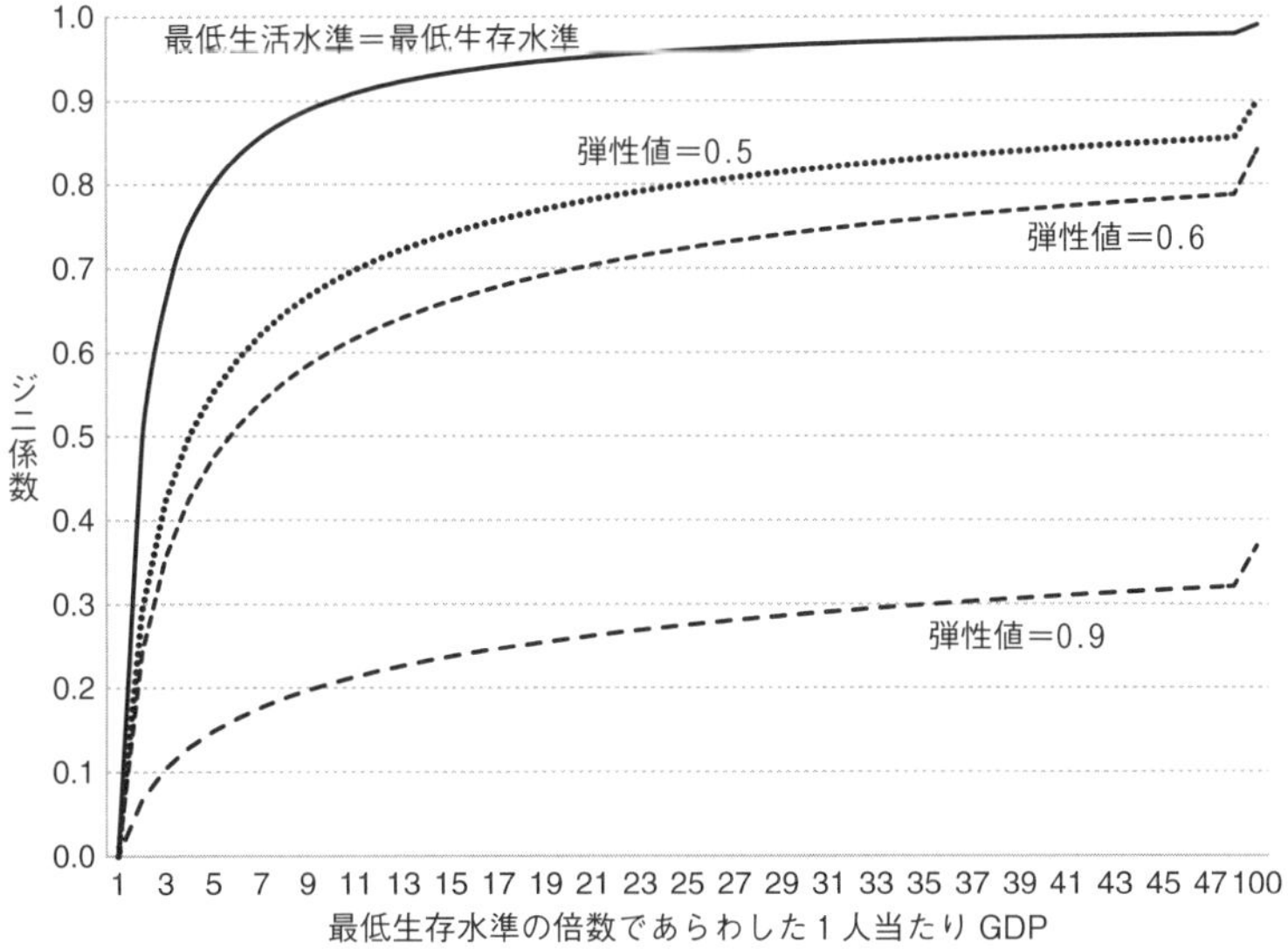

が続いてきた。実質的不平等が20世紀までずっと高かったのは、経済生産高が伸びているあいだでさえ、入手可能な余剰分のかなりの部分をエリートが相変わらず懐に入れ続けたからだ。このことからわかるのは、暴力的大圧縮の期間を除けば、実質的不平等――社会的に決まる最低生活水準の下限により抑制される――は、前近代の歴史全体だけでなく、工業化の初期段階でも全般に高かったことだ。

　このように、ジニ係数や最富裕層の所得シェアであらわされる名目的不平等の尺度と、社会的な最低生活水準に応じて補正された実質的不平等の尺度があいまって、大圧縮以前に大きな所得格差があったことを印象づける。[7]

だが、現在はどうだろう？　21世紀の最初の10年が終わるころには、社会的な最低生活水準による補正の有無にかかわらず、アメリカとイギリスの吸い上げ率はおよそ40%にとどまり、１８６０年代のほぼ半分にすぎなかった。それが意味するのは、近年不平等が復活したあとでさえ、この二国は現在、昔よりも実質的に平等であるということだろうか？　そうとは限らない。肝心なのは、経済がおもに頼るのが化石燃料の採掘ではなく、食糧生産や、手工業や、サービス業の組み合わせである場合、所与の1人当たりGDP水準で経済的に実現可能な所得の不平等は最大でどのくらいかという問題だ。

アメリカで理論的に可能な最大の可処分所得ジニ係数は、生理的生存に必要な最低水準を上回る余剰分すべてを1人が獲得する場合は0・99、同じ1人が社会的に決まる最低所得を上回る余剰分だけをすべて獲得する場合は約0・9になる。議論を進めるために、その社会が政治的にどうにか存続可能だと仮定すれば――そのためにはたった一人の金権政治家が3億2000万人の同胞をロボットの軍隊に監視させる必要があるとしても――その体制で1人当たり年平均5万3000ドルのGDPを生む経済を維持できるかどうか、問わなくてはいけない。答えは間違いなく「否」だろう。そのように途方もなく不平等な社会は、人的資本を生み出して再生していくことも、国内消費量（アメリカのGDPの70％近くを占める）を維持することも不可能だが、それらはいずれも、生産高がその水準に達するのに必要だ。したがって、「真の」IPFはずっと低くなるはずである。(8)

それでは、どのくらい低くなるのだろう？　アメリカの可処分所得ジニ係数は現在0・38に近い。再びもっぱら議論を進めるために、この数値が2010年のナミビアの数値に等しい0・6まで上がり、1人当たり平均GDPは現在の水準以下に下がらないものと仮定しよう。そうだとすれば、吸い上げ率は実質63％になる。別の文脈でミラノヴィッチが主張したところでは、労働所得と資本所得の実現可能な不均衡がきわめて極端な水準であるという前提でも、アメリカ全体の所得分配ジニ係数は0・6を超えることはないという。しかし、0・6でさえ、アメリカ型経済にとっては高すぎるかもしれない。ナミビアの1人当たりGDPは実質的にアメリカの7分の1にすぎず、経済は鉱物の輸出に大きく依存している。真の上限が0・5だとすれば、アメリカの現在の実質的吸い上げ率は76％となり、前述の27の前近代社会について算出された平均値と等しく、1860年のアメリカの84％に近い。

1929年にはアメリカの可処分所得ジニ係数は0・5弱であり、社会的な最低生活水準に応じて補正した0・8に近いIPFは、吸い上げ率がおよそ60％だったことを示している。ところが、1人当たり実質GDPがこんにちの4分の1以下だった1929年でさえ、経済的に実現可能な最大ジニ係数は、今より高いとはいえ0・8に満たなかったはずだ。現時点では、さまざまな数字で実験しても得られるものはほとんどない。

不平等が経済成長に及ぼすマイナスの影響を測ることが可能だとすれば、現在の生産高水準がもはや達成できなくなるような不平等水準を見積もることも可能なはずだ。経済学者たちがこの問題に取り組んでくれるよう願っている。(9)

歴史全体を通じて、所得の不平等の可能性はつぎつぎと生じる多様な要因によって抑えられてきた。経済実績の水準がきわめて低ければ、生理的生存に最低限必要な分を上回る産出の量が、まず不平等を制約する。0・4というジニ係数はこんにちの基準では中間に位置するが、1人当たり平均GDPが最低生活水準の2倍しかない社会では実質的不平等が著しく高いことを意味するし、不平等は所得ジニ係数0・5前後で上限に達する。発展の度合いが中程度の場合、社会的な最低生活水準が主要な制約要因となる。たとえば、アメリカの1人当たり平均GDPが最低生存水準の7倍に達した1860年には、社会的な最低生活水準により推定される実現可能な最大ジニ係数すなわちIPFは、ぎりぎりの最低生存水準だけによって決められる場合よりもずっと低く（0・86に対して0・63）、実質的吸い上げ率はその分高まって、62％から84％になった。当時、社会的な最低生活水準から算出したIPFが、経済の複雑性そのものによって決まる上限よりも常に低かったのは確かだ。

人口の半分以上がまだ農業に携わっていた社会では、理論上達しうる所得の不平等はきわめて高かったことだろう。それが変わったのは、現代の経済成長に伴ってIPFが下降したにもかかわらず、社会的な最低生活水準にもとづくIPFのジニ係数が0・7台〜0・8台に上昇したからだ。いずれかの時点で2つのフロンティアは交差し、経済成長が不平等の可能性を最も強く抑制する要因となったのである(図補・5)[10]。

私のモデルからわかるのは、所得分配の歴史全体を通じて、IPFはかなり安定した状態を保っているということだ。1人当たり平均GDPが最低生存水準の2〜3倍に相当する社会で実現可能だった0・5〜0・6台の最大ジニ係数は、1人当たり平均GDPが最低生存水準の5〜10倍という、より発展した農耕社会と初期工業化社会前期の最大ジニ係数にきわめて近い。だとすれば、1人当たり最低生存水準の100倍にも相当する生産高があるこんにちの高所得経済国でも、最大ジニ係数が大きく変わるとは限らない。変わっていくのはおもな制約要因の種類であり、最低生存水準から社会的な最低生活水準へ、さらに経済複雑性へと移行する。IPFが直観に反して経済実績に反応しないことを、私は「成長にまつわる不平等のパラドックス」と呼んでいる。これは「変わっても変わっても、同じまま」という主題のもうひとつの変奏曲と言える。このような長期にわたる安定性は、歴史上の非常に長い期間の所得の不平等を比較評価する際、大きな利点となる。IPFが経済発展のさまざまな段階で大きく変わらないとすれば、古代から現在までのジニ係数を直接比較するのが理にかなっているからだ[11]。

こんにちのアメリカやイギリスで現実の不平等の吸い上げ率が150年前と同じくらい高いか否かについては、答えが出ないままだ。それでも、社会的な最低生活水準だけにもとづく計算から窺えるように、当時から今までに半減してもいなければ、比較にならないほどまで落ちてもいないことに、疑いの余地はない。現在のアメリカの実質的吸い上げ率はほぼ確実に1929年より低いとはいえ、現実には

図補.5　不平等可能性フロンティアのさまざまな型

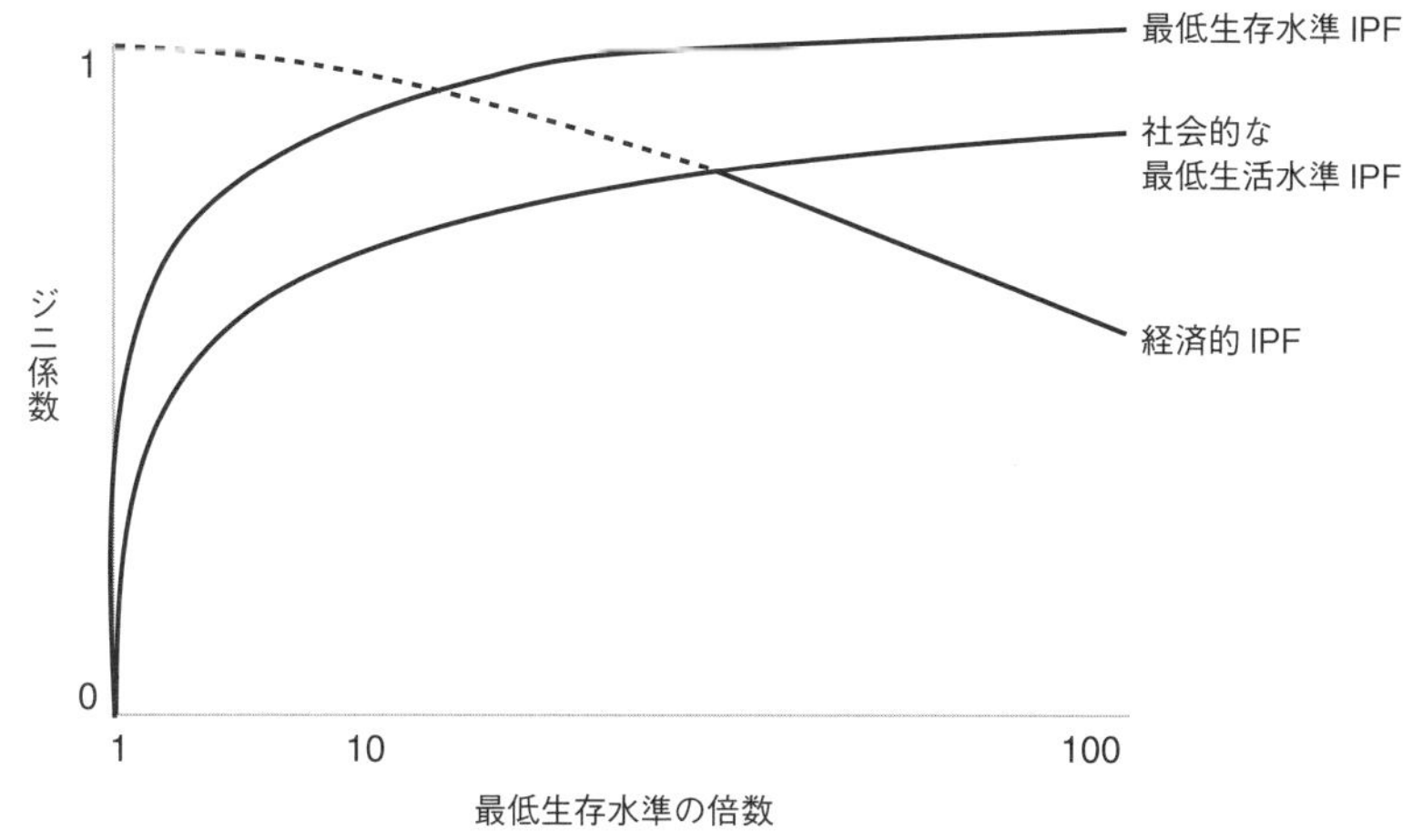

不平等の存続――あるいは復活――が目につく。だが、どこも同じ状況というわけではない。こんにち、スカンディナヴィア諸国に見られるような0・2台半ばの可処分所得ジニ係数は、言うまでもなく、IPFの定義にかかわらず昔よりもかなり低い。

この専門的補説を締めくくるにあたり、不平等の可能性の制約要因が国際比較にどう影響するかを簡潔に示したい。アメリカの可処分所得の分配は、スウェーデンよりもどのくらい不平等なのだろうか？約0・23と0・38というジニ係数からすれば、アメリカの不平等はおよそ1・65倍と言えるかもしれない。この比は、理論上の最大値を求めるためにIPFを設定しても変わらない。たとえば、GDPに関連するIPFが両国とも0・6であるという前提では、アメリカの吸い上げ率である63％はスウェーデンの38％の約1・66倍である。ところが、所得の不平等の可能性には上限があるだけではない。市場経済では、高水準の1人当たり生産高を維持するために、可処分所得の不平等はゼロよりもかなり高くなければいけない。たとえば実現可能なジニ係数の最低限度を0・1として、前述の上限の0・6に加えて挿入すれば、50パーセンテージ・ポイントの「不平等可能性スペース」(IPS)とでも呼ぶべきものが得られる。スウェーデンに見られる不平等はこのスペースのおよそ4分の1をカバーするのに対し、アメリカでは半分強である。この補正により、アメリカの可処分所得の分配は実質的に、スウェーデンの少なくとも2倍不平等ということになる。

謝辞

持てる者と持たざる者のあいだの格差は、人類の文明が誕生して以来、拡大と縮小を繰り返してきた。経済的不平等が一般の言説において再び脚光を浴びるようになったのはごく最近のことにすぎないが、その歴史は長い。本書の目的は、この脈々たる歴史をたどり、解き明かすことにある。

このきわめて長い歴史に私の関心を引きつけた最初の一人が、ブランコ・ミラノヴィッチだった。不平等についての世界的権威であるミラノヴィッチは、自らの研究で歴史をはるか古代までさかのぼった。彼のような経済学者がもっといれば、より多くの歴史家が耳を傾けることだろう。10年ほど前には、スティーヴ・フリーゼンのおかげで古代の所得分布について考えを深めることができた。エマニュエル・サエズとともにスタンフォード大学行動科学高等研究所で過ごした1年間で、不平等への私の関心はさらにかき立てられた。

私の視点と主題を少なからず触発したのが、トマ・ピケティの著作だ。21世紀の資本についての刺激的な著書のおかげで幅広い読者が彼の考えに触れたが、その数年前から私は彼の著作を読み、この数世紀（私のような古代史研究家が「短期」とも呼ぶ期間）以前の時代に彼の持論がどのように関連づけられるか、考えてきた。ピケティの大作の登場は、私が切に必要としていた起爆剤となり、研究を単なる構想から執筆の段階へと後押ししてくれた。ピケティが道を拓いてくれたことに大いに感謝している。

ポール・シーブライトの招きにより、２０１３年12月にトゥールーズ先端研究センター（ＩＡＳＴ）

で特別講義を行う運びとなった。おかげで、このテーマをめぐる雑然とした考察を一貫性のある論考にまとめる仕事に着手し、それが本書の構想へと発展した。サンタフェ研究所で当初開催した2度目の討論会で、サミュエル・ボウルズは彼らしく辛辣だが親身な批評をしてくれたし、スレシュ・ナイドゥは有用な情報を提供してくれた。

同僚のケネス・シーヴから、スタンフォード大学ヨーロッパセンターを代表して学会を主催するよう求められ、その機会を利用してさまざまな分野の専門家を招き、長い歴史のなかで物質的な不平等がどう変化してきたかを論じることができた。2015年9月にウィーンで開いた会議は、楽しくかつ有意義だった。現地の共同主催者ベルンハルト・パルメとペール・フリースに謝意を表するとともに、ケネス・シーヴ、オーガスト・ライニッシュにも資金面での支援に感謝したい。

さらに、ワシントン州のエヴァーグリーン州立大学、コペンハーゲン大学、スウェーデンのルンド大学、北京の中国社会科学院における発表へのフィードバックからも得るものが多かった。学会主催者のウルリケ・クロッチェック、ピーター・バング、カール・ハンプス・リトケンス、リウ・ジンユ、フー・ユジュアンに謝意を表する。

デイヴィッド・クリスチャン、ジョイ・コノリー、ピーター・ガーンジー、ロバート・ゴードン、フィリップ・ホフマン、ブランコ・ミラノヴィッチ、ジョエル・モキール、リヴィエル・ネッツ、シェヴケト・パムク、デイヴィッド・スタサヴェージ、ピーター・トゥルチンは快く原稿の全体に目を通し、意見を寄せてくれた。カイル・ハーパー、ウィリアム・ハリス、ジェフリー・クロン、ピーター・リンダート、ジョシュ・オーバー、トマ・ピケティも本書の一部を読んでくれた。コペンハーゲン大学のサクソ研究所の歴史家グループは、会合を開いて私の草稿について討論してくれた。殊に多彩な情報を提供してくれたグンナー・リンド、ヤン・ペデルセンに感謝する。アン・オースティン、カーラ・クーニー、スティーヴ・ヘイバー、マリリン・マッソン、マイク・スミス、ギャヴィン・ライトからは、特定の部分について専門家ならではの貴重な助言と質問をいただいた。そうした方々の意見を活かしきれなかったのは、ひとえに私の至らなさによる。

未発表の研究を惜しみなく私に開示してくれた、以下の同僚各位に深く感謝している。グイド・アルファニ、カイル・ハーパー、マイケル・ジュルサ、ジェフリー・クロン、ブランコ・ミラノヴィッチ、イアン・モリス、ヘンリク・モーリトセン、ジョシュ・オーバー、ピーター・リンダート、ベルンハルト・パルメ、シェヴケト・パムク、マーク・ピュズスク、ケネス・シーヴ、デイヴィッド・スタサヴェージ、ピーター・トゥルチン、ジェフリー・ウィリアムソン。ブランドン・デュポンとジョシュア・ローゼンブルームが南北戦争中のアメリカの富の分布についての統計をまとめ、提供してくれて、とても助かった。レオナルド・ガスパリーニ、ブランコ・ミラノヴィッチ、シェヴケト・パムク、レアンドロ・プラドス・デ・ラ・エスコスラ、ケネス・シーヴ、マイケル・ステンクラ、ロブ・ステファン、クラウス・ヴェールドも快くデータファイルを送ってくれた。スタンフォード大学で経済学を専攻するアンドルー・グラナートは調査を大いに助けてくれた。

本書のプロジェクトは、2015／2016年の学年度に取得したスタンフォード大学人文学・芸術特別研究休暇の期間に完成した。学部長のデブラ・サッツとリチャード・サラー（そして、他の多くの方々）の本件への支援に感謝している。この研究休暇のおかげで、2016年の春をコペンハーゲン大学サクソ研究所の客員研究者として過ごし、原稿の最後の仕上げができた。デンマークの同僚たちが温かく受け入れてくれ、ありがたかった。なかでも、よき友であり、継続的に協力し合っているピーター・バングに感謝している。また、ジョン・サイモン・グッゲンハイム記念財団には、本書のプロジェクトを遂行する奨励金を授与してくれたことに、多少恐縮しつつ、お礼を申し上げねばならない。奨励金を活用する前に本書をどうにか完成できたので、今後の研究にぜひとも存分に役立てる所存である。

プロジェクトが完成に近づいたころ、ジョエル・モキールが、編者を務めるプリンストン大学西洋経済史シリーズに本書を加えることを申し出て、無事に査読過程を終えられるよう手を貸してくれた。モキールの支援と賢明な意見に深く感謝している。ロブ・テンピオは激励と編集の才に長け、真の愛書家であり、著作家の擁護者だ。本書の表題を提案してくれたことにもお礼を申し上げたい。テンピオの同僚エリック・クラハンは、プリンストン大学出版局の関連書籍2点を校正刷りの段階で折よく閲覧させてくれた。さらなる感謝を、きわめて円滑かつ迅速に制作を進めてくれたジェニー・ウォルコウィッキ、キャロル・マッギリヴレイ、ジョナサン・ハリソンと、鮮烈な印象の表紙をデザインしてくれたクリス・フェランテに捧げる。

暴力と不平等の人類史
戦争・革命・崩壊・疫病

2019年 6月20日 第1刷発行
2022年 9月19日 第8刷発行

著　者——ウォルター・シャイデル
訳　者——鬼澤　忍／塩原通緒
発行者——駒橋憲一
発行所——東洋経済新報社
〒103-8345　東京都中央区日本橋本石町 1-2-1
電話＝東洋経済コールセンター　03(6386)1040
https://toyokeizai.net/

装　丁…………橋爪朋世
D T P…………キャップス
印刷・製本……広済堂ネクスト
編集協力………島村裕子
編集担当………矢作知子
Printed in Japan　ISBN 978-4-492-31516-3

本書のコピー、スキャン、デジタル化等の無断複製は、著作権法上での例外である私的利用を除き禁じられています。本書を代行業者等の第三者に依頼してコピー、スキャンやデジタル化することは、たとえ個人や家庭内での利用であっても一切認められておりません。

落丁・乱丁本はお取替えいたします。

著者・訳者紹介

ウォルター・シャイデル（Walter Scheidel）

スタンフォード大学人文科学ディカソン教授，古典・歴史学教授，人類生物学ケネディ－グロスマン・フェロー．

オーストリア生まれ．1993年ウィーン大学 Ph.D.（古代史）．

著者・編者として16冊に及ぶ書物を上梓し，近代以前の社会・経済史，人口統計学，比較史に関する幅広い研究成果を発表している．近刊として，*Escape from Rome: the failure of empire and the road to prosperity,* Princeton University Press, 2019.

鬼澤　忍（おにざわ しのぶ）

翻訳家．埼玉大学大学院文化科学研究科修士課程修了．

おもな訳書に『競争優位の終焉――市場の変化に合わせて，戦略を動かし続ける』（日本経済新聞出版社，2014年），『これからの「正義」の話をしよう――いまを生き延びるための哲学』（ハヤカワ・ノンフィクション文庫，2011年），『ルシファー・エフェクト――ふつうの人が悪魔に変わるとき』（共訳，海と月社，2015年）などがある．

塩原通緒（しおばら みちお）

翻訳家．立教大学文学部英米文学科卒業．

おもな訳書に『偉大なる宇宙の物語――なぜ私たちはここにいるのか？』（青土社，2018年），『人体六〇〇万年史――科学が明かす進化・健康・疾病（上・下）』（ハヤカワ・ノンフィクション文庫，2017年），『138億年宇宙の旅』（早川書房，2017年），『暴力の人類史（上・下）』（共訳，青土社，2015年）などがある．

索　引

＊斜体字は原注のページと注番号を示す．

カ　行

サ　行

タ　行

ナ　行

ハ　行

マ　行

ヤ　行

ラ　行

ワ　行

参考文献

Aaberge, R. and Atkinson, A. B. 2010. "Top incomes in Norway." In Atkinson and Piketty, eds. 2010 : 448-481.

Abdullah, Abdul Jabbar, Doucouliagos, Hristos and Manning, Elizabeth. 2015. "Is there a Kuznets' process in Southeast Asia?" *Singapore Economic Review* 60. doi : 10.1142/S0217590815500174.

Abelshauser, Werner. 1998. "Germany : guns, butter, and economic miracles." In Harrison, ed. 1998b : 122-176.

Abelshauser, Werner. 2011. *Deutsche Wirtschaftsgeschichte : von 1945 bis zur Gegenwart.* 2nd ed. Munich : C. H. Beck.

Abul-Magd, Adel Y. 2002. "Wealth distribution in an ancient Egyptian society." *Physical Review E* 66 : 057104, 1-3.

Acemoglu, Daron and Autor, David. 2012. "What does human capital do? A review of Goldin and Katz's *The race between education and technology.*" *Journal of Economic Literature* 50 : 426-463.

Acemoglu, Daron, Naidu, Suresh, Restrepo, Pascual and Robinson, James A. 2015. "Democracy, redistribution, and inequality." In Atkinson and Bourguignon, eds. 2015 : 1885-1966.

Acemoglu, Daron and Robinson, James A. 2000. "Why did the West extend the franchise? Democracy, inequality, and growth in historical perspective." *Quarterly Journal of Economics* 115 : 1167-1199.

Acemoglu, Daron and Robinson, James A. 2002. "The political economy of the Kuznets curve." *Review of Development Economics* 6 : 183-203.

Acemoglu, Daron and Robinson, James A. 2015. "The rise and decline of general laws of capitalism." *Journal of Economic Perspectives* 29 : 3-28.

Acosta, Pablo, Calderon, Cesar, Fajnzylber, Pablo and Lopez, Humberto. 2008. "What is the impact of international remittances on poverty and inequality in Latin America?" *World Development* 36 : 89-114.

Adam, Hussein. 2008. *From tyranny to anarchy : the Somali experience.* Trenton, NJ : Red Sea Press.

Adams, Robert McC. 1988. "Contexts of civilizational collapse : a Mesopotamian view." In Yoffee and Cowgill, eds. 1988 : 20-43.

Addison, Paul. 1994. *The road to 1945 : British politics and the Second World War.* Rev. ed. London : Pimlico.

Adema, Willem, Fron, Pauline and Ladaique, Maxime. 2014. "How much do OECD

countries spend on social protection and how redistributive are their tax/benefit systems?" *International Social Security Review* 67 : 1–25.

Aftalion, Florin. 1990. *The French Revolution: an economic interpretation.* Cambridge, UK: Cambridge University Press.

Aghion, Philippe, et al. 2016. "Innovation and top income inequality." NBER Working Paper No. 21247.

Aidt, Toke S. and Jensen, Peter S. 2011. "Workers of the world, unite! Franchise extensions and the threat of revolution in Europe, 1820–1938." CESifo Working Paper 3417.

Albertus, Michael. 2015. *Autocracy and redistribution: the politics of land reform.* New York: Cambridge University Press.

Albuquerque Sant'Anna, André. 2015. "A spectre has haunted the west: did socialism discipline income inequality?" MPRA Paper No. 64756.

Ales, Laurence, Kurnaz, Musab and Sleet, Christopher. 2015. "Technical change, wage inequality, and taxes." *American Economic Review* 105: 3061–3101.

Alesina, Alberto and Glaeser, Edward L. 2004. *Fighting poverty in the US and Europe: a world of difference.* New York: Oxford University Press.

Alfani, Guido. 2010. "Wealth inequalities and population dynamics in early modern Northern Italy." *Journal of Interdisciplinary History* 40: 513–549.

Alfani, Guido. 2015. "Economic inequality in northwestern Italy: a long-term view (fourteenth to eighteenth centuries)." *Journal of Economic History* 75: 1058–1096.

Alfani, Guido. 2016. "The rich in historical perspective: evidence for preindustrial Europe (ca. 1300–1800)." Innocenzo Gasparini Institute for Economic Research Working Paper No. 571.

Alfani, Guido and Ammannati, Francesco. 2014. "Economic inequality and poverty in the very long run: the case of the Florentine state (late thirteenth to nineteenth century)." Dondena Working Paper No. 70, Università Bocconi, Milan.

Alfani, Guido and di Tullio, Matteo. 2015. "Dinamiche di lungo periodo della disuguglianza in Italia settentrionale: una nota di ricerca." Dondena Working Papers No. 71, Università Bocconi, Milan.

Alfani, Guido and Ryckbosch, Wouter. 2015. "Was there a 'Little Convergence' in inequality? Italy and the Low Countries compared, ca. 1500–1800." Innocenzo Gasparini Institute for Economic Research, Working Paper No. 557.

Alfani, Guido and Sardone, Sergio. 2015. "Long-term trends in economic inequality in southern Italy. The Kingdoms of Naples and Sicily, 16th–18th centuries: first results." Economic History Association 2015 Annual Meeting, Nashville TN, September 11–13, 2015.

Allen, Robert C. 2001. "The great divergence in European wages and prices from the Middle Ages to the First World War." *Explorations in Economic History* 38 : 411–447.

Allen, Robert C. 2003. *Farm to factory : a reinterpretation of the Soviet industrial revolution.* Princeton, NJ : Princeton University Press.

Allen, Robert C. 2009. "Engels' pause : technical change, capital accumulation, and inequality in the British industrial revolution." *Explorations in Economic History* 46 : 418–435.

Allen, Robert C., Bassino, Jean-Pascal, Ma, Debin, Moll-Murata, Christine and van Zanden, Jan Luiten. 2011. "Wages, prices, and living standards in China, 1738–1925 : in comparison with Europe, Japan, and India." *Economic History Review* 64 : 8–38.

Allison, Graham. 2014. "Just how likely is another world war? Assessing the similarities and differences between 1914 and 2014." *The Atlantic* July 30, 2014. http://www.theatlantic.com/international /archive/2014/07/just-how-likely-is-another-world-war/375320/.

Alvaredo, Facundo. 2010a. "The rich in Argentina over the twentieth century, 1932–2004." In Atkinson and Piketty, eds. 2010 : 253–298.

Alvaredo, Facundo. 2010b. "Top incomes and earnings in Portugal, 1936–2005." In Atkinson and Piketty, eds. 2010 : 560–624.

Alvaredo, Facundo. 2011. "A note on the relationship between top income shares and the Gini coefficient." *Economics Letters* 110 : 274–277.

Alvaredo, Facundo, Atkinson, Anthony B., Piketty, Thomas and Saez, Emmanuel. 2013. "The top 1 percent in international and historical perspective." *Journal of Economic Perspectives* 27 : 3–20.

Alvaredo, Facundo and Gasparini, Leonardo. 2015. "Recent trends in inequality and poverty in developing countries." In Atkinson and Bourguignon, eds. 2015 : 697–806.

Alvaredo, Facundo and Piketty, Thomas. 2014. "Measuring top incomes and inequality in the Middle East : data limitations and illustration with the case of Egypt." Paris School of Economics Working Paper.

Alvaredo, Facundo and Saez, Emmanuel. 2010. "Income and wealth concentration in Spain in a historical and fiscal perspective." In Atkinson and Piketty, eds. 2010 : 482–559.

Álvarez-Nogal, Carlos and Prados de la Escosura, Leandro. 2013. "The rise and fall of Spain (1270–1850)." *Economic History Review* 66 : 1–37.

Ammannati, Francesco. 2015. "La distribuzione della proprietà nella Lucchesia del tardo Medioevo (sec. XIV–XV)." Dondena Working Papers No. 73, Università Bocconi, Milan.

Anand, Sudhir and Segal, Paul. 2015. "The global distribution of income." In Atkinson

and Bourguignon, eds. 2015 : 937–979.

Andermahr, Anna Maria. 1998. *Totus in praediis : senatorischer Grundbesitz in Italien in der frühen und hohen Kaiserzeit.* Bonn, Germany : Habelt.

Anderson, Thomas P. 1971. *Matanza : El Salvador's communist revolt of 1932.* Lincoln : University of Nebraska Press.

Andreski, Stanislav. 1968. *Military organization and society.* 2nd ed. Berkeley : University of California Press (『軍事組織と社会』S・アンジェイエフスキー著，坂井達朗訳，新曜社，2004 年).

Andress, David, ed. 2015. *The Oxford handbook of the French Revolution.* Oxford : Oxford University Press.

Andrews, Dan and Leigh, Andrew. 2009. "More inequality, less social mobility." *Applied Economics Letters* 16 : 1489–1492.

Angeles, Luis. 2010. "An alternative test of Kuznets' hypothesis." *Journal of Economic Inequality* 8 : 463–473.

Anghelinu, Mircea. 2012. "On Palaeolithic social inequality : the funerary evidence." In Kogalniceanu, Raluca, Curca, Roxana-Gabriela, Gligor, Mihai and Stratton, Susan, eds., *Homines, funera, astra : proceedings of the international symposium on funeral anthropology 5–8 June 2011 '1 Decembrie 1918' University (Alba Iulia, Romania).* Oxford : Archaeopress, 31–43.

Aristizábal-Ramírez, María, Canavire-Bacarreza, Gustavo J. and Jetter, Michael. 2015. "Income inequality in Bolivia, Colombia, and Ecuador : different reasons." Working paper.

Arroyo Abad, Leticia. 2013. "Persistent inequality? Trade, factor endowments, and inequality in Republican Latin America." *Journal of Economic History* 73 : 38–78.

Arroyo Abad, Leticia, Davies, Elwyn and van Zanden, Jan Luiten. 2012. "Between conquest and independence : real wages and demographic change in Spanish America, 1530–1820." *Explorations in Economic History* 49 : 149–166.

Assunção, Juliano. 2006. "Land reform and landholdings in Brazil." UNU-WIDER Research Paper No. 2006/137.

Atkinson, Anthony B. 2007. "The distribution of top incomes in the United Kingdom 1908–2000." In Atkinson and Piketty, eds. 2007a : 82–140.

Atkinson, Anthony B. 2011. "Income distribution and taxation in Mauritius : a seventy-five year history of top incomes." Working paper.

Atkinson, Anthony B. 2014a. "After Piketty?" *British Journal of Sociology* 65 : 619–638.

Atkinson, Anthony B. 2014b. "The colonial legacy : income inequality in former British African colonies." WIDER Working Paper.

Atkinson, Anthony B. 2015. *Inequality : what can be done?* Cambridge, MA : Harvard

University Press (『21世紀の不平等』アンソニー・B・アトキンソン著，山形浩生・森本正史訳，東洋経済新報社，2015年).
Atkinson, Anthony B. and Bourguignon, François, eds. 2000. *Handbook of income distribution.* Vol. 1. Amsterdam : Elsevier.
Atkinson, Anthony B. and Bourguignon, François, eds. 2015. *Handbook of income distribution.* Volume 2A–2B. Amsterdam : North-Holland.
Atkinson, Anthony B. and Brandolini, Andrea. 2004. "Global world inequality : absolute, relative or intermediate?" Working paper. www.iariw.org/papers/2004/brand.pdf.
Atkinson, Anthony B. and Leigh, Andrew. 2013. "The distribution of top incomes in five Anglo-Saxon countries over the long run." *Economic Record* 89 (S1) : 31–47.
Atkinson, Anthony B. and Morelli, Salvatore. 2011. "Economic crises and inequality." UNDP Human Development Reports 2011/06.
Atkinson, Anthony B. and Morelli, Salvatore. 2014. "Chartbook of economic inequality." Working Paper No. 324, ECINEQ : Society for the Study of Economic Inequality.
Atkinson, Anthony B. and Piketty, T., eds. 2007a. *Top incomes over the twentieth century : a contrast between continental European and English-speaking countries.* Oxford : Oxford University Press.
Atkinson, Anthony B. and Piketty, T. 2007b. "Towards a unified data set on top incomes." In Atkinson and Piketty, eds. 2007a : 531–565.
Atkinson, Anthony B. and Piketty, T., eds. 2010. *Top incomes : a global perspective.* Oxford : Oxford University Press.
Atkinson, Anthony B. and Søgaard, Jakob E. 2016. "The long-run history of income inequality in Denmark." *Scandinavian Journal of Economics* 118 : 264–291.
Auerbach, Alan J. and Hassett, Kevin. 2015. "Capital taxation in the twenty-first century." *American Economic Review* 105 : 38–42.
Autor, David H. 2014. "Skills, education, and the rise of earnings inequality among the 'other 99 percent.'" *Science* 344 : 843–851.
Autor, David H. 2015. "Why are there still so many jobs? The history and future of workplace automation." *Journal of Economic Perspectives* 29 : 3–30.
Autor, David H. and Dorn, David. 2013. "The growth of low-skill service jobs and the polarization of the U.S. labor market." *American Economic Review* 103 : 1553–1597.
Autor, David H., Levy, Frank and Murnane, Richard J. 2003. "The skill content of recent technological change : an empirical exploration." *Quarterly Journal of Economics* 118 : 1279–1333.
Autor, David H., Manning, Alan and Smith, Christopher. 2010. "The contribution of the minimum wage to U.S. wage inequality over three decades : a reassessment." NBER Working Paper No. 16533.

Bagchi, Sutirtha and Svejnar, Jan. 2015. "Does wealth inequality matter for growth? The effect of billionaire wealth, income distribution, and poverty." *Journal of Comparative Economics* 43 : 505–530.

Bagnall, Roger S. 1992. "Landholding in late Roman Egypt : the distribution of wealth." *Journal of Roman Studies* 82 : 128–149.

Balch, Stephen H. 2014. "On the fragility of the Western achievement." *Society* 51 : 8–21.

Banerjee, Abhijit and Piketty, Thomas. 2010. "Top Indian incomes, 1922–2000." In Atkinson and Piketty, eds. 2010 : 1–39.

Bang, Peter F., Bayly, Christopher A. and Scheidel, Walter, eds. Forthcoming. *The Oxford world history of empire.* 2 vols. New York : Oxford University Press.

Bang, Peter F. and Turner, Karen. 2015. "Kingship and elite formation." In Scheidel 2015a : 11–38.

Bank, Steven A., Stark, Kirk J. and Thorndike, Joseph J. 2008. *War and taxes.* Washington, DC : Urban Institute Press.

Barbiera, Irene and Dalla-Zuanna, Gianpiero. 2009. "Population dynamics in Italy in the Middle Ages : new insights from archaeological findings." *Population and Development Review* 35 : 367–389.

Barfield, Thomas J. 1989. *The perilous frontier : nomadic empires and China, 221 BC to AD 1757.* Cambridge, MA : Blackwell.

Barker, Graeme. 2006. *The agricultural revolution in prehistory : why did foragers become farmers?* Oxford : Oxford University Press.

Barker, John W. 2004. "Late Byzantine Thessalonike : a second city's challenges and responses." In Alice-Mary Talbot, ed., *Symposium on late Byzantine Thessalonike.* Washington, DC : Dumbarton Oaks Research Library and Collection, 5–33.

Barraclough, Solon L. 1999. "Land reform in developing countries : the role of the state and other actors." UNRISD Discussion Paper No. 101.

Barrett, Anthony M., Baum, Seth D. and Hostetler, Kelly R. 2013. "Analyzing and reducing the risks of inadvertent nuclear war between the United States and Russia." *Science and Global Security* 21 : 106–133.

Bartels, Larry M. 2008. *Unequal democracy : the political economy of the new Gilded Age.* Princeton, NJ : Princeton University Press.

Bassino, Jean-Pascal, Fukao, Kyoji and Takashima, Masanori. 2014. "A first escape from poverty in late medieval Japan : evidence from real wages in Kyoto (1360–1860)." Working paper.

Bassino, Jean-Pascal, Fukao, Kyoji, Settsu, Tokihiko and Takashima, Masanori. 2014. "Regional and personal inequality in Japan, 1850–1955." Conference paper for

"Accounting for the Great Divergence," University of Warwick in Venice, May 22–24, 2014.

Baten, Joerg and Mumme, Christina. 2013. "Does inequality lead to civil wars? A global long-term study using anthropometric indicators (1816–1999)." *European Journal of Political Economy* 32 : 56–79.

Baten, Joerg and Schulz, Rainer. 2005. "Making profits in wartime : corporate profits, inequality, and GDP in Germany during the First World War." *Economic History Review* 58 : 34–56.

Batten, Bruce. 1986. "Foreign threat and domestic reform : the emergence of the Ritsuryō state." *Monumenta Nipponica* 41 : 199–219.

Bauer, Michal, et al. 2016. "Can war foster cooperation?" NBER Working Paper No. 22312.

Bekar, Cliff T. and Reed, Clyde G. 2013. "Land markets and inequality : evidence from medieval England." *European Review of Economic History* 17 : 294–317.

Bentzel, Ragnar. 1952. *Inkomstfördelningen i Sverige.* Stockholm : Victor Pettersons Bokindustriaktiebolag.

Bercé, Yves-Marie. 1987. *Revolt and revolution in early modern Europe : an essay on the history of political violence.* Manchester, UK : Manchester University Press.

Bergh, Andreas. 2011. "The rise, fall and revival of the Swedish welfare state : what are the policy lessons from Sweden?" IFN Working Paper No. 873.

Bergh, Andreas and Henrekson, Magnus. 2011. "Government size and growth : a survey and interpretation of the evidence." *Journal of Economic Surveys* 25 : 872–897.

Bergh, Andreas and Nilsson, Therese. 2010. "Do liberalization and globalization increase income inequality?" *European Journal of Political Economy* 26 : 488–505.

Berkowitz, Edward and McQuaid, Kim. 1988. *Creating the welfare state : the political economy of twentieth-century reform.* 2nd ed. New York : Praeger.

Bernhardt, Kathryn. 1992. *Rents, taxes, and peasant resistance : the Lower Yangzi region, 1840–1950.* Stanford, CA : Stanford University Press.

Bertelsmann Stiftung. 2012. *BTI 2012—Cuba country report.* Gütersloh, Germany : Bertelsmann Stiftung.

Bértola, Luis, Castelnovo, Cecilia, Rodríguez, Javier and Willebald, Henry. 2009. "Income distribution in the Latin American Southern Cone during the first globalization boom and beyond." *International Journal of Comparative Sociology* 50 : 452–485.

Bértola, Luis and Ocampo, José Antonio. 2012. *The economic development of Latin America since independence.* Oxford : Oxford University Press.

Besley, Timothy and Persson, Torsten. 2014. "Why do developing countries tax so little?" *Journal of Economic Perspectives* 28(4) : 99–120.

Beveridge, Sir William. 1942. *Social insurance and allied services.* London : His Majesty's Stationery Office (『ベヴァリッジ報告——社会保険および関連サービス』ウィリアム・ベヴァリッジ著，一圓光彌監訳，森田慎二郎・百瀬優・岩永理恵・田畑雄紀・吉田しおり訳，法律文化社，2014 年).
Biehl, Peter F. and Marciniak, Arkadiusz. 2000. "The construction of hierarchy : rethinking the Copper Age in southeastern Europe." In Diehl, Michael W., ed., *Hierarchies in action :* cui bono? Center for Archaeological Investigations, Occasional Paper No. 27 : 181-209.
Bielenstein, Hans. 1986. "Wang Mang, the restoration of the Han dynasty, and Later Han." In Twitchett and Loewe, eds. 1986 : 223-290.
Bircan, Cagatay, Brück, Tilman and Vothknecht, Marc. 2010. "Violent conflict and inequality." DIW Berlin Discussion Paper No. 1013.
Bivens, Josh and Mishel, Lawrence. 2013. "The pay of corporate executives and financial professionals as evidence of rents in top 1 percent incomes." *Journal of Economic Perspectives* 27 : 57-77.
Björklund, Anders and Jäntti, Markus. 2009. "Intergenerational income mobility and the role of family background." In Salverda, Nolan and Smeeding, eds. 2009 : 491-521.
Blanton, Richard. 1998. "Beyond centralization : steps toward a theory of egalitarian behavior in archaic states." In Feinman, Gary M. and Marcus, Joyce, eds., *Archaic states.* Santa Fe : School of American Research, 135-172.
Blanton, Richard and Fargher, Lane. 2008. *Collective action in the formation of pre-modern states.* New York : Springer.
Blanton, Richard E., Kowalewski, Stephen A., Feinman, Gary M. and Finsten, Laura M. 1993. *Ancient Mesoamerica: a comparison of change in three regions.* 2nd ed. Cambridge, UK : Cambridge University Press.
Blickle, Peter. 1983. *Die Revolution von 1525.* 2nd ed. Munich : Oldenbourg (『1525 年の革命——ドイツ農民戦争の社会構造史的研究』ペーター・ブリックレ著，前間良爾・田中真造訳，刀水書房，1988 年).
Blickle, Peter. 1988. *Unruhen in der ständischen Gesellschaft 1300-1800.* Munich : Oldenbourg.
Blum, Jerome. 1957. "The rise of serfdom in Eastern Europe." *American Historical Review* 62 : 807-836.
Blume, Lawrence E. and Durlauf, Steven N. 2015. "*Capital in the twenty-first century*: a review essay." *Journal of Political Economy* 123 : 749-777.
Bodde, Derk. 1986. "The state and empire of Ch'in." In Twitchett and Loewe, eds. 1986 : 20-102.
Boehm, Christopher. 1999. *Hierarchy in the forest : the evolution of egalitarian behavior.*

Cambridge, MA: Harvard University Press.

Boix, Carles. 2015. *Political order and inequality: their foundations and their consequences for human welfare.* Cambridge, UK: Cambridge University Press.

Boix, Carles and Rosenbluth, Frances. 2014. "Bones of contention: the political economy of height inequality." *American Political Science Review* 108: 1–22.

Bonica, Adam, McCarty, Nolan, Poole, Keith T. and Rosenthal, Howard. 2013. "Why hasn't democracy slowed rising inequality?" *Journal of Economic Perspectives* 27: 103–124.

Bonnet, Odran, Bono, Pierre-Henri, Chapelle, Guillaume and Wasmer, Etienne. 2014. "Does housing capital contribute to inequality? A comment on Thomas Piketty's *Capital in the 21st century.*" SciencesPo, Department of Economics, Discussion Paper 2014–07.

Bordo, Michael D. and Meissner, Christopher M. 2011. "Do financial crises always raise inequality? Some evidence from history." Working paper.

Borgerhoff Mulder, Monique, et al. 2009. "Intergenerational wealth transmission and the dynamics of inequality in small-scale societies." *Science* 326: 682–688, オンラインの補足資料：www.sciencemag.org/cgi/content/full/326/5953/682/DC1

Borsch, Stuart J. 2005. *The Black Death in Egypt and England: a comparative study.* Austin: University of Texas Press.

Boserup, Ester. 1965. *The conditions of agricultural growth: the economics of agrarian change under population pressure.* London: Allen and Unwin (『農業成長の諸条件――人口圧による農業変化の経済学』エスター・ボズラップ著，安沢秀一・安沢みね訳，ミネルヴァ書房，1975 年).

Boserup, Ester. 1981. *Population and technological change: a study of long-term trends.* Chicago: University of Chicago Press (『人口と技術移転』エスター・ボーズラップ著，尾崎忠二郎・鈴木敏央訳，大明堂，1991 年).

Bostrom, Nick. 2003. "Human genetic enhancements: a transhumanist perspective." *Journal of Value Inquiry* 37: 493–506.

Bostrom, Nick. 2014. *Superintelligence: paths, dangers, strategies.* Oxford: Oxford University Press.

Bosworth, Barry, Burtless, Gary and Zhang, Kan. 2016. "Later retirement, inequality in old age, and the growing gap in longevity between rich and poor." Washington, DC: Brookings Institution.

Bourguignon, François. 2015. *The globalization of inequality.* Princeton, NJ: Princeton University Press.

Bowers, John M. 2001. *The politics of "Pearl": court poetry in the age of Richard II.* Woodbridge, UK: Boydell and Brewer.

Bowles, Samuel. 2006. "Group competition, reproductive leveling, and the evolution of human altruism." *Science* 314 : 1569–1572.

Bowles, Samuel. 2012a. *The new economics of inequality and redistribution.* Cambridge, UK : Cambridge University Press (『不平等と再分配の新しい経済学』サミュエル・ボウルズ著，佐藤良一・芳賀健一訳，大月書店，2013年).

Bowles, Samuel. 2012b. "Warriors, levelers, and the role of conflict in human social evolution." *Science* 336 : 876–879.

Bowles, Samuel. 2015. "Political hierarchy, economic inequality & the first Southwest Asian farmers." SFI Working Paper 2015-06-015.

Bowles, Samuel and Choi, Jung-Kyoo. 2013. "Coevolution of farming and private property during the early Holocene." *Proceedings of the National Academy of Sciences* 110 : 8830–8835.

Bowles, Samuel and Gintis, Herbert. 2002. "The inheritance of inequality." *Journal of Economic Perspectives* 16 : 3–30.

Bowman, Alan K. 1985. "Landholding in the Hermopolite nome in the fourth century A.D." *Journal of Roman Studies* 75 : 137–163.

Bracken, Paul. 2012. *The second nuclear age : strategy, danger, and the new power politics.* New York : Times Books.

Brady, David and Finnigan, Ryan. 2014. "Does immigration undermine public support for social policy?" *American Sociological Review* 79 : 17–42.

Brandolini, Andrea and Smeeding, Timothy M. 2009. "Income inequality in richer and OECD countries." In Salverda, Nolan, and Smeeding, eds. 2009 : 71–100.

Brandolini, Andrea and Vecchi, Giovanni. 2011. "The well-being of Italians : a comparative historical approach." Quaderni di Storia Economica (Economic History Working Papers), No. 19.

Brandt, Loren and Sands, Barbara. 1992. "Land concentration and income distribution in Republican China." In Rawski, Thomas G. and Li, Lillian M., eds., *Chinese history in economic perspective.* Berkeley : University of California Press, 179–206.

Brenner, Y. S., Kaelble, Hartmut and Thomas, Mark, eds. 1991. *Income distribution in historical perspective.* Cambridge, UK : Cambridge University Press.

Briggs, Asa. 1961. "The welfare state in historical perspective." *European Journal of Sociology* 2 : 221–258.

Britnell, Richard. 2004. *Britain and Ireland 1050–1530 : economy and society.* Oxford : Oxford University Press.

Broadberry, Stephen and Gupta, Bishnupriya. 2006. "The early modern great divergence : wages, prices and economic development in Europe and Asia, 1500–1800." *Economic History Review* 59 : 2–31.

Broadberry, Stephen and Harrison, Mark, eds. 2005a. *The economics of World War I.* Cambridge, UK : Cambridge University Press.

Broadberry, Stephen and Harrison, Mark. 2005b. "The economics of World War I : an overview." In Broadberry and Harrison, eds. 2005a : 3–40.

Broadberry, Stephen and Howlett, Peter. 2005. "The United Kingdom during World War I : business as usual?" In Broadberry and Harrison, eds. 2005a : 206–234.

Brown, Kyle S., et al. 2012. "An early and enduring advanced technology originating 71,000 years ago in South Africa." *Nature* 491 : 590–593.

Brown, Peter. 2012. *Through the eye of a needle : wealth, the fall of Rome, and the making of Christianity in the West, 350–550 AD.* Princeton, NJ : Princeton University Press.

Brown, T. S. 1984. *Gentlemen and officers : imperial administration and aristocratic power in Byzantine Italy A.D. 554–800.* London : British School at Rome.

Brownlee, W. Elliot. 2004. *Federal taxation in America: a short history.* 2nd ed. Cambridge : Cambridge University Press.

Brueckner, Markus and Lederman, Daniel. 2015. "Effects of income inequality on aggregate output." World Bank Policy Research Working Paper No. 7317.

Brynjolfsson, Erik and McAfee, Andrew. 2014. *The second machine age : work, progress, and prosperity in a time of brilliant technologies.* New York : Norton (『ザ・セカンド・マシン・エイジ』エリック・ブリニョルフソン／アンドリュー・マカフィー著，村井章子訳，日経 BP 社，2015 年).

Buffett, Warren E. 2011. "Stop coddling the super-rich." *New York Times* August 15, 2011 : A21.

Burbank, Jane and Cooper, Frederick. 2010. *Empires in world history : power and the politics of difference.* Princeton, NJ : Princeton University Press.

Burgers, Peter. 1993. "Taxing the rich : confiscation and the financing of the Claudian Principate (AD 41–54)." *Laverna* 4 : 55–68.

Byrne, Joseph P. 2006. *Daily life during the Black Death.* Westport, CT : Greenwood Press.

Campbell, Bruce M. S. 2008. "Benchmarking medieval economic development : England, Wales, Scotland, and Ireland, *c.* 1290." *Economic History Review* 61 : 896–945.

Campos-Vazquez, Raymundo and Sobarzo, Horacio. 2012. *The development and fiscal effects of emigration on Mexico.* Washington, DC : Migration Policy Institute.

Canbakal, Hülya. 2012. "Wealth and inequality in Ottoman Bursa, 1500–1840." Conference paper for "New perspectives in Ottoman economic history," Yale University, November 9–10, 2012.

Canbakal, Hülya and Filiztekin, Alpay. 2013. "Wealth and inequality in Ottoman lands in the early modern period." Conference paper for "AALIMS—Rice University con-

ference on the political economy of the Muslim world," April 4-5, 2013.
Card, David. 2009. "Immigration and inequality." *American Economic Review* 99 : 1-21.
Carneiro, Robert L. 1970. "A theory of the origin of the state." *Science* 169 : 733-738.
Carneiro, Robert L. 1988. "The circumscription theory: challenge and response." *American Behavioral Scientist* 31 : 497-511.
Cartledge, Paul and Spawforth, Antony. 1989. *Hellenistic and Roman Sparta : a tale of two cities*. London : Routledge.
Cederman, Lars-Erik, Weidmann, Nils B. and Gleditsch, Kristian Skrede. 2011. "Horizontal inequalities and ethnonationalist civil war: a global comparison." *American Political Science Review* 105 : 478-495.
Center for Genetics and Society. 2015. "Extreme genetic engineering and the human future: reclaiming emerging biotechnologies for the common good." Center for Genetics and Society.
Cerman, Markus. 2012. *Villagers and lords in Eastern Europe, 1300-1800*. Basingstoke, UK : Palgrave Macmillan.
Champlin, Edward. 1980. "The Volcei land-register (*CIL* X 407)." *American Journal of Ancient History* 5 : 13-18.
Cherry, John F. and Davis, Jack L. 2007. "An archaeological homily." In Galaty and Parkinson, eds. 2007b : 118-127.
Chetty, Raj, et al. 2014. "Is the United States still a land of opportunity? Recent trends in intergenerational mobility." *American Economic Review* 104 : 141-147.
Christian, David. 2004. *Maps of time : an introduction to Big History*. Berkeley : University of California Press.
Ch'ü, T'ung-tsu. 1972. *Han social structure*. Seattle : University of Washington Press.
Church, George and Regis, Ed. 2014. *Regenesis : how synthetic biology will reinvent nature and ourselves*. New York : Basic Books.
Cingano, Federico. 2014. "Trends in income inequality and its impact on economic growth." OECD Social, Employment and Migration Working Papers No. 163.
Cioffi-Revilla, Claudio, Rogers, J. Daniel, Wilcox, Steven P. and Alterman, Jai. 2011. "Computing the steppes: data analysis for agent-based models of polities in inner Asia." In Brosseder, Ursula and Miller, Bryan K., eds., *Xiongnu archaeology : multidisciplinary perspectives of the first steppe empire in Inner Asia*. Bonn, Germany : Rheinische Friedrich-Wilhelms-Universität Bonn, 97-110.
Claessen, Henry J. M. and Skalník, Peter. 1978a. "The early state: models and reality." In Claessen and Skalník, eds. 1978b : 637-650.
Claessen, Henry J. M. and Skalník, Peter, eds. 1978b. *The early state*. The Hague : De Gruyter.

Clark, Andrew E. and D'Ambrosio, Conchita. 2015. "Attitudes to income inequality: experimental and survey evidence." In Atkinson and Bourguignon, eds. 2015: 1147–1208.

Clark, Gregory. 2007a. *A farewell to alms: a brief economic history of the world.* Princeton, NJ: Princeton University Press.

Clark, Gregory. 2007b. "The long march of history: farm wages, population, and economic growth, England 1209–1869." *Economic History Review* 60: 97–135.

Clark, Gregory. 2014. *The son also rises: surnames and the history of social mobility.* Princeton, NJ: Princeton University Press (『格差の世界経済史』グレゴリー・クラーク著，久保恵美子訳，日経 BP 社，2015 年).

Clarke, Walter S. and Gosende, Robert. 2003. "Somalia: can a collapsed state reconstitute itself?" In Rotberg, Robert I., ed., *State failure and state weakness in a time of terror.* Washington, DC: Brookings Institution Press, 129–158.

Clausewitz, Carl von. 1976. *On war.* Trans. Peter Paret and Michael Howard. Princeton, NJ: Princeton University Press (クラウゼヴィッツ著「戦争論」『戦略論大系 2　クラウゼヴィッツ』所収，川村康之編著，芙蓉書房出版，2001 年ほか).

Cline, Eric C. 2014. *1177 B.C.: the year civilization collapsed.* Princeton, NJ: Princeton University Press.

Cobham, Alex and Sumner, Andy. 2014. "Is inequality all about the tails? The Palma measure of income inequality." *Significance* 11(1): 10–13.

Coe, Michael D. 2003. *Angkor and the Khmer civilization.* New York: Thames and Hudson.

Coe, Michael D. 2005. *The Maya.* 7th ed. New York: Thames and Hudson (『古代マヤ文明』マイケル・D・コウ著，加藤泰建，長谷川悦夫訳，創元社，2003 年).

Cohen, Joel. 1995. *How many people can the earth support?* New York: W. W. Norton (『新「人口論」――生態学的アプローチ』ジョエル・E・コーエン著，重定南奈子・瀬野裕美・高須夫悟訳，農山漁村文化協会，1998 年).

Cohen, Ronald. 1978. "State origins: a reappraisal." In Claessen and Skalník, eds. 1978b: 31–75.

Cohn, Samuel K., Jr. 2004. *Popular protest in late medieval Europe: Italy, France and Flanders.* Manchester, UK: Manchester University Press.

Cohn, Samuel K., Jr. 2006. *Lust for liberty. The politics of social revolt in medieval Europe, 1200–1425: Italy, France, and Flanders.* Cambridge, MA: Harvard University Press.

Coleman, David. 2006. "Immigration and ethnic change in low-fertility countries: a third demographic transition." *Population and Development Review* 32: 401–446.

Collier, Paul and Hoeffler, Anke. 2004. "Greed and grievance in civil war." *Oxford Economic Papers* 56: 563–595.

Collins, Chuck and Hoxie, Josh. 2015. "Billionaire bonanza: the Forbes 400... and the rest of us." Washington, DC: Institute for Policy Studies.

Conyon, Martin J., He, Lerong and Zhou, Xin. 2015. "Star CEOs or political connections? Evidence from China's publicly traded firms." *Journal of Business Finance and Accounting* 42: 412-443.

Cook, Noble David. 1998. *Born to die: disease and New World conquest, 1492-1650.* Cambridge, UK: Cambridge University Press.

Cooney, Kathlyn M. 2011. "Changing burial practices at the end of the New Kingdom: defensive adaptations in tomb commissions, coffin commissions, coffin decoration, and mummification." *Journal of the American Research Center in Egypt* 47: 3-44.

Corak, Miles. 2013. "Income inequality, equality of opportunity, and intergenerational mobility." *Journal of Economic Perspectives* 27: 79-102.

Cornia, Giovanni Andrea, ed. 2014a. *Falling inequality in Latin America: policy changes and lessons.* Oxford: Oxford University Press.

Cornia, Giovanni Andrea. 2014b. "Inequality trends and their determinants: Latin America over the period 1990-2010." In Cornia, ed. 2014a: 23-48.

Cornia, Giovanni Andrea. 2014c. "Recent distributive changes in Latin America: an overview." In Cornia, ed. 2014a: 3-22.

Courtois, Stéphane. 1999. "Introduction: the crimes of communism." In Courtois et al. 1999: 1-31.

Courtois, Stéphane, Werth, Nicolas, Panné, Jean-Louis, Paczkowski, Andrzej, Bartošek, Karel and Margolin, Jean-Louis. 1999. *The black book of communism: crimes, terror, repression.* Cambridge, MA: Harvard University Press.

Cowell, Frank A. and Flachaire, Emmanuel. 2015. "Statistical methods for distributional analysis." In Atkinson and Bourguignon, eds. 2015: 359-465.

Cowen, Deborah. 2008. *Military workfare: the soldier and social citizenship in Canada.* Toronto: University of Toronto Press.

Cowgill, George. 2015. *Ancient Teotihuacan: early urbanism in central Mexico.* New York: Cambridge University Press.

Crafts, Nicholas and Mills, Terence C. 2009. "From Malthus to Solow: how did the Malthusian economy really end?" *Journal of Macroeconomics* 31: 68-93.

Credit Suisse. 2014. *Global wealth report.* Zurich: Credit Suisse AG.

Credit Suisse. 2015. *Global wealth report.* Zurich: Credit Suisse AG.

Crivellaro, Elena. 2014. "College wage premium over time: trends in Europe in the last 15 years." University Ca' Foscari of Venice, Department of Economics, Research Paper Series No. 03/WP/2014.

Crone, Patricia. 2003. *Pre-industrial societies: anatomy of the pre-modern world.* 2nd ed.

Oxford: Oneworld Publications.

Cronin, James E. 1991. *The politics of state expansion: war, state and society in twentieth-century Britain.* London: Routledge.

Crosby, Alfred. 1972. *The Columbian exchange: biological and cultural consequences of 1492.* Westport, CT: Westview Press.

Crosby, Alfred. 2004. *Ecological imperialism: the biological expansion of Europe, 900-1900.* 2nd ed. Cambridge, UK: Cambridge University Press (『ヨーロッパの帝国主義——生態学的視点から歴史を見る』アルフレッド・W・クロスビー著，佐々木昭夫訳，ちくま学芸文庫，2017 年ほか).

Culbert, T. Patrick, ed. 1973. *The Classic Maya collapse.* Albuquerque: University of New Mexico Press.

Culbert, T. Patrick. 1988. "The collapse of classic Maya civilization." In Yoffee and Cowgill, eds. 1988: 69-101.

Dabla-Norris, Era, et al. 2015. "Causes and consequences of income inequality: a global perspective." IMF Staff Discussion Note.

D'Amuri, Francesco and Peri, Giovanni. 2014. "Immigration, jobs, and employment protection: evidence from Europe before and after the Great Recession." *Journal of the European Economic Association* 12: 432-464.

Davies, John K. 1971. *Athenian propertied families, 600-300 B.C.* Oxford: Oxford University Press.

Davies, John K. 1981. *Wealth and the power of wealth in classical Athens.* New York: Ayer.

Davies, R. W. 1998. *Soviet economic development from Lenin to Khrushchev.* Cambridge, UK: Cambridge University Press.

Davis, Gerald F. and Kim, Suntae. 2015. "Financialization of the economy." *Annual Review of Sociology* 41: 203-221.

De Ferranti, David, Perry, Guillermo E., Ferreira, Francisco H. G. and Walton, Michael. 2004. *Inequality in Latin America: breaking with history?* Washington, DC: World Bank.

Deger-Jalkotzy, Sigrid. 2008. "Decline, destruction, aftermath." In Shelmerdine, ed. 2008: 387-416.

Deininger, Klaus and Squire, Lyn. 1998. "New ways of looking at old issues: inequality and growth." *Journal of Development Economics* 57: 259-287.

De Jong, Herman. 2005. "Between the devil and the deep blue sea: the Dutch economy during World War I." In Broadberry and Harrison, eds. 2005a: 137-168.

De Ligt, Luuk and Garnsey, Peter. 2012. "The album of Herculaneum and a model of the town's demography." *Journal of Roman Archaeology* 25: 69-94.

Dell, Fabien. 2005. "Top incomes in Germany and Switzerland over the twentieth cen-

tury." *Journal of the European Economic Association* 3 : 412–421.
Dell, F. 2007. "Top incomes in Germany throughout the twentieth century : 1891–1998." In Atkinson and Piketty, eds. 2007a : 365–425.
Dell, F., Piketty, F. and Saez, E. 2007. "Income and wealth concentration in Switzerland over the twentieth century." In Atkinson and Piketty, eds. 2007a : 472–500.
Demarest, Arthur A. 2006. *The Petexbatun regional archaeological project: a multidisciplinary study of the Maya collapse.* Nashville, TN : Vanderbilt University Press.
Demarest, Arthur A., Rice, Prudence M. and Rice, Don S., eds. 2004a. "The Terminal Classic in the Maya lowlands : assessing collapse, terminations, and transformations." In Demarest, Rice and Rice, eds. 2004b : 545–572.
Demarest, Arthur A., Rice, Prudence M. and Rice, Don S., eds. 2004b. *The Terminal Classic in the Maya lowlands: collapse, transition, and transformation.* Boulder : University Press of Colorado.
Deng, Gang. 1999. *The premodern Chinese economy: structural equilibrium and capitalist sterility.* London : Routledge.
Department of State. 1946. *Occupation of Japan : policy and progress.* Washington, DC : U.S. Government Printing Office.
d'Errico, Francesco and Vanhaeren, Marian. 2015. "Upper Palaeolithic mortuary practices : reflection of ethnic affiliation, social complexity, and cultural turnover." In Renfrew, Colin, Boyd, Michael J. and Morley, Iain, eds., *Death rituals, social order and the archaeology of immortality in the ancient world: "death shall have no dominion."* Cambridge, UK : Cambridge University Press, 45–62.
De Vries, Jan. 1984. *European urbanization, 1500–1800.* London : Methuen.
De Vries, Jan and Van der Woude, Ad. 1997. *The first modern economy : success, failure, and perseverance of the Dutch economy, 1500–1815.* Cambridge, UK : Cambridge University Press (『最初の近代経済――オランダ経済の成功・失敗と持続力 1500–1815』J・ド・フリース／A・ファン・デァ・ワウデ著，大西吉之・杉浦未樹訳，名古屋大学出版会，2009 年).
Diamond, Jared. 1997. *Guns, germs, and steel: the fates of human societies.* New York : W. W. Norton (『銃・病原菌・鉄――一万三〇〇〇年にわたる人類史の謎（上・下）』ジャレド・ダイアモンド著，倉骨彰訳，草思社文庫，2012 年).
Diamond, Jared. 2005. *Collapse : how societies choose to fail or succeed.* New York : Viking (『文明崩壊――滅亡と存続の命運を分けるもの（上・下）』ジャレド・ダイアモンド著，楡井浩一訳，草思社文庫，2012 年).
Dikötter, Frank. 2013. *The tragedy of liberation : a history of the Chinese revolution, 1945–1957.* New York : Bloomsbury.
Diskin, Martin. 1989. "El Salvador : reform prevents change." In Thiesenheusen, ed.

1989b : 429–450.

Dobado González, Rafael and García Montero, Héctor. 2010. "Colonial origins of inequality in Hispanic America? Some reflections based on new empirical evidence." *Revista de Historia Económica* 28 : 253–277.

Dobson, R. B. 1983. *The peasants' revolt of 1381.* 2nd ed. London : Macmillan.

Docquier, Frédéric, Ozden, Caglar and Peri, Giovanni. 2014. "The labour market effects of immigration and emigration in OECD countries." *Economic Journal* 124 : 1106–1145.

Dols, Michael W. 1977. *The Black Death in the Middle East.* Princeton, NJ : Princeton University Press.

Dore, R. P. 1984. *Land reform in Japan.* London : Athlone Press (『日本の農地改革』R・P・ドーア著，並木正吉・高木径子・蓮見音彦訳，岩波書店，1965年).

Doyle, Michael. 1986. *Empires.* Ithaca : Cornell University Press.

Doyle, William. 2009. *Aristocracy and its enemies in the age of revolution.* Oxford : Oxford University Press.

Draper, Nicholas. 2010. *The price of emancipation : slave-ownership, compensation and British society at the end of slavery.* Cambridge, UK : Cambridge University Press.

Drexler, Madeline. 2009. *Emerging epidemics : the menace of new infections.* New York : Penguin.

Drinkwater, John F. 1992. "The bacaudae of fifth-century Gaul." In Drinkwater, John, and Elton, Hugh, eds., *Fifth-century Gaul : a crisis of identity?* Cambridge, UK : Cambridge University Press, 208–217.

Dubreuil, Benoît. 2010. *Human evolution and the origins of hierarchies : the state of nature.* Cambridge, UK : Cambridge University Press.

Duch, Raymond M. and Rueda, David. 2014. "Generosity among friends : population homogeneity, altruism and insurance as determinants of redistribution?" Working paper.

Dumke, Rolf. 1991. "Income inequality and industrialization in Germany, 1850–1913 : the Kuznets hypothesis re-examined." In Brenner, Kaelble and Thomas, eds. 1991 : 117–148.

Duncan-Jones, Richard. 1982. *The economy of the Roman empire : quantitative studies.* 2nd ed. Cambridge, UK : Cambridge University Press.

Duncan-Jones, Richard. 1994. *Money and government in the Roman empire.* Cambridge, UK : Cambridge University Press.

Duncan-Jones, Richard P. 1996. "The impact of the Antonine plague." *Journal of Roman Archaeology* 9 : 108–135.

Dunn, Alastair. 2004. *The peasants' revolt : England's failed revolution of 1381.* Stroud : Tempus.

Durevall, Dick and Henrekson, Magnus. 2011. “The futile quest for a grand explanation of long-run government expenditure.” *Journal of Public Economics* 95 : 708–722.

Du Rietz, Gunnar, Henrekson, Magnus and Waldenström, Daniel. 2012. “Swedish inheritance and gift taxation, 1885–2004.” IFN Working Paper 936.

Du Rietz, Gunnar, Johansson, Dan and Stenkula, Mikael. 2013. “The evolution of Swedish labor income taxation in a 150-year perspective : an in-depth characterization.” IFN Working Paper No. 977.

Du Rietz, Gunnar, Johansson, Dan and Stenkula, Mikael. 2014. “A 150-year perspective on Swedish capital income taxation.” IFN Working Paper No. 1004.

Dutton, Paul V. 2002. *Origins of the French welfare state : the struggle for social reform in France, 1914–1947.* Cambridge, UK : Cambridge University Press.

Dyer, Christopher. 1998. *Standards of living in the later Middle Ages : social change in England c. 1200–1520.* Rev. ed. Cambridge, UK : Cambridge University Press.

Easterly, William. 2007. “Inequality does cause underdevelopment : insights from a new instrument.” *Journal of Development Economics* 84 : 755–776.

Ebrey, Patricia. 1986. “The economic and social history of Later Han.” In Twitchett and Loewe, eds. 1986 : 608–648.

Economic Commission for Latin America and the Caribbean (ECLAC) 2015. *Latin America and the Caribbean in the world economy, 2015.* Santiago, Chile : United Nations.

Economist Intelligence Unit. 2014. “Economic challenges in Somaliland.” http://country.eiu.com/Somalia/ArticleList/Updates/Economy

Edo, Anthony and Toubal, Farid. 2015. “Selective immigration policies and wages inequality.” *Review of International Economics* 23 : 160–187.

Ehrenreich, Robert M., Crumley, Carole L. and Levy, Janet E., eds. 1995. *Heterarchy and the analysis of complex societies.* Washington, DC : American Anthropological Association.

Eidelberg, Philip Gabriel. 1974. *The great Rumanian peasant revolt of 1907 : origins of a modern jacquerie.* Leiden, Netherlands : Brill.

Eika, Lasse, Mogstad, Magne and Zafar, Basit. 2014. “Educational assortative mating and household income inequality.” Federal Reserve Bank of New York Staff Report No. 682.

Eisenstadt, Shmuel N. 1993. *The political systems of empires.* Pb. ed. New Brunswick : Transaction Publishers.

Elhaik, Eran, et al. 2014. “The ‘extremely ancient’ chromosome that isn’t : a forensic bioinformatic investigation of Albert Perry’s X-degenerate portion of the Y chromosome.” *European Journal of Human Genetics 22*: 1111–1116.

Elton, Hugh. 2007. "Military forces." In Sabin, van Wees and Whitby, eds. 2007: 270–309.

Elvin, Mark. 1973. *The pattern of the Chinese past.* Stanford, CA: Stanford University Press.

Esmonde Cleary, Simon. 1989. *The ending of Roman Britain.* London: Routledge.

Estevez-Abe, Margarita. 2008. *Welfare and capitalism in postwar Japan: party, bureaucracy, and business.* Cambridge, UK: Cambridge University Press.

European Commission. 2007. *Europe's demographic future: facts and figures on challenges and opportunities.* Luxembourg: Office for Official Publications of the European Communities.

European Commission. 2013. "Demography and inequality: how Europe's changing population will impact on income inequality." http://europa.eu/epic/studies-reports/docs/eaf_policy_brief_-_demography_and _inequality_final_version.pdf

European Commission. 2015. *The 2015 ageing report: economic and budgetary projections for the 28 EU member states (2013–2060).* Luxembourg: Publications Office of the European Union.

Faik, Jürgen. 2012. "Impacts of an ageing society on macroeconomics and income inequality—the case of Germany since the 1980s." ECINEQ Working Paper 2012-272.

Falkenhausen, Lothar von. 2006. *Chinese society in the age of Confucius (1000–250 BC): the archaeological evidence.* Los Angeles: Cotsen Institute of Archaeology (『周代中国の社会考古学』ロータール・フォン・ファルケンハウゼン著，吉本道雅訳，京都大学学術出版会，2006 年).

Farber, Samuel. 2011. *Cuba since the revolution of 1959: a critical assessment.* Chicago: Haymarket Books.

Farris, William Wayne. 1992. *Heavenly warriors: the evolution of Japan's military, 500–1300.* Cambridge, MA: Harvard University Press.

Fearon, James D. and Laitin, David. 2003. "Ethnicity, insurgency, and civil war." *American Political Science Review* 97: 75–90.

Feinstein, Charles. 1988. "The rise and fall of the Williamson curve." *Journal of Economic History* 48: 699–729.

Ferguson, Niall. 1999. *The pity of war: explaining World War I.* New York: Basic Books.

Fernández, Eva and Santiago-Caballero, Carlos. 2018. "Economic inequality in Madrid, 1500–1840." Working Paper.

Figes, Orlando. 1997. *A people's tragedy: the Russian revolution 1891–1924.* London: Pimlico.

Findlay, Ronald and Lundahl, Mats. 2006. "Demographic shocks and the factor

proportion model: from the plague of Justinian to the Black Death." In Findlay, Ronald, Henriksson, Rolf G. H., Lindgren, Håkan and Lundahl, Mats, eds., *Eli Heckscher, international trade, and economic history.* Cambridge, MA: MIT Press, 157–198.

Fine, John V. A. 1987. *The late medieval Balkans: a critical survey from the late twelfth century to the Ottoman conquest.* Ann Arbor: University of Michigan Press.

Finlayson, Bill and Warren, Graeme M. 2010. *Changing natures: hunter-gatherers, first farmers and the modern world.* London: Duckworth.

Finseraas, Henning. 2012. "Poverty, ethnic minorities among the poor, and preferences for redistribution in European regions." *Journal of European Social Policy* 22: 164–180.

Fisher, Jonathan D., Johnson, David S. and Smeeding, Timothy M. 2013. "Measuring the trends in inequality of individuals and families: income and consumption." *American Economic Review* 103: 184–188.

Fitzgerald, F. Scott. 1926. "The rich boy." *Red Magazine* January/February 1926. http://gutenberg.net.au/fsf/THE-RICH-BOY.html

Flakierski, Henryk. 1992. "Changes in income inequality in the USSR." In Aslund, Anders, ed., *Market socialism or the restoration of capitalism?* Cambridge, UK: Cambridge University Press, 172–193.

Flannery, Kent and Marcus, Joyce. 2012. *The creation of inequality: how our prehistoric ancestors set the stage for monarchy, slavery, and empire.* Cambridge, MA: Harvard University Press.

Fochesato, Mattia and Bowles, Samuel. 2015. "Nordic exceptionalism? Social democratic egalitarianism in world-historic perspective." *Journal of Public Economics* 127: 30–44.

Ford, Martin. 2015. *Rise of the robots: technology and the threat of a jobless future.* New York: Basic Books (『ロボットの脅威——人の仕事がなくなる日』マーティン・フォード著，松本剛史訳，日本経済新聞出版社，2015年).

Formicola, Vincenzo. 2007. "From the Sunghir children to the Romito dwarf: aspects of the Upper Paleolithic funerary landscape." *Current Anthropology* 48: 446–453.

Förster, Michael F. and Tóth, István György. 2015. "Cross-country evidence of the multiple causes of inequality changes in the OECD area." In Atkinson and Bourguignon, eds. 2015: 1729–1843.

Fortun Vargas, Jonathan M. 2012. "Declining inequality in Bolivia: how and why." MPRA Paper No. 41208.

Foster, Benjamin R. 2015. *The age of Agade: inventing empire in ancient Mesopotamia.* London: Routledge.

Fourquin, Guy. 1978. *The anatomy of popular rebellion in the Middle Ages.* Amsterdam:

North-Holland.
Foxhall, Lin. 1992. "The control of the Attic landscape." In Wells, ed. 1992 : 155–159.
Foxhall, Lin. 2002. "Access to resources in classical Greece : the egalitarianism of the polis in practice." In Cartledge, Paul, Cohen, Edward E. and Foxhall, Lin, eds., *Money, labour and land : approaches to the economies of ancient Greece.* London : Routledge, 209–220.
Frankema, Ewout. 2012. "Industrial wage inequality in Latin America in global perspective, 1900–2000." *Studies in Comparative International Development* 47 : 47–74.
Frankfurt, Harry G. 2015. *On inequality.* Princeton, NJ : Princeton University Press (『不平等論――格差は悪なのか？』ハリー・G・フランクファート著，山形浩生訳，筑摩書房，2016 年).
Fraser, Derek. 2009. *The evolution of the British welfare state : a history of social policy since the Industrial Revolution.* Basingstoke, UK : Palgrave Macmillan.
Frazer, Garth. 2006. "Inequality and development across and within countries." *World Development* 34 : 1459–1481.
Freeland, Chrystia. 2012. *Plutocrats : the rise of the new global super-rich and the fall of everyone else.* New York : Penguin (『グローバル・スーパーリッチ――超格差の時代』クリスティア・フリーランド著，中島由華訳，早川書房，2013 年).
Freeman, Richard B. 2009. "Globalization and inequality." In Salverda, Nolan and Smeeding, eds. 2009 : 575–598.
Freu, Christel. 2015. "Labour status and economic stratification in the Roman world : the hierarchy of wages in Egypt." *Journal of Roman Archaeology* 28 : 161–177.
Frey, Carl Benedikt and Osborne, Michael A. 2013. "The future of employment : how susceptible are jobs to computerisation?" Oxford Martin School Working Paper.
Frier, Bruce W. 2001. "More is worse : some observations on the population of the Roman empire." In Scheidel, Walter, ed., *Debating Roman demography.* Leiden, Netherlands : Brill, 139–159.
Frydman, Carola and Molloy, Raven. 2012. "Pay cuts for the boss : executive compensation in the 1940s." *Journal of Economic History* 72 : 225–251.
Fuentes-Nieva, Ricardo and Galasso, Nicholas. 2014. "Working for the few : political capture and economic inequality." Oxford : Oxfam.
Fuks, Alexander. 1984. *Social conflict in ancient Greece.* Jerusalem : Magnes Press.
Fukuyama, Francis. 2011. *The origins of political order : from prehuman times to the French Revolution.* New York : Farrar, Straus and Giroux (『政治の起源――人類以前からフランス革命まで（上・下)』フランシス・フクヤマ著，会田弘継訳，講談社，2013 年).
Furceri, Davide and Karras, Georgios. 2011. "Tax design in the OECD : a test of the

Hines–Summers hypothesis." *Eastern Economic Journal* 37 : 239–247.
Fussell, Paul. 1989. *Wartime : understanding and behavior in the Second World War.* New York : Oxford University Press（『誰にも書けなかった戦争の現実』ポール・ファッセル著，宮崎尊訳，草思社，1997 年）.
Gabaix, Xavier and Landier, Augustin. 2008. "Why has CEO pay increased so much?" *Quarterly Journal of Economics* 123 : 49–100.
Gabaix, Xavier, Landier, Augustin and Sauvagnat, Julien. 2014. "CEO pay and firm size : an update after the crisis." *Economic Journal* 124 : F40–F59.
Galassi, Francesco and Harrison, Mark. 2005. "Italy at war, 1915–1918." In Broadberry and Harrison, eds. 2005a : 276–309.
Galaty, Michael L. and Parkinson, William A. 2007a. "2007 introduction : Mycenaean palaces rethought." In Galaty and Parkinson, eds. 2007b : 1–17.
Galaty, Michael L. and Parkinson, William A., eds. 2007b. *Rethinking Mycenaean palaces II.* Rev. and exp. 2nd ed. Los Angeles : Cotsen Institute of Archaeology.
Gallagher, Thomas. 1982. *Paddy's lament : Ireland 1846–1847. Prelude to hatred.* San Diego, CA : Harcourt Brace.
García-Montero, Héctor. 2015. "Long-term trends in wealth inequality in Catalonia, 1400–1800 : initial results." Dondena Working Paper No. 79.
Gärtner, Svenja and Prado, Svante. 2012. "Inequality, trust and the welfare state : the Scandinavian model in the Swedish mirror." Working Paper.
Gasparini, Leonardo and Lustig, Nora. 2011. "The rise and fall of income inequality in Latin America." In Ocampo, José Antonio and Ros, Jaime, eds., *The Oxford handbook of Latin American Economics.* New York : Oxford University Press, 691–714.
Gasparini, Leonardo, Cruces, Guillermo and Tornarolli, Leopoldo. 2011. "Recent trends in income inequality in Latin America." *Economía* 11(2) : 147–190.
Gat, Azar. 2006. *War in human civilization.* Oxford : Oxford University Press（『文明と戦争（上・下）』アザー・ガット著，石津朋之・永末聡・山本文史監訳，歴史と戦争研究会訳，中央公論新社，2012 年）.
Gatrell, Peter. 2005. *Russia's First World War : a social and economic history.* Harlow, UK : Pearson.
Geary, Frank and Stark, Tom. 2004. "Trends in real wages during the Industrial Revolution : a view from across the Irish Sea." *Economic History Review* 57 : 362–395.
Gellner, Ernest. 1983. *Nations and nationalism.* Ithaca, NY : Cornell University Press（『民族とナショナリズム』アーネスト・ゲルナー著，加藤節監訳，岩波書店，2000 年）.
Giannecchini, Monica and Moggi-Cecchi, Jacopo. 2008. "Stature in archeological samples from Central Italy : methodological issues and diachronic changes." *American Journal of Physical Anthropology* 135 : 284–292.

Giddens, Anthony. 1987. *The nation-state and violence: volume two of a contemporary critique of historical materialism.* Berkeley: University of California Press (『国民国家と暴力』アンソニー・ギデンズ著, 松尾精文・小幡正敏訳, 而立書房, 1999年).

Gilens, Martin. 2012. *Affluence and influence: economic inequality and political power in America.* Princeton, NJ: Princeton University Press.

Gilmour, John. 2010. *Sweden, the swastika and Stalin: the Swedish experience in the Second World War.* Edinburgh: Edinburgh University Press.

Gilmour, John and Stephenson, Jill, eds. 2013. *Hitler's Scandinavian legacy: the consequences of the German invasion for the Scandinavian countries, then and now.* London: Bloomsbury.

Gindling, T. H. and Trejos, Juan Diego. 2013. "The distribution of income in Central America." IZA Discussion Paper No. 7236.

Goetzmann, William N. 2016. *Money changes everything: how finance made civilization possible.* Princeton, NJ: Princeton University Press.

Goldin, Claudia and Katz, Lawrence F. 2008. *The race between education and technology.* Cambridge, MA: Harvard University Press.

Goldin, Claudia and Margo, Robert A. 1992. "The Great Compression: the wage structure in the United States at mid-century." *Quarterly Journal of Economics* 107: 1–34.

Goñi, Edwin, López, J. Humberto and Servén, Luis. 2008. "Fiscal redistribution and income inequality in Latin America." World Bank Policy Research Working Paper No. 4487.

Goodin, Robert E. and Dryzek, John. 1995. "Justice deferred: wartime rationing and post-war welfare policy." *Politics and Society* 23: 49–73.

Goos, Maarten and Manning, Alan. 2007. "Lousy and lovely jobs: the rising polarization of work in Britain." *Review of Economics and Statistics* 89: 118–133.

Gordon, Robert J. 2016. *The rise and fall of American growth: the U.S. standard of living since the Civil War.* Princeton, NJ: Princeton University Press.

Gottfried, Robert S. 1983. *The Black Death: natural and human disaster in medieval Europe.* New York: Free Press.

Graeber, David. 2011. *Debt: the first 5,000 years.* Brooklyn, NY: Melville House.

Grant, Oliver Wavell. 2002. "Does industrialisation push up inequality? New evidence on the Kuznets curve from nineteenth-century Prussian tax statistics." University of Oxford Discussion Papers in Economic and Social History, No. 48.

Gray, Lewis C. 1933. *History of agriculture in the southern United States to 1860.* Vol. I. Washington, DC: Carnegie Institution of Washington.

Greenwood, Jeremy, Guner, Nezih, Kocharkov, Georgi and Santos, Cezar. 2014. "Marry your like: assortative mating and income inequality." *American Economic Review* 104:

348–353.
Gregory, Paul R. 1982. *Russian national income, 1885–1913.* New York: Cambridge University Press.
Grigg, David. 1980. *Population growth and agrarian change: an historical perspective.* Cambridge, UK: Cambridge University Press.
Grimnes, Ole Kristian. 2013. "Hitler's Norwegian legacy." In Gilmour and Stephenson, eds. 2013: 159–177.
Grogger, Jeffrey and Hanson, Gordon H. 2011. "Income maximization and the selection and sorting of international migrants." *Journal of Development Economics* 95: 42–57.
Gross, Jean-Pierre. 1997. *Fair shares for all: Jacobin egalitarianism in practice.* Cambridge, UK: Cambridge University Press.
Grütter, Alfred. 1968. "Die eidgenössische Wehrsteuer, ihre Entwicklung und Bedeutung." PhD thesis, Zürich.
Guasti, Cesare, ed. 1880. *Il sacco di Prato e il ritorno de' Medici in Firenze nel MDXII.* Bologna, Italy: Gaetano Romagnoli.
Gurven, Michael, et al. 2010. "Domestication alone does not lead to inequality: intergenerational wealth transmission among horticulturalists." *Current Anthropology* 51: 49–64.
Gustafsson, Björn and Johansson, Mats. 2003. "Steps toward equality: how and why income inequality in urban Sweden changed during the period 1925–1958." *European Review of Economic History* 7: 191–211.
Haas, Ain. 1993. "Social inequality in aboriginal North America: a test of Lenski's theory." *Social Forces* 72: 295–313.
Haber, Stephen. 2006. "The political economy of Latin American industrialization." In Bulmer-Thomas, Victor, Coatsworth, John and Cortes Conde, Roberto, eds., *The Cambridge economic history of Latin America.* Vol. 2. *The long twentieth century.* Cambridge, UK: Cambridge University Press, 537–584.
Haber, Stephen. 2012. "Climate, technology, and the evolution of political and economic institutions." PERC Working Paper.
Haldon, John F. 1993. *The state and the tributary mode of production.* London: Verso.
Haldon, John F. 1997. *Byzantium in the seventh century: the transformation of a culture.* Rev. ed. Cambridge, UK: Cambridge University Press.
Hamilton, Malcolm B. 1989. *Democratic socialism in Britain and Sweden.* Basingstoke, UK: Macmillan Press.
Haney, Emil B., Jr. and Haney, Wava G. 1989. "The agrarian transition in Highland Ecuador: from precapitalism to agrarian capitalism in Chimborazo." In Thiesenhusen, ed. 1989b: 70–91.

Hansen, Mogens H. 1985. *Demography and democracy: the number of Athenian citizens in the fourth century B.C.* Herning, Denmark: Systime.

Hansen, Mogens H. 1988. *Three studies in Athenian demography.* Copenhagen: Royal Danish Academy of Sciences and Letters.

Hansen, Mogens H., ed. 2000. *A comparative study of thirty city-state cultures: an investigation conducted by the Copenhagen Polis Centre.* Copenhagen: Royal Danish Academy of Sciences and Letters.

Hansen, Mogens H. 2006a. *Polis: an introduction to the ancient Greek city-state.* Oxford: Oxford University Press.

Hansen, Mogens H. 2006b. *The shotgun method: the demography of the ancient Greek city-state culture.* Columbia: University of Missouri Press.

Hansen, Mogens H. and Nielsen, Thomas H., eds. 2004. *An inventory of archaic and classical poleis.* Oxford: Oxford University Press.

Hanus, Jord. 2013. "Real inequality in the early modern Low Countries: the city of 's-Hertogenbosch, 1500–1660." *Economic History Review* 66: 733–756.

Hanushek, Eric A., Schwerdt, Guido, Wiederhold, Simon and Woessmann, Ludger. 2013. "Returns to skills around the world: evidence from PIAAC." NBER Working Paper No. 19762.

Hara, Akira. 1998. "Japan: guns before rice." In Harrison, ed. 1998b: 224–267.

Hara, Akira. 2003. "Wartime controls." In Nakamura and Odaka, eds. 2003a: 247–286.

Harari, Yuval Noah. 2015. "Upgrading inequality: will rich people become a superior biological caste?" HUFFPOST February 4, 2015. http://www.huffingtonpost.com/dr-yuval-noah-harari/inequality-rich-superior-biological_b_5846794.html

Hardoon, Deborah, Ayele, Sophia and Fuentes-Nieva, Ricardo. 2016. "An economy for the 1%: how privilege and power in the economy drive extreme inequality and how this can be stopped." Oxford: Oxfam GB.

Harper, Kyle. 2015a. "Landed wealth in the long term: patterns, possibilities, evidence." In Erdkamp, Paul, Verboven, Koenraad and Zuiderhoek, Arjan, eds., *Ownership and exploitation of land and natural resources in the Roman world.* Oxford: Oxford University Press, 43–61.

Harper, Kyle. 2015b. "Pandemics and passages to late antiquity: rethinking the plague of *c.* 249–270 described by Cyprian." *Journal of Roman Archaeology* 28: 223–260.

Harris, John. 2010. *Enhancing evolution: the ethical case for making better people.* Princeton, NJ: Princeton University Press.

Harrison, Mark. 1998a. "The economics of World War II: an overview." In Harrison, ed. 1998b: 1–42.

Harrison, Mark, ed. 1998b. *The economics of World War II: six great powers in interna-*

tional comparison. Cambridge, UK : Cambridge University Press.
Hartung, J. 1898. "Die direkten Steuern und die Vermögensentwicklung in Augsburg von der Mitte des 16. bis zum 18. Jahrhundert." *Jahrbuch für Gesetzgebung, Verwaltung und Volkswirtschaft im Deutschen Reich* 22(4): 167–209.
Hashim, Alice B. 1997. *The fallen state : dissonance, dictatorship and death in Somalia.* Lanham, MD : University Press of America.
Hashimoto, Jurô. 2003. "The rise of big business." In Nakamura and Odaka, eds. 2003a : 190–222.
Hatzfeld, Jean. 2005. *Machete season : the killers in Rwanda speak.* New York : Farrar, Straus and Giroux (『隣人が殺人者に変わる時　加害者編――ルワンダ・ジェノサイドの証言』ジャン・ハッツフェルド著，西京高校インターアクトクラブ訳，かもがわ出版，2014年).
Hautcoeur, Pierre-Cyrille. 2005. "Was the Great War a watershed? The economics of World War I in France." In Broadberry and Harrison, eds. 2005a : 169–205.
Hayami, Akira. 2004. "Introduction : the emergence of 'economic society.'" In Hayami, Saitô and Toby, eds. 2004 : 1–35.
Hayami, Akira, Saitô, Osamu and Toby, Ronald P. 2004. *The economic history of Japan : 1600–1990.* Vol. 1. *Emergence of economic society in Japan, 1600–1859.* Oxford : Oxford University Press.
Hegyi, Géza, Néda, Zoltán and Santos, Maria Augusta. 2005. "Wealth distribution and Pareto's law in the Hungarian medieval society." *arXiv.* http://arxiv.org/abs/physics/0509045
Henken, Ted A., Celaya, Miriam and Castellanos, Dimas, eds. 2013. *Cuba.* Santa Barbara, CA : ABC-CLIO.
Henrekson, Magnus and Waldenström, Daniel. 2014. "Inheritance taxation in Sweden, 1885–2004 : the role of ideology, family firms and tax avoidance." IFN Working Paper No. 1032.
Henshilwood, Christopher S., et al. 2001. "An early bone tool industry from the Middle Stone Age at Blombos Cave, South Africa : implications for the origins of modern human behaviour, symbolism and language." *Journal of Human Evolution* 41 : 631–678.
Hernani-Limarino, Werner L. and Eid, Ahmed. 2013. "Unravelling declining income inequality in Bolivia : do government transfers matter?" Working Paper.
Higham, Tom, et al. 2007. "New perspectives on the Varna cemetery (Bulgaria)—AMS dates and social implications." *Antiquity* 81 : 640–654.
Hilton, Rodney. 1973. *Bond men made free : medieval peasant movements and the English rising of 1381.* London : Temple Smith.
Hilton, R. H. and Aston, T. H., eds. 1984. *The English rising of 1381.* New york :

Cambridge University Press.
Hines, James R., Jr. 2006. "Will social welfare expenditures survive tax competition?" *Oxford Review of Economic Policy* 22 : 330-348.
Hines, James R., Jr. and Summers, Lawrence H. 2009. "How globalization affects tax design." *Tax Policy and the Economy* 23 : 123-158.
Hinton, William. 1966. *Fanshen : a documentary of revolution in a Chinese village.* New York : Monthly Review Press (『翻身――ある中国農村の革命の記録（1・2）』W・ヒントン著，加藤祐三・春名徹・加藤幹雄・吉川勇一訳，平凡社，1972 年).
Ho, Hoang-Anh. 2013. "Not a destiny : ethnic diversity and redistribution reexamined." MSc thesis, University of Gothenburg.
Hodkinson, Stephen. 2000. *Property and wealth in classical Sparta.* London : Duckworth.
Hoffman, Philip T. 1996. *Growth in a traditional society : the French countryside, 1450-1815.* Princeton, NJ : Princeton University Press.
Hoffman, Philip T., Jacks, David S., Levin, Patricia A. and Lindert, Peter H. 2005. "Sketching the rise of real inequality in early modern Europe." In Allen, Robert C., Bengtsson, Tommy and Dribe, Martin, eds., *Living standards in the past : new perspectives on well-being in Asia and Europe.* Oxford : Oxford University Press, 131-172.
Hoffner, Harry A. Jr. 1998. *Hittite myths.* 2nd ed. Atlanta : Scholars Press.
Hoggarth, Julie A., et al. 2016. "The political collapse of Chichén Itzá in climatic and cultural context." *Global and Planetary Change* 138 : 25-42.
Holtermann, Helge. 2012. "Explaining the development-Civil War relationship." *Conflict Management and Peace Science* 29 : 56-78.
Holtfrerich, Carl-Ludwig. 1980. *Die deutsche Inflation 1914-1923 : Ursachen und Folgen in internationaler Perspektive.* Berlin : Walter de Gruyter.
Hooglund, Eric J. 1982. *Land and revolution in Iran, 1960-1980.* Austin : University of Texas Press.
Hopkins, Keith. 1978. *Conquerors and slaves : sociological studies in Roman history 1.* Cambridge, UK : Cambridge University Press.
Hopkins, Keith. 2002. "Rome, taxes, rents and trade" (1995/96). In Scheidel, Walter and von Reden, Sitta, eds., *The ancient economy.* Edinburgh : Edinburgh University Press, 190-230.
Horden, Peregrine. 2005. "Mediterranean plague in the age of Justinian." In Maas, Michael, ed. *The Cambridge companion to the age of Justinian.* Cambridge, UK : Cambridge University Press, 134-160.
Horn, Jeff. 2015. "Lasting economic structures : successes, failures, and revolutionary political economy." In Andress, ed. 2015 : 607-624.
Horrox, Rosemary, trans. and ed. 1994. *The Black Death.* Manchester, UK : Manchester

University Press.
Hossmann, Iris, et al. 2008. "Europe's demographic future: growing imbalances." Berlin: Berlin Institute for Population and Development.
Hsu, Cho-yun. 1965. *Ancient China in transition: an analysis of social mobility, 722–222 B.C.* Stanford, CA: Stanford University Press.
Hsu, Cho-yun. 1980. *Han agriculture: the formation of early Chinese agrarian economy (206 B.C.–A.D. 220).* Seattle: University of Washington Press.
Huber, John D., Ogorzalek, Thomas K. and Gore, Radhika. 2012. "Democracy, targeted redistribution and ethnic inequality." Working paper.
Hudson, Michael. 1993. "The lost tradition of biblical debt cancellations." http://michael-hudson.com/wp-content/uploads/2010/03/HudsonLostTradition.pdf
Hudson, Michael. 1996a. "Privatization: a survey of the unresolved controversies." In Hudson and Levine, eds. 1996: 1–32.
Hudson, Michael. 1996b. "The dynamics of privatization, from the Bronze Age to the present." In Hudson and Levine, eds. 1996: 33–72.
Hudson, Michael. 1996c. "Early privatization and its consequences." In Hudson and Levine, eds. 1996: 293–308.
Hudson, Michael and Levine, Baruch, eds. 1996. *Privatization in the Ancient Near East and classical world.* Cambridge, MA: Peabody Museum of Archaeology and Ethnology, Harvard University.
Hudson, Michael and Van De Mieroop, Marc, eds. 2002. *Debt and economic renewal in the Ancient Near East.* Bethesda, MD: CDL.
Hungerford, Thomas L. 2013. "Changes in income inequality among U.S. tax filers between 1991 and 2006: the role of wages, capital income, and taxes." SSRN Working Paper No. 2207372.
Jabbari, Eric. 2012. *Pierre Laroque and the welfare state in post-war France.* Oxford: Oxford University Press.
Jackson, R. V. 1987. "The structure of pay in nineteenth-century Britain." *Economic History Review* 40: 561–570.
Jackson, R. V. 1994. "Inequality of incomes and lifespans in England since 1688." *Economic History Review* 47: 508–524.
Jacobs, Harrison. 2015. "Here's the ridiculous loot that's been found with corrupt Chinese officials." *Business Insider* January 22, 2015.
Janowitz, Morris. 1976. *Social control of the welfare state.* Chicago: University of Chicago Press (『福祉国家のジレンマ――その政治・経済と社会制御』モーリス・ジャノウィツ著，和田修一訳，新曜社，1980年).
Jäntti, Markus and Jenkins, Stephen P. 2015. "Income mobility." In Atkinson and

Bourguignon, eds. 2015 : 807–935.
Jäntti, M., Riihelä, M., Sullström, R. and Tuomala, M. 2010. “Trends in top income shares in Finland.” In Atkinson and Piketty, eds. 2010 : 371–447.
Janusek, John Wayne. 2004. *Identity and power in the ancient Andes: Tiwanaku cities through time.* New York : Routledge.
Jarvis, Lovell S. 1989. “The unraveling of Chile's agrarian reform, 1973–1986.” In Thiesenhusen, ed. 1989b : 240–275.
Jaumotte, Florence, Lall, Subir and Papageorgiou, Chris. 2013. “Rising income inequality : technology, or trade and financial globalization?” *IMF Economic Review* 61 : 271–309.
Jaumotte, Florence and Osorio-Buitron, Carolina. 2015. “Inequality and labor market institutions.” IMF Staff Discussion Note No. 15/14.
Jaworski, Taylor. 2009. “War and wealth : economic opportunity before and after the Civil War, 1850–1870.” LSE Working Papers No. 114/09.
Jenkins, Stephen P., Brandolini, Andrea, Micklewright, John and Nolan, Brian, eds. 2013. *The Great Recession and the distribution of household income.* Oxford : Oxford University Press.
Jenkins, Stephen P. and Van Kerm, Philippe. 2009. “The measurement of economic inequality.” In Salverda, Nolan and Smeeding, eds. 2009 : 40–67.
Johnson, Allen W. and Earle, Timothy. 2000. *The evolution of human societies : from foraging group to agrarian state.* 2nd. Stanford, CA : Stanford University Press.
Johnson, Harold B. Jr. 2001. “Malthus confirmed? Being some reflections on the changing distribution of wealth and income in Portugal [1309–1789].” Working Paper.
Jongman, Willem. 1988. *The economy and society of Pompeii.* Amsterdam : Gieben.
Jongman, Willem. 2006. “The rise and fall of the Roman economy : population, rents and entitlement.” In Bang, Peter F., Ikeguchi, Mamoru and Ziche, Hartmut G., eds., *Ancient economies, modern methodologies : archaeology, comparative history, models and institutions.* Bari, Italy : Edipuglia, 237–254.
Jordan, William C. 1996. *The great famine : northern Europe in the early fourteenth century.* Princeton, NJ : Princeton University Press.
Jursa, Michael. 2010. *Aspects of the economic history of Babylonia in the first millennium BC.* Münster, Germany : Ugarit-Verlag.
Jursa, Michael. 2015. “Economic growth and growing economic inequality? The case of Babylonia.” Conference paper for “The haves and the have-nots : exploring the global history of wealth and income inequality,” September 11, 2015, University of Vienna.
Justman, Moshe and Gradstein, Mark. 1999. “The industrial revolution, political transition, and the subsequent decline in inequality in 19th-century Britain.” *Explorations in*

Economic History 36 : 109–127.
Kaboski, Joseph P. 2005. "Supply factors and the mid-century fall in the skill premium." Working Paper.
Kage, Rieko. 2010. "The effects of war on civil society : cross-national evidence from World War II." In Kier and Krebs, eds. 2010 : 97–120.
Kaimowitz, David. 1989. "The role of decentralization in the recent Nicaraguan agrarian reform." In Thiesenhusen, ed. 1989b : 384–407.
Kanbur, Ravi. 2015. "Globalization and inequality." In Atkinson and Bourguignon, eds. 2015 : 1845–1881.
Kaplan, Steven N. and Rauh, Joshua. 2010. "Wall Street and Main Street : what contributes to the rise in the highest incomes?" *Review of Financial Studies* 23 : 1004–1050.
Kaplan, Steven N. and Rauh, Joshua. 2013. "It's the market : the broad-based rise in the return to top talent." *Journal of Economic Perspectives* 27 (3) : 35–55.
Kapteijns, Lidwien. 2013. *Clan cleansing in Somalia : the ruinous legacy of 1991.* Philadelphia : University of Pennsylvania Press.
Kasza, Gregory J. 2002. "War and welfare policy in Japan." *Journal of Asian Studies* 61 : 417–435.
Katajala, Kimmo, ed. 2004. *Northern revolts : medieval and early modern peasant unrest in the Nordic countries.* Helsinki : Finnish Literature Society.
Kautsky, John H. 1982. *The politics of aristocratic empires.* Chapel Hill : University of North Carolina Press.
Kawagoe, Toshihiko. 1993. "Land reform in postwar Japan." In Teranishi and Kosai, eds. 1993 : 178–204.
Kawagoe, Toshihiko. 1999. "Agricultural land reform in postwar Japan : experiences and issues." World Bank Policy Research Working Paper No. 2111.
Kay, Philip. 2014. *Rome's economic revolution.* Oxford : Oxford University Press.
Kaymak, Bariş and Poschke, Markus. 2016. "The evolution of wealth inequality over half a century : the role of taxes, transfers and technology." *Journal of Monetary Economics* 77 : 1–25.
Keister, Lisa A. 2014. "The one percent." *Annual Review of Sociology* 40 : 347–367.
Keister, Lisa A. and Lee, Hang Y. 2014. "The one percent : top incomes and wealth in sociological research." *Social Currents* 1 : 13–24.
Kelly, Robert L. 2013. *The lifeways of hunter-gatherers : the foraging spectrum.* New York : Cambridge University Press.
Kemp, Barry J. 1983. "Old Kingdom, Middle Kingdom and Second Intermediate Period *c.* 2686–1552 BC." In Trigger, Bruce G., Kemp, Barry J., O'Connor, David and Lloyd, Alan B., *Ancient Egypt : a social history.* Cambridge, UK : Cambridge University Press,

71-182.
Kennett, Douglas J., et al. 2012. "Development and disintegration of Maya political systems in response to climate change." *Science* 338 : 788-791.
Kier, Elizabeth and Krebs, Ronald, R., eds. 2010. *In war's wake : international conflict and the fate of liberal democracy.* New York : Cambridge University Press.
Klausen, Jytte. 1998. *War and welfare : Europe and the United States, 1945 to the present.* New York : St. Martin's Press.
Klein, Richard. 2009. *The human career : human biological and cultural origins.* 3rd ed. Chicago : University of Chicago Press.
Knapp, A. Bernard and Manning, Sturt W. 2016. "Crisis in context : the end of the Late Bronze Age in the Eastern Mediterranean." *American Journal of Archaeology* 120 : 99-149.
Koeniger, Winfried, Leonardi, Marco and Nunziata, Luca. 2007. "Labor market institutions and wage inequality." *Industrial and Labor Relations Review* 60 : 340-356.
Koepke, Nikola and Baten, Joerg. 2005. "The biological standard of living in Europe during the last two millennia." *European Review of Economic History* 9 : 61-95.
Kolata, Alan. 1993. *The Tiwanaku : portrait of an Andean civilization.* Cambridge, MA : Blackwell.
Komlos, John, Hau, Michel and Bourguinat, Nicolas. 2003. "An anthropometric history of early-modern France." *European Review of Economic History* 7 : 159-189.
Kopczuk, Wojciech. 2015. "What do we know about the evolution of top wealth shares in the United States?" *Journal of Economic Perspectives* 29 : 47-66.
Kopczuk, Wojciech, Saez, Emmanuel and Song, Jae. 2010. "Earnings inequality and mobility in the United States : evidence from Social Security data since 1937." *Quarterly Journal of Economics* 125 : 91-128.
Kott, Alexander, et al. 2015. "Visualizing the tactical ground battlefield in the year 2050 : workshop report." US Army Research Laboratory ARL-SR-0327.
Kozol, Jonathan. 2005. *The shame of the nation : the restoration of apartheid schooling in America.* New York : Random House.
Kron, Geoffrey. 2011. "The distribution of wealth at Athens in comparative perspective." *Zeitschrift für Papyrologie und Epigraphik* 179 : 129-138.
Kron, Geoffrey. 2014. "Comparative evidence and the reconstruction of the ancient economy : Greco-Roman housing and the level and distribution of wealth and income." In Callataÿ, François de, ed., *Quantifying the Greco-Roman economy and beyond.* Bari, Italy : Edipuglia, 123-146.
Kršljanin, Nina. 2016. "The land reform of the 1830s in Serbia : the impact of the shattering of the Ottoman feudal system." Conference paper for "Old and new words : the

global challenges of rural history," Lisbon, January 27–30, 2016.

Kuehn, John T. 2014. *A military history of Japan: from the age of the Samurai to the 21st century*. Santa Barbara: ABC-CLIO.

Kuhn, Dieter. 2009. *The age of Confucian rule: the Song transformation of China*. Cambridge, MA: Harvard University Press.

Kuhn, Philip A. 1978. "The Taiping Rebellion." In Fairbank, John F., ed., *The Cambridge history of China*. Vol. 10. *Late Ch'ing, 1800–1911, Part I*. Cambridge, UK: Cambridge University Press, 264–317.

Kuhrt, Amélie. 1995. *The ancient Near East* c. *3000–330 BC*. 2 vols. London: Routledge.

Kuroda, Masahiro. 1993. "Price and goods control in the Japanese postwar inflationary period." In Teranishi and Kosai, eds. 1993: 31–60.

Kuznets, Simon. 1955. "Economic growth and income inequality." *American Economic Review* 45: 1–28.

Labuda, Damian, Lefebvre, Jean-François, Nadeau, Philippe and Roy-Gagnon, Marie-Hélène. 2010. "Female-to-male breeding ratio in modern humans—an analysis based on historical recombinations." *American Journal of Human Genetics* 86: 353–363.

Lakner, Christoph and Milanovic, Branko. 2013. "Global income distribution: from the fall of the Berlin Wall to the Great Recession." World Bank Policy Research Working Paper No. 6719.

Larrimore, Jeff. 2014. "Accounting for United States household income inequality trends: the changing importance of household structure and male and female labor earnings inequality." *Review of Income and Wealth* 60: 683–701.

Laybourn, Keith. 1995. *The evolution of British social policy and the welfare state*. Keele, UK: Keele University Press.

Lee, Richard B. 1979. *The !Kung San: men, women, and work in a foraging society*. Cambridge, UK: Cambridge University Press.

Lee, Richard B. 1984. *The Dobe !Kung*. New York: Holt, Rinehart and Winston.

Lee, Ronald D. 1986a. "Malthus and Boserup: a dynamic synthesis." In Coleman, David and Schofield, Roger, eds., *The state of population theory: forward from Malthus*. Oxford: Blackwell, 96–130.

Lee, Ronald D. 1986b. "Population homeostasis and English demographic history." In Rotberg, Robert I. and Rabb, Theodore K., eds., *Population and economy: population and history from the traditional to the modern world*. Cambridge, UK: Cambridge University Press, 75–100.

Leeson, Peter T. 2007. "Better off stateless: Somalia before and after government collapse." *Journal of Comparative Economics* 35: 689–710.

Leigh, Andrew. 2007. "How closely do top income shares track other measures of

inequality?" *Economic Journal* 117 : F619–F633.

Leigh, Andrew, Jencks, Christopher and Smeeding, Timothy M. 2009. "Health and economic inequality." In Salverda, Nolan and Smeeding, eds. 2009 : 384–405.

Leitner, Ulrich. 2011. *Imperium: Geschichte und Theorie eines politischen Systems.* Frankfurt, Germany : Campus Verlag.

Lemieux, Thomas. 2006. "Post-secondary education and increasing wage inequality." *American Economic Review* 96 : 195–199.

Leonard, Carol S. 2011. *Agrarian reform in Russia : the road from serfdom.* New York : Cambridge University Press.

Le Roy Ladurie, Emmanuel. 1966. *Les paysans de Languedoc.* 2 vols. Paris : Mouton.

Levy, Frank and Temin, Peter. 2007. "Inequality and institutions in 20th century America." NBER Working Paper No. 13106.

Lewis, Joanna. 2000. *Empire state-building : war and welfare in Kenya 1925–52.* Oxford : James Currey.

Lewis, Mark Edward. 1990. *Sanctioned violence in early China.* Albany : State University of New York Press.

Lewis, Mark Edward. 1999. "Warring States : political history." In Loewe, Michael and Shaughnessy, Edward L., eds., *The Cambridge history of ancient China : from the origins of Civilization to 221 B.C.* Cambridge, UK : Cambridge University Press, 587–650.

Lewis, Mark Edward. 2007. *The early Chinese empires : Qin and Han.* Cambridge, MA : Harvard University Press.

Lewis, Mark Edward. 2009a. *China between empires : the Northern and Southern dynasties.* Cambridge, MA : Harvard University Press.

Lewis, Mark Edward. 2009b. *China's cosmopolitan empire : the Tang dynasty.* Cambridge, MA : Harvard University Press.

Li, Feng. 2013. *Early China : a social and cultural history.* Cambridge, UK : Cambridge University Press.

Li, Shi. 2014. "Rising income and wealth inequality in China." http://unsdsn.org/wp-content/uploads/2014/05/TG03-SI-Event-LI-Shi-income-inequality.pdf

Liang, Puping, et al. 2015. "CRISPR/Cas9-mediated gene editing in human tripronuclear zygotes." *Protein and Cell* 6 : 363–372.

Lin, Ken-Hou and Tomaskovic-Devey, Donald. 2013. "Financialization and US income inequality, 1970–2008." *American Journal of Sociology* 118 : 1284–1329.

Lindert, Peter H. 1991. "Toward a comparative history of income and wealth inequality." In Brenner, Kaelble and Thomas, eds. 1991 : 212–231.

Lindert, Peter H. 2000a. "Three centuries of inequality in Britain and America." In Atkinson and Bourguignon, eds. 2000 : 167–216.

Lindert, Peter H. 2000b. "When did inequality rise in Britain and America?" *Journal of Income Distribution* 9 : 11–25.

Lindert, Peter H. 2004. *Growing public : social spending and economic growth since the eighteenth century.* 2 vols. Cambridge, UK : Cambridge University Press.

Lindert, Peter H. 2015. "Where has modern equality come from? Lucky and smart paths in economic history." Conference paper for "Unequal chances and unequal outcomes in economic history," All-UC Economic History Group/Caltech Conference, February 6–7, 2015.

Lindert, Peter H. and Williamson, Jeffrey G. 2015. "American colonial incomes, 1650–1774." NBER Working Paper No. 19861.

Lindert, Peter H. and Williamson, Jeffrey G. 2016. *Unequal gains : American growth and inequality since 1700.* Princeton, NJ : Princeton University Press.

Lindqvist, Erik and Östling, Robert. 2013. "Identity and redistribution." *Public Choice* 155 : 469–491.

Lindsay, Craig. 2003. "A century of labour market change : 1900 to 2000." Labour Market Trends 111(3).

Link, Stefan. 1991. *Landverteilung und sozialer Frieden im archaischen Griechenland.* Stuttgart, Germany : Steiner.

Lipton, Michael. 2009. *Land reform in developing countries : property rights and property wrongs.* Abingdon, UK : Routledge.

Little, Lester K., ed. 2007. *Plague and the end of antiquity : the pandemic of 541–750.* Cambridge, New York : Cambridge University Press.

Livi Bacci, Massimo. 2008. *Conquest : the destruction of the American Indios.* Cambridge, UK : Polity Press.

Lo Cascio, Elio. 2001. "Recruitment and the size of the Roman population from the third to the first century BCE." In Scheidel, Walter, ed., *Debating Roman demography.* Leiden, Netherlands : Brill, 111–137.

Lo Cascio, Elio, ed. 2012. *L'impatto della "peste antonina."* Bari, Italy : Edipuglia.

Lodin, Sven-Olof. 2011. *The making of tax law : the development of the Swedish tax system.* Trans. Ken Schubert. Uppsala, Sweden : Iustus.

Loewe, Michael. 1986. "The Former Han dynasty." In Twitchett and Loewe, eds. 1986 : 103–222.

Lovejoy, Paul E. 2011. *Transformations in slavery : a history of slavery in Africa.* 3rd ed. New York : Cambridge University Press.

Lowe, Rodney. 1990. "The second world war, consensus, and the foundation of the welfare state." *Twentieth Century British History* 1 : 152–182.

Lustig, Nora, Lopez-Calva, Luis F. and Ortiz-Juarez, Eduardo. 2012. "Declining

inequality in Latin America in the 2000s: the cases of Argentina, Brazil, and Mexico." World Bank Policy Research Working Paper No. 6248.

Lustig, Nora, Lopez-Calva, Luis F. and Ortiz-Juarez, Eduardo. 2014. "Deconstructing the decline in inequality in Latin America." Revised, Working Paper.

Lutz, Wolfgang and Scherbov, Sergei. 2007. "The contribution of migration to Europe's demographic future: projections for the EU-25 to 2050." Laxenburg, Austria: International Institute for Applied Systems Analysis, IR-07-024.

Machin, Stephen. 2008. "An appraisal of economic research on changes in wage inequality." *Labour* 22: 7-26.

Maddison project. "Maddison project." http://www.ggdc.net/maddison/maddison-project/home.htm

Magness, Phillip W. and Murphy, Robert P. 2015. "Challenging the empirical contribution of Thomas Piketty's *Capital in the twenty-first century*." *Journal of Private Enterprise* 30: 1-34.

Mahler, Vincent A. 2010. "Government inequality reduction in comparative perspective: a cross-national study of the developed world." *Polity* 42: 511-541.

Maisels, Charles K. 1990. *The emergence of civilization: from hunting and gathering to agriculture, cities, and the state in the Near East.* London: Routledge.

Malinen, Tuomas. 2012. "Estimating the long-run relationship between income inequality and economic development." *Empirical Economics* 42: 209-233.

Malthus, T. R. 1992. *An essay on the principle of population; or a view of its past and present effects on human happiness; with an inquiry into our prospects respecting the future removal or mitigation of the evils which it occasions.* Selected and introduced by Donald Winch using the text of the 1803 edition as prepared by Patricia James for the Royal Economic Society, 1990, showing the additions and corrections made in the 1806, 1807, 1817, and 1826 editions.（ドナルド・ウィンチ選・序文．1803年版〔第2版〕の原文にもとづく．1990年，王立経済学会のためにパトリシア・ジェイムズが1806, 1807, 1817, 1826年版の加筆・訂正部分を明示して編集．）Cambridge, UK: Cambridge University Press.

Mango, Cyril. 1985. *Le développement urbain de Constantinople (IVe-VIIe siècles).* Paris: De Boccard.

Mansfield, Edward D. and Snyder, Jack. 2010. "Does war influence democratization?" In Kier and Krebs, eds. 2010: 23-49.

Mansvelt Beck, B. J. 1986. "The fall of Han." In Twitchett and Loewe, eds. 1986: 317-376.

Marean, Curtis W. 2014. "The origins and significance of coastal resource use in Africa and Western Eurasia." *Journal of Human Evolution* 77: 17-40.

Marean, Curtis W. 2015. "An evolutionary anthropological perspective on modern human origins." *Annual Review of Anthropology* 44 : 533–556.

Margolin, Jean-Louis. 1999a. "Cambodia : the country of disconcerting crimes." In Courtois et al. 1999 : 577–644.

Margolin, Jean-Louis. 1999b. "China : a long march into night." In Courtois et al. 1999 : 463–546.

Markoff, John. 1996a. *The abolition of feudalism : peasants, lords, and legislators in the French Revolution.* University Park : Pennsylvania State University Press.

Markoff, John. 1996b. *Waves of democracy : social movements and political change.* Thousand Oaks, CA : Pine Forge Press.

Marlowe, Frank W. 2010. *The Hadza : hunter-gatherers of Tanzania.* Berkeley : University of California Press.

Marwick, Arthur. 1988. "Conclusion." In Marwick, Arthur, ed. 1988. *Total war and social change.* Houndmills, UK : Macmillan Press, 119–125.

Marzagalli, Silvia. 2015. "Economic and demographic developments." In Andress, ed. 2015 : 3–20.

Massey, Douglas S. 2007. *Categorically unequal : the American stratification system.* New York : Russell Sage Foundation.

Masson, Marilyn A. and Peraza Lope, Carlos. 2014. *Kukulcan's realm : urban life at ancient Mayapán.* Boulder : University Press of Colorado.

Mau, Steffen and Burkhardt, Christoph. 2009. "Migration and welfare state solidarity in Western Europe." *Journal of European Social Policy* 19 : 213–229.

Mayer, Emanuel. 2012. *The ancient middle classes : urban life and aesthetics in the Roman empire, 100 BCE–250 CE.* Cambridge, MA : Harvard University Press.

Mayshar, Joram, Moav, Omer, Neeman, Zvika and Pascali, Luigi. 2015. "Cereals, appropriability and hierarchy." Barcelona GSE Working Paper No. 842.

McCaa, Robert. 2000. "The peopling of Mexico from origins to revolution." In Haines, Michael R. and Steckel, Richard H., eds., *A population history of North America.* Cambridge, UK : Cambridge University Press, 241–304.

McCormick, Michael. 2015. "Tracking mass death during the fall of Rome's empire (I)." *Journal of Roman Archaeology* 28 : 325–357.

McDougall, Ian, Brown, Francis H. and Fleagle, John G. 2005. "Stratigraphic placement and age of modern humans from Kibish, Ethiopia." *Nature* 433 : 733–736.

McEvedy, Colin and Jones, Richard. 1978. *Atlas of world population history.* New York : Penguin.

McKenzie, David and Rapoport, Hillel. 2007. "Network effects and the dynamics of migration and inequality : theory and evidence from Mexico." *Journal of Development*

Economics 84 : 1–24.
Medeiros, Marcelo and Ferreira de Souza, Pedro H. G. 2013. "The state and income inequality in Brazil." IRLE Working Paper No. 153–13.
Medeiros, Marcelo and Ferreira de Souza, Pedro H. G. 2015. "The rich, the affluent and the top incomes." *Current Sociology* 63 : 869–895.
Mehrotra, Ajay K. 2013. *Making the modern American fiscal state : law, politics, and the rise of progressive taxation, 1877–1929*. New York : Cambridge University Press.
Meloy, John L. 2004. "The privatization of protection : extortion and the state in the Circassian Mamluk period." *Journal of the Economic and Social History of the Orient* 47 : 195–212.
Meyer, Bruce D. and Sullivan, James X. 2013. "Consumption and income inequality and the Great Recession." *American Economic Review* 103 : 178–183.
Michelmore, Molly C. 2012. *Tax and spend : the welfare state, tax politics, and the limits of American liberalism*. Philadelphia : University of Pennsylvania Press.
Middleton, Guy D. 2010. *The collapse of palatial society in LBA Greece and the postpalatial period*. Oxford : Archaeopress.
Milanovic, Branko. 1997. *Income, inequality, and poverty during the transition from planned to market economy*. Washington, DC : World Bank.
Milanovic, Branko. 2005. *Worlds apart : measuring international and global inequality*. Princeton, NJ : Princeton University Press.
Milanovic, Branko. 2006. "An estimate of average income and inequality in Byzantium around year 1000." *Review of Income and Wealth* 52 : 449–470.
Milanovic, Branko. 2010. "Income level and income inequality in the Euro-Mediterranean region : from the Principate to the Islamic conquest." MPRA Paper No. 46640.
Milanovic, Branko. 2012. "Global inequality recalculated and updated : the effect of new PPP estimates on global inequality and 2005 estimates." *Journal of Economic Inequality* 10 : 1–18.
Milanovic, Branko. 2013. "The inequality possibility frontier : extensions and new applications." World Bank Policy Research Working Paper No. 6449.
Milanovic, Branko. 2015. "A note on 'maximum' US inequality." *globalinequality* December 19, 2015. http://glineq.blogspot.com/2015/12/a-note-on-maximum-us-inequality.html?m=1
Milanovic, Branko. 2016. *Global inequality : a new approach for the age of globalization*. Cambridge, MA : Harvard University Press (『大不平等――エレファントカーブが予測する未来』ブランコ・ミラノヴィッチ著，立木勝訳，みすず書房，2017 年).
Milanovic, Branko, Lindert, Peter H. and Williamson, Jeffrey G. 2011. "Pre-industrial

inequality." *Economic Journal* 121 : 255–272.
Millar, Fergus. 1977. *The emperor in the Roman world (31 BC–AD 337)*. London : Duckworth.
Miller, Joseph C. 2012. *The problem of slavery as history : a global approach*. New Haven, CT : Yale University Press.
Millon, René. 1988. "The last years of Teotihuacan dominance." In Yoffee and Cowgill, eds. 1988 : 102–164.
Minami, Ryoshin. 1998. "Economic development and income distribution in Japan : an assessment of the Kuznets hypothesis." *Cambridge Journal of Economics* 22 : 39–58.
Mishel, Lawrence, Shierholz, Heidi and Schmitt, John. 2013. "Don't blame the robots : assessing the job polarization explanation of growing wage inequality." Economic Policy Institute—Center for Economic and Policy Research, Working Paper.
Mithen, Steven. 2003. *After the ice : a global human history, 20,000–5000 BC*. Cambridge, MA : Harvard University Press (『氷河期以後——紀元前二万年からはじまる人類史(上・下)』スティーヴン・ミズン著，久保儀明訳，青土社，2015 年).
Miwa, Ryôichi. 2003. "Postwar democratization and economic reconstruction." In Nakamura and Odaka, eds. 2003a : 333–370.
Miyamoto, Matao. 2004. "Quantitative aspects of Tokugawa economy." In Hayami, Saitô and Toby, eds. 2004 : 36–84.
Miyazaki, Masayasu and Itô, Osamu. 2003. "Transformation of industries in the war years." In Nakamura and Odaka, eds. 2003a : 287–332.
Modalsli, Jørgen. 2015. "Inequality in the very long run : inferring inequality from data on social groups." *Journal of Economic Inequality* 13 : 225–247.
Moise, Edwin E. 1983. *Land reform in China and North Vietnam : consolidating the revolution at the village level*. Chapel Hill : University of North Carolina Press.
Mokyr, Joel and Ó Gráda, Cormac. 1988. "Poor and getting poorer? Living standards in Ireland before the famine." *Economic History Review* 41 : 209–235.
Mollat, Michel and Wolff, Philippe. 1973. *The popular revolutions of the late Middle Ages*. London : Allen and Unwin.
Mollick, André Varella. 2012. "Income inequality in the U.S. : the Kuznets hypothesis revisited." *Economic Systems* 36 : 127–144.
Monson, Andrew and Scheidel, Walter, eds. 2015. *Fiscal regimes and the political economy of premodern states*. Cambridge, UK : Cambridge University Press.
Morelli, Salvatore and Atkinson, Anthony B. 2015. "Inequality and crises revisited." *Economia Politica* 32 : 31–51.
Morelli, Salvatore, Smeeding, Timothy and Thompson, Jeffrey. 2015. "Post-1970 trends in within-country inequality and poverty : rich and middle-income countries." In

Atkinson and Bourguignon, eds. 2015 : 593–696.
Moriguchi, Chiaki and Saez, Emmanuel. 2010. "The evolution of income concentration in Japan, 1886–2005 : evidence from income tax statistics." In Atkinson and Piketty, eds. 2010 : 76–170.
Morris, Ian. 1994. "The Athenian economy twenty years after *The Ancient Economy*." *Classical Philology* 89 : 351–366.
Morris, Ian. 2000. *Archaeology as cultural history : words and things in Iron Age Greece*. Malden, MA : Blackwell.
Morris, Ian. 2004. "Economic growth in ancient Greece." *Journal of Institutional and Theoretical Economics* 160 : 709–742.
Morris, Ian. 2010. *Why the West rules—for now : the patterns of history, and what they reveal about the future*. New York : Farrar, Straus and Giroux (『人類 5 万年文明の興亡——なぜ西洋が世界を支配しているのか（上・下)』イアン・モリス著，北川知子訳，筑摩書房，2014 年).
Morris, Ian. 2013. *The measure of civilization : how social development decides the fate of nations*. Princeton, NJ : Princeton University Press.
Morris, Ian. 2014. *War! What is it good for? Conflict and the progress of civilization from primates to robots*. New York : Farrar, Straus and Giroux.
Morris, Ian. 2015. *Foragers, farmers, and fossil fuels : how human values evolve*. Princeton, NJ : Princeton University Press.
Morris, Ian and Scheidel, Walter, eds. 2009. *The dynamics of ancient empires : state power from Assyria to Byzantium*. New York : Oxford University Press.
Morris, Marc. 2012. *The Norman conquest*. London : Hutchinson.
Morrisson, Cécile and Cheynet, Jean-Claude. 2002. "Prices and wages in the Byzantine world." In Laiou, Angeliki E., ed., *The economic history of Byzantium : from the seventh through the fifteenth century*. Washington, DC : Dumbarton Oaks Research Library and Collection, 815–878.
Morrisson, Christian. 2000. "Historical perspectives on income distribution : the case of Europe." In Atkinson and Bourguignon, eds. 2000 : 217–260.
Morrisson, Christian and Snyder, Wayne. 2000. "The income inequality of France in historical perspective." *European Review of Economic History* 4 : 59–83.
Moselle, Boaz and Polak, Benjamin. 2001. "A model of a predatory state." *Journal of Law, Economics, and Organization* 17 : 1–33.
Motesharrei, Safa, Rivas, Jorge and Kalnay, Eugenia. 2014. "Human and nature dynamics (HANDY) : modeling inequality and use of resources in the collapse or sustainability of societies." *Ecological Economics* 101 : 90–102.
Motyl, Alexander J. 2001. *Imperial ends : the decay, collapse, and revival of empires*. New

York: Columbia University Press.

Mouritsen, Henrik. 2015. "Status and social hierarchies: the case of Pompeii." In Kuhn, Annika B., ed., *Social status and prestige in the Graeco-Roman world.* Stuttgart, Germany: Steiner, 87–114.

Mousnier, Roland. 1970. *Peasant uprisings in seventeenth-century France, Russia, and China.* New York: Harper & Row.

Moyo, Sam. 2013. "Land reform and redistribution in Zimbabwe since 1980." In Moyo and Chambati, eds. 2013b: 29–78.

Moyo, Sam and Chambati, Walter. 2013a. "Introduction: roots of the Fast Track Land Reform." In Moyo and Chambati, eds. 2013b: 1–27.

Moyo, Sam and Chambati, Walter, eds. 2013b. *Land and agrarian reform in Zimbabwe: beyond white-settler capitalism.* Dakar, Senegal: CODESRIA.

Mratschek-Halfmann, Sigrid. 1993. *Divites et praepotentes: Reichtum und soziale Stellung in der Literatur der Prinzipatszeit.* Stuttgart, Germany: Steiner.

Mubarak, Jamil. 1997. "The 'hidden hand' behind the resilience of the stateless economy of Somalia." *World Development* 25: 2027–2041.

Mulligan, Casey B., Gil, Ricard and Sala-i-Martin, Xavier. 2004. "Do democracies have different public policies than nondemocracies?" *Journal of Economic Perspectives* 18: 51–74.

Murphey, Rhoads. 1999. *Ottoman warfare, 1500–1700.* New Brunswick, NJ: Rutgers University Press.

Murray, Charles. 2012. *Coming apart: the state of white America, 1960–2010.* New York: Crown Forum.

Murray, Christopher J. L., et al. 2006. "Estimation of potential global pandemic influenza mortality on the basis of vital registry data from the 1918–20 pandemic: a quantitative analysis." *Lancet* 368: 2211–2218.

Murray, Sarah C. 2013. "Trade, imports, and society in early Greece: 1300–900 B.C.E." PhD thesis, Stanford University.

Nafziger, Steven and Lindert, Peter. 2013. "Russian inequality on the eve of revolution." Working Paper.

Nakamura, Takafusa. 2003. "The age of turbulence: 1937–54." In Nakamura and Odaka, eds. 2003a: 55–110.

Nakamura, Takafusa and Odaka, Kônosuke, eds. 2003a. *The economic history of Japan: 1600–1990.* Vol. 3. *Economic history of Japan 1914–1955. A dual structure.* Trans. Noah S. Brannen. Oxford: Oxford University Press (『日本経済史6　二重構造』中村隆英・尾高煌之助編集，岩波書店，1989 年).

Nakamura, Takafusa and Odaka, Kônosuke. 2003b. "The inter-war period: 1914–37, an

overview." In Nakamura and Odaka, eds. 2003a: 1–54.
National Military Strategy. 2015. "The national military strategy of the United States of America 2015: the United States military's contribution to national security." http://www.jcs.mil/Portals/36/Documents/Publications/2015_National_Military_Strategy.pdf
Nau, Michael. 2013. "Economic elites, investments, and income inequality." *Social Forces* 92: 437–461.
Nawar, Abdel-Hameed. 2013. "Poverty and inequality in the non-income multidimensional space: a critical review in the Arab states." Working Paper No. 103. Brasília, Brazil: International Policy Centre for Inclusive Growth.
Neal, Larry and Williamson, Jeffrey G., eds. 2014. *The Cambridge history of capitalism.* 2 vols. Cambridge, UK: Cambridge University Press.
Nenova, Tatiana and Harford, Tim. 2005. "Anarchy and invention: how does Somalia's private sector cope without government?" World Bank: Findings No. 254.
Neveux, Hugues. 1997. *Les révoltes paysannes en Europe (XIVe–XVIIe siècle).* Paris: Albin Michel.
Newson, Linda A. 2006. "The demographic impact of colonization." In Bulmer-Thomas, V., Coatsworth, John H. and Conde, Roberto Cortés, eds., *The Cambridge economic history of Latin America.* 2 vols. Cambridge, UK: Cambridge University Press, 143–184.
Nguyen, Ngoc-Luu. 1987. "Peasants, party and revolution: the politics of agrarian transformation in Northern Vietnam, 1930–1975." PhD thesis, Amsterdam.
Nishikawa, Shunsaku and Amano, Masatoshi. 2004. "Domains and their economic policies." In Hayami, Saitô and Toby, eds. 2004: 247–267.
Noah, Timothy. 2012. *The great divergence: America's growing inequality crisis and what we can do about it.* New York: Bloomsbury Press.
Nolan, B. 2007. "Long-term trends in top income shares in Ireland." In Atkinson and Piketty, eds. 2007a: 501–530.
North, Douglass C., Wallis, John J. and Weingast, Barry R. 2009. *Violence and social orders: a conceptual framework for interpreting recorded human history.* New York: Cambridge University Press (『暴力と社会秩序——制度の歴史学のために』ダグラス・C・ノース／ジョン・ジョセフ・ウォリス／バリー・R・ワインガスト著，杉之原真子訳，NTT 出版，2017 年).
Nunn, Nathan and Qian, Nancy. 2010. "The Columbian exchange: a history of disease, food, and ideas." *Journal of Economic Perspectives* 24: 163–188.
Ober, Josiah. 2015a. *The rise and fall of classical Greece.* Princeton, NJ: Princeton University Press.

Ober, Josiah. 2015b. "Classical Athens." In Monson and Scheidel, eds. 2015 : 492–522.

Ober, Josiah. 2016. "Inequality in late-classical democratic Athens : evidence and models." Working paper.

Obinger, Herbert and Schmitt, Carina. 2011. "Guns and butter? Regime competition and the welfare state during the Cold War." *World Politics* 63 : 246–270.

Oded, Bustenay. 1979. *Mass deportations and deportees in the Neo-Assyrian empire.* Wiesbaden, Germany : Reichert.

O'Donnell, Owen, Van Doorslaer, Eddy and Van Ourti, Tom. 2015. "Health and inequality." In Atkinson and Bourguignon, eds. 2015 : 1419–1533.

OECD. 2010. *Economic policy reforms : going for growth.* Paris : OECD Publishing.

OECD. 2011. *Divided we stand : why inequality keeps rising.* Paris : OECD Publishing.

OECD. 2014. "Social expenditure update—social spending is falling in some countries, but in many others it remains at historically high levels." http://www.oecd.org/els/soc/OECD2014-Social-Expenditure-Update-Nov2014-8pages.pdf

OECD. 2015. *In it together : why less inequality benefits all.* Paris : OECD Publishing.

Oechslin, Hanspeter. 1967. *Die Entwicklung des Bundessteuersystems der Schweiz von 1848 bis 1966.* Einsiedeln, Switzerland : Etzel.

Ó Gráda, Cormac. 1994. *Ireland : a new economic history, 1780–1939.* Oxford : Oxford University Press.

Ohlsson, Henry, Roine, Jesper and Waldenström, Daniel. 2006. "Long-run changes in the concentration of wealth : an overview of recent findings." UNU-WIDER Research Paper No. 2006/103.

Ohlsson, Henry, Roine, Jesper and Waldenström, Daniel. 2014. "Inherited wealth over the path of development : Sweden, 1810–2010." IFN Working Paper No. 1033.

Ohtake, Fumio. 2008. "Inequality in Japan." *Asian Economic Policy Review* 3 : 87–109.

Okazaki, Tetsuji. 1993. "The Japanese firm under the wartime planned economy." *Journal of the Japanese and International Economies* 7 : 175–203.

Olson, Jan Marie and Smith, Michael E. 2016. "Material expressions of wealth and social class at Aztec-period sites in Morelos, Mexico." *Ancient Mesoamerica* 27 : 133–147.

Osborne, Robin. 1992. "'Is it a farm?' The definition of agricultural sites and settlements in ancient Greece." In Wells, ed. 1992 : 21–27.

Oshima, Takayoshi. 2014. *Babylonian poems of pious sufferers : Ludlul Bēl Nēmeqi and the Babylonian Theodicy.* Tübingen, Germany : Mohr Siebeck.

Østby, Gudrun. 2008. "Polarization, horizontal inequalities and violent civil conflict." *Journal of Peace Research* 45 : 143–162.

Östling, Johan. 2013. "Realism and idealism : Swedish narratives of the Second World

War: historiography and interpretation in the post-war era." In Gilmour and Stephenson, eds. 2013: 179–196.

Ostry, Jonathan D., Berg, Andrew and Tsangarides, Charalambos G. 2014. "Redistribution, inequality, and growth." IMF Staff Discussion Note.

Özmucur, Süleyman and Pamuk, Şevket. 2002. "Real wages and standards of living in the Ottoman empire, 1489–1914." *Journal of Economic History* 62: 293–321.

Page, Benjamin I., Bartels, Larry M. and Seawright, Jason. 2013. "Democracy and the policy preferences of wealthy Americans." *Perspectives on Politics* 11: 51–73.

Palma, José Gabriel. 2011. "Homogeneous middles vs. heterogeneous tails, and the end of the 'inverted-U': it's all about the share of the rich." *Development and Change* 42: 87–153.

Palme, Bernhard. 2015. "Shifting income inequality in Roman and late antique Egypt." Conference paper for "The haves and the have-nots: exploring the global history of wealth and income inequality," September 11, 2015, University of Vienna.

Pamuk, Şevket. 2005. "The Ottoman economy in World War I." In Broadberry and Harrison, eds. 2005a: 112–136.

Pamuk, Şevket. 2007. "The Black Death and the origins of the 'Great Divergence' across Europe, 1300–1600." *European Review of Economic History* 11: 289–317.

Pamuk, Şevket. 2018. *Uneven Centuries: economic development of Turkey since 1820.* Princeton, NJ: Princeton University Press.

Pamuk, Şevket and Shatzmiller, Maya. 2014. "Plagues, wages, and economic change in the Islamic Middle East, 700–1500." *Journal of Economic History* 74: 196–229.

Parkin, Tim G. 1992. *Demography and Roman society.* Baltimore, MD: Johns Hopkins University Press.

Patlagean, Evelyne. 1977. *Pauvreté économique et pauvreté sociale à Byzance, 4e–7e siècles.* Paris: Mouton.

Patterson, Orlando. 1982. *Slavery and social death: a comparative study.* Cambridge, MA: Harvard University Press (『世界の奴隷制の歴史』オルランド・パターソン著，奥田暁子訳，明石書店，2001年).

Payne, Richard. 2016. "Sex, death, and aristocratic empire: Iranian jurisprudence in late antiquity." *Comparative Studies in Society and History* 58: 519–549.

Petersen, Michael B. and Skaaning, Svend-Erik. 2010. "Ultimate causes of state formation: the significance of biogeography, diffusion, and Neolithic Revolutions." *Historical Social Research* 35: 200–226.

Pettitt, Paul B., Richards, Michael, Maggi, Roberto and Formicola, Vincenzo. 2003. "The Gravettian burial known as the Prince ('Il Principe'): new evidence for his age and diet." *Antiquity* 77: 15–19.

Philippon, Thomas and Reshef, Ariell. 2012. "Wages and human capital in the U.S. finance industry: 1909-2006." *Quarterly Journal of Economics* 127: 1551-1609.

Piachaud, David. 2014. "Piketty's capital and social policy." *British Journal of Sociology* 65: 696-707.

Pigou, A. C. 1918. "A special levy to discharge war debt." *Economic Journal* 28: 135-156.

Piketty, Thomas. 2007. "Income, wage, and wealth inequality in France, 1901-98." In Atkinson and Piketty, eds. 2007a: 43-81.

Piketty, Thomas. 2011. "On the long-run evolution of inheritance: France 1820-2050." *Quarterly Journal of Economics* 126: 1071-1131.

Piketty, Thomas. 2013. *Le capital au XXIe siècle.* Paris: Éditions du Seuil (『21世紀の資本』トマ・ピケティ著，山形浩生・守岡桜・森本正史訳，みすず書房，2014年).

Piketty, Thomas. 2014. *Capital in the twenty-first century.* Trans. Arthur Goldhammer. Cambridge, MA: Harvard University Press.

Piketty, Thomas. 2015a. "Vers une économie politique et historique: réflexions sur le capital au XXIe siècle." *Annales: Histoire, Sciences Sociales,* 70: 125-138.

Piketty, Thomas. 2015b. "Putting distribution back at the center of economics: reflections on *Capital in the twenty-first century.*" *Journal of Economic Perspectives* 29: 67-88.

Piketty, Thomas, Postel-Vinay, Gilles and Rosenthal, Jean-Laurent. 2006. "Wealth concentration in a developing economy: Paris and France, 1807-1994." *American Economic Review* 96: 236-256.

Piketty, Thomas and Saez, Emmanuel. 2007. "Income and wage inequality in the United States, 1913-2002." In Atkinson and Piketty, eds. 2007a: 141-225.

Piketty, Thomas and Saez, Emmanuel. 2013. "Top incomes and the Great Recession: recent evolutions and policy implications." *IMF Economic Review* 61: 456-478.

Piketty, Thomas and Saez, Emmanuel. 2014. "Inequality in the long run." *Science* 344: 838-843.

Piketty, Thomas, Saez, Emmanuel and Stantcheva, Stefanie. 2014. "Optimal taxation of top incomes: a tale of three elasticities." *American Economic Journal: Economic Policy* 6: 230-271.

Piketty, Thomas and Zucman, Gabriel. 2015. "Wealth and inheritance in the long run." In Atkinson and Bourguignon, eds. 2015: 1303-1368.

Pines, Yuri. 2009. *Envisioning eternal empire: Chinese political thought of the Warring States era.* Honolulu: University of Hawai'i Press.

Pinker, Steven. 2011. *The better angels of our nature: why violence has declined.* New York: Viking (『暴力の人類史（上・下）』スティーブン・ピンカー著，幾島幸子・塩原通緒訳，青土社，2015年).

Plack, Noelle. 2015. "Challenges in the countryside, 1790–2." In Andress, ed. 2015: 346–361.

Platt, Stephen R. 2012. *Autumn in the heavenly kingdom: China, the West, and the epic story of the Taiping civil war.* New York: Knopf.

Plavcan, J. Michael. 2012. "Sexual size dimorphism, canine dimorphism, and male–male competition in primates." *Human Nature* 23: 45–67.

Ponthieux, Sophie and Meurs, Dominique. 2015. "Gender inequality." In Atkinson and Bourguignon, eds. 2015: 981–1146.

Porter, Bruce D. 1994. *War and the rise of the state: the military foundations of modern politics.* New York: Free Press.

Postel-Vinay, Gilles. 1989. "A la recherche de la révolution économique dans les campagnes (1789–1815)." *Revue Économique* 40: 1015–1046.

Postles, Dave. 2011. "Inequality of wealth in the early sixteenth centuries." Paper for the 2011 Economic History Society Annual Conference, Cambridge.

Postles, Dave. 2014. *Microcynicon: aspects of early-modern England.* Loughborough, UK: self-published.

Powell, Benjamin, Ford, Ryan and Nowrasteh, Alex. 2008. "Somalia after state collapse: chaos or improvement?" *Journal of Economic Behavior and Organization* 67: 657–670.

Powelson, John P. 1988. *The story of land: a world history of land tenure and agrarian reform.* Cambridge, MA: Lincoln Institute of Land Policy.

Poznik, G. David, et al. 2013. "Sequencing Y chromosomes resolves discrepancy in time to common ancestor of males versus females." *Science* 341: 562–565.

Pozzi, Luca, et al. 2014. "Primate phylogenetic relationships and divergence dates inferred from complete mitochondrial genomes." *Molecular Phylogenetics and Evolution* 75: 165–183.

Prados de la Escosura, Leandro. 2007. "Inequality and poverty in Latin America: a long-run exploration." In Hatton, Timothy, O'Rourke, Kevin H. and Taylor, Alan M., eds., *The new comparative economic history: essays in honor of Jeffrey G. Williamson.* Cambridge, MA: MIT Press, 291–315.

Prados de la Escosura, Leandro. 2008. "Inequality, poverty and the Kuznets curve in Spain, 1850–2000." *European Review of Economic History* 12: 287–324.

Preiser-Kapeller, Johannes. 2016. "Piketty in Byzanz? Ungleichverteilungen von Vermögen und Einkommen im Mittelalter." Working Paper. http://www.dasanderemittelalter.net/news/piketty-in-byzanz-ungleichverteilungen-von-vermogen-und-einkommen-im-mittelalter/

Prentiss, Anna Marie, et al. 2007. "The emergence of status inequality in intermediate scale societies: a demographic and socio-economic history of the Keatley Creek site,

British Columbia." *Journal of Anthropological Archaeology* 26 : 299–327.
Prentiss, Anna Marie, et al. 2012. "The cultural evolution of material wealth-based inequality at Bridge River, British Columbia." *American Antiquity* 77 : 542–564.
Price, T. Douglas and Bar-Yosef, Ofer. 2010. "Traces of inequality at the origins of agriculture in the Ancient Near East." In Price, T. Douglas and Feinman, Gary M., eds., *Pathways to power: new perspectives on the emergence of social inequality.* New York: Springer, 147–168.
Price, T. Douglas and Bar-Yosef, Ofer. 2011. "The origins of agriculture: new data, new ideas. An introduction to Supplement 4." *Current Anthropology* 52 : S163–S174.
Pringle, Heather. 2014. "The ancient roots of the 1%." *Science* 344 : 822–825.
Pritchard, David M. 2010. "The symbiosis between democracy and war: the case of ancient Athens." In Pritchard, David M., ed., *War, democracy and culture in classical Athens.* Cambridge, UK: Cambridge University Press, 1–62.
Pritchett, Lant and Woolcock, Michael. 2002. "Solutions when the solution is the problem: arraying the disarray in development." Center for Global Development Working Paper No. 10.
Psacharopoulos, George, et al. 1995. "Poverty and income inequality in Latin America during the 1980s." *Review of Income and Wealth* 41 : 245–264.
Pyzyk, Mark. Forthcoming. "Onerous burdens: liturgies and the Athenian elite."
Quammen, David. 2013. *Spillover: animal infections and the next human pandemic.* New York: W. W. Norton.
Raghavan, Srinath. 2016. *India's war: the making of modern South Asia, 1939–1945.* New York: Basic Books.
Ranis, Gustav and Kosack, Stephen. 2004. "Growth and human development in Cuba's transition." Miami, FL: University of Miami.
Rankov, Boris. 2007. "Military forces." In Sabin, van Wees and Whitby, eds. 2007: 30–75.
Ravallion, Martin. 2014. "Income inequality in the developing world." *Science* 344 : 851–855.
Raven, Maarten J. 1991. *The tomb of Iurudef: a Memphite official in the reign of Ramesses II.* London: Egypt Exploration Society.
Raven, Maarten J., et al. 1998. "The date of the secondary burials in the tomb of Iurudef at Saqqara." *Oudheidkundige Mededelingen uit het Rijksmuseum van Oudheden te Leiden* 78 : 7–30.
Raven, Maarten J. Forthcoming. "Third Intermediate Period burials in Saqqara."
Reardon, Sean F. and Bischoff, Kendra. 2011a. "Income inequality and income segregation." *American Journal of Sociology* 116 : 1092–1153.

Reardon, Sean F. and Bischoff, Kendra. 2011b. "Growth in the residential segregation of families by income, 1970–2009." US 2010 Project Report.

Reich, Robert B. 2015. *Saving capitalism: for the many, not the few.* New York: Alfred A. Knopf (『最後の資本主義』ロバート・B・ライシュ著，雨宮寛・今井章子訳，東洋経済新報社，2016 年).

Reis, Jaime, Santos Pereira, Álvaro and Andrade Martins, Conceição. n.d. "How unequal were the Latins? The 'strange' case of Portugal, 1550–1770." Working Paper.

Renfrew, Colin. 1979. "Systems collapse as social transformation: catastrophe and anastrophe in early state societies." In Renfrew, Colin and Cooke, Kenneth L., eds., *Transformations: mathematical approaches to culture change.* New York: Academic Press, 481–506.

Reno, Philip L. and Lovejoy, C. Owen. 2015. "From Lucy to Kadanuumuu: balanced analyses of Australopithecus afarensis assemblages confirm only moderate skeletal dimorphism." *PeerJ* 3:e925; DOI 10.7717/peerj.925.

Reno, Philip L., McCollum, Melanie A., Meindl, Richard S. and Lovejoy, C. Owen. 2010. "An enlarged postcranial sample confirms *Australopithecus afarensis* dimorphism was similar to modern humans." *Philosophical Transactions of the Royal Society B* 365: 3355–3363.

Rigoulot, Pierre. 1999. "Crimes, terror, and secrecy in North Korea." In Courtois et al. 1999: 547–576.

Ritschl, Albrecht. 2005. "The pity of peace: Germany's economy at war, 1914–1918 and beyond." In Broadberry and Harrison, eds. 2005a: 41–76.

Ritter, Gerhard A. 2010. *Der Sozialstaat: Entstehung und Entwicklung im internationalen Vergleich.* 3rd ed. Munich: Oldenbourg (『社会国家――その成立と発展』G・A・リッター著，木谷勤・北住炯一・後藤俊明・竹中亨・若尾祐司訳，晃洋書房，1993 年〈第 2 版の翻訳〉).

Rivaya-Martínez, Joaquín. 2012. "Becoming Comanches: patterns of captive incorporation into Comanche kinship networks, 1820–1875." In Adams, David Wallace and DeLuzio, Crista, eds., *On the borders of love and power: families and kinship in the intercultural American Southwest.* Berkeley: University of California Press, 47–70.

Roach, Neil T., Venkadesan, Madhusudhan, Rainbow, Michael J. and Lieberman, Daniel E. 2013. "Elastic energy storage in the shoulder and the evolution of high-speed throwing in *Homo*." *Nature* 498: 483–486.

Rockoff, Hugh. 2005. "Until it's over, over there: the US economy in World War I." In Broadberry and Harrison, eds. 2005a: 310–343.

Rodríguez Weber, Javier E. 2015. "Income inequality in Chile since 1850." Programa de Historia Económica y Social—Unidad Multidisciplinaria—Facultad de Ciencias

Sociales—Universidad de la República. Documento On Line No. 36.
Roeck, Bernd. 1989. *Eine Stadt in Krieg und Frieden: Studien zur Geschichte der Reichsstadt Augsburg zwischen Kalenderstreit und Parität.* 2 vols. Göttingen, Germany: Vandenhoeck & Ruprecht.
Rognlie, Matthew. 2015. "Deciphering the fall and rise in the net capital share: accumulation or scarcity?" *Brookings Papers on Economic Activity* spring: 1-54.
Roine, Jesper and Waldenström, Daniel. 2008. "The evolution of top incomes in an egalitarian society: Sweden, 1903-2004." *Journal of Public Economics* 92: 366-387.
Roine, Jesper and Waldenström, Daniel. 2010. "Top incomes in Sweden over the twentieth century." In Atkinson and Piketty, eds. 2010: 299-370.
Roine, Jesper and Waldenström, Daniel. 2015. "Long-run trends in the distribution of income and wealth." In Atkinson and Bourguignon, eds. 2015: 469-592.
Roselaar, Saskia T. 2010. *Public land in the Roman republic: a social and economic history of* ager publicus *in Italy, 396-89 BC.* Oxford: Oxford University Press.
Rosenbloom, Joshua L. and Dupont, Brandon R. 2015. "The impact of the Civil War on Southern wealth mobility." Paper presented at the annual meeting of the Economic History Association, Nashville.
Rosenbloom, Joshua L. and Stutes, Gregory W. 2008. "Reexamining the distribution of wealth in 1870." In Rosenbloom, Joshua L., ed., *Quantitative economic history: the good of counting.* London: Routledge, 146-169.
Rosenstein, Nathan. 2008. "Aristocrats and agriculture in the Middle and Late Republic." *Journal of Roman Studies* 98: 1-26.
Rossi, Nicola, Toniolo, Gianni and Vecchi, Giovanni. 2001. "Is the Kuznets curve still alive? Evidence from Italian household budgets, 1881-1961." *Journal of Economic History* 61: 904-925.
Rotberg, Robert I. 2003. "The failure and collapse of nation-states: breakdown, prevention, and repair." In Rotberg, Robert I., ed. *When states fail causes and consequences.* Princeton, NJ: Princeton University Press, 1-50.
Rothkopf, David. 2008. *Superclass: the global power elite and the world they are making.* New York: Farrar, Straus and Giroux (『超・階級（スーパークラス）——グローバル・パワー・エリートの実態』デヴィッド・ロスコフ著，河野純治訳，光文社，2009年).
Roxana, Maurizio. 2014. "Labour formalization and declining inequality in Argentina and Brazil in the 2000s: a dynamic approach [*sic*]." ILO Research Paper No. 9.
Roy, Kaushik. 2016. *Military manpower, armies and warfare in South Asia.* London, UK: Routledge.
Rubin, Amir and Segal, Dan. 2015. "The effects of economic growth on income inequal-

ity in the US." *Journal of Macroeconomics* 45 : 258–273.

Ryckbosch, Wouter. 2010. "Vroegmoderne economische ontwikkeling en sociale repercussies in de zuidelijke Nederlanden : Nijvel inde achttiende eeuw." *Tijdschrift voor Sociale en Economische Geschiedenis* 7 : 26–55.

Ryckbosch, Wouter. 2014. "Economic inequality and growth before the industrial revolution : a case study of the Low Countries (14th–19th centuries)." Dondena Working Papers No. 67, Università Bocconi, Milan.

Sabin, Philip, van Wees, Hans and Whitby, Michael, eds. 2007. *The Cambridge history of Greek and Roman warfare.* Vol. II. *Rome from the late Republic to the late Empire.* Cambridge, UK : Cambridge University Press.

Sadao, Nishijima. 1986. "The economic and social history of Former Han." In Twitchett and Loewe, eds. 1986 : 545–607.

Sadomba, Zvakanyorwa W. 2013. "A decade of Zimbabwe's land revolution : the politics of the war veteran vanguard." In Moyo and Chambati, eds. 2013b : 79–121.

Saez, Emmanuel and Veall, Michael R. 2007. "The evolution of high incomes in Canada, 1920–2000." In Atkinson and Piketty, eds. 2007a : 226–308.

Saez, Emmanuel and Zucman, Gabriel. 2016. "Wealth inequality in the United States since 1913 : evidence from capitalized income tax data." *Quarterly Journal of Economics* 131 : 519–578.

Saito, Osamu. 2015. "Growth and inequality in the great and little divergence debate : a Japanese perspective." *Economic History Review* 68 : 399–419.

Sallares, Robert. 1991. *The ecology of the ancient Greek world.* London : Duckworth.

Salverda, Wiemer and Atkinson, Anthony B. 2007. "Top incomes in the Netherlands over the twentieth century." In Atkinson and Piketty, eds. 2007a : 426–471.

Salverda, Wiemer and Checchi, Daniele. 2015. "Labor market institutions and the dispersion of wage earnings." In Atkinson and Bourguignon, eds. 2015 : 1535–1727.

Salverda, Wiemer, Nolan, Brian and Smeeding, Timothy M., eds. 2009. *The Oxford handbook of economic inequality.* Oxford : Oxford University Press.

Samaraweera, Vijaya. 1982. "Land reform in Sri Lanka." *Third World Legal Studies* 1(7). Valparaiso University Law School.

Sanderson, Stephen K. 1999. *Social transformations : a general theory of historical development.* Exp. ed. Lanham, MD : Rowman and Littlefield.

Sandmo, Agnar. 2015. "The principal problem in political economy : income distribution in the history of economic thought." In Atkinson and Bourguignon, eds. 2015 : 3–65.

Santiago-Caballero, Carlos. 2011. "Income inequality in central Spain, 1690–1800." *Explorations in Economic History* 48 : 83–96.

Sapolsky, Robert M. and Share, Lisa J. 2004. "A pacific culture among wild baboons : its

emergence and transmission." *PLoS Biology* 2(4): e106. doi:10.1371/journal.pbio.0020106.

Sarris, Peter. 2007. "Bubonic plague in Byzantium: the evidence of non-literary sources." In Little, ed. 2007: 119-132.

Sassaman, Kenneth E. 2004. "Complex hunter-gatherers in evolution and history: a North American perspective." *Journal of Archaeological Research* 12: 227-280.

Scheidel, Walter. 2001. *Death on the Nile: disease and the demography of Roman Egypt.* Leiden, Netherlands: Brill.

Scheidel, Walter. 2002. "A model of demographic and economic change in Roman Egypt after the Antonine plague." *Journal of Roman Archaeology* 15: 97-114.

Scheidel, Walter. 2005a. "Human mobility in Roman Italy, II: the slave population." *Journal of Roman Studies* 95: 64-79.

Scheidel, Walter. 2005b. "Military commitments and political bargaining in classical Greece." Princeton/ Stanford Working Papers in Classics.

Scheidel, Walter. 2006. "Stratification, deprivation and quality of life." In Atkins, Margaret and Osborne, Robin, eds., *Poverty in the Roman world.* Cambridge, UK: Cambridge University Press, 40-59.

Scheidel, Walter. 2007. "A model of real income growth in Roman Italy." *Historia* 56: 322-346.

Scheidel, Walter. 2008. "Roman population size: the logic of the debate." In De Ligt, Luuk and Northwood, Simon J., eds., *People, land, and politics: demographic developments and the transformation of Roman Italy 300 BC-AD 14.* Leiden, Netherlands: Brill, 17-70.

Scheidel, Walter. 2009a. "From the 'Great Convergence' to the 'First Great Divergence.'" In Scheidel, Walter, ed. *Rome and China: comparative perspectives on ancient world empires.* New York: Oxford University Press, 11-23.

Scheidel, Walter. 2009b. "Sex and empire: a Darwinian perspective." In Morris and Scheidel, eds. 2009: 255-324.

Scheidel, Walter. 2010. "Real wages in early economies: evidence for living standards from 1800 BCE to 1300 CE." *Journal of the Economic and Social History of the Orient* 53: 425-462.

Scheidel, Walter. 2012. "Roman wellbeing and the economic consequences of the Antonine Plague." In Lo Cascio, ed. 2012: 265-295.

Scheidel, Walter. 2013. "Studying the state." In Bang, Peter Fibiger and Scheidel, Walter, eds., *The Oxford handbook of the state in the ancient Near East and Mediterranean.* New York: Oxford University Press, 5-57.

Scheidel, Walter. 2015a. "The early Roman monarchy." In Monson and Scheidel, eds.

2015: 229–257.
Scheidel, Walter, ed. 2015b. *State power in ancient China and Rome.* New York: Oxford University Press.
Scheidel, Walter. 2015c. "State revenue and expenditure in the Han and Roman Empires." In Scheidel, ed. 2015b: 150–180.
Scheidel, Walter. 2016. "Empires of inequality: ancient China and Rome." Working paper. http://papers.ssrn.com/abstract=2817173
Scheidel, Walter and Friesen, Steven J. 2009. "The size of the economy and the distribution of income in the Roman Empire." *Journal of Roman Studies* 99: 61–91.
Schepartz, Lynne A., Miller-Antonio, Sari and Murphy, Joanne M. A. 2009. "Differential health among the Mycenaeans of Messenia: status, sex, and dental health at Pylos." In Schepartz, Lynne A., Fox, Sherry C. and Bourbou, Chryssi, eds., *New directions in the skeletal biology of Greece.* Princeton, NJ: American School of Classical Studies at Athens, 155–174.
Scheve, Kenneth and Stasavage, David. 2009. "Institutions, partisanship, and inequality in the long run." *World Politics* 61: 215–253.
Scheve, Kenneth and Stasavage, David. 2010. "The conscription of wealth: mass warfare and the demand for progressive taxation." *International Organization* 64: 529–561.
Scheve, Kenneth and Stasavage, David. 2012. "Democracy, war, and wealth: lessons from two centuries of inheritance taxation." *American Political Science Review* 106: 81–102.
Scheve, Kenneth and Stasavage, David. 2016. *Taxing the rich: a history of fiscal fairness in the United States and Europe.* Princeton, NJ: Princeton University Press.
Schlozman, Kay L., Verba, Sidney and Brady, Henry E. 2012. *The unheavenly chorus: unequal political voice and the broken promise of American democracy.* Princeton, NJ: Princeton University Press.
Schmidt-Nowara, Christopher. 2010. "Emancipation." In Paquette, Robert L. and Smith, Mark M., eds., *The Oxford handbook of slavery in the Americas.* Oxford: Oxford University Press, 578–597.
Schmidt-Nowara, Christopher. 2011. *Slavery, freedom, and abolition in Latin America and the Atlantic world.* Albuquerque: University of New Mexico Press.
Schulze, Max-Stephan. 2005. "Austria-Hungary's economy in World War I." In Broadberry and Harrison, eds. 2005a: 77–111.
Schütte, Robert. 2015. *Civilian protection in armed conflicts: evolution, challenges and implementation.* Wiesbaden, Germany: Springer.
Schwartz, Christine. 2010. "Earnings inequality and the changing association between

spouses' earnings." *American Journal of Sociology* 115 : 1524–1557.
Seidel, Frederick. 2016. *Widening income inequality : poems.* New York : Farrar, Straus and Giroux.
Şeker, Sirma Demir and Jenkins, Stephen P. 2015. "Poverty trends in Turkey." *Journal of Economic Inequality* 13 : 401–424.
Sharp, Michael. 1999. "The village of Theadelphia in the Fayyum : land and population in the second century." In Bowman, Alan K. and Rogan, E., eds., *Agriculture in Egypt : from Pharaonic to modern times.* Oxford : British Academy, 159–192.
Shatzman, Israel. 1975. *Senatorial wealth and Roman politics.* Brussels : Latomus.
Shaw, Brent D. 2011. *Sacred violence : African Christians and sectarian hatred in the age of Augustine.* Cambridge, UK : Cambridge University Press.
Sheen, Seongho. 2013. "Northeast Asia's aging population and regional security : 'demographic peace?'" *Asian Survey* 53 : 292–318.
Shelmerdine, Cynthia W., ed. 2008. *The Cambridge companion to the Aegean Bronze Age.* Cambridge, UK : Cambridge University Press.
Shennan, Stephen. 2011. "Property and wealth inequality as cultural niche construction." *Philosophical Transactions : Biological Sciences* 366 : 918–926.
Shultziner, Doron, et al. 2010. "The causes and scope of political egalitarianism during the Last Glacial : a multi-disciplinary perspective." *Biology and Philosophy* 25 : 319–346.
Sidrys, Raymond and Berger, Rainer. 1979. "Lowland Maya radiocarbon dates and the Classic Maya collapse." *Nature* 277 : 269–274.
Silver, Lee M. 1997. *Remaking Eden : cloning and beyond in a brave new world.* New York : Avon Books (『複製されるヒト』リー・M・シルヴァー著，東江一紀・真喜志順子・渡会圭子訳，翔泳社，1998 年).
Singer, Peter W. 2009. *Wired for war : the robotics revolution and conflict in the 21st century.* New York : Penguin (『ロボット兵士の戦争』P・W・シンガー著，小林由香利訳，日本放送出版協会，2010 年).
Slonimczyk, Fabián. 2013. "Earnings inequality and skill mismatch in the U.S. : 1973–2002." *Journal of Economic Inequality* 11 : 163–194.
Smith, Eric A., et al. 2010a. "Production systems, inheritance, and inequality in premodern societies." *Current Anthropology* 51 : 85–94.
Smith, Eric A., et al. 2010b. "Wealth transmission and inequality among hunter-gatherers." *Current Anthropology* 51 : 19–34.
Smith, Michael E., et al. 2014. "Quantitative measures of wealth inequality in ancient central Mexican communities." *Advances in Archaeological Practice* 2 : 311–323.
Smith, Roger S. 1995. "The personal income tax : average and marginal rates in the

post-war period." *Canadian Tax Journal* 43 : 1055–1076.
Smolensky, Eugene and Plotnick, Robert. 1993. "Inequality and poverty in the United States : 1900 to 1990." Institute for Research on Poverty, University of Wisconsin-Madison Discussion Paper No. 998–93.
Snyder, Timothy. 2010. *Bloodlands : Europe between Hitler and Stalin.* New York : Basic Books (『ブラッドランド――ヒトラーとスターリン大虐殺の真実（上・下）』ティモシー・スナイダー著，布施由紀子訳，筑摩書房，2015 年).
Söderberg, Johan. 1991. "Wage differentials in Sweden, 1725–1950." In Brenner, Kaelble and Thomas, eds. 1991 : 76–95.
Soltow, Lee. 1968. "Long-run changes in British income inequality." *Economic History Review* 21 : 17–29.
Soltow, Lee. 1975. *Men and wealth in the United States, 1850–1870.* New Haven, CT : Yale University Press.
Soltow, Lee. 1979. "Wealth distribution in Denmark in 1789." *Scandinavian Economic History Review* 27 : 121–138.
Soltow, Lee. 1985. "The Swedish census of wealth at the beginning of the 19th century." *Scandinavian Economic History Review* 33 : 1–24.
Soltow, Lee and van Zanden, Jan Luiten. 1998. *Income and wealth inequality in the Netherlands 16th–20th century.* Amsterdam : Het Spinhuis.
Spant, Roland. 1981. "The distribution of income in Sweden, 1920–76." In Klevmarken, N. A. and Lybeck J. A., eds., *The statics and dynamics of income.* Clevedon, UK : Tieto, 37–54.
Sparrow, James T. 2011. *Warfare state : World War II Americans and the age of big government.* New York : Oxford University Press.
Speller, Camilla F., Yang, Dongya Y. and Hayden, Brian. 2005. "Ancient DNA investigation of prehistoric salmon resource utilization at Keatley Creek, British Columbia, Canada." *Journal of Archaeological Science* 32 : 1378–1389.
Spence, Jonathan D. 1996. *God's Chinese son : the Taiping heavenly kingdom of Hong Xiuquan.* New York : W. W. Norton (『神の子　洪秀全――その太平天国の建設と滅亡』ジョナサン・D・スペンス著，佐藤公彦訳，慶應義塾大学出版会，2011 年).
Stanley, Marcus. 2003. "College education and the midcentury GI bills." *Quarterly Journal of Economics* 118 : 671–708.
State Council. 2013. "Some opinions on deepening the reform of the system of income distribution." http://www.gov.cn/zwgk/2013-02/05/content_2327531.htm
Stathakopoulos, Dionysios Ch. 2004. *Famine and pestilence in the late Roman and early Byzantine Empire : a systematic survey of subsistence crises and epidemics.* Aldershot, UK : Ashgate.

Steckel, Richard H. 2009. "Heights and human welfare : recent developments and new directions." *Explorations in Economic History* 46 : 1-23.

Stenkula, Mikael, Johansson, Dan and Du Rietz, Gunnar. 2014. "Marginal taxation on labour income in Sweden from 1862 to 2010." *Scandinavian Economic History Review* 62 : 163-187.

Stephan, Robert Perry. 2013. "House size and economic growth : Regional trajectories in the Roman world." PhD dissertation, Stanford University.

Stiglitz, Joseph E. 2013. *The price of inequality : how today's divided society endangers our future.* New York : W. W. Norton (『世界の 99% を貧困にする経済』ジョセフ・E・スティグリッツ著，楡井浩一・峯村利哉訳，徳間書店，2012 年).

Strasma, John. 1989. "Unfinished business : consolidating land reform in El Salvador." In Thiesenhusen, ed. 1989b : 408-428.

Stratfor. 2013. "Bioterrorism and the pandemic potential." *Stratfor Weekly* March 7, 2013. https://www.stratfor.com/weekly/bioterrorism-and-pandemic-potential

Stringer, Randy. 1989. "Honduras : toward conflict and agrarian reform." In Thiesenhusen, ed. 1989b : 358-383.

Sullivan, Michael. 1996. *The development of the British welfare state.* London : Prentice Hall.

Sussman, Nathan. 2006. "Income inequality in Paris in the heyday of the commercial revolution." Working paper. http://degit.sam.sdu.dk/papers/degit_11/C011_043.pdf

Sutherland, Donald M. G. 2003. *The French Revolution and empire : the quest for a civic order.* Malden, MA : Blackwell.

Swann, Nancy Lee. 1950. *Food and money in ancient China : the earliest economic history of China to A.D. 25. Han shu 24, with related texts, Han shu 91 and Shih-chi 129.* Princeton, NJ : Princeton University Press.

SWIID. "The standardized world income inequality database." http://fsolt.org/swiid/

Taagepera, Rein. 1978. "Size and duration of empires : systematics of size." *Social Science Research* 7 : 108-127.

Tackett, Nicolas. 2014. *The destruction of the medieval Chinese aristocracy.* Cambridge, MA : Harvard University Press.

Tainter, Joseph A. 1988. *The collapse of complex societies.* Cambridge, UK : Cambridge University Press.

Takigawa, Tsutomu. 1972. "Historical background of agricultural land reform in Japan." *The Developing Economies* 10 : 290-310.

Tan, James. 2017. *Power and public finance at Rome, 264-49 BCE.* New York : Oxford University Press.

TeBrake, William H. 1993. *A plague of insurrection : popular politics and peasant revolt in*

Flanders, 1323-1328. Philadelphia: University of Pennsylvania Press.
Teranishi, Juro. 1993a. "Inflation stabilization with growth: the Japanese experience, 1945-50." In Teranishi and Kosai, eds. 1993: 61-85.
Teranishi, Juro. 1993b. "Financial sector reform after the war." In Teranishi and Kosai, eds. 1993: 153-177.
Teranishi, Juro and Kosai, Yutaka, eds. 1993. *The Japanese experience of economic reforms*. Basingstoke, UK: Macmillan.
Thayer, Bradley A. 2009. "Considering population and war: a critical and neglected aspect of conflict studies." *Philosophical Transactions of the Royal Society B* 364: 3081-3092.
Therborn, Göran. 2013. *The killing fields of inequality*. Cambridge, UK: Polity.
Thiesenhusen, William C. 1989a. "Conclusions: searching for agrarian reform in Latin America." In Thiesenheusen, ed. 1989b: 483-503.
Thiesenhusen, William C., ed. 1989b. *Searching for agrarian reform in Latin America*. London: Unwin Hyman.
Thinh, V. N., et al. 2010. "Mitochondrial evidence for multiple radiations in the evolutionary history of small apes." *BMC Evolutionary Biology* 10: 74. doi:10.1186/1471-2148-10-74.
Thomas, Hugh M. 2003. "The significance and fate of the native English landholders of 1086." *English Historical Review* 118: 303-333.
Thomas, Hugh M. 2008. *The Norman conquest: England after William the Conqueror*. Lanham, MD: Rowman and Littlefield.
Thompson, Edward A. 1952. "Peasant revolts in late Roman Gaul and Spain." *Past and Present* 2: 11-23.
Thomson, Henry. 2016. "Rural grievances, landholding inequality and civil conflict." SSRN Working Paper. http://dx.doi.org/10.2139/ssrn.2551186
Thorp, Rosemary. 1998. *Progress, poverty and exclusion: an economic history of Latin America in the 20th century*. Washington, DC: Inter-American Development Bank.
Ticchi, Davide and Vindigni, Andrea. 2008. "War and endogenous democracy." IZA Discussion Paper No. 3397.
Tilly, Charles. 1985. "War making and state making as organized crime." In Evans, Peter B., Rueschemeyer, Dietrich and Skocpol, Theda, eds., *Bringing the state back in*. Cambridge, UK: Cambridge University Press, 169-191.
Tilly, Charles. 1990. *Coercion, capital, and European states, AD 990-1992*. Cambridge, MA: Blackwell.
Tilly, Charles. 2003. *The politics of collective violence*. Cambridge, UK: Cambridge University Press.

Tinbergen, Jan. 1974. "Substitution of graduate by other labour." *Kyklos* 27 : 217–226.
Titmuss, Richard M. 1958. "War and social policy." In Titmuss, Richard M., ed., *Essays on 'the welfare state'*. London : George Allen and Unwin, 75–87 (『福祉国家の理想と現実』R・M・ティトマス著，谷昌恒訳，社会保障研究所，1967 年).
Toynbee, Arnold J. 1946. *A study of history : abridgement of volumes I–VI by David C. Somervell.* Oxford : Oxford University Press.
Treisman, Daniel. 2012. "Inequality : the Russian experience." *Current History* 111 : 264–269.
Trigger, Bruce G. 2003. *Understanding early civilizations : a comparative study.* Cambridge, UK : Cambridge University Press.
Trinkaus, Erik, Buzhilova, Alexandra P., Mednikova, Maria B. and Dobrovolskaya, Maria V. 2014. *The people of Sunghir : burials, bodies, and behavior in the Earlier Upper Paleolithic.* Oxford : Oxford University Press.
Tsounta, Evridiki and Osueke, Anayochukwu I. 2014. "What is behind Latin America's declining income inequality?" IMF Working Paper 14/124.
Tuma, Elias H. 1965. *Twenty-six centuries of agrarian reform : a comparative analysis.* Berkeley : University of California Press.
Turchin, Peter. 2009. "A theory for formation of large empires." *Journal of Global History* 4 : 191–217.
Turchin, Peter. 2016a. *Ages of discord : a structural-demographic analysis of American history.* Chaplin, CT : Beresta Books.
Turchin, Peter. 2016b. *Ultrasociety : how 10,000 years of war made humans the greatest cooperators on earth.* Chaplin, CT : Beresta Books.
Turchin, Peter, Currie, Thomas E., Turner, Edward A. L. and Gavrilets, Sergey. 2013. "War, space, and the evolution of Old World complex societies." *Proceedings of the National Academy of Sciences* 110 : 16384–16389.
Turchin, Peter and Gavrilets, Sergey. 2009. "Evolution of complex hierarchical societies." *Social Evolution and History* 8 : 167–198.
Turchin, Peter and Nefedov, Sergey A. 2009. *Secular cycles.* Princeton, NJ : Princeton University Press.
Turner, Michael. 1996. *After the famine : Irish agriculture, 1850–1914.* Cambridge, UK : Cambridge University Press.
Twitchett, Denis and Loewe, Michael, eds. 1986. *The Cambridge history of China.* Vol. 1. *The Ch'in and Han empires, 221 B.C.–A.D. 220.* Cambridge, UK : Cambridge University Press.
United Nations. 2015. "World population prospects : the 2015 revision, key findings and advance tables." United Nations, Department of Economic and Social Affairs,

Population Division, Working Paper No. ESA/P/WP.241.
United Nations Development Programme. 2014. *Human development report 2014. Sustaining human progress: reducing vulnerabilities and building resilience.* New York: United Nations Development Programme (『人間開発報告書 2014　人々が進歩し続けるために：脆弱を脱し強靭な社会をつくる』国連開発計画著，横田洋三・秋月弘子・二宮正人監修，CCC メディアハウス，2015 年).
United States strategic bombing survey. 1946. *Summary report (Pacific war)*. Washington, DC: United States Government Printing Office.
Vanhaeren, Marian and d'Errico, Francesco. 2005. "Grave goods from the Saint-Germain-la-Rivière burial: evidence for social inequality in the Upper Palaeolithic." *Journal of Anthropological Archaeology* 24: 117–134.
van Praag, Bernard and Ferrer-i-Carbonell, Ada. 2009. "Inequality and happiness." In Salverda, Nolan and Smeeding, eds. 2009: 364–383.
van Treeck, Till. 2014. "Did inequality cause the U.S. financial crisis?" *Journal of Economic Surveys* 28: 421–448.
van Wees, Hans. 2004. *Greek warfare: myths and realities.* London: Duckworth.
van Zanden, Jan Luiten. 1995. "Tracing the beginning of the Kuznets curve: western Europe during the early modern period." *Economic History Review* 48: 643–664.
van Zanden, Jan Luiten. 2009. "The skill premium and the 'Great Divergence.'" *European Review of Economic History* 13: 121–153.
Veltmeyer, Henry and Rushton, Mark. 2011. *The Cuban revolution as socialist human development.* Leiden, Netherlands: Brill.
Verme, Paolo, et al. 2014. *Inside inequality in the Arab Republic of Egypt: facts and perceptions across people, time, and space.* Washington, DC: World Bank.
Villette, Michel and Vuillermot, Catherine. 2009. *From predators to icons: exposing the myth of the business hero.* Ithaca: Cornell University Press.
Virén, Matti. 2000. "Financing the welfare state in the global economy." Working Paper No. 732, Elinkeinoelämän Tutkimuslaitos, Helsinki.
Visser, Jelle. 1989. *European trade unions in figures.* Deventer, Netherlands: Kluwer.
Visser, Jelle and Checchi, Daniele. 2009. "Inequality and the labor market: unions." In Salverda, Nolan and Smeeding, eds. 2009: 230–256.
Voitchovsky, Sarah. 2009. "Inequality and economic growth." In Salverda, Nolan and Smeeding, eds. 2009: 549–574.
Volscho, Thomas W. and Kelly, Nathan J. 2012. "The rise of the super-rich: power resources, taxes, financial markets, and the dynamics of the top 1 percent, 1949 to 2008." *American Sociological Review* 77: 679–699.
Waglé, Udaya R. 2013. *The heterogeneity link of the welfare state and redistribution: ethnic*

heterogeneity, welfare state policies, poverty, and inequality in high income countries. Cham, Switzerland: Springer.

Wagner, David M., et al. 2014. "*Yersinia pestis* and the Plague of Justinian 541-543 AD: a genomic analysis." *The Lancet Infectious Diseases* 14(4): 319-326.

Waldenström, Daniel. 2015. "Wealth-income ratios in a small, late-industrializing, welfare-state economy: Sweden, 1810-2014." Uppsala Center for Fiscal Studies Working Paper 2015: 6.

Walder, Andrew G. 2015. *China under Mao: a revolution derailed.* Cambridge, MA: Harvard University Press.

Wang, Chen, Caminada, Koen and Goudswaard, Kees. 2012. "The redistributive effect of social transfer programmes and taxes: a decomposition across countries." *International Social Security Review* 65(3): 27-48.

Ward, Eric E. 1990. *Land reform in Japan 1946-1950, the Allied role.* Tokyo: Nobunkyo (『農地改革とは何であったのか？——連合国の対日政策と立法過程（農政研究センター国際部会リポート No.39)』E・E・ワード著，小倉武一訳，食料・農業政策研究センター，1997年).

Watkins, Susan Cotts and Menken, Jane. 1985. "Famines in historical perspective." *Population and Development Review* 11: 647-675.

Weber, Max. 1950. *General economic history.* New York: Free Press (『一般社会経済史要論（上・下)』M・ウェーバー著，黒正巌・青山秀夫訳，岩波書店，1954-1955年).

Wehler, Hans-Ulrich. 2013. *Die neue Umverteilung: soziale Ungleichheit in Deutschland.* 2nd ed. Munich: Beck.

Weisbrot, Mark, Ray, Rebecca, Montecino, Juan A. and Kozameh, Sara. 2011. "The Argentine success story and its implications." Washington, DC: Center for Economic and Policy Research.

Wells, Berit, ed. 1992. *Agriculture in ancient Greece.* Stockholm: Swedish Institute at Athens.

Wengrow, David and Graeber, David. 2015. "Farewell to the 'childhood of man': ritual, seasonality, and the origins of inequality." *Journal of the Royal Anthropological Institute* 21: 597-619.

Werth, Nicolas. 1999. "A state against its people: violence, repression, and terror in the Soviet Union." In Courtois et al. 1999: 33-268.

Western, Bruce and Rosenfeld, Jake. 2011. "Unions, norms, and the rise in U.S. wage inequality." *American Sociological Review* 76: 513-537.

Wickham, Chris. 2005. *Framing the early Middle Ages: Europe and the Mediterranean, 400-800.* Oxford: Oxford University Press.

Wilensky, Harold L. 1975. *The welfare state and equality: structural and ideological roots of*

public expenditures. Berkeley: University of California Press (『福祉国家と平等——公共支出の構造的・イデオロギー的起源』ハロルド・L・ウィレンスキー著，下平好博訳，木鐸社，1984 年).
Willey, Gordon R. and Shimkin, Demitri B. 1973. "The Maya collapse: a summary view." In Culbert, ed. 1973: 457-501.
Williamson, Jeffrey G. 1985. *Did British capitalism breed inequality?* Winchester, MA: Allen and Unwin.
Williamson, Jeffrey G. 1991. "British inequality during the Industrial Revolution: accounting for the Kuznets curve." In Brenner, Kaelble and Thomas, eds. 1991: 56-75.
Williamson, Jeffrey G. 2009. "History without evidence: Latin American inequality since 1491." NBER Working Paper No. 14766.
Williamson, Jeffrey G. 2015. "Latin American inequality: colonial origins, commodity booms, or a missed 20th century leveling?" NBER Working Paper No. 20915.
Wimmer, Andreas. 2014. "War." *Annual Review of Sociology* 40: 173-197.
Windler, Arne, Thiele, Rainer and Müller, Johannes. 2013. "Increasing inequality in Chalcolithic Southeast Europe: the case of Durankulak." *Journal of Archaeological Science* 40: 204-210.
Winters, Jeffrey A. 2011. *Oligarchy.* New York: Cambridge University Press.
Wolfe, Nathan. 2011. *The viral storm: the dawn of a new pandemic age.* New York: Times Books (『パンデミック新時代——人類の進化とウイルスの謎に迫る』ネイサン・ウルフ著，高橋則明訳，NHK 出版，2012 年).
Wolff, Edward N. 1996. "International comparisons of wealth inequality." *Review of Income and Wealth* 42: 433-451.
Wood, Ellen Meiksins. 2003. *Empire of capital.* London: Verso (『資本の帝国』エレン・メイクシンズ・ウッド著，中山元訳，紀伊國屋書店，2004 年).
Wood, James W. 1998. "A theory of preindustrial population dynamics." *Current Anthropology* 39: 99-135.
World Bank. 2008. *Land reforms in Sri Lanka: a poverty and social impact analysis (PSIA).* Washington, DC: World Bank.
Wright, Gavin. 2006. *Slavery and American economic development.* Baton Rouge: Louisiana State University Press.
Wright, James C. 2008. "Early Mycenaean Greece." In Shelmerdine, ed. 2008: 230-257.
Wright, Katherine I. 2014. "Domestication and inequality? Households, corporate groups and food processing tools at Neolithic Çatalhöyük." *Journal of Anthropological Archaeology* 33: 1-33.
Wright, Lori. 2006. *Diet, health, and status among the Pasión Maya: a reappraisal of the collapse.* Nashville, TN: Vanderbilt University Press.

Wright, Rita. 2010. *The ancient Indus: urbanism, economy, and society.* New York: Cambridge University Press.
WWID. "The world wealth and income database." http://www.wid.world
Xie, Y. and Zhou, X. 2014. "Income inequality in today's China." *Proceedings of the National Academy of Sciences* 111: 6928–6933.
Yamada, Shigeo. 2000. *The construction of the Assyrian empire: a historical study of the inscriptions of Shalmaneser III (859–824 B.C.) relating to his campaigns to the west.* Leiden, Netherlands: Brill.
Yamamoto, Yûzô. 2003. "Japanese empire and colonial management." In Nakamura and Odaka, eds. 2003a: 223–246.
Yaycioğlu, Ali. 2012. "Wealth, power and death: capital accumulation and imperial Confiscations in the Ottoman Empire (1453–1839)." Working Paper, Yale Program in Economic History, Yale University.
Yoffee, Norman. 1988. "The collapse of ancient Mesopotamian states and civilization." In Yoffee and Cowgill, eds. 1988: 44–68.
Yoffee, Norman and Cowgill, George L., eds. 1988. *The collapse of ancient states and civilizations.* Tucson: University of Arizona Press.
Yonekura, Seiichiro. 1993. "Postwar reform in management and labour: the case of the steel industry." In Teranishi and Kosai, eds. 1993: 205–238.
Yoshikawa, Hiroshi and Okazaki, Tetsuji. 1993. "Postwar hyper-inflation and the Dodge Plan, 1945–50: an overview." In Teranishi and Kosai, eds. 1993: 86–104.
You, Jong-sung. 2015. *Democracy, inequality and corruption: Korea, Taiwan and the Philippines compared.* Cambridge, UK: Cambridge University Press.
You, Jong-sung. n.d. "Inequality and corruption: the role of land reform in Korea, Taiwan, and the Philippines." Working paper.
Yuen, Choy Leng. 1982. "The struggle for land reform in Japan: a study of the major land legislation, 1920–1943." Ph.D. thesis, Harvard University.
Yun-Casalilla, Bartolomé and O'Brien, Patrick K., with Comín Comín, Francisco, eds. 2012. *The rise of fiscal states: a global history, 1500–1914.* Cambridge, UK: Cambridge University Press.
Zala, Sacha. 2014. "Krisen, Konfrontation, Konsens (1914–1949)." In Kreis, Georg, ed. *Die Geschichte der Schweiz.* Basel, Switzerland: Schwabe, 491–539.
Zamagni, Vera. 2005. "Italy: how to lose the war and win the peace." In Harrison, ed. 1998b: 177–223.
Zébitch, Milorade. 1917. *La Serbie agricole et sa démocratie.* Paris: Librairie Berger-Levrault.
Ze'evi, Dror and Buke, Ilkim. 2015. "Banishment, confiscation, and the instability of the

Ottoman elite household." In Ze'evi, Dror and Toledano, Ehud, eds., *Society, law, and culture in the Middle East: "modernities" in the making.* Berlin: De Gruyter, 16–30.

Zelener, Yan. 2012. "Genetic evidence, density dependence and epidemiological models of the 'Antonine Plague.'" In Lo Cascio, ed. 2012: 167–191.

Zelin, Madeleine. 1984. *The magistrate's tael: rationalizing fiscal reform in eighteenth-century Ch'ing China.* Berkeley: University of California Press.

Zeuske, Michael. 2013. *Handbuch Geschichte der Sklaverei: eine Globalgeschichte von den Anfängen bis zur Gegenwart.* Berlin: De Gruyter.

Zhong, Wei, et al. 2010. "Wealth inequality: China and India." India China Institute collaborative project, *Prosperity and inequality in India and China, 2008–2010.* Working Paper.

Zubay, Geoffrey, et al. 2005. *Agents of bioterrorism: pathogens and their weaponization.* New York: Columbia University Press.

Zuckerman, Edward. 1984. *The day after World War III.* New York: Avon.

Zucman, Gabriel. 2013. "The missing wealth of nations: are Europe and the U.S. net debtors or net creditors?" *Quarterly Journal of Economics* 128: 1321–1364.

Zucman, Gabriel. 2015. *The hidden wealth of nations: the scourge of tax havens.* Chicago: University of Chicago Press.

原　注

＊ここに挙げられているURLは，現在は見られないものもある．

【序　論】

（1） Hardoon, Ayele and Fuentes-Nieva 2016: p.2; Fuentes-Nieva and Galasso 2014: p.2.

（2） 世界の富：Credit Suisse 2015: p.11. 世界資産・所得データベース（WWID）によるアメリカの上位所得シェア：上位0.01，0.1，1%の所得シェア（キャピタルゲインを含む）は，1975年の0.85，2.56，8.87%から，2014年には4.89，10.26，21.24%へ上昇した．これらはそれぞれ，475，301，139%の増加であり，上位0.1%と1%のあいだに入る人びとにとっては74%の増加である．

（3） 2016年2月のビル・ゲイツの資産は，アメリカの世帯所得の平均値のほぼ100万倍，中央値の140万倍に相当する．一方，1982年刊の『フォーブス400』〔アメリカの長者番付雑誌〕でトップにランクされたダニエル・ラドウィックの20億ドルという資産は，当時の世帯所得の平均値の5万倍，中央値の8万5,000倍だった．中国の億万長者については，以下を参照．〈https://www.economist.com/news/china/21676814-crackdown-corruption-has-spread-anxiety-among-chinas-business-elite-robber-barons-beware〉.

（4） "Remarks by the President on Economic Mobility," December 4, 2013,〈https://www.whitehouse.gov/the-press-office/2013/12/04/remarks-president-economic-mobility〉. Buffett 2011. Bestseller: Piketty 2014. 中国：国務院2013. 図序.1：WWID（キャピタルゲインを含む）;〈https://books.google.com/ngrams〉. このミーム〔インターネットを通じて拡散する情報〕の存在感は『所得の不平等を拡大する』という当世風のタイトルのついた詩集の出版によって，ごく最近になって明らかになった（Seidel 2016）.

（5） アメリカ：WWID，および本書第15章523ページ．イギリス：Roine and Waldenström 2015: p.579 table 7. A4. ローマ帝国については，本書第2章104-105ページ（財産），第9章345ページ（施し），Scheidel and Friesen 2009: pp.73-74, 86-87（GDPと所得ジニ係数）を参照．不平等の全体的レベルについては，本書補遺576-577ページを参照．黒死病については，本書第10章389-397ページを参照．

（6） ヨハネの黙示録第6章：第4節，第8節．

（7） Milanovic 2005; 2012; Lakner and Milanovic 2013; 最近では，Milanovic 2016: pp.10-45, 118-176が国際的な所得の不平等の最も重要な研究のひとつである．Anand and Segal 2015はこの分野の学識を概説している．Ponthieux and Meurs 2015は，ジェンダーによる経済的不平等に関する業績の充実した概要を提供して

いる．経済思想で扱われる所得分配については，Sandmo 2015 も参照のこと．

（8） この問題についてさらに知りたい場合は，本書第 14 章 504-507 ページを参照．

（9） よく言われるにもかかわらず，ジニ係数 G が 1 に達することがないのは，$G=1-1/n$（n は人口規模）だからだ．Atkinson 2015 を参照：pp.29-33 で，さまざまなタイプの所得および関連する測定基準が簡潔に要約されている．また，再分配および未払い損失と実現損失の差に加え，公共サービスの価格をコントロールする必要があることで生じる複雑な問題についても述べられている．本書の広範な概説では，そうした区別は脇へ置いておいても問題ない．所得シェアの比率については，最近のものとしては Palma 2011（上位 10%/下位 40%）および Cobham and Sumner 2014 を参照．不平等測定の方法論については Jenkins and Van Kerm 2009 を，より技術的な面については Cowell and Flachaire 2015 を参照．

（10） Atkinson and Brandolini 2004，特に p.19 fig. 4 を参照．また，Ravallion 2014: p.835 および，本書第 16 章 539-540 ページを参照．Milanovic 2016: pp.27-29 で相対的不平等の尺度が擁護されている．

（11） 本書 565-566 ページ，566 ページに事例が挙げてある．

（12） ジニ係数と最富裕層の所得シェアの関係については，Leigh 2007; Alvaredo 2011; Morelli, Smeeding and Thompson 2015: pp.683-687; Roine and Waldenström 2015: pp.503-606，特に p.504 fig. 7.7 を参照．ジニ係数の調整については，特に Morelli, Smeeding and Thompson 2015: p.679, 681-683 および本書第 15 章 523-524 ページを参照．Palma 2011: p.105; Piketty 2014: pp.266-267; Roine and Waldenström 2015: p.506 では最富裕層の所得シェアの証明力が強調されている．ジニ係数の比較については，たとえば Bergh and Nilsson 2010: pp.492-493 や Ostry, Berg and Tsangarides 2014: p.12 を参照．ともに，世界所得不平等標準化データベース（SWIID）で報じられたジニ係数の値を利用している．ほかの学者の文献を引用する場合を除き，私は本書を通じてこの値を使う．信頼区間については SWIID のウェブサイト〈https://fsolt.org/swiid/〉で視覚的に説明されている．また，本書第 13 章 487 ページ参照．財産の隠匿については，Zucman 2015 を参照．Kopczuk 2015 では，アメリカの富のシェアを測ることの難しさが論じられている．最富裕層の所得データの性質と信頼性については，特に Roine and Waldenström 2015: pp.479-491, Atkinson and Piketty 2007a および 2010 に寄せられた多くの論文のきわめて広範な技術的議論を参照．世界資産・所得データベース（WWID）へのアクセスは，〈https://www.wid.world/〉．

（13） ここで挙げたすべての事例とさらに別の事例について，第 1 部全体および，第 9 章の 346-349 ページ，第 10 章の 396-400 ページで論じる．

（14） 繰り返しになるけれども，私は本書の大半，とりわけ第 1 部と第 5 部でこれらのアプローチを用いる．中世における実質賃金の証拠は，社会史国際研究所（International Institute of Social History, http://www.iisg.nl/hpw/data.php）の提供

する “The IISH list of datafiles of historical prices and wages” で集めている．最も古い証拠は Scheidel 2010 に掲載されている．GDP の歴史的なデータ，概算，推測については，“Maddison project”〈http://www.ggdc.net/maddison/maddison-project/home.htm〉を参照.

(15) Frankfurt 2015: p.3. 私は歴史家なので，当然ながらありとあらゆる歴史が探究に値するし，知識はそれ自体が報いであることを喜んで認めたい．とはいえ，われわれが暮らす世界の話となると，重要な疑問もあればありふれた疑問もあることだろう.

(16) ここで言う難しさについては Bourguignon 2015: pp.139–140，特に Voitchovsky 2009: p.569 を参照．後者は矛盾する結果についてまとめている（p.562 table 22.11）．否定的な帰結を報告する研究としては，Easterly 2007; Cingano 2014; Ostry, Berg and Tsangarides 2014，特に p.16, 19（より大きく長い成長）がある．上位 5 分の 1 の所得シェアの変化は，その後の 5 年間の成長率に影響する：Dabla-Norris et al. 2015．1985 年から 2005 年にかけての所得の不平等の上昇によって，平均的な OECD 加盟国の累積成長は 1990 年から 2010 年にかけて 4.7% 低下した：OECD 2015: pp.59–100，特に p.67．104 の国々を調査した結果，1970 年から 2010 年にかけて，所得の不平等レベルが高いと低所得の国々では 1 人当たり GDP が（人的資本とともに）増大するが，中所得あるいは高所得の国々では逆の結果になることがわかっている：Brueckner and Lederman 2015．これは，先進国以外では成長への悪影響があることを示せなかったより早期の研究と一致する：Malinen 2012．研究対象をやや限定し，大富豪の資産の相対的規模によってあらわされる不平等に目を向けると，悪影響を及ぼすのは政治的コネと結びついた富の不平等だけかもしれない：Bagchi and Svejnar 2015．van Treeck 2014 では，金融危機における不平等の役割に関するデータベースが吟味されている．富の不平等と信用貸しの利用については：Bowles 2012a: pp.34–72; Bourguignon 2015: pp.131–132.

(17) 最新の調査は，Björklund and Jäntti 2009 および Jäntti and Jenkins 2015．不平等と経済的流動性の関連については，Corak 2013: p.82, fig. 1; Jäntti and Jenkins 2015: pp.889–890，特に p.890, fig. 10.13 を参照．OECD 諸国のあいだにも大きな違いがある．アメリカとイギリスはともに高い不平等レベルと低い経済流動性を報告しているが，北欧諸国には逆の状況が当てはまる：OECD 2010: pp.181–198. Björklund and Jäntti 2009: pp.502–504 では，家庭環境の経済状態への影響は北欧諸国よりもアメリカの方が強いことが示されているが，より広範な全国的研究によれば，時として弱い影響しか見られないこともある．1970 年代に不平等な社会で育った者が，1990 年代末に社会的流動性を経験する可能性は低かった：Andrews and Leigh 2009; Bowles and Gintis 2002（経済指標）; Autor 2014: p.848（不平等の永続，教育）．Reardon and Bischoff 2011a, b は，居住地分離について論じている．Kozol 2005 は，居住地分離の学校教育への影響に焦点を合わせている．この問題

に関する保守的見解については，Murray 2012 も参照．経済的不平等の変化は別として，Clark 2014 が示す発見によれば，社会的流動性は，長期的に見るとさまざまな地域の異なる社会のあいだではさらに抑制される傾向がある．

(18) 不平等と内戦については，本書第 6 章 259-261 ページおよび，簡潔ながら Bourguignon 2015: pp.133-134 を参照．政治については，Gilens 2012．幸福については，van Praag and Ferrer-i-Carbonell 2009: p.374．また，主観的な幸福や判断への不平等の影響については，Clark and D'Ambrosio 2015 を参照．健康については，Leigh, Jencks and Smeeding 2009; O'Donnell, Van Doorslaer and Van Ourti 2015．とはいえ，異なる社会経済的集団のあいだの平均寿命の差は，アメリカでも一部の西欧諸国でも拡大している：Bosworth, Burtless and Zhang 2016: pp.62-69.

(19) Atkinson 2015: pp.11-14 では，不平等が問題となる理由として，有益性の観点からの理由と本質的理由が区別されている．Frankfurt 2015 も参照のこと．公正を期して言うと，Bourguignon 2015: p.163 では，彼自身が用心深く引用符をつけて〈「正常な」レベルの不平等〉という概念を用いているが，それでもなお「この 20, 30 年より前の」状況をこの言葉で定義している．

【第 1 章】

(1) Boehm 1999: pp.16-42 に示されているのが古典的な説明である．これら 3 つの種における社会的関係がいずれも多かれ少なかれ「独裁的」とされる理由については，pp.130-137 も参照．また，Sapolsky and Share 2004 によれば，ヒト以外の霊長類のあいだでも大量死というかたちでの暴力的衝撃が階層性を緩和し，序列にもとづく弱いものいじめを減少させることがあるという．

(2) これらの種形成の時期については，Pozzi et al. 2014: p.177 fig. 2 を参照．これが本書の執筆時点での最新かつ最も包括的な研究である．しかし今後の研究しだいで，これらの推定年代も変わるだろう．たった 3 年前の，Thinh et al. 2010: p.4 では，推定年代がこれよりかなりあとになっている．共通祖先の特徴については，Boehm 1999: p.154 を参照．

(3) Klein 2009: p.197 が伝統的な学説．Reno, McCollum, Meindl and Lovejoy 2010; Reno and Lovejoy 2015 では，アウストラロピテクス・アファレンシスにおいてすでに性的二型が現生人類に匹敵するくらいまで緩和されているとの考えが示されているが，Plavcan 2012: pp.49-50 では，その考えが却下されている．Shultziner et al. 2010: pp.330-331 も参照．Plavcan 2012: p.47 fig. 1 に人類とほかの類人猿との性的二型の比較があり，pp.50-58 でその原因と考えられるものが論じられている．Labuda et al. 2010 および Poznik et al. 2013: p.565 では，現生人類における緩やかな一夫多妻の遺伝的証拠が示されている．Bowles 2006 では，人間の利他行動の進化における繁殖平等化の役割が論じられている．

(4) 肩：Roach, Venkadesan, Rainbow and Lieberman 2013．火：Marean 2015: p.543,

547. 飛び道具の石のやじり：Henshilwood et al. 2001; Brown et al. 2012. Boehm 1999: pp.174-181 によれば，平等化効果のかなりの部分はこれらの発達のおかげであり，それを裏づける最新の説明が Turchin 2016b: pp.95-111 にある．Shultziner et al. 2010: p.329 も参照．言語：Marean 2015: p.542. Boehm 1999: pp.181-183, 187-191 では，言語と倫理性の潜在的な平等化能力を強調している．時期に関しては，Boehm 1999: pp.195-196, 198 では比較的最近の急激な変化だと見られている一方，Dubreuil 2010: pp.55-90 と Shultziner et al. 2010: pp.329-331 では，もっと早い時期での変化に重きが置かれている．ホモ・サピエンスの現時点での最古の化石は約 19 万年前のもの：McDougall, Brown and Fleagle 2005. これは Elhaik et al. 2014 にあるように，種形成がおそらく 20 万年あまり前に起こったことを示唆する現時点での DNA 解析にも一致する．

（5） 慣例的に，中期・後期旧石器時代とは約 30 万年前から農業の開始までの期間を指す．この類推的な見方の限界については，本書 41 ページを参照．

（6） 物質的な制約：たとえば，Shultziner et al. 2010: p.327 など．自然発生的な階層形成に対抗するのに必要な平等化作用：Boehm 1999: p.37, 39. 強化：Boehm 1999: pp.43-89; および，より簡潔には，Shultziner et al. 2010: pp.325-327; Kelly 2013: pp.243-244; Boix 2015: pp.46-51; Morris 2015: pp.33-43.

（7） Marlowe 2010: pp.225-254, 特に pp.232-234, 237-238, 240-241, 248, 251-254. 典型的な特徴（「現代の狩猟採集民」としてのハッザ族に関して）：pp.255-283. もうひとつの有名な狩猟採集民で，ハッザ族よりもずっとよく引用されるクン・サンの事例について：Lee 1979; 1984.

（8） 成長と余剰：不均一な結果という点については，Boix 2015: pp.54-55. 不平等性の低さ：Smith et al. 2010b，および本書の 51-53 ページも参照．

（9） 外部との接触：Sassaman 2004: p.229, 236-238.「生きた化石」ではない：Marlowe 2010: pp.285-286; および複雑だが有益な類推として，先史時代の代用にした現代の狩猟採集民については，Kelly 2013: pp.269-275.

（10） Trinkaus, Buzhilova, Mednikova and Dobrovolskaya 2014 が現時点でのスンギール遺跡の最も信頼できる説明．特に場所と年代と埋葬儀礼については pp.3-33, 怪我と障害については pp.272-274, 282-283, 287-288 を参照．ビーズの大きさ：Formicola 2007: p.446. 世襲身分：Anghelinu 2012: p.38.

（11） Vanhaeren and d'Errico 2005; Pettitt, Richards, Maggi and Formicola 2003; d'Errico and Vanhaeren 2015: pp.54-55.

（12） 特に，Shultziner et al. 2010: pp.333-334; Anghelinu 2012: pp.37-38; Wengrow and Graeber 2015 を参照．Marean 2014 は，沿岸適応の古さと重要性を論じている．

（13） 西海岸全般について，簡潔には，Boix 2015: pp.98-101; Morris 2015: p.37 を参照．実際には因果関係はもっと複雑かもしれない．たとえば，Sassaman 2004: pp.240-243, 264-265 など．Kelly 2013: pp.252-266, 特に p.251 fig. 9.3 が一般的な

モデルを示している．海洋狩猟採集民：Johnson and Earle 2000: pp.204–217，特に pp.211–216.

(14) Prentiss et al. 2007; Speller, Yang and Hayden 2005: p.1387（キートリー・クリーク）; Prentiss et al. 2012，特に p.321（ブリッジ・リバー）.

(15) Flannery and Marcus 2012: pp.67–71（チュマシュ族）．複雑さ：Kelly 2013: pp.241–268，特に p.242 table 9.

(16) 栽培化と家畜化についての歴史：Price and Bar-Yosef 2011: S171 table 1．農業の起源の問題については，特に Barker 2006, および the special issue of *Current Anthropology* 52, S4 (2011), S161–S512 への寄稿を参照．Diamond 1997 は，栽培化・家畜化の全世界での空間的，時間的な広まりに関して，現在でも最も手に取りやすい説明である．非一直線の流れについて：Finlayson and Warren 2010.

(17) ナトゥーフ文化：Barker 2006: p.126; Price and Bar-Yosef 2010: pp.149–152; Pringle 2014: p.823，および以下も参照．Bowles and Choi 2013: pp.8833–8834; Bowles 2015: p.305.

(18) ヤンガードリアスの影響：Mithen 2003: p.50; Shultziner et al. 2010: p.335．先土器新石器時代：Price and Bar-Yosef 2010: pp.152–158.

(19) Rivaya-Martínez 2012: p.49（コマンチ族）; Haas 1993，特に pp.308–309 tables 1–2（北米社会）.

(20) Borgerhoff Mulder et al. 2009: p.683 fig. 1（サンプル）, p.684 table 1（これらの社会における 43 の富の尺度），S34 table S4（各種の富に関する不平等さ），p.685 table 2, S35 table S5（ジニ係数）．ドミニカの一画に住む園芸民のあいだでの土地の高い不平等度が，狩猟採集民と比較しての園芸民の平均物質的不平等度を上げている．したがって狩猟採集民と園芸民の不平等度は，全般的にはこの小さなサンプルから推測されるより似通っているかもしれない．園芸民のデータについては，Gurven et al. 2010 を参照.

(21) Borgerhoff Mulder et al. 2009: p.686，および S37 table 5; Smith et al. 2010a: p.89 fig. 3.

(22) モデル：Borgerhoff Mulder et al. 2009: p.682．相関関係：Smith et al. 2010a: p.91 fig. 5．Shennan 2011 も，不平等を生む要因として無形資源から物質的な財産資源への移行とその潜在能力を重要視している.

(23) Smith et al. 2010a: p.92（守りやすさ）; Boix 2015: p.38 table 1.1.B（世界的調査）; Bowles and Choi 2013（財産権）．最後の文献では，気候がよくなったことで農耕がより生産的で予測可能なものになり，農業の拡大と私有財産権の拡大につながるという正式なモデルが展開されている.

(24) Wright 2014.

(25) メソポタミア：Flannery and Marcus 2012: pp.261–282，特に pp.264–266, 268, 272, 274, 281．p.451 では 1000 体以上の遺骸が埋葬されていたスシアナ地方（フー

ゼスターン州）の共同墓地についても記載されている．墓のグレードは，ふんだんな銅と美しく塗装された土器で飾られた豪勢なものから，副葬品が料理鍋だけの質素なものまでさまざまだったという．ユーフラテス川流域のテル・ハルーラ遺跡の100以上の墓における不平等については，Price and Bar-Yosef 2010: p.159を参照．

(26) Biehl and Marciniak 2000，特にp.186, 189–191; Higham et al. 2007，特にpp. 639–641, 643–647, 649; Windler, Thiele and Müller 2013，特にp.207 table 2（同時代の別の遺跡についても）．

(27) Johnson and Earle 2000に社会的進化のすばらしい概説がある．典型的な集団規模については，p.246 table 8を参照．

(28) 全世界サンプル：Boix 2015: p.38 table 1.1.C. 北米：Haas 1993: p.310 table 3. SCCS：Boix 2015: p.103 table 3.1.D.

(29) 穀物：Mayshar, Moav, Neeman and Pascali 2015，特にpp.43–45, 47. 農業と国家形成：Boix 2015: pp.119–121，特にp.120 fig. 3.3. 国家形成の時期の差については，Petersen and Skaaning 2010を参照．地理や気候の特徴が栽培化や家畜化に影響し，それが国家形成を促したという見方は，Diamond 1997とも一致する．国家形成後期における作物貯蔵の役割に関して，Haber 2012も参照．

(30) 引用：Haas 1993: p.312. Scheidel 2013: pp.5–9では，国家のさまざまな定義を紹介して論じており，そのいくつかをここでの要約に使わせてもらった．前近代国家の性質については，本書62–65ページを参照．Maisels 1990: pp.199–220, Sanderson 1999: pp.53–95, Scheidel 2013: pp.9–14に，国家形成についての現代の理論の概要が示されている．

(31) 制限理論：Carneiro 1970; 1988. 戦争によって促される国家形成のシミュレーションモデルについては，Turchin and Gavrilets 2009; Turchin, Turner and Gavrilets 2013を参照．Boix 2015: pp.127–170, 252–253でも，戦争の役割が強調されている．

(32) 非中央集権的な国家：Ehrenreich, Crumley and Levy 1995; Blanton 1998など．引用：Cohen 1978: p.70. 半強制的な階層化については，Trigger 2003: pp.668–670も参照．倫理観：Morris 2015: pp.71–92，特にpp.73–75, 92.

(33) 推定値：Scheidel 2013. McEvedy and Jones 1978およびCohen 1995: p.400からの推定．初期国家の性質については本書を参照．帝国の構造と世界史については，特にDoyle 1986; Eisenstadt 1993; Motyl 2001; Burbank and Cooper 2010; Leitner 2011; Bang, Bayly and Scheidel Forthcomingおよび Scheidel 2013: pp.27–30の要約を参照．都市国家については，特にHansen 2000，ごく簡単には，Scheidel 2013: pp.30–32を参照．

(34) ステップに興った帝国の変遷――おもに関連データの不足のために現在の研究から抜け落ちている――については，Barfield 1989; Cioffi-Revilla, Rogers, Wilcox and Alterman 2011: 〈http://nomadicempires.modhist.ox.ac.uk/〉を参照．あわせて，大規模国家形成におけるこれらの役割に関し，Turchin 2009も参照．国の大型化：

Taagepera 1978: p.120.

(35) 図 1.1 の原典は，Gellner 1983: p.9 fig. 1. 出典は，Morris 2015: p.66 fig. 3.6.

(36) 前近代国家全般の性質については，特に Claessen and Skalník 1978b; Gellner 1983: pp.8-18; Tilly 1985; Giddens 1987: pp.35-80; Kautsky 1982, 特に pp.341-348; Haldon 1993; Sanderson 1999: pp.99-133; Crone 2003: pp.35-80 (引用：p.51); North, Wallis and Weingast 2009: pp.30-109, および Scheidel 2013: pp.16-26 の学際的メタ調査を参照.

(37) 作るか奪うか：Balch 2014. バビロニア：Jursa 2015, および個人的情報交換. 持参金の実際の値の中央値と平均値は約 70% と約 30% 上がっており，この 2 つの期間のジニ係数は 0.43 ($n=82$) と 0.55 ($n=84$)，各データセットからもっと高い外れ値を除外すると，0.41 と 0.49 になる. 新バビロニアの経済のダイナミズムについては，Jursa 2010 を参照.

(38) 独裁的な政権における逆行的な分配については，Trigger 2003: p.389; Boix 2015: p.259 などを参照. Winters 2011 では，世界史上のさまざまな寡頭政治の権力と，そこにしばしば伴う富の防衛への執着を見ることができる (特に pp.20-26). 互恵主義の概念は，おもに観念的な領域で生き残った. Claessen and Skalník 1978a: p.640 に的確な定義がある.「初期の国家とは，少なくとも 2 つの基本的な層に分化した複雑な社会における社会的関係を制御するための，中央集権化された社会政治的組織である. この層が，ここではじめて出現した社会階級——すなわち支配者と被支配者——であり，その関係は，政治的な優位にある支配者に対して被支配者が従属的に義務を果たすのを特徴とし，互恵主義を基本原理とする共通イデオロギーによって正当化される」.

(39) マムルーク朝エジプトについては，本書 107-108 ページを参照. 共和政ローマについては，本書 95-99 ページ，および第 6 章 237-238 ページを参照.

(40) 企業家：Villette and Vuillermot 2009. 共和政ローマについては，本書 97-98 ページ，フランスについては，本書 111-112 ページを参照. ここで「個人に対しての」政治的優遇と特記しているのは，これらの要因を，近年アメリカとほかの一部のアングロサクソン国家で見られる最高所得シェアの上昇における減税の役割——これが富裕層に全体として利益をもたらしてきた——と区別するためである. 本書第 15 章 530-532 ページを参照. 引用："Lunch with the FT: Oleg Tinkov,"『フィナンシャル・タイムズ』紙 2015 年 12 月 30 日.

(41) 資本収益の役割と，それらの収益に対する衝撃の役割については，Piketty and Saez 2014: pp.841-824; Piketty 2015b: pp.73-78 に簡潔な説明がある. より一般的には，Piketty 2014: pp.164-208 を参照. この議論については，本書第 15 章 526-538 ページを参照.

(42) Hudson 1996b: pp.34-35, 46-49; 1996c: p.299, 303; Trigger 2003: pp.316-321, 333; Flannery and Marcus 2012: pp.500-501, 515-516. ここでシュメールでの事情

を第一に記しているのは，それがこのプロセスの現存する最古の例だからだ．

(43) Hudson 1996a: pp.12-13, 16; Flannery and Marcus 2012: pp.474-502，特にラガシュについては，pp.489-491．債務救済については，本書第 12 章 465-467 ページを参照．

(44) エルバ：Hoffner 1998: pp.65-80，特に pp.73-77．引用：p.75 paragraphs 46, 48．フルリ人はメソポタミア北部，ヒッタイト人はアナトリアに居住していた．

(45) Foster 2015: p.40, 43, 56, 62, 72, 90, 92; Hudson 1996c: p.300．引用：Foster 2015: p.8（リムシュ），p.13（ナラム・シン），p.40（書記），p.43（エリート）．アッカド帝国の崩壊については，本書第 9 章 363-364 ページを参照．その後の帝国形成において主要都市のエリートや役人が不相応な利益を得たことについては，Yoffee 1988: pp.49-52 などを参照．

(46) Trigger 2003: pp.375-394 で，いくつかの初期文明を例にこれらの特徴を概説している．オヨ帝国については，p.393 を参照．Yun-Casalilla and O'Brien 2012 と Monson and Scheidel 2015 をあわせて参照すれば，世界史上の財務制度を幅広く概観できる．

(47) 最初の引用（「王の隣に……ものなのだ」）は，一般に「バビロニアの神義論」と呼ばれる中期バビロニア語で書かれたテキストより．出典は，Oshima 2014: p.167, line 282．3 字下げの引用は，Trigger 2003: pp.150-151 より．

(48) 引用：Fitzgerald 1926．身長の不平等については，Boix and Rosenbluth 2014: pp.11-14 を参照．Boix 2015: pp.188-194 でも繰り返されている．あわせて，Payne 2016: pp.519-520 も参照．世界史上での繁殖力の不平等については，Scheidel 2009b で概説されている．

(49) 本書 65 ページ（バビロニア人），101-103 ページ，第 9 章 346-349 ページ（住居）を参照．

(50) 本書補遺 567-570 ページ（分配），第 6 章 238-253 ページ（ギリシャ人），第 3 章 141-142 ページ（アメリカ人）を参照．ローレンツ曲線とは，任意の集団内での資産の分配をプロットするのに使われるグラフ．少数のメンバーへの集中度が高いと，曲線の右端が急激に上昇する．

(51) Oded 1979: p.19, 21-22, 28, 35, 60, 78-79, 81-91, 112-113．本書第 6 章の 255-256 ページも参照．

(52) 奴隷制に関して，奴隷が生み出され，獲得されるさまざまな様式については，Patterson 1982: pp.105-171 を，世界史における奴隷制については，Miller 2012 を，全世界の奴隷制の歴史については，Zeuske 2013 を参照．ローマについては，Scheidel 2005a を，ソコトについては，Lovejoy 2011 を，アメリカについては，本書 141-142 ページを参照．

【第 2 章】

(1) 農業帝国の比較的高度な社会的発達については，Morris 2010 と 2013 で概説されている．産業化以前および産業化初期の，名目上，実質上の不平等については，本書 133-134 ページと補遺 575-576 ページを参照．

(2) Wood 2003: pp.26-32 に，この理念型的な対照が提示されている．両者の共通点，および発達の最終的な類似については，Scheidel 2009a; Bang and Turner 2015 を参照．この 2 つの帝国での不平等に関して，私のさらに詳細な論述は，Scheidel 2016 を参照．

(3) 戦国時代の改革と当時の大量動員文化については，本書第 6 章 231-236 ページを参照．

(4) Ch'ü 1972: pp.196-199; Hsu 1980: p.31; Loewe 1986: p.205; Sadao 1986: pp.555-558. 王莽：Hsu 1980: p.558; Sadao 1986: p.558; Li 2013: p.277.

(5) 商人：Swann 1950: pp.405-464 (伝記); Ch'ü 1972: pp.115-116, 176; Sadao 1986: p.576, 578 (活動). 司馬遷：Ch'ü 1972: pp.182-183. 武帝の措置については，Hsu 1980: pp.40-41; Sadao 1986: p.584, 599, 602, 604 を参照．武帝の軍事行動の規模については，Barfield 1989: p.54, 56-57; 武帝の近代主義的な政策全般については，Loewe 1986: pp.152-179 を参照．のちの 2 回目の介入も同じように暴力的な転覆に根ざしていた——すなわち王莽による皇位簒奪である．これについては，Loewe 1986: p.232; Sadao 1986: p.580, 606 を参照．

(6) 引用：Sadao 1986: p.578 (『史記』巻 129); あわせて製造業者については p.584. 禁制：Hsu 1980: pp.41-42; Sadao 1986: p.577. 地主と官僚の重複：Ch'ü 1972: pp.119-121, 181.

(7) 通常の給与は比較的少なめだった：Scheidel 2015c: pp.165-174. 特恵：Hsu 1980: pp.46-53. 財産規模：Swann 1950: pp.463-464. 売買：Mansvelt Beck 1986: p.332 (西暦 178 年の場合). 保護：Ch'ü 1972: pp.96-97.

(8) Ch'ü 1972: pp.160-161, 175; Hsu 1980: p.49, 54; Lewis 2007: p.70.

(9) Ch'ü 1972: p.94, 176-178 (代々の財産所有)，および特定の一族については，pp.173-174; Hsu 1980: p.49 (興亡の原理).

(10) 武帝の粛清については，Hsu 1980: pp.44-46 (『漢書』からの引用 16: 2b-3b); Ch'ü 1972: pp.164-165; Lewis 2007: p.69, 120 を参照．後漢：Bielenstein 1986: p.275.

(11) Ch'ü 1972: p.97, 184, 200-202, 212-213, 218, 226, 228, 237-243; Bielenstein 1986: pp.276-277, 289; Mansvelt Beck 1986: pp.328-329.

(12) 国家の介入：Lewis 2007: p.67 (徴収について). 封土：Bielenstein 1986: p. 257, 259. 漢の封建領主：Li 2013: p.295; Lewis 2007: pp.69-70. 改革政策の失敗については，Ch'ü 1972: p.204; Hsu 1980: p.55; Ebrey 1986: pp.619-621 を参照．国勢調査：Li 2013: p.297.

(13) Ebrey 1986: pp.635-637, 646 (社会的閉鎖，エリートの自治); Hsu 1980: p.56

(保有物); Lewis 2007: p.263 (恩顧主義); Lewis 2009a: p.135 (強大な有力者).

(14) 土地の再分配：Powelson 1988: p.164, 166, 168, 171 (中国をモデルとした同様の試みはヴェトナムでもなされていた：pp.290-292). 唐については，本書第9章337-339ページを参照. 宋：Powelson 1988: pp.166-167. 明：Elvin 1973: p.235 (最初の引用)，p.236 (2番目の引用)，p.240 (3番目の引用，上海県に関する1800年ごろのテキストより).

(15) たくらみ：Zelin 1984: pp.241-246. 所得の倍加と対抗措置：Deng 1999: pp. 217-219.

(16) Jacobs 2015: 〈https://www.forbes.com/billionaires/〉.

(17) Shatzman 1975: pp.237-439で，紀元前200年から30年までの元老院階級の包括的な「経済的な人物研究」が示されている. 初期の帝国については，Duncan-Jones 1982: pp.343-344と1994: p.39を，西暦5世紀の帝国については，本書104-105ページを参照. Scheidel 2016では関連する個人の財産について，その一覧とともに論じられている. 本書では，のちの貨幣単位に従って貨幣価値を統一している. 1,000セステルティウスは，4人家族の平均年間所得にほぼ等しい (1人当たりのGDPにして. Scheidel and Friesen 2009: p.91を参照).

(18) 一般人の限られた実質所得成長については，Scheidel 2007を参照. 人口に関する数字は推測での見積もりによる. 騎士階級：Scheidel 2006: p.50. 都市化の効果については，本書124-125ページを参照. 奴隷：Scheidel 2005a.

(19) 経済発展については，最も新しいところで，Kay 2014を参照. 収入源の推定：Rosenstein 2008. これ以前にShatzman 1975: p.107があり，こちらによれば「元老院議員の経歴から得られる利益にくらべて農業からの収入がごくわずかだったのは明白である」. 属州総督，金貸し，徴税請負人の収入：Shatzman 1975: pp. 53-63, 296-297, 372, 409, 413, 429-437. 戦争：pp.63-67, 278-281, 378-381. Tan 2017では，この時代のエリートの収入構造と財政制度について分析されている.

(20) Shatzman 1975: pp.37-44, 107, 268-272; Scheidel 2007: p.332. 最初の法的保護剥奪によって生じた莫大な財産については，Roselaar 2010: pp.285-286を参照.

(21) 支援者の財産：Shatzman 1975: p.400, 437-439; Mratschek-Halfmann 1993: p.78, 97, 111, 160-161. 皇帝の資産については，Millar 1977: pp.133-201を参照. Mratschek-Halfmann 1993: p.44 (アウグストゥス). 没収の規模：pp.52-54; Burgers 1993. Hopkins 2002: p.208には，富を奪ったり与えたりすることで皇帝は「交代要員の貴族」を生んでいたという的確な指摘がある. 国家全体の富とエリート全体の富は，Scheidel and Friesen 2009: p.74, 76と，Piketty 2014: pp.116-117 figs. 3.1-2から，1700年のフランスとイギリスの年間GDPの倍数による国富との相似で推測.

(22) Mratschek-Halfmann 1993: pp.106-107, 113-114, 214; *Inscriptiones Latinae Selectae* 1514.

(23) Mratschek-Halfmann 1993: p.53, 58, 138-139; Hopkins 2002: p.205.
(24) Scheidel 2015a: pp.234-242, 250-251.
(25) Mouritsen 2015 に簡潔な要約がある．Jongman 1988，特に，pp.108-112（人口），pp.207-273（社会的不平等）も参照．ヘルクラネウムの近隣都市人口の大部分は奴隷と元奴隷からなっていたものと見られる：De Ligt and Garnsey 2012.
(26) 住宅規模：本書第 9 章 346-349 ページを参照．より詳細には，Stephan 2013: p.82, 86（ブリテン島），p.127, 135（イタリア，2 種類のデータセットで結果に差異あり），p.171, 182（北アフリカ）．ローマ支配下で人の身長においても不平等が増していたかについては骨格遺物の詳細な分析が待たれる．元老院議員と騎士の収入源については，Mratschek-Halfmann 1993: pp.95-127, 140-206 を参照．参考までに，元老院議員のイタリア本土での土地所有に関して，Andermahr 1998 も参照．
(27) Scheidel and Friesen 2009: pp.63-74, 75-84（所得分布と全国シェア），pp.86-87（ジニ係数と吸い上げ率），p.91（GDP）．参考までに，上位 30%，吸い上げ率 75% でのローマの所得ジニ係数については，Milanovic, Lindert and Williamson 2011: p.263 table 2 を参照．他の社会については，Milanovic, Lindert and Williamson 2011 および本書 132-133 ページを参照．経済的に中流のローマ人については，Scheidel 2006; Mayer 2012 を参照．
(28) 投資と土地獲得：Jongman 2006: pp.240-250．オリンピオドロス：Wickham 2005: p.162; Brown 2012: pp.16-17; Harper 2015a: pp.56-58, 61（安定期）．末期に近づいた帝国が貧しくなっていたとしても，報告されている財産はむしろ相対的に増えていた．全面的に却下することはできないまでも，Milanovic 2010: p.8 と 2016: pp.67-68，特に p.68 fig. 2.9 で推測されているような，1 人当たりの平均 GDP が急激に下がったという見方を裏づける証拠はほとんどない．本書 118 ページも参照．西ローマの貴族階級の没落については，本書第 9 章 343-346 ページを参照．
(29) エジプト：Palme 2015, および Harper 2015a: p.51．ローマ時代のエジプトにおける初期の土地集中化については，本書第 11 章 421 ページを参照．イタリア：Champlin 1980，および Harper 2015a: p.54．西暦 1 世紀のエーゲ海地域のより詳細な土地登記簿に，1,000 エーカー〔約 4 平方キロメートル〕以下の小規模な土地所有についての実証がある：Harper 2015a: p.52 table 3.6．超富裕層：Wickham 2005: pp.163-165.
(30) ビザンツ帝国の不平等：Milanovic 2006.
(31) マムルーク朝のシステムについては，Borsch 2005: pp.24-34．不正行為については，Meloy 2004.
(32) Yaycioglu 2012．あわせて最高官僚（パシャ）の追放，免職，所有物没収については，Ze'evi and Buke 2015 を参照．
(33) Powelson 1988: pp.84-85, 220-229; 本書第 8 章 310-312 ページ．

(34)　Powelson 1988: pp.234–239.

(35)　Turchin and Nefedov 2009: pp.172–173;〈http://gpih.ucdavis.edu/files/Paris_1380-1870.xls〉(賃金).

(36)　27 の社会：Milanovic, Lindert and Williamson 2011: p.263 table 2，および本書補遺 567–570 ページ．紀元前 330 年代のアテナイ：Ober 2016: p.8, 22 によれば，1 ドラクマ＝コムギ 7.37 キログラム＝1990 年国際ドルの 8.67 ドルとして換算すると，1 人当たりの GDP は 1,647 ドル，所得のジニ係数は 0.38 となる．吸い上げ率については，Ober 2016: p.9 を参照．参考までに，Ober 2015a: pp.91–93; 2015b: pp.502–504 には，1,118 ドル/0.45（「悲観的」シナリオ），1,415 ドル/0.4（「楽観的」シナリオ）という値が示されている．比較対象として，Milanovic, Lindert and Williamson 2011: p.263 table 2; Maddison Project. Milanovic, Lindert and Wlliamson のデータセットは，Boix 2015: pp.258–259 で示されているような，君主政と共和政とでは経験される不平等に相違があるという考えに疑問を提起するが，直接民主制とそれ以外の政治体制との対照的な違いを重点的に見る限り，古代アテナイの事例は Boix のモデルをそれなりに支持するかもしれない．

【第 3 章】

(1)　ヴァルナについては，本書 55–56 ページを参照．ミケーネ文明の崩壊については，本書第 9 章 352–355 ページを参照．古典期のギリシャについては，本書第 6 章 238–240 ページを参照．ローマ世界内部での差異についても考慮が必要で，4 世紀と 5 世紀初頭のローマ帝国の西側は，当時の不平等の頂点をなしていたと言っていいかもしれない：本書 104 ページを参照．

(2)　国家崩壊：本書第 9 章 343–349 ページ．疫病：本書第 11 章 413–423 ページ．

(3)　私見では想像が勝ちすぎている気がするが，ともあれローマ帝国後期とローマ帝国以後の所得不平等の減少を追いかけた試みとして，Milanovic 2010: p.8 と 2016: pp.67–68 を参照．この時代のコンスタンティノープルの状況については，Mango 1985: pp.51–62; Haldon 1997: pp.115–117 を参照．

(4)　イギリスについては，Bekar and Reed 2013．彼らのモデルでは，これらの要因が土地のジニ係数を 0.14 から 0.68 へと 5 倍にすることができる（p.308）が，一方，その要因による土地売却や人口増加はずっと小さな効果しか生まない．このシミュレーションについては，pp.302–311 を参照．あわせて，15 エーカーの土地を持った農民のもとで小作人がかろうじて収支を合わせられるようなモデルについて，Turchin and Nefedov 2009: pp.51–53 を参照．賃貸料と保有区画：Grigg 1980: p.68; Turchin and Nefedov 2009: pp.50–51.

(5)　Turchin and Nefedov 2009: pp.55–58.

(6)　ビザンツ帝国の不平等：Milanovic 2006．イングランドとウェールズ：Milanovic, Lindert and Williamson 2011: p.263 table 2（係数 0.36）．Campbell 2008

にもとづく．この次に古いジニ係数の推定は1427年のトスカーナ州についてのもので，黒死病の流行よりもあとだが，値はもっと高い（0.46）．これは都市化が十分に進んだ環境を考慮すれば予想できる結果だ．パリとロンドンでの富の集中：Sussman 2006，特に，p.20 table 9．富のジニ係数（納税額から推定）は，1313年のパリでは0.79で，1319年のロンドンでは0.76．パリのジニ係数は，最貧困層が基本的な納税者名簿から外されていなかったと仮定しても，やはり高い（p.4）．

（7） 本書第10章，特に，389-402ページを参照．

（8） このような移行に関する専門研究は膨大にある．この場合の事情にふさわしい，きわめて俯瞰的な見方として，Christian 2004: pp.364-405を参照．Neal and Williamson 2014への寄稿では，資本主義の多面的な隆盛が概観されており，Goetzmann 2016では，文明化の全世界的な進化における財政の役割が強調されている．言うまでもなく，「奪取」は今もなお世界の大半において富裕化と不平等化の有効な戦略となっている．たとえば現代中国に関しては本書95ページを参照．また，Piketty 2014: p.446では，赤道ギニアの独裁的な政権に例証される蓄財メカニズムとしての「窃盗」に言及している．

（9） この最後の点については，最も新しいところで，Alfani 2016: p.7と，その参考文献を参照．以後の記述に関しては，多様なローカルデータセットの限界や特異性にかんがみて，注目すべき特定の数字や傾向のみを重点的に取り上げる叙述的なフォーマットが最もふさわしく，まとまった一覧表などを用いるよりも，うわべだけの精確な印象を与えずにすむものと考える．

（10） フィレンツェのカタスト：van Zanden 1995: p.645 table 1.（1427年フィレンツェの522の商家における資本の分配は，ジニ係数0.782を示す．Preiser-Kapeller 2016: p.5より．http://home.uchicago.edu/~jpadgett/data.htmlにもとづく）．トスカーナ：Alfani and Ammannati 2014: p.19 fig. 2．ピエモンテ：Alfani 2015: p.1984 fig. 7.

（11） ドイツ：van Zanden 1995: pp.645-647，特にアウクスブルクについては，p.647 fig. 1．および本書第11章435-437ページ．オランダ：van Zanden 1995: pp.647-649; Soltow and van Zanden 1998: p.46 table 3.10．イングランド：Postles 2011: p.3, 6-9; 2014: pp.25-27．Soltow 1979: p.132 table 3から，1789年のコペンハーゲンの富のジニ係数は0.89と算出される．都市化率：De Vries 1984: p.39 table 3.7.

（12） De Vries and Van der Woude 1997: p.61（都市化）; Soltow and van Zanden 1998: pp.23-25（全般的な状況），p.42, 46, 53-54（資本と労働）．

（13） Soltow and van Zanden 1998: p.38 table 3.6, 39（ライデン）; van Zanden 1995: pp.652-653; Soltow and van Zanden 1998: p.35 table 3.4（賃貸価格）; p.139も参照．1808年のジニ係数は0.65になっていた．15の町：Ryckbosch 2014: p.13 fig. 1; あわせてp.13 fig. 2とfig. 3も参照．ここで示されている都市の経時的傾向は，時代

ごとの変動がやや大きい．Ryckbosch 2010: p.46 table 4 では，ニヴェル（Nijvel）の住宅賃貸価格のジニ係数が 1525 年の 0. 35 から 1800 年の 0. 47 まで上がったことが示されている．Hanus 2013 によれば，スヘルトヘンボスでは 1500〜1550 年の家賃の不平等度が外見上は平坦になっているが，世帯規模と価格を調整すると，実際には不平等度が増している．

(14) Soltow and van Zanden 1998: p.40 (成長の失速); Ryckbosch 2014: pp.17-18, 特に，p.18 fig. 5.22 (北部/南部)．著者の結論では，オランダとフランドルの不平等度が低かったのは輸出用の贅沢な品物やサービスが技能集約的に生産されていた場合で，低賃金労働者による大規模で標準化された輸出品生産がなされると不平等度は高くなった (p.23); Alfani and Ryckbosch 2015: p.28 (税); van Zanden 1995: p. 660 table 8; Soltow and van Zanden 1998: pp.43-44, 47 (賃金)．

(15) Alfani and Ammannati 2014: p.16 table 3 (トスカーナ)，p.29 table 4 (富のシェア); Alfani 2015: p.1069 table 2 (ピエモンテ); Alfani 2016: p.28 table 2 (プーリア); p.12 fig. 2.13 (いくつかの中央値)．2 種類のシチリアのデータセットも富の不平等の上昇を示している：Alfani and Sardone 2015: p.22 fig. 5.

(16) Alfani 2015: pp.1084-1090; Alfani and Ryckbosch 2015: pp.25-30.

(17) 図 3.2 は，Alfani and Ryckbosch 2015: p.16 fig. 2b と Alfani and Sardone 2015: p.28 fig. 9 より．あわせて上位の富のシェアに関する同様の傾向と「富裕指標」について，Alfani 2016: p.26 fig. 4 と p.30 fig. 6 も参照．Alfani and Ryckbosch 2015: p.30 に，オランダとイタリアにおける不平等度上昇のさまざまな原因について比較評価が示されている．イングランドについては，Postles 2011: p.3, 6-9; 2014: p.27 を参照．

(18) スペイン：Álvarez-Nogal and Prados de la Escosura 2013．図 3.3 は，table S2 と S4 より〈http://onlinelibrary.wiley.com/doi/10.1111/j.1468-0289.2012.00656.x/suppinfo〉．マドリード：Fernández and Santiago-Caballero 2018．カタルーニャでは，上位 1% と 5%の富のシェアが 1400 年から 1800 年のあいだで上昇，もしくはきわめて平坦に推移しており，全体的な富のジニ係数に明らかな傾向は示されていない：García-Montero 2015: p.13 fig. 1, p.16 fig. 3．Santiago-Caballero 2011 では，18 世紀のグアダラハラ県がかなり安定して不平等だったこと，ただし 18 世紀後期には土地改革と関連してわずかに不平等の低下があったことが裏づけられている（本書第 12 章 460 ページを参照)．ヨーロッパの実質賃金の低下については，本書第 10 章 390-391 ページを参照．

(19) フランス：古典的な研究は，Le Roy Ladurie 1966，特に，pp.239-259，および実質賃金の低下について pp.263-276 も参照．ポルトガル：Reis, Santos Pereira and Andrade Martins n.d.，特に，p.27 fig. 2, 30-32, 36-37 fig. 5-6．1770 年，ポルトでの不平等は 1700 年の時よりも低く，1565 年のリスボンよりも低かった．同年，小さな町や田園地方では 1565 年よりも低かったが，大きな町では 1565 年と 1700

年よりも高かった（p.27 fig. 2）．彼らの研究は所得税データにもとづいており，Johnson 2001 による 1309～1789 年の資料の調査ではさらに改善されているが，そこでも同様の傾向が示されている．中欧に関してはほとんどわかっていないが，1550 年のハンガリーの農奴の数で代用されるエリートの富の分配については，Hegyi, Néda and Santos 2005 を参照．

（20） Milanovic, Lindert and Williamson 2011: p.263 table 2．1811 年のナポリは 0.28 という非常に低いジニ係数を示すとされているが，この値はやや疑わしい．

（21） 吸い上げ率：この概念に関しては，本書の補遺 567 ページを参照．ピエモンテ，トスカーナ，北海沿岸低地帯南部では，1 人当たり GDP が停滞，もしくは縮小するとともに吸い上げ率が上昇した：Alfani and Ryckbosch 2015: p.24 fig. 5b, および table 2．オランダ共和国とイングランドでは，活発な経済成長のなかで，未調整の吸い上げ率（最低生存費に対する）が前者では減少，後者では上下動を示したが，各社会の最小値の高まりにあわせて調整した吸い上げ率は平坦に推移した：Milanovic, Lindert and Williamson 2011: p.263 table 2; Milanovic 2013: p.9 fig. 3. 実質賃金については，本書第 10 章 390-391 ページを参照．「実質」の不平等度は，イングランド，フランス，オランダで，1450 年または 1500 年より 1800 年の方が高かった：Hoffman, Jacks, Levin and Lindert 2005: pp.161-164，特に，p.163 fig. 6.3 (a-c)．ちなみに，経済的不平等は身長差という重要な格差にも変換できる：フランスの事例として，Komlos, Hau and Bourguinat 2003: pp.177-178, 184-185.

（22） Canbakal and Filiztekin 2013: p.2, 4, 6-7, 8 fig. 7 (都市のジニ係数)，p.19 fig. 9 (上位), p.20 fig. 10 (地方のジニ係数), p.22．これらの都市のひとつであるブルサのより詳細な研究として，Canbakal 2012 も参照．Pamuk 2018 には，1820 年以降の発展についての概説がある．

（23） 漢の不平等については，本書 84-92 ページを参照．「分裂の時代」での進展については，Lewis 2009a で要約されている．

（24） 唐については，本書第 9 章 337-342 ページを参照．その後の王朝については，ごく短い概略だが，本書 92-94 ページを参照．1880 年の中国，および 1750 年と 1947 年のインド：Milanovic, Lindert and Williamson 2011: p.263 table 2．革命前の中国：本書第 7 章 285, 290 ページ．アジアの不平等についての正式な研究はいまだ不足している．Broadberry and Gupta 2006: p.14 table 5, p.18 table 7 によれば，長江デルタの非熟練労働者の実質賃金は明の後期（1573～1614 年）よりも清の中期（1739～1850 年）の方が低く，インド北部と西部ではムガル帝国期よりも 1874 年の方が低く，インド南部では 1610 年よりも 1790 年の方が低かった．これらはすべて不平等の高まりを示唆するが，もっと完全に状況と整合させない限り確実性は薄い．日本に関しては，本書第 4 章 155-156 ページを参照．

（25） 本書 78-79 ページ（コロンブス以前の不平等），および本書第 11 章 410-413 ページ（伝染病）と第 13 章 488-492 ページを参照．図 3.4 は，Williamson 2015:

p.35 table 3 と Prados de la Escosura 2007 : pp.296-297 table 12.1 にもとづき，後者のより低い所得ジニ係数と整合させ，アステカ帝国とインカ帝国の存在と伝染病死亡数の効果も説明できるように，前者の不平等度を調整してある．

(26) 富：Lindert 2000b : p.181 table 2．最上位への所得の集中が激し過ぎたため，上位 5%の全体的なシェアが 82%から 87%に上がっても，上位 1%以外の 4%のシェアは 43%から 18%に低下した．土地所有：Soltow 1968 : p.28 table 3．19 世紀の最初の 10 年までの所得の不平等：Lindert 2000b : pp.18-19, 24.

(27) イギリスの産業化の最中における「クズネッツ曲線」の概念（これ自体については本書第 13 章，477-481 ページを参照）については，Williamson 1985 と 1991，特に，p.64 table 2.5，および，これに強く（私見では十分な説得力を持って）異議を申し立てる Feinstein 1988 を参照．賃金のばらつき：Williamson 1991 : pp.61-62 table 2.2．6 種の非技能職と 12 種の技能職にもとづく．比較対象として，p.63 table 2.3 も参照．Feinstein 1988 : pp.705-706 では，12 種の技能職についての曲線が，年間名目収入の漸進的な上昇を示す 7 つの職種と不安定な変動を示す 5 つの職種からなることが示されている．その結論として，「技能による収入の構造はこの 1 世紀にわたって高い安定度を示した．世紀の前半において不平等が急上昇したことはなく，後半において平等主義的な均質化が働いたこともない」(p.710; Jackson 1987 も参照)．住居費批判については，pp.717-718 を参照．上位の所得シェア：Williamson 1991 : p.63 table 2.4; Feinstein 1988 : pp.718-720．社会表：Feinstein 1988 : p.723 table 6，および Jackson 1994 : p.509 table 1 によれば，1688 年では 0. 47〜0. 54（貧困者を含めない場合と含めた場合），1901 年と 1903 年では 0. 52〜0. 58，1867 年と 1913 年ではともに 0. 48 となる．Jackson 1994 : p.511 では，不平等が 19 世紀半ばにピークに達したとは考えにくいとされており，すでに Soltow 1968 : p.22 table 1 でも，この期間は概して安定していたという同様の結論に達している．Lindert 2000b : pp.21-24 では，イングランド労働者の実質賃金が 19 世紀前半には停滞し，後半には上昇しているという証拠にかかわりなく，19 世紀を通じてのイングランドの実際の不平等はどの測定基準を選ぶかに依存することが示されている．この現象の説明に関しては，Allen 2009 も参照．「実際」の——すなわち階級に固有の——不平等は 19 世紀を通じて低下したという見方（Hoffman, Jacks, Levin and Lindert 2005 : p.162 fig. 6.3(a)）も，不平等が上昇後に低下したというシナリオとはやはり一致しない．産業化進行中のイギリスで不平等がクズネッツ曲線をたどったという主張はいずれも証拠に乏しく，1988 年以降の学術研究でもあいかわらずこの考えの人気が高いのはどう説明をつければいいのかわからない．例として，Williamson 1991 ; Justman and Gradstein 1999 : pp.109-110 ; Acemoglu and Robinson 2000 : pp.1192-1193 ; 2002 : p.187 table 1 ; および最新のところで，Milanovic 2016 : p.73 fig. 2.11, pp.74-75 を参照．Milanovic は脚注で Feinstein の批判に言及している（pp.248-249 n.25)．

(28)　イタリア：Rossi, Toniolo and Vecchi 2001: p.916 table 6 では，1881〜1969 年にジニ係数も上位 10% の所得シェアも徐々に低下しているが，Brandolini and Vecchi 2011: p.39 table 8 では，さまざまな測定基準が 1871〜1931 年の安定した推移を強く示している．フランス：Piketty, Postel-Vinay and Rosenthal 2006: p.243 fig. 3, p.246 fig. 7; Piketty 2014: p.340 fig. 10.1．スペイン：Prados de la Escosura 2008: fig. 3; 本書第 13 章 482 ページも参照．

(29)　プロイセン：Dell 2007: p.367 fig. 9.1, p.371, 420 table 91.6（所得シェア）．上位 1% の所得シェアにはほとんど下落がなく，1900〜1913 年は約 0.8% で，かつての推定よりも低い．以前の調査では，1896 年，1900 年もしくは 1901 年，1913 年のあいだで，1〜2% 程度の低下を考慮に入れていた：Morrisson 2000: p.234，およびザクセンについては，p.233, 257 を参照．Dumke 1991: p.128 fig. 5.1a によると，不平等と資本シェアは 1850〜1914 年で上昇している．プロイセンのジニ係数：Grant 2002: p.25 fig. 1，および pp.27-28．オランダ：Soltow and van Zanden 1998: pp.145-174，特に，p.152, 163-165, 171．これによると，産業化の進行中にスキルプレミアムは低下しているがクズネッツ的な賃金のばらつきはない：pp.161-162, 174.

(30)　1870 年の所得分配の推定ジニ係数は高く，理論的には最低 0.53 から最高 0.73 の範囲にあったと考えられる．当時のデンマークの 1 人当たり GDP が 1990 年国際ドルで 2,000 ドルだったことを考慮すると，中間値の 0.63 は 4 分の 3 の吸い上げ率となり，ありえなくはないが，きわめて不平等だった前近代社会の値に近い．ジニ係数の下限とされた値なら，かろうじて 1801 年のイングランドとウェールズに肩を並べるが，そもそもイングランドとウェールズがきわめて不平等だった．とはいえ，妥当とされる 1870 年のジニ係数の下限に近い 0.5 台半ばという値は，1903 年と 1908 年の見積もりでなら信頼区間の範囲に位置するので，1870〜1910 年のあいだに不平等に重大な変化がなかったという帰無仮説を棄却することはできない．Atkinson and Søgaard 2016: p.274 では婉曲な表現で，1870 年から 1903 年までの期間は「データの範囲に限りがある」ことに言及している．1870 年の推定ジニ係数については，p.277 fig. 5 を参照．

(31)　1789 年に関して：Soltow 1979: p.136 table 6．これにもとづいて，Atkinson and Søgaard 2016: p.275 では，上位 1% の所得シェア 30% という法外に高い値を推論している．1820 年ごろのデンマークの 1 人当たり GDP は，1990 年国際ドルで 1200 ドル前後だったから，所得のジニ係数は最大 0.75 まで許容するが，おそらく 1789 年にはもっと低かったと思われる．富の不平等：Soltow 1979: p.130 table 2, p.134，および，Roine and Waldenström 2015: p.572 table 7. A2（上位 1% のシェアが 1789 年の 56% から 1908 年の 46% に低下していることが示されている；ただし，p.579 table 7. A4 と比較すると，この期間全体で上位 10% のシェアは変わっていない）．

(32) ノルウェー：Aaberge and Atkinson 2010: pp.458-459（古いデータが乏しいことにも言及：p.456); Roine and Waldenström 2015: p.572 table 7. A2（比較として，p.579 table 7. A4 も参照．こちらでは，1930 年の上位 10%の富のシェアが 1789 年よりも高いことが示されている）．比較として，Morrisson 2000: pp.223-224 も参照．こちらでは，もっと古い Soltow の研究にもとづいて，ノルウェーの 2 つの郡において 1855〜1920 年のあいだに徐々に平等化が進んだことが示されている．スウェーデン：WWID; Soltow 1985: p.17; Söderberg 1991; Piketty 2014: p.345 fig. 10.4.

(33) 植民地時代については，Lindert and Williamson 2014: p.4, 28-29 を参照．1774 年に関して：Lindert and Williamson 2016: pp.36-41，特に p.38 table 2-4 によれば，全世帯に対しては所得のジニ係数が 0. 44，上位 1%の所得シェアが 8. 5%，自由世帯に対してはそれぞれ 0. 41 と 7. 6%になる．ニューイングランドはこの値が 0. 37 と 4. 1%で，並外れて平等主義的だった．革命期：pp.82-90．非熟練男性の収入に対する都市と地方での賃金割増は 26%から 5%まで，都市と地方での平均的な収入に対する賃金割増は 179%から 35%まで下落した．都市のホワイトカラー労働者への割増は，都市の非熟練男性の収入と比較して，593%から 100%まで収縮した．1860 年までの不平等の高まり：pp.114-139．自由民と奴隷とのあいだでも，自由民の集団のなかででも，ともに格差は広がった．ジニ係数と所得シェアについては，pp.115-116 tables 5-6 と 5-7 を参照．財産と収入の不平等：p.122 tables 5-8 と 5-9.

(34) 1860〜1870 年の期間については，本書第 6 章 223-228 ページを参照．1870〜1910 年に関して：Lindert and Williamson 2016: pp.171-193，特に，p.172（1910 年に関する上位のシェア，および WWID），pp.192-193．Smolensky and Plotnick 1993: p.6 fig. 2（Lindert and Williamson 2016 では言及されていないが，Milanovic 2016: p.49 fig. 2.1, p.72 fig. 2.10 では使われている）は，1948〜1989 年の既知の所得ジニ係数と，上位 5%の所得シェアと，失業率との関係から（p.9, 43-44），1913 年の国民所得ジニ係数を約 0. 46 と推定する．これが正しければ，1870 年から 1913 年までに全体的な所得の不平等は大幅に下がったことになる．ただし，この手順の妥当性についても，これらのデータに対する評価の比較可能性についても不確かさは残り，さらに重要なことに，この見方は，この期間に上位の所得シェアが確実に増えていることと両立しないように思われる．富のシェア：Lindert 1991: p.216 fig. 9.1; Piketty 2014: p.348; Roine and Waldenström 2015: p.572 table 7. As. 最大財産：Turchin 2016a: p.81 table 4.2.

(35) ラテンアメリカの推定ジニ係数：Bértola and Ocampo 2012: p.120 table 3.15; Prados de la Escosura 2007: pp.296-297 table 12.1．Rodríguez Weber 2015: pp.9-19 では，チリに関して，より繊細な説明をしている．Arroyo Abad 2013: p.40 fig. 1 は（土地の）賃料と（都市部の）賃金との比率を用いて，アルゼンチンとウルグアイでは 1820〜1900 年に最終的に不平等が高まっているものの，メキシコとベ

ネズエラではそうでないとの見方を示す．日本：Bassino, Fukao and Takashima 2014; Bassino, Fukao, Settsu and Takashima 2014; Hayami 2004: pp.16-17, 29-31; Miyamoto 2004: p.38, 43, 46-47, 55; Nishikawa and Amano 2004: pp.247-248．近代化の最中の不平等の増大については，本書第4章155-156ページを参照．

(36) 私の調査では，それよりずっと限られたデータセットにもとづくAlfaniの見解，すなわち，Pikettyの論じた19世紀の富の集中の過程が「実際には，もっとはるかに長い過程の最終段階にすぎなかった」(Alfani 2016: p.34) という見方は正しかったことが裏づけられる．

(37) 共産主義政権は1950年の時点で全世界25億6,000万人のうちの8億6,000万人を管理した．所得シェア：WWID, Roine and Waldenström 2015: p.493 fig. 7で要約；より詳細な分析は，本書第5章172-180ページを参照．(イギリスの上位1%の所得シェアについては散発的なデータしかないが，イギリスも同程度の圧縮を経験し，それが1937年から1949年までの短期間に3分の1にまで下落したことに反映されている．1913年または1918年から1949年までの上位0.1%にとっての損失率と上位1%にとっての損失率の比率から，1913年の上位1%の所得シェアは約25%で，1949年までに全体で2分の1以上の減少だったことが推定される)．ロシアと東アジアについては，本書第7章282, 290-291ページを参照．富のシェア：Roine and Waldenström 2015: pp.572-581，特に，p.539 fig. 7.19．これは本書第5章181ページに再掲．資本と所得の比率：Piketty 2014: p.26 fig. 1.2 (本書第5章183ページに再掲)，p.196 fig. 5.8; data appendix table TS12.4．(きわめて推測的な全世界評価への批判については，Magness and Murphy 2015: pp.23-32を参照．しかし全体的な傾向はいたって明らかである)．平等化プロセスの完了については，本書第15章519ページを参照．および実効的な不平等度の定義という課題については，本書補遺を参照．いくつかの多次元的な不平等測定によれば，現代のスカンディナヴィア諸国は狩猟採集社会と同じくらい平等主義的になっている：Fochesato and Bowles 2015．20世紀までの不平等の進化についての非常に簡潔な要約は，本書第14章500-503ページを参照．

【第4章】

(1) Moriguchi and Saez 2010: pp.133-136 table 3A.2 (所得シェア); p.148 table 3B.1 (財産); p.81 fig. 3.2 (ジニ係数)，および，Milanovic 2016: p.85 fig. 2.18も参照．

(2) 「デンマークに追いつく」は，人間の福利にきわめてつながりやすい政治的，経済的な制度を確立することの学術的な略語のようなものである．この概念のおおもとは，Pritchett and Woolcock 2002: p.4にあり，その後，特にFukuyama 2011: p.14によって広く知られるようになった．

(3) Saito 2015: p.410; Bassino, Fukao and Takashima 2014: p.13; Hayami 2004: pp.16-17, 29-30.

(4) 最新の復元によれば，ジニ係数は1850年の0.35（あくまでも推定だが）から1909年の0.43，1925年の0.5，1935年の0.52，1940年の0.55へと上昇した：Bassino, Fukao and Takashima 2014: p.20 table 5. 上位1%の所得シェアについては，p.19 table 1を参照．ただし，1880年代から1930年代までの不平等の傾向については，不平等が一貫して上昇を続けたのか，最初は下降してから上昇したのか，一致した見解はないとされている（p.9）．幕府が倒れてから不平等がずっと高まっていた可能性について，Saito 2015: pp.413-414も参照．WWID（世界資産・所得データベース）では，短期間の変動はさておき，20世紀初めの3分の1の期間の上位1%の所得シェアは比較的安定していたことが示されている．経済発展と不平等化：Nakamura and Odaka 2003b: p.9, 12-13, 24-42; Hashimoto 2003: pp.193-194; Saito 2015: p.413 n.57; Moriguchi and Saez 2010: p.100.

(5) Nakamura 2003: p.70 table 2.5, p.82.

(6) 国家総動員法，軍需会社法，国有化の三方策については，Moriguchi and Saez 2010: pp.100-102を参照．国のさまざまな介入については，特にHara 2003とNakamura 2003を参照．および全体の概略について，Moriguchi and Saez 2010: p.101も参照．各種の統制：Nakamura 2003: pp.63-66 table 2.2.

(7) Nakamura 2003: p.85; Okazaki 1993: pp.187-189, 195.

(8) Takigawa 1972: pp.291-304; Yuen 1982: pp.159-173; Dore 1984: pp.112-114; Kawagoe 1999: pp.11-26.

(9) Kasza 2002: pp.422-428; Nakamura 2003: p.85. Kasza 2002: p.429では，「1937年から1945年のあいだに日本の福利を一変させたあらゆる要因のなかでも，最も大きかったのが戦争だった」と結論している．

(10) Moriguchi and Saez 2010: p.101; 129-130 table 3A.1.

(11) 資本ストック：Minami 1998: p.52; Yoshikawa and Okazaki 1993: p.86; Moriguchi and Saez 2010: p.102. 損失：Nakamura 2003: p.84; Yoshikawa and Okazaki 1993: p.86. 爆撃：米国戦略爆撃調査団（United States strategic bombing survey）1946: p.17.

(12) 資本所得シェア：Yoshikawa and Okazaki 1993: p.91 table 4.4; Moriguchi and Saez 2010: p.139 table 3A.3，およびp.91 fig. 3.7も参照．1886年から1937年までのあいだ，上位1%の所得シェアのうち資本所得は平均して約半分を占めていた（p.92）．所得シェア：Moriguchi and Saez 2010: p.88 fig. 3.4; pp.134-135 table 3A.2; WWID.

(13) GNPと輸入：Yoshikawa and Okazaki 1993: pp.87-88.

(14) Moriguchi and Saez 2010: pp.129-130 table 3A.1; 比較として，Nakamura 2003: pp.90-92も参照．指標の違いによるインフレ率の大きなばらつきについては，Kuroda 1993: pp.33-34を参照．あわせてTeranishi 1993a: pp.68-69; Yoshikawa and Okazaki 1993: p.89も参照．

(15)　Nakamura 2003 : p.87 ; Miwa 2003 : pp.335-336.

(16)　Miwa 2003 : pp.339-341. 実質 GNP は 1946～1950 年に実際に 40％成長し，その大部分が投資ではなく消費によるものだった：Yoshikawa and Okazaki 1993 : p.87.

(17)　Miwa 2003 : p.347 ; Minami 1998 : p.52 ; Moriguchi and Saez 2010 : p.102 ; Nakamura 2003 : p.98 table 2.14 ; Teranishi 1993b : pp.171-172 ; Yoshikawa and Okazaki 1993 : p.90.

(18)　Nakamura 2003 : p.87 ; Minami 1998 : p.52 ; Estevez-Abe 2008 : p.103 ; Miwa 2003 : p.345 ; Miyazaki and Itô 2003 : pp.315-316 ; Yonekura 1993 : pp.213-222. 引用は Miwa 2003 : p.349.

(19)　Miwa 2003 : pp.336-337, 341-345 ; Nakamura 2003 : pp.86-87, 91 (引用). こうした措置の表向きの目的は「戦時利得の根絶」とされていた (Miwa 2003 : p.346) が，観察される所得圧縮から判断すれば，戦時利得などはその時点で現実というより架空のものだったかもしれない.

(20)　Yamamoto 2003 : p.240 ; Miyazaki and Itô 2003 : pp.309-312.

(21)　Teranishi 1993b, 特に p.172 ; Moriguchi and Saez 2010 : p.138 table 3A.3.

(22)　労働組合の形成：Hara 2003 : p.261 ; Nakamura 2003 : p.88 ; Miwa 2003 : p.347 ; Yonekura 1993 : pp.223-230, 特に p.225 table 9.3 ; Nakamura 2003 : p.88 ; 比較として Minami 1998 : p.52. 各種の便益：Hara 2003 : p.285 ; Yonekura 1993 : pp.227-228 ; Estevez-Abe 2008 : pp.103-111.

(23)　覚書：Miwa 2003 : p.341 ; および小作と農村の貧困と海外進出の関係について，Dore 1984 : pp.115-125 も参照. 土地改革：Kawagoe 1999 : pp.1-2, 8-9, 27-34 ; Takigawa 1972 : pp.290-291 ; Yoshikawa and Okazaki 1993 : p.90 ; Ward 1990 : pp.103-104 ; あわせて Dore 1984 : pp.129-198 と Kawagoe 1993 も参照. マッカーサー：出典は吉田茂首相宛の 1949 年 10 月 21 日付の書簡で，Ward 1990 : p.98 ; Kawagoe 1999 : p.1 より引用.

(24)　Moriguchi and Saez 2010 : p.94 table 3.3.

(25)　Okazaki 1993 : p.180 ; Moriguchi and Saez 2010 : pp.104-105. 中見出しにも使われているマッカーサーの言葉については，Department of State 1946 : p.135 を参照.

【第 5 章】

(1)　引用：“le drame de la guerre de trente ans, que nous venons de gagner......” (われわれが今しがた勝利を収めた，30 年戦争という悲劇……)：〈http://mjp.univ-perp.fr/textes/degaulle28071946.htm〉で引用されている，1946 年 7 月 28 日のバルルデュクにおけるシャルル・ド・ゴールの演説. このテーマについての簡潔な意見として，最も新しいところで，Piketty 2014: pp.146-150; Piketty and Saez 2014: p.840;

Roine and Waldenström 2015: pp.555-556, 566-567 を参照.

（2） これ以降，上位層の所得シェアに関する情報はすべてWWIDを出典とする．整合性をとるために，各国についての時間枠はいずれも1937年から1967年までとする．

（3） 各国の基準年：アルゼンチン1938/1945，オーストラリア1938/1945，カナダ1938/1945，デンマーク1908/1918，1938/1945，フィンランド1938/1945，フランス1905/1918，1938/1945，ドイツ1913/1918（1925），1938/1950，インド1938/1945，アイルランド1938/1945，日本1913/1918，1938/1945，モーリシャス1938/1945，オランダ1914/1918，1938/1946，ニュージーランド1938/1945，ノルウェー1938/1948，ポルトガル1938/1945，南アフリカ1914/1918，1938/1945，スペイン1935/1940/1945，スウェーデン1912/1919，1935/1945，スイス1939/1945，イギリス1937/1949（1%），1913/1918，1938/1945（0.1%），アメリカ1913/1918，1938/1945.

（4） Smolensky and Plotnick 1993: p.6 fig. 2, およびpp.43-44によれば，推定ジニ係数は1931年で約0.54，1939年で約0.51，1945年で約0.41，1948～1980年の裏づけされたジニ係数は0.41±0.025．Atkinson and Morelli 2014: p.63によれば，世帯総所得のジニ係数は1929年で0.5，1941年で0.447，1945年で0.377，以後は同様に安定．イギリスに関しては，Atkinson and Morelli 2014: p.6によれば，1938年の0.426から1949年の0.355に減少，Milanovic 2016: p.73 fig. 2.11によれば，1913年の推定市場所得ジニ係数は0.5．日本に関しては，本書第4章注(1)を参照．Milanovic 2016に集められている全国データセットのなかでオランダだけが，1914年から1962年までの低下と同規模の所得ジニ係数の低下を1962年から1982年の期間に示している（p.81 fig. 2.15）.

（5） 図5.3は，Roine and Waldenström 2015: p.539 fig. 7.19〈http://www.uueconomics.se/danielw/Handbook.htm〉から．初期スカンディナヴィアのデータ点については，本書第3章140-141ページを参照.

（6） これに関して唯一のまぎれもない外れ値がノルウェーで，富の分散がほぼすべて1940年代以降に起こった．データはすべて，Roine and Waldenström 2015: pp.572-575 table 7. A2から．フランス：Piketty 2007: p.60 fig. 3.5.

（7） 図5.4は，Piketty 2014: p.26 fig. 1.2とp.196 fig. 5.8から；あわせてp.118も参照．図5.5はRoine and Waldenström 2015: p.449 fig. 7.5〈http://www.uueconomics.se/danielw/Handbook.htm〉から.

（8） 図5.6は，Broadberry and Harrison 2005b: p.15 table 1.5; Schulze 2005: p.84 table 3.9（オーストリア＝ハンガリーは軍事支出のみ）から.

（9） 国富：Broadberry and Harrison 2005b: p.28 table 1.10．費用：Harrison 1998a: pp.15-16 table 1.6; Broadberry and Harrison 2005b: p.35 table 1.13．ちなみに，こんにちの世界のGDPより一桁大きい数は，約1,000兆ドルとなる．GNP/GDP：

ドイツ：Abelshauser 1998: p.158 table 4.16. この割合は外国からの取り分を除けば64%に下がる．日本：Hara 1998: p.257 table 6.11.

(10) Piketty 2014: p.107; Moriguchi and Saez 2010: p.157 table 3C.1.

(11) 税：Piketty 2014: pp.498-499. 最初の低税率に関して，Scheve and Stasavage 2010: p.588も参照．図5.7は，Roine and Waldenström 2015: p.556 fig. 7.23 〈http://www.uueconomics.se/danielw/Handbook.htm〉から．

(12) 図5.8はScheve and Stasavage 2016: p.10 fig. 1.1から．

(13) 図5.9はScheve and Stasavage 2016: p.81 fig. 3.9（第一次世界大戦での動員10カ国と非動員7カ国について）から．Scheve and Stasavage 2012: p.83も参照．

(14) 政治的圧力：Scheve and Stasavage 2010: p.530, 534-535; 2012: p.82, 84, 100. Pigou 1918: p.145は古典的な発言で，Scheve and Stasavage 2012: p.84に引用されている．あわせて，グーグル・Nグラムによる2度の世界大戦中の「等しい犠牲」という言葉の相対的な頻度の急上昇を示したScheve and Stasavage 2016: p.202 fig. 8.1も参照．アメリカの世論については，Sparrow 2011を参照．マニフェスト：Scheve and Stasavage 2010: p.531, 535. p.529からの引用：「戦争で財をなした者は戦争のための支払いをしなければならない．したがって労働党は免税基準の引き上げを伴う強い累進課税を主張する．労働党の言う「富の徴収」とはそういう意味だ」．比較として，1917年のある新聞に書かれた「絶対的に必要であるとされる額を超えた所得がある場合の徴収」という考えについて，p.551も参照．政治的議論における等しい犠牲の概念については，p.541を参照．過剰な収益：Scheve and Stasavage 2010: pp.541-542. ローズヴェルトの発言は，Bank, Stark and Thorndike 2008: p.88から．相続税：Piketty 2014: p.508; Scheve and Stasavage 2010: pp.548-549.

(15) Scheve and Stasavage 2016: p.83 fig. 3.10.

(16) Piketty 2007: p.56, 58 fig. 3.44; Hautcoeur 2005: p.171 table 6.1. 第一次世界大戦の影響：Hautcoeur 2005: p.185; Piketty 2007: p.60 fig. 3.5.

(17) Piketty 2014: p.121, 369-370; Piketty 2014: p.273 fig. 8.2; p.275 (資本損失); Piketty 2007: pp.55-57, 60 fig. 3.5 (最大財産).

(18) Broadberry and Howlett 2005: p.217, 227; Atkinson 2007: pp.96-97, 104 table 4.3; Ohlsson, Roine and Waldenström 2006: pp.26-27 fig. 1.3.

(19) Piketty and Saez 2007，特にpp.149-156. ただし全体的な所得ジニ係数は，きわめて高い失業率のため1933年がピークだったかもしれない：Smolensky and Plotnick 1993: p.6 fig. 2，およびMilanovic 2016: p.71. 大恐慌については，本書第12章470ページを参照．

(20) 第一次世界大戦中の税制については，特にBrownlee 2004: pp.59-72; Bank, Stark and Thorndike 2008: pp.49-81を参照．税率：Bank, Stark and Thorndike 2008: p.65, 69-70, 78; Rockoff 2005: p.32 table 10.5. 引用：Brownlee 2004: p.58.

Mehrotra 2013 でも，第一次大戦の衝撃が急進的な法制を促した決定的な要因であり，第二次大戦時のいっそう厳しい財政政策の基盤でもあったとされている．財政緩和：Brownlee 2004: p.59; Bank, Stark and Thorndike 2008: p.81.

(21) 税率：Piketty and Saez 2007: p.157; Piketty 2014: p.507; Brownlee 2004: pp.108-119 (引用は p.109 から); Bank, Stark and Thorndike 2008: pp.83-108. 介入と不平等：Goldin and Margo 1992: p.16 (引用), pp.23-24; Piketty and Saez 2007: p.215 table 5B2; 本書 180 ページ（ジニ係数）. 役員報酬：Frydman and Molloy 2012. 賃金のジニ係数は 1938 年の 0.44 から 1953 年には 0.36 に低下した：Kopczuk, Saez and Song 2010: p.104. The Goldsmith-OBE series, 平均賃金に対する上位 10%の賃金の比率，賃金分布の中央値と 90 パーセンタイルとの格差は，いずれも 1940 年代の平等化に関して同一の現象を示唆している．また，賃金分布の中央値と 10 パーセンタイルとの比率に限っては，1940 年代の最初の大きな低下に続いて，1960 年代にも 2 度目の低下を示している：Lindert and Williamson 2016: p.199 fig. 8-2.

(22) Saez and Veall 2007: p.301 table 6F1, および視覚化したものとして p.264 fig. 6.A.2-3. 戦争の効果については p.232 を参照．所得分布で 90 パーセンタイルの所得を全国中央値の倍数としてあらわした場合，1941 年には 254%だったが，1950 年には 168%に低下し，以後はほとんど変化しなかった：Atkinson and Morelli 2014: p.15. GDP の国家シェアは 1935 年の 18.8%から 1945 年の 26.7%に上昇した：Smith 1995: p.1059 table 2.

(23) Dumke 1991: pp.125-135; Dell 2007. 図 5.10 は WWID から．動員率と GDP の国家シェアについては，本書 184-185 ページと図 5.9 を参照.

(24) 上位所得：Dell 2007: p.372; Dumke 1991: p.131; Dell 2005: p.416. 上位所得についての証拠は，ドイツの不平等は第一次世界大戦中も拡大しなかったという Baten and Schulz 2005 の修正論者的な主張を支持していない．財源とインフレ：Ritschl 2005: p.64 table 2.16; Schulze 2005: p.100 table 3.19; Pamuk 2005: p.129 table 4.4.

(25) Dell 2005: p.416; 2007: p.373; Holtfrerich 1980: pp.190-191, 76-92, 327, 39-40 table 8, p.266, 273, 221 table 40, p.274, 232-233, 268; Piketty 2014: p.503 fig. 14.2, pp.504-505.

(26) Dell 2005: pp.416-417; 2007: pp.374-375; Harrison 1998a: p.22; Abelshauser 2011: p.45 fig. 4, pp.68-69; Piketty 2014: p.503 fig. 14.2, pp.504-505; Klausen 1998: pp.176-177. 189-190.

(27) 上位所得：本書 175 ページを参照．Soltow and van Zanden 1998: pp.176-177, 184 (1939～1950 年に，管理職と熟練工員の実質賃金はそれぞれ 23.5%と 8%下落したが，非熟練労働者の場合は 6.4%上昇した); Salverda and Atkinson 2007: pp. 454-458; Soltow and van Zanden 1998: pp.183-185.

(28)　フィンランド：Jäntti et al. 2010: p.412 table 8A.1. デンマーク：Ohlsson, Roine and Waldenström 2006: p.28 fig. 5; Atkinson and Søgaard 2016: pp.283-284, 287 fig. 10. ノルウェー：Aaberge and Atkinson 2010: pp.458-459, および本書の表 5.1 と 5.2 を参照.

(29)　Piketty 2014: pp.146-150. Piketty は「資本にとっては戦争そのものよりも，2 度の大戦による予算と政治に絡んだ衝撃の方が，はるかに破壊的だったのだ」とも述べている（p.148）. 引用：Piketty 2014: p.275.

(30)　血染めの土地：Snyder 2010. イタリアについては，Brandolini and Vecchi 2011: p.39 fig. 8 を参照. ただし比較として，両大戦中の短期的な平等化の可能性について，Rossi, Toniolo and Vecchi 2001: pp.921-922 も参照. イタリアの戦時経済については Galassi and Harrison 2005; Zamagni 2005 を参照.

(31)　オランダ：Salverda and Atkinson 2007: p.441; Dumke 1991: p.131; De Jong 2005. スウェーデン：WWID; Atkinson and Søgaard 2016: pp.282-283, 287 fig. 10.

(32)　Nolan 2007: p.516（アイルランド）; Alvaredo 2010b: pp.567-568（ポルトガル）. スペインについては，本書第 6 章 261-263 ページを参照.

(33)　アルゼンチン：Alvaredo 2010a: pp.267-269, 272 fig. 6.6. 1948～1953 年の急速な平等化については，本書第 13 章 490 ページを参照. SWIID からのラテンアメリカのジニ係数：アルゼンチン 39.5（1961 年），ボリビア 42.3（1968 年），ブラジル 48.8（不明），チリ 44.0（1968 年），コロンビア 49.8（1962 年），コスタリカ 47.8（1961 年），エクアドル 46.3（1968 年），エルサルバドル 62.1（1961 年），ホンジュラス 54.1（1968 年），ジャマイカ 69.1（1968 年），メキシコ 49.8（1963 年），パナマ 76.0（1960 年），ペルー 53.3（1961 年），ウルグアイ 43.0（1967 年），ベネズエラ 45.1（1962 年）. 戦時中の展開については，本書第 13 章 488-489 ページを参照. Rodríguez Weber 2015: p.8 fig. 2, pp.19-24（チリ）; Frankema 2012: pp. 48-49（賃金不平等）.

(34)　植民地：Atkinson 2014b. インド：Raghavan 2016: p.331, 341-344. この富裕層への圧力を相殺したのが戦争による物価インフレで，実業家と大地主は利を得たが，中間層と低所得者層は苦しめられた（pp.348-350）. 長期的傾向については，Banerjee and Piketty 2010: pp.11-13 を参照.

(35)　Atkinson n.d. p.22, 28 fig. 5.

(36)　Zala 2014: pp.495-498, 502; Oechslin 1967: pp.75-97, 112; Dell, Piketty and Saez 2007: p.486 table 11.3.

(37)　Zala 2014: pp.524-525; Oechslin 1967: p.150 table 43, pp.152-160; Grütter 1968: p.16, 22; Dell, Piketty and Saez 2007: p.486 table 11.3.

(38)　Oechslin 1967: p.236, 239; Grütter 1968: p.23; Zala 2014: pp.534-535; Dell, Piketty and Saez 2007: p.494.

(39)　図 5.11 は WWID から.

(40) Gilmour 2010: pp.8-10; Hamilton 1989: pp.158-162; Roine and Waldenström 2010: p.310; Ohlsson, Roine and Waldenström 2014: p.28 fig. 1. この時期には農業所得が高まる一方，管理職の賃金が相対的に低くなったので，賃金格差も縮小した：Söderberg 1991: pp.86-87. 図 5.12 は Stenkula, Johansson and Du Rietz 2014: p.174 fig. 2 から（Mikael Stenkula から提供していただいたデータを利用して改変）；同様の全体像として，地方所得税を含めた p.177 fig. 4 も参照．比較として，Roine and Waldenström 2008: p.381 も参照．ひとこと言っておくと，Ohlsson, Roine and Waldenström 2006: p.20，または Henrekson and Waldenström 2014: p.12 にあるように，スウェーデンは 2 度の大戦に積極的に関与しなかったからといって強い衝撃を経験しなかったわけではない．戦争のすぐ近くにあって，各種の外国の脅威やさまざまな戦争関連の負担にさらされていれば，早々に動員効果が生じる——ほかの交戦国にくらべればその規模が小さかったというだけだ．

(41) Gilmour 2010: p.49（引用）, pp.47-48, 229-230, 241-242; Hamilton 1989: p.179 fig. 5.12; Roine and Waldenström 2010: p.323 fig. 7.9; Stenkula, Johansson and Du Rietz 2014: p.178; Du Rietz, Johansson and Stenkula 2014: pp.5-6. コンセンサス：Du Rietz, Johansson and Stenkula 2013: pp.16-17.（この情報は Stenkula, Johansson and Du Rietz 2014 の最終版からは省かれている）．戦時連立政権はそれ以前の 20 年にわたる混乱に安定をもたらした：Gilmour 2010: pp.238-239；比較として，Hamilton 1989: pp.172-177 も参照．

(42) Roine and Waldenström 2010: p.320 fig. 7.8; Ohlsson, Roine and Waldenström 2014: p.28 fig. 1. スウェーデンでの上位 1％の富のシェアは，富裕税から計算すると，1930 年代から約 40 年にわたり，ほぼ一定のペースで着実に低下した：Ohlsson, Roine and Waldenström 2006: fig. 7. Waldenström 2015: pp.11-12, 34-45 fig. 6-7 では，2 つの構造変化を特定している．ひとつは 1930 年代の国民所得と国富の比率（第一次世界大戦時の比較的ささやかな変化に続くもの）で，もうひとつは 1950 年代初期の個人財産と個人所得の比率であり，こうした「変化点は，長期的に見れば特に，2 度の世界大戦に関連する政治制度の変化が実際の戦争と同じくらい，富と所得の総合的な比率の形成にとって重要だったことを際立たせる」と結論されている（p.12）．Gustafsson and Johansson 2003: p.205 では，エーテボリでの 1920 年代から 40 年代にかけての所得不平等の着実な減少に関して，1925～1936 年は資本所得の減少と分散が，1936～1947 年は所得税が，主要な動因であろうとされている．平等化：Bentzel 1952; Spant 1981. 多様な所得層でのかなりの平等化については，Bergh 2011: fig. 3，および，その出典である Bentzel 1952 を参照．賃金：Gärtner and Prado 2012: p.13, 24 graph 4, p.15, 26 graph 7. 農業賃金は賃金固定化の対象外とされたため上昇した：Klausen 1998: p.100. 高所得層における資本所得の割合は 1935～1951 年に縮小した：本書の図 5.5 参照．

(43) Gilmour 2010: pp.234-235, 245-249, 267. Klausen 1998: pp.95-107 も参照．

引用：Gilmour 2010: p.238, 250, 267. Grimnes 2013では，占領下のノルウェーでの同様の展開について論じられている．

(44) Östling 2013: p.191.

(45) Du Rietz, Henrekson and Waldenström 2012: p.12. 1944年の「戦後プログラム」からの引用は，Hamilton 1989: p.180より．比較として，Klausen 1998: p.132も参照．

(46) Lodin 2011: pp.29-30, 32; Du Rietz, Henrekson and Waldenström 2012: p.33 fig. 6; Du Rietz, Johansson and Stenkula 2013: p.17. 戦時中の法人税40%は1947年にはすでに恒久的なものになっていた：Du Rietz, Johansson and Stenkula 2014: p.6.

(47) 「この進展は，危機においては増税の負担を受け入れ，危機が過ぎても引き上げられた課税水準を継続して受け入れることが，税率と公共支出の段階的な機能強化を生むという考えを支持するものである」(Stenkula, Johansson and Du Rietz 2014: p.180). これと対照的に，Henrekson and Waldenström 2014, 特にpp.14-16では，戦争の効果を否定して政策の変化をイデオロギーとの関連で説明しようとしている――が，それではなぜ社民党の大胆な政策が現実に可能となったのかが説明されない．Roine and Waldenström 2008: pp.380-382では，上位の所得シェアの戦後の下落を課税の強い影響によるものと推測している．

(48) Piketty 2014: pp.368-375. とりわけ遺産税は富の伝達に大きな効果をもたらした．フランスでは，国民所得の20〜25%を占めていた遺産相続の割合が，戦時中に5%未満へと劇的に減少した（p.380 fig. 11.1). Dell 2005では，フランスの事情（戦争の甚大な衝撃と戦後の累進税制が，富の集中度を急激に低下させ，その後の回復も阻んだ）を，ドイツ，スイスと比較している（ドイツも戦争の衝撃は経験したが，累進性の比較的弱い税制を選択したため，ある程度まで富の再集中が起こった．スイスは大きな衝撃を免れ，累進税制をほとんど採用せず，富の集中度は高いまま維持された)．あわせて，Piketty 2014: pp.419-421も参照．上位の所得シェアに関しては，戦後の平等化の唯一の例外となった旧交戦国がフィンランドだった．1938〜1947年はかなりの平等化がなされ，そのまま維持されていたが，1950年代と60年代に上位の所得シェアは大幅な回復を果たし，所得ジニ係数も大きく上昇した．1970年代に入ってから，上位1%の所得シェアはついに40年代後半のレベルより低いところまで下がったが，ジニ係数が当時の低い水準に戻ることはなかった（WWID; Jäntti et al. 2010: pp.412-413 table 8A.1)．第二次世界大戦中には大幅な増税が行われたが，一般国民に対しては緩和された．それは課税対象基準が上がり，課税される国民の割合が減少したからである：Jäntti et al. 2010: p.384 fig. 8.3 (b); 1950年代と60年代初頭の総合課税率の低下に関して，Virén 2000: p.8 fig. 6も参照．これが上位の所得をどう下支えしたかは明らかでない．財政手段：Piketty 2014: pp.474-479. GDPの国家シェアに関して，p.475 fig. 13.1も参照．フランス，

イギリス，アメリカでは，国民所得に占める税の割合が1910～1950年に3倍になったが，その後の傾向は，景気停滞（アメリカ），さらに50%の成長（フランス）など，さまざまに異なった．これは新たな平衡状態を確立し，最終的には国家予算の多くが医療や教育，代替所得や移転所得に投じられた（p.477）．Roine and Waldenström 2015: pp.555-556, 567でも同様に，高い限界税率が戦後の不平等を縮小させる重要な決定因だったとされている．Piketty 2011: p.10で，「1914年から1945年までの政治的，軍事的な衝撃が，前例のない反資本政策の波を引き起こし，それが個人の富に戦争そのものよりもはるかに大きな影響を与えた」と述べられているのも，まんざら誇張ではない．

(49) Scheve and Stasavage 2009: p.218, 235；ただし因果関係の問題に関し，比較として，pp.218-219, 235も参照．あわせて，Salverda and Checchi 2015: pp.1618-1619も参照．イギリス：Lindsay 2003．図5.13は，〈http://www.waelde.com/UnionDensity〉から（1960年前後のわずかな途切れはデータセットの入れ替えの影響である）．詳細な統計については，特にVisser 1989を参照．

(50) Weber 1950: pp.325-326．Andreski 1968: pp.20-74，特にp.73では，階層分化の程度が任意の集団内での軍事的関与の程度と反比例の関係にあると論じられている．

(51) 戦争と権利の関連：Ticchi and Vindigni 2008: p.4に参考資料が挙げられている．実現はしなかったが，フランスでは1793年の国民総動員令と時を同じくして，普通選挙権を盛り込んだ新憲法を制定する構想もあった．これについてはp.23, n.46を参照．対策：たとえば，Acemoglu and Robinson 2000: pp.1182-1186; Aidt and Jensen 2011，特にp.31．その他の事例：ニュージーランド，オーストラリア，ノルウェーでは，普通選挙権が第一次世界大戦に先立って法制化された．平和：Ticchi and Vindigni 2008: pp.23-24．引用はTicchi and Vindigni 2008: p.29 n.27, p.30 n.38より．2度の大戦と民主化の波については，たとえば，Markoff 1996b: pp.73-79; Alesina and Glaeser 2004: p.220を参照．Mansfield and Snyder 2010では，戦争は民主化に散発的な効果しか与えていないとされているが，これはまさしく大量動員戦争とそうでない戦争とを区別しそこなっているからではないかと思われる．

(52) 特にラテンアメリカに関連しては，Ticchi and Vindigni 2008: p.30およびreferencesを参照．

(53) このつながりは，戦争に関連した社会的連帯，平等という理想，完全雇用や労働組合結成を通じて労働者階級が自己主張できるようにするための政治的な合意形成，国家の支出と能力の大幅な拡大，士気を上げる役割を果たす戦後改革の約束など，さまざまな要素に起因すると考えられてきた．Titmuss 1958が代表的な意見である（その見方に関する論議の簡潔な概説は，Laybourn 1995: pp.209-210を参照）．最近の研究のなかでは，Klausen 1998が，さまざまな国での戦後福祉国家創成における第二次世界大戦の決定的な重要性を支持する最も力強い主張を提供して

いる．一方，Fraser 2009: pp.246-248 はイギリスに関しての確固たる主張を示し，Kasza 2002: pp.422-428 は同じように日本についての主張を展開する；後者では，大規模戦争と福祉の関係も簡潔に理論化しつつ，健康な兵士や労働者の必要性，男性の稼ぎ手の不在の影響，社会正義やエリートも含めた平等な犠牲負担への要望，戦争に誘発された緊急性が引き起こす急速な変化を強調している（pp.429-431）．さらに，Briggs 1961; Wilensky 1975: pp.71-74; Janowitz 1976: pp.36-40; Marwick 1988: p.123; Hamilton 1989: pp.85-87; Lowe 1990; Porter 1994: pp.179-192, 288-289; Goodin and Dryzek 1995; Laybourn 1995: pp.209-266; Sullivan 1996: pp.48-49; Dutton 2002: pp.208-219; Kasza 2002: pp.428-433; Cowen 2008: pp.45-59; Estevez-Abe 2008: pp.103-111; Fraser 2009: pp.209-218, 245-286; Jabbari 2012: pp.108-109; Michelmore 2012: pp.17-19; Wimmer 2014: pp.188-189 も参照．より全般的には，Addison 1994 を参照．この効果は植民地にも波及する場合があり，ケニアについては，Lewis 2000 を参照．あわせて，国家拡大の役割に関して，Berkowitz and McQuaid 1988: pp.147-164，特に p.147; Cronin 1991 を参照．さらに比較として，Fussell 1989；第二次世界大戦の文化的影響に関する Sparrow 2011；同じく Kage 2010 では，第二次世界大戦の動員がその時期に成年に達した一般市民のより大きな関与を生んだと述べられている．Bauer et al. 2016，特に pp.42-43 table 2 と fig. 1 には，戦争という暴力にさらされると社会性のある行動と共同体の参加が強まりやすいことを示した研究結果が紹介されている．Ritter 2010: pp.147-162 では，さまざまな国における戦後の福祉改革についての全般的な概略が示されている．

（54） 『タイムズ』紙 1940 年 7 月 1 日．Fraser 2009: p.358 より．

（55） Roine and Waldenström 2015: p.555.

（56） Beveridge 1942: p.6.

（57） Lindert and Williamson 2015: p.218（引用），および p.206 に，この 6 つの要素について別の一覧がある．Milanovic 2016: p.56 table 2.1 が示すところも同様で，戦争，国家破綻，疫病などの「悪性」の平等化の力と，政治（社会主義や労働組合などに代表される），教育，高齢化，低熟練労働者に有利となる技術変化などを通じた社会的圧力と見なされる「良性」の要因とを区別している．Therborn 2013: pp.155-165 では，1945 年から 1980 年ごろまでの「遠大で平和的な社会改革」と，それに先立つ暴力的な衝撃とを切り離そうとしている．移民の削減については，Turchin 2016a: pp.61-64 を参照．Lindert and Williamson 2015: p.201 table 8.3 で示されているように，アメリカの金融部門の相対的な給与は，1930 年代にいくらか上昇したあとで，まさに第二次世界大戦中に急落した．アメリカのスキルプレミアムの非連続的な変化については，本書第 13 章 485-486 ページを参照．労働組合結成率については，本書 211-213 ページを参照．人口高齢化が結果的に不平等を拡大するおそれについては，本書第 16 章 541-542 ページを参照．

(58) 本章の注(53)で紹介した文献を参照．経済政策はとりわけ戦争の効果に敏感だった．ひとつだけ例を挙げれば，Soltow and van Zanden 1998: p.195によると，オランダの国内経済がどう組織されるべきかについての国民的議論が頂点に達したのが1918年と1945年だった．Durevall and Henrekson 2011では，GDPに占める国家シェアの増大は，長期的に見れば，戦争に関連した飛躍的上昇の歯止め効果で推進されたというよりも，主として経済成長によるものだったと主張されているが，たとえそれが正しいとしても，経済成長それ自体では，のちの持続的な平等化につながった累進税制と規制が戦争に促されて出現したことを説明しえない．福祉国家の出現を経済発展との関係で長期的にたどったLindert 2004によれば，西洋の福祉制度の拡大が自然と進みはじめたのは1970年代になってからだとしても，「きわめて重要な分岐点」だったのは1930年代と40年代で，この時に戦争と恐怖が社会民主主義を後押ししたのだとされている（p.176）．

(59) Obinger and Schmitt 2011（福祉国家）; Albuquerque Sant'Anna 2015（冷戦）．ソ連の軍事力が上位の所得シェアに影響を与えることを可能にさせた近接要因（限界税率以外）については詳しい調査が必要である．将来の戦争については，本書第16章553-557ページを参照．

【第6章】

（1） 図6.1は，Scheve and Stasavage 2016: p.177 fig. 7.1から．

（2） 大規模軍隊の存在だけでは，必ずしも大量動員戦争の基準には適合しない．たとえば1850年の中国なら，条件となる2%を超えるためには900万人近い人員が軍に投入されなくてはならない．とりあえず言えるのは，そのような数字には太平天国の乱でも届かなかったということだ．本書第8章306-309ページを参照．

（3） Bank, Stark and Thorndike 2008：南北戦争についてpp.23-47，特にpp.31-34, 41-42.

（4） Turchin 2016a: p.83 table 4.4, p.139, 161. この国勢調査データの数値については，本章の注(7)，およびSoltow 1975: p.103を参照．1860〜1870年に，財産所得の推定ジニ係数は0.757から0.767へ上昇し，上位1%のシェアも25%から26.5%へ上昇した――が，この変化は十分に誤差の範囲内である：Lindert and Williamson 2016: p.122 table 5-8. 所得ジニ係数は，ニューイングランドで6.1，大西洋岸中部の諸州では3.1，東北中央部諸州では6.7，西北中央部諸州では5.9ポイント上昇し，それぞれの地域の上位1%の所得シェアは，7%，9.1%，7%，6.9%から，10.4%，9.2%，9.1%，9.7%へと増加した：p.116 table 5-7A, p.154 table 6-4A.

（5） 資産としての奴隷：Wright 2006: p.60 table 2.4, およびp.59 table 2.3（農地と建物は南部の私有資産の36.7%を占めていた）．比較として，それ以前の数十年については，Piketty 2014: pp.160-161 figs. 4.10-11も参照．ジニ係数：Lindert and

Williamson 2016: p.38 table 2-4, p.116 table 5-7: 1850年についてはp.115 table 5-6. 奴隷所有制：Gray 1933: p.530, およびSoltow 1975: p.134 table 5.3.

（6） これに関しては，公開統計データベース「IPUMS-USA」〈https://usa.ipums.org/usa/〉をもとにして，本書のためにこれらの結果の計算をしてくれたJoshua RosenbloomとBrandon Dupontに大いに感謝する．これらのデータの性格については，Rosenbloom and Stutes 2008: pp.147-148を参照.

（7） IPUMS-USAのデータにおける南部人全体の資産ジニ係数は，1860年には0.8で，1870年には0.74だった．先行研究では，この10年間の平等化がもっと小さかったと見積もられていた．たとえば，Soltow 1975：p.103では，1860年の非奴隷南部人の資産ジニ係数が0.845，1870年の南部白人の資産ジニ係数が0.818と推定されている．Jaworski 2009: p.3, 30 table 3, p.31は，全米の6,818人の個人を対象に1860年と1870年の両方で調査した結果で，南部大西洋岸地域では上位層での損失により資産ジニ係数が0.81から0.75に低下し，南部中央地域ではホワイトカラー労働者による急速な富の蓄積で資産ジニ係数が0.79から0.82に上昇したことを示している．Rosenbloom and Dupont 2015は，この10年間の富の移動性を分析し，富の分配における上位層にかなりの変動を発見している．財産所得：Lindert and Williamson 2016: p.122 table 5-8. Table 2.4：p.116 table 5-7, p.154 table 6-4A（ジニ係数はすべて小数点以下2桁に丸めてある）．1860年の非奴隷世帯と1870年の白人世帯との比較については，p.116 table 5-7, p.155 table 6-4Bを参照．1860年の水準からの上位所得シェアの32%，23%，49%の低下，ジニ係数の4，3，8ポイントの低下が示されている.

（8） アメリカと日本の上位所得シェアの1920年代における急速な回復は，部分的な例外にすぎないようだ.

（9） Schütte 2015: p.72から引用.

（10） Clausewitz 1976: p.592〔ドイツ語原著*Vom Kriege*は1832年刊〕.

（11） 本書第8章298-306ページを参照.

（12） 本書全体の焦点を踏まえて，ここでは国家レベルの定住社会について述べている．戦闘頻度は高くても散発的な戦争や季節ごとの戦争しかしない小規模集団や，チンギス・カンとその後継者たちの集団のような，成年男子人口のほとんどを戦闘員としているステップ遊牧民については考慮していない.

（13） Kuhn 2009：p.50（宋）; Roy 2016: ch. 3（ムガル帝国）; Rankov 2007: pp.37-58（ローマ帝国後期についてはもっと高い数字も出ているが信頼性に欠ける：Elton 2007: pp.284-285）; Murphey 1999: pp.35-49（オスマン帝国）.

（14） Hsu 1965: p.39 table 4, p.89; Li 2013: pp.167-175, 196. この時期の政治論は民衆に強く関心を向け，民衆の貧困と困窮は国家が軽減してやるものと考えていたため，「民のためになることをする」，「民を愛おしむ」といった主張があらわれた：Pines 2009: pp.199-203.

(15) Li 2013: pp.191-194; Lewis 1990: pp.61-64; Lewis 1999: pp.607-608, 612.

(16) Li 2013: p.197; Lewis 1990: pp.15-96，特に p.64（引用）.

(17) 軍事行動：Li 2013: pp.187-188; Lewis 1999: pp.628-629; Lewis 1999: pp.625-628（軍の規模）; Li 2013: p.199; Bodde 1986: pp.99-100（死傷者）; Li 2013: p.194（河内）. 人口 500 万の国では 10 万人の兵士を動員すれば前述の 2% の基準を満たしたことになる.

(18) Lewis 2007: pp.44-45; Hsu 1965: pp.112-116; Sadao 1986: p.556; Lewis 2007: pp.49-50. 引用は Lewis 2007: p.50 から.

(19) Falkenhausen 2006: pp.370-399，特に p.391 と p.412 では武装化とともに平等主義にも触れている. これは秦の墓からそうした武器が見られなくなったこととなぜか矛盾しているが，おそらくは実利的な理由からと思われる（p.413）.

(20) 秦の高い税率については，それが事実なのか，悪意あるプロパガンダにすぎないのか定かでない：Scheidel 2015b: p.178 n.106.

(21) Scheidel 2008 に，ローマ市民の数についての議論の概略がある. 動員率については，特に Hopkins 1978: pp.31-35; Scheidel 2008: pp.38-41 を参照. Lo Cascio 2001 では，母集団の人口がもっと大きく，参加率はもっと低かったとされている.

(22) リウィウス 24.11.7-8，および Rosenstein 2008: pp.5-6. アテナイについては本書で後述する.

(23) Hansen 2006b: pp.28-29, 32（人口）; Ober 2015a: p.34 fig. 2.3（領土）; Hansen and Nielsen 2004; Hansen 2006a（ポリスの性質）.

(24) Ober 2015a: pp.128-137，特に pp.128-130（引用：p.130），p.131（引用），pp.131-132, 135-136.

(25) 密接な（因果）関係があったと断定する研究者もいるが，その見方には懐疑的な研究者もいる. van Wees 2004: p.79 と Pritchard 2010: p.56 などは最も批判的な見解だ. 初期ファランクスの雑多な特徴については，van Wees 2004: pp.166-197 を参照. 市民権：Ober 2015a: p.153.

(26) プルタルコス『リュクルゴス』8.1（Richard J. A. Talbert 訳）〔『リュクルゴス』の邦訳は，『プルターク英雄伝（1）』河野与一訳，岩波文庫，1952 年；『英雄伝 1』柳沼重剛訳，京都大学学術出版会，2007 年など〕.

(27) Hodkinson 2000. 富の集中：pp.399-445，特に p.399, 437. 世襲資源の不平等化効果については，本書第 1 章 51-52 ページを参照.

(28) この進展全般についての詳細な説明は，Scheidel 2005b: p.419 を参照. Pritchard 2010: pp.56-59 も参照. 引用：ヘロドトス 5.78.

(29) 引用：Old Oligarch 1.2, van Wees 2004: pp.82-83 から引用. 比較として，アリストテレス『政治学』1304a も参照〔『政治学』の邦訳は，『新版 アリストテレス全集』第 17 巻，内山勝利訳，岩波書店，2018 年；『政治学』牛田徳子訳，京都大学学術出版会，2001 年など〕：「サラミスでのアテネの勝利とそれによる覇権に，

海軍の大軍団が貢献したとすれば，それは制海権にもとづくものであり，その力は民主政をいっそう強化した」．このような見解はもちろん論争を呼ぶものだが，Pritchard 2010: p.57で示唆されているように，だからといって必ずしもこれらの見方が間違いだということにはならない．Hansen 1988: p.27（アテナイの死傷者数）; Hansen 1985: p.43（マケドニアとのラミア戦争）．

(30) Ober 2015b: pp.508-512; van Wees 2004: pp.209-210, 216-217.

(31) 負担：Pyzyk Forthcoming, および Ober 2015b: p.502を参照．このシナリオでは，アテナイ市民の最も豊かな（およそ）1%層が，全個人所得の5%から8%しか得ていないことになる．この階層の平均所得を2倍にした改訂モデルでは，税負担は8分の1に下がる（そして上位1%の所得シェアは約13%に倍増する）が，そうなると次に豊かな800世帯がいっそう重い税負担を被ることになる：Ober 2015b: pp.502-503; 2016: p.10（エリートの所得を2倍にした場合）．アテナイの富の性質については，Davies 1971; 1981を参照．所得税：これは私の計算した平均値を優に超える財産税を緊急措置として臨時に徴収された場合の追加効果を無視している：紀元前428年に軍艦300隻の年間艤装費に相当する費用が徴収されている件については，トゥキュディテス3.19.1を参照．

(32) 引用：テオプラストス『性格論』26.6, van Wees 2004: p.210から引用〔『性格論』の邦訳は，『人さまざま』森進一訳，岩波文庫，2003年〕．土地所有ジニ係数：Osborne 1992: pp.23-24の要約として，Scheidel 2006: pp.45-46; Foxhall 1992: pp.157-158; Morris 1994: p.362 n.53; 2000: pp.141-142．あわせて Ober 2015a: p.91も参照．

(33) 所得と富のジニ係数：Ober 2016: p.8（および比較として，2015a: pp.91-93）; Kron 2011; 2014: p.131．Ober 2015a: p.343 n.45で指摘されているように，在留外国人と，特に奴隷が含まれれば，富の不平等度はずっと高くなる．実質賃金：Scheidel 2010: pp.441-442, 453, 455-456; Ober 2015a: p.96 table 4.7．Foxhall 2002では，急進的な政治上の平等主義と，もっと制限された資源上の平等主義とのギャップが強調されている．公共支出：Ober 2015b: p.499 table 16.1, p.504.

(34) Morris 2004: p.722; Kron 2014: p.129 table 2.

(35) 近代の場合とまったく同様に，民主主義そのものが不平等を縮小させたという明白な証拠はない：本書第12章472-474ページを参照．すでに述べたアテナイの歴史の概略から判断すると，2度の世界大戦の時と同じような関連性で，軍事大量動員と民主化は関連していたのかもしれない（本書244-248ページを参照）．統合の欠如：Foxhall 2002: p.215．ただしアリストテレスは古代法に関する言及で，役に立たないほど漠然とした表現ながら，「多くの場所」に土地取得を制限する法律があったと述べている（『政治学』1319a）．

(36) Tilly 2003: pp.34-41; Toynbee 1946: p.287．Gat 2006とMorris 2014では，歴史を通じての戦争の性質の変化が概説されている．シュメール人の嘆きは，Morris

2014: p.86 から引用.

(37) Yamada 2000: pp.226-236, 特に p.227 (引用), p.234, 260; Oded 1979: pp.78-79, および本書第 1 章 81-82 ページ (分配).

(38) 貴族階級：Thomas 2008: pp.67-71, 特に p.68; Morris 2012: pp.320-321. 新たな分配：Thomas 2008: pp.48-49, Thomas 2003 にもとづく；Thomas 2008: p.69. 土地所有の空間的な分配の変化（分散していたイングランド人の所有地が，もっと密集したノルマン人の私有地に置き換えられた）は，この過程に影響を与えてはおらず，その後の長子相続制の広まりは既存の所有地の維持を助けただけだった：Thomas 2008: pp.69-70, 102.

(39) プラト：Guasti 1880; Alfani and Ammannati 2014: pp.19-20. アウクスブルク：本書第 11 章 435-443 ページ.

(40) Álvarez-Nogal and Prados de la Escosura 2013: p.6 fig. 3, p.9 fig. 3, p.21 fig. 8, および本書第 3 章 131 ページ，図 3.3 (スペイン)；Arroyo Abad 2013: pp.48-49 (ベネズエラ).

(41) 全体的な不平等：Fearon and Laitin 2003; Collier and Hoeffler 2004. 集団間の不平等：Østby 2008, Cederman, Weidmann and Gleditsch 2011. 身長の不平等：Baten and Mumme 2013. 土地の不平等：Thomson 2016.

(42) Bircan, Brück and Vothknecht 2010, 特に pp.4-7, 14, 27. 本節のタイトルは，あるフツ族の殺人者の言葉で，1990〜1994 年のルワンダ内戦の末期に起こった集団虐殺を回想した時のもの：Hatzfeld 2005: p.82. 加害者の話にも，この研究でわかったことのいくつかが出てくる：「俺たちが畑を奪い損ねるなんてありえない……大勢が急に金持ちになった……お偉いさんに税金を取られることもなかった」(p.63, 82-83).

(43) 引用：Bircan, Brück and Vothknecht 2010: p.7. 1830 年代：Powelson 1988: p.109.

(44) 内戦と展開については，Holtermann 2012 などを参照. スペイン：Alvaredo and Saez 2010, 特に pp.493-494；WWID. 図 6.2 は，Prados de la Escosura 2008: p.302 fig. 6 から.

(45) Prados de la Escosura 2008: p.294 fig. 2 (賃金ジニ係数); p.288 table 1 (1930〜1952 年の GDP), p.309 fig. 9 (1935〜1950 年の貧困層); p.301 (引用).

(46) Shatzman 1975: pp.37-44.

(47) Scheidel 2007: pp.329-333.

(48) 文中の引用：この軍事行動の適切な性格づけをしてくれたのは，前アーカンソー州知事マイク・ハッカビーである. 2015 年 8 月 6 日の第 1 回共和党大統領候補選出予備討論会での発言より.

【第 7 章】

(1) ドイツ，フランス，イギリス，アメリカについては，本書第 5 章 175 ページ

を参照．Brandolini and Vecchi 2011: p.39 fig. 8 にあるイタリアについての指標のほとんどは，1911 年から 21 年にかけて不平等が緩やかに減少したことを示している．ただし証拠が時間的な精度に欠けるため，戦時中と終戦直後の展開を精確に解きほぐすことはできない．ひょっとしたらその期間内に不平等が回復していた可能性もある．

（2） Gatrell 2005: pp.132–153.

（3） Leonard 2011: p.63. 引用：Tuma 1965: pp.92–93.

（4） Tuma 1965: pp.92–93（最初の布告）; Davies 1998: p.21（その後の布告）; Figes 1997: p.523（「過去の人たち」）．脱都市化：Davies 1998: p.22; サンクトペテルブルクについては，Figes 1997: p.603; 食糧不足による都市中心部の飢餓と人口減少については，pp.603–612 参照．Figes 1997: p.522（『プラウダ』）; レーニン「競争をどう組織するか」1917 年 12 月，Figes 1997: p.524 にて引用．

（5） Powelson 1988: p.119（土地）; Tuma 1965: p.91. 94（引用）．

（6） Leonard 2011: p.64; Davies 1998: pp.18–19（戦時共産主義）; Tuma 1965: p.95（引用）; Powelson 1988: p.120（委員会）; Figes 1997: p.620（外部の人間）; Ferguson 1999: p.394（最初のレーニンの引用）; Figes 1997: p.618（次のレーニンの引用）．

（7） Tuma 1965: p.96（行く末）; Powelson 1988: p.120（集団農場）; Leonard 2011: p.67（世帯）; Davies 1998: p.19（インフレ）．

（8） 新経済政策：Leonard 2011: p.65; Tuma 1965: p.96. 回復：Leonard 2011: p.66; Tuma 1965: p.97. 差別化：Tuma 1965: p.97; Leonard 2011: p.67. 資本：Davies 1998: pp.25–26.

（9） Davies 1998: p.34（穀物）; Tuma 1965: p.99（土地）; Powelson 1988: p.123（スターリン）．Allen 2003: p.87 によれば，共同組織がないために 1920 年代に地方で不平等が広がった可能性もあるという．

（10） Tuma 1965: p.99; Powelson 1988; p.123; Werth 1999: pp.147–148.

（11） Leonard 2011: p.69（集団農場化）; Werth 1999: p.146, 150–151, 155; Davies 1998: p.51（暴力）．

（12） Werth 1999: p.169, 190, 206–207, 191–192, 207; Davies 1998: p.46, 48–50. 農民の植物性食物の消費はほぼ変わらなかったが，動物性食物の消費が減少した：Allen 2003: p.81 table 4.7.

（13） Davies 1998: p.54.

（14） 所得シェアとジニ係数：Nafziger and Lindert 2013: p.38, 26, 39; 比較として，Gregory 1982 も参照．Nafziger and Lindert 2013: p.34（比率）．ジニ係数：Nafziger and Lindert 2013: p.34; SWIID. 比率：Nafziger and Lindert 2013: p.34. Flakierski 1992: p.173 では，1964～1981 年に 2.83 から 3.69 の変動があったことを実証している．1980 年代にこの比率がやや上昇したことについては，Flakierski 1992: p.183 を参照．アメリカ：〈http://stats.oecd.org/index.aspx?queryid=46189〉．

(15)　Davies 1998: p.70; Flakierski 1992: p.178. もちろん，党のエリートは贅沢な輸入品にいくらでも手を出せたから，実質的な消費の不平等は高まっていた．

(16)　Milanovic 1997: pp.12-13, 21-22, 40-41, 43-45; Credit Suisse 2014: p.53.

(17)　Treisman 2012.

(18)　Moise 1983: p.27 (主張); Brandt and Sands 1992: p.182 (半分); これは当時としては極端に高い割合ではなかった（p.184)．Walder 2015: pp.49-50 では，1930 年代後半に人口の上位 2.5%が国土の 40%近くを所有していたという概算を引用している．Moise 1983: p.28; Hinton 1966: p.209.

(19)　Moise 1983: pp.33-34, 37-38.

(20)　Moise 1983: pp.44-45; Dikötter 2013: p.65.

(21)　Moise 1983: p.48, 51, 55-56.

(22)　Moise 1983: p.56, 67-68, 102-112. 土地改革全般については，Walder 2015: pp.40-60 を参照．結末：Margolin 1999b: pp.478-479; Dikötter 2013: pp.73-74, 76 (引用).

(23)　Dikötter 2013: p.74, 82-83. ちなみに，Margolin 1999b: p.479 では，もっと高い数字が出ている（死亡者数 200 万～500 万，加えて 400 万～600 万人が収容所送り）．

(24)　Moise 1983: pp.138-139; Hinton 1966: p.592. あわせて Walder 2015: pp.49-50 も参照：最も裕福な 2.5%の土地所有シェアは 1930 年代の 40%近くから，その 20 年後には 2%にまで下がり，その次に裕福な 3.5%のシェアは 18%から 6.4%に下がった一方で，貧農と中農のシェアは 24%から 47%に上がった．

(25)　Margolin 1999b: pp.482-484; Dikötter 2013: pp.166-172; Walder 2015: pp.76-77.

(26)　Dikötter 2013: pp.237-238, 241; Walder 2015: pp.95-97. 保健や年金や住居といった福利厚生は職場単位で提供された（Walder 2015: pp.91-94)．

(27)　Margolin 1999b: p.498.

(28)　Brandt and Sands 1992: p.205 (1930 年代); Walder 2015: p.331 table 14.2 も参照．ジニ係数：SWIID; Xie and Zhou 2014: p.6930, 6932; Walder 2015: p.331. 不平等のレベル：視覚化したものについては Xie and Zhou 2014: p.6931 fig. 2 を，クズネッツについては本書第 13 章 477-483 ページを参照．似たような富の統計については（1995 年の 0.45，1995 年の 0.55，2010 年の 0.76)，Bourguignon 2015: pp.59-60 と，そのもとになっている Zhong et al. 2010 (Bourguignon は出典を誤っている）と Li 2014 を参照．都市と地方の大きな所得格差は毛沢東時代にさかのぼる：Walder 2015: pp.331-332.

(29)　不平等：Moise 1983: pp.150-151；1930 年代については，Nguyen 1987: pp. 113-114 を参照．改革とその成果：Moise 1983: pp.159-160, 162-165, 167, 178-179, 191-214, 222; Nguyen 1987: p.274, 288, 345-347, 385-451, 469-470.

(30) 北朝鮮：Lipton 2009: p.193. Rigoulot 1999 に，北朝鮮の共産主義政権の恐ろしさが要約されている．キューバ：Barraclough 1999: pp.18-19. ニカラグア：Kaimowitz 1989: pp.385-387; Barraclough 1999: pp.31-32.

(31) Margolin 1999a.

(32) Courtois 1999: p.4 (死亡者数).

【第 8 章】

(1) 不平等：Morrisson and Snyder 2000: pp.69-70, 革命前の不平等全般については pp.61-70 を参照．あわせて 18 世紀フランスの階級による身長差について Komlos, Hau and Bourguinat 2003: pp.177-178 も参照．税制：Aftalion 1990: pp.12-15; Tuma 1965: pp.59-60. 土地へのアクセス：Hoffman 1996: pp.36-37; Sutherland 2003: pp.44-45. Aftalion 1990: pp.32-33 (農民，悪化); Marzagalli 2015: p.9 (地代と価格).

(2) Tuma 1965: pp.56-57, 60-62; Plack 2015: pp.347-352; Aftalion 1990: p.32, 108. 引用：Plack 2015: p.347, 出典は Markoff 1996a. あわせて Horn 2015: p.609 も参照．

(3) Tuma 1965: pp.62-63; Aftalion 1990: pp.99-100, 187; Plack 2015: pp.354-355.

(4) Aftalion 1990: p.100, 185-186; Morrisson and Snyder 2000: pp.71-72; Postel-Vinay 1989: p.1042; Doyle 2009: p.297.

(5) Aftalion 1990: pp.130-131, 159-160.

(6) Doyle 2009: pp.249-310, 特に pp.287-289, 291-293 を参照．

(7) Doyle 2009: pp.297-298 より引用．

(8) 平等化：特に Morrisson and Snyder 2000: pp.70-72 と Aftalion 1990: pp.185-187 を参照．実質賃金：Postel-Vinay 1989: pp.1025-1026, 1030; Morrisson and Snyder 2000: p.71.

(9) Morrisson and Snyder 2000: p.71; Aftalion 1990: p.193; Doyle 2009: p.294.

(10) 表 8.1 は Morrisson and Snyder 2000: p.74 table 8 からの引用．ただし，比較として p.71 も参照：「1790 年から 1830 年代までのあいだに所得分配がどう変化したかを概算するのに使える指標はなかった」．

(11) Morrisson and Snyder 2000: p.69 table 6 では，革命前の所得上位 10% のシェアが 47～52% となっている．革命後の展開：Tuma 1965: p.66; Doyle 2009: p.295. 個人の富のシェアについては，Piketty 2014: p.341 を参照．

(12) Kuhn 1978: pp.273-279 (引用：p.278); Platt 2012: p.18; Bernhardt 1992: p.101; Spence 1996: p.173 (引用).

(13) 江南地方の記録で少しでも言及されている証拠がないことについて，Bernhardt 1992: p.102 を参照．関係：Kuhn 1978: pp.279-280, 293-294; Bernhardt 1992: pp.103-105, 116.

(14)　冒頭の引用は，1381年に発生したイングランドの農民一揆について記述したトマス・ウォルシンガムの文章で，Dobson 1983: p.132から引用．
(15)　Tuma 1965: p.111; Powelson 1988: pp.218–229; Barraclough 1999: pp.10–11.
(16)　Tuma 1965: pp.121–123; Barraclough 1999: p.12; Lipton 2009: p.277.
(17)　ボリビア：Tuma 1965: p.118, 120–123, 127–128; Barraclough 1999: p.12, 14–16; Lipton 2009: p.277.　エルサルバドル：Anderson 1971；および本章の最後も参照．土地改革全般については，本書第12章449–464ページを参照．
(18)　Deng 1999: pp.363–376, 247 table 4.4, p.251（引用）．記録に残っている反乱の大半は失敗に終わったが，それでもこの期間に反乱軍によって樹立された新政権は48にのぼる（pp.223–224 table 4.1）．ほとんどの反乱は地方の擾乱がきっかけだった．
(19)　Mousnier 1970: p.290.
(20)　キルクムケリオーネス：Shaw 2011: pp.630–720（引用したアウグスティヌスの言葉はpp.695–696），および現代の修史的構成概念の解析についてはpp.828–839を参照．バガウダエ：一例としてThompson 1952があるが，これはDrinkwater 1992では否定されている．
(21)　中世の民衆反乱についてはFourquin 1978；中世後期の社会暴動についてはCohn 2006，および各種の典拠を示したCohn 2004；特に14世紀後半についてはMollat and Wolff 1973；14世紀から17世紀にかけてはNeveux 1997；あわせてBlickle 1988も参照．近代初期のうち，17世紀のフランス，ロシア，中国についてはMousnier 1970を，16世紀から18世紀の農民戦争についてはBercé 1987を参照．中世と近代初期の北欧諸国についてはKatajala 2004を参照．数字：Blickle 1988: p.8, 13（ドイツ）．Cohn 2006では1,000件以上の反乱が網羅されており，そのうち約100件はCohn 2004で裏づけられている．フランドル：TeBrake 1993；典拠についてはCohn 2004: pp.36–39も参照．引用の原典は*Chronicon comitum Frandrensium,* Cohn 2004: pp.36–37より．
(22)　TeBrake 1993: pp.113–119, 123, 132–133；引用の原典は*Chronicon comitum Frandrensium,* Cohn 2004: p.37より．
(23)　反乱についてはCohn 2004: pp.143–200を，特に火あぶりにされた騎士についてはp.152を参照．引用：*Chronique* of Jean de Venette, Cohn 2004: pp.171–172より．
(24)　ワット・タイラーの乱：Hilton 1973; Hilton and Aston eds. 1984; Dunn 2004. Dobson 1983に各種の典拠が示されている．引用：*Chronicon Henrici Knighton,* 出典はDobson 1983: p.136，およびタイラーの発言とされているのは*Anonimalle Chronicle*からの引用で，出典はDobson 1983: p.165.
(25)　フィレンツェ：Cohn 2006: pp.49–50，典拠はCohn 2004: pp.367–370.　スペイン：Powelson 1988: p.87.　ドイツ：Blickle 1988: p.30; 1983: pp.24–25.　ガイスマ

イアー：Blickle 1983: pp.224-225，ほかの急進派については pp.223-236．失敗：Blickle 1983: p.246; Blickle 1988: p.31.

(26) ブルガリアについては Fine 1987: pp.195-198 (引用：p.196) を参照．コサック：Mousnier 1970: p.226.

(27) 中世：Cohn 2006: pp.27-35, 47．ペスト：特に Mollat and Wolff 1973 と Cohn 2006: pp.228-242 参照．その後の時代：Bercé 1987: p.220.

(28) Bercé 1987: p.157, 179, 218 (引用).

(29) Fuks 1984: p.19, 21, 25-26.

(30) アルゴス：Fuks 1984: p.30，この大部分はディオドロス 15. 57-58 にもとづく．

(31) テッサロニキ：Barker 2004: pp.16-21，特に p.19．イタリア：Cohn 2006: pp. 53-75．本節の見出しはニコラ・デッラ・ターシア（Niccola della Tuccia）の *Chronache di Viterbo* を原典とする．1282 年のヴィテルボの反乱のモットーで，この時は当地の貴族が町から追い出された．出典は Cohn 2004: p.48．原因：Cohn 2006: p.74, 97．チオンピの乱：典拠については Cohn 2004: pp.201-260 参照．

(32) ジャックリーの乱：原典の *Chronique des quatre premiers Valois* (1327-1393) は作者不明，1397～1399 年ごろ，出典は Cohn 2004: p.162．エルサルバドル：Anderson 1971: pp.135-136, 92 (引用)．引用：本書 324 ページ．ジャコバン派：Gross 1997.

(33) Milanovic 2013: p.14 fig. 6 を参照．

(34) Ranis and Kosack 2004: p.5; Farber 2011: p.86; Henken, Celaya and Castellanos 2013: p.214；ただし比較として，慎重な見方を示した Bertelsmann Stiftung 2012: p.6，および 2000 年のキューバの数値を低く見積もった（0. 38）Veltmeyer and Rushton 2011: p.304 も参照．SWIID では，1962 年の 0. 44 から 1973 年の 0. 35，1978 年の 0. 34 と下降を示している．これらを見ると，社会政策に対する共産主義の影響は，西側諸国において（本書第 5 章 220 ページを参照）もっとも持続的に経済の平等化を助けたようにも思われる．これは一考するにふさわしい問題だ．

【第 9 章】

(1) Rotberg 2003: pp.5-10 は，現代の視点で見た国家の破綻の特徴をまとめている．近代以前の国家の性質と限界については Scheidel 2013: pp.16-26 参照．Tilly 1990: pp.96-99 はモデルを使って国家の基本的な機能をわかりやすく特定している．

(2) Tainter 1988: p.4 (引用), pp.19-20．歴史的な例については pp.5-18 を参照（本章でその一部を取り上げる）．

(3) Renfrew 1979: p.483.

(4) 唐の土地制度：Lewis 2009b: pp.48-50, 56, 67, 123-125；初期の均田制については Lewis 2009a: pp.138-140 も参照のこと．引用：Lewis 2009b: p.123．上流階

級：Tackett 2014: pp.236-238 (引用：p.238).

(5) Huang Chao: Tackett 2014: pp.189-206. 引用：pp.201-203.

(6) Tackett 2014: pp.208-215 (引用：pp.209-210).

(7) 墓碑銘：Tackett 2014: p.236, 225 fig. 5.3: 800年から880年にかけては10年当たり約150〜200篇の墓碑銘が刻まれたが，その後の40年間では10年当たり9篇に激減した．こうした様変わりについては：pp.231-234.

(8) エリートの所得の相当程度が政治権力の行使から直接引き出されている社会では，国家の破綻がエリートに及ぼす影響は，経済活動だけに干渉する戦争の場合とくらべて不つりあいなほど大きい．南北戦争がアメリカ南部の諸州に及ぼした影響は，戦争における穏やかな平等化の例である．本書第6章223-228ページを参照．

(9) Wickham 2005: pp.155-168は最良の分析である．本書第2章104-105ページ参照．アンミアヌス27.11.1 (引用)．保有地については：*Life of Melania* 11, 19, 20.

(10) 崩壊について：Wickham 2005: pp.203-209. 引用：グレゴリウス1世『問答集』3.38. 教皇の施し：Brown 1984: pp.31-32; Wickham 2005: p.205参照．

(11) Brown 1984: p.32 (暴力); Wickham 2005: pp.255-257 (引用：p.255), pp.535-550, 828.

(12) Koepke and Baten 2005: pp.76-77; Giannecchini and Moggi-Cecchi 2008: p.290; Barbiera and Dalla Zuanna 2009: p.375. 身長の解釈についてのさまざまな異論については，Steckel 2009: p.8を参照．身長の不均衡については，Boix and Rosenbluth 2014および本書第1章79ページを参照．

(13) 家の大きさ：Stephan 2013. アマルナ（古代エジプト新王国）の住居サイズの分布についてはAbul-Magd 2002とSmith et al. 2014を，コロンブス以前のメソアメリカにおける住居サイズや調度品の不平等については，Olson and Smith 2016を参照．イギリスについて：Esmonde Cleary 1989; Wickham 2005: pp.306-333, 特にpp.306-314.

(14) Stephan 2013: pp.86-87, 90から転載．

(15) Stephan 2013: p.131 (イタリア), p.176 (北アフリカ) を参照．だが，北アフリカの住居構造のジニ係数も，ローマ帝国支配期よりローマ帝国支配以後の方が小さかった点に留意すること：p.182. 注目すべきなのは，このケーススタディが古代ギリシャで起こった事態とは対照的で示唆に富む事例を提供してくれることだ．古代ギリシャの場合，経済成長と住居サイズの拡大は，住居サイズの多様性の増大と一致しなかった．おそらく社会政治的な構造と規範の違いがその理由だろう．本書第6章253ページを参照．ローマ帝国支配以後の平等化については本書第3章118ページを参照．ノルマン征服については本書第6章256-257ページを参照．

(16) Cline 2014: pp.102-138で，この崩壊の証拠に関する最新の概説が読める．

(17) Cline 2014: pp.139-170およびKnapp and Manning 2016でさまざまな要因が

検討されている．特に Cline 2014 : pp.2-3（引用），pp.1-11, 154-160（破壊），pp. 140-142（地震），pp.143-147（干魃），p.165, 173；および Morris 2010 : pp.215-225（崩壊）を参照．

(18) ミケーネ文明の初期については Wright 2008，特に pp.238-239, 243-244, 246 を参照．

(19) Galaty and Parkinson 2007a : pp.7-13 ; Cherry and Davis 2007 : p.122（引用）; Schepartz, Miller-Antonio and Murphy 2009 : pp.161-163．こうした中核地域のひとつ，ピュロスでは，富裕層の墓から発掘された骸骨は，歯の状態も良好だった：p.170（ピュロス）．

(20) Galaty and Parkinson 2007a : pp.14-15 ; Deger-Jalkotzy 2008 : pp.387-388 ; 390-392.

(21) ミケーネ文明の最終段階について：Deger-Jalkotzy 2008 : pp.394-397．エリートの一時的な延命について：Middleton 2010 : p.97, 101．ミケーネ文明後の状況については，Morris 2000 : pp.195-256 ; Galaty and Parkinson 2007a : p.15 ; Middleton 2010 を参照．

(22) エリートの運命について：Galaty and Parkinson 2007a : p.15 ; Middleton 2010 : p.74．輸入品について：Murray 2013 : pp.462-464．レフカンディについて：Morris 2000 : pp.218-228.

(23) Willey and Shimkin 1973 : p.459 および pp.484-487 ; Culbert 1988 : p.73, 76 ; Coe 2005 : pp.238-239 を参照．Coe 2005 : pp.111-160 でこの時代を概観できる．

(24) マヤ文明の崩壊について：Culbert 1973, 1988 ; Tainter 1988 : pp.152-178 ; Blanton et al. 1993 : p.187 ; Demarest, Rice and Rice 2004b ; Coe 2005 : pp.161-176 ; Demarest 2006 : pp.145-166 を参照．地域や時代による違いについて：Demarest, Rice and Rice 2004a．原因：Willey and Shimkin 1973 : pp.490-491 ; Culbert 1988 : pp.75-76 ; Coe 2005 : pp.162-163 ; Diamond 2005 : pp.157-177 ; Kennett et al. 2012 ; Middleton 2010 : p.28 を参照．

(25) Coe 2005 : pp.162-163（引用：p.162）；また，Tainter 1988 : p.167 には「エリート階級は……滅び去った」とある．

(26) チチェン・イッツァの衰退について：Hoggarth et al. 2016．マヤパンについて：Masson and Peraza Lope 2014．庶民について：Tainter 1988 : p.167 ; Blanton et al. 1993 : p.189．レリーフ：Tainter 1988 : pp.175-176．日付について：Sidrys and Berger 1979，批判は Culbert 1988 : pp.87-88 ; Tainter 1988 : pp.167-168 にある．埋葬と食事については：Wright 2006 : pp.203-206．暦の日付については：Kennett et al. 2012.

(27) Millon 1988 : pp.151-156．Cowgill 2015 : pp.233-239 では，かつて権力者層が手にすることができた資源を奪って国家を弱体化させた可能性がある中間エリート層の役割について推測されている（pp.236-237）．テオティワカンの没落後，地域

的な中心地の興隆には移住したエリートが関与していたのかもしれない.

(28) Kolata 1993: p.104, 117-118, 152-159, 165-169, 172-176, 200-205.

(29) 不平等：Janusek 2004: pp.225-226. 崩壊については，Kolata 1993: pp.282-302; Janusek 2004: pp.249-273 を参照. 具体的な点：Kolata 1993: p.269, 299; Janusek 2004: p.251, 253-257.

(30) Wright 2010，衰退と変容については，特に pp.308-338 を参照. 都市の住居サイズの違いについては p.117 を参照.

(31) トゥキュディデス 1. 10; Diamond 2005: p.175 (コルテス); Coe 2003: pp.195-224 (アンコール文明の崩壊).

(32) Adams 1988: p.30 では，歴史上最古の国家のひとつとして知られる古代メソポタミアの政治組織について，こう述べられている.「当初の姿勢が防御的であれ略奪的であれ，都市も，それより大きく，領土を組織的にまとめている国家も，物理的・社会的環境によって負わされる脆弱性を常に克服することはできない」. エジプトについて：Kemp 1983: p.112.

(33) 「帝国」について：Scheidel 2013: p.27 が既存の定義をまとめている. 呪いと引用：『アガデの呪い』旧バビロニア語版 245-255 ("The electronic text corpus of Sumerian literature," http://etcsl.orinst.ox.ac.uk/section2/tr215.htm). Kuhrt 1995: pp.44-55，特に p.52, 55 ではアッカド帝国の歴史とその終焉が要約されている. 本書第 1 章 75-76 ページも参照.

(34) Kuhrt 1995: p.115.

(35) サッカラ：Raven 1991: p.13, 15-16, 23，埋葬品の目録は pp.23-31，およびプレートは pp.13-36; Raven の近刊の書も参考のこと. 日付については，Raven 1991: pp.17-23, Raven et al. 1998 を参照.

(36) エジプト中王国：Raven 1991: p.23. タニス：Raven et al. 1998: p.12.

(37) テーベ：Cooney 2011，特に p.20, 28, 32, 37.

(38) Nawar 2013: pp.11-12: *Human development report* 2014: pp.180-181 (全体的な指数の数値データが不足している点については p.163 を参照); 〈https://www.theguardian.com/world/2010/may/8/ayaan-hirsi-ali-interview〉.

(39) Clarke and Gosende 2003: pp.135-139; Leeson 2007: pp.692-694; Adam 2008: p.62; Powell et al. 2008: pp.658-659; Kapteijns 2013: pp.77-79, 93. Hashim 1997: pp.75-122; Adam 2008: pp.7-79; Kapteijns 2013: pp.75-130 ではバーレ政権について一般的に解説されている.

(40) Nenova and Harford 2005; Leeson 2007: pp.695-701; Powell et al. 2008: pp.661-665. Mubarak 1997 ではすでに，ソマリアの国家崩壊後の経済復興について述べられている.

(41) 不平等：Nenova and Hartford 2005: p.1; SWIID; Economist Intelligence Unit 2014. ここでは，1981 年 1 月 20 日のロナルド・レーガン大統領の就任演説にあ

る「政府はわれわれの問題の解決策ではない．政府は問題なのだ」という台詞をパラフレーズしている．

(42) 公共財について：Blanton and Fargher 2008 は世界規模の異文化間研究の草分けである．モデルについて：Moselle and Polak 2001.

【第 10 章】

(1) Malthus 1992: p.23 (book I, chapter II) より引用．1803 年版を使用．

(2) 対策について：Ester Boserup の著作がその代表例（Boserup 1965; 1981)．特に，Boserup 1965: pp.65-69; Grigg 1980: p.144; Wood 1998: p.108, 111 を参照．モデルについて：Wood 1998，特に p.113 fig. 9 と Lee 1986a: p.101 fig. 1．マルサス的な制約について：たとえば，Grigg 1980: pp.49-144; Clark 2007a: pp.19-111; Crafts and Mills 2009．インプットについて：Lee 1986b，黒死病の外因性と 17 世紀イングランドにおける黒死病の再流行については，特に p.100 を参照．

(3) おもに Gottfried 1983 を参考にした．これは現在でも最もまとまった研究である．基本的な物語については Dols 1977 を，一次資料としては Horrox 1994 および Byrne 2006 を参照．

(4) Gottfried 1983: pp.36-37.

(5) Byrne 2006: p.79.

(6) Gottfried 1983: pp.33-76.

(7) Gottfried 1983: p.45.

(8) Horrox 1994: p.33．共同墓地：The Black Death Network 〈http://bldeathnet.hypotheses.org/〉．また，本書第 11 章 414 ページも参照．

(9) Horrox 1994: p.33.

(10) Gottfried 1983: p.77; p.53 (地中海沿岸の 35〜40%); Pamuk 2007: p.294 に引用されている未発表の研究；Dols 1977: pp.193-223.

(11) Dols 1977: p.67 より引用．Gottfried 1983: pp.77-128 では，ペストの多方面にわたる影響が論じられている．

(12) たとえば Gottfried 1983: pp.16-32; Pamuk 2007: p.293．14 世紀初頭の危機については，本書 429-430 ページを参照．

(13) Horrox 1994: p.57, 70.

(14) Horrox 1994: pp.287-289.

(15) Horrox 1994: p.313, 79.

(16) Gottfried 1983: p.95.

(17) Allen 2001; Pamuk 2007; Allen et al. 2011 を参照．図 10.1 は Pamuk 2007: p.297 fig. 2 より．

(18) 図 10.2 は Pamuk 2007: p.297 fig. 3 より．

(19) 人口と所得について：Pamuk 2007: pp.298-299．図 10.3 は Clark 2007b: pp.

130–134 table A2 のデータから作成；p.104 fig. 2 も参照.

(20) 寄付の急増について：Dols 1977: pp.268–269，ペストによる地域への一般的な経済効果については pp.255–280 を参照．ヨーロッパについて：Pamuk 2007: pp.299–300，および fig. 5.9 を参照．Dols 1977: p.270 から引用．寄付について：pp.269–270．食事について：Gottfried 1983: p.138，Eliyahu Ashtor の著作から推論されている．

(21) ビザンティン帝国について：Morrisson and Cheynet 2002: pp.866–867 (賃金)，pp.847–850 (奴隷)．イスタンブールについて：Özmucur and Pamuk 2002: p.306.

(22) Gottfried 1983: pp.129–134 で簡潔に要約されている．

(23) Pamuk 2007: pp.294–295 (贅沢品); Dyer 1998 (生活水準の変化); Gottfried 1983: p.94 (ビールとパイ); Turchin and Nefedov 2009: p.40 (ノーフォーク); Gottfried 1983: pp.95–96 (法令).

(24) Gottfried 1983: p.94, 97, 103．小作人の契約について：Britnell 2004: pp.437–444．土地収入について：Turchin and Nefedov 2009: p.65．貴族の跡継ぎについて：Gottfried 1983: p.96．エリートの人数と財産について：Turchin and Nefedov 2009: p.56, 71–72, 78.

(25) Alfani 2015．図 10.4 は p.1084 fig. 7 より．〈http://didattica.unibocconi.it/mypage/dwload.php?nomefile=Database_Alfani_Piedmont20160113114128.xlsx〉のデータを用いた．都市と村ごとの内訳については，p.1071 fig. 2a–b および p.1072 fig. 3 を参照．

(26) 裕福な家庭の割合の減少について：Alfani 2016: p.14 fig. 2．この測定については，本書第 3 章 123–124 ページを参照．

(27) とりわけ Alfani 2015: p.1078, 1080 を参照，また，ピエモンテのイヴレーアという町におけるペストの影響の事例については Alfani 2010 を参照．この町では，貧困層がペスト後に移住したせいで都市部の富の不平等がただちに拡大した．図 10.1 と図 10.2 から，17 世紀のペストは都市部の実質賃金に一貫した影響を与えなかったことがわかる．中世後期と 17 世紀のペストの様相にこうした違いがある以上，より体系的な比較研究が必要なのは間違いない．

(28) Alfani and Ammannati 2014: pp.11–25，特に p.19 graphs 2a–b, p.25 fig. 2．これらのデータから，黒死病後のトスカーナで不平等が拡大したという歴史家 David Herlihy のかつての主張は誤りであることが明らかになる (pp.21–23)．本書図 10.5 と図 10.6 はそれぞれ p.15 table 2, p.29 table 4 より．

(29) 図 10.7 は Ammannati 2015: p.19 table 2 (Ginis), p.22 table 3 (top quintiles) より．ロンバルディアとヴェネトについて：Alfani and di Tullio 2015.

(30) Gottfried 1983: pp.136–139.

(31) Gottfried 1983: pp.97–103; Bowers 2001: p.44．フランスとフィレンツェについては，Hilton and Aston eds. 1984 も参照．

(32) Blum 1957: pp.819-835. 修正論は今のところ Cerman 2012 で最高潮に達している.

(33) Dols 1977: pp.275-276. また本書の図 11.2 を参照, だが 1300〜1350 年に, また 1440〜1490 年に, 一部の都市で実質賃金が急落したという Borsch の主張を裏づけるのは難しそうだ：Borsch 2005: pp.91-112, Scheidel 2012: p.285 n.94, 一般論としては Pamuk and Shatzmiller 2014 を参照.

(34) Dols 1977: p.232; 地方の人口減についてはpp.154-169 を, 14 世紀後半の反乱については pp.276-277 を参照. 特徴の重なりについては：Borsch 2005: pp.25-34, 40-54. 西欧との対照については：Dols 1977: p.271, 283.

【第 11 章】

(1) コロンブス前の新世界と旧世界の病気の供給源については Diamond 1997: pp.195-214 を参照. Crosby 1972 および 2004 がコロンブス交換の説明として古典的なものである. ごく簡潔な概要については Nunn and Qian 2010: pp.165-167 を参照.

(2) このあとの概説は Cook 1998 にもとづいている. 本節の表題は, Cook 1998: p.216 のマヤの *Chilam Balam de Chuyamel* から引用した. 引用については：p.202, 67.

(3) この議論については, McCaa 2000; Newson 2006; Livi Bacci 2008 (原因が多様であることを強調している) を参照. Arroyo Abad, Davies and van Zanden 2012: p.158 では, 16 世紀から 17 世紀半ばにかけてメキシコの実質賃金が 4 倍になったのは, 人口が約 9 割減となった事実と論理的に整合しているとされている. これは, きわめて高い推定死亡率の, 決定的ではないにせよじつに興味深い裏づけとなる. 本書参照. McCaa 2000: p.258 に依拠した.

(4) Williamson: 2009: p.15; Arroyo Abad, Davies and van Zanden 2012. 図 11.1 は p.156 fig. 1 より. 〈http://gpih.ucdavis.edu/Datafilelist.htm#Latam〉のデータを使用.

(5) Arroyo Abad, Davies and van Zanden 2012: pp.156-159.

(6) 反論：Williamson 2009: p.14, スペインの征服によって, コロンブス以前の不平等レベルが大幅に高まったかどうかは, 少なくともきわめて搾取的で階層的だったアステカ帝国とインカ帝国の領土に関しては, ただちに明らかとは言えない.

(7) 文献は豊富にある：最も包括的な最近の概説は Stathakopoulos 2004: pp.110-154 で, Little 2007 のケーススタディとともに利用した. とりわけ初期のペスト襲来については, Horden 2005 による格好の議論を参照. 本節の表題は, Stathakopoulos 2004: p.141 で言及されている古代の資料から引用した. また, 引用はプロコピウス『ペルシア戦争』2.23 より.

(8) 症状について：Stathakopoulos 2004: pp.135-137; DNA について：Wagner et

al. 2014; Michael McCormick, personal communication. 2つめの遺跡から出た裏づけの証拠については，現在発表の準備を進めている．

(9) Stathakopoulos 2004: pp.139–141 (数字). McCormick 2015 は，この時代の共同墓地の考古学的な証拠について概説している．エフェソスの聖ヨハネについて：Patlagean 1977: p.172. 引用：*Novella* 122 (西暦 544 年 4 月).

(10) 経済学者について：Findlay and Lundahl 2006: p.173, 177. エジプトの証拠について：図 11.2 は Scheidel 2010: p.448 と Pamuk and Shatzmiller 2014: p.202 table 2 から作成されている．

(11) Scheidel 2010: pp.448–449; Sarris 2007: pp.130–131 で，Jairus Banaji の未刊行のオックスフォード大学博士論文（1992 年）について述べている．

(12) カイロのデータについては Pamuk and Shatzmiller 2014: pp.198–204 を，年間労働日を 250 日とした場合の小麦賃金の計算については p.205 を参照．バグダードについて：p.204 fig. 2. 消費バスケットについて：pp.206–208，特に p.207 fig. 3.

(13) Pamuk and Shatzmiller 2014: p.209 Table 3A (ペストの流行)，pp.216–218 (黄金期).

(14) Bowman 1985; Bagnall 1992.

(15) この事件については，特に Duncan-Jones 1996; Lo Cascio 2012 を参照．本節の表題はオロシウス『異教徒に反駁する歴史』7.15 より引用．アンミアヌス『歴史』23.6.24. 天然痘について：Sallares 1991: p.465 n.367; Zelener 2012: pp.171–176 (疫学的モデル).

(16) Duncan-Jones 1996: pp.120–121.

(17) Scheidel 2012: pp.282–283, Scheidel 2002: p.101 を改訂したもの．

(18) 図 11.3 は，Scheidel 2012: p.284 fig. 1 (おもに Scheidel 2002: pp.101–107 にもとづいている）より．

(19) これはまた，疫病の前後で消費バスケットに対する全体的な購買力に差がないことを説明する一助となるだろう．その計算については，Scheidel 2010: pp.427–436. ユスティニアヌスのペストと違い，アントニヌスの疫病後に小麦賃金が上がらなかったことも，外需レベルの差で説明できるかもしれない（図 11.2 を参照）．さらに，アントニヌスの疫病による死者数は，病原菌の違いや，何より流行期間の違い（数世紀ではなく数十年）のせいで，あまり多くなかったものと思われる．

(20) Sharp 1999: pp.185–189，また，Scheidel 2002: pp.110–111.

(21) シナリオ：Scheidel 2002: p.110, および references. 人口について：Scheidel 2001: p.212, 237–242, 247–248（エジプト）; Frier 2001（ローマ帝国）. Borsch 2005: pp.18–19 では西欧との類似点に言及されている．

(22) Watkins and Menken 1985，特に pp.650–652, 665. インドについては本書第 5 章 202 ページを参照．

(23) 本書第 7 章の 280, 286–290 ページを参照．

(24) Jordan 1996: pp.7-39 (飢饉), pp.43-60 (価格と賃金), pp.61-86 (地主), pp.87-166 (庶民).

(25) 富のシェアについては, 本書の図10.4〜10.7を参照. 生活水準倍率については, 本書の図10.1と10.2を参照. Clark 2007b: pp.132-133 table A2では, 地方の実質賃金が計算されている. 1300〜1309年の実質賃金の平均値を100とすると, 1310〜1319年の平均値は88, 1320〜1329年は99, 1330〜1339年と1340〜1349年はどちらも114だったが, 1350〜1359年は167, 1360〜1369年は164, 1370〜1379年は187だった. 1349年(129)と1350年(198)のあいだには明らかな断絶もあった. 飢饉の死者数の規模については, Jordan 1996: pp.145-148を参照 (1316年のフランドルの都市部ではもしかしたら5〜10%だったかもしれない).

(26) 飢饉については, Ó Gráda 1994: pp.173-209, 特にpp.178-179, 205を参照. 「到底足りない」: Benjamin Jowettによるとナッソー・ウィリアム・シニアの言, Gallagher 1982: p.85より引用. Ó Gráda 1994: p.224, 227 (移住), p.207 (資本金).

(27) 実質賃金の上昇と生活水準の向上については, Ó Gráda 1994: pp.232-233, 236-254; Geary and Stark 2004: p.377 fig. 3, p.378 table 4. 以前の動向について: Mokyr and Ó Gráda 1988, 特にp.211, 215, 230-231 (不平等の拡大); Ó Gráda 1994: pp.80-83 (実質賃金が大きく下がった徴候はない); Geary and Stark 2004: p.378 table 4, p.383 (停滞後にやや増加). 土地所有について: Turner 1996, 特にp.69 table 3.2, p.70, 72, 75, 79 table 3.3.

(28) Harper 2015bが最も包括的な研究だ. Parkin 1992: pp.63-64 (ディオニュシオス); Freu 2015: pp.170-171 (賃金).

(29) Jursa 2010: pp.811-816; Scheidel 2010: pp.440-441も参照. この時期については, 本書第1章65ページも参照.

(30) 本節は, Roeck 1989によるきわめて重要な研究にもとづいている. 本節の表題 (790) は, アウクスブルクの年代記作者ヤコブ・ヴァーグナーから引用.

(31) 記録簿については, Roeck 1989: pp.46-62を参照. 図11.4はHartung 1898: pp.191-192 tables IV-Vにもとづいている; van Zanden 1995: p.647 fig. 1も参照.

(32) Roeck 1989: pp.400-401 (10%), p.432 (1%), p.407, 413-414 (労働者), p.512 (中流階級の不在). Roeckによる1618年のジニ係数の推測値は, Hartung 1898から算出したもっと低い数値よりも正確だ. ほかの地域における実質賃金の下落については, 本書の図10.1および図10.2を参照.

(33) Roeck 1989: pp.553-554 (インフレーション), pp.555-561 (不動産), pp.562-564 (勝者).

(34) Roeck 1989: pp.630-633, 743-744, 916.

(35) Roeck 1989: p.575, 577 (債務返済), pp.680-767 (スウェーデンによる占領), 特にpp.720-722, 731-732, 742.

(36) 包囲について: Roeck 1989: pp.15-21. 人肉食について: p.18, およびp.438

n.467.

(37) Roeck 1989: p.765 (駐屯軍と賠償金), p.773 (プロテスタント), p.790 (不動産), p.870, 875 (使節団).

(38) Roeck 1989: pp.880-949 (人口減少: pp.881-882). 表11.1はRoeck 1989: p.398 table 28, p.905 table 120をもとにしている.

(39) 記録の特性から, 財産を評価する際に途中で生じた変化によって, より多くの現実の富の消失が目立たなくなっていることがわかる: Roeck 1989: pp.907-908. 割合について: p.909 table 121 (最上位の10%), p.945 (貴族).

(40) Roeck 1989: pp.957-960 (包囲), p.307, 965 (死者), p.966 (投資), pp.973-974 (1648年).

(41) 最終的なまとめについては, Roeck 1989: pp.975-981. 効果の持続について: 本書の図11.4.

【第12章】

(1) 所得と富の分配の平等化に関して, 思想——特に平等主義のイデオロギー——が果たした役割はどうだっただろうか? 「知の蓄積」と大雑把に定義されるものの諸要素と同様に, 広範な分野 (多種多様な宗教的教義, 奴隷制度廃止論, 社会民主主義から, ハイパーナショナリズム, ファシズム, 科学的社会主義まで) を網羅するイデオロギーが平等化のプロセスに深く絡んできたことは言うまでもない. イデオロギーは暴力的な衝撃を引き起こすとともに, それによって得られた平等の利益の維持を (最近では近代福祉国家において) 助けてきた一方, そのような衝撃によって形作られ, 時には大幅に発展もしてきた (本書第5章211-220ページと比較). それだけでなく, 規範となる思想は各発展段階と広く関連する傾向がある. 平等主義の信奉が農耕社会よりも狩猟採集社会と近代の高所得社会で広まったのにはもっともな理由がある (Morris 2015). とはいえ, この研究の目的にとって最も大きな意味を持つのは, イデオロギーが平等化の自律的で平和的な手段となったことを明示できるかどうかだ. つまり, 暴力的衝撃を背景とせずに, イデオロギーが真の経済的平等をもたらしたかどうかである. 通常, そのような例はなかった. 例外と言えそうなラテンアメリカの最近の状況については, これから論じる. 関連する2番目の疑問——20世紀とその前後に, イデオロギーがあれば暴力的衝撃なしに平等化を達成する機会があったか——がかかわるのは反事実的シナリオであり, 第14章末尾で考察する.

(2) フランスとイギリス: Piketty 2014: pp.116-117 figs. 3.1-2.

(3) Moyo and Chambati 2013a: p.2; Moyo 2013: pp.33-34, 42, 43 table 2.2; Sadomba 2013: pp.79-80, 84-85, 88. メキシコについては, 本書第8章310-312ページと比較.

(4) Powelson 1988: p.176 (改革); 背景についてはBatten 1986; Farris 1992: pp.

34-57; Kuehn 2014: pp.10-17 を参照.

（5） Leonard 2011: p.2（引用），pp.32-33; Tuma 1965: pp.74-81, 84-91; Leonard 2011: pp.52-58.

（6） Powelson 1988: pp.104-105, 109.

（7） Powelson 1988: pp.129-131（ブルガリア）; Barraclough 1999: pp.16-17（グアテマラ）.

（8） You n.d.: p.13, 15-16; Barraclough 1999: pp.34-35; You n.d.: p.43 table 3; Lipton 2009: p.286 table 7.2; You n.d.: p.23; 特に You 2015: pp.68-75 を参照. 1960 年代の概算値は 0.2 から 0.55 まで幅があるが，中央値は 0.30 台で，0.34 か，0.38 か，0.39 だ．安全保障の懸念が中心であったことと，実施方針におけるアメリカの影響については，You 2015: pp.85-86 を参照.

（9） 南ヴェトナム：Powelson 1988: p.303. 台湾：Barraclough 1999: p.35; You n.d.: pp.13-14, 16-17, 27; You 2015: pp.68-69, 75-78, 86-87; および Albertus 2015: pp.292-297. この土地改革の立案者である陳誠（ちんせい）は，土地改革は共産主義扇動者から「プロパガンダの武器」を奪う手段であると明確に定義した（You 2015: p.86 に引用）.

（10） ルーマニア：こうした見方への言及は Eidelberg 1974: p.233 n.4 を参照. ただし，Eidelberg 自身は異なる見方をしている（p.234）. チリ：Barraclough 1999: pp.20-28. その後，改革の再分配効果がおおむね小自作農による売却によって消滅したことに関しては，Jarvis 1989 も参照.

（11） ペルー：Barraclough 1999: pp.29-30; Albertus 2015: pp.190-224 では，支配的だった軍部と土地所有エリートのあいだの亀裂が強調されている．それでも，ペルーの土地のジニ係数がそもそも異常に高かった（0.9 台半ば）ため，再分配の成果はかなり上がったにしても，ジニ係数は 0.8 台の半ばという高さを保っていた：Lipton 2009: p.280. その他の国々：Lipton 2009: p.275; Diskin 1989: p.433; Haney and Haney 1989; Stringer 1989: p.358, 380. エルサルバドル：Strasma 1989, 特に pp.408-409, 414, 426.

（12） 1952 年 9 月 4 日付『アル＝アハラーム』紙より，Tuma 1965: p.152 に引用. Albertus 2015: pp.282-287（エジプト）; Lipton 2009: p.294（イラク）. スリランカ：Samaraweera 1982: pp.104-106. それ以降，村の拡張と合法化された侵入が，小農地に土地を加えるおもな仕組みとなってきた：World Bank 2008: pp.5-11.

（13） Lipton 2009: pp.285-286 table 7.2. Thiesenhusen 1989a: pp.486-488 とも比較. Albertus 2015: pp.137-140 はラテンアメリカについてより楽観的な評価をしており，1930〜2008 年に農地全体の半分以上が改革に関連した移譲の対象となったとしている（pp.8-9）が，効果が大きい再分配があった国としてボリビア，キューバ，ニカラグアを，チリ，メキシコ，ペルーとともに挙げている（p.140）. ベネズエラ：Barraclough 1999: pp.19-20.

(14) Roselaar 2010, 特に pp.221-289.

(15) You 2015: pp.78-81 (フィリピン); Lipton 2009: pp.284-294 (南アジア); Hooglund 1982: p.72, 89-91 (イラン). 土地改革の結果, 土地所有の不平等が増すことは珍しくない：一例として, ブラジルについては Assunção 2006: pp.23-24 を参照.

(16) スペイン：Santiago-Caballero 2011: pp.92-93. グアダラハラでは不平等に対する改革の影響はあまり大きくならなかった：pp.88-89.

(17) Zébitch 1917: pp.19-21, 33; Kršljanin 2016, 特に pp.2-12. 1900 年以来のその他の事例は Albertus 2015: pp.271-273 table 8.1 参照.

(18) Barraclough 1999: p.17 (プエルトリコ); Tuma 1965: p.103 (アイルランド).

(19) 調査：Albertus 2015: pp.271-273 table 8.1 (31 件の「主要な」土地改革のうち 27 件.「主要な」土地改革とは, 耕作可能な土地の少なくとも 10%が最低でも 1 年以上にわたり所有者を変え, 1%を超える土地が押収された改革を言う). それ以外の 4 件のうち 2 件――エジプトとスリランカ――については本書を参照. アルベルトゥスのデータセットの全 54 件の土地改革のうち 34 件, すなわち 63%が, 前述の要因に関連づけられる. アルベルトゥス自身は, 土地を所有するエリートと政界のエリートの提携の決裂を, 土地改革を可能にした決定的に重要な要因として強調し, そのような決裂はしばしば独裁体制下で起きたとしている (特に 2015: pp.26-59). アルベルトゥスの発見は, 私自身の見解と完全に一致する.

(20) Lipton 2009: p.130. ここに挙げた理由により, 彼が調べた例――韓国と台湾――は純粋に非暴力的な改革とは呼べない. 土地改革の実施全般にまつわる問題については, p.127, 131-132, 145-146 を参照. Tuma 1965: p.179 は土地改革に関する世界規模の調査から以下の結論を引き出している：「危機が根本的で広範であればあるほど, 改革は必要不可欠で, 急進的で, 実現可能性が高くなるようだ」. 彼はまた, 私有財産の枠組み内の限られた範囲で行われて, 不平等を維持し増大さえさせる改革と, 集産化を通じて, 私的所有権を縮小し富の集中を軽減する改革を区別している (pp.222-230).

(21) 中国に関しては本書第 2 章 84-86, 92-93 ページと, 特に第 6 章 231-233 ページを参照. アテナイにおけるソロンの改革について知られている限りでは, 実際には土地再分配は含まれず, 債務救済の性質も不明なままである. また, 外国の政策が誘因となって影響したのかもしれない：本書第 6 章 245 ページ参照. Link 1991: pp.56-57, 133, 139; Fuks 1984: p.71, 19.

(22) Hodkinson 2000: p.399; Cartledge and Spawforth 1989: pp.42-43, 45-47, 54, 57-58, 70, 78. ギリシャのデータは, Albertus が 2015 年の著作で強調した, 土地改革の実施における独裁政治の重要性ともよく重なり合う.

(23) Hudson 1993: pp.8-9, 15-30, 46-47 (メソポタミア); レビ記 25 章, および Hudson 1993: pp.32-40, 54-64. 概論については Hudson and Van De Mieroop 2002 も参照.

Graeber 2011 が，債務に関する世界規模の調査でこの問題に適切に取り組んでいないのには驚かされる．

（24） Draper 2010，特に pp.94-95, 106-107, 164, 201.

（25） Schmidt-Nowara 2010；2011：pp.90-155 で最近の概観がわかる．

（26） Álvarez-Nogal and Prados de la Escosura 2013：p.9, 18-21．本書第 3 章図 3.3 も参照．

（27） Atkinson and Morelli 2011：pp.9-11, 35-42；Alvaredo and Gasparini 2015：p.753．Atkinson and Morelli 2011：pp.42-48；Morelli and Atkinson 2015 により，不平等の増大と金融危機の発生とのあいだには有意な関連性がなかったことが明らかになっている．

（28） Bordo and Meissner 2011: pp.11-14, 18-19（時代区分）; Saez and Zucman 2016: Online Appendix table B1（富のシェア；Wolff 1996：p.436 table 1 と p.440 fig. 1 をあらかじめ比較）; WWID（所得シェア）; Turchin 2016a：p.78 fig. 4.1, p.190.

（29） 上位 1% の所得占有率と総所得のジニ係数は，1932 年から 1939 年まで変化がなかった：WWID; Smolensky and Plotnick 1993: p.6 fig. 2．Wolff 1996：p.436 table 1 では 1933〜1939 年に上位の富の占有率が部分的に回復したことが示されているが，Saez and Zucman 2016：Online Appendix table B1 には連続的な減少が記録されている．

（30） 大不況に関しては，Piketty and Saez 2013；Meyer and Sullivan 2013（アメリカ）; Jenkins, Brandolini, Micklewright and Nolan, eds. 2013，特に p.80 fig. 2.19, pp.234-238（2009 年までの欧米諸国）を参照．Piketty 2014：p.296 も参照．

（31） 本書第 5 章 213-216 ページ，および第 6 章 244-248 ページ参照．

（32） Acemoglu, Naidu, Restrepo and Robinson 2015：pp.1902-1909（文献の論評），pp.1913-1917（データ），pp.1918-1927（税への影響），pp.1928-1935（不平等への影響），p.1954（多種多様であることの理由）．可処分所得のジニ係数への影響は小さいと見られ，およそ 2〜3 ポイントである（p.1928）．Acemoglu らの研究結果は，やはり民主主義と再分配や福祉政策のあいだに関係性を見いだすに至らなかった以前の小規模な研究（Mulligan, Gil and Sala-i-Martin 2004 など）をさらに掘り下げ，自らの過去の主張（Acemoglu and Robinson 2000 など）の一部から脱却している．経済発展と不平等については，本書第 13 章，476-483 ページ参照．

（33） 党派性と集中的交渉：Scheve and Stasavage 2009：p.218, 229-230, 233-239．最高所得税率：Scheve and Stasavage 2016：pp.63-72，特に figs. 3.5-7.

（34） 組合組織率：本書第 5 章 211-213 ページ参照．アジアの国々：WWID.

【第 13 章】

（1） イタリアのジニ係数：Rossi, Toniolo and Vecchi 2001：p.916 table 6（1881 年以降の低下）; Brandolini and Vecchi 2011：p.39 fig. 8（1871〜1911 年の安定）．イタリ

ア人移民：Rossi, Toniolo and Vecchi 2001: pp.918-919, 922. 移民間の正の淘汰：Grogger and Hanson 2011. メキシコは部分的例外だった：Campos-Vazquez and Sobarzo 2012: pp.3-7, 特に効果の複雑さに関してはMcKenzie and Rapoport 2007. 送金は不平等を軽減する傾向があるものの，程度はごく小さい：ラテンアメリカについては，一例としてAcosta, Calderon, Fajnzylber and Lopez 2008を参照．移民によって1870〜1914年のアメリカの実質賃金は低下した：Lindert and Williamson 2016: pp.180-181. Card 2009の推定では，1980〜2000年のアメリカの賃金格差の増大のうち5%は移民に起因する．歴史を通じて，かなり平等な移民社会が移住によってゼロから作られることもあり，そうした例は古代ギリシャの入植者からアメリカの開拓者にまで及ぶ．ただし，結果として先住民と新参者の集団間の不平等が同時に増したことを考慮すると，全体図はかなり変わるかもしれない．

（2） Alvaredo and Piketty 2014: p.2, 6-7は，産油国に関して現在得られている証拠の不適切さを指摘している．第二次世界大戦後数十年間の目覚ましい経済成長は不平等の低下と関連しており，そのおもな理由は1914〜1945年の暴力的衝撃と，その結果生じた政策によって，資本利益率（税引後，戦時の損失差し引き後）が成長率よりも低くなったことであるというPikettyの主張に留意したい：Piketty 2014: p.356 fig. 10.10.

（3） Kuznets 1955: pp.7-9, 12-18, 引用はp.18, 19, 20, 26より．Piketty 2014: pp. 11-15 (引用：p.13).

（4） 図13.1はAlvaredo and Gasparini 2015: p.718 fig. 9.4からの複製であり，私が入手できた最も新しく包括的な資料である．このアプローチに批判的な2人の評者が，その特徴を以下のように巧みに述べている．「さまざまな所得水準にあるさまざまな国から得た見解を使って，ある一国の所得の進展の近似値を求めようとしている」(Deininger and Squire 1998: p.276).

（5） データの質：Bergh and Nilsson 2010: p.492およびn.9. Palma 2011: p.90 fig. 1（ジニ係数の分布），p.92およびfig. 3 (top deciles)，pp.93-109, 特にp.95 fig. 5, p.96, 99, fig. 7 (不平等と1人当たりGDPの関係). ラテンアメリカのプル効果については，Deininger and Squire 1998: pp.27-28がすでに指摘している．ラテンアメリカの「過剰な不平等」については，Gasparini and Lustig 2011: pp.693-694; Gasparini, Cruces and Tornarolli 2011: pp.179-181などを参照．さらに，Frazer 2006: p.1467の指摘によれば，国際的パネル調査の逆U字型曲線で不平等性が最も低い左端部分には，サハラ以南のアフリカの不平等性が高い低所得国の相対的データ不足がかなり影響しているかもしれない．そのデータ不足によって有利になるのが，ほかの地域の不平等性が低い低所得国だ．そちらのグループの方が多くの観察結果を提供し，1人当たりGDPの底辺で不平等性を引き下げている．Alvaredo and Gasparini 2015: p.720はさらなる問題を指摘している．変曲点とされる1,800ドルはあまりに低いし，不平等と1人当たりGDPの関連性は，発展途上国を考慮に入

れ，富裕国が曲線の右端を引き下げていることを考慮すれば，かなり弱くなる．サンプルの国々の半数近くで「不平等の型と，発展と成長のさまざまな程度のあいだに有意な相関関係は見られない」(p.723)．

（6） Deininger and Squire 1998 : p.261, 274-282，特に p.279.

（7） この点に関しては，Milanovic が Milanovic 2016 : pp.50-59, 70-91 で提示して「クズネッツ波形」または「クズネッツサイクル」と呼んだものの存在について主張したことと，私の意見は異なる．1914～1945 年の衝撃にさらされた国々について，また，イギリスとアメリカを含む数カ国のより長期にわたる証拠については，本書第 3 章 137-145 ページおよび第 5 章 172-184 ページを参照．スペインについては Prados de la Escosura 2008 : p.298 fig. 3, p.300 を参照；GDP の数値については Maddison project を参照．驚くべきことに，内戦後に減少した 1 人当たり GDP をジニ係数がぴったりなぞっている：p.300 fig. 5．内戦の効果については，本書第 6 章 261-263 ページ参照．1870 年以降のスウェーデンでクズネッツ曲線に関して得られた初期の発見を否定する研究については，Roine and Waldenström 2015 : p.508 を参照．この研究では，1914～1945 年の大規模な平等化はおもに資本所得による現象だったためにクズネッツの用語では説明できないことも強調されている (p.551)．Milanovic 2016 : p.88 table 2.2 では，各国の不平等のピーク（ジニ係数により表記）と関連する 1, 500 ドルから 4, 800 ドル（1990 年国際ドル）までの 1 人当たり GDP の水準が一覧表に示されているが，彼の調査にはいくつかの理由で問題が残る．不平等のピークとされるのはオランダが 1732 年，イタリアが 1861 年，イギリスが 1867 年だが，数値が正確でないか，その後の数値と直接比較できないおそれがある．オランダについては，1561 年，1732 年，1808 年のジニ係数の推定値を，仮に 1914 年の低めの数値と同じ条件で定めることができれば，1914 年以前にも低下があったと断定できるが，いずれにしても，その後，はるかに大きく，かつ確実に記録された低下があった (p.81 fig. 2.15)．イタリアの不平等のピークが 1861 年だったという考えの根拠は Brandolini and Vecchi 2011 : p.39 fig. 8 で，1861 年と 1901 年に 0. 5 前後の非常に近いジニ係数が示され，1871 年と 1921 年にはもっと低い同じ数値のジニ係数が示されている；1861～1931 年の全期間の推定値はおおむね 0. 45 と 0. 5 のあいだで変動し，有意な転換点を見つけることはできない．イギリスの不平等については本書第 3 章 137-138 ページ参照．アメリカで 1933 年に，日本で 37 年にジニ係数が最大に達したあとで始まった平等化の原因は，経済発展そのものよりもむしろ第二次世界大戦に関係する．つまり，本文で言及したスペインだけが例外ということである．ラテンアメリカでは GDP に関連した平等化の徴候はない：本章 493 ページ参照．

（8） 農業占有率：Angeles 2010 : p.473．これは経済成長そのものと不平等のあいだに体系的関係がないことの証明にはならないものの，このモデルがそもそも構築できないことを示し，それによって，このモデルを否定するほかの発見と一致する．

Deininger and Squire 1998: pp.275-276 では，部門間の動きが不平等性の増減に及ぼす影響がわずかである一方，職業間の不平等が最も大きく影響することがすでに明らかにされている．比較：Frazer 2006，特に p.1465 fig. 5, p.1466 fig. 6, pp.1477-1478．継続的努力：最も注目に値する最近の取り組みは，アメリカの 1919～2002 年の最富裕層の所得シェアに関する Mollick 2012 である（本書 527-528 ページ参照）．Abdullah, Doucouliagos and Manning 2015 の主張によれば，東南アジアにおける不平等性の高まりと 1 人当たり GDP には関連性があるが，必要な変曲点にはまだ達していないので，今のところクズネッツ波形の下降部分は立証されていない．また，Angeles 2010 と同様に，不平等と非農業雇用水準のあいだにあると予測された関連性も見られない．

（9） 「競争」という概念を生み出したのは Tinbergen 1974 である．

（10） 近代以前のスキルプレミアム：van Zanden 2009，特に pp.126-131, 141-143．1500 年ごろ以降の不平等の増加については，本書第 3 章 122-134 ページ参照．

（11） Goldin and Katz 2008: pp.57-88 は，アメリカのスキルプレミアムを 1890 年代から長期にわたり分析している．最初の減少については，特に p.60 fig. 2.7（肉体労働），p.63（移民），p.65（第一次世界大戦），p.67 fig. 2.8（ホワイトカラーとブルーカラーの賃金）を参照．

（12） Goldin and Margo 1992 は第二次世界大戦に関連する賃金の「大圧縮」の基礎研究である．教育の見返り：Goldin and Katz 2008: p.54 fig. 2.6, pp.84-85 table 2.7 および fig. 2.9; Kaboski 2005: fig. 1．復員軍人援護法と回復：Goldin and Margo 1992: pp.31-32; Goldin and Katz 2008: p.83．復員軍人援護法の影響が限られていたことに関しては Stanley 2003: p.673 と比較．

（13） SWIID; WWID 参照．インドネシアの発展はもっと複雑だった．欧米諸国については，本書第 15 章 519-523 ページを参照；共産主義体制以後の不平等については，本書第 7 章 283-284, 290-291 ページおよび第 8 章 329 ページ参照．エジプトについては，特に Verme et al. 2014: pp.2-3 を参照し，Alvaredo and Piketty 2014 とも比較．Şeker and Jenkins 2015 の結論によれば，2003～2008 年にトルコで急速に貧困が減少したのは，平等化をもたらす分配要因よりも，力強い経済成長の牽引による．

（14） 近年の不平等の減少：Tsounta and Osueke 2014: p.6, 8．27 カ国：アンゴラ，ブルキナファソ，ブルンジ，カメルーン，中央アフリカ共和国，コモロ，コートジボワール，エチオピア，ガーナ，ギニア，ケニア，マダガスカル，マリ，モザンビーク，ナミビア，ニジェール，ナイジェリア，ルワンダ，セネガル，セーシェル，シエラレオネ，南アフリカ，スワジランド〔2018 年 4 月よりエスワティニに改名〕，タンザニア，ウガンダ，ザンビア，ジンバブエの SWIID．Alvaredo and Gasparini 2015: pp.735-736 はデータの質の貧弱さも指摘している．不平等が低下した 10 カ国：アンゴラ，ブルキナファソ，ブルンジ，カメルーン，コートジボワール，マリ，

ナミビア，ニジェール，シエラレオネ，ジンバブエ．このなかには疑わしい例もある．特に，減少したとされるアンゴラは不平等な社会として悪名高い．ジンバブエで著しい低下が見られたのは，政治的暴力に関連があるかもしれない（本書第12章449-450ページ参照）．

(15) 例外のなかには流血を極めた1864～1870年のパラグアイ戦争や，1959年まで続いたキューバ革命がある．1910年代のメキシコと，1978年と79年にニカラグアで起きた革命は，規模がずっと小さかったし，キューバ革命ほど野心的でなかった．2010年のハイチの部分的国家崩壊でさえ，やはり稀な例である．2度の世界大戦への事実上の参戦は，相対的に最小限のものでしかなかった．反事実的仮定としてラテンアメリカを利用することの限界については，本章496-498ページおよび第14章510-511ページ参照．

(16) Williamson 2009 (Williamson 2015: pp.13-23にも掲載) はきわめて大胆な長期的推測の試みである；Dobado González and García Montero 2010 (18世紀と19世紀前半); Arroyo Abad 2013 (19世紀); Prados de la Escosura 2007 (19世紀半ば以降の不平等); Frankema 2012 (20世紀を通じた賃金の不平等); Rodríguez Weber 2015 (19世紀半ば以降のチリ)．グローバリゼーションの第1段階：Thorp 1998: pp.47-95; Bértola and Ocampo 2012: pp.81-137. 不平等の増加：Bértola, Castelnovo, Rodríguez and Willebald 2009; Williamson 2015: pp.19-21.

(17) 1914年以後：Thorp 1998: pp.97-125，国際的な衝撃については，特にpp.99-107; Bértola and Ocampo 2012: pp.138-147, 153-155. この時期すでに見られた工業の成長についてはHaber 2006: pp.562-569を参照．ジニ係数：Prados de la Escosura 2007: p.297 table 12.1.

(18) Thorp 1998: pp.127-199; Bértola and Ocampo 2012: pp.138-197，特にpp.193-197; 賃金の圧縮についてはFrankema 2012: p.51, 53. ジニ係数：Prados de la Escosura 2007: p.297 table 12.1; ただし，チリについての矛盾するデータに関してはRodríguez Weber 2015: p.8 fig. 2を比較.

(19) 1938～1970年：アルゼンチン，ブラジル，チリ，コロンビア，メキシコ，ウルグアイのうち，アルゼンチンで純減．1950～1970年：同じ国々にコスタリカ，ドミニカ共和国，エルサルバドル，グアテマラ，ホンジュラス，パナマ，ペルー，ベネズエラが加わり，純減はグアテマラとベネズエラに限られる．Prados de la Escosura 2007: p.297 table 12.1参照．ジニ係数の推移は，WWIDによれば，アルゼンチンの最富裕層の所得シェアの動きに一致する．ペロンの政策（価格統制，最低賃金，移転，組合化，労働者の権利，年金制度）についてはAlvaredo 2010a: pp.272-276, 284参照．チリについては注(18)参照.

(20) Thorp 1998: pp.201-273: Haber 2006: pp.582-583; Bértola and Ocampo 2012: pp.199-257. 不平等の増加：p.253 (拡大する賃金格差)．ばらつき：Gasparini, Cruces and Tornarolli 2011: pp.155-156，1980年代については，Psacharopoulos et

al. 1995 も参照. ジニ係数：Prados de la Escosura 2007 : p.297 fig. 12.1 (1980 年/1990 年); Gasparini, Cruces and Tornarolli 2011 : p.152 table 2 (1990 年代/2000 年代); Gasparini and Lustig 2011 : p.696 fig. 27.4 (1980 年/2008 年).

(21) 図 13.2 は Prados de la Escosura 2007 : pp.296–297 table 12.1 より.

(22) SWIID のデータ. 同様の統計については, Cornia 2014c : p.5 fig. 1.1 (2002 年の 0. 541 から 2010 年の 0. 486 に低下) を参照. Palma 2011 : p.91 の指摘によれば, 1985～2005 年の所得ジニ係数の国際ランキングで, ブラジルは 1985 年に 4 番目に高かった (つまりワースト 4 位) が, 2005 年には 6 番目になっていた. ごくささやかな相対的改善である.

(23) GDP：世界銀行, 1 人当たり GDP (現在のアメリカドル) 〈http://data.worldbank.org/indicator/NY.GDP.PCAP.CD〉. テスト：Tsounta and Osueke 2014 : p.18.

(24) 教育とスキルプレミアム：Lustig, Lopez-Calva and Ortiz-Juarez 2012 : pp.7–8 (ブラジル), pp.9–10 (メキシコ); Alvaredo and Gasparini 2015 : p.731 (全般) など. 中央アメリカ：Gindling and Trejos 2013 : p.12, 16.

(25) ボリビア：Aristizábal-Ramírez, Canavire Bacarreza and Jetter 2015 : p.17. ボリビアの平等化に関して (政府移転支出よりも) スキルプレミアムの低減が大きな役割を果たしたことについては, Hernani-Limarino and Eid 2013 を参照. 見返りがないという調査結果から, 教育の向上は有益だったという考え方に疑問が生じる (Fortun Vargas 2012). 教育の質：Cornia 2014c : p.19 ; Lustig, Lopez-Calva and Ortiz-Juarez 2014 : pp.11–12 および参考資料.

(26) 商品：近年の外需の急激な落ち込みについては Economic Commission for Latin America and the Caribbean (ECLAC) 2015 を参照. アルゼンチンについて：Weisbrot, Ray, Montecino and Kozameh 2011 ; Lustig, Lopez-Calva and Ortiz-Juarez 2012 : pp.3–6 ; Roxana 2014. ほかの回復：Gasparini, Cruces and Tornarolli 2011 : pp.167–170. ジニ係数 1 ポイント：p.170. 減退：Alvaredo and Gasparini 2015 : p.749. GDP 成長の効果：Tsounta and Osueke 2014 : p.4, 17–18 (おそらく不平等の軽減全体の 8 分の 1). GDP 成長率：以下の IMF のデータ〈https://www.imf.org/external/pubs/ft/reo/2013/whd/eng/pdf/wreo1013.pdf〉 ; 〈http://www.imf.org/external/pubs/ft/survey/so/2015/CAR042915A.htm〉. Cornia 2014b : p.44 は, さらなる平等化を阻む構造的障害をいくつか特定している.

(27) ブラジル：Gasparini and Lustig 2011: pp.705–706; Lustig, Lopez-Calva and Ortiz-Juarez 2012 : pp.7–8. 税：Goñi, López and Servén 2008, 特に p.7 fig. 2, pp.10–14, 18–21 ; De Ferranti, Perry, Ferreira and Walton 2004 : pp.11–12 とも比較. 移転支出の少なさと逆進的給付恩恵：Bértola and Ocampo 2012 : pp.254–255 ; Medeiros and Ferreira de Souza 2013. 発展途上国全般の移転支出の少なさについては, 課税水準の低さとも関連させた Alvaredo and Gasparini 2015 : p.750 の説明を参照 ; 低い課税水準の経済的・政治的理由については Besley and Persson 2014 も参照.

(28)　GDP の数値：Maddison project.

(29)　世界史全般における暴力的衝撃と財政制度の拡大：Yun-Casalilla and O'Brien 2012; Monson and Scheidel, eds. 2015. ささいな役割：本章 488 ページ．特色：De Ferranti, Perry, Ferreira and Walton 2004: pp.5-6 が従来の見方を簡潔にまとめ，Arroyo Abad 2013; Williamson 2015 などが詳述している．Palma 2011: pp.109-120 は，高い所得シェアの維持に関し，ラテンアメリカの寡頭政治体制の復元力と成功を強調している．Williamson 2015: pp.23-25 の見解によれば，ラテンアメリカは「20 世紀の平等主義的大平準化」の機会を逃した．

(30)　おもな原因：Cornia 2014c: pp.14-15, 17-18; Lustig, Lopez-Calva and Ortiz-Juarez 2014: p.6; Tsounta and Osueke 2014: pp.18-20. Therborn 2013: p.156 は，このプロセスの「長期にわたる政治的持続可能性」について懸念を表明している．

(31)　〈http://www.azquotes.com/quote/917097〉より引用．

【第 14 章】

(1)　このパラグラフと次のいくつかのパラグラフでは，序論（本書 6-13 ページ）で指摘し，第 1～6 部で発展させた根本的な見解のいくつかを要約する．

(2)　近代初期のヨーロッパに関しては，本書第 3 章 129-132 ページを参照．Milanovic 2016: p.50 も，産業化以前の社会において不平等と経済成長のあいだに関連があるという考えを否定している．

(3)　特に本書第 5 章 210-220 ページ，および第 13 章 492-493, 497-498 ページを参照．

(4)　引用：Milanovic 2016: p.98. 1790 年に，アメリカの辞書編纂者であり教育者のノア・ウェブスターは，古代ローマの「財産の多大な不平等性」が共和政ローマの滅亡の主因だと見なした（"Miscellaneous remarks on divisions of property...," http://press-pubs.uchicago.edu/founders/print_documents/v1ch15s44.html）．

(5)　長期サイクル理論を最も明確に解説しているのが Turchin and Nefedov 2009: pp.6-21 である．一夫多妻社会の，より急速でエリート中心のサイクルについては pp.23-25 とも比較，現存するケーススタディの結果については pp.303-314 を参照．Turchin 2016a はこのモデルの応用版をアメリカに当てはめている．Motesharrei, Rivas and Kalnay 2014 は，エリートの浪費が不平等社会の破綻をどのようにもたらすかについて，より抽象的なモデルを提示している．

(6)　Turchin and Nefedov 2009: pp.28-29 は外因性の要因をごく短期間に認めているだけだ．これは深刻な問題になりかねない．特に中世後期のイギリスのペストの例は内因化できない：pp.35-80. 本文で言及した社会については，本書第 3 章 126-134 ページ参照．包括的な概説である Albertus 2015: pp.173-174 は，土地に関する特定の水準の不平等と，土地改革や，土地改革につながる集団的行動のあいだに関連性は見いだせないとしている．

（7） 1914 年の世界規模の紛争勃発の背景となった原因をめぐり，先ごろの 100 周年でさかんになった議論にはここでは触れない．世界大戦は産業化なしには起こりえなかったし，大量動員は当時利用できた軍事技術の必然的結果だったという点で，ごく一般的な意味において，2 度の大戦は近代の発展による内因的なものであると指摘するにとどめたい：Scheve and Stasavage 2016: pp.21–22 と比較．だが，そのこと自体が実際の戦争の勝率を決めたのではない．Milanovic 2016: pp.94–97 の主張によれば，不平等と第一次世界大戦のあいだにはもっと具体的なつながりがあり，その結果達成された平等化は「戦前の経済状況に「内因化」される」(p.94)．

（8） 第一次世界大戦：WWID．第二次世界大戦：この戦争において中立国と見られる国々については，本書第 5 章 203–210 ページ参照．スイス：Dell, Piketty and Saez 2007: p.474; Roine and Waldenström 2015: pp.534–535, 545；本書第 5 章 203–205 ページ．アルゼンチンについては，本書第 5 章 201 ページ参照．

（9） グローバリゼーションの不平等化効果については，本書第 15 章 528–529 ページを参照．アフリカのイギリス領植民地は独立時にかなり不平等だった傾向があるが，なかには不平等が戦後期にすでに減少していた例もあった：Atkinson 2014b を参照．ヨーロッパの富裕なエリートの一部にとっての植民地資産の重要性については，Piketty 2014: pp.116–117 figs. 3.1–2, p.148 を参照．

【第 15 章】

（1） 表 15.1，および図 15.1: WWID, SWIID.

（2） 表 15.1 参照．可処分所得の不平等のより急激な増加の防止に移転支出が果たす役割については，Adema, Fron and Ladaique 2014: pp.17–18 table 2; Morelli, Smeeding and Thompson 2015: pp.643–645 などを参照；Wang, Caminada and Goudswaard 2012 とも比較．賃金格差：Kopczuk, Saez and Song 2010: p.104 fig. I (賃金ジニ係数が 1970 年の 0.38 から 2004 年の 0.47 に増加)；2006 年までのアメリカの所得と消費の不平等の同様の傾向については，Fisher, Johnson and Smeeding 2013 とも比較．等価ジニ係数と S80/S20 および P90/P10 の比率：Morelli, Smeeding and Thompson 2015: pp.635–640．中産階級の空洞化：Milanovic 2016: pp.194–200，カナダ，ドイツ，スウェーデンのごく小さな変化，スペインの中程度の変化，オーストラリア，オランダ，アメリカ，とりわけイギリスの顕著な縮小については，特に p.196 fig. 4.8．これらの趨勢のさらなる要約は Brandolini and Smeeding 2009: p.83, 88, 93–94; OECD 2011: p.24 fig. 1, p.39 fig. 12; Jaumotte and Osorio-Buitron 2015: p.10 fig. 1 を参照．Wehler 2013 は全巻を通じ，この現象をこれまで比較的うまく抑えてきたドイツにおける不平等の高まりを論じている．

（3） スペインでは最上位 1% の所得シェアの平均が 1988〜1992 年には 8.3%，2008〜2012 年には 8.4% だった；ニュージーランドでは 1988〜1992 年には 7.3%，2008〜2012 年には 8.1% だった；フランスでは 1988〜1992 年には 8%，2008〜

2012年には8.5%だった．1980〜2010年の最上位1%の所得シェアの上昇率は，カナダで51%，南アフリカで54%，アイルランドと韓国で57%，スウェーデンで68%，フィンランドで74%，ノルウェーで81%，台湾で87%，オーストラリアで92%，イギリスで約100%，アメリカで99〜113%だった（WWID）．

（4） アメリカではキャピタルゲインを除けば，1929年に18.4%，2012年に18.9%，キャピタルゲインを含めれば，それぞれ22.4%と22.8%だった．入手できる最新の数値は2014年のもので，キャピタルゲインを除けば17.9%，含めれば21.2%と，やや低下している（WWID）．上位層の富のシェア：Saez and Zucman 2016: Online Appendix table B1．最上位1%の富のシェアが1929年の水準にまで（まだ）回復していないという事実から，当時よりも現在の方が，エリート層の内部が階層化していることがわかる．ジニ係数：Morelli, Smeeding and Thompson 2015: p.679，特にp.682 fig. 8.28．税と移転：Gordon 2016: p.611 table 18-2.

（5） ロシアと中国については，本書第7章283-284, 290-291ページ参照．インド，パキスタン，インドネシア：SWIID, WWID．アフリカとラテンアメリカについては，本書第13章487-498ページ参照．世界的趨勢：Jaumotte, Lall and Papageorgiou 2013: p.277 fig. 1, p.279 fig. 3.

（6） ロシアおよび中国：Milanovic 2013: p.14 fig. 6．マクロ地域的趨勢：Alvaredo and Gasparini 2015: p.790; Ravallion 2014: pp.852-853も参照．

（7） 近年の文献研究のなかには，Bourguignon 2015: pp.74-116，特にpp.85-109; Keister 2014: pp.359-362; Roine and Waldenström 2015: pp.546-567；とりわけSalverda and Checchi 2015: pp.1593-1596, 1606-1612がある．Gordon 2016: pp. 608-624; Lindert and Williamson 2016: pp.227-241; Milanovic 2016: pp.103-112が最新の要約である．

（8） 賃金格差：Autor 2014: p.846；1979〜2012年の高卒者と大卒者の賃金格差の中央値が，2012年恒常ドルで3万298ドルから5万8,249ドルに増加したことについては，p.844 fig. 1も参照．実質賃金：Author 2014: p.849；女性のあいだでは開きはさほど極端ではない．不平等への関与：p.844，特にLemieux 2006への言及．原因：pp.845-846, 849；技術的変化の重要性については，Autor, Levy and Murnane 2003; Acemoglu and Autor 2012なども参照．アメリカの技術革新（特許取得に代表される）と上位1%の所得シェアは1980年代以来，同様の変化を経てきたことから，技術革新に主導された成長が最富裕層の所得を押し上げることが窺える：Aghion et al. 2016，特にp.3 figs. 1-2．両極化：Goos and Manning 2007; Autor and Dorn 2013．発展途上国：Jaumotte, Lall and Papageorgiou 2013: p.300 fig. 7.

（9） 解決策としての教育：OECD 2011: p.31; Autor 2014: p.850など．横ばいのプレミアム：Autor 2014: pp.847-848．ヨーロッパ：Crivellaro 2014，特にp.37 fig. 3, p.39 fig. 5; Ohtake 2008: p.93（日本）; Lindert 2015: p.17（東アジア）も参照．プレ

ミアムの国際比較：Hanushek, Schwerdt, Wiederhold and Woessmann 2013. 移動：Corak 2013: p.87 fig. 4, p.89 fig. 5.

(10) ここは特に，Mishel, Shierholz and Schmitt 2013 を参照．ミスマッチ：Slonimczyk 2013. 最富裕層の所得については，本章 532-535 ページ参照．サービス経済への全般的な移行のせいで不平等が高まっているかもしれないという考え方については，Mollick 2012: p.128 と比較．

(11) Freeman 2009, Bourguignon 2015: pp.74-116, Kanbur 2015 はグローバリゼーションと不平等の関係を検証している．早い時代の変化：Roine and Waldenström 2015: p.548. 国別パネル調査：Bergh and Nilsson 2010. エリート：p.495; Medeiros and Ferreira de Souza 2015: pp.884-885. 世界の労働力：Freeman 2009: pp.577-579; Alvaredo and Gasparini 2015: p.748. 貿易と金融のグローバル化：Jaumotte, Lall and Papageorgiou 2013: p.274. 貿易の競争：Machin 2008: pp.15-16; Kanbur 2015: p.1853. 政策：Bourguignon 2015: p.115; Kanbur 2015: p.1877.

(12) 課税：Hines and Summers 2009; Furceri and Karras 2011. 福祉：Bowles 2012a: pp.73-100 (理論); Hines 2006 (実際).

(13) アメリカへの移民：Card 2009. ヨーロッパ：Docquier, Ozden and Peri 2014 (OECD); Edo and Toubal 2015 (フランス); D'Amuri and Peri 2014 (西欧) とも比較．ラテンアメリカについては，本書第 13 章注(1)を参照．同類婚：Schwartz 2010 は，全体的増加の 17〜51% をこの要因に帰した以前の研究に言及している．1980 年代：Larrimore 2014.

(14) Salverda and Checchi 2015 は，この問題に関する最も包括的な調査である．組合化と最低賃金の重要性については p.1653, 1657 のほか，Koeniger, Leonardi and Nunziata 2007 なども参照；最低賃金の役割については，Autor, Manning and Smith 2010; Crivellaro 2014: p.12 を参照．Visser and Checchi 2009: pp.245-251 によれば，組合密度そのものよりも組合交渉の範囲と集中化が，不平等に働きかける決定的な要素であることがわかっている．再分配：Mahler 2010. 組合とプレミアム：Crivellaro 2014: pp.3-4; Hanushek, Schwerdt, Wiederhold and Woessmann 2013. 各国間の差異：Jaumotte and Osorio-Buitron 2015: p.26 fig. 7. アメリカの組合加入率と賃金格差：Western and Rosenfeld 2011. アメリカの組合と最低賃金：Jaumotte and Osorio-Buitron 2015: p.26, 全般的には Salverda and Checchi 2015: pp.1595-1596.

(15) 税率と所得の不平等：Alvaredo, Atkinson, Piketty and Saez 2013: pp.7-9, 特に最富裕層の所得シェアについては，p.8 fig. 4; Piketty 2014: p.509 (ただし Mollick 2012: pp.140-141 と比較). 低下傾向：p.499 fig. 14.1, p.503 fig. 14.2; Morelli, Smeeding and Thompson 2015: p.661 fig. 8.21 (OECD); Scheve and Stasavage 2016: p.101 fig. 4.1 (相続税); Saez and Zucman 2016: Online Appendix, table B32 (アメリカ); 本書第 5 章 186-188 ページ参照．資本所得：Hungerford 2013: pp.

19-20．アメリカの所得と富の格差の源：Kaymak and Poschke 2016：pp.1-25．再分配：OECD 2011：p.37．累進性の高まりは所得税減税を相殺し，社会保障給付の累進性は増さず，失業者への給付は市場所得の不平等の一因となった（p.38）．

（16） この部分は，Bonica, McCarty, Poole and Rosenthal 2013 の優れた要約，特に pp.104-105, 106 fig. 1, p.107, 108 fig. 2, p.109 fig. 3, p.110 fig. 4, p.112 fig. 5, p.118 に頼っている．Bartels 2008；Gilens 2012；Schlozman, Verba and Brady 2012；Page, Bartels and Seawright 2013 も参照．

（17） 所得の伸びの分布：Bivens and Mishel 2013：p.58；Salverda and Checchi 2015：p.1575 fig. 18.11(b)．上位 0.01％：WWID；資本分配率を含めれば，それらの分配率は 1992 年と 94 年の約 2.4％から 2012 年と 14 年の約 5.1％に上昇した；6 年ごとの平均値は安定した上昇傾向にあり，1992 年と 97 年の 2.7％から 1996 年と 2001 年の 3.9％，2002 年と 07 年の 4.6％，2008 年と 14 年の 4.8％に上がっている；さらに，この 6 年平均の最後の数値 2 つは，成長の規模にくらべて低くなっている．2002 年と 09 年を中心とする低迷により押し下げられているからだ：2005 年と 07 年，2012 年と 14 年の 3 年平均はそれぞれ 5.5，5.1％である．国ごとのばらつき：p.1581 fig. 18.16, p.1584 fig. 18.17, p.1592．上位 1％対 2〜10％：Roine and Waldenström 2015：p.496 fig. 7.3, pp.497-498；20 世紀の大半における上位 2〜5％の富のシェアのごく穏やかな下降については，p.539 fig. 7.20 を参照．Morelli, Smeeding and Thompson 2015：pp.662-663 では，最富裕層の所得の増加はゆるぎない傾向であり，税務コンプライアンスの向上では説明できないことが強調されている．

（18） Keister 2014 および Keister and Lee 2014 は「1％」に関する最近の調査である．さまざまな説明について：Volscho and Kelly 2012；Keister 2014：pp.359-362；Roine and Waldenström 2015：pp.557-562．市場の力か否か：Blume and Durlauf 2015：pp.762-764．企業規模：Gabaix and Landier 2008；Gabaix, Landier and Sauvagnat 2014．最富裕層の所得が株価実績の影響を敏感に受けることに関しては，Rubin and Segal 2015 とも比較．スーパースター／勝者総取りモデル：Kaplan and Rauh 2010，特に pp.1046-1048；Kaplan and Rauh 2013；Medeiros and Ferreira de Souza 2015：pp.876-877；Roine and Waldenström 2015：pp.559-560 とも比較．技術革新に牽引された成長が最富裕層の所得に及ぼす効果については，本章注(8)を参照．

（19） 引用：Medeiros and Ferreira de Souza 2015：p.886．金融部門：Philippon and Reshef 2012．超過利潤獲得と CEO の報酬：Bivens and Mishel 2013，特に p.57, 61 table 2, p.69 fig. 2．教育：Roine and Waldenström 2015：p.547, 550, 557．社会的スキルとネットワーク：Medeiros and Ferreira de Souza 2015：pp.881-882．金融化と不平等：Lin and Tomaskovic-Devey 2013，このプロセス全般については Davis and Kim 2015 と比較．波及効果：Bivens and Mishel 2013：pp.66-67, Keister 2014：p.360 と比較．最高税率と所得占有率：Atkinson and Leigh 2013；Piketty, Saez and

Stantcheva 2014; Roine and Waldenström 2015: pp.565-566. 巨 万 の 富：Villette and Vuillermot 2009, 32件のケーススタディにもとづく. 中国のCEO: Conyon, He and Zhou 2015.

(20) Piketty 2014: pp.171-222, 特 に p.171 fig. 5.3, p.181, 195; Piketty and Zucman 2015: p.1311 figs. 15.1-2, p.1316 fig. 15.6, p.1317 fig. 15.8. 住宅について：Bonnet, Bono, Chapelle and Wasmer 2014; Rognlie 2015. 国民所得における資本シェア：Piketty 2014: p.222 fig. 6.5. 最富裕層の所得の構成要素：Morelli, Smeeding and Thompson 2015: pp.676-679, 特に p.678 fig. 8.27. 労働所得は多くの国の「1%」にとって不可欠だ：Medeiros and Ferreira de Souza 2015: p.872.

(21) 各国間のばらつき：Roine and Waldenström 2015: pp.574-575 table 7. A2; Piketty and Zucman 2015: pp.1320-1326. Saez and Zucman 2016は, 大規模なオンラインのデータベースにより, アメリカの富の分布に関して先行するあらゆる研究に実質的に取って代わった. 富の占有率に関しては同書を参照. Online Appendix table B1: 上位1%の富の占有率は1978年の22%から2012年には39.5%に伸び, 上位0.1%の占有率は1976年の6.9%から2012年には20.8%に, 上位0.01%の占有率は1978年の2.2%から2012年には11.2%になった. アメリカの富の不平等がそれ以前に最も高かった1929年のそれぞれの占有率は, 50.6%, 24.8%, 10.2%だった. B21-B22：課税資本所得における上位1%の占有率は, キャピタルゲインを除いて1978年の34%から2012年の62.9%に, キャピタルゲインを含めれば36.1%から69.5%に伸びた. 配当金と利子所得の占有率については, tables B23a-b参照.

(22) 富のジニ係数：Keister 2014: p.353 fig. 2, p.354. 富のシェアを測る難しさについては, 最新の研究としてKopczuk 2015, 特にpp.50-51 figs. 1-2を参照. 関連：Alvaredo, Atkinson, Piketty and Saez 2013: pp.16-18. 年金を含めた賃金所得のシェアの平均は1979～1993年が62%, 1994～2003年が61%, 2004～2013年が56%だった(WWID). Lin and Tomaskovic-Devey 2013の主張によれば, 所得における労働のシェアが減った原因の多くは金融化である. 投資所得：Nau 2013, 特にpp.452-454. キャピタルゲインと配当金：Hungerford 2013: p.19.

(23) 世界全体の富の増加：Piketty 2014: p.435 table 12.1. オフショア資産：Zucman 2013, 特 に 2015: p.53 table 1. Medeiros and Ferreira de Souza 2015: pp. 885-886とも比較.

(24) Förster and Tóth 2015: p.1804 fig. 19.3は, 不平等の複数の原因とそれらの対照的な作用の簡潔な定性的要約となっている. 本文で言及した原因に加えて, 著者たちは同類婚, 単親世帯, 投票率, 党派性, 女性の雇用を指摘している. Levy and Temin 2007は, 第二次世界大戦以降の制度の変化がまず所得の不平等を抑え, のちに促したことについて, 総合的・歴史的に説明している. 歴史的には, 1970年代のスタグフレーションが, 不平等化を進める経済の自由化に大きな影響を及ぼ

したことも考慮に入れる必要がある．社会学的な見方については，Massey 2007 を参照．

【第 16 章】

（1） 本書第 15 章 523-524 ページ（ジニ係数の補正），537 ページ（オフショアの富），序論 17 ページ（絶対的不平等）参照；Hardoon, Ayele and Fuentes-Nieva 2016: p.10 fig. 2（1988～2011 年のブラジルにおける上位 10%と下位半分のあいだの絶対的所得格差の拡大）．世界の不平等については Milanovic 2016: p.11 fig. 1.1, p.25 fig. 1.2 参照：世界の上位 1%の実質所得の伸び率はおよそ 65%で，世界の所得分布における 40～70 パーセンタイルの伸び率である 60～75%台に匹敵する；だが，総利得の 19%を上位 1%が，25%を上位 2～5%が得て，中間層の 3 つの十分位数に当たる人びとが得るのはわずか 14%である．世界の上位 1%が下位 10%にくらべてさらに大きな絶対利得を得ていることに関しては，Hardoon, Ayele and Fuentes-Nieva 2016: pp.10-11 参照．実質的不平等：本書補遺 573-576 ページ．

（2） ジニ係数：SWIID．2011 年，ポルトガルの市場所得ジニ係数（0.502）はアメリカよりもさらに高かった．市場所得ジニ係数が比較的低いヨーロッパの国々はオーストリア，ベルギー，オランダ，ノルウェー，スペイン，スイスなどだが，真の異常値はベルギーだけである：本書第 15 章，表 15.1 参照．後者のグループのうち，市場所得と可処分所得のジニ係数の開きがアメリカよりも小さかったのは，ベルギーとスペインだけだった．ヨーロッパで高まり続ける市場所得の不平等を食い止めるための再分配の取り組みについては，本書第 15 章 520-521 ページ参照．社会的支出：OECD 2014: p.1 fig. 1（降順にフランス，フィンランド，ベルギー，デンマーク，イタリア，オーストリア，スウェーデン，スペイン，ドイツ，ポルトガル，25%をわずかに下回るオランダ）．GDP に占める中央政府の取り分：OECD, General government spending (indicator), doi: 10.1787/a31cbd4d-en. Bergh and Henrekson 2011 は高所得国の GDP における政府の取り分と経済成長の関係に関する文献を調査した．社会的支出の趨勢：OECD 2014: p.2 fig. 2．主要な構成要素については p.4 fig. 4 参照．

（3） European Commission 2007, 2013, 2015 はヨーロッパの高齢化の規模と影響に関する主要な報告である．世界の趨勢については United Nations 2015 も簡単に参照．出生率：European Commission 2007: p.12（現在は約 1.5，2050 年までに約 1.6 に上昇すると予想される）．平均年齢の中央値と労働年齢人口：p.13．依存人口比率：p.13（2050 年までに 53%に上昇）; European Commission 2013（2050 年までに 51% に上昇），2015: p.1（2060 年までに 50.1% に上昇）．80 歳以上：European Commission 2007: p.13, p.46 fig. 2.7, p.49 fig. 2.9 を参照，将来の人口ピラミッドの範囲については Hossmann et al. 2008: p.8．GDP の一部分としての成長：p.13 および p.70 table 3.3（医療），p.72 table 3.4（長期的介護）; 2060 年までに

必要なGDPの1.8%の追加支出についてはEuropean Commission 2015: p.4と対比すること，ただし国による差異が大きい（pp.4-5）．経済成長率：European Commission 2007: p.62 (2031〜2050年にはEU 15では1.3%，EU 10では0.9%)，2013: p.10 (2031〜2050年に1.2%)，2015: p.3 (2020〜2060年に1.4〜1.5%)．

（4） 不平等への影響：Faik 2012，予測（ドイツ）に関しては特にpp.20-23; European Commission 2013: pp.10-11, 16．日本：高齢化が進むと同時に，若者の非正規労使関係の拡大が不平等を生んでいることについてはOhtake 2008: pp.91-93．移民の規制と国内の平等：Lindert 2015: p.18．

（5） 依存人口比率：Lutz and Scherbov 2007: p.11 fig. 5．Coleman 2006，特にp.401, 414-416．仮に移民ゼロ政策を行っても，外国にルーツがある人口は2050年までにせいぜい30〜50%減るだけだろう（p.417）．子どもと若年労働者：European Commission 2015: p.27．

（6） 転換の規模：Coleman 2006: pp.419-421．教育，雇用，統合について：European Commission 2007: p.15, 2013: p.28．不均質性：Alesina and Glaeser 2004: pp.133-181 (引用：p.175)．調査：Brady and Finnigan 2014: pp.19-23．

（7） Waglé 2013は今のところ最も詳細な分析で，不均質性と福祉の関係の複雑さを余すところなく指摘している（特にpp.263-275）．Ho 2013の主張によれば，民族的多様性そのものは，いったん他のアイデンティティが考慮されるようになれば，再配分を減少させないという．均質な国と不均質な国で民主主義が不平等に与える影響の違いについては，Huber, Ogorzalek and Gore 2012参照，民族的均質性のもとでの福祉の最大化を予測するモデルについては，Lindqvist and Östling 2013参照．相関関係：Mau and Burkhardt 2009; Waglé 2013: pp.103-262．考え方：Finseraas 2012; Duch and Rueda 2014; European Commission 2007: p.15, 104も参照．移民と宗教的不均質性：Waglé 2013: p.164, 166．Lindert and Williamson 2016: p.246は，将来の移民は労働力の供給を増すことによりヨーロッパの不平等を高めるかもしれないと予測する．

（8） Greenwood, Guner, Kocharkov and Santos 2014の発見によれば，同類婚は1960年代と70年代に増加したきり，その後は増えていない．Eika, Mogstad and Zafar 2014の観察によれば，大卒者のあいだでは同類婚が減り，低学歴者のあいだでは増えているという．世代間の移動性については本書序論27ページ，安定した比率については，特にChetty et al. 2014参照．居住地の住み分け：Reardon and Bischoff 2011a: p.1093, 1140-1141; 2011b: pp.4-6．

（9） Piketty 2014: pp.195-196; Piketty and Saez 2014: pp.840-842; Piketty and Zucman 2015: pp.1342-1365，特にp.1348 fig. 15.24．批判のランダム・サンプルは，Blume and Durlauf 2015: pp.755-760，およびAcemoglu and Robinson 2015参照．後者とともにPiketty 2015b: pp.76-77でPikettyが自身の予測（p.82, 84）がはらむ不確実性を認める応答も参照．ほかの著作に対する応答については，Piketty

2015a 参照．グローバリゼーションの影響については，本書第 15 章 528-529 ページ参照．不平等化を進める低所得国との貿易競争は続きそうだ：Lindert and Williamson 2016: p.250; Milanovic 2016: p.115 を参照．グローバル・スーパーエリート：Rothkopf 2008; Freeland 2012．コンピューター化と労働市場については，今は特に Autor 2015: pp.22-28，全般的には Ford 2015 参照．試算：Frey and Osborne 2013．多くの資料のなかでも，Brynjolfsson and McAfee 2014 はコンピューター化の巨大な変革力を強調する．AI に関しては最新の Bostrom 2014 参照．

(10) Center for Genetics and Society 2015 は，遺伝子技術における最近の進展，特に CRISPR/Cas9 を利用したゲノム編集について概観している；生殖細胞系列の改変については特に pp.20-25，倫理と不平等については pp.27-28 参照．Liang et al. 2015 は，中国のある大学においておおむね成功しなかったヒトの胚の遺伝子編集について報告している．合成生物学の可能性については Church and Regis 2014 も参照．Harari 2015 は政治的規制の限界について有益な指摘をしている．Bostrom 2003 は遺伝子改変が平等にもたらす結果について考察し，Harris 2010 はその倫理と妥当性について楽観的である．種形成：Silver 1997.

(11) これは以下に掲載された提案からの抜粋である．OECD 2011: pp.40-41, Bowles 2012a: p.72, 98-99, 157, 161; Noah 2012: pp.179-195; Bivens and Mishel 2013: pp.73-74; Corak 2013: pp.95-97; Stiglitz 2013: pp.336-363; Piketty 2014: pp.515-539, 542-544; Blume and Durlauf 2015: p.766; Bourguignon 2015: pp.160-161, 167-175; Collins and Hoxie 2015: pp.9-15; Kanbur 2015: pp.1873-1876; Ales, Kurnaz and Sleet 2015; Reich 2015: pp.183-217; Zucman 2015: pp.75-101.

(12) 所得税：Bourguignon 2015: p.163; Piketty 2014: pp.512-513（引用：p.513), Piketty, Saez and Stantcheva 2013 を参考にした．国際的労働基準：Kanbur 2015: p.1876．富裕税：Piketty 2014: p.515, 530（引用；強調は著者による）．批判：世界の富という考えについては，Piachaud 2014: p.703; Blume and Durlauf 2015: p.765 とも比較．ほかに Piketty の課税へのこだわりへの批判もある：pp.765-766; Auerbach and Hassett 2015: pp.39-40．Bowles 2012a: pp.156-157 は，政治的に実現可能な政策の策定が重要だと指摘している．政治的行動に関しては，Levy and Temin 2007: p.41 が「政府の政策の方向転換だけが，戦後の好景気時代の全般的繁栄を回復させることができる」と指摘し，Atkinson 2015: p.305 は「行動への意欲が必要で，そのためには政治的リーダーシップが求められる」ことを説く．これは実施の問題を避けている；Atkinson の「第二次世界大戦中と戦後期の数十年」(p.308; 歴史的概説については pp.55-77 を参照）になされた改善への言及は正鵠を射ているが，現在についてあまり希望を抱かせてくれない．Stiglitz 2013: pp.359-361 は，彼の多数の提案を実行する見通しに関して，中身のある提案をしていない．Milanovic 2016: pp.112-117 は平等化を進める多様な力（政治的変革，教育，グローバリゼーション圧力の弱化）の可能性についてもっともな疑念を表明

し，超過利潤が時とともにゆっくりと消えることと，低技能労働者の相対的生産性を増すような技術が将来登場することに望みをかけている．彼はとりわけ，アメリカの経済的平等に関する短期の見通しについては悲観的だ．あらゆる指標が，当面は不平等が高まり続けることを示しているからである（pp.181-190，特に p.190）．

(13) Atkinson 2014a および 2015．Atkinson 2015: pp.237-238 に加えて，私が引用したのはほとんどが要約版（2014a）からである．「できるのだろうか？」という問いに関しては，pp.241-299 参照．ジニ係数の低下：p.294 および p.19 fig. 1.2, p.22 fig. 1.3（おそらく約 4 ポイントの低下があったことについては，p.299 とも比較）．イギリスの所得ジニ係数は第二次世界大戦中に 7 ポイント低下した：p.19 fig. 1.2.

(14) Piketty 2013: p.921（英訳は Piketty 2014: p.561）．

(15) 予測：Kott et al. 2015，特に p.1（引用），pp.7-11, 16-17, 19-21．将来のロボット使用に関しては，Singer 2009 も参照．近年の経済危機の影響については本書第 12 章 471-472 ページ参照．

(16) アメリカ政府の核戦争後の計画については Zuckerman 1984: pp.2-5, 8-11, 236-237, 283-288 参照．強制労働：アメリカの「忠誠の誓い」は国民に「法律により求められた時には，文民の指示のもと，国家的に重要な働きをする」ことを求める．新しいかたちの核紛争については Bracken 2012，偶発的核戦争の可能性については Barrett, Baum and Hostetler 2013 参照．National Military Strategy 2015: p.4 は，アメリカとほかの大国とのあいだに戦争が起こる可能性は「低いが高まりつつある」と評し，その「影響は甚大になる」と予測している．飛び火効果については，国際関係学者アルチョム・ルーキンの寄稿を以下で参照〈http://www.huffingtonpost.com/artyom-lukin/world-war-iii_b_5646641.html〉．Allison 2014 は 1914 年と 2014 年の相違点と類似点について，理解しやすい概説を提供している．Morris 2014: pp.353-393 は，将来の帰結の及ぶ範囲を考察している．

(17) 暴力の減少：Pinker 2011; Morris 2014，特に pp.332-340．人口動態と戦争の関係の調査については Thayer 2009，北東アジアの将来の高齢化が及ぼす平和的効果については Sheen 2013 参照．引用：Milanovic 2016: pp.102-103.

(18) ベネズエラの「ボリバル革命」は強力な所得の平等化を記録した左派運動で，議会制を通して効果を発揮し続けているが，国内の抵抗に直面しつつあり，経済政策の失敗を乗り越えられないかもしれない．

(19) 指数：〈http://www.systemicpeace.org/inscr/SFImatrix2014c.pdf〉．内戦と不平等については，本書第 6 章 259-266 ページ参照．ソマリアの国家破綻については第 9 章 368-372 ページで論じている．

(20) 新たな感染症の発生を描き，将来の脅威を考察するポピュラーサイエンス本は枚挙にいとまがない：最近の著作では Drexler 2009 と Quammen 2013 参照．スタンフォード大学出身のウイルス学者ネイサン・ウルフが，以下で最も豊富な情報を

提供し，向上した監視・対応能力を強調している：Wolfe 2011．規模：ビル・ゲイツは個人的見解として，将来の千万人単位の死を予測している：〈https://www.ted.com/talks/bill_gates_the_next_disaster_we_re_not_ready?language=en〉．「スペイン風邪」からの外挿法推定：Murray et al. 2006．バイオテロリズム：Stratfor 2013 など．兵器化される可能性のある病原菌については，Zubay et al. 2005 を参照．

【補　遺】

（1） Milanovic, Lindert and Williamson 2011: pp.256-259．図補．1 は同書 p.258 fig. 1 にもとづく．Modalsli 2015: pp.241-242 は生存最低水準以下で人間が生きる可能性に関してより楽観的である．ジニ係数の最大値が 1 ではなく「～1」という考え方については，本書序論注(9)参照．

（2） Maddison project．古代の先例と呼べるかもしれない古代ギリシャ・ローマ時代のアテナイについては，本書第 2 章 113 ページ参照．ただし，15 世紀のフィレンツェを中心とするトスカーナでさえ，約 1,000 ドルに達しただけだったことに注意したい．

（3） もとになったデータとその限界に関して，Milanovic, Lindert and Williamson 2011: pp.259-263．図補．2 は p.265 fig. 2 にもとづく．社会表に頼ることで，可能な所得分配の幅がわかる；Milanovic と Lindert と Williamson は，個々の所得グループ内の不平等が最小限になる所得分配と，最大限になる所得分配という 2 つの計算を行った．ほとんどの場合，それらの数値の差は小さい．

（4） Milanovic, Lindert and Williamson 2011: p.263 table 2．Modalsli 2015: pp. 230-243 の主張によれば，社会表のグループ内のばらつきを適切に算入すれば，ここで取り上げた社会の所得ジニ係数全体がかなり高くなるという：結果の大きなばらつきについては特に p.237 fig. 2 参照．ただ，予測されるおよそ 15 パーセンテージ・ポイントの増加により，ジニ係数が上昇して IPF にあまりに近くなるか，IPF を上回ることさえある．この問題を回避するには，より低い生存最低限度か，より高い 1 人当たり GDP を一貫して前提とするしかない．最も重要なのは，そうした補正によってこれらの社会の相対的不平等ランキングが変わるケースはごく稀だと著者が指摘していることだ（p.238）．最富裕層の所得シェアにあらわれる所得の不平等に脱植民地化が与える混合効果については，Atkinson 2014b 参照．

（5） 図補．3 は Milanovic, Lindert and Williamson 2011: p.268 fig. 4 より．

（6） アダム・スミス『国富論』V.ii.k．図補．4 は Milanovic 2013: p.9 fig. 3 より．

（7） Milanovic 2013: p.12 table 1, p.13 fig. 4（イギリスおよびアメリカ）．1914 年までの不平等の高さについては，本書第 3 章 137-138, 141-144 ページ参照．

（8） 産油国を除外したのは，所得の大きな不平等と高い 1 人当たり GDP が共存しうるし，実際に共存しているからだ．経済がほかのかたちの鉱物採掘に依存するボツワナやナミビアなどの国もやはり非常に不平等だが，1 人当たり平均所得が高水

準に達していない．アメリカとイギリスのデータ：Milanovic 2013: p.12 table 1. 私は，この文脈には無関係なアメリカの市場所得の不平等の数値を彼が使用したことを考慮している．

（9） データ：SWIID; Maddison project; Milanovic 2013: p.12 table 1 および Atkinson 2015: p.18 fig. 1.1. 0.55 から 0.6 の上限については Milanovic 2015 参照．1929 年のアメリカについて入手できるのは市場所得ジニ係数だけのようだが，当時の課税と移転の水準の低さを考えれば，可処分所得ジニ係数よりもさほど高くなかっただろう．不平等が成長に与える影響については，本書序論 26 ページ参照．

（10） データについては再び Milanovic 2013: p.12 table 1 参照．私の単純なモデルは，やはり関与するはずの他の要因――筆頭は政治制度――を省略している．

（11） Scheidel and Friesen 2009 による古代ローマの不平等の研究を参照して複数のオンラインメディアが，こんにちのアメリカの所得の不平等は古代ローマ帝国のそれよりも大きいと報道した．その見解は，現代の市場後の再分配とそれぞれの IPF を考慮しない市場ジニ係数にもとづいている：〈http://persquaremile.com/2011/12/16/income-inequality-in-the-roman-empire/〉，一部は以下により報道〈http://www.huffingtonpost.com/2011/12/19/us-income-inequality-ancient-rome-levels_n_1158926.html〉．この記述が正しいのは，現在のアメリカの実際の IPF が 0.5 という低い値である場合だけだ．